철학으로 비판하다

한국적 학문과 교육에 대한 해부

정세근 鄭世根

충북대 철학과 교수. 국립대만대 박사. 워싱턴주립대와 대만삼군대에서 강의했고 대동철학회장을 세 차례 연임했으며 여러 철학회에서 연구위원장 및 편집위원을 역임했다. 한국철학상담학회, 한국공자학회, 한국서예학회, 율곡학회 등의 이사 그리고 한국철학회 부회장으로 남북철학자대회와 인문진흥위원장 일을 맡고 있다.

저서로는 쌍둥이 책인 『노장철학과 현대사상』 및 『도가철학과 위진현학』, 어머니의 철학으로 읽는 『노자 도덕경』, 불교에서 윤회를 버리자는 『윤회와 반윤회』가 있고, 편서로는 노장 이후 세계관의 변화를 모은 『위진현학』이 있다. 서예 이론의 결정판인 『광예주쌍집』(상, 하)을 해제와 도판을 넣어 번역했고, 중국어로는 대만 학생서국에서 『장자기화론』(莊子氣化論, 중국철학총간34)을 냈다. 학술원과 문화부의 우수학술도서로 다수 선정되었으며, 공저를 포함하여 30여 권의 책과 100여 편의 논문이 출간되었다. 국내외에서 60회 이상 학술발표를 했고, 학술상을 수상하였으며 등단한 미술평론가다.

국가온라인공개강좌인 KMOOC에서 일반인과 학생을 대상으로 '다문화와 세계종교 기행'(무료강의, English caption)을 진행하고 있으며, 칼럼으로 수년간 연재한 '인문학으로 세상 읽기'에 이어 <교수신문>에 '철학자의 가벼움'(지상 및 모바일)을 매주 연재하고 있다.

철학으로 비판하다

한국적 학문과 교육에 대한 해부

초판1쇄 인쇄 | 2020년 2월 21일
초판1쇄 발행 | 2020년 2월 21일

저 자 | 정세근
발행처 | 충북대학교 출판부
발행인 | 김수갑

주 소 | 28644 충북 청주시 서원구 충대로 1
전 화 | 043-261-2952, 3014
팩 스 | 043-274-1256
이메일 | presscbu@chungbuk.ac.kr
등 록 | 제1983-2001-7호
인쇄처 | 케이프린텍

ISBN 978-89-7295-506-1 93100
값 22,000원

*이 저서는 2019학년도 충북대학교 국립대학육성사업에 의하여 발간되었음

철학으로 비판하다

한국적 학문과 교육에 대한 해부

정세근 평론집

충북대학교 출판부

추천사

이규성 **(이화여대 철학과 명예교수)**

이 책은 한국의 철학에 대한 관심으로 폭 넓은 자료를 연구한 고민의 결과다. 철학적 학술에 대한 관심들이 점차 시들어 가고 있고 시대의 이슈를 가지고 논쟁들을 하는 문화가 사라져 가고 있는 상황에서 저자의 글은 다른 사람의 글들을 보고 논쟁적으로 평가하거나 여러 철학적 문제들에 대한 관심을 불러일으키려는 의지를 보여준다. 저자의 생각이 일반화되어 많은 남녀노소 철학인들이 자기 학교나 출신에 갇혀 어두운 생활을 하는 것에서 탈출할 수 있기를 기대한다. 학계의 폐쇄적 구조는 현재 중요한 화제로 되어있는 민주주의의 위기를 조장한 요인 중 가장 중요한 문화적 요인이다.

저자는 식민지학으로 전락한 한국철학계의 답답한 상황을 넘어서고자 하는 의욕을 잘 보여 준다. 특히 한국 대학문화의 폐쇄성과 학벌주의에 대한 마지막 글은 아주 중대한 문제를 언급한 것으로 보인다. 조선의 멸망을 구제하지 못하는 구한말의 상황을 보면, 특정 학벌 노선에 줄 선 자들 소수가 나라의 모든 이권과 권력을 장악하여 말아먹다가 팔아넘기는 것도 과거제의 학벌주의가 가져온 망국의 폐단이었다. 이 점에서 저자의 글은 철학을 하는 태도뿐만 아니라 철학을 가르치는 교육 제도와 인적 구성 방식의 중요성을 생각하게 한다. 저자의 생각이 발전하여 한국 철학에 대한 토론과 그 활성화에 구체적인 기여로 나타나기를 바란다.

문예 평론가들은 평론집을 통해 자신들의 사상을 표현하고 서로 의견을 교환하며, 작가들의 창작품이 갖는 시대적 의의를 비평함으로써 이론과 예술을 소통시키고, 문예와 인생의 가치를 증진시킨다. 이와 달리 한국 철학계는 단편적인 학술적 성과는 있었지만, 그러한 생기로운 문화를 형성하지 못하고 오늘에 이르게 되었다. 그러나 저자의 글들은 현대 한국에서 제기된 다양한 철학적 주제와 인물들 그리고 시대적 문제들, 특히 교육 문화의 문제를 간략하고 경쾌한 필치로 비평한다.

이 평론집은 이전에 시도된 적이 없었던 철학 장르로, 독자들의 철학적 시야와 문제의식을 확장하고 자극할 것이다.

(『한국현대철학사론-세계상실과 자유의 이념』의 저자)

머리에

이 책은 우리 철학의 길을 모색하는 과정을 담은 서평과 논평 그리고 학계와 교육에 대한 비판의 글을 모은 것이다. 교육의 문제가 순수하게 학문적이지 않다는 점에서 다소 이질적이지만 그것도 내가 몸담고 있는 생태계와 그 속에서 공부하는 자세에 대한 반성이기 때문에 한 데 묶기로 했다. 한마디로 이것은 대한민국 학문세계에 대한 비판서다.

나는 이를 통해 학문적 비판이 무엇인지, 우리 학계가 지향해야 할 방향은 무엇인지, 대한민국 대학의 문제가 무엇인지 조금이나마 드러내보려고 했다. 동료와 후학들의 질정과 공감을 충심으로 구한다. 우리 학문 그것도 우리 인문학이 세계 속의 하나로 자리 잡을 수 있는 길은 무엇인지, 힘들여 일군 철학적 활동의 결과물을 어떻게 세계인과 함께 나눌 수 있는지, 동서양을 막론하고 자생학문의 누적보다는 외국철학의 수입에 급급한 상황이 왜 아직까지도 이어지고 있는지 함께 물어보고 싶은 것이다.

논·서평의 중요성은 학문에 몸담아본 사람이라면 누구라도 끄덕일 수 있지만 우리 학계의 풍토상 저작보다는 낮게 취급되는 경향이 없지 않다. 이는 모순되는 상황이다. 학술회의 때 늘 논평을 붙이면서도 그 논평문의 의미를 제도적으로 소중하게 여기지 않는 경우가 많다. 그래서 내가 늘 주장하는 것이 '논평논문'(review article)이다.

서구에서는 일대일 논평보다는 몇몇이 한 세션(session)의 발표를 다루는 것이 일반적이다. 패널(panel)이 그것이다. 따라서 문장화되기 어렵다. 그러나 우리는 하나의 발표에 하나의 평가가 붙는 방식을 선호한다. 논평이 그것이다. 그런데 초기에는 서구식으로 문장을 만들지 않는 논평을 하는 경우가 많아 단순한 지적으로 끝나는 경우가 없지 않았다. 그래서 학계에 들어서면서 스스로 결심한 것이 바로 논평문의 작성이었다.

나는 논평문에서 순차적으로 학계의 전반적인 분위기를 첫 부분에 담고, 다음으로는 발표자에게 큰 문제와 작은 문제를 묻고, 마지막에는 앞으로 나가야 할 방향을 제시하고자 했다(교정문은 별도로 준다). 따라서 나의 질문을 통해 학계의 일반적인 상황과 장차 연구진행의 향방을 엿볼 수 있을 것이다. 발표문이 늦어졌는데도 바로 논평문을 보내주는 나를 보고 빠르다고 이야기하는 것을 들은 적이 있는데, 사실은 미리 개관과 결어를 써놓고 기다리니 가능했음을 말하지 않을 수 없다. 주제와 제목을 알고 있는데 발표문이 늦는다고 핑계 댈 필요가 없는 것이다.

언젠가 역사학 교수가 방학 때 읽을 책을 소개해달라고 해서 생물학 책 하나를 귀띔해 주었는데 그가 '이 책을 소개해준 사람은 좋은 사람'이라고 서신을 보내와서 놀란 적이 있다. 이런 칭찬을 받을 때가 있다니! 언젠가 과학철학과 관련되어 어떤 논문을 언급했더니 그 교수가 '저이는 별의 별 걸 다 읽는 사람'이라고 사람들 앞에서 민망하게 말하는 것을 들은 적도 있다. 난 참으로 생뚱맞다! 언젠가 처음 만난 사람인데 '그 글에서 이렇게 이야기하지 않으셨소'라고 말하니 신이 나서 더불어 통음을 한 적도 있다. 사람은 이렇게 만난다!

나는 학회에 가면 늦게 가더라도 일단은 모든 사람의 글을 훑는다. 그때 필요한 것이 바로 논평문이다. 논평문은 발표문의 요지를 잘 요약해주고 그 문제점을 콕 집어내기 때문이다. 짧은 시간 안에 학회의 흐름을 파악하는 데 논평문만큼 중요한 것은 없다. 내가 이해하지 못한 것을 논평자는 공들여 이해하고 있으니 얼마나 고마운 일인가. 게다가 문제를 지적하면 논의의 초점이 저절로 드러난다. 여기에 실린 나의 글도 이런 역할을 했으면 좋겠다.

이 글을 보고 책의 제목을 '우리 학문은 가능한가?'라고 하는 것이 어떠냐는 의견이 있었다. '우리의 눈으로 보는 철학', '동양철학과 서양철학 사이' 등 주제별로 모아보자는 것이었다. 내 의중을 읽고는 있었지만 너무 거창하고, 형식적으로 모아놓는 것이 보는 사람이 찾아보기가 더 편할 것 같았다. 이런 과정 속에서 '한국적 학문과 교육에 대한 해부'라는 부제를 얻었다.

여기에 실린 글은 회의석상에서 발표는 되었지만 학술지에 실리지 않은 것이 대부분이다. 그런데 학회장과 연구위원장으로 학술대회를 기획하면서 주제의 전체적인 정리를 위해 작성된 논평논문, 부분적이라도 연도별로 보고된 동향과 전망, 그리고 이 글의 맥락에 맞는 서평은 여기에 다시 싣기로 했다. 주제와 경향에 대한 전반적인 분위기를 살리는 데 큰 도움이 되기 때문이다. 그렇지만 전문 학술지에 실린 것들은 빠졌다(논·서평, 「조민환의 '박세당의 노장 이해'」, 『도교문화연구』11, 한국도교문화학회, 1997.6. /논평, 「조민환의 '박세당'의 노정」, 『동양철학』, 제7집, 1996.12. 등).

교육 부분은 중언부언하는 것 같아 편집을 많이 했다. <학벌없는사회>의 '학벌의 타파와 공교육의 정상화를 위한 이념과 대안'은 연구위원장으로 직접 정리한 것이라 아쉽지만 다음 기회로 미루기로 했다. 지금 돌아보니 이루어진 것도 많고, 아직 안 된 것도 많다. 읽어보면서 이렇게 세상이 바뀌어짐을 느꼈으면 좋겠다. '스카이 캐슬'(2019)과 같은 드라마가 최고시청률 23.8%를 기록한다는 점에서 안타까운 것도 있지만, '공기업 학력란 폐지'나 '인재할당제' 같은 것은 당시로서는 위헌 운운할 정도였는데 지금은 상식이 되었다. 과거의 노력으로 현재가 조금이라도 좋아졌으면 하는 바람뿐이다. 「왜 왕따가 철학의 문제인가」라는 글은 꼭 읽어보았으면 한다. 왕따라는 폭력은 아직도 현재진행형이고, 인권·민주주의·평화라는 주제와 얽혀있다. 순수학문보다는 현실 개혁에 관심 있는 독자에게 드리는 글이 바로 교육 부분이다.

읽는 흐름을 방해하는 것을 따로 모은 부분도 있지만, 편집원칙은 독자가 골라보게끔 되도록 시간 순서에 따랐다. 그리고 세월 탓에 사라진 것도 있고 분명하지 않은 것도 있지만, 출처는 모두 밝히고자 했다.

부끄럽지만 이 글이 인문학적 글쓰기나 칼럼 작성에 관심 있는 사람들에게 도움이 되길 희망한다. 특히 학위논문을 준비하는 사람들에게는 더욱 그렇다. 주제 찾기, 이해, 비판, 논박, 정리, 논증, 정리, 자기 입장의 개진이라는 빼도 박도 못하는 학술적 글쓰기의 방식을 드러내기 때문이다.

출판을 권유한 충북대 출판부, 편집을 총괄해준 김정내 박사, 요사이 세 권의 책(어머니의 철학으로 푼 『노자 도덕경』, 쌍둥이 책인 『노장철학과 현대사상』 및 『도가철학과 위진현학』)을 낼 때 많은 도움을 주었는데 이름을 올리지 못한 김형 박사생과 허은 석사생, 요즘 나 때문에 힘들게 원전 공부하는 이재율 석사생, 그리고 늘 좋은 이야기를 해주는 정용수, 심의용, 김시천 교수께 고마움을 올린다. 갑작스런 제안이 없었다면, 꼼꼼한 편집과 교정이 없었다면 이 책은 나올 수 없었다.

경자년更子年 정월正月 시거옥尸居屋에서

차례

제1부

책을 말하다

제2부

논문을 말하다

제4부

교육을 말하다

제1부

책을 말하다

1. 「한국에는 현대철학이 있는가」. 이규성(이화여대), 『한국현대철학사론』
2. 「어찌 임금의 스승이 이단이란 말인가」. 조민환(성균관대)·장원목(홍역사상연구소)·김경수(성균관대), 『도덕지귀-성리학자 서명응의 열린 노자 읽기』
3. 「김홍경의 『노자』」. 김홍경(뉴욕주립대 SUNY Stony Brook), 『노자-삶의 기술, 늙은이의 노래』
4. 「동아시아 기론의 전개」. 마에바야시 기요카즈(고베가구인대)·사토 고에쓰(츠쿠바대)·고바야시 히로시(메지로대), 『기의 비교문화』
5. 「앙리 마스페로의 『도교』」. 앙리 마스페로(콜레주 드 프랑스), 『도교』
6. 「현재의 철학」. 김용석(그레고리안대), 『문화적인 것과 인간적인 것』
7. 「유가와 도가를 넘어서」. 방동미(대만대), 『원시 유가 도가 철학』
8. 「미를 넘어 감성으로」. 조민환(성균관대), 『중국철학과 예술정신』
9. 「정과 신에서 정신으로」. 리우샤오간(싱가폴대), 『장자철학』
10. 「노장에 가까이 더 가까이」. 진고응(북경대), 『노장신론』
11. 「도가의 부활」. 원정근(고려대), 『도가철학의 사유방식-『노자』에서 『노자지귀』까지』

『인문논총』71권2호, 서울대, 2014.5.

1 한국에는 현대철학이 있는가

이규성, 『한국현대철학사론』, 이대출판부, 2012.

1. 서평 없는 나라

서평이 우리처럼 보잘 때 없이 취급되는 학계는 우리나라밖에 없는듯하다. 외국학회지는 서평란이 따로 있어 매우 중시되는데 우리는 그렇지 않다. 『아카필로』라는 서평잡지가 있었던 것 같은데 찾아보기 어렵다. 왜 그런가? 왜 우리만 그런가?

이것은 지금 우리가 다루고자 하는 '한국현대철학'과 관련되어 심각하게 고민해야 할 사항이다. 남의 글을 보지 않는 우리 학계는 여전히 식민지학을 하고 있고, 자기 철학을 하고 있지 못하다. 여기서 '남의 글'이라는 것은 근대화의 주역인 백인이나 전통적으로 사대해야 할 중국인이 아닌, 우리나라 사람의 글을 가리킨다. 우리 학계의 병폐는 번역과 소개 일색인 출판계의 상황을 보면 쉽게 알 수 있다. 수입철학이고, 반복철학이다. 여기철학이 아니라 거기철학이다.

하다못해 자신의 철학이 진짜 철학이라 믿는다. 사실은 독일철학, 프랑스철학의 해설자에 불과함에도 자기가 철학을 하고 있다고 생각한다. 철학을 하는 것은 맞다. 그러나 그것은 철학하기가 아니라 철학자나 철학사 공부하기다. 자기를 서구의 한 부분에 투사하여 그것이 자기라는 착각을 한다. 정신분열 가운데 유리遊離 현상에 가깝다.

나는 그런 철학자는-아니, 학자에 불과하겠지만- 이민을 가는 편이 낫다는 생각을 종종한다. 미국에서 살던, 프랑스에서 살던, 그 맥락에서 충실하게 삶을 이어가는 것이 훨씬 철학적이라는 생각이 들기 때문이다.

이런 이야기가 서양에만 적용되는 것은 결코 아니다. 동양은 오히려 더 심할지도 모른다. 한자문화권에 있다고 해서, 친숙하다고 해서, 전통적이라고 해서, 동양철학을 하는 사람은 더 안일에 빠진다. 일종의 착각인데, 그것이 심해지면 공자도 우리나라 사람이 되고 만다.

철학자의 국적을 따지는 것이 아니다. 노자건 플라톤이건 우리는 국적을 따지지 않는다. 당시 국가의 개념이 오늘날과 같았는지도 모르고, 이미 보편화된 사유에 사사로운 소유권을 따지는 것은 우스꽝스런 일이다. 그러나 철학자의 국적이 아닌 문제의 국적은 따져야 한다.

우리는 어떻게 해서 여기까지 왔는가? 어디로 갈 것인가? 우리는 왜 그렇게 생각했나? 앞으로는 어떻게 생각해야 하나? 앞의 문제는 무엇이었고, 뒤의 문제는 무엇일까? 오늘 내가 있기 위해서 얼마나 많은 생각이 우리 앞에 놓여있었고 그것은 내게 어떤 영향을 미쳤으며 앞으로 어떻게 영향을 미칠 것인지 우리는 생각하고 또 생각해야 한다.

학술지에 서평란이 있기는 하다. 그러나 그 공간이 얼마나 제멋대로냐면 있어도 없어도 그만이고 게재원칙도 수시로 변한다. 초창기에는 1년 안에 나온 책은 서평을 쓸 수 없다고 했다가, 이제는 1년이 지난 책은 실을 수 없단다. 무엇이 옳은지 정말로 토론을 했나 모르겠다. 칸트를 연구하는 논문도 크게 보면 일종의 서평인데 그것은 괜찮고, 우리나라 사람이 쓴 책은 나중에 발견했다고 버려야 하는지 궁금하다.

내가 나서서 서평을 쓰겠다고 한 최초의 책은 김용석 교수(영산대)의 『문화적인 것과 인간적인 것』(서울: 푸른숲, 2000)이었다. 그의 문제는 여전히 서양전통에 머물러있다는 한계가 있기는 하지만, 생각의 터가 '저곳'이 아닌 '정말 오늘'에 있기 때문에 '이곳'으로 받아들여졌다. 그의 주장은 구미의 것이면서도 우리의 것으로 느껴졌다. 해결방안이나 비판대상은 모두 서양의 것이었지만, 그 내용은 '우리 말'이자 '새로운 말'이었기 때문에 '우리 모두'의 것으로 여겨졌다. 서양철학을 하는 사람이 쓴 한국철학의 모범이었다. 그런데 이 서평은 책이 나온 지 1년이 되지 않았다는 이유 하나만으로 거절되었다가, 마침내 제2판(2010) 서문의 주석으로 초라하게 그것도 시간이 엄청나게 걸린 내용요약이 중략된 채 비로소 빛을 보게 되었다. '쓸데없는 원고, 필요하면 쓰시오'라고 저자에게 보내준 결과였다. 저자는 '졸저의 개정판을 출간하는데 큰 자극을 주신대 감사드리며'라며 책을 보내온 것이 전부였다. '그래, 서평은 공연히 내용을 요약하느라 시간을 보낼 것이 아니야, 좋은 책이 나왔다는 것에 치중하면 돼.' 그것이 내가 얻은 결론이었다. 그리고는 부탁받은 서평이 아니고는 쓰지 않았다.

그런데 지금 말하려는 이규성 교수(이화여대)의 이 책은 또다시 서평의 욕구를 불러일으켰다. 서구철학이 아닌 한국인에 대한 본격 철학 작업으로서, 비록 서구적 언어가 많이 개입되지만 대상이 되는 많은 한국인도 그랬고 우리 언어도 서구화된 만큼 충분히 이해될 수 있는, 한국현대철학 『열전列傳』이 나온 것이다. 업적도 되지 않고 시간만 죽이는 서평은 쓰지 않기로 했지만 이 책만큼은 인문학을 하는 사람이라면, 아니 철학이라는 이름을 자기의 이력에 조금이라도 써놓는 사람은 읽지 않으면 안 된다는 생각이 들었다. 다행히 이런 주접이 사람의 귀에 들어갔는지 서평 요구가 와서 이에 응하기로 한 것이다. 나는 이 책의 자질구레한 것을 쓰려는 생각이 없다. 게다가 이 책은 위에서 말한 수미일관한 주장이 담긴 책과는 달리 일종의 논문집이어서 일관되게 정리하기 어렵다. 그 가운데 세 편은 이미 발표되기도 했다. 따라서 각자가 흥미 있는 부분을 선택해서 읽으면 될 것이다. 그러나 나는 이 책이 2013년(정확히는 2012.11.5.) 최고의 우수학술도서라는 것을 믿어 의심치 않는다. 그렇기 때문에 추천하고 또 추천한다. 이 책은 정말로 남북과 좌우를 넘어서 같은 공간에서 살았던 '우리' 열다섯을 다루고 있다. 수운 최제우, 해월 최시형, 야뢰 이돈화, 김기전, 홍암 나철, 해학 이기, 백포 서일, 단재 신채호, 우당 이회영, 백암 박은식, 서우 전병훈, 열암 박종홍, 함석헌, 신남철, 박치우가 그들이다.

2. 현대철학사 없는 한국

한국에는 현대철학사가 없다. 현대에 분명 철학을 업으로 삼은 사람들이 있었을 텐데 왜 한국의 현대철학사는 없는가? 철학을 소개만 했지 철학을 한 사람이 없어서? 철학을 했더라도 철학적 체계를 세운 사람이 없어서? 이 두 물음에만 충실해도 나는 불만이 없겠다. 그러나 원인은 그렇지 않은 것 같다. 비슷비슷하지만 세분해보자.

첫째, 문제가 한국과 상관없다. 철학적 문제의 대부분이 현대 한국과 상관이 없다. 서양의 철학을 하거나 아니면 고대 한국의 철학을 한다. 서양철학이라도 오늘날 한국의 문제와 연결되지 못하고, 고대 한국철학을 하더라도 오늘의 현실까지 이어지지 않는다. 한국의 '서양철학'이거나 '고대'의 한국철학이다. 자신의 작업이 본디 서구적이거나 아예 전통적이라서 현대 한국에서 제기된 어떤 문제와 연결고리를 찾을 수 없다. 따라서 '한국'이라는 말을 붙이지 못하고, 한국이라는 말을 붙이더라도 '현대'라는 말을 붙이지 못한다. 따라서 한국현대철학은 없다.

둘째, 현대 한국을 주제로 삼는 것은 정치학이거나 사회학으로 사회과학도의 일이지 철학자의 본업이 아니다. 한국의 정체政體를 문제 삼는 것은 정치학이고, 한국 사회의 정체성을 따지는 것은 사회학이다. 철학자는 그런 것을 하지 않는다. 마르크스주의 혁명가나 우파 정치꾼은 있어도 철학자는 없다. 나는 제대로 된 이념의 철학을 하지 구차한 일상의 철학을 하지 않는다. 현대 정치학이나 좌파 혁명 이론은 있었어도 한국현대철학은 없다.

셋째, 철학은 보편적이라서 '한국'이나 '현대'와 같은 수식이 붙을 수 없다. 우리는 철학을 공부하지 인물을 공부하는 것이 아니다. 인물은 특수한 것이고 개별적인 것이라서 지나치게 역사적이다. 따라서 역사 속의 인물을 다루는 것은, 아리스토텔레스가 강조했듯이, 철학이라기보다는 역사다. 식민지 시대에 활동한 독립 운동가는 있지만, 독립 철학자는 없다. 행여 한국현대사상은 있을 수 있어도 한국현대철학은 없다.

넷째, 철학자는 백인이거나 중국인이었다. 흑인 철학자가 없듯이 한국인 철학자는 없다. 한국인 철학자가 없는 것은 베트남 철학자, 태국 철학자, 이디오피아 철학자, 콩고 철학자가 없는 것과 같다. 철학은 문명을 전제한다. 문명 없는 철학은 없다. 베트남에는 유학자, 태국에는 불교인, 인도네시아에는 무슬림, 이디오피아에는 그리스도인, 콩고에는 독립운동가가 있을 뿐이다. 우리의 대학자는 공자학자이든 주자학자이지 철학자가 아니다. 우리의 성인聖人은 인류를 구원하는 도덕가이지 철학자가 아니다. 아시아에서 오직 현대일본철학이 가능하다면 가능했던 것은 서구문명을 한학이나 불교 전통 속에서 소화했기 때문이다. 서구도 전통도 모르는 한, 한국현대철학은 없다.

다섯째, 철학이라고 할 만한 것이 있었지만 지나치게 종교적이다. 근대태동기에 한국의 문화적 유산은 많다. 유학자들이 중심이 된 대종大倧교, 제국주의에 반대한 동학, 한국의 새 불교인 원불교, 선천개벽을 넘어 후천개벽을 꿈꾸는 증산교, 후천개벽을 부정하고 도덕완성을 꿈꾸는 금강대도 등 많은 사상은 있었지만 철학이라기보다는 종교다. 그 후예들은 철학자라기보다는 종교인으로-정확히는 도인道人으로, 교인敎人으로, 청학동의 유생儒生으로, 정녀貞女같은 출가인出家人으로- 살았다. 그런 점에서 현대한국종교는 가능해도 현대한국철학은 없다.

여섯째, 내 주위의 철학자는 철학자가 아니다. 동료의 수준은 나의 수준과 같다. 그들의 문제는 나의 문제를 넘어서지 못한다. 동료가 인식한 문제는 나도 한다. 나의 문제는 동료도 할 수 있다. 동료끼리는 문제의 지적 기원이 존재하지 않는다. 나도 현대고 너도 현대다. 그것을 한국으로, 현대로 묶을 방도가 없다. 기나긴 역사가 흐르면 모를까, 진행형인 오늘날을 현대라는 시대구분으로 묶기 어렵다. 따라서 한국현대철학은 없다.

아닐 것이다. 한국적 상황이 '현대'라는 말조차 정의내리지 못하고 있다는 것은 맞다. 어떨 때는 현대라고 하다가, 어떨 때는 근대라고 한다. 모두 '모던'(modern)은 번역하면서도 그런다. 게다가 '근세近世'라는 말이 개입되면 더욱 난감해진다. 근세도 사전에는 '모던 타임즈'(modern times)로 나온다. 그래놓고 '근세철학'이라는 과목도 있고, '현대철학'이라는 학문분류도 쓴다. 더욱 신기한 것은 '지금' 철학은 어디에도 없다는 사실이다. 서양의 경우, '지금철학(사)'(contemporary)도 나온다.

나의 경우, 학부시절 '지금'(Gegenwart) 철학 책을 마주하고는(gegen) 깜짝 놀란 경험을 잊지 못한다. 그들은 오늘도 철학하고 있었다. 우리는 과거만 철학의 대상인 줄 알았는데 말이다. 현금現今, 나와 마주하는 철학, 흘러가는(current) 사조(思潮: 그 자체가 current이지만), 동시대의 동업자, '여태까지'라는 지금至今과 '오직 오늘'이라는 지금只今의 세계가 철학의 대상이었다.

우리에게도 '당대當代'라는 표현이 있긴 하다. 그러나 당대는 말자체가 철저히 3인칭화된 어법이다. '너'라고 부르기 무엇해서 '당신當身'이라고 부르는 것은 '그 몸'이라는 3인칭 용어이다. 독일어와 같은 서구어에서 '너'(Du)를 '그'(Sie)로 부르는 것과 같다. 그런데 당대는 결국 너를 마주하지 않으려는 속내를 보인다. 동료의 작업을 무시하고 멀리 객체화시키는 것이다. 고대 용법도 그렇지만 현대중국어에서 '당대當代'는 '그 시대'가 아니라 분명 '이 시대'인데, 우리말 용법에서 당대가 '이 시대'보다도 '그 시대'를 가리키는 데 유의하면, 우리가 마주하는 이 시대를 얼마나 저 멀리로 갖다놓는가를 쉽게 알 수 있다. 이를테면 '당대에는 그랬데'라고 말하고, '조선시대 당대의 문제는'이라고 말한다. 우리말에서 당대는 이미 현재가 사라진 과거가 되고 있는 것이다. 결국 우리에게는 '현대'가 없게 되는 것이다. 적어도 학문적 용어에서 현대, 곧 지금, 더 정확히는 '시방'(時方: 여기서 방은 방향을 가리키는 '모'가 아니라 '바야흐로'이 시간을 뜻한다)이 사라져 버렸다. 따라서 시방이 문제가 되지 않는다. 우리는 과거에 살뿐이다.

이규성의 『한국현대철학론』도 정확히는 시방철학은 아니다. 시방으로 오기 위한 근방近方일지라도 그는 '오늘'을 보고자 애쓴다. 그런 점에서 그는 자신의 문제가 있다. 아직까지 그의 눈은 이른바 '해방' 공간이나 '근대화'(정확히는 현대화) 공간에 머물고 있을지라도 문제를 자기, 정확히는 여기, 더 정확히는 현재화하려는 시도가 엿보이기 때문이다. 그래서 '한국현대철학사'가 아니라 『한국현대철학사론』이고, '세계상실과 자유의 이념'이라는 부제가 붙어있는 것이다.

3. 내가 생각하는 현대철학사

나는 10여 년이 넘게 공공연하게 『한국현대철학사』를 쓰겠다고 떠들고 다녔다. 식민지 철학을 모면하고 싶은 욕구 때문이었다. 그런데 내가 생각하는 철학사는 좀 더 현대적이었다. 살아있는 사람은 뭣해도 오늘의 철학계를 이끌어나가는 사람들에 관한 이야기를 정리해보고 싶었기 때문이다. 그것은 결코 그들을 위한 것이 아니다. 후학들을 위해 우리 선배들이 어떻게 오늘을 살았는가를 보여주고 싶었고, 그럼으로써 그들의 철학적 문제와 의지가 현양되길 희망했다.

그래서 현대철학사를 쓸 자격에 대해서 생각해 보았다. 아전인수격이 아니길 바라지만, 현대철학사를 쓸 수 있는 사람은 반드시 동양철학을 공부해야 한다. 서양철학만을 한 사람은 동양의 주제, 언어, 전개방식을 이해하지 못한다. 그러나 동양철학을 한 사람은 서양철학을 의무적으로라도 공부해야 했으며 넘쳐나는 현대적 개념 속에서 작업을 해야 했기 때문에 동서양을 아우를 수 있기 때문이다. 그런데 현대한국철학의 대상이 될 만한 인물들은 '현대'에 그것도 '한국'에 발을 담그고 있어야 하기 때문에 그들을 이해하기 위해서는 전통철학에 대한 이해가 필수불가결했다. 그런 점에서 한국철학계 내에서 동양철학자가 독점할 수 있는 유일한 영역이기도 했다. 동양철학자는 서양철학을 알지만, 서양철학자는 동양철학을 모른다는 그 이유만으로 말이다.

당시 내 앞에 떠오른 인물은 주로 한국현대철학사를 정리한 사람들이었다.

박종홍의 한국철학사이든, 김충열의 고려유학사이든, 배종호의 조선성리학이든, 타카하시 토오루의 조선유학사이든, 북녘 김성철의 조선철학사이든, 한국철학사를 보는 관점에 대해 나는 정리해보고 싶었다. 철학사를 정리한 사람들의 시각은 후학들에게 크게 도움이 되리라는 생각 때문이었다. 하다못해 살아있는 사람까지도 생각했다. 동서양을 넘나드는 철학자들은 의외로 적지 않았고, 그들은 우리 한국을 모두 걱정하고 있었다.

그래서 내가 한 작업은 내 분야의 현대적 작업에 대한 총정리였다. 우리의 책, 학위논문을 망라해서 정리하고 중국과 일본의 학문적 성과와 그 의미를 요약했다(우리시대의 노장·현학 담론의 형성과 전개). 그전에 계간지 『오늘의 동양사상』에서 전공과 관련된 모든 논문과 책을 연도별로 조망하는 귀찮은 작업을 마다하지 않은 것도 같은 맥락에서였으며, 그 결과는 책(『노장철학』, 철학과현실사, 2002)의 부록으로 실렸다. 인문사회 쪽에 연구비가 돌면서 많은 젊은 학자들이 일제하부터 해방 후에 이르기까지 많은 철학적 논문을 분석하기도 했다. 잡지를 뒤지는 등, 수고로운 작업을 마다하지 않고 얻어진 결과였다. 한편으로 성태용 교수는 북한 쪽 자료에 많은 성과를 내고 있었다. 내가 국회도서관 북한자료실이나 연변대 도서관을 뒤지면서 실망한 분위기를 여전시키고 있었다(졸문, 「해방 50년 전후 이북의 철학과 문화」, 『철학과 현실』34, 철학과현실사, 1997 가을호).

그럼에도 나는 현대철학사를 쓰고 있지 않았다. 그들을 '철학자'로 대접하기보다는 '철학적 결과물을 낸 일반 학자군' 정도로 취급하고 있었다. 그들의 관점이 무엇인가를 생각하기보다도 그들의 주장을 옮기기에 바빴다. 한마디로 그들로부터 철학을 찾기보다는 그들의 존재를 찾기에 급급했다는 말이다.

존재가 있어야 그 철학도 있다. 그러나 철학을 보려고 하지 않으면 존재도 무의미하다. 게다가 존재를 넘는 철학의 발견에는 반드시 수반되어야 할 작업이 따른다. 그것은 어쩔 수 없는 비판적 이해다. 존재가 아무리 위대하거나 초래한 것과는 상관없이 그들이 벌여놓은 철학적 작업의 성과와 한계에 대한 적실한 평가와 그를 넘어서는 방향의 제시다. 그래야 그들의 주장이 철학으로 성립된다. 존사尊師나 배사背師의 같잖은 혐嫌이 여기서는 개입될 수 없다. 학연으로 알게 모르게 점철되어 구부러져버린 한국현대철학계에 비판의 칼날이 바로 설 수 없는 한 한국현대철학사도 없다. 좌우를 넘어서, 남북을 넘어서, 혈연·지연·학연을 넘어서 정당하고 공정한 기준을 제시하지 않는 한 한국현대철학사는 일개 대학보, 문중보, 족보, 지방지, 봉정지, 그리고 인물지에 머물고 만다.

그런데 이규성은 그 가능성을 보여주고 있다. 다른 것은 모를지라도 좌우를 넘어서려는 의지가 엿보인다. 좌만이 아니라 우도 다룬다. 글쎄, 좌우는 넘어서지만 학연은 넘어서지 못하고 있다는 평가가 나올지는 모르겠다. 후반부에 이르러서는 여전히 경성제국대학의 망령이 어쩔 수 없이 출몰하기 때문이다. 그러나 그는 개벽과 한얼교의 지도자, 그리고 무정부주의자를 제1부에서 다루고 제2부에서 경성제대 철학과 졸업생 3인(1931년 3회로 졸업한 신남철과 1933년 5회로 졸업한 박종홍과 그 동기인 박치우)을 다루면서도 무교회주의자이자 종교통합론적 경향을 띠는 함석헌도 다루고 있어서 나름의 균형을 갖춘다.

4. 내용

내용을 그대로 요약하기는 불가능하다. 다양한 사람들의 엄청난 이야기를 한 번에 옮길 수 없다. 그러나 내 나름대로 상식적으로 떠오르는 것은 세 가지다.

첫째, 유학자들의 의기義氣다. 여기에 등장하는 인물들은 거의 모두 유학적 소양을 어려서부터 갖춘 사람들이다. 그들은 천명을 배우고, 성리학을 배웠다. 그들은 자신이 옳다고 생각하는 것을 위해 목숨을 바칠 수 있었다. 이른바 '살신殺身의 정신'을 어려서부터 교육받은 사람들이다. 대종교의 세 지도자가 모두 자결로 생을 마감했듯이, 그들의 자존심과 세계에 대한 의무감은 하늘을 찌른다. 후배인 우리들이 감히 범접할 수 있는 의식세계가 아니다. 젊은 학생들이 일찍이 배워보지 못한 고상한 정신이다. 전통학문에 대해 부정적인 사람일지라도 현대철학자들이 유학을 통해 이렇게 독립과 투쟁의 결의를 다졌다는 것을 알아차린다면 교육의 방향에 대한 심각한 고민을 하지 않을 수 없을 것이다. 그들은 '이익'(利)과 '정의'(義)의 문제 사이에서 정의를 선택하라고 교육받은 사람들이다. 정의를 버리고 이익을 좇는 현대인과는 다른 차원의 고상한 정신세계를 유지했던 사람들이다. 하다못해 안중근이 전통교육과 천주교 사이에서 그의 신념을 키웠듯이, 이 책에 등장하는 모든 사람들은 의사義士는 아니었어도 의기가 충만한 사람들이었다. 현대인들이 가지지 못한 의로운 기상을 유학을 통해 그들은 갖추고 있었던 것이다.

둘째, 무화無化의 의미를 안다. 서양철학과 다른 동양의 가장 큰 특징은 무를 체인體認한다는 것이다. 동양철학자의 입장에서는 무를 모르면 철부지에 불과하다. 모든 존재는 존재를 넘어서 무화되지 않으면 제 기능을 다할 수 없을 뿐만 아니라 자기초월에서도 실패한다. 유는 늘 무와 대립되는 듯하지만, 무화를 통해서 대립을 넘어서며 마침내 절대무의 세계로 진입한다. 이런 무의 형이상학을 한국의 현대철학자들은 아무리 서양철학을 공부한 사람이라고 할지라도 알고 있었다. 존재신학만을 공부한 서구의 철학자들이 모를 무의 세계를 그들은 체득하고 있었다. 따라서 사유가 넓고 자유롭다. 이들은 유의 극한에서 무를 본다. 따라서 주체적으로는 허령虛靈할 수 있고, 객관적으로는 용감하다. 무의 세계 앞에서 우리는 모두 무릎을 꿇을 수밖에 없는데도, 유한의 아집과 사욕 때문에 우리는 질곡 속에서 머무르는 것이다. 일제의 제국주의는 그러한 아집과 사욕의 전형이기에 우리는 그것을 무화시켜 세계사적인 평형과 균등의 세계로 나가야 한다. 나의 투쟁은 유와의 투쟁이며, 무화를 통해 나를 넘어서 세계와의 합일을 꿈꾼다. 유의 세계관은 더 이상 한국현대철학사에서는 자리 잡지 못한다. 무를 통해 우리는 천지와의 합일뿐만 아니라 세계시민으로서의 자격을 획득한다.

셋째, 사상마련事上磨練의 학이다. 왕양명이 주장한 지행합일知行合一은 주자학의 그것과도 다를진데, 소크라테스의 그것과도 엄청나게 다르다. 양명의 지행합일은 '알면 하게 되어있다'는 것으로, 달리 말하면 '하지 않으면 제대로 알지 못한 것이다.' 돌이 날아오면 피한다. 이것은 돌이 날아오는 것을 '알면' 피하는 행동을 '한다'는 것을 뜻한다. 피하는 행동을 '하지 않으면' 돌이 날아오는 것을 '알지 못한 것'이다. 따라서 여기서 '앎'과 '함'은 인식과 행위의 동일성을 강조하는 것으로 현대적 용법에서 굳이 표현한다면 인식과 행위의 인식론적 일치성을 가리킨다. 그러나 현대에서 인식론은 지식의 영역에 머물러 실천의 영역에로 나아가지 못하기에 절름발이 신세가 되고 만다. 달리 말해 아는 것은 아는 것일 뿐, 아는 것과 하는 것이 동일한 것이라고 말할 방법이 없기 때문에 이해되기 어려운 것이다. 아는 것을 하라는 것이 결코 아니다. 그것은 소크라테스도 말했고 주자도 말했다. 사상마련의 의미는 이렇게 드러난다. '일을 마주하고 너를 갈고닦아라.' 세계는 무한한 상황의 집합이다. 비슷한 상황이 있을지 몰라도 똑같은 상황은 없다. 너는 일 위에 서라. 그 위에서 너의 지식과 경험과 의지를 연마하라. 그래야만 지행합일의 세계가 이루어진다. 돌이 날아오면 어떻게 피할 줄 알게 된다. 행위와 인식의 동일성이 한국의 현대철학자들에게는 일일이 각인되어있었다.

이런 세 가지 태도 위에서 구체적으로 한국현대철학자들이 벌인 사업도 세 가지로 요약된다. 여타의 많은 방법 가운데 특징적인 것들이다.

첫째, 그들은 자유로운 고전읽기를 벌였다. 금세대의 고전학자와는 달랐다. 충분한 고전교육에 바탕을 두는 것이었지만, 그들은 고전을 자기화할 줄 알았다. 경전은 더 이상 책으로 끝나지 않았다. 육상산의 표현과 닮았지만, 세계가 곧 경전이었다. 고전은 이 세계를 해석해놓은 것에 불과했다. 나의 각주가 경전이듯이, 모든 철학적 고전은 이 세계의 주석일 뿐이었다. 한국현대철학자들은 '세계-문헌-현재'라는 순서를 철저히 지켰다. 그들에게 세계와 문헌의 지위가 뒤바뀌거나 현재가 빠진 문헌은 없었다. 그들은 더 이상 '문헌 내 존재'가 아니었다. '세계 내 존재'를 실현하는 현재적 인간이었다.

둘째, 삼교합일의 정신이 있었다. 그들에게 유도불은 더 이상 문제가 되지 않았다. 새로운 세계를 향한 '한얼', '얼나', '양지良知', '영혼', '생기生氣', '이치理致'는 분법의 정신이 아니라 일치의 소망이자 행위의 이법이었다. 현실에서의 약동과 고통의 극복을 위한 것이라면 제도적 차이나 종교적 격차는 철저히 분쇄되었다. 유도불을 넘어서 서구의 기독교적 신학에 바탕을 둔 철학일지라도 그들은 언제나 받아들일 태도가 되어있었다. 그런 점에서 삼교합일을 넘어서는 사교합일이고, 정확히는 세계종교의 합일이다.

셋째, 실천의 철학을 했다. 철학이라는 것이 책읽기를 게을리 할 수 없어, 텍스트학의 범주에서 벗어나기 힘들다. 세계가 텍스트로 치환되는 것이다. 그러나 아나키즘은 그들의 이상을 실천했다. 마르크스주의는 더 이상 책벌레가 되기를 거부하면서, '세계를 해석할 때가 아니라 변혁할 때'라고 선언했다. 한국현대철학자들은 때로는 무정부주의와 마르크스주의적으로, 때로는 그 정반대에서 나름대로 실천했다. 동학이라는 종교적 운동을 통해서, 청산리전투를 벌인 김좌진을 길러내면서, 빨치산 운동을 하면서, 유신과 대치하면서, 때론 국민교육헌장과 정신문화연구원을 만들면서 현실과 함께 움직였다.

위의 설명이 요약된 구절 셋을 인용해보자.

-서일의 '성통공완性通功完'은 무無를 우주와 인간의 본성(性)으로 이해하는 마음으로부터 실천적 공효를 생산하려는 것이었다. 신채호의 영혼적靈魂的 아我는 가정과 국가를 벗어난 대아大我로서 만인의 자유연합을 조성해가는 자유의 주체성이었다. 박은식의 '구체적 상황 속에서의 심성의 수련'(事上磨練)은 자기중심성을 벗어나 사회적 연대(一體之仁)를 실현해가는 노력의 일환이었다. 함석헌의 '바닥사람'은 일체의 외면적 옷을 벗어버린 '맨 사람'에서 정치적 참여의 진실성을 찾는다. 신남철의 '능산적 인간'은 기존 질서와 계급을 넘어 다채로운 문화를 창조할 수 있는 모순의 주체성이었다(772쪽).

-이돈화와 김기전은 우주적 연대성에 기초한 자주적 인간형을 문화운동을 통해 실현하고자 했다. 신채호, 이회영은 무정부주의적 이상사회를 건국방략이자 실천이념으로 선택했다. 박은식은 우주적 소통성을 바탕으로 평등과 민권을 이해하고 실천하고자 했다. 박종홍은 신유가적 무無의 형이상학을 문화창조를 위한 현실 변증법과 연결했다. 신남철과 박치우는 자유주의를 넘어서는 변증법적 이성과 진보적 민주주의를 모색했다. 그들은 사회적 실천을 통해,

그리고 잡지와 신문을 통해 자신들의 사상을 논쟁적으로 소통시켰다(795쪽).

-생명 원리에 대한 관심과 미래적 생기生起에 대한 열망은 그에 대한 해석 방식의 차이에도 불구하고 현대 한국철학을 관류하는 형이상학적 기조였다. '약동불식躍動不息으로 운동하는 생동하는 기운(生氣)'(최시형, 이돈화), '무로서의 자유로운 기운(神氣)의 자발적 전개'(나철, 서일), '생생불식生生不息하는 양지'(박은식), '부단히 긴장하는 창조적 영혼인 씨알'(함석헌)의 생기生起, '무한히 자기 부정을 통해 전개되는 천명원리(天命의 理)'(박종홍), '무한 모순을 변증법적으로 해결해가는 생의 충동'(신남철)은 생명 원리라는 형이상학적 실재에 대한 한결같은 관심을 보여준다. 이렇듯 줄기차게 나타나는 생성에 대한 사변적 관심은 상실된 현실을 변형해가려는 의지의 표출이었다(899쪽).

5. 마무리

짧은 서평에서 드러내지 못한 것은 이규성의 철학이다. 그러나 그는 장차 1920년대의 신개인주의 사조의 임장화나 이에 바탕한 여성해방론(김원주, 김명순, 나혜석, 허정숙)을 다루고자 하니 나도 그 후로 미뤄야 하겠다. 그러나 대학원수업에서 이규성이 설명한 현대철학자들을 내가 재설명하고서야 학생들이 알아듣는 것을 보면서, 나는 이규성의 해석자가 되어야 할지도 모르겠다고 생각했다. 이를테면 「이규성에서 베르그송의 의미」와 같이 말이다. 이를 통해 베르그송이 한국현대철학자들에게 미친 영향이 드러날 수 있고, '자아의식은 노예의식'(779쪽)이라든가 '불안정한 삶이 선한 삶이다'(793쪽)라는 명제에 대한 이해도 시도해볼 수 있을 것 같다.

전체적인 기술은 아직 완전하지 못하다. 열전이 아닌 통사가 그리워진다. 북녘의 인물도 다룰 만한 사람이 없는지, 현실적 제한 때문인지 생략되어있다. 아울러 조심스러워야 할 부분이 있다. 현대철학자들을 다루면서 스승이나 선배에 대한 존경심 때문일지는 모르겠지만, 자칫하면 특정 학교에 한정될 수 있기 때문이다. 훌륭한 철학자에게 교육을 받았지만 그 철학을 전혀 이해 못하는 제자들이 그와 그의 것을 치켜세워야 자기도 올라가는 것이라고 생각하는 것처럼 비철학적인 것은 없다. 특히 한국현대철학이 특정 부류의 사람에 의해 정리되는 것은 위험하다 못해 무서운 일이다.

나는 대학원 보고서 발표회를 신채호 사당과 그 근처에서 1박2일로 준비했다. 신남철주의자도 나왔지만 신채호 발표자가 둘이나 있었다. 제수를 마련해 갔다. 나는 제주도의 한라산소주를 무덤에 뿌렸다. 백두에서 한라는 아니더라도, 이곳 청주에서라도 한라산 소주를 맛보라는 바람 때문이었다. 그리고는 쌓인 눈 위에서 큰 절을 했다. 그날 저녁부터 내린 눈은 폭설로 변했다. 검은 밤은 깊은데 하얀 눈은 그치지 않았다(黑夜愈深, 白雪不休).

함석헌이 인용한 왕양명의 시로 끝맺는다.

"어두운 밤 고요한데 파도는 구만리로 치솟는다."(夜靜海濤九萬里, 『전집』8, 296쪽/ 이규성, 518쪽)

『오늘의 동양사상』19, 예문동양사상연구원, 2008.10.

2

어찌 임금의 스승이 이단이란 말인가 -조선도가철학의 복원

조민환·장원목·김경수 역주, 『도덕지귀-성리학자 서명응의 열린 노자 읽기』, 예문서원, 2008.

1. 안채 유학과 사랑채 유학

1980년대 후반의 일로 기억된다. 정통 유학을 공부하신 원로 선생님께 인사를 드리러갔다가 이러저러한 이야기와 학위논문의 주제에 대해 즐겁게 나누었는데, 마지막에 일어서려는 때 그 선생님은 말씀하셨다. "그래도, 이단은 이단이지."

이단異端, 그 어원은 주자朱子에 있다. 그가 말한 벽闢이단론은 '이단을 쫓아내자'는 표어였고, 그 중심에는 '도통道統'이라고 불리는 진리와 비진리에 대한 강한 판석判釋이 있었다. 벽이단이란 벽사闢邪나 벽귀闢鬼처럼 정말로 몹쓸 것에 대해서 쓰는 표현으로 오늘날의 기준에서 볼 때 그것은 학문적인 용어가 될 수 없으며, 도통이라는 것도 많은 사람들이 긍정하듯이 현대에는 나

말고는 남은 틀렸다는 도통이 필요한 것이 아니라 서로의 다름을 받아들이는 학통學統이 필요한 것임에도, 우리는 아직도 이단과 정통의 망령에서 그다지 자유롭지 않다. 오죽하면 마음씨 좋은 원로 선생님이 대화의 논리적 순서에 상관없이 마지막에 그 말을 덧붙이셨어야 했을까? 낮은 담장을 걸어 나오면서 나는 생각했다. 물리적 담은 사라졌지만 정신적 담은 아직도 높으며, 그 걸게는 앞으로도 내 인생의 크나큰 장벽으로 작용할 것이라고.

우리가 주자학적 전통에 있다는 것을 부정하는 것도, 자랑스럽게 생각하지 않는 것도 아니다. 나는 전통을 공부하는 학자이며, 따라서 전통은 나의 생명과도 같다. 나는 따라서 동양철학이라는 모호한 구별법보다는 전통학이라는 용어를 즐겨 쓰며, 나 자신도 전통학자라고 정의하며 자칭한다. 물론 우리의 전통에는 주자학적 세계관이 조선, 그것도 후기에 이르러 확고히 자리 잡은 사실을 나는 수긍하고 포용한다. 그러나 우리가 잊지 말아야 할 것이 있다.

전통은 만들어진다. 홉스봄의 개념을 빌려 현대적인 개념으로 표현하자면, 전통은 창조된다(Tradition is innovated.). 창조될 뿐만 아니라 쇄신되고 개혁되고, 정확히는 중수重修가 아니라 중창重創된다. 이런 예가 좋다. <대장금>을 보자.

우리는 <대장금>을 통해 우리 조선의 역사가 과학적 의료에 기초하고, 신념에 충실하며, 아름다웠음을 '본다'. 그러나 우리가 보는 것은 허구로 창조된 역사이지, 사실史實로서의 곧이곧대로의 역사가 아니다. 그러나 우리는 어쩔 수 없이 그것을 통해 역사에 대한 관념을 갖는다. 그러나 그것이 틀렸다고만 볼 수는 없다. 어쩌면 그것은 회복된 역사, 복구된 역사, 반환된 역사(restored history)일지도 모르기 때문이다.

그것은 우리가 갖고 있는 로마시대의 기병에 대한 환상이 역사로 다가오는 것과 같다. <벤허>의 로마, <글레디에이터>의 로마, 우리는 그것이 할리우드 자본에 의해 재구성된 역사임을 쉽게 알아차리지 못한다. <벤허>는 예수를, <글래디에이터>는 마지막 5현제인 마르쿠스 아울레리우스를 등장시킨다.

그들은 먼발치에 있지만, 그들의 등장으로 이야기는 핍진성을 갖게 되고 마침내 우리의 의식 속에 로마제국이 그려진다.

우리가 알고 있는 조선성리학자의 고집스럽고 완고한 주자학적 분위기는 오히려 사실과 거리가 멀다. 그것은 조선 중후기, 더욱이 후기에서야 뿌리내리는 역사이다. 장자상속의 원칙이 자리 잡은 것은 조선후기이다. 짧게 보아, 300년도 안 된 역사이다. 그전만 하더라도 여자들도 제사를 지내는 '윤회봉사輪廻奉祀'였다. 봉사의 의무는 당연히 재물의 분배와 관련을 맺고, 따라서 고른 재산분배의 원칙이 있었다. 그러나 오늘날의 남녀평등은 의무는 지우지 않고 권리만 받아들인 기형적 형태로 전통 속 정치경제학의 원리를 무시한다.

더 거슬러 올라가, 고려 말과 조선 초를 산 유학자들의 발랄하고 개방적인 태도를 보라. 그들은 불교에 대한 신진사대부로서 유학자로 자기정체성을 갖고 있었더라도 유학 외의 여러 학문에 관심이 있었을 뿐만 아니라 조예가 깊었다. 나는 대표적인 인물로 양촌 권근을 꼽을 수 있다고 생각한다. 그는 역학만이 아니라 제자학까지 폭넓게 공부한 사람이다. 하물며 권근이 전집의 서문을 쓴 삼봉 정도전만 하더라도 그가 불교를 비판하고는 있지만, 그렇다고 해서, 단순한 학자만은 아니다. 정도전은 정몽주와 더불어 중국에 가서 목숨을 건 외교업무를 치러낸다. 그리고 정몽주는 이성계와 더불어 왜구를 친다. 그들의 생각은 넓었고 행위는 힘찼다.

중앙에서 멀어지면 변방은 오히려 고루해진다. 중앙은 늘 변하지만, 중앙을 늦게 배운 변방은 그것만이 중앙인 줄 알고 목매단다. 세월이 흐르면 흐를수록 중앙은 새롭게 변하는데, 변방은 과거의 중앙을 영원한 중앙으로 생각하고 집착한다. 사상도, 언어도, 중앙에서 멀어질수록 고물古物, 고음古音에 근접한다. 촌놈의 의식이다. 서울 한 번 다녀온 그는 늘 그것이 서울의 모습인 줄 안다. 서울의 유행은 이미 바뀌었는데도, 그것만이 세련돼 보이고 권력에 가까워보인다.

율곡 이이가 『노자』를 보았다니? 학문을 시작하는 사람들은 아직도 의아하게 생각한다. 박정희가 남로당이었다니? 같은 맥락에서 놀란다. <공산당선언>을 본 율곡은 빨갱이가 되고, 따라서 그는 『노자』를 보아서는 안 된다. 율곡은 노장 주석서인 『순언醇言』이라는 글을 남겼지만 그의 문집에서조차 제외되었다. 이런 금기가 폭력화되어 오랫동안 학자들을 괴롭혀왔다. 그러나 분명 성리학자들은 『노자』와 『장자』를 보았다.

이렇게 이야기하자. 주자도 『노자』를 보았는데, 왜 주자학자는 『노자』를 보아서는 안 되는가? 누구는 보아도 되고, 누구는 안 되는가? 그것은 그야말로 '검열의 오만'이다. 검열자는 보아도 되고, 우리는 검열자에 의해서 걸러진 것만 보아야 할 정도로 무식한가? 아니, 우리는 그렇게 나약한 지성을 지녔단 말인가? 뜨거운 물에 찬물을 타주어야 할 정도로 우리가 뜨거운 물과 찬 물도 구별하지 못한단 말인가? 검열의 오만은 도대체 우리의 지성이 얼마나 나약하길 바라는 것인가? 우리는 얼마나 엄마 손을 꼭 잡고 살아야 한단 말인가?

게다가 우리의 의식은 덧붙여진다. 내가 한 번 엄마가 된 이상, 나는 끝내 엄마이어야 한다. 아이가 너무나 컸는데도 이것저것 간섭하길 좋아한다. 새로 얻은 며느리에 질투하며 아들을 보호하려 든다. 며느리는 신여성이라 세계의 변화와 유행을 아는데도 그녀의 입과 코를 막고 아들을 감싼다. 그녀는 벙어리 3년, 귀머거리 3년을 보내다 똑같은 시어머니의 길을 가고, 아들은 치마폭에서 평생을 산다. 편하다. 즐겁다. 온전하다. 우리의 유학이 '마마보이 유학'이 된 역사가 이와 같다. 기와집에서 안주한 역사가 우리 현대의 얼굴이고, 그 안채로 유학이 숨어있는 것이다.

왜 정통유학자들이 노장을 보았는가 생각해보자. 그들은 활력을 위해서라도 반론이 필요했던 듯싶다. 자체 사상체계 속에 완전한 성리학의 구조는 새로운 피가 필요했다. 자신을 위해서라도 적이 필요했던 것이다. 그들은 안채 유학에서 벗어나 사랑채 유학을 하고자 했다.

2. 노자와 주자

나 자신도 주자가 『노자』에 대해 상당한 분량으로 곳곳에서 거론하고 있음을 보고 적지 않게 놀랐던 시절이 있었다. 그것은 우리 성리학 또는 유학교육의 현주소를 보여준다.

첫째, 주자는 『노자』를 보지 않았다. 주자는 우리의 아버지다. 우리 아버지가 여자를 만난 역사는 감출수록 좋다. 우리 아버지는 홀로 아버지가 되었지, 여인과 관계하여 나를 낳지 않았다. 더욱이 외간 여자라면 더 그렇다. 이때 주자는 신이지 철학자가 아니다. 그는 역사 속에 있지 않고 신화 속에 있다.

둘째, 주자는 따라서 이단사상과의 교접이 없었다. 그의 평생화두였던, '무극과 태극은 같은 것이다'(無極而太極)라는 명제는 더 이상 도가와는 상관이 없다. 주렴계의 『태극도설』은 진단의 <태극도>와는 관련되지 않고, 따라서 주자는 주렴계만 보았지 진단을 보지 않았다. 철학은 역사적인 행위가 아니라 무로부터 유의 창조이다. 주자는 비조로 그 이전에는 아무것도 없었다.

현재의 우리는 이런 해석을 결코 받아들이지 못한다. 그러나 교조주의적 유학자들은 이와 같은 독단을 무기로 삼았다. 하다못해 주자학이 도가와 불가의 비판에서 나왔다는 해석조차 불가능했던 것이 바로 우리의 현실이었던 것이다. 주자조차 '노불老佛'을 말함에도,[1] 그리고 곳곳에서 그들의 개념을 차용하고 있음에도, 주자학자들은 그것을 숨기고자 했다. 어머니는 옆집에서 앞집에서 쌀을 얻어다 미음을 끓여 죽어가는 아들을 살려주었는데도, 자식은 그 노고를 부끄러워했고 숨기고 싶어 했다. 지금은 성리학의 탄생과정을 설명하는 데 도가와 불가의 영향을 말하는 것이 어느 정도는 자연스럽게 되었지만, 아직도 몸서리치게 거부하는 자가 있다면 그는 정말 불효막심하다고 할 수밖에 없다.

이렇게 말하면 더욱 자극적일까? 주자의 내용은 불교에서, 형식은 도가에서 많이 빌려왔다고. 도식으로 말해보자.

---

1 『주자어류』 권125「老氏」. 그는 『주역참동계』와 『음부경』에도 관심이 많았다.

(가) 주자의 사상을 이루고 있는 틀: 불교
주자의 언어가 빚지고 있는 곳: 도가

(나) 주자의 체용론 가운데 체론: 불교
주자의 리기론 가운데 기론: 도가

(다) 주자의 체용론 가운데 용론: 역학
주자의 리기론 가운데 리론: 왕필

위의 도식은 논란의 여지가 충분히 있다. 특히 (가)의 대전제는 조심스럽지 않을 수 없다. 그러나 우리에게 필요한 것은 일단 이러한 구별을 통해 사상의 교접과정과 그 원류를 심각하게 고려해보아야 한다는 점이다. 결과는 그 반대일 수도 있다. 그러나 주자라는 위대하고 거대한 학자를 놓고 우리가 사상의 맥류를 찾아내지 않는 것은 광속의 보물에만 집착하다 그가 어떻게 보물을 수집했는가를 잊어버리는 꼴이다. 따라서 현재까지의 주자학 연구가 '미시주자학'이었다면, 이제는 '거시주자학'으로 나실 필요가 있다는 말이다.

(나)의 경우는 많은 확신이 간다. 체론과 기론은 주자 이전의 유학이 분명히 드러내고 있지 않기 때문에 아무래도 그 공로를 주자에게 넘기는 것이 나을 듯하다. 그래야 주자의 변증적인 통합이 더욱 탄력을 받고 철학사에서 그의 지위가 공고해진다. 다만 체론은 불교의 '불성'론과 더불어 실체론 곧 '자성自性' 또는 '무자성無自性' 논의와 연결되기 때문에 세심한 주의를 요한다. 그러나 주자는 그런 논의에 심각하게 개입하려했다기보다는, 체성體性에 대한 인식을 통해, 유학의 본류를 잡으려 했던 것으로 보인다.

역학과 왕필의 역할에 대해 말하기는 어렵다. 그러나 (다)의 도표에서처럼 역학이 용의 사고를 지녔다는 것과 왕필의 의리역義理易의 구조가 주자를 통해 가까스레 접근하고 있음을 발견할 수 있다. 역학에서 체는 아무 것도 아니다. 반면, 용육用六과 용구用九를 통한 용형用形의 사고가 시원 역학에서는 무엇보다도 중요하다. 주자는 『주역』을 점치는 책(占筮之書)으로 보았다는 점에서 용의 사고를 받아들이면서도, 리의 역할을 부각시켰다는 점에서, 못 만날 것 같은 개념의 접합을 이루어낸다. 그것이 주자 사유의 독특함이며 장점이 아닐 수 없다.

(라) 체, 리(理之體)-불교
용, 기(氣之用)-도가

이와 같은 도식은 이해하기는 쉬울지라도, 오히려 주자의 구체적인 고민을 담지 못한다는 데 큰 단점이 있다. 그리고 이후의 주자학은 이런 구분 때문에 용의 세계와 기의 세계에서 점차 멀어지게 된다.

우리는 이런 주자의 고민과 범주 그리고 학문적 체계 수립을 머리 속에 넣고, 주자학자들의 노장 읽기에 동참해볼 필요가 있다. 더욱이 조선주자학자들의 엄격한 체계 속에서 노장이 어떻게 읽혔는가를 보는 것은, 현재 서구화된 의식 속에서 전통개념이 어떻게 읽히고 있는가를 되돌려보는 것이기도 하다. 나는 조선주자학자들의 관점이, 그것이 비판일변도이건 아니면 긍정적이건 간에, 세계 해석의 적극성을 보여준다는 점에서 그 의미가 크다고 생각한다. 그들의 세계에 대한 이해를 엿보는 것은, 오늘날 우리와 같은 전통학자들이 어떻게 오늘의 세계를 면대할 것임을 추측해보는 행위이기도하다.

3. 조선도가철학과 『도덕지귀』

이번에 번역된 『도덕지귀』는 그런 점에서 매우 의미가 깊다. 이 책은 영정조 시기의 소론 경화사족이었던 보만재保晩齋 서명응(徐命膺: 17116-1787)의 『노자』 주석서이다. 그는 북학北學의 관점에서 성리학의 이단과 정통이라는 시각에서 탈출하여 '이치에 합당하고 하늘에 합치되는 것'(當於理, 合於天)을 찾고자 노력한다(「도덕지귀후서(後序)」, 번역서, 60쪽). 여기서도 알 수 있듯이, 그에게는 리만이 문제가 아니라 천도 문제였다. 이치는 성리학적인 개념으로 리기론의 설정이라면, 하늘은 자연과 인위라는 천인관계의 설정이다. 사실상 천인관계가 좀 더 본래적이며, 리기론도 본연지성인 천리와 기질지성인 인욕이라는 두 틀에서 크게 벗어나지 않는다. 그런 점에서 『노자』도 천리에 합당할 수 있음을 지적하고 있는 것이다.

서명응은 이이가 『순언』을 통해 『노자』를 주석한 사실을 잘 알고 있었으며, 우리에게 주자학을 전해주었다는 원나라의 오징吳澄도 『도덕진경주道德眞經註』라는 『노자』 주석서를 낸 것도 알고 있었다. 게다가 1769-1770년간에는 동지정사冬至正使로 청나라를 방문하여 500여권의 수리, 역법에 관한 책을 구해 돌아오기도 할 정도로, 세계정세에도 밝았다.[2] 그에게 『노자』를 보지 않는 것은 마치 마땅히 공부해야 할 것을 버려두고 있는 것으로 여겨진 것으로 보인다. 그가 후서에서 자신이 『노자도덕경』에 주석한 것은 1777년 정조 원년에 귀양을 갔을 때의 일이 아니라, 그보다 7,8년전인 1769년(영조 45)의 일이라고 굳이 밝히는 까닭도 거기에 있다(「후서」, 58쪽). 귀양을 갔을 때 아들이 소일거리로 넣어준 것을 보고 다시 정리하게 되었다는 말을 붙이는 것이다.

서명응은 소론으로서 노론이 주도하는 국가경영에 직접적으로 투신하고 있었다. 특히 정조의 스승으로서 그의 신뢰를 듬뿍 받고 있었으며, 정치적 경력은 대체로 순탄했다. 그럼에도 불구하고 그는 『대학』과 『중용』 그리고 『상서』는 물론, 『주역』과 도교에도 관심이 많았던 것이다. 『도덕지귀』는 도교문헌인 『주역참동계』의 주석서인 『주역참동고(參同攷)』를 짓기 전에 쓰였다.[3]

이 책의 머릿글을 쓴 조민환에 따르면, 조선시기의 『노자』에 대한 이해는 세 가지 틀을 지니고 있었다.

---

2 해제: 보만재 서명응의 사상과 『도덕지귀』, 21쪽, 주 12) 참조. 「해제」는 장원목, 「보만재 서명응의 생애와 학문」, 『한국사상과 문화』 22집(2003.12)을 근간으로 한 것이다.

3 『참동고』의 서문은 1786(정조 10)년, 서명응 71세에 지어졌다. 타계 1년 전의 일이다.

첫째는 '성리학적 리기론의 차원에서 리우월주의를 강조하면서 노자사상을 기적인 차원으로만 이해하거나, 혹은 일방적으로 이단으로 규정하고 배척하는 입장'으로, 삼봉 정도전, 회재 이언적, 퇴계 이황, 남당 한원진, 옥동 이서 등이 이런 태도이다.

둘째는 '유가와 도가의 차이점보다는 같은 점에 주목하는 경우'로, '유가로 『노자』를 해석하는 입장'(以儒釋老)인데, 이이가 대표적으로, 그는 비교적 개방적인 태도로 노자도 실용성과 사회성을 띠고 있다고 평가한다.

셋째는 '유가의 입장에서 『노자』를 이해하되 유가와의 차이점과 같은 점을 동시에 거론하면서 보다 객관적으로 이해하는 입장'으로, 서계 박세당, 연천 홍석주, 보만재 서명응 등이 이런 태도를 갖는다. 비록 이 입장도 유가우월주의적인 사유를 보이지만, 최대한의 객관성을 확보하며 시대의 변화에 따른 인식의 변화를 드러낸다.

조민환은 따라서 서명응이 조선후기 진리관의 변모를 보여주고 있다고 주장한다. 그리고 그 결과물이 『도덕지귀』라는 것이다.

"서명응은 『노자』 주석서인 『도덕지귀』를 통하여 기본적으로 『노자』를 조화造化, 양생養生, 처세處世라는 세 가지 입장에서 이해하고 있는데, 이것은 도가사상이 유가사상과 어떤 동이점이 있는가 하는 탐구로 이어진다. 아울러 서명응은 『도덕지귀』를 통하여 원형으로서의 복귀를 강조하고 유有보다는 무無를 중시하는 사유를 보이면서 '무로써 유를 제어하는 것'(以無制有)을 말한다. 이런 사유는 일종의 '무로부터 다시 시작하라'는 것이다. '무로부터 다시 시작하기'는 기존 사유에 대한 회의와 반성이 담겨 있는 것으로, 이는 바로 그가 새로운 시대에 걸맞은 새로운 철학을 모색하고 있다는 증거가 된다. 서명응 시대의 진리관은 성리학 성립기의 진리관이나 조선 전기의 진리관과 달라져 가고 있었다. 기성의 진리가 아닌 새롭게 살아 있는 진리에 대한 열망은 이윽고 서명응으로 하여금 성리학적 진리관을 대신할 새로운 진리관을 모색하게 하였고, 그 결과물로 나타난 것이 바로 『도덕지귀』였던 것이다."[4]

조민환은 서명응의 시대에 왜 진리관이 달라졌는가를 구체적으로 명시하고 있지는 않다. 게다가 그가 말하는 '박학적 관심'이 청나라의 '박학樸學'을 말하고 있는지, 아니면 「해제」에서 명시하는 박물학적인 '박학博學'을 말하고 있는지도 분명하지 않다. 만일 위의 박학이라면 반주자학적인 실학을 가리키는 것이고, 아래의 박학이라면 서세동점의 시대에 천문지리라는 새로운 세계에 대한 인식을 뜻하는 것일 것이다. 아무튼, 조민환이 말하는 '서명응의 시대'에 대한 규명은 우리의 숙제로 주어졌다. 그리고 그 도구로 『도덕지귀』가 던져진 것이다.

나도 『도덕지귀』를 보면서 늘 이런 의문을 갖고 있었다. 왜 기호학자들이 노장에 관심이 많았을까? 한원진은 정통 노론이었고, 박세당은 그것에서 벗어나 있었지만, 어찌 되었던 그들은 노장을 언급했다. 최대의 모욕은 무관심이라는 말처럼, 그들의 주해는 비판조이건 수긍조이건 관심의 한 모습임이 틀림없다. 그들은 과연 노장을 통해, 새로운 세계의 도래를 준비했을까?

서명응은 국가적 편찬사업에도 깊이 관련했고, 그는 은퇴기에 자신의 저술을 총편집하는 영예를 누렸다. 죽어서가 아니라 살아서 자신의 문집을 출간하고, 임금에 의해 칭송되는 영광을 받는다. 보만이라는 호도 1781년 정조가 지어준 것이고, 다음 해는 『보만재집』 24권에 대한 어제시御製詩를 하사받기도 한다. 『보만재총서』는 정조로부터 '우리 동쪽에서 400년간에 이런 거편이 없었다'는 칭송을 받는다.[5]

서명응의 『노자』 이해는 크게 보아 역학에 근거한다. 이때 역학은 하도河圖를 중심으로 한 대역大易을 가리킨다. 노자의 81장도 이에 따라 9절로 분절된다. 통행본 『노자』 22장이 『도덕지귀』의 21장이 되어 36장까지 장수가 하

4 「책머리에」, 10쪽.

5 「해제」, 23쪽.

나씩 빠지고, 앞에서 빠진 21장이 37장으로 편집되어 현행 『노자』와는 약간의 출입이 있지만, 서명응의 『노자』는 아래와 같이 구성된다.

1절: 『노자』 제1장: 태극의 1을 형상화한다.
2절: 『노자』 제2-10장: 정精, 기氣, 신神을 닦는 효용성을 말한다.
3절: 『노자』 제11-16장: 태극이 6을 머금고 있음을 형상화한다. 1절의 끝이다.
4절: 『노자』 제17-23장: 소양이 7을 머금고 있음을 형상화한다.
5절: 『노자』 제24-31장: 소음이 8을 머금고 있음을 형상화한다.
6절: 『노자』 제32-36장
7절: 『노자』 제37-51장
8절: 『노자』 제52-66장
9절: 『노자』 제67-81장: 지知와 신信으로 끝을 맺는다.

이는 분명히 서명응이 선천의 상수로 『노자』를 보고 있음을 여실하게 보여준다. 제3, 4, 5절에 각 6, 7, 8개의 장을 배분하여 그 의미를 궁구하고 있다. 특히 제2절의 경우는 내단사상과 관련을 맺고 있으며, 제9절의 경우는 내단사상과 선천역의 교차점으로 지신론을 내세운다. 서명응은 실제로도 선천역에 대한 연구서로 『선천사연先天四演』을 지었다.

그런 점에서 서명응은 의리역학보다는 상수역학에, 그것도 후천역학이 아닌 선천역학에 더욱 관심이 많았던 것으로 보인다. 그런 점에서 당시의 사상계와는 달리, 독자적인 행보를 걷고 있다.

"그는 정통 주자학자들과는 달리 사서보다는 오경에 더욱 관심을 가졌으며, 『주자대전朱子大全』이나 『주자어류朱子語類』보다는 『성리대전性理大典』을 더 중시하였다. 서명응의 철학적 문제의식을 특히 잘 보여주는 것은 그의 역학易學이다.(…) 서명응은 정이의 의리역학보다는 의리역과 상수역을 종합한 주희의 역학에 치중했으며, 나아가 소옹의 선천상수역학에로 천착해 들어가서 그것을 더욱 부연해 나가는 과정에서 형성된 것으로 보인다."[6]

결국, 서명응의 사상은, 김윤수가 보듯이 '선천사상이 그의 대표사상인 동시에 최전방의 사상'[7]이며, 이봉호가 말하듯이 '선천학으로 일관되어, 하도를 중심으로 주돈이의 『태극도설』과 소옹의 『황극경세서』의 논리를 포괄'[8]하고 있는 것이다.

나는 여기에서 『노자』를 바라보는 새로운 시각을 만난다. 그것은 왕필과는 다른 상수적인 이해이다. 서명응의 구분에 따라 제2절을 기준으로 본다면 하상공적인 이해에로 복귀하는 태도도 보인다. 왕필 위주의 해석에서 벗어나 좀 더 폭넓게 바라볼 가능성을 엿본다.

그런데 더욱 중요한 것은, 책임역자인 조민환, 장원목, 김경수와, 실질연구자로 이봉호, 조한석, 권종욱이 독자들로 하여금 이러한 시각을 종합하여 연구하고 판단할 수 있도록 상세한 교감 및 주해를 달아주고 있어 그 가치를 배가시키고 있다는 점이다. 죽간본의 판본학에서 박세당의 주에 이르는 그들의 치밀한 해설을 완독하는 것은 곧 방대한 노자학만이 아니라 성리학의 주요개념을 섭렵하는 것이며, 더 나아가 조선도가철학사를 일독하는 셈이 된다.

이제는 학생들과 『노자』를 볼 때, 이 책을 텍스트를 삼고 보아야겠다는 생각이 든다. 자연스럽게 전통 속의 문제의식과 더불어 『노자』의 여러 이해를 맛볼 수 있기 때문이다. 번역자들의 노고에 거듭 감사한다.

---

6 「해제」, 34-35쪽.

7 김윤수, 「서명응의 『참동고』와 『역참동계상석』」, 『한국도교와 도가사상』, 한국도교사상연구회, 아세아문화사, 1991, 471쪽.

8 이봉호, 「서명응의 선천학적 체계와 서학 해석에 관한 연구」, 성균관대학교 박사학위논문, 2005, 머리말.

3

김홍경의 『노자』

김홍경, 『노자-삶의 기술, 늙은이의 노래』, 들녘, 2015.

우리말로 된 『노자』는 많다. 그러나 그렇게 많은 편도 아니다. 서양인들이 해낸 작업에 비하면 오히려 우리는 초라하기 짝이 없다. 영역본만 하더라도 250종이나 되니 말이다. 게다가 꼼꼼히 현대의 모든 작업을 정리하여 학문적으로도 의미 있는 작업을 하기란 여간 어려운 일이 아니다. 그런데 최근 선택의 가능성을 하나 더 높여준 작업이 나왔다.

김홍경의 『노자』는 체제부터 기존의 『노자』와는 다르다. 우선 이른바 『도덕경』이 아닌, 『덕도경』의 편제를 취하고 있기 때문이다. 1973년 중국 호남성 장사長沙의 마왕퇴馬王堆에서 발굴된 『노자』의 형태를 좇아 「덕경」을 「도경」보다 앞세운 것이다. 이러한 판단에서 알 수 있듯이, 김홍경의 『노자』는 통행본으로 알려진 왕필王弼본이 아니라, 마왕퇴 백서帛書본, 그것도 갑본을 저본으로 삼고 있다. 아울러 1993년 중국 호북성 형주荊州 근교의 곽점郭店에서 발견된 초간楚簡본 『노자』 잔문도 중요 자료로 반영하고 있다. 다시 말해 김홍경의 『노자』는 두 차례에 걸친 세기적인 발굴을 기반으로 『노자』에 대한 새로운 연구를 시도하고 있는 것이다.

김홍경의 『노자』는 판본학에서 자신이 있다. 스스로 발굴본을 보지 않는 것은 어떤 이유에서도 정당화될 수 없다고 말하듯, 여러 고증의 결과를 요목조목 원용하고 있다. 그 정리의 결과가 이 책인 것이다. 어떤 이는 현행 『노자』

의 편제를 뒤집었다고 작자를 비난할 수도 있겠다. 이른바 몇천 년 동안 내려온 판본의 전통을 묵수하지 않은 방자한 학적 태도라고 힐난할 수도 있겠다. 그러나 그런 태도는 사실상 『한비자韓非子』부터 시작되었음을 모르기에 하는 소리이다. 진정으로 『덕도경』의 편제를 욕하려면 한비자부터 탓해야 한다.

김홍경의 『노자』는 또한 자기의 견해가 분명하다. 학자들은 모름지기 '나'를 내세워야 하는 직업을 갖고 있다. 내가 없으면 말할 것도 없다. 아니, 말해서도 안 된다. 문구의 해석에서 내가 강조하는 것은 '틀려도 좋으니 제대로 말하라'는 것이다. 그릇된 것은 후학이 고치면 되지만, 모호한 것은 고칠 수도 없으니, 학적 발전이 어렵기 때문이다. 김홍경의 『노자』는 그런 점에서 덕이 많다. 그 덕은 부덕不德일 수는 있어도 적어도 악덕惡德은 아니다.

김홍경의 『노자』는 초간본 『노자』 잔문이 『노자』가 아니라고 주장한다. 아직 『노자』의 형태를 갖추지 못한 그 무엇이라는 것이다. 그런 점에서 초간본을 『노자』라고 정리하는 학자들을 과감히 비판하고 있다. 그리고 『노자』의 진秦 제작설을 주창한다. 왜냐하면 『노자』는 기본적으로 군주의 통치를 위해 정리된 것이기 때문이며, 아울러 『노자』의 제작자는 진과 한漢 정부와의 관계를 고려했다는 학설을 받아들인다. 이때 무위無爲는, 크릴이 말한 것처럼, 임금의 통치술이 된다. 게다가 『노자』는 도가로 분류되기 전에는 잡가적이었다고 말한다. 이는 사마담이 도가를 도덕가로 부르면서 음양·유·묵·명·법의 장점을 계승했다고 기록한 것과 같다.

그 가운데에서도 가장 주목해야 할 점은 바로 진 제작설이다. 김홍경의 『노자』는 진을 보는 우리의 시각이 기본적으로 한에 의해 왜곡되었다고 보고 있다. 마치 왕조가 바뀌면 마지막 왕에 대한 훼멸이 언제든지 따르듯이 진도 생각보다는 훨씬 부드러웠음을 강조한다. 진의 분위기에서 『여씨춘추』와 같은 책이 가능했다면, 『노자』도 시황에 대한 견제역할을 할 수 있었다는 것이다. 이를 위해 통행본과 다른 백서의 다른 모습을 다섯 가지로 정리한다. 『노자』 전문에 걸친 어조사 혜兮/ 가呵 또는 호乎의 문제, 제27장의 관건關鍵/ 관약關籥의 문제, 제79장의 좌계左契/ 우계右契의 문제, 제12장의 상爽의 뜻이 초

楚 나라 방언에서 '국이 상하다'는 뜻이라는 문제, 제14장의 숭고의식(古之道)/현실의식(今之道)의 문제를 들어, 노자는 초 문화가 아닌 진 문화의 소산이라는 것이다. 결국 『노자』는 『여씨춘추』와 관련된 사람에게서 나왔다는 주장이다. 이는 기존의 중국이나 일본의 학설을 뒤집는 독창적인 견해로 주목할 만하다.

게다가 김홍경 『노자』 체제의 가장 큰 특징은 각 장마다 꼭지글(exergue)이 달려 있어 큰 주제를 생각하게끔 해주고 있다. 『회남자』, 『장자』, 『여씨춘추』는 물론, 『논어』와 『맹자』까지 인용을 해가면서 사상의 지형도를 엿보게 해준다. 그리고 각 문장마다의 해석이 매우 상세하여 공부하는 사람에게도 자료적 가치가 높다. 번역의 충실성이 돋보이는 부분이다.

『아카필로』8, 철학아카데미, 2003.6.1.

4

동아시아 기론의 전개

마에바야시 기요카즈·사토 고에쓰·고바야시 히로시 지음,
『기의 비교문화』(氣の比較文化), 한울, 2006.

1. 기氣의 다의성

왜 늘 기氣가 문제일까? 기는 말하는 사람도 많고, 안다는 사람도 많다. 언어적 차원에서도, 인식적 차원에서도, 나아가 실용적 차원에서도 우리 사회의 일부처럼 느껴질 정도로 친근한 개념이다.

'노래가 인기人氣를 끈다'고 말할 때부터 '기운氣運이 없어'라고 말할 때까지, 기의 개념은 우리 일상과 생활에서 너무도 친숙하게 쓰인다. '기가 빠지다', '기를 쓰다', '기가 세다', '기가 없다', '기가 차다' 등, 기란 단어는 독립적으로도 자주 쓰인다. '기색氣色', '골기骨氣', '기상氣象', '생기生氣', '기분氣分', '기백氣魄' 등 복합관념은 더욱 많이 쓰이고 있다. 우리말과도 자주 연합하는데, 워낙 오랫동안 가까이 쓰이다보니 한자어라기보다는 우리말에 가까워지기도 한다.

그럼에도 기가 무엇이냐는 물음에는 모두들 망설일 수밖에 없다. 그것의 다기多岐성에 바탕한 애매모호함에 다들 질리기 때문이다. 무협지에서 한의학에 이르기까지, 기공氣功술에서 현대물리학에 이르기까지 기는 어디에서도 통하는 무소불위의 전가傳家의 보도寶刀처럼 여겨지기도 한다.

나 자신도 학위논문을 기론으로 썼으면서도, 사람들이 기 이야기를 하면

우선 머뭇거리게 된다. 상대방이 말하는 기가 무엇인지 그것부터 파악해야 하기 때문이다. 기공을 말하는 것이라면 태극권 등 무술의 이야기를 꺼내야 할 것이며, 전통의학을 말하는 것이라면 우리의 신체와 직결된 경락經絡 등을 말해야 할 것이지만, 성리학의 이기理氣론이라든지 신과학운동에서의 기론이라면 좀 더 형이상학적인 일원론을 바탕으로 하는 일기一氣설을 꺼내야 한다. 나처럼 동양의 기론의 발원지로 『장자莊子』를 거론하는 경우에는, 좀 더 민감해서, 마르크스주의자들의 유물론을 견제하면서 철학사에서 전개되는 기론의 여러 의미를 제시하지 않을 수 없다.[1]

과연 이러한 다의적 기론 속에서 우리는 무엇을 찾아내야 할 것인가? 우리의 궁극적인 목적은 여기에 있다. 기에 대해 묻는 것도 그것이 우리에게 무엇인가를 가져다주리라는 보이지 않는 희망 때문이다. 아직 우리가 그 무엇을 찾아내는 데는 성공하지 못한 듯하다. 어느 누구도 동감하는 기의 세계를 공유하고 있지 못하기 때문이다. 각자의 기론 속에서 각기의 형이상학이나 이론을 제시하고 있을 뿐이다. 그런 점에서 이 시대는 기론의 백화제방百花齊放 시대이기도 하다. 나름의 꽃을 자랑하고 있지만 어떤 큰 그림은 이루어지지 않은, 나무는 있되 숲은 없는, 기론의 춘추전국시대이다. 어떤 분야는 꽃이 펴서 나름의 색깔을 뽐내고 있는 듯 하지만, 크게 보아 꽃은 있되 열매는 아직 못 맺고 있는 듯하다. 이런 상황에서 우성인자를 뽑아내기 위한 잡종교배는 아직도 요원한 일이 아닐 수 없다.

그런데 몇 년 전 일본에서 동아시아의 기를 폭넓게 비교한 업적이 나왔다. 일본에서는 『기의 연구』(東京美術, 1977), 『기의 사상』(東京大學, 1978) 그리고 『기의 세계』(東京大學, 1990) 등으로 중국문헌과 관련된 연구가 있었고, 중국에서는 『기』(中國人民大學, 1990)라는 통사적인 연구가 있었다. 비교적 세밀하게는 중국에서는 『중국고대의 원기학설』(湖北人民, 1986)이, 일본에서는 『회남자에 나타난 기의 연구』(漢魏文化學會, 1961) 등이 있어왔다. 그러나 지금 소개하는 『기

1 鄭世根, 『莊子氣化論』(臺北: 學生, 1993), 中國哲學叢刊 34.

의 비교문화』(昭和堂, 2000)처럼 중국, 한국, 일본을 통틀어 취급한 적은 없다.

2. 저자와 책

이 책은 일본인 학자 3인의 공저이다. 중국철학전공자(佐藤 貢悅), 한국철학전공자(小林 寬) 그리고 무예사상사 전공자(前林 清和) 3인이 매5장을 같이 썼다. 중국, 한국, 일본의 순서를 정하여, 제1장은 기 사상의 전반적인 흐름에 대해, 제2장은 음양과 풍수를, 제3장은 리기론을, 제4장은 양생사상을, 제5장은 무술과 기에 관해 정리했다. 제1장을 제외하고는 모두 4절로 이루어졌는데, 결론격인 마지막 제4절은 각자의 전공에 따라 나누어 또는 함께 집필했다. 각자의 장기를 살려 저술한 셈이다.

내가 이 책을 얻은 것은, 집필자 가운데 하나로 중국 분야를 담당한 사토 고에쓰 교수 덕분이다. 사토 교수는 1956년 생으로 현재 쯔쿠바 대학 철학사상학과 교수이다. 나는 그와 홍콩의 중문대학의 국제학회에서 처음 만났고, 이후 북경의 국제중국철학회 때도 볼 수 있었다. 북헤도 시골 출신(網走郡美幌町)으로 아이를 넷이나 기르는 호방하고 걸출한 인물이다. 우리 식 표현이겠지만, 정말 일본인답지 않은 일본인이다. 특히 북경에서 만났을 때는 술과 더불어 밤을 새며 여러 철학사적인 관점을 함께 나눌 수 있었고, 이후 잦은 교류가 이루어지게 된 것이다. 사토 교수는 한국에도 머문 적이 있으며, 현재도 한국의 박사후 과정생을 맡고 있기도 하다. 최근에는 퇴계학회에서 그를 초청하여 탄생 500주년 행사를 치르기도 했다.

일본의 40대 학자들이 이렇게 힘을 모아 동아시아 삼국의 기론을 정리해 냈다는 것은 우리에게 시사하는 바가 크다.

먼저, 각기의 전공을 잘 살려, 이렇게 완정된 책을 만들 수 있다는 가능성이다. 학자라고 하지만, 자기 전공 외에는 모르기 마련이다. 그럴 때 그런 국한성을 벗어날 수 있는 방법은 바로 이러한 연합저술이다. 중국과 일본이 이런 방법으로 좋은 책을 많이 내고 있는 반면, 우리는 이상한 폐쇄성과 아집 때문에 공동작업을 많이 꺼리고 있다. 달리 보면, 실력 있는 사람이야말로 공동저작에 참가할 수 있음에도 거꾸로 생각하는 풍토가 아쉽다.

둘째, 흔히들 기론이라면서 '동양'이라는 의미로 자국의 기론의 특색을 정리하지 못하는 경우가 많다. 설명하는 기론은 중국의 것인데도, 그것이 곧 한국의 것인 양 착각한다는 것이다. 이는 우리가 반성 없이 사용하는 '동양'의 의미가 갖는 자기함몰성과 직접적으로 연관된 것이라는 큰 주제를 담고 있다. 마치 내가 미국에서 공부하면 내가 미국인인 듯 착각하는 것과 같다. 그런데 이 책은 한국과 일본을 중국과 구별해 내면서 나름의 변별성을 강조하고 있다. 이런 시각은 우리에게 절실한 것이다. 일본은 분명 '중국'과 '일본'을 구별하고 있지만, 우리는 '동양'이라는 말로 우리와 중국, 심지어 일본조차 구별하지 못할 때가 많다.

셋째, 학문의 식민성과 직결되는 것이지만, 우리는 남들이 관심을 가져주기 전까지는 우리 것을 잘 모른다. 이 책에서 거론되고 있는, 서경덕, 이구, 최한기에 대해 철학을 공부하는 사람이 알고 있을까? 서경덕은 일반적이지만, 최한기는 비교적 알려지지 않았고, 이구(李球: ? ~1573)는 모르는 사람이 많을 것이다. 이제마의 『동의수세보원』은 알고 있지만, 이덕무, 박제가, 백동수가 정리한 『무예도보통지武藝圖譜通誌』는 잘 모른다. 그러나 일본인들은 벌써 이것에 대해 저술을 내고 있는 것이다. 우리는 우리 것을 우리가 가장 잘 알고 있다고 생각한다. 그러나 그건 오산이다. 우리가 우리 것을 아끼지 않는 한 우리가 우리 것의 주인이 될 수는 없는 법이다.

넷째, 일본인들의 자료수집 정신은 자타가 공인할 만한 것이지만, 이 책도 예외는 아니다. 비록 개론적인 서적이지만, 꼼꼼히 자료를 소개하고 정리한 것은 이후의 연구에 큰 도움이 된다. 책뿐만 아니라 중간 중간에 소개되는 그림과 도표 그리고 사진은 읽는 이의 즐거움을 덧붙여준다. 우리의 천원권과 오천원권으로 소개되는, 퇴계와 율곡의 진영은 자못 생소하게 느껴지기도 한다. 달리 말해, 우리 주위의 어떤 것이라도 꼼꼼한 정리를 거친다면 학문적으로 격상될 수 있음을 이 책은 잘 보여주고 있다. 한국의 봉산峰山이 지은 『혼기공氣功』(유림출판사)과 같은 책도 사진으로 보여주고 있다.

3. 남은 문제들

사토 교수가 책을 보내오면서 편지로 썼듯이, 이 책은 '심각한 분석은 없고 단순히 기 개념을 설명하는 것'이라서 논쟁적인 것이 없는 평범한 책이다. 그러나 책 한 권에 3국의 기 개념을 설명한다는 것은 보통 어려운 일이 아니다.

저자들은 먼저, 3국의 기 사상을 소개하고 있다. 중국에 관해서는 고대 기의 원의로부터 유가와 도가의 기론을 정리하였다. 우리나라와 관련되어서는 『삼국유사』를 중심으로 기가 가지고 있는 신성神性을 정리한 다음, 화랑도와 풍류도가 지닌 도교적 의미, 조선 성리학에서 나타나는 기론의 특징, 동학과 최한기의 기 사상을 소개하였다. 일본의 기론에 대해서는 『일본서기』에서 『평가물어平家物語』와 『태평기太平記』 등의 사료를 거쳐 근세 주자학에 반대한 기 일원론자인 이토오 인자이(伊藤仁齋) 등의 인물을 소개하고 있다.

특기할 것은, 위에서도 말했듯이, 일본의 기론을 중국의 것과 차별적으로 설명하고 있는 점이다. 중국이 천지만물의 근원이나 현상을 설명하고 있는 것과 대비하여, 인간의 감각적인 부분에 많은 관심을 기울였다고 말한다. 중국이 우주론적이라면 일본은 신체적이라는 것이다. 저자에 따르면, 중국은 물질적인 측면이 강조된 데 반해, 일본은 '분위기雰圍氣'와 같이 주관적 면이나 '기분氣分'처럼 심신의 상태를 표현하는 경우에 기론이 등장한다는 것이다. 그러면서 서양문명이 들어오면서 비과학적으로 취급되던 것이, '뉴 사이언스'(신과학운동)라는 학제연구가 시작되면서 일약 각광을 받게 되었다고 정리하고 있다. 특히 '일본임상심리신체운동학회'가 발족되면서 더욱 활발히 연구되고 있다면서, 한편으로는 중국의 기공이 유행하면서 일본인들이 기에 대해 많은 관심을 갖게 되었다고도 소개한다.

이 책의 결론에서 사토 교수가 말하듯, 이 책은 이러한 시류에 편승하는 것은 아니지만, 그도 「기와 인간과학」이라는 국제 심포지움에서 눈으로 본 기공술의 실제에 대해 상당한 충격을 받았음을 고백하고 있다. 심포지움에서 벌어진 기공사인 왕우성王友成의 시연은 NHK 텔레비전에서도 일부가 방송되었을 정도이니 많은 이의 관심을 끌기에 충분했을 것이다. 일본도 기의 열풍이 대단함을 느낄 수 있다.

이러한 일본의 현상은 우리와 매우 비슷하다. 우리의 신과학운동이라는 것도 그렇고, 용어상의 근친성도 그러하다. 우리가 이 책을 소개하는 것도 한편으로는 일본의 유행과도 밀접한 유비관계를 맺는다. 그러나 이러한 일본의 기론에 대한 소개를 보면서 내가 말하지 않을 수 없는 것은 일본의 그것이 우리와 매우 흡사함에도 우리는 방치된 체로 넘어가고 있고 일본은 그렇지 않다는 점이다. 주위의 것을 정리하여 자기화하는 데 일본은 우리보다 한 발 앞서가고 있는 것이다. 특히 중국과 일본을 비교하면서 우주론/심신론, 객관/주관 등의 용어로 판별하는 것은 철학적 관점에서 볼 때 매우 박약하고 근거 없는 주장이긴 하지만(우주론 없는 심신론 없고 객관 없는 주관 없기에, 그 반대도 마찬가지이고), 아무튼 일본과 중국을 구별하려는 시도는 높이 사지 않을 수 없는 것이다.

그 밖에도 이 책은 3국의 음양오행설(여기서도 일본의 것은 국가권력이 개입되는 '음양도陰陽道'라는 독특한 발전이라고 푼다)과 풍수설을 비롯하여, 내단과 외단(중국), 사상의학(한국), 유술(柔術: 일본 유도) 등을 소개하고 있어 개론적인 책으로 그 가치가 높다.

다만 중국은 '중국'이라 표현하면서, 우리나라는 '한반도'나 '이조李朝'라고 일컫는 것이 상당히 눈에 거슬린다. 본디 유교국가라는 것이 종족중심적이라는 점에서 조선을 '이조'라 한 것은 일반적이라고 이해할 수 있을 지 모르지만, '한국인'이나 '조선인'이라는 표현을 피해 '반도인半島人'이라고 쓴 것은 상당히 어색하다. 그러나 우리의 처지가 분단국이니 남을 탓하기도 뭣하다.

아울러 주석에 등장하는 한글은 거의가 엉망이어서 보는 이를 안타깝게 만든다.

『미메시스』, 열린책들, 2000.6.20.

5

앙리 마스페로의 『도교』

앙리 마스페로 지음, 신하령·김태완 옮김, 『도교』, 까치, 1999.

서양인들의 동양에 대한 관심은 크게 세 가지 부류로 나누어볼 수 있다. 첫째는 이상화된 동양에 대한 호기심, 둘째는 이방 종교에 대한 문화적 탐구, 셋째는 동아시아의 급속성장과 관련하여 그 사상적 연원의 추리이다.

첫째는 이상화된 유교적 성왕들이 자신들의 논리적 무기로 사용되는 경우로, 계몽주의 사상가인 볼테르 등이 대표적인 예이다. 라이프니츠도 맥락은 다르지만 나름대로 중국을 이상화시키는데 주저하지 않는다. 현대의 야스퍼스도 상당히 호의적인 시각으로 동양의 성현들을 소개한다.

둘째는 식민지 지배와도 관련하여, 또는 기독교의 전파를 위해, 동양의 종교를 학문적으로 이해하는 태도이다. 오래되었기는 하지만 마테오 리치 같은 예수회 신부들의 노력이 전형적이며, 그 후 이 부류의 학자들은 그들의 영향에서 쉽게 벗어나지 못한다. 이른바 중국학자는 신부라는 도식이다.

셋째는 미국의 영향으로 동아시아 국가들이 급속도로 성장하자 그 근원적 맥락을 찾아보고자 한 노력이다. 그들의 대답은 유교의 덕목인 근면, 복종심, 가족의 중시 등이 발전의 원동력이 되었다는 것이었다. 그러나 우습게도 동아시아의 금융사태(IMF) 이후, 돌변도 모자라 표변해버린 미국학계 또는 그 영향을 받은 우리의 학자들을 보고 우리는 아연질색하지 않을 수 없었다.

여기에서 우리가 만나는 마스페로는 두 번째 부류에 속한다. 그의 아버지는 이집트학자였으며 자신은 프랑스의 오랜 식민지였던 베트남 하노이의 원동遠東학원에서 수학하며 10여 년간 체류한다. 이 책의 제3부인 '고대 중국인과 근대 따이족의 사회와 종교'라는 편장에서는 스스로 '프랑스령 인도차이나'를 언급하기도 한다. 그런데 이때 연구의 초점은 종교, 더욱 정확하게는 문화인류학적인 관심이며, 거기에 경전적 지식이 적용된다. 서양인들의 관점에서 중국은 이렇듯 광범위하다. 인도-차이나란 우리의 시각에서는 서역의 인도와 중원의 중국으로 생각되지만, 그들에게는 베트남, 라오스, 미얀마, 캄보디아, 나아가 타이와 말레이시아까지도 포함되는 새로운 영역인 것이다.

나는 마스페로의 시대적 한계를 지적하고 싶은 생각은 없다. 그러나 우리가 바탕에서 잊지 말아야 할 것이 있다. 마스페로가 그렇다는 이야기는 아니지만, 서양에서 이야기하는 '동양주의'(orientalism)란 동양을 폄하하고 멸시하는 태도와 다르지 않다. 그럼에도 불구하고 서양적 동양 이해의 과정 파악에서 알파벳의 권위에 눌려 우리 자신을 직시하지 못하는 것은 안타까운 일이다.

프랑스는 유럽의 중국학 연구의 중심지 역할을 해왔다. 그 가운데에서도 도교연구는 탁월하다. 그런데 마스페로는 흔히들 아는 것처럼 독보적이지 않다. 그가 나오기까지는 그도 책 속에서 자주 언급하듯, 바로 선사(Edouard Chavannes)와 동료(Paul Pelliot)가 있었다. 멀리는 비제르(Wieger) 신부가 소개한 『도장道藏』이 있었고, 가깝게는 그라네(M. Granet)의 『중국 고대의 제례와 가요*Fêtes et Chansons anciennes de la Chine*』가 있었다(물론, 그의 『중국의 사상*La Pensée Chinoise*』은 말할 것도 없다). 사실상 영어판에 붙어있는 배렛(T.H.Barrett)의 서문(그것을 번역서에 붙였으면 독자들에게 많은 도움이 되었을 테지만, 역서에서는 고의적으로 제외됐다)에서 지적하듯이, 마스페로가 『도장』을 접했다는 어떤 증거도 그의 노장 연구서인 『고대중국*La Chine Antique*』(1927)에서는 찾아볼 수 없기 때문이다.

이 책의 장점은 역자가 후기에서 밝히듯이 '각 종교를 고립적으로 고찰하는 것이 아니라 상호 연관 속에서 보려고 했던 관점'에 있다. 비록 『도교』라는 제목 아래 있지만, 내용상 유교, 특히 불교와 그 전래과정 및 도교와의 마찰

등을 상세히 다루고 있다. 죽림칠현 가운데 대표적인 인물인 혜강까지도 다루고 있다.

실제로 이 책은 마스페로의 강연 원고와 강의록 그리고 논문을 모아 이루어진 유고집이다. 처음에는 제자인 드미에빌(Demieville)에 의해 독립된 세 권(1950)으로 나온 것인데, 제1권인 『중국의 종교*Les Religion Chinoise*』와 제2권인 『도교*Le Taoïsm*』을 합쳐, 이 책인 『도교와 중국종교*Le Taoïsm et les Religions Chinoise*』(Paris: Gallimard, 1971)로 탄생한 것이다. 따라서 이 책을 오로지 도교에 관한 책으로 생각했다면 오해의 여지가 있다. 아쉬운 것은 분량 등 현실적인 문제가 있으리라 짐작은 되지만, 이 책의 5분의 1을 차지하는 제9장(Book IX) '고대 도교의 양생술'이 역서에서는 빠져버렸다는 것이다.

역자인 신하령, 김태완은 이미 대만의 역학대가인 고회민高懷民의 『양한역학사兩漢易學史』를 『상수역학』(신지서원, 1994)이라는 제목으로, 그리고 철학우화책 두 권(서광사, 1994)을 공역한 적이 있어 오랫동안 손발을 맞추어 왔다. 특히 신 박사는 『철학은 물리학의 도구이다』(서광사, 1992)와 『중국사회사상사』(까치, 1992. 심귀득과 공역)를 펴내 이미 학계에서는 널리 인정을 받아왔다. 또 김 박사가 알리앙스를 다니며 불어를 입에 달고 있던 것을 본 적이 있는데, 이런 결과를 도모하고 있었던 것이다. 김 박사는 어학에 재능이 많은 동양철학의 재목이다.

도교란 무엇인가? 한 마디로 만유재신론萬有在神論이다. 모든 것에도 신이 깃들어 있다. 독자들은 이 책을 통해 너무도 많은 신들과 한바탕 놀아보기 바란다.

2000.3.8.

6

현재의 철학

김용석, 『문화적인 것과 인간적인 것』, 푸른숲, 2000.

1. 지성의 향연

텔레비전의 시끌벅적한 강의 때문에 나의 전화가 귀찮아하고 심란해 하고 있을 때 세 권의 책이 배달되어왔다. 한 출판사의 것은 텔레비전 강의에 대한 비판이었고, 또 다른 출판사의 두 권의 책은 현대문화에 대한 분석과 판단이었다.

그런데 그 가운데 한 책이 우리 철학의 전박성에 대한 나의 우울한 심성을 넉넉히 달래주었다. 저자도 들어보지 못한 이름이었고, 그 내용이나 용어도 생경했다. 그러나 나는 이 책을 통해 우리 철학함의 현재적 성숙도와 미래적 가능성을 너무도 맛나게 즐길 수 있었다. 새벽의 등잔 밑에서도, 고속의 도로 위에서도 나는 그 책에서 눈을 뗄 수가 없었다. 아직도 내 마음의 절반은 그 책의 글자 사이에서 놀고 있다. 좋은 책은 함께 보는 법, 이 자리에서 우리 철학의 탄생을 깊은 마음으로 기다리며 강호제현의 일독을 권한다.

이 책은 결코 쉬운 책이 아니다. 쉽사리 눈에 들어오지도 않고, 들어왔더라도 지은이의 의도가 무엇인지 파악하기 위해서는 한두 번쯤은 앞 뒷장을 오가야 할는지도 모른다. 그러나 지은이-비록 자신은 모호성을 내세우지만-가 보여주는 개념의 정확성, 의미의 확실성은 조금도 의심할 여지없이 분명하다. 많은 개념들이 개입되긴 했지만 여느 철학서처럼 난삽함과 과시성은 찾아보기 어렵다.

그 판단의 기준은 너무도 간단하다. 말이 앞서고 뜻이 어쩔 수 없이 좇아가면 현학이며, 뜻이 넘치는데 말이 간신히 담아주면 철학이다. 그런데 지은이는 정말로 할 말이 많다. 그래서 그 관념을 실을 개념을 철학사와 철학자를 통해 제대로 찾아내고, 그래도 안 되는 것은 적당히 비판적 관점에서 서술하거나 아니면 아예 새로 만들어서 쓰고 있는 것이다. 앞으로 우리는 지은이가 제시한 '이상시'(理想鄕과 유비되어 理想時: utopia와 유비되어 uchonia) 또는 '사이(間)의 미학'을 미래의 철학사 속에서 만나야 할지도 모른다. 그것도 한국철학사 속에서.

1999년 12월에 포항공대에서 고별강연을 한 박이문 교수의 학문적 풍부함과 정력을 우리는 기억한다. 그는 앞으로 한국현대철학사의 일정 부분을 차지할 것이다. 그러나 그의 세련된 해석과 제시에도 불구하고 우리가 아쉬웠던 것은 그 주장의 논거가 대부분 서양철학의 전통에 머물러있기 때문에 '오늘'의 문제라기보다는 '저곳'의 문제라고 여겨지는 데 있었다.

2000년 1월에 나온 이 책의 지은이도 마찬가지여서 그러한 위험성을 완전히 버리고 있지는 못하지만, 다행히 그의 문제는 오늘도 '정말 오늘'에 있기 때문에 저곳보다는 '이곳'으로 받아들여진다. 다시 말해 그는 현대문명의 첨단에 서있고 우리 또한 그러한 시공 속에서 살고 있기 때문에 그의 주장은 '구미의 것'이면서도 '우리의 것'으로 느껴질 수 있다는 것이다. 나아가 그의 해결방안조차 비판의 대상은 서양의 것이면서도 제시된 내용은 '우리 말'이거나 '새로운 말'이기 때문에 '우리 모두'의 것으로 생각된다. 그런 점에서 그는 한국철학의 한 모범을 보여주고 있다.

2. 총 10장의 문화론과 인간론

이 글은 문화론 5장과 인간론 5장으로 이루어져 있다. 각 장 모두 지은이의 주장이 강하게 실려있으며, 그것들이 모여 문화와 인간에 대한 지은이의 이해를 이룬다. 매 설명마다 철학자들에 대한 냉철한 비판이 실려있으며, 동화나 소설과 같은 구체적인 작품을 통해 예증한다.

제1장은 이른바 '열린 사회'의 닫힘을 꼬집는다. '나'에서 '우리'로의 발전은 언뜻 관용적인 것 같지만 '너'가 빠져 있다. 열린 사회는 정말 열려야 하는데 '우리'로 닫히고 만다. 마치 안데르센의 『미운 오리 새끼』에서 나오는 우리는 늘 자기들이 세계라고 생각한다. 하다못해 미운 오리 새끼인 백조조차도. 지은이는 말한다. "그의 여정은 다름 아닌 닫힌 사회에서 출발하여, 닫힌 사회를 거쳐, 닫힌 사회에 안주한 것이다."(43쪽) 열린 사회가 또 다른 신화화가 아니길 바란다. 바람직한 만남은 회전문의 자세가 아니라 여닫이 문의 자세이다. 여닫이 문의 돌쩌귀는 통제적 기능의 중심에 있지 않기 때문에 기다림을 용납한다.

제2장은 생산의 사회에서 필요성은 '유도된 것'임을 밝힌다. 욕구의 충족은, 심지어 성생활의 만족감이나 쾌감조차도, 문화의 영향을 받는다. 이 점은 상당히 헤겔적이며 마르크스적이다. 헤겔은 욕구를 시민사회 구성의 원초적 요인으로 인식하고, 마르크스는 자본주의 사회는 생산이 필요와 욕구를 유발한다고 주장한다. 연속극이나 인터넷은 우리가 원했다기보다, 우리의 필요성을 유도해낸 것이다. 그레이엄의 동화 『버드나무에 부는 바람』에서 두꺼비 토드는 자동차를 처음 보는 순간, 그의 일생은 완전히 달라지고 만다. "필요가 밖으로부터 온 것이다."(68쪽) 그것은 긍정적일 수도, 부정적일 수도 있다. 그 판단은 개인의 책무이다. 정보지식사회의 소비자들은 영악하고 간교할 수도 있으므로. 이렇듯 오늘은 '생산의 주도'라는 점에서 아직도 제2의 물결의 특성을 지닌다.

제3장에서는 '일상의 미학'이 제안된다. 소크라테스도 장터에서 논쟁거리를 찾아냈고, 헤겔도 중요한 철학적 주제의 주제를 일상에서 가져왔다. 르페브르의 말처럼 '일상의 지배'는 이미 시작되었다. 미美조차 일상화되었다. 복제(copy, 때로 cloning)는 그 전령이었다. "'예술의 과학화'는 미적 요소의 일상화를 가속시켰다."(90쪽) 서자인 듯하지만, 패션은 변화의 미학을, 디자인은 기호

의 미학을, 인테리어는 배치의 미학을 제시했고, 이는 과학-기술-미-경제의 동맹을 보여준다. 이제 예술작품은 감상의 대상이 아니라, 소유의 대상이다. 자본주의는 관조의 미를 배제하고, 소유로서의 미를 유도한다. 관조의 미는 획기적으로 일상화되지 않았지만, 아름다움의 소유는 아주 현대적인 것이다. 20세기 전후 미학혁명은 있었지만, 아직 일상의 미학은 시작되지 않았다.

제4장은 '일상의 의미'를 묻는다. 문학은 언어의 촉수로 틀에 박힌 일상생활의 신드롬을 진단하려 했다. 그러나 그것은 무료함이 문제가 아니라, 오히려 소화불량이 우려되는 것이다. 첫째, 일상의 속박에서 벗어나면 일상은 무엇인가를 숨기고 있음이 드러난다. 생텍쥐베리의 『어린 왕자』의 혹성 여행은 다른 사람들의 일상에 대한 관찰이었다. 둘째, 일상으로부터의 도피 욕구는 환상의 세계를 일상화한다. 캐롤의 『이상한 나라 앨리스』는 신기한 나라에서 불편을 느끼고 집에 가고 싶어 하지만, 디즈니 월드는 꿈꾸는 모든 것을 현실화한다. 피터팬의 나라는 '네버랜드'(Never-Never Land)이지만 우리의 놀이동산은 '에버랜드'(Everland)인 것처럼. 셋째, 일상과 비일상은 뒤바뀜으로 지성과 감성을 키운다. 트웨인의 『왕자와 거지』처럼 그들은 뒤바뀜으로 의미 있는 인생을 얻었다. 비록 비일상적 행위는 개인적이고 일상적 행위는 사회적이지만, 우리는 잠시 비일상적 가능성을 찾아야 한다. 잠자는 것은 일상이지만, 잠자기 전 10분의 명상은 비일상적인 것과 같다. 우리는 아침 8시 30분의 연속극 신드롬을 건전성의 논리로 비난하는 것이 아니라, '오후 5시의 티 타임'을 갖길 원하는 것이다. "앞으로의 시대에서 각 개인은 일상성에 매몰되지 않기 위해, 정신을 가다듬고"(119쪽) 인간의 권리를 주장할 수 있어야 한다.

제5장은 문화론의 결론으로 '사이의 문화'를 제창한다. 사이의 개념은 복수의 구체적 존재를 전제하며 그것을 넘어설 수도 있다. "간間이 체體를 초월하고 주도한다는 것은 그것이 특별한 의미에서 형이상학적 성격을 지닌다."(125쪽) 우리말의 사이는 '인터inter(between: 관계맺기)'와 '인트라intra(within: 범위형성)'의 두 뜻을 모두 갖고 있다. 서양인들에게 패라다임 이론이 유효적절했던 것은 그들이 그만큼 그것에 집착하고 있다는 것이며, 현대문화 역시 총

체적인 패러다임의 전환이라고 단언하기는 어렵지만, 오늘의 일정한 현상은 패러다임적 변화로 볼 수 있다. '우리'와 '체'를 앞세운 결과는 제국주의였지만, 사이의 문화는 개체를 새롭게 인식한다. 사이의 문화는 멀티미디어의 시대의 디지털 문화의 특징과도 어울려서 미시적 신체기관(귀, 입, 눈, 손가락)의 중요성을 일깨우는 것이다. 몸에 대한 추상적 담론보다는 느낌의 구체적 통로인 살(肉)의 미학과 사회학이 오히려 독창적이다. 소립자(quark)와 유전인자(gene)의 연구와 응용으로 미시적 동태성(micro-dynamics)의 시대가 도래하였고, 소프트 터치가 거대한 체제를 바꿀 수 있게 되었다. 체는 하드를 상징하고, 사이는 소프트한 접촉과 접속을 뜻한다. 그러나 사이의 문화는 컴퓨니케이션으로 빈틈없이 메우고자 하는 것이 아니라 여유를 주는 것으로, '서로의 사회'를 갈구한다. 네그로폰테의 말처럼, 사람은 '디지털적'(being digital)이고자 하는 것이지 '디지털 존재'(digital being)가 아니다. 로마의 콜로세움은 0101010101의 바이너리 디지털코드를 연상케 하며, 이러한 간의 미학은 여백의 미가 아니라 '열림의 미학'이다. 이렇게 형성된 세계는 진리와 충성과 같은 거시적 덕목보다는, 신뢰와 친밀감과 같은 미시적 덕목이 부각된다. 나아가 인터넷은 "이상적 세계에 대한 열망이 유토피아의 장소적 약속에서 유크로니아의 시간적 약속으로 전이"(165쪽)시키고 있다.

제6장부터는 인간론으로, 먼저 인간의 '창조성'이란 무엇인가를 묻는다. 인류 역사의 문화적 만능인은 레오나르도 다 빈치인데, 그의 시대로부터 500년 후 우리는 캐머론이 감독한 <타이타닉>(1998)의 주인공인 레오나르도 디카프리오를 만난다. 다 빈치의 신화는 그 자신이 아니라, <모나리자>의 신화이지만, 디 카프리오의 신화는 인물의 신화(神話, 神化)이다. 현대 대중문화는 "'작품 창조자로서 작가'의 문화라기보다는 점점 더 '자기 창조자'로서 공연자, 또는 연기자의 문화"(188쪽)라는 성격이 강하다. 생산성이 창조성을 대치하고 귀양보냈다. 여기서 지은이는 '문화환경 균형론'(201쪽)을 주장한다. '수구적 소수파의 울타리'에 칩거해서도 안 되고, '대세大勢 콤플렉스'도 안 된다. 이는 그리스의 알크마이온이나 동양의 의학이 제시하는 '인간 존재 균형론'(203쪽)

과도 일맥상통한다.

제7장은 '창조자로서의 인간과 피조물로서 문화산물의 변증법'을 설명한다. 콜로디의 『피노키오의 모험』은 이차적 창조자로서의 사람에 의해 창조된 피조물은 이미 사람의 손에서 벗어남을 보여준다. 피노키오는 자기를 만든 사람을 골탕먹이기도 하며, 심지어 주도적이기까지 하다. 큐브릭의 <2001년: 우주 오디세이>의 슈퍼컴퓨터나, 셸리의 『프랑켄슈타인』의 피조물이 또한 그러하다. 이렇듯 절대적 창조자가 아닌 인간은, 짐멜(1907)의 말처럼, 비극적이다. 인간이 만들어 논 인공의 세계는 인공적으로 유지되고 발전될 수 없을 것이다. 이러한 진행을 악순환이 아닌 선순환으로 만들거나, 아예 우주로 나갈 것인가는 우리의 선택에 달렸다.

제8장은 '자유의 인간과 문화적 비자유'를 논한다. 사람은 서로 비비면서 살 수밖에 없다. 사람은 '차이'라는 개인성과 '함께'라는 사회성을 같이 지니고 있다. 공존이 중요하다. 개인과 사회, 또는 이기와 이타라는 이분법적 구조에 '자아실현'이라는 제3의 요소의 추가는 객관적이며 문화적인 차원을 등장하게 한다. 이를테면 윈도우에 대항하는 리눅스의 개발자인 리누스는 자아실현을 위해 일했다. 이처럼 오늘날 문화적 비자유에 대항하여, 현대인은 "기술왕국의 신민臣民으로서 그것이 가져다준 혜택에 대해서는 매우 감사하면서도, 반역으로 몰릴지라도 비판의 칼을 뽑지 않을 수 없는 것이다."(261쪽) 우리는 재미를 넘어 의미를, 그리고 의미를 넘어 감동을 원한다.

제9장에서는 '대중'과 '대중문화'를 말한다. 대중에 대한 전통적인 비판적 이해에도 불구하고 제2차 세계대전 이후 대중의 개념은 탈정치화하면서 그 관심의 축은 사회적, 문화적인 것으로 옮겨졌다. 이를테면 "모방과 유행은 개인적 취향의 구체적인 사회적 통로"(279쪽)이다. 그런데 이제 더 이상 대중은 수동적이지 않다. 제작자이자 소비자(pro-sumer)가 등장하며, 쌍방향 소통은 가능해졌다. "현재 상황은 문화가 대중화한 것이 아니라, '대중문화가 형성'된 것이다."(285쪽) 이에 따라 문화중심의 시대에는 '존재냐, 활동이냐'를 묻는다. 우리는 더 이상 쉬지 않는다. 쉼조차 오관의 활동으로 가득하다. 이러한 감각

적 인간은 인간 이해의 폭을 넓힐 것을 요구한다. 이성과 감성, 우연과 필연, 비합리성과 합리성은 떨어져 있는 것이 아니다.

제10장은 '사람 밖'으로 나가고자 하는 사람을 그린다. 인간은 늘 탈인간적이다. 비非인간성, 초超인간성, 환還인간성 등이 그것이다. 카프카의 『변신』에서 비인간적임은 사실 반反인간적이고, 인간적임은 친親인간적임에 불과하다. 타잔의 경우, 초인간성은 일상의 일이 아니고 인간성은 일상의 일이기 때문에 그는 완전히 자연으로 돌아가지도, 인간과 동물의 경찰이 되지도 못했다. 매정하고, 책임질 일 없고, 오만한 피터팬은 후크에 비해 너무도 무정함에도 우리는 현재의 자기의 모습을 벗어나고자 그를 그리워한다. 칸트는 76세 되던 해 유명한 세 가지 물음에 하나를 더 첨가했다. 그것은 '세계시민적 의미'에서 '인간이란 무엇인가?'라는 질문이었다. 미래에 인간이 외계의 존재를 만날 수도 있고, 인간이 우주로 나갈 수도 있다. 이때 '지금의 나'는 '다른 나'가 되어 있을 수도 있다.

3. 지은이의 거점

지은이의 방대한 학식은 어디로 분명히 귀결되지 않는다. 그러나 철학을 공부한 사람이라면, 그가 결국은 칸트의 『영구평화론』에 그의 이상을 두고 있음을 어렵지 않게 알 수 있다. 그 이외에 그의 사유에 큰 영향을 준 사람은 독일의 문화철학자인 짐멜과 현대철학의 이단아인 과학철학자 파이어아벤트이다. 실제로도 칸트와 짐멜은 가장 많이 인용되었고, 파이어아벤트는 곳곳에서 그가 남긴 사유의 흔적을 읽을 수 있다. 그의 목표는 칸트에, 내용은 짐멜에, 방법은 파이어아벤트에 기대고 있다. 문화의 의미는 짐멜에, 전통의 부정은 파이어아벤트에, 인간의 발견은 칸트에 많은 빚을 지고 있는 것이다. 그러나 지은이는 현대의 문제를 이야기하고 있지, 결코 그들을 말하고 있지 않다. 그들은 하나의 단계석段階石에 불과하다.

이 글을 읽는 재미 가운데 빼놓을 수 없는 것은 서양철학자들에 대한 단순한 소개를 넘어 그들에 대한 촌철살인寸鐵殺人격의 비판이다. 철학사를 꿰뚫고 있지 않다면 불가능한 일이다. 게다가 그의 예증은 우리들이 쉽게 알 수 있는 동화나 소설 그리고 영화에 빗대어 이루어지고 있어 흥미를 가중시킨다. 젊은이라면 모를 리 없는 장피에르 쥬네 감독의 <에일리언 4>(1988)의 여주인공 리플리가 인조인간에게 말한 "너는 인간보다 더 인간적이다."라는 대화를 통해 '인간과 인간적인 것은 등식이 아니다.'(318쪽)라는 명제를 끄집어내기도 한다.

이 책이 『문화와 인간』이 아니라 『문화적인 것과 인간적인 것』이라는 다소 거추장스런 제목을 취한 까닭은 바로 "인간은 변함없는 실체로 남아도 인간적인 인식과 행동은 변할 수 있으며, 반대로 인간적인 것은 변함없는 추구의 대상이지만, 인간이라는 실체는 변할 수 있다."(318쪽)는 판단에서 비롯된 것이다. 지은이는 전통적인 인간 본성론에 대해 호감을 갖고 있지 않다. 그는 인간 본성의 변화나 특수한 상황에서의 발현을 인정하며, 그보다도 "인간의 본성이 불변이라고 할지라도 인간 본성에 대한 지식은 변하기"(342쪽, 결론) 마련임을 적극적으로 긍정한다. 다시 말해 그의 인간론은 '지금, 여기'(ad hoc)에 충실하다. 그 때문에 그는 줄곧 오늘의 우리와 관련된 비유를 통해 논지를 전개한다.

때로 지은이의 탈지구성 이야기가 마치 공상과학(S.F.)처럼 들리는 것은 무리가 아닐지도 모른다. 그러나 우리는 다가올 그 미래에 대해 말하지 않을 수 없다. 「신천년기를 맞이하는 인간」이라는 제목의 부록에서 말하는 것처럼, "미래 예측의 경우 의도적으로 유비무환의 전략을 사용함으로써 예측의 결과는 적중하지 않지만 반대로 미래에 일어날 수 있는 재앙을 미리 차단하는 효과를 노리기도 한다."(369쪽) 환경오염이나 Y2K의 예처럼 걱정은 안전을 부른다.

이러한 주장이 서구적 패러다임의 붕괴와 결부되어 이야기되면 때로 그것은 철학적이지 않고 민족적, 국수적, 호소적으로 들리기도 한다. 그러나 지은

이의 초점은 세계는 변하고 있고, 변하지 않으면 '세계는 존재하지 않는다'는 데 있다. 한강이 흐르지 않으면 한강은 없는 것과 같다. 이를테면 "전지구성(globality)은 탈지구성(post-globality)의 전단계인 것이다."(374쪽)

지은이가 외국에서 오랫동안 살았다는 사실 때문에 그의 반성의 토양은 결국 한반도가 아닐 수 있다는 우려는 가능하지만, 그의 대안도 그러할 것이라는 예상은 하지 않아도 좋다. 오히려 그의 대안은 너무도 동양적인 것이다. '사이'(間)의 미학이 그러했고, '조용히 꿰뚫는 생각'이 그러했다. 재밌게도 나는 앞의 것에서 도가적 '무無'를 느꼈고, 뒤의 것에서 성리학자들의 '활연관통豁然貫通'을 보았다. 더 좋은 길을 찾고자 한다면, 지은이에게 동양고전의 일독을 권하는 수밖에 없다.

그런데 나는 이 책을 읽으면서 못내 아쉬운 것이 있었다. 그것은 지은이의 지나치리만큼 확고한 낙관주의였다. 그도 자신이 선천적으로 낙관적이며, 비판조차 낙관적이기 위해서 한다고 밝히고 있다. 낙관주의자란 이 세상이 얼마나 슬픈 장소가 될 수 있는지 이미 알고 있는 사람이라는 철학자의 말과 같은 맥락도 아니다. 지은이에게 이 세상은 즐거운 장소일 뿐이다. 그러나 나는 철학을 하는 사람은 '우는 철학자'로서의 본분을 잊어서는 안 된다고 생각한다. 우리가 찡찡대야, 남들이 웃을 수 있는 것이다. 지은이의 낙관성은 모든 존재의 인정으로 발전되고, 그러한 이 세계 또는 우주의 완벽함-적어도 그렇게 인식된-은 우리로 하여금 지나치게 현실을 용납하게 만들어, 결국 인간은 스스로 고통을 자초하는 것 아닌가 하는 질문을 끊임없이 들게 한다.

사람들이 현대문명에 보수적인 것은 자신의 행복을 지키기 위해서라기보다는 미지에 대한 불확신 때문임을 잊어서는 안 된다. 지은이는 우리가 이미 그러한 불확신 속에 한 쪽 발을 들여놓은 상태라고 하겠지만, 적지 않은 사람들이 나머지 발을 마저 들여놓기보다는 차라리 빼고 싶어할는지도 모른다. 우리가 원하는 것은 그 구덩이의 어쩔 수 없음이 아니다. 비록 그것이 아무리 비관적이라 할지라도 우리는 그것을 정확히 알고 싶을 뿐이다.

『미세시스』1, 열린책들, 1999.5.15.

7

유가와 도가를 넘어서

방동미 지음, 남상호 옮김,「원시 유가 도가 철학」, 서광사, 1999.

방동미方東美라 하면 우리나라의 독자들에게는 생소할는지도 모른다. 현대의 중국철학자들인 이른바 '신유가新儒家'라 하면 모종삼牟宗三, 당군의唐君毅, 서복관徐復觀만이 쉽게 떠오르기 때문이다. 그러나 분명 방동미도 현대 신유가 가운데 매우 커다란 거목이 아닐 수 없다. 이를테면 북경의 중국방송출판사(中國廣播電視出版社, 1992.5.)의 '현대신유학집요총서'에서도 그의 논저는 '생명사상과 문화유형'이라는 제목으로 위의 세 사람과 나란히 이야기되고 있는 것이다.

그렇다면 왜 방동미의 영향력이 모종삼보다 작은 듯 보이는가? 이유는 아주 현실적인 데에서 기인한다. 홍콩의 신아서원新亞書院에서는 당군의의 영향력도 꽤나 컸었고, 대만에서는 방동미의 영향력도 매우 컸었다. 그런데 모종삼의 대만행 이후 그의 제자들이 전 세계적으로 활발한 활동을 하는 바람에 그의 영향력이 그만큼 상대적으로 크게 된 것이다.

대만의 예를 들어보자. 방동미는 대만대학과 보인대학으로, 모종삼은 동해대학과 문화대학 그리고 대만사범대학으로 자신의 학풍을 대변했다. 70년대 후반에 별세한 방동미는 서양철학의 홍수 속에서 자신의 분신을 길러내지 못한다. 그러나 90년대 초반에 타계한 모종삼은 중국문화의 재자각과 더불어 서양철학에 대항할만한 고족제자들을 키워낸다. 그래서 현재 대만에서 활약하는 수많은 학자들이 모두 그의 직간접의 영향을 받고 있는 것이다.

이 책은 지은이의 직접적인 저술이 아니라 강의록이다. 방 교수는 1973년 6월 대만대학에서 은퇴한 후, 보인대학에서 1973년 9월부터 1976년 12월까지 1) 원시 유가와 원시 도가, 2) 중국의 대승불학, 3) 화엄종 철학, 4) 송명청 철학을 주제로 강의했는데, 이 책은 그 가운데 첫 부분 강의를 녹음하고 정리하여 편집된 것이다. 방 선생이 1977년 향년 78세로 영면했음을 고려할 때 이 책의 내용은 말년 그의 사상적 진수가 고스란히 담겨 있는 것이기도 하다. 이 때의 녹음과 필기를 맡은 부패영傅佩榮은 현재 대만대학, 심청송沈淸松은 정치대학의 철학과 교수로 재직 중이며, 심 교수는 1999년 현재 국제중국철학회 장직을 맡고 있기도 하다.

내용은 제1장 도론에서 중국철학이란 무엇인가를 원론적으로 묻고 있고, 제2장과 제3장에서는 원시 유가의 사상을 각각 『상서尙書』와 『주역周易』을 중심으로, 제4장과 제5장에서는 원시 도가의 사상을 『노자老子』와 『장자莊子』를 중심으로 설명하고 있다. 그러나 해석을 위해 동원된 중국의 고전과 서양 철학자는 셀 수 없이 많아 방 교수 학문의 심원하고도 방대함을 단적으로 보여준다. 이를테면 장자의 해석을 위해, 동진의 지도림支道林에서부터 당의 성현영成玄英을 걸쳐 청대의 장태염章太炎에 이름은 물론이고, 서양의 스피노자로부터 로크, 흄, 러셀, 카르납 등 다루지 않는 곳이 없다. 나아가 불교에 대한 해박한 지식으로 『유가사지론瑜珈師地論』, 『변중변론辨中邊論』, 『중론中論』 등 수많은 경전과 그 내용이 방증자료로 제시되고 있다. 3세 때부터 『시경詩經』을 배웠고, 14세 때 남경 금릉金陵대학에서 철학을 공부하고, 24세 때 「당대 영미 실재론의 비교연구」로 미국 위스콘신 대학에서 박사학위를 받은 학자답게 동서양을 꿰뚫고 있는 것이다. 방 교수는 실제로 영어로 쓰여진 많은 저작을 통해 중국철학의 자리 매김에 힘쓰기도 했다. 1987년 8월 16일부터 18일까지 타이베이에서는 '국제방동미철학토론회'가 있었다.

번역자인 남상호 교수가 방동미 선생의 글에 많은 심혈을 쏟은 것은 방동미 학맥과 전혀 무관하지 않다. 남 교수는 대만대 철학연구소에서 박사를 취듯, 그 학풍을 잇고 있기 때문이다. 남 교수의 대학 스승인 고려대 김충열 교수도 방동미의 적통嫡統이라는 점에서 번역자는 나름의 반포反哺를 해낸 셈이다. 그러나 무엇보다도 중요한 것은 그의 번역에는 460여 개의 원전 인용주와 옮긴이 주를 일일이 붙여 연구의 편리성과 정확성을 완성해냈다는 점이 아닐 수 없다.

남 교수의 표현처럼 '크고 아름다운 산'과 같은 방동미의 철학이 과연 이때, 이 땅에서 다시 수많은 후학들에게 귀감이 될 수 있을까? 아무도 그것을 확언할 사람은 없다. 그러나 분명한 두 가지가 있다.

하나는, 방동미를 비롯한 현대 신유학자들의 소재는 오직 유가만이 아니라 도가는 물론 불가에 이르기까지 다양한 학문적 관심을 자기 목소리로 만들어냈다는 점이다. 현대 신유가 또는 신유학이라할 때, 그들의 논거가 유학에만 있다고 생각하는 것은 착각도 보통 착각이 아니다. 우리나라에서 전통 학문에 대한 철학적 돌파가 어려운 것은, 바로 이러한 광활한 접근이 단순히 학자적인 능력부족만이 아니라 연구범위의 편협성이 강요되는 분위기로 말미암아 불가능함을 깨닫지 않으면 안 된다.

다른 하나는, 모종삼이 많은 영향을 미치고 있는 우리나라의 중국철학계 내에서 방동미의 사상을 소개해주었다는 것만으로도 후학들은 또 다른 힘을 얻지 않을 수 없다는 점이다. 왜냐하면 우리가 궁극적으로 추구하는 것은 모종삼도, 방동미도 아닌 중국철학의 한국적 발전임을 동의한다면, 현대 중국철학자에 대한 너무 한 쪽으로만 치우치지 않은 균형 있는 이해는 필수불가결하기 때문이다.

나의 화두는 늘 같다. 전통철학이 단절된 지 100년, 우리는 언제나 우리의 철학자를 만날 수 있는가?

8

미를 넘어 감성으로

조민환, 『중국철학과 예술정신』, 예문서원, 1997.

1. 비평의 보편성

나에게 미학은 하나의 화두였다. 유학 길을 떠날 때 예술철학의 원로 선생님은 '5년만 하면 된다'시며 '너무 오래할 필요도 없다'하셨는데 나는 그 시한을 넘어도 한참 넘은 셈이다. 철학도 너무 오래하면 병이라 했던가? 그때 마당에서 얻어먹은 시원한 맥주의 냉기와 향은 이미 오간 데 없다. 그러나 마음 속에서 풀지 못한 공안은 내내 내 머리 속을 떠나지 못한다.

석사논문으로 「장자미학」을 써놓고 보니 난제는 더욱 늘어났다. 당시의 자료정리와 고민을 '얕은 생각'[1]과 '조금 엿봄'[2]이란 이름으로 적어도 보았지만 부족하다는 느낌을 지울 수 없었다. 마치 형이상학적 미학에서 실제적인 작품의 해석을 추구하는 예술학에로의 변천처럼 나의 작업이 추상적인 데에서 머무르고 있다는 점에 대한 반성이었다.

이후 미술이론으로 현상금도 받고 인사동에 출몰하면서 비평가와 화가들과 어울려도 보았지만, 그러나 어찌할꼬, 문제는 여전히 남았다. 도무지 '비평

1 鄭世根, 「莊子美學在詮釋上的問題淺議」, 『哲學與文化』, 臺北, 1988.11.

2 鄭世根, 「莊子之兩大審美範疇管窺」, 『中國文化月刊』, 臺東, 1988.6.

의 기준'을 찾을 수 없다는 것 때문이었다. 그리고 이른바 군단軍團으로 불리기도 하는 패거리 짓기는 예술을 한다는 사람들도 쉽게 벗어날 수 있는 것이 아니었다. 어떤 원리 아래 하나의 작품을 이해하고 분석해내는 것이 아니라, 좋은 주례사처럼 정리되지 않은 개념들과 얕은 인상만이 난무하고 있었다.

결국 돌아와야 할 곳은 다름 아닌 '보편성'(普遍之性: The Universal and its Mind)이었다. 우리가 그 표준을 얻지 못하는 한, 우리의 논의는 한낱 식사飾辭처럼 맴돌 수밖에 없는 것이다. 그것을 깨달았을 때, 나는 그 보편성의 추구를 많은 선배 학인들에게서 찾아볼 수 있었다. 그들의 의지와 희망은 민족혼에 투사되어, 때로는 필생의 작업(life work)으로 때로는 요절로 단락된 채로 문자의 장관을 이루고 있었다. 나의 둔재로만 치부할 수 없는 '5년' 이상의 그 무엇이 있었던 것이다.

2. 단점보다 많은 장점

조민환 박사의 이 책은 기본적으로 학위논문에 앞뒤로 새로운 글을 덧붙인 것이다. 그런 점에서 저자도 밝혔지만 때늦은 감이 없지 않다. 때문에 시각도 오늘의 관점에서 볼 때 뒤진 것도 없지 않을 것이다. 조 박사가 이 책 바로 전에 출간한 역저[3]에서 보여준 가을 서릿발과 같은 실력이 이 책에서는 크게 보이지 않는다. 서리는 내렸는데, 가을 끼는 덜하다. 아마도 오래된 학위논문의 수정판이기 때문이리라.

그러나 이 책에 대한 혹독한 비판은 결코 찬성할 수 없다. 나는 『출판저널』로부터 다른 책의 서평을 부탁 받아 원고를 준 적이 있다. 그런데 바로 그 옆에 조 박사의 이 책에 대한 서평이 공교롭게도 나란히 실려 있었다.[4] 관심이 없을 수 없

---

3 조민환, 『유학자들이 보는 노장철학』(서울: 예문, 1996). 이에 대한 발췌식 서평은, 정세근, 「조민환의 '박세당의 노장 이해'」, 『도교문화연구』, 서울: 한국도교문화학회, 제11집, 1997의 논·서평을 보라.

4 『출판저널』, 제231호, 1998.3.5.

고 그래서 자세히 보았지만 아쉬움이 없지 않았다. 자고로 비평은 쉽고 창작은 어려운 법이다. 우리나라에서 나온 동양미학 쪽 저작으로는 독보적이라 할 수 있는 이 책에는 분명 단점보다는 장점이 많다. 많아도 훨씬 많으며 동양미학을 공부하는 후학들에게 지침서가 되리라는 것을 나는 믿어 의심치 않는다.

이 책의 많은 장점을 하나하나 열거하는 것은 불가능하겠지만 몇 가지만 들어보자.

첫째, 철학적인 튼튼함이다. 서양미학이 형이상학적 입장에서 서술된 예가 있듯이, 예술학이 오늘날처럼 미분되어 설명되기 전에는 어쩔 수 없이 철학의 신세를 질 수밖에 없다. 예술을 하는 사람들이 함부로 미학을 말하지 못하는 것도 바로 이 철학의 어려움 때문에 발생하는 것이다. 그런데 이 책은 동양고전에 대한 해박하고 명료한 이해를 통해, 동양미학을 어떻게 이해할 것인가에 대해 상세히 밝혀주고 있다. 유가와 도가, 그리고 마지막에는 서론(서예의 이론)에 이르기까지 기초적 해석과 실질적인 예증을 아끼지 않고 있다. 흐트러져 있는 원전을 하나의 새끼줄로 꼬아낸 것이다. 이런 식의 방대하면서도 정밀한 작업은 아무나 할 수 있는 것이 아니다. 그런 점에서 이 책은 미학의 철학적 접근으로 큰 의미를 지닌다.

둘째, 예술정신의 계통적인 이해이다. 유가의 예술정신을 예로 들면, 도기道器론과 체용體用론을 통해 중국예술의 특징은 기보다는 도를, 용보다는 체를 문제 삼는, '그런 것이 아니라 그렇게 되게 하는 것'(所然者/所以然者)에 대한 인식을 강조한다고 전제한다. 그러면서 『중용』과 『대학』의 여러 관점들도 미학적으로 이해한다. 나아가 『주역』을 통해서는 후대 주석가의 입장을 빌려 인仁[5], 형亨, 장藏[6] 개념을 통해 생생生生, 동動이 아닌 정靜, 정情이 아닌 성性의 미학을 발견한다. 결과적으로 유가미학은 선후본말先後本末적 구조에서 예술에 선행하는 인격성을 강조한다고 파악하며, 성정론적 미학은 송명리학을 통해 더욱 발전함을

---

5 二程, 朱熹의 해석.

6 朱熹, 張淸子, 岡田武彦의 해석.

예증한다. 미학은 체계적인 인식을 목표로 한다. 다시 말해 비록 논리학보다는 못할지라도 감성의 인식론을 이루고자 했던 것이 그 탄생의 서양적 근거이다. 그런 점에서 이 책은 상당한 계통화를 이룩했다.

셋째, 심미범주의 다양한 제시이다. 이 책은 처음부터 그랬지만, 둘째 단락에 들어가면서도 중국미학이 '미'자 하나에 국한되지 않음을 명확히 밝히고 있다. 이 점은 동양미학의 입문자가 반드시 알아야 할 사항이다. 만일 그것을 모르고 동양미학이 '미'자를 연구한다고 생각하면, 그것은 정말 첫걸음을 잘못 디디는 것이 아닐 수 없다. 이는 버크 이후 칸트에 이르기까지 '숭고'(Sublime)를 서양미학의 중요개념으로 삼는 것과 마찬가지이다. 그런 점에서 '도道'라 할지라도 중국미학의 범주로 승화될 수 있는 것이다. 이 책은 이러한 바탕에서 노장의 도와 덕, 기氣, 언의지변言意之辨, 도와 기技, 소요逍遙 등의 범주분석과 더불어 유가의 인의예악 및 미추관과 비교를 통해, 그들의 심미적 세계를 밝혀내고 있다.

대륙에서 미학이 흥기한 이유는 매우 부정적인 원인이 개입되어 있었다고 나는 생각한다. 관념적인 것을 말하고 싶은데, 유물론 때문에 방법이 없자 미학이니 뭐니 하며 양동작전을 쓴 것이다. 그러나 우리는 그렇지 않다. 그 점에서 좀 더 적극적인 태도로 미학에 접근할 수 있을 것이다.

이 책에서 시도한 몇몇 작품의 제시는 그 자체로 미적이었지만 내용과 반드시 연관된다는 생각은 들지 않는다. 그것은, 조 박사의 계획대로, 제시題詩가 실린 작품을 해설하는 『철학으로 읽는 동양의 그림』이 출간되면 제대로 이루어질 것이며, 아울러 그때의 작업은 예술학이라는 측면에서도 뒤지지 않게 될 것이다.[7]

---

7 鄭敾의 「金剛全圖」를 易理的으로 분석한 오주석의 「옛그림 이야기」(박물관신문 제306호, 국립중앙박물관: 1997.2.1.)에 대해 이 책(45쪽, 주18)은 부족한 점을 보충해주고 있다. 사실상 이론적 훈련을 장기적으로 받은 철학도가 장점을 보일 수 있는 곳이다. 그런데 오주석은 이 그림뿐만 아니라 李寅文의 「江山無盡圖」(44.0鉊.6cm: 국립중앙박물관)도 『太極圖說』을 이론적인·바탕으로 한 비구상화에 가깝다고 주장한다. 이에 대해 안휘준은 정선이나 沈師正 그리고 金弘道와의 관련 아래 眞境性을 배제할 수 없다는 까닭에서 반대의 입장에 서있다.(국립중앙박물관: 한국미술사학회, 1993.2.) 「강산무진도」의 성리학적 분석은 「금강전도」보다 만 4년이나 앞서는 것으로 일관된 해석태도를 보여준다. 자세한 내용은 정세근, 「한국성의 예술철학 서설」, 『우리다운 미술과의 만남』(서울: 한국성미술연구회, 1993.12.), 94쪽, 주19) 참조.

3. 감성학으로서의 미학

진정한 예술론의 이해는 의식사로만 그치지 않는다. 이를테면 손과정의 『서보書譜』에 관한 글을 책의 말미에 실었는데, 오히려 그러한 연구의 집적이 동양의 예술철학을 궁구하는 데 실질적인 도움이 될 수도 있기 때문이다. 그렇기에 나는 서예과대학원으로 '동양미학'을 출강하면서 『서보』를 비롯하여 유희재劉熙載의 『예개藝概』 가운데 「서개書概」, 포세신包世臣의 『예주쌍집藝舟雙楫』과 강유위의 『광예주쌍집廣藝舟雙楫』, 그리고 한국의 서론이라 할 수 있는 이서李漵의 『필결筆訣』과 이광사李匡師의 『서결書訣』 등 구체적인 자료와 씨름하고 있다. 때로는 모를 이야기도 많지만, 때로는 몰라서는 안 될 이야기도 있기 때문이다. 나아가 현대한국미학의 비조격인 고유섭, 일본인이지만 분명한 양식으로 조선을 접근한 야나기 무네요시(柳 宗悅) 등 탑과 도자기에 대한 구체적인 예술학의 좋은 예를 보여준 선배들의 작업도 함부로 넘어 뛸 수 없다. 동양의 전통 속에는 '서화론書畵論'을 비롯하여 여러 예술론과 작품분석이 분명 있는데, 그것을 홀시하는 것은 후학으로서 예의가 아니기 때문이다. 오늘 아침 나는 오세창의 『근역서화징槿域書畵徵』이 공동번역되어 출간되었다는 낭보를 들었는데, 이와 같은 작업이 미학연구자에게는 필수적이지 아닐 수 없는 것이다. 고유섭의 『조선화론집성朝鮮畵論集成』도 대부분을 오세창의 그 책에서 빌린 것이다.

서양미학을 한다는 사람들은 개념은 있는데 동양문자에 막혀서 연구하지 못하고, 동양미학을 하고자 하는 사람들은 통찰은 있는데 지나치게 형이상학적이어서 연구하지 못한다면, 그 둘 모두 우리가 가고자 하는 길은 아니다. 나는 동양의 미학이 '미美'라는 글자에 갇히지 않길 바란다. 미학의 원의인 '감성(αίσθησις)학'으로서 우리의 넓고도 아름다운 이야기가 보편화되길 꿈꿀 뿐이다.

『출판저널』231, 책문화 네트워크, 1998.3.5.

9

정과 신에서 정신으로
-시간적 발전에 맞춘 『장자』의 고증

리우샤오간 씀, 최진석 옮김, 『장자철학』(개정판), 소나무, 1998.

이 책의 저본인 『장자철학과 그 흐름』(莊子哲學及其演變)은 <중국사회과학 박사논문 문고>의 하나로 1988년 2월에 출간되었다. '사회과학'이란 말이 우리들에게 시사하는 바와 같이 선고의 표준은 마르크스주의의 기본관점에서 벗어나지 않으면서도 창조성과 다양성을 창도하는 것이다.

이 책이 나왔을 때, 많은 사람들이 주목한 것은 세 사람의 저명한 학자의 서문이었다. 오히려 저자는 40 초반의 무명학자로 북경대학의 초임교수에 불과했다. 그러나 그의 착실한 연구는 곧바로 중국학계에 알려졌다.

현대 중국의 장자연구는 관봉關鋒, 풍우란馮友蘭, 임계유任繼愈, 탕일개湯一介 등이 제1세대를 차지한다. 이 책의 저자인 유소감劉笑敢은 제1세대 중국철학사가인 장대년張岱年의 지도를 받았으니 제2세대에 속한다. 그러나 제1세대 학자들은 공산중국에만 있는 것이 아니라 자유중국에도 생존해 있다. 대표적인 인물이 엄영봉嚴靈峰, 왕숙민王叔岷 등으로 우리 학계의 노장학자들은 나를 포함하여 대부분 엄영봉 선생의 지도를 받았다. 번역자인 최진석 박사는 대만에서 공부한 서강대 정인재 교수의 제자이자 북경대 탕일개 교수의 제자이니 2.5세대인 셈이다.

이 책의 장점은 원본의 내용소개에 나오며 번역본의 표지에 실려있듯, '정

精', '신神'과 같은 단순사에서 '정신精神'과 같은 복합사가 나온다는 시간적 발전에 맞춰 『장자』의 「내편」과 「외, 잡편」의 고증을 해냈다는 것이다. 나아가 나름의 방식으로 장자 후학의 작품이라고 판단되는 것을 정통격인 술장述莊, 현실비판적인 무군無君, 통치술의 황로黃老 3파로 나누어 뛰어난 안목을 보여준다.

그럼에도 불구하고 이 책은 여전히 1980년대 말 중국의 사회과학적 분위기에서 벗어나지 못해 여전히 유물이니 유심이니 하는 말이 겉돌고 있다. 사회주의 학풍에 걸맞게, '기氣는 물질이고 장자는 유심주의자이므로 그가 말하는 기는 (기껏해야) 유물주의적 요소'라는 도식에서 벗어나지 못한다. 나는 이러한 태도를 내 중국어 저서를 통해 이미 비판한 바 있다.

우리 출판계의 고질병인 교정 경시의 태도도 역본의 옥의 티이다. '도통道統'과 '정통政統'을 '도통道通'과 '정통政通'으로 쓴 것(30쪽)은 넘어가더라도, '간단하 설명'이라든지 '됭ㅆ다'와 같은 실수(7쪽)는 하지 않았어야 했다.

1996년 여름, 싱가폴에 머물던 저자를 북경에서 만났을 때, 언제쯤이나 영구 귀국하는가를 묻자, 중국 정부에 달렸지 내가 어찌할 수 있는 일이 아니라고 대꾸한 것이 기억난다. 천안문 사태는 자유를 추구하는 장자학자에세는 또 하나의 시련이 아닐 수 없는 것이다. 그나 나나 고통은 자유 탓이니, 고금을 뛰어넘어 지식인은 망명자의 처지에서 크게 벗어나지 못한다.

『시사저널』398, 시사저널사, 1997.6.12.

10

노장에 가까이 더 가까이

진고응陳鼓應 저, 최진석 역, 『노장신론老莊新論』, 소나무, 1997.

대만상무인서관臺灣商務印書館에서는 '고적금주금역古籍今註今譯'을 끊임없이 내고 있는데, 이는 옛 고전을 오늘에 맞게 주석을 달고 번역한 책으로 각 방면의 전문가들이 참여하고 있어 전공자들의 교과서처럼 쓰이기도 한다. 그런데 그 가운데 『노자』와 『장자』를 번역한 사람이 바로 북경대 철학과의 진고응 교수이다.

오늘날같이 이데올로기의 해체 시절도 아닌데 북경대 교수의 번역이 타이베이에서 나왔다는 것이 이상하게 여겨질 터이나, 상황을 알고 보면 꽤나 복잡했다. 사실상 진 교수는 현재 대만 인구의 대다수를 차지하는 복건성 (장정長汀) 출신으로 대만대 철학과를 졸업한 북경과는 별 상관없는 인물이었다. 그러나 1970년대 대만독립의 입장에서 반독재 민주투쟁의 일환으로 '장경국 선생에게 드리는 글'을 쓰는 바람에 대만에서 추방당했다. 그 후 미국 캘리포니아대에서 머물다 북경대로 자리를 옮기게 된 것이다.

진고응. 작은 체구에 도타운 안경, 약간 벗겨진 반백의 머리, 전형적 수재의 인상, 아직도 강한 현재의 대만어이기도 한 민남어閩南語 억양 등이 그를 묘사할 수 있는 것들이다. 1996년 여름 도가문화국제학회 때 북경에서 만났을 때도 실질적인 책임자로 바쁜 듯한 동작에 재치 있는 대화로 청중을 사로잡았다. 금주금역이 출판되기 전에 나의 지도교수인 노장학의 세계적인 대가 엄영봉嚴靈峯의 교정을 받았다고 스스로 밝히고 있으며 인용되는 전대 주석가 가운데 유일하게 그에게 '선생'의 칭호를 쓰고 있다는 점에서 나에게는 사형師兄이 되기도 한다. 대만대 대학원 시절 고려대 김충열 교수를 선배일 뿐만 아니라 의형義兄으로 모시기도 했다.

번역자인 최진석 박사는 북경대 철학과에서 「성현영의 장자소 연구」(成玄英的'莊子疏'硏究)로 탕일개湯一介 교수 밑에서 학위를 마쳤고 지금은 미국 하버드대 연구소에 있으며, 현재 싱가폴대 교환교수로 있는 북경대 철학과 류소감劉笑敢 교수의 박사논문인 『장자철학』을 번역하여 실력을 검증 받기도 했다. 『노장신론』에는 진고응과 류소감의 대담이 실려 있기도 하다.

내가 갖고 있는 원서는 중화서국(홍콩)에서 1991년에 출판된 것으로 홍콩의 삼련서점에서 산 것이나, 역자의 대본은 상해고적출판사에서 1992년에 출판된 것이다. 그렇듯 그의 책은 전 세계적인 관심거리인 셈이다. 그런데 이 책은 한 주제를 놓고 쓴 것이 아니라 기발표된 논문을 모아 놓은 것이다. 출전은 역서의 마지막 부분에 친절하게 소개되어 있다.

이 책은 모두 4부로 제1부는 노자, 제2부는 장자, 제3부는 『역전』과 노장, 제4부는 도가중심설로 이루어져 있다. 제1, 2부가 비교적 평이한 논의라면 제3, 4부에서 저자의 관점이 독특하게 드러난다. 특히 제4부는 중국철학사의 중심이 도가라는 주장으로 학계의 많은 논란을 불러일으킨 내용을 그 반론인 이존산李存山의 논문과 더불어 싣고 있는 것으로 상당한 쟁점이 되고 있다. 그런 점에서 20세기 웅십력熊十力, 당군의唐君毅, 모종삼牟宗三 등의 '신유가'와 견주어 진 교수는 '신도가'라고 자칭하기도 한다. 특히 최근 『황제사경』의 출토로 그의 주장은 여러 관점에서 의의 있는 것으로 받아들여지고 있다.(그것에 관해서는 陳鼓應, 『帛書黃帝四經今註今譯』/ 『易傳與道家思想』(臺北: 商務), 그리고 余明光, 『黃帝四經與黃老思想』(哈爾濱: 黑龍江人民) 참조)

최근 나는 논평 때문에 전공과 관련된 세 권의 책을 받았다. 하나는 조민환 박사의 『유학자들이 보는 노장철학』(서울: 예문서원, 1996)이고, 다른 하나는 원정근 박사의 '『노자』에서 『노자지귀』까지'라는 부제가 붙은 『도가철학의 사유방식』(서울: 법인문화사, 1997), 그리고 지금 소개되는 이 책이다. 첫 번째 책에 관해서는 한국도교문화학회에서 또 하나의 논문과 더불어 논평되었고, 두 번째 책에 대한 논평은 한국철학회의 『철학』 가을호에 실릴 예정이다. 이처럼 도가철학 관련 서적이 봇물같이 터져 나오는 데는 나름의 이유가 있다. 유가의 이데올로기에 식상한 한국의 젊은 지식인들은 자유분망한 노장사상과 그 배경으로서의 형이상학에 매료되어 단순한 주자학적 도통道統 정신에서 벗어나 진정한 철학에 관심을 기울이고 있기 때문이다. 최근 한국 노장학의 발전과 연구성과 등 자세한 내용은 1997년 여름(NO.60) 『대우재단소식』에 쓴 나의 「한국의 노장학」을 보기 바란다.

『철학』54, 한국철학회, 1998.3.

11

도가의 부활

원정근, 『도가철학의 사유방식-『노자』에서 『노자지귀』까지』, 법인문화사, 1997.

1.

근래 나는 전공과 관련된 한 편의 소개문과 세 편의 논평을 맡게 되었다. 소개문은 학계동향을 정리하는 것이었고, 논평은 내가 받은 세 권의 책에 대한 것이었다.

한 편의 소개문은 대우재단에서 『대우재단소식』(1997년 여름: NO.60)에 「한국의 노장학」을 학계동향의 형식으로 써 달라는 부탁에서 이루어진 것이었다. 그런데 그것에 응하기는 쉬운 일이 아니어서 처음에는 거절해야만 했다. 이렇게 말하기도 어렵고, 저렇게 말하기는 더욱 어려웠다. 사람들이 쓴 것을 보니 대체로 '다른 나라'의 학계동향이지 '우리나라'의 학계동향은 더더욱 아니었다. 쓰기 어렵다 보니 '나'에서 '남'의 동향으로 나아갔는가 싶었다. 그래도 공부하는 겸, 국회도서관에서 석박사논문을 찾아보니 적어도 이런 것이라도 소개해야 하겠다는 적지 않은 의무감도 생기고, 더불어 최근에 국내외에서 학위를 마친 젊은 학자들의 논문을 정리하는 것은 매우 의의 있는 일이라는 생각이 들어 모험을 무릅쓴 것이다. 이러한 결단에는 은닉보다는 공개가 차라리 한국의 도가철학계를 발전시키리라는 믿음이 있었다. 그곳에는 근자 한국 노장학의 발전과 연구성과 등에 대한 내용이 실려 있다.

세 편의 논평은 하나는 논문발표 때에, 다른 하나는 시사잡지에서, 또 다른 하나는 학회지용으로 요청된 것이다.

처음의 것은 조민환 박사의 『유학자들이 보는 노장철학』(서울: 예문서원, 1996)으로, 나는 이 책을 그가 한국도교문화학회에서 박세당의 노자 이해에 관한 글을 발표할 때 당시의 논문과 더불어 간단히 소개했다.(서강대, 1996.11.30.) 오랫동안 심혈을 기울여 쓴 논문집이어서 한 권의 책으로 서평되기보다는 특정한 주제에 관해 집약적으로 질의되는 편이 나을 정도로 한유, 주희, 정호, 홍석주, 박세당, 서복관 등과 같은 중국과 한국의 거유巨儒들에 의한 노장 이해가 제1부의 「노장철학 바로 보기」와 더불어 제2부 「유학자들이 바라본 노장의 세계」라는 제목으로 잘 정리되어 있는 역저였다.

두 번째 것은 북경대의 진고응陳鼓應 교수의 『노장신론老莊新論』이라는 책으로 북경대에서 학위를 마친 최진석 박사가 같은 제목(서울: 소나무, 1997)으로 번역한 것이다. 번역에는 최 박사 이외에도 길정행 석사가 책의 3분의 1가량을 차지하는 제2부를 맡기도 했다. 전체 4부인 이 책은 홍콩중화서국에서는 1991년, 상해고적출판사에서는 1992년에 출판되었을 정도로 중국에서도 새로 나온 책에 속한다. 역자는 후자의 판본을 따랐으나 그 둘의 내용상 차이는 없다. 진고응 교수는 이 책의 제4부에 실려 있는 중국철학사의 중심이 도가라는 주장으로 학계에 거센 반향을 일으키기도 했다.(『시사저널』, 1997.6.12. 제398호)

위에서 말한 두 책은 모두 논문집의 형태이다. 1990년을 기준으로 진고응 교수의 것은 모두 그 이전에 쓰였지만 조민환 박사의 것은 1990년 이후에 대부분이 쓰였다. 크게 다른 점은, 진 교수의 것이 중국에서 도가철학의 지위를 여러 경전과 더불어 재해석하는 반면, 조 박사는 한국적 문제의식을 투영하여 '왜 조선성리학자들이 그러한 관점을 갖게 되었는가'를 묻는 것이었다.

그런데 이제 말하고자 하는 세 번째 것인 원정근 박사의 『도가철학의 사유방식』(서울: 법인문화사, 1997)은 위의 두 책과는 달리, 논문집이 아닌 일관된 저서의 형태를 띠고 있다. '『노자』에서 『노자지귀』까지'라는 부제에서 알 수 있듯이, 그는 『노자』와 『노자지귀』라는 두 책을 놓고 집중적으로 '도가철학의 사유방식'에 매달리고 있는 것이다.

2.

『노자지귀老子指歸』는 서한西漢 말 엄준嚴遵의 노자 해석서이다. 엄준의 자는 군평君平으로 따라서 엄군평이라고 많이 불린다. 그러나 그의 본래 성은 장莊씨였다. 한 명제明帝 유장劉莊의 휘를 피하기 위해 '장莊'과 같은 뜻인 '엄嚴'으로 반고班固가 『한서漢書』에 기록한 까닭이다. 『한서』에는 장주(莊周: 莊子)조차 엄주嚴周로 등재 되어있다. 따라서 정확히는 장준이 옳은 이름이나, 오래된 버릇으로 엄군평이라 불린다. 『노자지귀』 속의 장자莊子는 남화진인南華眞人 장주가 아니라 엄군평을 가리킨다.

엄군평은 지금의 사천성 촉蜀의 서울인 성도成都 사람으로 평생 벼슬을 멀리 했다. 그는 점을 봐주고 먹을 정도의 식량만 얻어지면 들어앉아 노장을 연구한 은자이다. 역시 성도 출신인 한의 유명한 철학자 양웅揚雄이 어렸을 때 그에게 배웠고, 나중에 요직을 맡았을 때에도 여러 관료들에게 엄군평을 칭송했다. 그에게 엄군평은 그의 저서 속에도 극찬의 대상이었다.(『法言』, 「問明」.) 당시 엄군평에 대한 평가는 대단했다. 촉에서는 엄군평을 공자와 견주어 평가할 정도였다. 중니가 『춘추春秋』를 술했다면 군평은 『노자』를 주한 것이다.

엄군평의 『노자지귀』는 삼국, 위진, 남북조, 당, 송, 원을 막론하고 많은 사람들이 언급하거나 인용되었다. 그런데 그것이 평가절하된 것은 명대 이후부터이다. 명의 학자들이 『노자지귀』가 명대의 위작이 아닌가 의심했으며, 청대 의고풍(疑古風)의 유행은 그러한 회의를 더욱 깊게 했다. 그러나 현대 고증의 결과, 『노자지귀』의 내용은 당송시대의 것이나 명시대의 것이나 모두 엇비슷하게 나와, 위탁僞托이 아닌 것으로 판명되었다.

현재 우리가 보고 있는 『노자』 또는 『도덕경道德經』은 삼국시대 위나라의 청년인 왕필王弼이 편집한 판본으로, 전경前經인 「도경道經」 37장, 후경後經인 「덕경德經」 44장으로 이루어져 있다. 그런데 왕필보다 빠른 엄준에 의해 정리된 『도덕경』은 『덕경』 40장, 『도경』 32장으로 총 72장으로 되어 있다. 달리 말해 흔히 알고 있는 총 81장의 『도덕경』은 왕필에 의해서 만들어진 것으로 그것이 절대지고의 결정판만은 아니라는 것이다. 편집자에 의한 경전의 첨삭은 역사 이래로 꾸준히 있어 왔던 일이다. 따라서 엄준의 『노자지귀』는 한나라 때 무덤인 마왕퇴馬王堆에서 발견된 비단글 『노자』, 이른바 『백서노자帛書老子』를 제외하고는 가장 오래된 판본이다. 『노자지귀』도 『백서노자』와 마찬가지로 『도덕경』이 아닌 『덕도경』의 형태를 띠고 있다.

우리가 기억해야 할 것은, 엄군평이 총 72장과 「전경」 40과 「후경」 32라는 숫자를 음(8)과 양(9)에 맞춰(8×9=72, 5×8=40, 4×8=32) 배열하고 있다는 점이다.(「說二經目」) 이는 이미 한대의 수비학數秘學적 분위기에 많이 훈육되고 있음을 보여주는 것이다. 현본 『노자』를 기준으로 한다면, 엄군평은 39장과 40장, 57장과 58장, 58장의 일부분과 59장, 67장과 68장, 78장과 79장을 합하여 총 4장을 줄여 40장으로 만든 것이다. 바로 다음 세대를 여는 왕필이 가장 싫어했던 것이 바로 이러한 숫자 또는 기호 놀음이었음은 잘 알려진 사실이다.(『周易略例』, 「明象」.)

그런 점에서 『노자지귀』는 한대 노자학의 수평을 보여주는 것이다. 이 책은 흔히 말하는 위진시대의 현학玄學적 주석과는 다른, 한대의 정신을 나름대로 드러내고 있다. 이를테면 양웅은 입관入官하기 전 엄군평의 제자였고, 그러한 그가 보여주는 사상적 풍모는 유가 위주의 사고방식을 견지하는 것이어서 그는 『주역』이나 『논어』를 흉내 내어 저작을 하기도 했다. 그렇다면 양웅이 우러르는 엄군평의 철학이 반드시 도가에만 치중하고 있지 않음을 미루어 짐작할 수 있을 것이다. 유가나 도가를 막론하고 한대 지식인의 기본 경전은 『주역』, 『노자』, 『장자』라는 삼현경三玄經이었음을 상기한다면, 어떤 학자가 노장을 서술했다 하여 반드시 노장을 찬성하는 것은 아님을 알 수 있다.

3.

『도가철학의 사유방식』은 도가철학의 논리를 '논리 아닌 논리'로 설명하고 있다. 도가철학이 줄곧 강조하고 있는 '무○지○'(無○之○)이나 '불○지○'(不○之○)를 바로 그들의 사유방식으로 구성한다. 이를테면 『노자』와 『장자』에 나오는 '모양 없는 모양'(無狀之狀)이나 '형체 아닌 형체'(不形之形)가 좋은 예이다. 이러한 사유방식은 "우리가 보통 상대적으로 규정하는 동東과 서西, 선善과 악惡, 생生과 사死, 미美와 추醜, 시是와 비非 등의 이분법적 관계를 해소시킴으로써 우리의 일상적인 삶의 새로운 전환을 꾀하려는 데 그 궁극적 목표가 있다"(6쪽)고 한다.

이를 위해 이 책은 '포월적包越的 관계'라는 말을 차용한다. 이는 주체와 객체를 나누어 보는 이분법적 사유에서 벗어나 존재의 참모습으로서 서로를 포함하면서도 초월하고 있는 상태를 가리킨다. '자아 없는 자아'는 살아도 살아 있는 것이 아니고 죽어도 죽어 있는 것이 아닌 시공을 포월하는 존재(12쪽), '산은 산이고, 물은 물이다'라는 긍정은 '산은 산이 아니고, 물은 물이 아니다'라는 부정을 하나의 역설적 체계로 동시에 포월(68쪽 주59, 69쪽), '말 아닌 말'은 '형체 아닌 형체'를 지닌 도를 언어와 침묵의 상대적 입장을 포함함과 동시에 초월하여 있음과 없음을 하나로 포월할 수 있는 표현방식(115쪽) 등, 이 책은 포월적 관계야말로 세계와 사물의 진상眞相임을 역설한다. 따라서 "도가철학은 세계와 인간을 모두 관계된 전체로서 따로 있는 것으로 파악한다."(7쪽)

사실상 이러한 '논리 아닌 논리'는 우리들에게 생소한 것이 아니다. '일 없음이 오히려 일을 이룬다'(無事猶成事), '길 없는 길'(The Pathless Path), '비의지의 의지' 등과 같은 표현은 경허 선사, 라즈니쉬, 하이데거와 같은 동서의 철학자들에게 적지 않게 애용되었던 것이다. 그런데 도가철학에서도 이러한 사고는 어떤 유파에 못지않게 강하게 드러난다. 따라서 이 책은 도가철학의 사유방식을 이와 같은 서술체계로 정리한 것이다.

이 책은 모두 9장으로 이루어져 있다. 제1장과 제2장은 '세계와 인간의 관계를 어떻게 정초할 것인가'를 물으면서 '도가철학의 근본과제와 방법론'을 내놓는다. 이 두 장은 책의 전체 내용을 조망하면서 여러 가지 문제점을 지적하고 앞으로의 연구 방향을 제시하는데, 전체 책의 3분의 1에 육박할 정도로 심혈을 기울인 부분이다. 제3장부터 제8장까지는 '존재 없는 존재', '자아 없는 자아', '인식 아닌 인식', '언어 아닌 언어', '행위 없는 행위', '정치 없는 정치'를 긍정과 부정, 또는 능동과 피동이라는 두 층차의 관계를 중심으로 서술한다. 마지막인 제9장은 '체험적 사유방식의 새로운 지평을 기대하는 것 없이 기대하면서' 결론을 내린다. 매 장은 앞에 역사적 배경을 서술한 다음 『노자지귀』에 대한 분석으로 들어간다.

이러한 서술 과정을 통해 이 책이 무엇보다도 강조하는 것이 있는데, 그것은 바로 '체험적 사유방식'이다. 이 글의 목적이 "서한 말 한대 도가의 최고봉이라고 평가될 수 있는 엄군평의 『노자지귀』를 중심으로 도가철학의 체험적 사유방식을 검토하는 데"(25쪽) 있을 정도이다. 이 체험적 사유방식은 "주체와 객체를 하나로 융합함으로써 세계와 인간의 통일적 관계를 설명"(29쪽)해주는 것으로, 이른바 '주객일체主客一體', '물아일체物我一體'의 상태를 설정하여 나아가 '몸'의 체험을 최우선으로 한다. 이때에는 내적 자아와 외적 대상이 하나가 되기 때문에 우주만물의 역동적 실상이 온전하게 드러난다. 이때 바로 긍정과 부정, 그리고 능동과 피동은 하나가 된다.

이러한 하나됨이 중요한 것은 "세계와 인간의 통일적 조화 관계를 인식하고 실현할 수 있는 방법론으로써 제시된 것으로, 그것은 자연과 인간과 사회의 삼위일체적 관계를 동시에 인식하고 실현할 수 있는 존재실현의 방법이자 자기실현의 방법이며 공동체 실현의 방법"(351쪽)이기 때문이다. 도가철학의 체험적 사유방식은, "오늘날 서구의 과학·기술적 문명이 안겨 준 주객이분법적 도식을 거부함으로써 인간의 조작된 행위로 말미암아 생겨날 수 있는 대상으로부터의 소외를 미연에 방지하여 양자의 원초적 관계를 새롭게 회복할 수 있는 하나의 계기를 마련해 준다는 측면에서, 문명비판의 의미까지도 지니고 있다."(355쪽) 따라서 도가철학의 사유방식은 '자연'에 매몰되어서 인간의 능동적 주체성을 잃어버린 '비주체적 철학'일 수 없게 되는 것이다(354쪽). '무○지○'와 '불○지○'의 사유방식은, 첫째 '주체적' 의미에서, 둘째 '체험적' 의미에서, 셋째, '자연적' 의미에서 주객 합일을 꾀한다고 한다.

이와 같은 서술방식 때문에, 이 책은 『노자지귀』를 중심으로 하고 있지만 결국 도가철학 전반에 걸친 사유방식을 표상하고 있고, 따라서 『도가철학의 사유방식』이라는 제목이 붙여진 것이다.

4.

원정근 박사는 고려대에서 「곽상 천인조화관의 연구」로 학위를 받았다. 그런데 이번 저서는 학위논문이 대상으로 하고 있는 위진보다 한 시대 앞선 한대 철학자에 관한 연구로 압축되고 있다. 1인 저작의 단행본으로는 이번이 처음이지만, 그는 이미 위진을 넘어서 한으로 올라가고 있음을 그의 여러 논문에서 발견할 수 있다. 그의 주제는 상당히 단순화되어 있는 듯해도, 실질적인 내용에서는 선진, 한, 위진, 나아가 수당에 이르는 철학적 맥락을 광대무변하게 기술하고 있다. 위진현학 및 수당불학의 연구가 한대의 사상을 재구성하는데 많은 도움을 주고 있는 것이다. 이는 철학의 암흑시기라고 불리기도 하는 한대에서 이후 철학이 맞이할 황금시기의 씨앗을 찾아보는 일이기도 하다. 이러한 내용은 몇 가지 구체적인 장면에서 탁견으로 드러난다.

첫째는 진한을 통괄하는 철학사적 파악이다. "『여씨춘추』는 황로학의 전통을 계승함으로써 노자와 장자가 주장한 자연질서에 기초하여 제자백가의 현실사회에 대한 관심을 하나의 체계로 융합하여 다가올 통일제국의 이론적 기초를 다지고자 하였다. 그러나 통일제국의 이론적 기초를 마련하려는 『여씨춘추』의 이상은 진시황에 의해서 좌절되고 만다."(54쪽) 그런데 유방이 한제국을 설립하자 사상의 통합과정은 더욱 가속화되어 크게 두 갈래로 나누어진다. "하나는 도가의 자연사상에 근거하여 지방분권적 질서를 구축하려는 『회남자』의 작업이며, 다른 하나는 도덕사상에 근거하여 중앙집권적 질서를 구축하려는 『춘추번로』의 작업이다."(55쪽) 이와 같은 명철한 해석은 지은이가 중국철학사에 정통하고 있음을 직접적으로 드러낸다.

둘째는 기론氣論의 철학적 발전과정에 대한 묘사이다. 『노자』에서 명확하게 드러나지 않던 기론적 사유방식이 전국시대를 기점으로 『여씨춘추』와 『회남자』에서 분명해진다(115쪽, 122쪽)고 하며, 나아가 엄군평은 '생'의 역동적 전개과정을 '기화氣化' 과정으로 설명한다(139쪽, 169쪽)고 한다. 비록 기론의 탄생은 『장자』로 소급해야 하고, 『장자』에 이미 '기화론'적 사유가 '물화物化'설과 더불어 자세히 설명되고 있지만(鄭世根, 『莊子氣化論』, 臺北: 學生, 1993), 지은이가 지적한 전국 말에서 한대까지 기론의 전개는 역사적으로 중시되지 않을 수 없다.

셋째, 여러 주석가들에 대한 상세한 분석과 비판이다. 지은이는 과감히 철학의 현실에서의 실패를 자주 꼽고 있다. 양웅과 왕충 같은 후한의 비판사상가들은 정합적 이론체계를 제시하는 데 실패하였고(60쪽), 귀무貴無론의 왕필은 사회질서를 등한시하는 듯했기에 실패하였고(61쪽), 숭유崇有론의 배위는 도덕질서의 존재론적 근거를 정초하는 데 실패하였다(61쪽). 나는 이와 같은 해석을 여러 가지 까닭에서 반대한다. 그러나 이처럼 간단명료한 해석은 다년간의 공부 없이는 불가능한 것이다. 나아가 당의 불가적 장자해석가인 성현영成玄英의 『장자소』(疏)의 체(體: 至人), 용(用: 神人), 명(名: 聖人)의 분류방식을 『대승기신론』의 체, 용, 상相의 기준에 따르고 있는 것으로 추측하고 있는데(159쪽), 그만큼 지은이의 통찰이 수당까지도 포섭함을 보여주는 예이다.

마지막으로 자료의 신선함도 빼놓을 수 없겠다. 인용된 자료는 거의 1990년도 이후의 것으로 전공과 관련된 서적이 총망라되고 있는데, 이는 넓으면서도 꼼꼼한 지은이의 학식을 자연스럽게 드러내고 있다. 그러나 의문도 없지 않다.

첫째, 지은이는 자연질서와 도덕질서의 합일을 엄군평에서 찾고자 한다.

진한의 교체기를 겪은 엄군평은 "한무제에 의해서 건립된 통일제국의 질서가 그 자체의 내부적 모순에 따라 점차 한계를 드러내는 서한 말의 시대적 상황 속에서, 한제국의 통합적 질서를 어떻게 하면 새로운 차원에서 존속시킬 수 있는가 하는 문제"(44쪽)를 직시하고 있었다. 그런데 과연 그가 '무○지○'와 '불○지○'의 사유방식에만 집착하고 있었을까? '무형성과 유형성'(73쪽), '운동성과 정지성', '개체성과 전체성'(74쪽)의 관계를 설정함으로써, '모든 존재를 자타로 나누어 보는 이분법적 사유를 배제'하고, '자기 자신을 그 어떤 고정된 실체로 대상화하지 않는'(75쪽) 사유방식이기 때문에, 위의 문제에 천착하고 있는 듯도 하다. 그러나 이러한 새로운 관계 설정의 내용이 상당히 선험적이고 추상적이어서 말 그대로 체험적이고 구체적인 내용이 드러나고 있지 않다. 잘 알 듯이 철학적 선언이 곧 현실이 되지는 못하는 법이다. 엄군평 사유에는 그런 것에 대한 파악이나 제시, 아니면 회의나 반성이 없었을까?

둘째, 이러한 사유방식은 지은이가 긍정하듯, "『노자』에서 『장자』로 연결되어 전국시기의 황로학과 전국 말과 진의 교체기의 『여씨춘추』, 한 대의 가의와 육가, 『회남자』, 『노자지귀』, 왕충, 후한의 일련의 비판사상가, 위진현학의 왕필, 곽상, 장잠에 이르기까지 일관된 주제"(45쪽)로 이어지는 것이라면, 거꾸로 이러한 사유방식의 대표자로 왜 엄군평이 나서야 하는가? 때로는 육가와 가의라고 하지 않았는가?(55쪽) 나아가 『노자』와 『장자』만으로도 가능하다면, 주된 관심사는 엄군평과 다른 이들과의 차이에 더욱 치중했어야 하지 않았을까?

셋째, 우리는 이러한 이야기가 불교에서 많이 회자됨을 알고 있다. 지은이도 말하듯 승조僧肇의 『조론肇論』 가운데 「반야무지론般若無知論」에서 '앎 아닌 앎'(不知之知)이나 「종본의宗本義」에서 '상 없는 상'(無相之相)의 형태로 나타나기도 한다(82, 89쪽). 보조국사의 「수심결修心訣」에 보이는 '마음 없는 마음'(無心之心)이나 '함 없는 함'(無行之行)도 마찬가지이다(92쪽). 현대에서도 마찬가지로 불교에 많은 관심을 가졌던 고형곤, 스즈키 다이세쯔, 우에다 요시부미, 니시다 기타로, 오오야마 아키라, 웅십력熊十力, 모종삼牟宗三 등에 의해 형용되기도 한다. 그렇다면 이러한 사유방식은 불가적, 나아가 인도적이기도 하다. 그렇다면 도가와 불가의 사유방식은 같은 것인가?

넷째, 『한서』에는 엄군평이 효孝, 순順, 충忠과 같은 유가적 덕목으로 사람들을 이끌어 주었다고 하는데(26-27쪽, 주13), 그렇다면 그는 이미 유학에 많이 훈도되어있지는 않았을까? 그는 공자와 견주어지던 학자였고 더욱이 양웅과 같은 큰 제자를 냈을 정도였는데, 그가 단순히 『노자』의 반복에만 그쳤을까? 그보다 이른 것으로 여겨지는 『황제사경黃帝四經』이나 『문자文子』도 법法 또는 인의仁義를 내세우는데, 그만이 도가로 독야청청했을까? 그가 진정으로 자연질서와 도덕질서의 합일을 위해 세계와 인간의 새로운 관계설정을 꿈꾸었다면, 유가의 세계를 홀시할 수 있었을까?

5.

나는 '도덕道德'의 수립이라는 말을 종종 쓴다. 왜냐하면 오늘날 '윤리'라는 의미의 도덕이 가능해진 것은 한을 거쳐 위진에 이르러서이기 때문이다. 수학적으로 말하면 '도'와 '덕'은 x와 y 같은 변수로 고정된 내용을 가진 것이 아니다. 이를테면 공자가 말한 '인仁'이나 맹자가 말한 '의義'와 같은 상수가 들어가야 하는 것이다. 따라서 도덕은 오늘날의 '이론'과 '실천'정도에 속한다.

오늘날 인의도덕은 인과 의의 추상성과 현대사회의 새로운 현실적 가치 때문에 '지智'와 '신信'으로 대체, 지신도덕이 되어야 할는지도 모른다. 진 멸망 후의 한도 나름대로 a와 b의 값을 찾고 있었다. 양웅, 왕충이 보여주는 매우 적극적이고도 비판적인 전통해석의 태도는 한대 지식인의 초상인 셈이다. 잘 알다시피 『도덕경』의 「덕경」은 정치철학적 내용이 풍부하다. 엄군평은 그 속에서 우리가 찾지 못하는 자신의 족적을 남겼을 것이다. 위진의 왕필과 곽상조차 나름의 유가적 '인의'를 도가적 '도덕'의 정초 위에 세우려 애쓰는데, 한의 지식인인 그도 그러한 노력에 무관심하지만은 않았을 것이다.

우리가 지나간 역사 속의 철학자에 관심을 갖는 것은 우리 나름의 해답을 그들을 통해 찾을 수 있기 때문이다. 우리는 필경 그들과 같은 문법을 갖고 있지 않다. 그러나 우리는 그들의 문법에서 또 다른 문법의 맹아를 찾는다. 최근 들어 도가철학 분야에서 그러한 결과물이 나오는 것은 단순히 학술상의 양적인 팽창만이 아니라 미래를 향한 새로운 자연과 인간의 관계설정(天人之際)에 우리들의 관심이 모아지고 있기 때문이다. 그런 점에서 도가는 부활하고 있는 것이다.

제2부

논문을 말하다

1. 「황로학의 균열」. 김경수(성균관대), 「사마담과 사마천의 '도가'관에 대한 비판」
2. 「조식의 사회유학」. 한성(중국사회과학원), 「조남명의 사회유학 사상과 실천」
3. 「최명길의 주화론과 오늘」. 이남옥(한국학중앙연구원), 「지천 최명길의 주화 논리와 사상적 배경」
4. 「도가는 윤리적인가」. 박원재(강원대), 「우주적 삶 혹은 삶의 확장-노장철학과 '윤리'」
5. 「유학의 힘」. 이철승(조선대), 「민주주의의 법치와 유가의 덕치의 문제」
6. 「나의 공동체, 너의 공동체」. 김형섭(조선대), 「근대 전환기 도교전통의 모색: 전병훈의 『정신철학통편』에 보이는 근대적문제의식을 중심으로」
7. 「한국불교의 화쟁 정신」. 조성택(고려대), 「원효의 화쟁 사상」
8. 「오리엔탈리스트 헤겔」. 안종수(인제대), 「헤겔과 중국철학」
9. 「이시다 바이간의 유학」. 임태홍(성균관대), 「이시다 바이간의 상인도와 유교」
10. 「그림의 바탕 또는 마무리」. 김소연(성균관대), 「월전의 회사후소론」
11. 「나를 새기다」. 전호근(경희대), 「『열하일기』를 통해 본 박지원 사상의 근대성과 번역의 근대성 문제」
12. 「노론과 근대성」. 김문준(건양대), 「노론학파의 연원과 전개: 철학사상과 현실인식」
13. 「첫 번째 조선인」. 조항덕(성신여대), 「삼봉 정도전의 개혁정신」
14. 「왕필의 신화」. 김백희(한국학중앙연구원), 「노자와 왕필」
15. 「조선의 노자」. 조민환(성균관대), 「조선조 『노자』 주석서에 나타난 유도 이동관」
16. 「유비의 윤리학」. 홍원식(계명대), 「한국인의 관계 맺기-우리 속의 나」
17. 「곽점과 다시 쓰는 사상사」. 곽기(郭沂, 서울대), 「출토된 곽점 죽간과 새로운 중국사상사」
18. 「왕필과 반야학」. 김진무(동국대), 「왕필의 현학사상에 보이는 반야학의 영향에 관한 일고」
19. 「도학의 정신」. 김문준(건양대), 「동주 성제원의 생애와 도학정신」
20. 「정의와 법」. 이인숙(고려대), 「롤즈(롤스) 정의론의 법철학적 함의」
21. 「개인과 국가」. 유흔우(동국대), 「은사와 국가」
22. 「노자와 곽점, 그리고 철학사」. 최진석(서강대), 「노자와 유가 사이」
23. 「무의 감응」. 이지훈(부산대), 「제유의 우주: 장자, 스피노자, 라이프니츠」
24. 「해체의 해체」. 김상환(서울대)·최진석(서강대), 「노장과 해체론」
25. 「오행의 역사성과 상수역의 현대성」. 이현중(충남대), 「음양오행원리의 역학적 탐구」
26. 「현학의 과거와 미학의 미래」. 김재숙(고려대), 「위진현학의 미학적 성격」
27. 「무는 유를 위해, 말은 뜻을 위해」. 김주창(공주영상대), 「왕필 주역의 언상의 지식체계 이론 고찰」
28. 「노자, 왕필, 무위자연의 도」. 임수무(계명대), 「노자의 도와 무위자연」
29. 「그래도 죽음은 있다」. 송항룡(성균관대), 「노장에서 본 죽음의 문제」
30. 「치부 없는 치부」. 최해진(동의대), 「경주 최부자의 노블레스 오블리주」
31. 「유가의 음악론과 그 현대성」. 남상호(강원대), 「공자와 음악」
32. 「노동과 치유」. 정세근(충북대)
33. 「강경과 제술」. 이왕주(부산대), 「글쓰기에 관한 몇 가지 성찰」

한국도가도교학회, 성균관대, 2019.6.29.

1

황로학의 균열

김경수, 「사마담과 사마천의 '도가'관에 대한 비판」

1. 우리 학문의 길

우리의 중국철학은 어디쯤 가고 있는가? 많은 수고와 긴 탐색 중에서 가장 안타까운 것이 있다면 '한국의 중국철학'은 찾기 어렵고, '중국의 중국철학'이 주류를 이룬다는 점이다. 그 이전에는 '일본의 중국철학'이었다면, 한동안 대만의 현대신유가가 분위기를 이끌다가, 이제는 중국으로 귀결되는 것 같다.

무슨 이야기냐면 중국철학을 공부하는 한국인으로서 중국학자와 다른 목소리를 내는 사람이 드물다는 것이다. 다양한 관점이 학문의 필수적인 전제라면 중국 내의 다른 의견만 있는 것이 아니라 한국에서도 중국과는 다른 의견이 있을 수밖에 없는데, 우리 학력學力의 부족인지 아니면 지나친 학문적 겸손함인지 어떤 이유에서인지 몰라도, 한국인의 관점으로 내세울만한 것이 많지 않다.

그럼에도 황로학 연구에서만큼은 중국인과는 다른 관점을 공고히 하고 있는 사람이 김갑수와 김경수다. 김갑수는 황로학이 정치학이 아닌 수양론이라는 관점에서 종래의 중국학자들을 비판했고, 김경수는 황로학이 사마씨 부자의 기술로부터 오해의 길을 걷게 되었다는 관점에서 중국학자와는 다른 황로학 정립에 힘쓰고 있다. 중국철학연구자는 양적인 면에서 너무도 큰 압력을 받고 있음에도 이러한 관점의 전환을 통해 한국에서 질적인 발전이 이루어지고 있다는 점에서 나는 기쁘지 않을 수 없다.

나는 감히 부탁드린다. 우리가 중국철학을 한다고 해서 '한국의 철학'을 하는 것이 아니라는 것과, 우리가 중국철학을 한다고 해서 서양철학보다 '한국의 철학'에 가깝다고 느껴서는 안 된다는 것을 머릿속에 심어두어야 한다고. 동양철학이 전통철학에 가까운 것은 사실이다. 그러나 중국철학을 소개하는 것만으로 '한국의 철학'이 자리 잡기는, 서양철학을 답습하는 것만으로 '한국의 철학'이 자리 잡을 수 없는 것만큼이나 어렵다는 점을 꼭 기억하자. 그래서 나는 늘 중국과는 다른 한국의 중국철학을 말하는 것이다.[1]

오늘 다시 김경수를 통해 황로학에 대한 한국적 이해를 만나게 되어 반갑다. 특히 그는 '황로'(黃老: 황제와 노자)라는 개념의 출발처인 사마담, 사마천 부자에 대한 비판까지 나가고 있어 놀랍다. 겸허한 마음으로 우리의 대가에 가르침을 청한다.

---

1 정세근, 「중국과 다른 중국철학」, 『오늘의 동양사상』, 예문서원, 2003. 그 글에서도 이와 같은 시각에서 김갑수를 소개했다(4. 김갑수의 황로학 이해와 기타 논문). '이 글의 맥락에서 나의 중국철학 이해의 태도는 확연하게 드러났으리라 믿기에 다시 말하지 않겠다. 그런데 무엇보다도 반가운 논문이 있어 짧게라도 소개한다. 이 글은 기존의 중국학계를 망라하여 방대하게 비판하고 있으며, 그에 대한 명확한 입장을 갖고 있기 때문이다. /이 잡지의 편집회의 때 나는 '황로학 제자리 찾기'를 시도하고 있는 어떤 분의 전문적인 소개와 평가를 하고 싶다고 밝힌 바가 있는데, 그의 주장은 우리나라 황로학 연구자라면 반드시 일독을 해야 할 것이다. 나는 그의 견해가 옳은지 그른지를 넘어, 맹자의 말처럼, '먼저 큰 것을 세운 것'(先立乎其大者)을 독려하고 싶다. /그 글이 바로 김갑수 박사의 「황로학에 대한 오해와 진실-황로학 제자리 찾기(1)」라는 논문이다. 김 박사의 '황로학 제자리 찾기(2)'는 『도가철학』 창간호에 「학파명으로서의 '도가'의 기원과 의미에 관하여」(1999)라는 제목으로 이미 실렸다. 출간이 거꾸로 된 셈이다. 그러나 이 둘은 선후에 관계없이 연속적으로 우리에게 많은 점을 시사하고 있다. 그것은 바로 이제 우리 학문의 성숙도가 중국을 종합적으로 비판할 정도가 되었다는 점이다. 그의 글을 옮겨보자. "『노자을본』 앞부분에 수록된 4편의 고일서(古佚書)가 『황제사경』이라는 주장이 당란唐蘭에 의해 제기된 후 황로학의 성격이 운명처럼 결정되어 버렸다. 즉 황로학은 이 말의 최초 사용자인 사마천의 의도와는 상관없이 법가적 잡가적 성향을 띤 학술 조류로 정의되었다.…(즉 사마천의 용어는) 노장 등 초기 도가를 중심으로 신선술의 일정 부분을 받아들인 양생론 위주의 사상과 실천적 지침을 가리키는 말이었다. 그리고 한초의 황로학에서 중시한 청정과 무위는 군주의 신하에 대한 통제술이 아니라 피치자인 민(民)에 대한 불간섭주의를 이르는 말이었다"(요약문)'

2. 순수도가의 복원

선진시대 황로학은 없었다. 그런데 중국학자들은 황로학의 연원을 자꾸만 거슬러 올라가길 좋아한다. 그것은 옳지 않다. 크게 보아 김경수의 주장은 이것이다. 특히 사마담과 사마천의 관점도 일치하지 않는다. 그 까닭은 당시 법가라는 말을 쓸 수 없기 때문에 도가로 포장된 법가류가 많았다. 따라서 순수하게 도가의 입장에서 볼 때 '도법가道法家'는 '도유가道儒家' 또는 '노공학老孔學'이라는 말이 불성립하는 것과 마찬가지로 어울릴 수 없는 어휘다.[2] 그런데 문제는 이렇다.

첫째, 아직 황로로 불리는 여러 인물에 대한 평정評定이 제대로 이루어지지 않았다. 신불해申不害는 차치하더라도 신도愼到는 도가 신도와 법가 신도로 볼 수 있을 정도로 철학사적인 기술에서 판이한 모습을 보인다. 그 모호함이 황로라는 도법가로 평가되는 통로를 만들어주었다. 거칠게 말해 전병田駢은 도가에 가깝고 한비는 법가에 가까운데, 사마천은 둘을 모두 황로로 묶는다.[3]

둘째, 직하학이라는 통합적 학문(그것도 정치적인 현실성을 앞세우는 학문)에서 여러 주류들이 뭉쳐지는 것은 당연한데, 이런 태도에서 보자면 도법가의 탄생은 개연적이다. 이름이 도법가가 아니라도, 나아가 그것이 현대적인 어법에 불과할지라도 그런 류의 사고방식은 '일반적'일 수밖에 없다. 이에 대해 판단해야 한다. 순자荀子가 오늘 철학사가들에게는 유가로 분류되지만, 특정하게 도가를 옹호하는 분위기에서는 충분히 황로학 내지 직하황로학으로 비쳐질 수 있는 것이다.[4] 비록 황로학이라는 말은 『관자』나 『여씨춘추』에도 나오지 않지만,

---

2 개인적으로는 왕필 같은 인물이 '도유가'나 '노공학'에 속한다고 생각한다.

3 『史記』, 「孟子荀卿列傳」: 愼到趙人, 田駢接子齊人, 環淵楚人, 皆學黃老道德之術.

4 余明光, 「荀子思想與黃老之學」, 『道家文化研究』6 /胡家聰, 「論儒家荀況思想與道家哲學的關係」, 『道家文化研究』6, 上海古籍出版社.

셋째, 발굴된 『황제사경』이 초기 연구자에 의해 그것이 바로 황로학의 경전이라고 심정됨으로써 야기된 문제에 집중해야 한다. 마왕퇴 『노자을본』 앞에 있던 그 책, 정확히는 4편이 무엇인지는 여전히 물어야 한다. 고일서古佚書라고 불리는 옛날에 사라진 그 책이 반드시 그 책일 까닭도 없으며, 바로 그 책이라고 할지라도 그것이 황제학일 수는 있어도 반드시 황로학이어야 할 까닭도 없다.[5]

넷째, 사마담과 사마천의 관점이 과연 엄격하게 분리될 수 있을까? '사마담은 당시 유행하던 황로학을 도가로 보았고, 사마천은 노자를 종조로 삼은 도가'라는 이해는 뭉뚱그려 받아질 수 있다. 사마천은 사마담의 관점에 단지 역사적인 서술법을 강조하여 기술하는 것에 지나지 않을 수 있는 것이다. 그것이 바로 인물을 엮어 설명하는 『사기』 열전列傳의 방식이다.

다섯째, 김갑수는 황로학의 성격이 정치적인 것보다는 양생술적인 면을 부각시켰고, 김경수는 황로라는 이름으로 희생된 노자의 복권을 지향한다. 형식적으로는 황로가 담고 있는 사상의 실질을 말한다는 점에서 그 둘은 비슷하다. 그러나 내용적으로는 황로 자체에 대한 본질적 접근과는 달리, 황로라는 이름으로 당시의 온갖 학문을 집약시킨 사마씨 부자와 그들의 관점을 순응적으로 따랐던 현대 학자에 대한 비판이라는 점에서 그 둘은 다르다. 내재적 접근과 외재적 접근이라고 표현될 수 있겠다. 그 둘을 통합하는 한국의 황로학 연구가 요청된다.

작은 질문들이다.

(1) 분分은 장자를 주해한 곽상이 즐겨쓰는 표현이다. 그런 점에서 황로학은 나름 곽상 이후의 장자 해석으로 접근한 것으로 볼 수 있지 않을까?

(2) 사마담이 번잡한 것을 싫어하고(도가) 상하의 분을 강조했다(법가)는 점에서 모순이 되지만, 지나치게 많은 분을 줄이는 것도 당시로서는 과제일 수 있다.

5 그런 점에서 백서연구자 당란唐蘭의 영향력은 컸다.

평등에서 벗어난다는 점에서 도가보다는 법가에 가깝다는 것은 분명하다.[6]

⑶ 사마천은 황로학의 특징을 '느슨한 법망', '아무 것도 하지 않는 무위', '백성의 휴식'으로 말했다고 하는데, 그것은 순정한 노자에 가깝다. 그렇다면 사마천의 황로에 대한 해석과는 많이 어긋난다. 그 기술의 근거를 분명히 할 필요가 있다.[7]

⑷ 명名과 분分이 만나는 순간, 유가에서 법가로 나간다. 당위적 이름에서 객관적 이름으로 나가기 때문이다. 시자尸子가 법가인 까닭이 이것이며,[8] 『윤문자』 속의 팽몽彭蒙이 그렇게 비춰지는 까닭이 이것이다.[9] 그러나 이후 유가도 명분(또는 예'법')을 강조함으로써 법가와의 친화성을 떨쳐버리지 못하는 것 아닌가.

⑸ 한비자는 '형명참동形名參同'[10]이라는 말로 옳고 그른 것을 구별하는 참험參驗의 원칙을 세운다. 그 이름이 관직 등 정치적인 내용을 담고 있어서 그렇지, 명실이 상부하여 마침내는 박실朴實함에 이른다는 점에서 노자와 통하는 점이 있지는 않은지.

3. 목적과 수단

한비자가 노자를 해석하고 비유하는 편들을 담고 있다는 점에서 늘 문제

---

6 『史記』, 「太史公自序」: 法家不別親疏, 不殊貴賤, 一斷於法, 則親親尊尊之恩絶矣. 可以行一時之計, 而不可長用也, 故曰嚴而少恩. 若尊主卑臣, 明分職不得相越, 雖百家弗能改也.

7 정세근, 「노자와 한비자」, 『도가철학과 위진현학』, 예문서원, 2018, '§4. 사마천의 분법' 가운데, 李澤厚, Creel, 김성환, 熊十力 및 胡適, 容祚祖(한비자의 것이 아니다), 章太炎(한비자의 것이다)의 견해를 보라.

8 『尸子』, 「分」: 君臣父子, 上下長幼, 貴賤親疎, 皆得其分, 曰治. /「發蒙」: 若夫名分, 聖之所審也.

9 『尹文子』, 「大道」(上): 彭蒙曰, 雉免在野, 衆人逐之, 分未定也; 雞豕滿市, 莫有志者, 分定故也.

10 『韓非子』, 「主道」: 有言者自為名, 有事者自為形, 形名參同, 君乃無事焉, 歸之其情. 故曰: 君無見其所欲, 君見其所欲, 臣自將雕琢; 君無見其意, 君見其意, 臣將自表異. 「兩權」: 形名參同, 用其所生. /君臣不同道, 下以名禱, 君操其名, 臣效其形, 形名參同, 上下和調也.

가 되어왔다.[11] 상치되는 것을 합치하려는데 황로라는 뭉텅이 개념은 참으로 유용했던 듯하다. 그러나 도가의 본령에서 볼 때 그것은 한참 멀리 나간 길로 보인다.

왜냐? 내용은 같으나 한비자는 노자와는 달리 무위를 목적이 아닌 수단으로 바라보기 때문이다. 그 점에서 둘은 참으로 다르다. 내 생각으로는 '남에게는 무위, 나에게는 자연'이다.[12] 남을 어쩌려고 하지 않음이 바로 무위이고, 내 마음 속의 소리를 잘 듣는 것이 자연이다. 그러나 현실은 남을 어쩌려다 세월을 다 보내고, 내 마음 속의 소리도 잘 듣지 못해 후회한다. '남은 내버려두고, 나나 잘 바라보자'는 무위자연의 원칙은 그래서 인간을 수단이 아닌 목적으로 바라본다.

무위는 타자 윤리학이다. 무위가 나에게도 절대적이지 않느냐고 물을 수 있다. 그러나 주체는 사실상 무위할 수 없다. 밥을 먹어야 하고 삶을 살아가야 하기 때문이다. 인간을 수단이 아닌 목적으로 보라고 할 때의 인간도 타인이지 자신이 아니다. 존재의 원칙상 자기는 늘 목적일 수밖에 없기 때문이다.[13] 그래서 타자 윤리학이 중요하다.

남을 내버려두는 것이 아니라 어떻게 하면 잘 부려먹을까를 생각하는 순간, 무위는 노자가 아닌 한비자의 것이 된다. 이렇게 생각하면 좋겠다. '하지 않으나 하지 않는 것이 없다'고 할 때, '하지 않음'에 무게를 두면 도가가 되고 '하지 않는 것이 없다'에 무게를 두면 법가가 된다고.

---

11 정세근, 『도가철학과 위진현학』.

12 정세근, 「머리글」, 『노자 도덕경』, 문예출판사, 2017, 11쪽. '너에게는 무위, 나에게는 자연'.

13 자기희생도 헌신(獻身)이라는 더 큰 목적을 담는다. 그것이 박티(Bhkti)와 같이 종교화되는 까닭이 여기에 있다.

2 조식의 사회유학

한성韓星, 「조남명의 사회유학 사상과 실천」

이 글은 남명 조식에 대한 전반적인 이해를 담고 있으며, 필자의 '사회유학'의 개념을 조식에게도 적용시켜 보고자하는 시도다. 유학은 심성유학과 정치유학 이외에도 민간의 인륜 일용과 연관되는 사회유학이 있다는 것이다.

남명은 25세 때 과거와 명리를 완전히 포기하고 경전연구를 시작하여 백가를 통달하였는데, 남왜북호란의 혼란 속에서 당쟁사화가 심해지자 조정의 부름이 14번이나 있었음에도 벼슬의 길을 택하지 않고 성현의 길을 가고자 하였다. 특히 그는 "학자는 모르는 것보다 실행하지 않는 것이 더 큰 문제다"[1] 고 생각하여 구체적으로는 『예기』를 '수예변속守禮變俗'의 관점에서 '중국의 기본적인 정신을 지키는 동시에 본국의 풍속과 습관에 따라 변혁'하였다. 그리하여 그는 사회유학의 실천방식으로 교육과 교화를 중시함으로써 인격과 학식을 숭상하는 남명학파를 형성하였다. 임진왜란 때 곽재우郭再祐, 정인홍鄭仁弘, 김언金濡 등 최초 봉기한 3대 수장이 모두 남명의 문인이며, 문위文緯, 오운吳澐, 조종도趙宗道, 이로李魯 등의 의병장도 이 학파였다.

광활하여 쉽게 접근되지 않는 남명과 남명학의 요체를 사회유학으로 정리하여 학문적 광폭화에 기여하는 글에 몇 가지 작은 질의를 덧붙여 좀 더

1 남명학연구원 편, 『남명집』, 588쪽, 2000.

넓은 남명에 대한 이해에 조금이라도 도움이 되고자 한다.

첫째, 예학은 조선유학의 특징으로 『주자가례朱子家禮』의 현실화인데, 남명만의 특징이 무엇인지 궁금하다. 조선 예학의 거두는 보통 김장생(金長生: 1548-1631)을 꼽는데, 그 차별성과 독자성을 어떻게 보아야 할까?

둘째, 남명(1501-1572)을 퇴계 이황(1501-1570)에 대한 일종의 반명제(Antithese)로 본다면 훨씬 시대적 상황이 잘 드러날 것 같다. 비록 큰 이야기지만, 동갑내기 그 둘의 관계를 어떻게 설정하여야 하는가? 특히 주자학과의 관계에서 그렇다.

셋째, 남명이 여타의 유학자와 다른 점은 장자 등 제자학에도 관심이 많았다는 것을 꼽을 수 있다. 남명南冥이 곧 장자의 대붕이 날아가고자 하는 곳 아닌가. 조선초기의 유학자들은 비판적이었을지라도 도가와 불가에도 일가견이 있었다.

넷째, 임란시절 의병장을 남명학파에서 많이 배출한 것은 사실이지만, 일제강점기 때 리理의 순수성을 강조한 기정진奇正鎭의 노사蘆沙학파 쪽에서도 위성척사衛正斥邪의 기치를 내걸고 싸워온 사례가 많다. 학문과 실천의 구체적인 연결고리가 무엇일까?

그리고 남명학에 평생을 바쳐온 오이환吳二煥의 자료도 좋은 참고자료가 되리라고 생각된다.[2] 한국 유학에 대한 필자의 관심에 깊은 감사를 머리 숙여 올린다.

---

2 『남명학파연구』, 『남명학의 새 연구』, 『남명학의 현장』 그리고 편서인 『남명학4종』 등.

3

최명길의 주화론과 오늘

이남옥, 「지천 최명길의 주화 논리와 사상적 배경」

1. 삼전도의 기억

우리나라 사람이라면 삼전도 굴욕에 대한 일련의 감정이 있을 것이다. '삼전도 트라우마'라고 불러도 좋겠다. 임금이 삼궤구고두三跪九叩頭를 했다니, 요즘 식으로는 대한민국의 대통령이 다른 나라의 최고지도자에게 세 번 무릎을 꿇고 그때마다 머리를 세 번씩 조아려 총 아홉 번이나 숙인 사건이었다. 그 이야기를 듣고는 누구라도 분노하지 않았으리요. 송파를 지나면서 그 땅이 삼전도비가 세워진 치욕의 장소임을 누가 모르리요.

일본의 텐노가 미국의 장군에게 항복을 하는 광경을 통해 그들이 새로운 국제질서의 도래를 어쩔 수 없이 경험했듯이, 조선의 백성도 임금의 굴종을 통해 어떤 국제관계를 깨달을 수 있었을까? 지식의 생산자이며 모종의 철학을 바탕으로 국가를 경영하던 조선의 정치가들은 과연 어떤 생각으로 이 사건을 접했을까? 치욕의 사건, 깨달음, 분노, 그리고 이른바 트라우마에 이르기까지 조선의 지식인들은 무엇을 하고 있었을까? 그들을 움직이던 철학은 무엇이었고, 굴욕 이후에 그들의 철학은 어떻게 바뀌었을까?

철학이 바뀌길 바라는 것은 무지이고 오만일까? 인간이 바뀌지 않기에 철학도 바뀌지 않는다는 말로 철학의 불변성은 쉽게 옹호될 수 있는가? 아닐 것이다. 내가 옛날의 내가 아니고, 사람의 관계 설정도 시대마다 바뀌고, 심지어 도덕조차도 강조점이 옮겨 다닌다. 나는 전과자에서 개과천선한 나로 바뀔 수 있고, 나는 본디 양반이 아닌 쌍놈일 수 있고, 나는 부모에 대한 공경보다는 남녀 간의 애정에 방점을 찍는 사람일 수 있다. 오늘 우리는 '사랑'이라는 말을 '효자'라는 말보다 많이 쓰며, 개념상 '시종侍從'과 같은 상대개념을 필연적으로 수반하지 않을 수 없는 '양반'을 국민 모두가 자처하며, 처벌을 우선시하는 '감옥監獄'보다는 교정하여 이끌어보겠다는 '교도소矯導所'라는 용어로 인성의 가소성을 받아들인다.

철학이 바뀌지 않는다는 것은 인간의 본성이 쉽게 바뀌지 않음을 뜻하는 것이지, 인간의 조건 내지 체계가 바뀌지 않음을 뜻하는 것이 아니다. 사람은 밥을 먹지만, 밥을 먹는 방식은 바뀐다. 사람은 타인과의 관계를 위해 예의도덕을 말하지만, 예전의 예의도덕이 오늘날의 예의도덕과 반드시 상통하는 것은 아니다. 서로에게 인사하는 방법은 허리 숙이기에서 손잡기로 곧 국궁鞠躬에서 악수握手로 바뀌지만, 그렇다고 해서 인사人事가 사라지는 것은 아니다. 다시 말해 밥이 아닌 빵을 먹는다고 해서 우리가 무엇인가를 먹어야 하는 것이 바뀌지는 않는다. 철학이 추구하는 것은 밥이나 빵이 아닌 '먹기'고, 허리와 손이 아닌 '잘 지내기'다. 싸우지 않기 위해서라면 볼을 비비거나 몸을 껴안는다고 달라질 것은 없다.

삼전도로 상징되는 치열한 국제관계의 시비 논쟁을 오늘날 어떻게 보아야 하나? 21세기의 우리는 어떻게 살아야 하나? 힘의 논리인가, 정의라는 명분인가? 힘 있는 정의를 선택할 것인가, 힘없는 정의를 선택할 것인가? 힘이 밑받침이 되지 않는 국가의 정의도 유지될 수 있는가? 정의로운 전쟁은 가능한가?

2. 조선의 마키아벨리

삼전도 이후 조선에는 마키아벨리가 없었다. 그와 같은 책사가 없었다는 말이 아니다. 마키아벨리의 현대 정치사상에서의 최고의 공헌은 '정치'와 '윤리'를 구별한 것이다. 마치 화학물을 섞듯 비인간적으로 무감정하게 합성작용을 바라볼 뿐, 거기에 옳고 그름을 투사하지 않는다. 황산이 억하심정이 있어서 터지는 것이 아니라 촉매를 만나면 폭발할 뿐이다. 그렇듯 정치를 바라보자는 것이 마키아벨리의 주장이었다.

1627년 정묘호란 이후 조약이 체결되고 1636년 병자호란이 벌어질 때까지 조선의 정치가들은 무엇을 했는가? 근 10년 동안 무슨 논의를 했는가? 일이 닥쳐서야 비로소 토론이 시작되었는가? 그것을 알고 싶다. 역사 속에서 무책임하지 않기 위해 다시 묻는다.

첫째, 당시의 사유구조는 여전히 의리義理로 대표되는 명분론이었는데, 그런 생각을 뛰어넘는 사람은 없었을까? 조선이 섬기는 나라 가운데 하나는 부자관계, 다른 하나는 형제관계이기 때문에 양립이 가능하다는 논리는 아버지가 죽으면 어떻게 해결되어야 하는가?

둘째, 조선은 송나라처럼 휘종, 흠종이 끌려가지 않았기에 원수진 일이 없다는 주장은 이후 볼모로 세자가 잡혀가기 때문에 철천지원수徹天之怨讐로 생각해야 함을 뜻하는가? 복수의 대상, 한계, 기간은 어떻게 설정되어야 하는가?

셋째, 말로 때울 수 있었던 일을 몸으로 때우게 된 까닭은 무엇인가? 외교에서 가장 중요한 것은 힘이지만, 말도 그에 못지않다. 오늘날의 전쟁도 '악의 축'이나 '대량살상무기'와 같은 명분으로 시작한다. 조선이 외교의 언사를 잃어버리게 된 것은 무엇 때문인가? 외교관의 명실은 상부하지 않는다는 것을 몰랐는가? 조선도 거짓으로 왕의 아우와 대신을 보내지 않았는가?[1]

넷째, 김상헌의 경우처럼, '명분이 정해진 뒤에는 군신의 의리를 요구할 것이고, 성을 나가야 할 것'이며 '군사가 성 아래까지 오고 나서 그 나라와 임금

---

1 綾峯守 偁을 왕의 아우라 칭하고 판서 沈諿을 대신의 직함으로 가칭했다. 『인조실록』 권33 인조 14년 12월 15일 을유 2번째 기사.

이 보존된 경우가 없고, 강화한 뒤에 나라가 망하게 되는 경우가 있으니 이때 후회해도 소용이 없다'[2]는 논지는 어떻게 논박이 가능한가? 덤벼 망한 후진後晉도 있지만, 그 반대의 경우도 있진 않은가?

다섯째, 여기서 백성은 어디에 있는가? 주화던 척화던 맹자 이후 그들이 진정으로 섬겨야 했던 백성(民)들은 얼마나 안중에 있었는가? 포로를 풀어주라는 외교적 노력을 높이 사고, 민간인 학대의 재발방지를 위한 요청은 의미 있었지만, 결국 50만의 인질은 어떻게 보아야 하는가?

여섯째, 최명길이 '남송 때 강화를 주장한 사람은 재앙은 나라로 돌리고 이익은 자신에게로 돌아가게 했지만, 지금 강화를 주장하는 사람은 재앙은 자신에게 돌아오게 하고 이익은 나라로 돌린다'고 하는데, 그 근거는 어디에 있는가? 과연 그는 을사늑약의 매국노 이완용과는 달리, 재앙 속 일생을 살았는가?

3. 의리와 사공

역사 속에서 버림받은 지천遲川 최명길(崔鳴吉: 1586~1647).[3] 그는 과연 무슨 생각을 했을까? 정사인 실록에서조차 '시대를 구한 재상'(救時之相)이라는 평가와 동시에 '소인小人'이라는 상반된 평가가 존재하게 된 정치적이고 사회적인 배경은 무엇이었을까? 인조반정의 주역이면서도 타협을 선택한 까닭은 역

---

2 『인조실록』 권34, 인조 15년 1월 18일 무오 1번째 기사.

3 이남옥은 다음과 같이 적고 있다. "17살 때 비로소 李恒福·申欽·金長生의 문하에서 수학하였음을 밝혔다. 결국 최명길의 스승은 이항복·신흠·김장생이며, 도우로 교유한 사람은 장유와 조익이었던 것이다./ 이외에 인조반정을 함께 하고 정묘호란 때 주화론을 주장한 李龜에게도 학문적 영향을 받았으며, 이귀의 아들 李時白과도 절친한 사이를 유지하였다. 또한 李植과도 밀접한 관계를 맺고 있었는데, 이식은 장유와 함께 양명학을 연구하던 최명길에게 양명학을 멀리할 것을 충고할 정도로 비판적이기도 하였다." 『역주증보 지천선생집 II』, 「택당澤堂 이여고李汝固 식植에게 보낸 글: 두 번째 二書」, 693~694쪽.

사가들의 설명처럼 누구의 이론을 따라서만이 아니라 그만의 독자적인 이유가 있었을 텐데 그것은 무엇이었을까?[4] 당시 '주화主和'론의 태두로서, 영원한 이름을 걸고 의리義理를 좇은 것이 아니라 순간의 목숨을 내놓고 사공事功을 좇은 논리적 근거는 무엇이었을까?

최명길을 통해 현실의 정치적 판단과 윤리적 판단, 그리고 역사적 판단의 어려움을 깨닫는다. 우리 앞에는 '사드'도 있고, '북핵'도 있고, '코피 터트리기'도 있다. 세월이 지나면 무슨 맥락인지 모를 단어들이다. 어떻게 해야 하는가?

송나라를 후금이 칠 때와 조선을 청이 칠 때의 상황은 무엇이 같고 무엇이 다른가? 송이 후금과 우여곡절 끝에 화친했듯이, 조선도 청과 비록 굴욕적이지만 화친한 것인데 이 또한 무엇이 같고 무엇이 다른가? 늘 그렇듯 강경론, 원칙론, 명분론만이 옳은가? 도덕의 원칙에는 어긋나더라도 실제의 정치와 외교에 유용하자는 마키아벨리의 역할을 감당한 조선의 지식인은 있었는가? 최명길도 명분론이라는 틀 속에서 논쟁을 하는 바람에, 주자학적 세계관에서 크게 벗어나지 못했기 때문에 스스로 그 틀과 세계관 속에 갇히고 만 것이 아닌가? 더욱더 슬픈 것은 정묘호란부터 병자호란까지 당시의 지식인들은 왜 사고실험이라도 하지 않았나? 과거 역사적 사실에 대한 공개적인 논의를 하는 것은 차치하고라도 어제 벌어졌고 내일 벌어질 수 있는 사건에 대해 왜 미리 토론하지 못했나? 그럼에도 아래의 세 가지 경우는 역사의 얄궂음을 대변한다.

남송의 주화파인 진회秦檜의 석상은 무릎이 꿇린 채 쇠사슬에 동여매어져 있었으나 최근 사슬이 풀렸다 한다. 그 이유는 다민족국가로 정의되는 현대 중국이 더 이상 원나라를 강하게 배척할 명분이 없기 때문이다. 송을 지키려는 장군 악비岳飛가 서러워할 일이다.

---

4 정두영, 「최명길, 인조반정仁祖反正의 주역이 주화主和를 역설한 까닭은?」, 『내일을 여는 역사』 60, 2015. 또한 정두영, 「17세기 西人 내부의 陽明學 이해와 현실주의 정치론」, 『동국사학』 48, 2009.

월남은 중국의 식민지를 겪으면서 문물제도는 국자감을 설치하는 등 중국식의 체계를 갖췄으나 그들은 철저히 중국의 지배에서 벗어나고자 했다. 그들의 이런 민족적 자부심은 프랑스식민지도 이겨나가게 했다. 바게트도 먹지만 쌀국수를 지켜낸 것이다.

미국의 힘을 얻어 지켜낸 자유대한에 대한 애정은 누가 뭐래도 한국인이라면 누구라도 갖고 있는 것이다. 그런데 한국정치에 대한 시위에 성조기가 등장하는 까닭은 무엇일까? 하물며 이스라엘 국기는 왜 출현하는가?

중요한 것은 정신세계다. 남송, 조선, 베트남, 그리고 대한민국 사람들이 지니고 있는 심연의 의식이고 도덕과 가치다. 오늘날에서조차 그것과 관련되어 어떻게라도 정리되지 않는다면 요즘 말로 국론분열, 아니 전쟁 앞에서 우선순위의 지침(매뉴얼)이 없는 국가가 될 것이다.

최명길이 양명학적인 실천론에 밝은 것은 사실로 보인다. 양명학이 말하는 지행합일은 '알면 움직여라'가 아니라 '아는 데 움직이지 않을 수 없다'거나 '움직이지 않는다면 안 것이 아니다'라는 주장이기 때문이다. 돌이 굴러오는 것을 알았으면 몸이 절로 피하듯이 말이다. 그렇기 때문에 양명이 해석한 『대학大學』의 목표는, 주자학처럼 신민新民으로 백성을 가르치려 드는 것이 아니라, 친민親民으로 그들의 안위를 보존하려는 것이다.

4

도가는 윤리적인가

박원재, 「우주적 삶 혹은 삶의 확장-노장철학과 '윤리'」

윤리학은 말해질 수 없는 것이 또렷하다.
윤리학은 초월적이다.
(윤리학이나 미학은 마찬가지다.)
Es ist Klar, daβ sich die Ethik nicht aussprechen lässt.
Die Ethik ist transzendental.
(Ethik und Aesthetik sind Eins.)
-L. Wittgenstein, Tractatus, 6.421-

1. 윤리의 영역

윤리적인 것과 감성적인 것은 말할 수 없다. 흔히 '윤리와 미학은 초월적이다'라고 이해되는 비트겐슈타인의 명제다. 말할 수 없는 것에 대해서는 입을 다물어야 한다는 말이 나오기 근방의 언설로, 윤리학과 미학이 학문이 될 수 있느냐는 근본적인 회의다. 선악을 어떻게 논리적으로 말하며, 미추를 어떻게 증명하는가?

덕의 윤리가 다시금 등장하는 것은 말이 정교해서 그렇지 '공동체의 덕목이 우선'이라는 전제의 재등장에 다름 아니다. 그렇다면 공동체의 덕목은 논리적이고 증명될 수 있는가? 그것은 문화상대주의가 보여주듯이 상대방에 대한 존중이 포함된 이해와 타협이지, 그 안에 나와 남을 떠나 독립적으로 존재하는 논리를 찾기는 어렵다. 우리 집단에 좋은 것이 너희 집단에도 좋은 것이 될 수 있다고 증명하는 것도 쉬운 일이 아니다. 그래서 유가윤리, 유교전통, 불교문화, 기독교국가, 무슬림사회가 다른 것들과 가끔씩 어그러지기는 하지만 여전히 이 세계 속에서 공존한다.

유가는 윤리적이라고 하지만 도가는 왜 그렇게 말하지 않을까? 유가윤리라는 말은 일상적이지만 왜 우리는 도가윤리라고 말하지 못하는가? 우리의 문제는 바로 여기에 있다.

김남일 교수가 말하듯이, "세속의 초월에 대한 역설力說이 현실의 외면이 아님에도 이러한 오명과 낙인"을 받아왔다면, 우리는 도가가 '세속을 초월하고자 하는 것인지'에 대해서 먼저 물어야 할 것이다. 불교와 함께 도교가 출세간의 사상이자 종교였는가? 그리하여 그들에게는 윤리가 없는가?

불교는 출세간적이지만 분명 '불교윤리'를 말하고 강조한다. 계율이라고 부를 정도로 철저하다. 적어도 불교공동체를 위한 윤리는 유교보다도 강할 정도다. 도교는 어떠한가? 한국에는 많이 남아있지 않지만 그들도 도관道觀에서 활동하면서 비록 독신주의(celibacy)는 아니지만 채식을 통해 수련을 한다. 도교도 나름의 계율이 있는 것이다. 그리고 그것을 크게 보면 윤리의 일종이 될 수 있다. 윤리의 집약된 형태가 계율이라는 것을 받아들일 수만 있다면 말이다.

그런데 철학적인 도가에서 윤리를 찾을 수 있는가? 그것이 우리의 문제인 것이다. 윤리가 가치를 말한다는 점에서 넓게 본다면 도가도 나름의 가치를 말하기 때문에 윤리를 담는다. 반면 도가의 가치가 선악을 담고 있느냐고 묻는다면 그렇지 않기 때문에 윤리를 벗어나 있다. 과연 무엇이 옳은가?

2. 만물의 운명

윤리를 우주론에서 끌어내는 것은 비현실적일 수 있다. 장자처럼 '삶과 죽음이 기의 뭉쳐짐과 흩어짐이니 삶을 어쩌지는 못해도 죽음을 즐거워하라'고 말할 때, 앞의 우주적인 언설과 뒤의 주장에는 어쩔 수 없는 비약이 따른다.

'생명이 기의 취산聚散'이라는 것과, '따라서 죽음을 즐거워하라'는 관계 사이를 메꾸기는 어렵다. 왜냐하면 뒤에는 '따라서 바로 죽자', '따라서 삶을 슬퍼하라'고도 할 수 있기 때문이다. 그런 점에서 윤리학은 증명되지도 논리적이지도 않다는 비난을 원초적으로 피해가지 못한다. 합리주의와 이성의 운용으로 간신히 얻어낸 롤스의 정의론이 공동체주의자들에 의해 비판받는 것을 보라. 그의 정의가 약한 자를 위한 최소의 원칙(Minimax: 가장 힘없는 자가 가장 힘쓰도록)을 세웠음에도 오늘날 우리의 윤리는 여전히 풍속(ēthŏs)의 범주에서 자유롭지 못하다. 묻는다.

첫째, 도와 기의 관계에서 '기를 도의 하위 범주로 보아서는 안 된다'든지, 물처럼 '일시성'을 갖지 않고 '항존성'을 갖는다든지, 나아가 도는 기운동의 결과인 만물에 대한 메타적인 언명이라든지, 따라서 기는 내용적이나 도는 형식적 또는 존재론적이라는 주장은 어렵지 않게 이해될 수 있지만, 결국 그런 도와 기의 관계에 대한 설명방식은 주자식의 리기理氣론과 무엇이 다른가? 리통기국理通氣局의 편재성이나 국한성과 다르다면, 심통성정心統性情의 이론처럼 도통기물道統氣物의 입장인가? 도는 총체성으로의 질서이며, 후행적이지만 않고 '일양성을 부여하는 선행적 형식'이라면 그것은 도통기물을 인정하는 것으로 보인다.

둘째, 노자의 성인이 제국의 주인을 꿈꾸던 후왕을 가리키는 기표라는 논쟁거리를 차지하고라도 무위의 주체가 성인과 그의 통치방식과 연관된다는 것은 무위의 역할을 조금은 감축시킨 것 아닌가 싶다. 우리의 주제와도 맞물려 말하자면, 나의 생각으로는[1] 자연은 '내가 나에게 할 때'의 윤리표준이라면, 무위는 '내가 남에게 할 때'의 윤리표준이다. 그러니까 쌍방향의 언표인

1 정세근, 「노자는 옛날로 돌아가고자 하는가?」, 『생명, 환경, 전통』, 2016년도 연합학술대회보, 100쪽. "'스스로 그러함'의 발견은 정말로 위대하다. 모든 것의 원인이 나에게 있지 남에게 있지 않다는 선언, 가치를 넣자면, 모든 것의 원인이 내가 되어야지 남이 되어서는 안 된다는 천명, 그것이 노자철학의 핵심이다. 그래서 노자철학이 '자연의 철학'이 된다. 따라서 남이 나에게 이래라 저래라 해서는 안 된다. 그래서 노자철학이 '무위의 철학'이 된다. 나를 중심으로 보았을 때는 자연의 철학이며, 남을 중심으로 보았을 때는 무위의 철학이다."

셈이다. 윤리학이란 것이, 특히 동양의 윤리학은 나와 남의 표준을 늘 달리 설정해왔다. 남과 나를 달리했다고 하면 이중 잣대를 가리킨다고 생각하기 쉽지만, 오히려 정반대로 남에게는 살살 나에게는 빡세게 그 표준을 요구한다는 점에서 일종의 '자기성찰적이면서 타인관용적인 윤리'의 성격을 강하게 갖는다. 노자가 말하는 '나는 네모반듯하지만 남을 그렇게 자르지는 마라'(方而不割[2])는 권유가 곧 그러하다. 그런 점에서 치자와 피치자가 아닌, 나와 남이 노자에는 더 어울려 보인다. 아니, 노자를 더 보편적으로 읽는 방법이다.

셋째, 윤리적 자연주의(ethical naturalism)라는 말이 우리말에서는 자연스럽고 마치 자연법적 질서를 담고 있는 듯이 들리지만, 서구전통에서 자연주의란 '더럽고, 유전적이고, 짐승처럼 미친'이라는 뜻이 있기 때문에 주의를 요한다. 졸라, 모파상 등의 프랑스 자연주의 문학을 떠올리면 된다. 게다가 철학에서는 '자연주의적 오류'(the naturalistic fallacy)라는 무어의 용어 때문에 더욱 주저된다. 서두에서 제시되고 이후 설명되지는 않았지만 결론에서 사랑의 영역을 강조한 것은 서구윤리학자들이 보기에는 정말로 오류로 보일 수 있을 것 같다. 사랑이란 동물성에서 옳음이라는 인간성을 뽑았기 때문이다. 경험에서 도덕을 추출하는 것은 적어도 메타윤리학자들에게는 정말로 자연주의적이다. 현실에서 사랑은, 적어도 양적인 규모면에서 본다면, 윤리적이라기보다는 비윤리적이기 쉽다. 게다가 도가는 노자의 염담恬淡처럼 무정無情을 강조하지 않는가.

그레이엄의 유사 삼단논법은 많은 이들에게 영감을 주었다.[3] 특히 그가 사

---

2 『노자』, 제28장: 是以聖人方而不割, 廉而不劌, 直而不肆, 光而不耀.

3 박원재는 이렇게 말한다. "이는 '자연주의적 오류'를 극복하는 대안으로 그레이엄이 중국적인 사유방식으로부터 힌트를 얻어 제시하고 있는 이른바 '유사 삼단논법적 공식'(quasi-syllogistic formula)을 부분적으로 변형한 것이다." A. C. Graham, Reason and Spontaneity (London: Curzon, 1985), p7. 공식은 아래를 보라.

a) 어떤 문제를 해결하기 위한 행위를 선택하는 과정에서 그와 연관된 모든 요소들을 모두 통찰하고 있다면 나는 자연스럽게 X로 기울어짐을 안다. 하지만 이 모든 연관된 것들을 간과할 때, 나는 Y로 기울어짐을 발견한다. 그렇다면 나는 내 자신을 어느 쪽으로 기울어지게 하는 것이 바람직할까?

b) 그 문제와 연관된 모든 요소들을 완벽하게 숙지하라.

c) 그렇게 함으로써 결과적으로 너 자신이 X로 자연스럽게 기울어지도록 하라.

실에서 당위가 나올 수 있다는 주장을 하기 위해서는 노장의 역할이 컸다. 그래서 그는 칸트가 말하고 미처 완성시키지 못한 '자발성'이라는 개념으로 자신의 책 제목(『합리성과 자발성』)을 삼는 것이다. 그런 점에서 도가야말로 서구윤리와는 다른 새로운 출발점을 제시하고 있다. 유가윤리라는 표준에 빼앗긴 도가윤리의 영역을 모색할 때다.

3. 별의 윤리학

인식 주관의 명징성을 '허정虛靜'이라고 할 수 있을까? 그보다는 '밝음'(명) 또는 '밝음으로써'(以明)가 나아 보인다. 허정은 투명함을 얻기 위한 방법이기 때문이다. 물론 '이명'이라고 할 때는 허정과 비슷하게 방법을 강조하고 있다. 우연들이 모여 만들어내는 필연을 명(命: '우발성들이 창출해내는 필연성')이라고 할 때, 그 명으로 우리의 삶이 돌아가기 위해서는(이른바 복명復命[4]하려면) 우리에게 필요한 것은 '허정의 인식론과 무위의 실천론을 연결시켜주는 매개 역할'로서의 '자기중심적 경향성의 배제'임에는 틀림없다. 그러나 그 방식은 '나없애기'(無私), '욕심버리기'(無欲) 등의 여러 실천론으로 드러나고 그것으로 결국 '밝음'을 얻는다. 한마디로 나를 없애면 밝아진다. 따라서 배제의 결과, 또는 인식과 실천의 매개가 곧 밝음인 것이다. 따라서 노자의 수양론은 '무사의 실천론'이라기보다는 '밝음의 윤리학'이라는 표현이 더 나아 보인다. 좀 더 말을 만들면 '나를 없앰'으로써 '나는 밝은 사람'이 되는 것이다.

그러나 그 밝음은 대낮처럼 환한 것이 아니라 어둠 속에서 별처럼 빛나는 것임을 잊어서는 안 된다.[5] 그런 점에서 노자의 윤리학은 어둠 속 밝음의 윤

4 『노자』 16장: 致虛極, 守靜篤. 萬物竝作, 吾以觀復. 夫物芸芸, 各復歸其根. 歸根曰靜, 是謂復命. 復命曰常, 知常曰明.

5 정세근, 「명론: 『태일생수』, 『역전』, 『장자』의 신명을 중심으로」, 『철학연구』115, 철학연구회, 2016.

리학, 별의 윤리학이다.[6] 어둠은 아직 드러나지 않은 개물의 본성을 가리키고, 별은 그 본성이 제대로 피어남으로써 모아진 빛을 뜻한다. 내적인 필연성, 물물의 자발성, 나의 자유와 남의 필연의 조화를 노자는 '스스로 그러함'이라고 불렀고, 그것의 법칙성이나 원리를 강조할 때 도道라는 말을 썼다. 거기에는 선악과 시비가 함부로 끼지 못한다. 밝음에는 시비와 선악이 있지만, 어둠에는 그런 것이 사라진다. 어둠은 나와 남을 가리는 공간이며, 어둠 속에서 빛나는 별은 너와 내가 함께 찾은 밝음이다.

도가의 수양론에 대한 비난은 '자연스럽자면서 무슨 수양이냐'는 데 집중되어있다. 수양은 자연스럽지 않다는 전제가 깔려있다. 도가에는 분명히 수양론이 있다. 장자의 심재心齋,[7] 좌망坐忘[8]을 거론하지 않더라도 노자의 무사와 무욕을 비롯한 복귀復歸[9] 등이 모두 수양의 방법이다. 왜 수양을 하는가? 나만을 위해서인가? 그렇다면 수양론은 있고 윤리학은 없다. 그러나 『장자』 속 공자와 안회의 대화 속에서 보듯이,[10] 위의 모든 것은 남을 받아들이기 위한 것이기 때문에 윤리학이 되는 것이다. 만일 도가를 공부하는 누구라도 그의 학문 속에 남이 없다면 그는 윤리적이지 않거나 그에게는 윤리학이 없다. 줄여 말해보자. 우리가 '자연'만을 말할 때 그것은 윤리적이지 않을 수 있다. 그러나 '무위'를 말하는 순간 그것은 윤리학의 경계로 나아간다.

레비나스의 윤리학은 제1원인에 대한 힐난부터 시작한다. 그러면서 타자를 윤리학의 주제로 삼는다. 노장의 윤리학은 자기원인의 확립으로부터 시작한다. 그리고 내가 자기원인을 갖듯이 남도 자기원인을 갖고 있음을 받아들이

---

6 유가의 윤리는 그런 점에서 '해의 윤리학'이다. '달의 윤리학'으로 도가윤리를 말할 수도 있겠으나, 상징적인 의미라면 모를까 과학적 의미에서 해에 종속되기에 조심스럽다.

7 『장자』, 「인간세」.

8 『장자』, 「대종사」.

9 『노자』, 제14/16/28/52장.

10 『장자』, 「인간세」. 위나라 군주를 설득하려는 안회와 공자의 충고에서 '심재'라는 말이 나온다.

라고 수없이 말한다. 서구사회가 기어코 정립시키지 못한[11] 자발성의 관념을 노장은 우리의 사고에 정초시킨 것이다. 그것은 노장철학이 인류에 가져다준 축복과 같은 선물이었다.

11 그 모두 외부의 원인인 신 때문이다.

한중인문학포럼, 중국사회과학원, 북경, 2016.11.4-5.

5

유학의 힘

이철승, 「민주주의의 법치와 유가의 덕치의 문제」

1. 비교의 필요성

현대사회의 문제를 해결하는 데 유학이 일정한 공헌을 한다는 주장은 줄곧 있었다. 어떤 문제를 해결하는 데 어떤 철학이 도움을 준다는 것은 사실상 언제나 옳은 명제에 가깝다. '현대사회의 문제를 해결하는 데 유학이 일정한 공헌을 한다'는 주장을 '현대사회의 문제를 해결하는 데 ○○이 일정한 공헌을 한다'고 일반화시키면, ○○에는 같은 범주의 그 무엇이 들어가도 거개가 성립될 수 있기 때문이다. ○○에 술이나 담배와 같은 기호식품이 아닌 철학이라면, 그것도 일정한 시기 동안 유행 또는 지배하여 역사적으로 검증된 사상이라면, ○○ 속에는 그 무엇이 들어가도 큰 곤란함이 생기지 않는다. '현대사회의 문제를 해결하는 데'는 유학만이 아니라 그리스철학, 실존주의철학, 프랑크푸르트학파의 철학, 현대의 공동체주의 윤리학도 일정한 공헌을 할 수 있다. 유학을 유교로 보아도 마찬가지다. 유교 이외에도 그리스도교, 불교, 도교, 이슬람교 심지어 자이나교, 시크교까지도 일정한 공헌을 할 수 있다. 그런 점에서 항진명제(恒眞命題: tautology)는 수학처럼 늘 옳지만 이 경험세계에 대해서는 아무 말도 하고 있지 않기 쉽다. 그래서 우리는 비교하고 또 비교하는 것이다. 그런 의미에서 '모든 철학은 비교철학'[1]이라는 명제는 옹호된다.

좋던 나쁘던, 유리하던 불리하던, 말이 되던 안 되던 늘 비교해야 한다. 유학은 유학 아닌 것과, 유학도 고전유학과 신유학을, 신유학도 주자학파와 양명학파를 늘 견줘가면서 사색의 끈을 이어가야 한다.

2. 문제들

이철승 교수는 '민주주의의 법치와 유가의 덕치의 문제'를 현실적이고 실증적으로 탐구해온 학자다. 그는 현대사회의 문제를 해결하는 데 서구사상의 절대주의 윤리관이나 합리적 의사소통이 도움이 되는 것처럼 서구의 도구적 이성을 반대하는 유학을 비롯한 동아시아의 사상도 기여할 수 있다고 전제한다. 그런데 그중에서도 공자의 인간관이 이기심에 의한 공동체 파괴의 논리를 지양하고 자율적인 의지의 발현을 통해 평화로운 사회건설을 지향하기 때문에 유효하다고 주장한다. 다만 유학의 이해가 '한나라 이후 정권과 결탁한 권위주의적인 유가의 인간관'이어서는 안 되고 '개인의 인권이 존중되는 민주적인 가치관을 반영한 21세기의 시대정신에 부합하는 유가의 인간관'이어야 된다고 조건을 내건다. 묻는다.

(1) 고전적 자유주의는 개인의 이익과 자유의 보장을 최소의 권리로 여기는데, 여기에는 로크, 루소, 스미스, 리카도, 맬서스가 속한다. 그리고 현대에서는 노직이 이런 정신을 계승했다. 그러나 센(M. Sen)과 같은 경제학자에 따르면 프리드만(M. Freedman)이 해석한 스미스(A. Smith)는 고의로 왜곡된 경우에 속한다. 결국 그 이론이 레이거노믹스로 완성된다.[2] 스미스에 대한 재해석

1 정세근, 「철학적 비교에서 같음과 다름」, 『범한철학』23, 2001.

2 안타깝게도 포 채플린스 메모리얼 파운데이션은 그런 레이건에게도 단원고의 영웅들처럼 골드 메달을 수여했다.

이 필요한 시점이다.

⑵ 신자유주의란 대한민국에서만 독특하게 강조되는 개념이다. 그냥 자유주의면 된다. 아무리 하이에크의 경제학이 영향력이 크다고 해도 거기에 '새로움'을 덧붙일 까닭은 없다. 섣부른 구분은 오히려 자유주의의 합리성을 '새롭게' 옹호하기 쉽다.

⑶ 사사로움을 극복하는 것은 유학만이 아니라 도가나 불가에서도 마찬가지다. 무사無私, 무기無己는 철학의 공통목표이다. 공자의 구체적인 목표가 있다면 예로 돌아가는 것이고 그것이 특정한 기준이 된다는 점에서 차별성이 있다. 그러나 예가 아닌 단순한 자기극복이라면 다른 철학과 별반 다르지 않게 된다.

⑷ 유학은 도덕을 법보다 중요하게 생각한다.[3] 과연 이것도 현대사회에서 받아들여야 할 것인가? 최소한의 도덕이 법이라면, 어쩌면 마땅한 이야기일 수 있다. 그러나 상충된다면 법을 바꾸든지 도덕을 재정립할 필요도 있다. 게다가 유학의 도덕표준은 예이고 예는 예법禮法이고 종법宗法이기 때문에 유학은 정형政刑은 아니지만 예법을 매우 중요하게 여겼다.

⑸ 현대사회의 시대정신에 부합되지 않는 공자의 사상은 여성에 대한 차별이고[4] 민족의 다양성에 대한 부정이다.[5] 여성에 대한 차별은 한국 대학생이 단톡방에 올려 문제가 된 정도의 수준이고, 타국에 대한 태도는 문화적인 면에서 포용성을 보여주고 있다고는 하지만[6] 이른바 '중화민족주의'에서 크게 벗어나지 못한다. 이점은 현대중국의 과제이기도 하다. 민주民主가 민족民族보

---

3 『論語』, 「爲政」: 子曰, 道之以政, 齊之以刑, 民免而無恥; 道之以德, 齊之以禮, 有恥且格.

4 『論語』, 「陽貨」: 唯女子與小人爲難養也. 近之則不孫, 遠之則怨.

5 『論語』, 「八佾」: 夷狄之有君, 不如諸夏之亡也. /『論語』, 「爲政」: 攻乎異端, 斯害也已.

6 『論語』, 「子路」: 樊遲問仁, 子曰, '居處恭, 執事敬, 與人忠. 雖之夷狄, 不可棄也. /『論語』, 「衛靈公」: 言忠信, 行篤敬, 雖蠻貊之邦, 行矣; 言不忠信, 行不篤敬, 雖州里, 行乎哉? /『論語』, 「子罕」: 子欲居九夷. 或曰, '陋, 如之何!' 子曰, '君子居之, 何陋之有?'

다 우선되어야 한다.[7]

(6) 우리에게는 과거科擧제도가 있었다. 그런 점에서 음서가 아니라면 관직이 원칙적으로 공짜로 얻어진 것이 아니다. 그러나 서양의 신분은 세습으로 얻어진 것이기 때문에 혜택에 대한 환원의 원칙으로 '노블리스 오블리제'(Noblesse Oblige)가 요구된다. 유럽인들이 부러워했던 한국과 중국 그리고 베트남의 과거제도도 중요하고, 유럽을 건강하게 만들었던 노블리스 오블리제도 중요하지만, 둘의 맥락은 다르다.[8]

공자의 여성관에 대한 비판처럼, 한대의 권위주의적 유학 이해에 대한 우려처럼, 우리는 주자학으로 해석되는 공자학이 아니라 공자 그 자체로서의 공자학으로 돌아가고, 더 나아가 공자의 시대정신에 함몰되지 않는 공자학을 꿈꿔야 할 것이다. 공자사상의 원천인 『주역』의 '어울림'[9]도 좋은 예시가 될 수 있겠다.

3. 삼강오륜

나는 유학의 삼강오륜三綱五倫을 하나의 가치로 받아들인다. 우리 또래의 한국인에게 삼강오륜은 귀가 따갑도록 들어온 덕목이었다. 하다못해 이런 이야기까지 어려서 들었다.

'중국 화적이 국경 넘어 조선 마을을 넘보았다. 강 건너편에서 화적이 손가락을 들어 셋을 표시했다. 그러자 조선인 촌부가 손가락으로 다섯을 화답했다. 이에 놀란 화적은 이후 감히 국경 마을을 넘보지 못했다. 화적은 "너희가 삼강을 아느냐?"고 물었는데, 조선인 촌부가 손가락으로 다섯을 보이자 "오

7 鄭世根, 「中國觀商權-多民族時代的文化觀」, 10th international symposium, The Association of Chinese Scholars in Europe, Wien, Austria, 2000.7.17-20.

8 정세근, 「치부 없는 치부-최해진, 경주 최부자의 노블레스 오블리주에 대한 논평」, '양반문화: Noblesse Oblige-그 원리와 사례', 충북대 개신문화관, 2008.10.7.

9 『周易』, 「乾卦·文言傳」: 利者, 義之和.

륜도 안다"고 화답한 것으로 여겨 조선의 문명에 감복했다. 그런데 사실상 그 촌부는 아침에 떡을 다섯 개 먹고 나왔는데, 화적이 강 건너에서 손가락으로 셋을 꼽자 "아니, 다섯 개 먹었어"라며 다섯을 꼽았다.'

이런 우스개조차 삼강오륜을 강조했다. 3과 5, 이것은 윤리의 숫자를 넘어 정치의 숫자였다. 외우지 못하면 바보가 되고 따돌림을 받는 유교윤리의 상징이었다.

그러나 내가 해석하는 삼강오륜은 과거의 강압적이고 상명하복적인 윤리와는 많이 다르다. 오히려 나는 그것이 공자가 인류의 역사에 내놓은 사람에 대한 윤리적인 구분, 곧 군자君子와 소인小人이라는 기준에 맞다고 생각한다. 신분이나 직업 그리고 지식을 떠나 인격만이 인간을 분류하는 기준이 될 수 있다는 공자의 입장이 반영된 삼강오륜의 이해는 이렇다.

강綱은 모범이다. '임금은 신하의 모범이 되라(君爲臣綱).' 지도자는 일반인의 모범이 되지 않고 그들을 감화시킬 수 없다. '아버지는 아들의 모범이 되라(父爲子綱).' 아이들은 부모가 하는 대로 따라하니 조심해야 한다. '남편은 아내의 모범이 되라(夫爲婦綱).' 남성주도적 사회에서 남자는 여자에 앞서 좋은 모습을 보여야 한다. 과거 가부장적 사회에서의 윤리라는 한계를 지니고 있지만 지도자, 부모, 부부의 관계를 모범이라는 차원에서 이해하면 오늘날도 유효한 윤리가 된다.

오륜도 마찬가지다. 부자끼리는 같은 남자끼리라서 다툼이 벌어지기 쉬우니 무엇보다도 친해야 할 것이며(父子有親), 상사와 부하 사이에는 직업의 의리가 지켜져야 할 것이며(君臣有義), 부부란 서로 다른 사람이 함께 사는 것이기에 성차性差를 인정해야 할 것이며(夫婦有別), 친구끼리는 신뢰가 바탕이 되어야 할 것이다. 그 가운데 '장유유서長幼有序'에 대한 해석이 문제가 되는데, 이것을 무조건 나이에 의한 서열로 해석한다면 현대사회와는 동떨어진 이해가 되고 만다. 그래서 나는 이를 확고부동한 서열序列이 아닌 자연의 서순序順으로 이해한다. 젊은 사람에게 양보하라고만 하는 것이 아니라, 나이든 사람이 젊은이를 위해서 비켜줄 수 있어야 한다는 것으로 말이다. 나이에 맞는 때가 있다. 노인이 청년의 길을 막고만 있다면 그것은 장유유착長幼癒着이 되고 말 것이다.

한국사회는 노령화되고 있다. 젊은이들이 취업하지 못한다. 노동자들이 새로운 노동자에 벽을 치는 노노勞勞 갈등이 일반화되고 있다. 이때 한나라도 아닌, 송명시대도 아닌, 우리의 시대정신에 알맞게 해석된 삼강오륜은 공동체주의자(communitarian)들이 말하는 덕 또는 덕목으로서 힘을 발휘한다.

6

나의 공동체, 너의 공동체

김형섭, 「근대 전환기 도교전통의 모색
: 전병훈의 『정신철학통편』에 보이는 근대적 문제의식을 중심으로」

1. 우리철학

일본의 조총련은 '한국'이나 '조선' 대신 '우리나라'라고 하길 좋아한다. '우리나라'야말로 정체政體나 역사를 넘어 영원하기 때문일 것이다. '한국철학'이라고 해도 우리가 받아들이기에는 '조선철학'으로 개념이 편중되기도 하고, '한국현대철학'이라고 해도 오히려 '서양철학'으로 의식이 편향되기도 한다. 그렇기 때문에 '우리철학'이라는 말은 의미 있다.

슬프게도 우리나라의 철학사에 '근세', '근대'는 있어도 '현대'는 쉽게 자리잡지 못했다. '근대'와 '현대'가 같은 단어(modern)의 번역어임에도 우리는 이런 정신적 분열을 앓고 있다. 왜냐? 그것은 우리의 현금을 마주해본 경험도 없고, 마주할 자신감도 없기 때문에 벌어지는 일이다. '오늘 여기'라는 개념조차 외국어로 써야 속이 편한 식민지인이기 때문이다.

우리는 우리를 마주하지 않는다. 우리는 남을 마주하길 좋아한다. 우리를 마주해도 우리의 지난 역사를 마주하는 데 그친다. 2인칭의 문제는 없고, 늘 3인칭화한다.

왜 우리철학이 중요한가? 그것은 문제의 국적이 중요하기 때문이다. 철학자의 국적이 결코 아니다. 계통 있는 문제, 공감하는 문제, 참여하는 문제가 바로 우리의 문제다.

최근 들어 한국현대철학에 관한 연구가 많이 나오는 것은 이제 우리가 드디어 우리철학을 하기 시작했음을 보여주는 좋은 증거다. 저작으로는 이규성 교수의 『한국현대철학사론』(2012)이 대표적일 것이다. '세계상실과 자유의 이념'이라는 부제는 그의 책이 단순한 철학사가 아니라 철학사론임을 방증한다. 우리는 조국을 잃었고 드디어 이제 자유가 얼마나 중요한가를 깨닫게 되었다는 것이다. 그것에 우리의 현대철학자들은 매달렸고, 그것을 그려보겠다는 것이 바로 위의 책이다. 이 땅에 살았던, 또는 이 땅을 떠나야 했던 열다섯 명의 우리 철학자-수운 최제우, 해월 최시형, 야뢰 이돈화, 김기전, 홍암 나철, 해학 이기, 백포 서일, 단재 신채호, 우당 이회영, 백암 박은식, 서우 전병훈, 열암 박종홍, 함석헌, 신남철, 박치우의 목숨을 건 뜨거운 이야기를 전해주고 있다.[1]

인물에 대한 논쟁은 있을 수 있다. 그러나 그들이 오늘의 문제를 위해 나름의 방식으로 분투한 것은 부정할 수 없는 사실이다.

2. 전병훈의 의지

서우曙宇 전병훈(全秉薰: 1857~1927)의 주저 『정신철학통편精神哲學通編』에 대한 연구는 최근에 많이 이루어졌다. 그 책과 직접적으로 관련된 논문으로는 조남호의 도덕철학을 중심으로 한 분석과, 김성환의 도가정치철학에 집중한 종합적 연구를 들 수 있다. 이규성은 도교수련을 통해 우주적 심성을 체득하

1 이에 대한 서평으로는, 나의 「한국에는 현대철학이 있는가」(『인문논총』71권2호, 서울대, 2014.5.)를 보라. 등장인물의 공통점으로 세 가지를 꼽았다. 첫째, 유학자의 의기義氣다. 대종교지도자 3인이 모두 자결했다. 둘째, 무화無化의 의미를 안다. 동양철학이 서양철학과 다른 것은 무를 인정한다는 것이다. 무화를 통해 제국주의를 넘어 세계로 나가야 한다. 셋째, 양명학의 행위와 인식의 동일성이 강조된다. 소크라테스적이고, 주자적인 지행합일이 아니라, '돌이 날라 오는 것을 알면 피한다'는 인지와 행위의 동일성이다.

여 사회변형에 이르고자 한 것으로 보고 있다. 아울러 정재서, 김윤경의 연구결과로 근대전환기 도교는 아래와 같은 특징이 있음을 알 수 있는데, 첫째, 관제(關帝: 關羽)신앙의 확대, 둘째, 권선서勸善書의 유행과 함께하는 무풍巫風과의 관련, 셋째, 난단鑾壇도교적 성격이다.

이와 같은 흐름 속에서 김형석 교수는 전병훈이 '유불도 삼교 사상 및 윤리의식의 합일, 내면적인 집중을 통해 신과의 합일을 꾀한다'고 전제한다. 그가 오랫동안 도교수행을 했고 이론서를 냈다는 점에서 수련도교의 계통이라는 것이다. 더불어 이규성의 견해처럼, 단군철학으로 동서양철학을 연결시키고자 하였고 단군신앙의 기본경전인 『천부경天符經』을 주해하여 『정신철학통편』 앞부분에 실은 사실을 들어 대종교와 결부된다고 여긴다. 수련도교와 민족종교가 잘 구분되지 않지만, 19세기 이래의 도교전통에 따라 '삼교합일의 전통, 내적인 합일의 전통, 민족주의적 전통, 현대사상과의 합일 전통이라는 맥락에서 전병훈의 『정신철학통편』에 보이는 근대적 문제의식'을 드러내고자 한다. 전대의 연구에서 『정신철학통편』의 정치철학이 덜 다뤄진 것에 대해서도 지적한다. 묻는다.

첫째, 전병훈을 대종교 계열로 분류할 수 있는가? 그가 단군을 숭배하고 『천부경』을 좋아했다는 사실만으로 대종교 계열로 볼 수 있는가? 이규성의 경우, 전병훈, 나철, 이기, 서일을 하나로 묶고 있지만 그 공통점은 단군과 『천부경』이지 '대종교大倧教'라는 이름이나 '한얼'이 아니다. 대종교의 위대한 맥락은 결과적으로 김좌진 장군을 낳았지만, 전병훈이 대종교의 종사가 될 수 있는지는 고민스럽다.

둘째, 전병훈은 도가인가, 유가인가? 당시 사상가들이 모든 것을 다 끌어당겨 썼다고 해서 그들이 어떤 분명한 향방을 지니고 있지 않았다고 보기는 어렵다. 『정신철학통편』의 많은 내용이 곧 그러하다. 개인의 사사로움(人欲之私)을 버리고 세상의 공공성(天理之公)으로 나아가라고 했다고 해서 그의 주안점이 인욕을 버리고 천리를 지키자(存天理而去人欲)는 '전통적인 성리학적 세계관으로 도덕을 설명'하는 데 있을까? 그는 오히려 도덕이 '하늘에 바탕하는 것'(原天)임을 분명히 한다. 여기서 천은 개인주의적이고, 자연주의적이고, 생태주의적인 도덕의 원리로 읽힌다. 그렇기 때문에 그는 내단수련을 강조하는 것이다.[2]

셋째, 겸성兼聖의 의미는 외왕外王의 영역을 강조한다. 전병훈은 기존의 성인이라는 표현을 버리고 겸성이라고 쓴다. 그것은 정신철학의 완성이 정치에서 이루어져야 함을 뜻한다. 도덕철학과 정치철학이 함께 가는 것이다. 그는 현자라 할지라도 제도가 없으면 다스리기 어렵다고 분명히 밝히고 있다.[3] 거꾸로 똑똑하지 않아도 규칙을 잘 따르면 잘 할 수 있다는 것이다. 그런 점에서 전병훈은 도가를 내면철학으로 보는 동시에 사회철학으로 보는 것을 주저하지 않는다.

넷째, 민주주의는 발전된 것인가, 발견된 것인가? 나는 민주주의가 발전된 것이 아니라 어느 날 그리스의 것을 현대적으로 가져와서 펼친 것이라고 본다.[4] 전병훈은 『서경』과 『주례』밖에 없고 혼잡하여 배우는 사람이 요령을 얻을 수 없는 동양의 정치학은 서양에 뒤쳐질 수밖에 없다고 주장한다. 알다시피 동양의 개혁론자는 거의 모두 『주례』를 기반으로 한다. 그리고 과거의 인물을 준거로 삼는다. 전병훈이 단군과 『천부경』을 잡은 것도 같은 연유일 것이다. 과연 그는 어느 쪽이었을까?

다섯째, 전병훈은 성명쌍수性命雙修의 도교전통을 '정신精神'으로 설명하여, '정을 기르고 신을 모아, 성을 다하고 명에 머물고자' 하는데,[5] 과연 그 뜻

---

2 당시의 사상가들이 절충 또는 혼효주의(syncretism)라기보다는 그들을 보는 우리의 시각이 오히려 그것에 해당될 때가 많아, 그들의 분명한 문제의식과 해결책을 (삼교/사교)합일이라는 말로 얼버무리는 것은 아닐까?

3 『精神哲學通編』: 雖然, 爲治之制度, 克善克備焉, 則後之繼治者, 人(雖)非賢, 而只遵守成規, 亦足以爲治也. 苟或反是, 則雖有賢者, 而難以致治. 此所以成周以降三千載間, 噫我東球, 未見至治者也. 서울: 명문당, 1982, 250-1쪽.

4 정치학자들 가운데 이 점에 동의하는 사람은 적지 않다. 강정인의 예.

5 『精神哲學通編』: 人身之精神爲性命-精是命, 神是性-, 顧將欲盡性住命, 則必先養精凝神, 養精凝神之學, 眞性命雙修之道, 卽三代以上人人皆學, 所謂精神專學也. 21쪽.

이 도교적인 '정기신精氣神' 이론에만 국한되는 것일까? 부정적으로 해석되고는 있지만 진화론도 알아 자연선택(天擇)이나 생존경쟁(物競) 같은 개념을 종종 보인다. 그의 4대 부분인 '정신, 심리, 도덕, 정치'는 분명히 현대적 번역어다. 혹 그의 정신 속에 서양적 의미는 없는지, 아니면 오히려 전통적인 의미에 어떻게 충실하고 있는지 궁금하다.[6] 원신(元神: 元氣-元精-元神)이 식신識神보다 온전하다는 점은 서양이 모르고 오직 도가와 요순만이 그것을 드러냈다고 할지라도 말이다.

여섯째, 도덕철학의 진화순서에서 '단군-기자-왕인-세종-조광조'의 도맥은 무엇을 뜻하는 것일까? 유가(『주역』-『서경』-주공-공자-주희)는 심성론, 도가(노자-장량-이필-유기)는 경세론이 강조된다면, 우리의 맥락은 무엇을 강조한 것인가? 예치문명이라면 조선조에 발달한 예학의 융성을 가리키는 것일까? 자칫 그것은 그의 주자학의 문약과 연결되지는 않는가? 그가 바라던 사회개혁의 의미를 우리철학의 흐름 속에서 그려보고 싶다.

3. 나라를 위한 약의 조제(調劑)

전병훈은 병들어 일어서지 못하는 조국을 위해서 동서양의 모든 처방이 들어간 명약을 조제하고자 했다. 그가 굳이 여러 단어 가운데 동양과 서양의 '조제'라는 용어를 쓴 것은 그러한 관점을 드러내준다.

게다가 그의 철학에는 칸트(康氏)의 주장이 속속히 들어가 있다. 영구평화도 그렇고, 세계연맹도 그렇다. 공화, 헌법, 이론, 경험이라는 용어도 자주 나온다. 공리功利주의-이제는 우리말로는 '효율주의'(utilitarianism)로 번역되어야

---

6 전통적인 정신론에 대해서는 아래의 나의 연속 졸문을 참조. 「노자의 정신론」, 『동서철학연구』60, 한국동서철학회, 2011. /「장자의 정신론」, 『동서철학연구』64, 한국동서철학회, 2012. /「회남자의 정신론」, 『동서철학연구』70, 한국동서철학회, 2013. /「공맹의 정신론」, 『대동철학연구』70, 대동철학회, 2015. /「학용의 정신론」, 『대동철학연구』74, 대동철학회, 2016.

하겠지만-에 대한 비판도 일맥상통한다. 그런 점에서 전병훈의 칸트에 대한 해석도 정리될 필요가 있을 것이다.

나는 철없던 스무 살 때 아우렐리우스의 명상록을 집어던진 적이 있는데, 그것은 그가 로마 선양禪讓의 전통을 깬 오현제의 마지막 황제라는 사실을 알았을 때였다.[7] 전병훈은 마찬가지로 요순의 선양과 우禹의 세습에 대해 맹자보다도 훨씬 명확하게 판단을 내리고 있다. 결국 전병훈은 우리나라 민주주의의 개조로 단군을 삼고 있는 것이다.

전병훈의 이상은 『도덕경』이 그리는 세계였다.[8] 그러나 그렇다고 해서 무위無爲의 노자가 아니었다. 오히려 성명쌍수를 통해 '모두 다스려지는'(無不治)[9] 세상이었다. '안에서 밖으로! 그러나 안 없는 밖 없다.'

---

7 그런 사실을 각색해서, 아들이 아버지(아우렐리우스)를 죽이고 왕위에 오르는 것으로 묘사한 것이 영화 <글레디에이터>(Gladiator, 2000)다. 극본에 따르면 아우렐리우스는 막시무스에게 왕위를 선양하려고 한다.

8 『精神哲學通編』: 夫大道至治之精神, 一與周公孔子康德之息兵輯和, 統世大同, 刑措之治, 同趣也, 而長生久視歸根復命之眞諦, 則道家獨擅而孤詣者也. 烏乎, 至哉! 後必有取法者乎! …世將至治之日, 返眞昇仙, 有如羲農黃帝檀箕之兼聖者背出, 然後, 人必信服乎! 然兼聖造世之樂世, 何遠乎哉! 307쪽.

9 『老子』, 제3장: 爲無爲, 則無不治. 이는 마치 청말의 혁명가 장태염章太炎이 평등의 원류를 『장자』로부터 찾으면서도 유식학의 태도로 접근하는 것과 비슷하다. 정세근,『평등, 국수, 무정부: 장병린의 혁명철학』, 공자학3, 1998.

7

한국불교의 화쟁 정신

조성택, 「원효의 화쟁 사상」

1. 모두와 하나

'나는 모두이고, 모두는 나다'라는 표현은 그것이 일체를 가리킨다는 점에서 사람들에게 의미 있게 다가온다. 그런데 '하나는 모두를 위하여, 모두는 하나를 위하여'(All for One, One for All.)라는 세계는 말처럼 쉽지 않다. 해병대의 구호처럼 그것은 군사문화를 대변할 때가 없지 않다. 이때 개인은 전체 속에서 쉽게 드러나지 않는다. 말은 언뜻 하나를 가리키는 듯하지만, 뜻은 마침내 모두를 가리키기 때문이다. 개인은 희생되어야 한다. 개인은 부속품이다. 개인은 그 자체가 조화롭기보다는 전체의 조화에 기여한다. 꽃 한 송이보다는 꽃밭이 더 예쁜 법이다. 단결이라는 군대구호가 곧 그것이다.

화엄이 말하는 조화의 세계가 때로는 오용될 수 있는 까닭이 여기에 있다. 의상은 이를 '하나 속에 모두가 있고 여럿 속에 하나가 있으니, 하나는 모두이고 여럿은 하나다'(義湘, 625-702, 『華嚴一乘法界圖』: 一中一切多中一, 一卽一切多卽一.)라고 표현했다. 뜻의 높음을 떠나 말만 보더라도 의상의 출발점은 하나(一)에 있음을 엿볼 수 있다. 개인이 모여 사회가 되는 것이 아니라, 개인 그 자체가 곧 사회라는 것이다. 따라서 한 티끌 먼지 속에 시방세계가 있고, 모든 먼지 속에도 그러하다.(義湘, 『華嚴一乘法界圖』: 一微塵中含十方, 一切塵中亦如是.)

그러니까 라이프니츠의 단자론은 예정조화설을 설정하지만, 의상의 화엄세계에서는 개별자의 완전함이 우선이다. 단자에는 창이 없지만, 먼지 속에는 우주가 있다.

우리가 걱정하는 것은 근대일본의 철학자처럼 화엄의 바다를 말하면서 '나는 이 우주의 완벽함을 위해 죽을 수 있다'고 받아들이는 위험성이다. '나는 부나비처럼 죽어도 세상은 아름다울 거야'라는 주장은 감상적이고 맹목적인 조화론이 얼마나 무서운가를 보여준다. 이때 우리는 어느덧 카미가제(神風)가 된다. 전체주의의 싹은 철학이 비판을 접는 순간 싹튼다. 누구보다도 개인의 자유를 강조하는 장자莊子조차 주석가 곽상郭象에 의해 자연이라는 미명하에 전체주의적으로 해석되었음을 상기하자(정세근, 『제도와 본성』, 2001).

2. 장님과 코끼리

『대승기신론소』를 쓴 원효(元曉, 617-686)의 비유는 시비판단이 불가능함을 냉철하게 보여준다. 우리는 장님이라는 한에서 늘 코끼리의 부분만을 볼 뿐이다. 따라서 우리는 모두 옳다. 그러나 우리는 코끼리의 전체를 보지 못한다. 따라서 우리는 모두 그르다. 우리는 모두 옳으며 동시에 모두 틀렸다. 이러한 개시개비皆是皆非의 논리로 그는 모든 싸움을 그치게 한다(和諍).

수많은 불교의 논리는 해석학적 한계 속에 갇혀있다. 이는 불교만이 아닌 진리에 대한 인류의 준거도 이렇게 박약함을 보여준다. '내가 옳으면 너도 옳다. 네가 그르면 나도 그르다.'

우리는 황희 정승의 일화를 듣고 자랐다. 둘이 싸우던 종들이 누가 옳으냐고 그에게 물었다. 한 종의 이야기를 듣고는 '네가 옳다'고 했다. 다른 종의 이야기를 듣고는 '네가 옳다'고 했다. 그러자 다른 종이 '그 둘의 이야기를 모두 옳다고 하면 옳은 것이 없지 않느냐'고 따지자, 그에게도 '너도 옳다'고 했다는 것이다. 앞의 두 사람은 부분만을 보았다. 뒤의 한 사람은 전체를 보았다.

황희는 부분을 본 사람에게도 옳다하고, 전체를 본 사람에게도 옳다함으로써 세 사람을 모두 만족시켜주었던 것이다.

이렇듯 불교에서의 시비, 나아가 동양적 시비는 인식론적이지 않다. 형식논리 속의 시비는 동일률同一律의 확장인 배중률排中律에 따라 A는 A이면서도 -A일 수 없기에 A는 옳거나 옳지 않다. 그러나 동양인들은 시비를 하나의 큰 틀 안에 들어있는 한 부분으로 보았다. 나의 표현으로는 이른바 '태극논리太極論理'라는 것이다. 태극 안에 음양이 있듯이 시비가 있으며, 그 태극조차 어떨 때는 음일 수도 양일 수도 있을 뿐만 아니라 종국에 가서는 무극無極이 된다. 지선至善은 최고선을 꿈꾸는 것뿐만 아니라 무선무악無善無惡의 길이기도 하다.

원효는 그것을 개합開合이라고 불렀다. 다양성(diversity)과 통일성(unity)의 지속적 전개양식인 것이다. 개합은 전체는 부분에로 다양하게 열리고 부분은 전체로 통일되게 모인다는 원효의 해석학적 원리이다.(元曉, 『大乘起信論疏』 T, 1844, 202b18-22: 開則無量無邊之義爲宗; 合則二門一心之法爲要. 二門之內, 容萬義而不亂; 無邊之義, 同一心而混融. 是以開合自在, 立破無礙. 開而不繁, 合而不狹; 立而無得, 破而無失.)

3. 무아와 윤회

한국불교는 위와 같은 정신 아래 발전하였다. 오늘날 21세기의 상황은 7세기의 원효와 의상의 통찰을 곱씹어 보게 만든다. 현재 한국에서는 '다문화'多文化라는 말이 정부의 공식용어로 쓰인다. 이를테면 '다문화가정'이라 함은 한국인과 외국인의 통혼가정을 가리킨다. 종교도 다양하다. 동남아 이주노동자들 가운데 많은 수가 돼지고기와 술을 먹지 않는 무슬림이다.

중화인민공화국 탄생 이래로 중국은 다민족국가임을 천명하였다. 민족을 넘어선 공산사회에로의 지향이 국가적 목표임을 분명히 했다. 그럼에도 여전히 한족漢族 중심의 역사관과 소수민족에 대한 배려는 문제로 떠오른다. 한국사회도 마찬가지다. 이른바 '단일민족국가'라는 순수혈통에 대한 전통적 의식이 전 세계인의 유입으로 흔들리기 시작한 것이다.

불교는 무아의 종교다. 모든 것이 연기이므로 자아는 없다. 따라서 불교의 핵심은 무아와 연기로 요약된다. 그럼에도 불교에는 아직도 힌두적인 색채가 남아있는데 그것이 바로 윤회설이다. 윤회설이 사회적으로 제공하는 신분제 옹호적 성격은 오늘날 인도에서 여전히 불평등의 기제로 작동한다. 불교는 평등을 지향하는 종교다. 석가모니는 천민에게도 해탈의 길을 열어주었다. 후대에 정교해진 이론에 따르면, 직업에 의한 살생은 무기업(無記業; skillful job)으로 변호된다. 이렇듯 불교의 만민평등의 이론은 자아는 오온五蘊에 의한 가합假合으로 이루어진 연기적 존재라는 이론적 배경을 바탕으로 성립된다.

우리는 좀 더 현실에 적극적일 필요가 있다. 인도의 초대 법무부 장관인 암베드카르(Ambedkar)가 50만의 천민과 더불어 불교로 개종했듯이, 또 부처가 더 이상 비슈누의 화신이 아니라고 선언했듯이, 영혼의 윤회를 믿는 것이 붓다의 깨달음과는 거리가 있음을 직시해야 한다(정세근, 『윤회와 반윤회(反輪廻)』, 2008).

한국의 불교는 자성이 아닌 무자성無自性으로, 윤회에서 연기로 한 걸음 더 나아가야 한다. 미래 한국의 포용력은 이러한 철학적 기반 위에서 발전한다. 천 개 만 개의 불교가 있고, 그 가운데 윤회를 믿지 않는 종파도 있을 수 있다. 그것이 '열림'(開)이다. 그럼에도 붓다의 최초의 깨달음인 무아와 연기를 버리지 않는 것이 '모음'(合)이다.

한국의 불교는 조선시대 500년 동안 이미 유교의 탄압을 겪으면서도 굳건히 자신을 지켰고(崇儒抑佛), 근대에 들어 동아시아국가 가운데 가장 많은 기독교인을 갖고 있는 상황에서도 선종禪宗의 맥을 이끌어왔으며, 이제는 다민족, 다종교 시대의 불교를 창조해나가고 있다. 다민족과 다종교와의 인연因緣이 바로 우리 눈앞에 있다.

의상의 말로 마무리 한다. '참다운 인간성은 깊어서 매우 미묘하니, 자성을 지킴이 없이 연기에 따라 이루어진다.'(『華嚴一乘法界圖』: 眞性甚深極微妙, 不守自性隨緣成.)

8

오리엔탈리스트 헤겔

안종수, 「헤겔과 중국철학」

1. 오리엔탈리즘

이제는 익숙해진 단어지만 처음 오리엔탈리즘(Orientalism)이라는 말이 나왔을 때 사람들은 거꾸로 생각하기 십상이었다. 말 그대로하면 동양주의가 되니 당연히 '동양중심적 사고방식'을 가리킬 것이라고 생각했다. 말이라는 것이 쓰기 나름이던가? 그 말을 만든 사이느(E. Said)에 따르면 서양인의 동양폄하주의(의식)를 가리킨다. 이에 대해 최근 들어 서구의 중국학자는 옥시덴탈리즘(Occidentalism)이라는 말로 그 반대어를 쓴다. 동양인의 서구폄하 경향을 일컫는 것이다. '서양놈들이 뭘 알아, 부모를 알아, 도덕을 알아?'라면서 서양을 무시하거나, 서양문명의 모든 것이 동양으로부터 전해졌다고 강조하는 것이다. 화약, 나침반, 종이가 중국의 3대 발명품이라서 그러한 견해는 나름 설득력을 지닌다. 그러나 옥시덴탈리즘의 원의는 '서양숭배'나 '서양문화애호'를 가리키는 것이니 여전히 주의를 요한다.

결국 동양주의나 서양주의는 고유의 의미가 있는 것이 아니라 쓰는 사람에 따라 긍정과 부정의 의미가 결정되고 있다. 사이드 이후 서구인의 동양폄하의식이 체계적으로 논증되는 바람에, 동양인의 자존심도 살고 서구인의 편견도 드러났다. 그런데도 한편으로 여전히 해소되지 않는 점은, 사이드가 다루는 것은 우리가 생각하는 동양이 아니라, 우리의 의식으로는 중동(中東: Middle East)에 머물고 있다는 데 있다. 우리 스스로 자존심을 찾기에는 아직도 멀었다는 느낌이다. 위에서 말한 화약, 나침반, 종이가 비록 중국에서 만들어졌다고는 하나, 중요한 것은 그것을 어떻게 현실에서 인류사적으로 발전시켰느냐는 데 있기 때문에, 단순한 문명의 시원으로는 동양의 훌륭함을 내세우긴 어렵다. 포터블 화약인 조총이나 권총, 나침반에 기반하여 발전한 항해술, 종이에 다량으로 찍어내는 인쇄술이 결국 동양을 지배하였기 때문이다. 3대 발명품은 옥구슬이긴 하지만, 아직 제대로 꿰어지진 않았던 것이다.

동양의 서양문화에 대한 영향을 파고들은 중국학자는 주겸지(朱謙之, 中國思想對於歐洲文化之影響)다. 그의 박물학적인 지식은 오늘의 관점에서 볼 때 자세하고도 명확한 근거를 찾기 쉽지 않지만, 주겸지는 서양의 계몽주의에 중국사상이 미친 영향이 절대적임을 주장하고 있다. 과학은 중국이 서양의 영향을 받았을지라도, 철학만큼은 중국이 서양사상에 절대적인 영향을 끼쳤다는 것이다. 이는 볼테르를 비롯한 많은 계몽철학자들이 중국을 하나의 정치적 이상국으로 여겼다는 데에서 쉽게 알 수 있다. 우리식으로 말하면 동양은 성군聖君이 통치하는 나라였던 것이다.

주겸지가 오리엔탈리즘의 대척점에서 옥시덴탈리즘을 이끌고 나갔다면, 객관적인 시각에서 학문적으로 이러한 논의를 잘 이끌어나간 사람이 클라크(J. J. Clark)다.[1] 그는 여러 철학자들의 문헌을 통해서 영향의 구체적인 사례를 보여주고 있어, 이후의 연구자에게 큰 도움이 된다.

그런데 회화의 경우는 오히려 서양이 중국에 미친 영향이 절대적으로 크다-주겸지 같은 경우는 다빈치조차 중국산수화의 영향으로 그려졌다고 보겠지만 말이다. 그들은 이미 중국에 들어와서 궁정화가로 활약했으며, 강희제와 같은 황제에게 총애를 받았다. 말 그림으로 말할 것 같으면 그들이 최고라고 여겨졌기 때문에 임금도 그들이 자신의 말 탄 모습을 그려주길 원했다. 밀

---

1 J. J. 클라크 지음, 장세룡 옮김, 『동양은 어떻게 서양을 계몽했는가』 (우물이 있는 집, 2004).

라노 출신으로 북경에 온 예수회 신부 낭세령(郞世寧: Castiglione Giuseppe)이 동양화도 아닌 서양화도 아닌 기법으로 그린 <군마도群馬圖>는 황제의 보물이었다. 중국인들도 이런 연결 속에서 서양의 투시법, 명암대조법 등에 영향을 받고 있는 것이다.[2]

조선으로 말하자면, 강세황姜世晃이 72세의 연로한 나이로 건륭황제의 천수연에 참석하기 위해 처음으로 북경에 들어갔지만, 당시 연행을 다녀온 사신들에 의해 서양화 또는 서국화西國畵는 이미 유행이었다. 태서법泰西法으로 그린 유명한 <영통동구靈通洞口>는 강세황이 45세 때인 1757년 7월의 개성 여행첩이었다. 그가 이런 서양화를 접하게 된 것은 그보다 30여 세 많은 이익과의 교류로 보인다. 이익은 그의 아버지 이하진李夏鎭 덕분에 중국의 문물을 많이 접할 수 있었다. 하다못해 이익은 "근래 북경에 사신으로 간 사람은 서양화를 사서 마루에 걸어놓는데, 한 눈을 감고 남은 눈으로 오랫동안 바라보면 건물과 담이 모두 갑자기 일어나 진짜와 같다"[3]고 적고 있다.

이제 문제는 '얼마나 잘 만나느냐'에 달려있다. 연구자의 능력도 탁월하고 분야도 세세하다. 그런 점에서 '영향을 받았느냐, 아니냐'를 넘어 '어떤 점에서 같고 다른지'를 밝힐 필요가 있다. 동서양의 유사성에서만 머무르지 말고 차이에 대해 천착해보아야 한다. 동서양이 참으로 만나기 위해서 우리는 동서의 '같음'에서 '다름'에로 나가야 한다.[4] 그래야 새 길이 보인다.

2. 헤겔과 중국철학

헤겔은 그의 철학사에서 중국철학을 발전이 없는 것으로 판단하고 있는

---

2 데이비드 문젤로 지음, 김성규 옮김, 『동양과 서양의 위대한 만남, 1500-1810』(휴머니스트, 2009).

3 李瀷, 『星湖僿說』.

4 정세근, 「철학적 비교에서 같음과 다름」, 『범한철학』 23, 2001.

데, 이런 관점은 중국을 '초정체超停滯' 사회라고 규정하는 것과 상통한다. 역사도, 철학도 헤겔의 눈에는 지독히도 멈춰있는 것으로 보였다. 이렇게 주장하는 헤겔과 중국철학의 관계를 안종수 교수는 다음과 같이 정리한다. 비록 헤겔은 그렇게 보았지만, 그의 철학은 사실 중국철학과 매우 유사하다고.

헤겔의 편견은 심각하다. 그는 『논어』, 『역경』, 『서경』, 『도덕경』을 짧게 설명하면서, 공자는 탁월한 것이 전혀 없으며 사변철학도 없다고 여긴다. 키케로의 『의무에 관하여』가 더 낫고, 차라리 『논어』는 번역되지 않는 편이 낫다. 『노자』의 도는 로고스와 어울리고, 제14장의 '이夷, 희希, 미微'는 아벨 레뮈자의 해석에 따라 야훼(JHVH)라는 소리를 생각나게 한다. 그런데 안종수에 따르면, 헤겔은 고대철학만을 말하는 바람에 많은 것을 놓쳤지만, (1) 그의 이념(Idee)은 주희의 리理와 유사하고, (2) 그의 유기체론적인 자연관은 중국의 자연관과 비슷하고, (3) 변증법은 음양사상과 일치한다는 것이다.

사실 당시 유럽인들은 중국을 잘 알았다. 예수회 신부에 의해 전래되고 전파된 중국고전은 당시 유럽인에게 일종의 중국열풍을 나았다. 라이프니츠에게 부베 신부가 『주역』을 보내면서 당신의 인공언어가 중국에서는 이미 4천 년 전에 있었다고 말한 것은 유명하다.[5] 요 임금과 노아가 같은 인물이라고 주장하기도 했으니 당시의 분위기는 쉽게 짐작할 수 있다. 몇몇 의문이 떠오른다.

첫째, 헤겔의 이념(Idee)은 신유학의 리와 닮았다고는 하지만, 절대자를 믿는 리치와 같은 예수회 신부들은 주자의 리를 싫어했다.[6] 그가 말하는 리는 너무도 비인격적인 것으로 단순한 보편원리에 근접하고 있기 때문이다. 그렇다면 헤겔의 이념 또한 전통적인 기독교의 교리에 어긋날 수 있다. '제帝'나 '천天'으로부터 벗어나 만물의 운동과 변화의 법칙으로서 리는 충분히 반기

---

5 정세근, 「디지털 시대의 철학적 이해」, 『철학의 21세기』 (소명출판사, 2002). 1703년 4월 1일의 서신. Leibniz와 『주역』의 영향관계는 동서를 막론하고 많은 자료가 있지만, 벌써 수십 년 전에 쓰인 아래의 글이 있다. 김용정, 「라이프니츠의 보편기호법 사상과 역의 논리」, 『철학』3, 1969, 한국철학회.

6 김선희, 『마테오리치와 주희, 그리고 정약용』, (심산, 2012) 참조.

독교적일 수 있는 것이다. '하나의 사물에는 하나의 리가 있다'(一物須有一理)[7]는 사유조차 아리스토텔레스의 개물 속에 그것의 원리가 잠재되어 있다(포텐시아)는 주장과 비슷해서 독신에 가깝다. 이를테면 중세철학사가인 코플스톤은 나름 중국학에 관심을 가졌지만 그의 사고 속에 예수회의 반감이 얼마나 들어있었는지는 또 다른 과제다.

둘째, 헤겔은 이념이 자신에서 출발해서 자연을 거쳐 다시 정신에로 되돌아오는 과정을 원운동으로 묘사하며 이것을 곧 세계사로 본다. 그런데 유기체적인 자연의 생명체는 이러한 원운동을 무한하게 실현한다. 마치 식물이 싹을 띄우고 꽃을 피우고 열매를 맺는 것과 같다. 이것을 『주역』은 '낳고 낳는 것'(生生)[8]이라고 말한다. '천지의 큰 덕은 바로 [살아있는 것을] 낳는 것이다.'[9] 그런데 『주역』은 그것을 '천지의 마음'(天地之心)이라고 표현한다. 그렇다면 헤겔의 정신은 곧 『주역』의 심이 되고 만다. 여기서 어휘의 혼란함을 만난다. 헤겔의 정신-이념이 아니다-은 리인가, 기인가, 아니면 심인가?

셋째, 헤겔은 변증법을 서술하면서, 그 위대한 철학자, 헤라클레이토스를 상찬한다. 그들은 절대자는 존재와 무의 통일이라면서, 일체의 것은 생성이라고 주장한다. 존재(be)에서 생성(becoming)에로의 사고의 전환이다. 헤겔은 『논리학』에서 존재를 먼저, 무를 다음으로, 이 둘을 종합하는 생성을 삼각형의 꼭짓점에 배치한다. 그런데 중국의 사유는, 특히 도가에서는, 무가 먼저고 유가 나중이다.[10] (순수)존재와 (순수한) 무가 같다는 헤겔과는 달리, 절대무를 노자는 상정하고 있는 것이다.[11] 좌우파를 막론하고 중국인들은 헤겔에 환

---

7 『二程遺書』 卷15.

8 『周易』, 「繫辭」上: 生生之謂易.

9 『周易』, 「繫辭」下: 天地之大德曰生.

10 『老子』, 제40장: 有生於無..

11 후대에 배위 같은 인물이 무는 '사라짐'(遺)에 불과하다며 유가적 입장을 옹호한 것은 그만큼 중국사상계가 무의 근원성에 큰 비중을 두고 있음을 반증한다. 裵頠, 『崇有論』 참조. 그에 대해서는, 정세근, 『제도와 본성』(철학과현실사, 2001)를 참조.

호했다. 우파는 정신현상학에, 좌파는 그것을 극복한 유물변증법에 빠져들었다. 그러나 중국인들의 사변의 중심에 있던 유무의 문제는 여전히 숙제로 남는다.

작게는 이런 문제가 남는다.

첫째, 헤겔의 자연은 중국의 천지天地다. 헤겔의 자연은 철저히 타자화 또는 외화 되는 대상이다. 그런 대상으로서의 자연은 노자는 물론 장자, 그리고 장자를 주해한 곽상에게조차 천지로 정의되며,[12] 오늘날 쓰고 있는 자연의 개념은 근대에 들어서야 비로소 이루어진다. 중국인들은 여전히 자연을 형용사로 쓰며 외재사물로서의 자연은 '대자연大自然'으로 구별해서 쓴다. 자연세계의 모든 것이 자연스러울 수는 없다. 인간처럼 말이다. 따라서 비교를 위해서는 헤겔의 자연을 천지로 번역해볼 필요가 있다. 천지는 소외된 정신이며, 정신으로 가기 위한 예비과정이며, 천지의 목표는 (인간이나 만물을 위해서) 제 자신을 죽이는 것이다. 그래서 천지와 정신이 하나의 이념으로 일체가 될 수 있다.

둘째, 사실 식물학적 세계관은 아리스토텔레스에서 기인한다. 가능태에서 현실태로 가는 것은 씨앗이 꽃을 피우는 것을 떠올리면 쉽게 이해가 된다. 다만 아리스토텔레스는 한 세대만을 보았다면, 헤겔은 반복하는 자연을 만났다. 그런데 아리스토텔레스는 플라톤처럼 본질주의적이지는 않지만 실체(제2의 것이라고 할지라도)를 인정했다는 점에서 헤겔의 생성주의와 다르다. 둘의 식물학적 형이상학의 차이가 궁금해진다.

셋째, 헤겔의 정신현상학으로 말하면, 꽃 봉우리는 꽃에 의해, 꽃은 열매에 의해 부정된다. 그의 후대인 아도르노는 이러한 '부정의 변증법'을 정식화시키기도 한다. 그러나 중국은 부정이라는 단어를 쓰지 않는다. 죽이는 것이 아니라 오히려 살아있는 것이며, 외부의 공격이 아니라 오히려 내재된 단계다. 운동의 원인을 철저히 자체에서 찾는다. 따라서 모순보다는 상생(相生:

---

12 郭象, 『莊子注』, 「逍遙遊」: 天地, 萬物之總名也. 天地以萬物爲體, 而萬物必以自然爲正, 自然者, 不爲而自然者也. 「齊物論」: 故天者, 萬物之總名也.

서로 어울림), 화해(和諧: 조화와 협동), 그리고 대대(對待: 기다림)를 좇는다. 동일률(identity)을 옹립하기 위해 평생을 바친 포퍼가 이해할 수 없는 '음을 지고 양을 안고 있다'[13]는 세계관이다.

3. 사유의 현실화

중국철학에 영향을 받은 서구의 철학자는 많다. 그들은 그것을 그들의 언어로 잘 포장했다. 그러면서 때로는 철저히 무시하거나, 때로는 침묵으로 일관했다. 그들이 주인과 노예라는 전근대적 관계설정을 벗어나 평등하게 사유하기에는 그들의 종교와 정치가 크게 방해했다.

하이데거의 서재에 중국인이 써준 『노자』의 구절이 있었던 것은 유명한 일이다.[14] 특히 그는 도와 로고스를 비교하기도 한다.[15] 문명은 이렇게 서로를 흡수하며 생장한다. 우리는 함께 그 나무를 키워가고 있는 것이다.

이제는 같음보다는 다름을 말해야 할 때다. 유럽인들이 중국의 것을 받아들여 자신의 것인 양 했더라도, 우리는 그러한 사실의 확인에서만 끝나서는 안 된다. 중요한 것은 중국과 유럽의 차이를 통해 우리 손으로 다시금 우리의 현대를 만드는 일이다. 사유의 소유권보다 중요한 것이 바로 사유의 현실화다. 헤겔이 강조했듯이, 사유는 현실화 될 때 비로소 의미를 갖는다. 그래서 모든 철학은 철학사다. 비록 그러고 있는 내가 '이성의 꾀(간계: craft of reason; List der Vernunft)'에 놀아나고 있는 것일지라도 말이다.

---

13 『老子』, 제42장: 萬物負陰而抱陽,, 沖氣以爲和.

14 張祥龍, 『海德格爾思想與中國天道』(三聯書店, 1996), 437쪽. 『老子』, 제15장: 孰能濁以靜之徐淸; 孰能安以動之徐生. 문장 가운데 蕭師毅는 天道라는 말을 집어넣었다.

15 Heidegger, Identität und Differenz, Pfullingen: Guenther Neske, 1957.

한국동양철학회 하계발표회, 창녕 석리 성씨고가, 2012.8.14-15.

9

이시다 바이간의 유학

임태홍, 「이시다 바이간의 상인도와 유교」

1. 일본유학의 이해

우리의 일본유학에 대한 낮은 평가는 크게 둘로 나뉜다. 첫째는 사상적 깊이가 부족하다는 것이고, 둘째는 지나치게 고증학적이라는 것이다. 첫째는 철학적으로 뼈대가 굵은 주장이 드물다는 평가이고, 둘째는 자질구레한 훈고訓詁에만 머문다는 평가이다. 사실상 이 둘은 하나로 통할 수 있다. 왜냐하면 소학小學[1]에만 머물다보니 대학大學을 하지 못한다는 것이기 때문이다. 그래서 일본철학은 근대적 관점에서 형이상학적 사변이나 이론적 구조를 갖추지 못했다고 비판받는다.

대체로 맞을지도 모른다. 그러나 첫 번째 평가는 일본이 이론학이 아닌 실천학에 집중했기 때문에 사변철학을 멀리했다고 논박될 수 있으며, 두 번째 평가는 동아시아 최후의 학문적 전통을 일본이 한학의 이름으로 계승하고 있다고 반박될 수 있다. 첫째는 주자학이 아닌 양명학적 세계관이 일본유학

1 소학은 원의상 학문을 하기 위한 도구학으로서의 문자학文字學, 성운학聲韻學, 훈고학訓詁學을 가리킨다. 어린이를 위한 도덕교육은 특수명칭으로서의 『소학小學』으로 일반명칭으로서의 소학과는 다르다.

의 특징 가운데 하나라고 주장하는 것이며, 둘째는 섣부른 철학적 주장보다는 전통적 태도가 훨씬 더 학문적 가치가 있다고 주장하는 것이다.[2] 이런 주장은 우리 속에서도 발견할 수 있는 것으로 그것을 단순히 일본유학의 특징으로 몰고 가기에는 어려움이 따른다. 그런 점에서 일본유학에 대한 평가는 신중함을 요한다.

우리는 일본학자들의 풍부한 공구학工具學과 성실한 자료학資料學에 늘 빚지고 있으며, 아울러 유학의 근본적인 이상이 다름 아닌 실사구시實事求是와 이용후생利用厚生의 실천학 곧 실학實學에 있음을 부정하지 못한다. 일본의 고학古學도 번쇄해진 주자학적 이론탐구에서 공맹의 원의로 가보자는 유학복고의 운동이었으며, 따라서 유학을 무엇으로 정의하느냐에 따라 일본유학에 대한 평가도 달라질 수밖에 없다. 대진戴震이 주장한 것처럼 공맹의 리理에는 본래 형이상학적 의미가 없었다면,[3] 유학의 본령은 리기론이 아닌 현실사회에서의 실천임이 분명하다. 따라서 고학파 가운데 겐엔학파(蘐園学派)를 대표하는 오규 소라이(荻生徂徠: 1666-1728)의 공자에 대한 정치제도적 이해는 정당성을 확보하게 된다. 유학(Confucianism)이 곧 공자(Confucius)학이라면, 유학은 곧 실천학으로 성립되는 것이다.

2. 상인도

상인에게도 도가 있는가? 장사치도 윤리를 따져야 하는가? 이득을 남기는 것은 도덕적 추구와는 상반되지 않는가?

나는 어려서 납득하기 힘들었던 것이 있다. '기업은 이익추구를 목적으로

---

2 이 두 번째 입장에 대해서는 전통사회에서 현대사회로 넘어오면서 겪은 이데올로기의 좌절이 포함되지만, 여기서는 논하지 않는다.

3 戴震, 『孟子字義疎證』.

한다.' 나는 이 명제를 받아들이기가 어려웠다. 『바른 생활』에서 배운 도덕은 이익추구가 아닌 다른 어떤 것이었다. 결국 그 명제는 나에게 '이익추구를 목적으로 하는 기업은 도덕적이지 않다'로 이해되었고, 그렇다면 이 사회는 도덕적이지 않은 기업활동을 장려하는 이상한 곳이었다. 바른 생활을 하지 않아야 돈을 벌 수 있다. 그래도 돈을 버는 것은 좋은 일이다. 따라서 바른 생활을 하지 않는 것은 좋다. 정말 얄궂은 논리였다.

군자는 대의(義)를 따르고 소인은 이익(利)을 따른다.[4] 따라서 이익을 좇는 기업은 소인의 무리이지 군자의 무리일 수 없다. 이익추구를 목적으로 하는 한, 기업인은 영원히 소인의 범주에서 벗어날 수 없는 것이 유학의 정의인 것이다.

사농공상士農工商 신분제의 의미를 알게 된 것은 나중의 일이다. 상인을 낮추는 까닭은 그들이 직접적으로 육체노동에 참가하지 않는 것도 있지만 얻어지는 재화로 말미암아 파생되는 그들의 권력을 견제하기 위한 것이었다.[5] 돈이 있는 사람이 정치적 힘도 있다면 무서운 일이다. 조소앙의 삼균주의가 천명한 것처럼 '앎, 돈, 힘은 고르게'(均天下之智富權) 해야 한다. 지식이 있는 자가 자본까지 탐낸다거나, 자본이 있는 자가 권력까지 탐낸다거나, 권력이 있는 자가 지식까지 탐내서는 안 된다. 입법, 사법, 행정의 삼권분립의 원칙이 경고하는 것처럼, 돈이 있는 사람이 권력까지 휘두를 수 있다면 문제가 커진다. 따라서 신분제로 이런 집중화를 막아야 한다는 것이다. 가난한 선비지만 힘이 있고, 돈 많은 장사치지만 선비의 말을 들어야 한다. 힘으로 선비를 누르거나 돈으로 선비를 사서는 안 된다. 가장 권력에 쉽게 접근할 수 있는 장사꾼들을 따라서 신분적으로 낮춰야 한다. 이것이 바로 사농공상의 원리였다.

---

4 『孟子』, 「梁惠王」上.

5 傅玄, 『儉商賈』. 상앙, 순자, 한비자는 물론, 왕부지까지도 그렇다. 조선의 『우서迂書』(1737)를 저술한 농암聾庵 유수원(柳壽垣: 1694-1755)도 상업을 인정했을 뿐, 상인은 정부에 의해 관리되어야 한다고 했다는 점에서 예외는 아니다.

아담 스미스도 '농부의 선행'을 믿지 않았다. 그들의 이기심이 우리를 먹여 준다고 말했다. 그러나 그 또한 감성적 공감(sympathy)이 도덕적 원천임을 믿었다. 우리는 남이 배고픈 것을 느낀다는 것이다. 우리는 이것을 『도덕감정론』과 『국부론』 사이에 벌어지는 스미스의 역설(paradox)이라고 부른다. 이러한 스미스의 모순은 유학에서도 발생한다. 이익을 추구하는 상인이지만 동시에 대의를 추구해야 하기 때문이다.

이시다 바이간(石田梅岩: 1685-1744)이 그 정점에 있다. 비슷한 시기에 이하라 사이카쿠(井原西鶴: 1642-1693)나 니시카와 죠켄(西川如見: 1648-1724) 등이 상인의 덕목으로 검약, 근면, 정직, 신용, 겸손 등을 제시하였지만, 바이간은 상인도를 일종의 깨달음의 영역으로 확대시켜 성인의 가르침과 연결시키고 있다는 점에서 그들과 다르다. 과연 그 사상의 실체는 무엇인가?

묻는다. 첫째, 바이간은 1727년 43세 때 승려이면서도 주자학에 조예가 깊은 오구리 료운(小栗了雲: 1670-1729)을 만나 큰 깨달음을 얻는데, 료운에게도 상인도라고 불릴 만한 것이 있었는가? 둘의 관계는 마치 선사와 그 제자의 관계와 같은데, 바이간의 깨달음과 상인도의 관계가 무엇인가? 그것은 단지 부차적 또는 순차적인 것일 뿐인가? '도가 통하니 사업도 잘 되더라'는 것인지, 아니면 '사업을 하다 보니 도가 통한다'는 것인지 분명히 할 필요가 있다. 다시 말해 40세가 넘어 깨달음을 얻고 45세(1729)부터 집에서 무료학당을 열었을 때, 그가 가르친 것은 유학인가, 상도인가? 학생들이 상인들이었기에 상도가 된 것인지, 상도를 처음부터 가르치려 한 것인지 밝힐 필요가 있다. 바이간의 전기를 통해 볼 때, 그는 상인의 계급윤리를 가르치려 한 것이지 상인으로부터 새로운 시대윤리를 배운 것은 아닌 것 같다.[6]

둘째, 바이간의 심학은 주자학인가, 양명학인가? 아니면 자성自性을 근본

6 여기서 베버에 대한 해석의 문제도 부상한다. 프로테스탄트 윤리 덕분에 자본주의가 성립되었다는 일반적인 해석을 넘어, 도덕적 기초가 없는 자본주의에 프로테스탄트 윤리를 제공하고자 한 것이 베버의 본래적인 의도였다는 해석도 가능하기 때문이다.

으로 하는 불학인가? 1744년 60세에 갑자기 병으로 사망한 이후 그의 학문이 제자들에 의해 '석문심학石文心學'으로 알려졌기 때문에 흔히 일본양명학으로 취급되기도 하는데, 사상적 연원에서 양명학의 기원을 직접적으로 찾아야 하지 않을까? 그러나 스승인 료운은 '주자학에 조예가 깊은 승려'였다. 다만 반주자학적이고 반불교적인 소라이의 영향이 있을 수 있는데, 그렇다면 바이간의 『도비문답都鄙問答』의 정체는 무엇인가? 그는 자신의 가르침을 '심학'이라고 말하지 않고 '성학性学'이라고 불렀음을 기억하자.

셋째, 바이간은 『도비문답』에서 효를 가장 먼저, 다음으로 무사도武士道, 그리고 상인도商人道를 내세운다. 보편윤리에서 직업윤리를 강조하는 것이다. 따라서 상인도는 효 윤리의 하부 규범으로 성립하는데, 그렇다면 상인도는 무사도와 동격인가, 아니면 무사도의 하부 규범인가? 야마가 소코(山鹿素行: 1622-1685)에 의해 제창된 무사도는 주인에 봉사하면서도 농공상인을 처벌할 수 있는 계급적 지위를 부여하는 것인데, 그렇다면 그것과 상인도와의 마찰은 없었는가? 에도 시대에 무사의 지위는 약해지고 마침내 도시상인(町人)이 중심이 되는 겐로쿠(元禄: 1688-1703) 시대가 열리며, 바이간의 생애는 그 시기와 겹친다. 상인들이 마침내 문화적 소양을 갖추게 되는 것이다. 바이간은 단지 그 시대를 대변하는 것 아닌가? 그럼에도 그는 『제가론斉家論』에서 "농민, 직인, 상인은 낮고 천하다. 이런 천한 자가 역대의 사무라이 집안과 같다고 생각하는 것이야말로 어리석은 일이다.…아무리 사치스럽게 분장한다 해도 농민은 농민이요 정인은 정인일 뿐이다. 이를 모른다면 어리석은 바보다"[7]라고 여기는 분한(分限: 分數) 사상의 소유자였음을 기억하자. 비록 『도비문답』에서는 "상인이 물건을 팔아 남기는 것은 사무라이가 받는 녹과 같은 것이다"[8]라거나 "사무라이, 농민, 직인, 상인은 모두가 하늘 아래 하나다"[9]라고 '역할'(役:

---

7 『石田梅岩全集』上, 柴田実 編, 清文堂, 개정 재판, 197-8쪽.

8 『石田梅岩全集』上, 81쪽.

9 『石田梅岩全集』上, 90쪽.

'에키'가 아닌 '야쿠')을 강조했더라도 말이다.

넷째, 바이간의 경제원리는 무엇인가? 경제는 돈을 모으는 것이 아니라 돌리는 것이다. 돈을 모으는 행위가 돌리는 행위를 방해하면 체증이 생겨 공황이 생긴다는 것이 현대 경제학의 기본원리이다. 『도비문답』에 나오는 50푼을 사용하더라도 강바닥에 떨어뜨린 10푼을 찾아야 한다는 아오토 사자에몬(青戸佐左衛問)의 예는 무엇을 말하는 것인가? 화폐의 제작과 유포에 따른 국가경제의 이해와 실제 경비에 대한 인식인가, 아니면 개인에게는 40푼이 밑지더라도 그 돈은 다른 사람에게 갔으므로 결과적으로는 천하에는 이익이 된다는 유통에 대한 인식인가? 검약인가, 소비인가? 스미스적 방임인가, 케인즈적 계획인가?

작게는 바이간이 보편적인 도를 상인의 도에 적용하는 것은 축소지향이 아니라 오히려 상인의 술을 상인의 도로 확대하는 상향지향이 아닌지 생각해볼 필요가 있다. 나아가 도쿄(에도江戶)의 오규 소라이는 교토의 이토 진사이(伊藤仁斎: 1627-1705)와 그의 아들 토가이(東涯: 1670-1736)의 고의학(古義學; 古義堂)이 내세우는 도덕적 해석에 반대했는데, 바이간의 활동지역(효고兵庫, 오사카大阪, 나라奈良)과 도덕적 색채(『도비문답』에서 보이는 효제충신孝悌忠信의 강조[10])를 보았을 때 오히려 소라이와는 대립되는 것이 아닌지 물어볼 필요가 있다. 그리고 석문심학이 '정인의, 정인에 의한, 정인을 위한 정인의 도'라는 표현은 일본학자에 기원한다.[11]

3. 자이나교와 소로스

나는 IMF체제가 되면서 월급을 통째로 술값으로 날렸다. 여태 얻어먹은

10 『石田梅岩全集』上, 8쪽.

11 竹中靖一, 『石田梅岩の時代』, 今井淳 編, 『石田梅岩 の思想』(ぺりかん社, 1979), 12쪽.

것도 갚을 겸, 경제가 나쁠 때는 공무원이 돈을 써야 한다는 같잖은 경제의식 때문이었다. 나는 자가용보다 비싼 줄 알면서도 택시를 탈 때, 개인적으로는 불이익이지만 사회적으로는 이것이 유통의 시작이라고 자위한다. 나의 낭비는 국가적으로는 이익일 수 있기 때문이다.

자이나교는 인도에서 살아남았다. 왜냐하면 그들 교리의 첫째 원칙은 '불살생'(ahiṃsā)이고, 둘째 원칙이 '거짓말을 하지 말라'이기 때문이다. 그들은 사냥꾼에 쫓기는 노루를 위해 거짓말을 할 수 있지만, 그렇지 않고는 윤회에서 벗어나기 위해 교리적으로 거짓말을 해서는 안 되기 때문이다.[12] 바로 이 점이 그들을 살렸다. 살생을 하지 않기 위해 농사도 짓지 않는 그들은 결국 상인으로 성공했다. 그들은 거짓말을 하지 않기 때문이다. 오늘날 유행하는 윤리경영이 기업을 발전시킨다는 논리와 같다. 모든 소비자는 거짓말을 하지 않는 장사꾼에게 물건을 사고 싶어 한다. 실제적으로 상인계급인 바이샤들이 자이나의 추축을 이룬다. 여기서 바이간의 종교성을 떠올린다. '깨달음을 얻었다'던가, '복을 받는다'는 표현은 매우 종교적이기 때문이다.[13] 그것이 오히려 석문심학의 요체일지 모른다. 신도神道에 관심이 많았던 바이간을 떠올리자. 그리고 후대에 발전된 석문심학은 일본의 창세신화(아마테라스 오오미카미天照大神)를 한축으로 삼아, 막부의 후원 아래-불교를 배척하는 메이지유신 이전까지는- 그들의 충효 공고문까지 해설했다.

아시아적 가치(Asian values)는 고무줄과 같았다. 아시아가 잘 나갈 때는 다들 앞서 그것의 근면성, 협동성, 인내, 복종을 칭찬하기 바빴고, 아시아 금융위기가 오자마자 그것의 권위적 태도, 서열, 무비판성, 가부장적 위계를 비난

---

12 정세근, 『윤회와 반윤회-그대는 힌두교도인가 불교도인가?』, 충북대출판부, 2008/2009, 166쪽.

13 여기서 박규태의 논의가 의미를 갖는다. "이하에서 확인되듯이, 창시자의 구도체험, 명상수련이 중시되었다는 점, 강연장의 구조, 그리고 무엇보다 종교적 깨달음을 촉구하는 가르침 등에서 우리는 석문심학이 비록 하나의 교단적 조직으로 발전하지 않았다 하더라도 그것이 일종의 종교로 간주될 만한 근거를 찾을 수 있다." 「근세일본의 민중종교사상」, 『일본사상』1, 한국일본사상사학회, 139쪽.

하느라 바빴다.[14] 1957년 벨라(Robert N. Bellah)의 바이간 심학에 대한 종교사회학적 연구나, 80년대 유학 제3기 발전에 대한 뚜웨이밍(杜維明; Tu Wei-Ming)의 선교사적인 홍양이 갖는 한계가 바로 이것이다. 오히려 돈을 갖고 실천한 자본가는 철학자 칼 포퍼의 제자인 조지 소로스였다. 그는 스승의 '열린 사회'(open society)의 이념으로 동구와 아시아에 자본주의와 그 개방적 정신을 심고자 했다.

나는 오늘날 실제적으로 상도를 실천하는 사람은 자이나교도와 소로스라고 생각한다. 자이나교도는 거짓말을 하지 않아 인도경제의 한 축을 이루었다. 계급타파의 종교개혁 가운데 하나였던 자이나는 불교가 못 이룬 평등의 꿈을 경제력을 바탕으로 실천하고 있는 것이다. 소로스는 시장의 개방이 민주화를 이끈다고 굳건히 믿으면서 그 방향으로 가는 정부와 정당에 막대한 대여와 기부를 하고 있다. 그의 투기자본인 헤지 펀드를 방만하게 취급할 것은 아니지만 적어도 그가 자신의 경제활동에 나름의 철학을 담고 있음은 분명하다.

우리나라에서 상도를 실천한 사람은 누가 있을까? 나는 유일한이 좋은 예라고 생각한다. 그는 50세에 미국으로 건너가 낙하, 침투, 폭파 훈련을 받는다. 해방으로 실천은 무산되었지만 그의 정신은 오늘날도 살아남아 우리들에게 전해지고 있다. 그는 현대의 임상옥(林尙沃: 1779-1855)이라 부를만하겠다.[15] 유일한은 타인을 의식하지 않는 자기만의 내면적 도덕을 지니고 있었다.

14 JEONG Segeun, 'Three Aspects of Asian Values', Istanbul: Fatih Univ.,2005.9.

15 임상옥의 『가포집』(稼圃集)과 『적중일기』(寂中日記)는 남아있지 않다. 남아있는 자료는 문일평(文一平: 1888-1939)의 것이 유일하다. 文一平,「林尙沃」,『朝鮮名人伝』(下), 朝鮮日報社, 1989, 364-373쪽.

10

그림의 바탕 또는 마무리

김소연, 「월전의 회사후소론」[1]

1. 일반칭과 특수칭

일반적인 표현이 특정한 개인을 대표하는 미학적 틀이 되는 것보다는 그만의 개성이 드러나는 어휘가 있는 것이 더 바람직하다. '아름다움', '멋있음', '훌륭함'은 어떤 구체적인 작가나 작품에 대한 묘사라기보다는 오히려 일반적인 감탄사에 그치기 쉽다. 그런 점에서 이른바 '회사후소繪事後素'는 동양회화의 일반원칙에 가깝다. 보통의 자격조차 갖추지 않은 화가가 많은 현실에서 원칙에 대한 강조는 분위기를 쇄신하는 역할을 하고 있음을 충분히 이해함에도 말이다.

나아가 회사후소와 곧잘 연결되는 '간결'과 '여백'은 그 연결고리에서 상당한 추론과 치밀한 분석을 동반해야 한다. 동양화의 특징이 여백이라는 것은 삼척동자도 안다고 말하듯 자칫 평범한 논의가 될 수 있고, 간결은 남종문인화의 경향임을 상식적으로 배워왔기 때문이다. 그 간결과 여백이 '심간

1 원제는 「'회사후소' 정신을 바탕으로 한 월전 장우성의 '간결'과 '여백'의 의미-화조·영모화를 중심으로」이며, '월전 장우성 탄생 100주년' 기념 논문공모 당선작.

深簡'[2]이라는 허울을 썼을 때 그것의 무게나 넓이가 나머지 것들을 포용하거나 지탱하지 못한다면 단지 제3의 관념으로만 남을 뿐, 그 의미를 다하지 못한다.

사유에서의 원칙은 이른바 '명석하고 판명함'(clara et distincta)을 이상으로 삼는다. 데카르트의 이 말은 일본식 번역이 주는 난삽함을 제외하고 나면, 정말로 간단하다. 여기서 '명석明晳'이란 '스스로 밝은 것'(clear) 곧 자명自明함을 가리키고, '판명判明'이란 '남과 다른 것'(distinct) 곧 분별分別됨을 가리킨다. 무엇하나를 제대로 알려면, 그것이 무엇인지 그 자체에 대해 말할 수 있으면서도, 다른 것과의 차이에 대해서도 말할 수 있어야 한다는 것이다.

월전 장우성의 예술세계는 그 자체로 분명하다. 바로 이 분명한 까닭이 여러 가지로 설명되어야 한다. 월전 장우성의 독자적인 화풍은 다른 것들과 비교해서 확실히 다르다. 바로 이런 구별이 여러 차이 속에서 드러나야 하는 것이다.

2. 회사후소의 뜻

회사후소란 무엇을 가리키는가? 아무리 문법이 없는 고립어라고 하더라도 용법은 관습법처럼 실재한다. 언어의 주된 의미소통의 비밀은 그런 점에서 용법에 숨어져 있다. 먼저, 회사후소의 '후'는 두 가지 용례로 보인다.

첫째, '그림 그리는 일은 바탕을 뒤로 한다.' 여기서 후는 동사적 용법으로 바탕을 뒤에 깔아야 한다는 뜻이다. 바탕이 무엇이냐는 다음 문제다.

둘째, '그림 그리는 일 다음에 마무리를 한다.' 여기서 후는 전치사적 용법으로 이후라는 뜻이다. 그림을 그린 다음에는 마무리를 해야 한다는 것으로, 마찬가지로 무엇이 마무리인지는 다른 문제다.

---

2 金原省吾.

첫 번째라면, 그림 그리기 전에 바탕을 잘 가꾸어야 한다는 것으로 그림 작업보다 더 중요한 일부터 하라는 뜻이 되고, 두 번째라면, 그림을 그린 후에 마무리 작업을 해야 한다는 것으로 그림은 그런 마무리에서 완성된다는 뜻이 된다.

여기서 소는 '바탕'으로도 '마무리'로도 상반되게 새겨진다. 중요한 작업임에는 틀림없으나 처음 작업인지, 끝 작업인지 문제가 되는 것이다. 주희朱熹는 첫 번째를 선택했는데 송대 이후의 해석방식이라서 신주新注라고 하고, 한대의 정현鄭玄은 두 번째 것을 선택했기에 고주古注라 불린다.

알다시피 수묵화의 전통은 후대의 일이다. 중국 인물화의 대가인 동진東晋의 고개지顧愷之의 예만 들어도 쉽게 알 수 있다. 탈색의 전통은 문인화의 개창과 더불어 크게 유행하는 것이다. 천연天然은 총천연색으로 표현되는 것이 자연스러울 수밖에 없다. 요즘은 흑백사진이 유행하지 않지만, 흑백만이 진짜 사진작품이라 여기는 태도가 바로 문인화적인 고집과 상통하는 것이다. 우리의 강세황도 문인화로 구별되기도 하지만, 그가 남긴 초상화나 풍경화도 색조화였음을 기억하자.

중요한 것은 소素의 의미다. 소는 '희다'고 일반적으로 푼다. 그런데 희다는 것은 우리말에서도 여러 가지 뜻을 갖는다. 1) 백색, 2) 원색, 3) 투명 등이다. 그런데 소는 사실상 희다는 것보다는 본디라는 뜻이 강하다. 무명이 흰 것은 본래의 색이 그렇다는 것이지 반드시 흼을 뜻하지는 않는다. 무명은 사실 희다기보다는 누리끼리하다. 광목廣木 곧 무명인 것이다. 그 무명이 날것이냐 삶은 것이냐는 것은 또 다른 문제다.[3] 그런 점에서 소는 원색에 가깝다. 빨강, 노랑, 파랑과 같은 원색이 아니라 본래의 색이라는 뜻에서 원색이다. 이를테면 오디의 원색은 희지 않고 검다. 투명한 것은 소보다는 오히려 백白으로 자주 표현된다.

그런 점에서 소는 희다기보다는 본래의 모습을 갖춘다는 뜻으로 이해되

3 『說文通訓定聲』: 生帛曰素, 陳帛曰練.

어야 한다. 노자가 말하는 '소박素樸'[4]도 소는 본디의 깨끗함이고 박은 본디의 거침으로 상반되는 것이다. 더렵혀지지만 않으면 그것이 하얗던 누렇던 상관없이 깨끗한 것이며, 깎여지지만 않으면 그것이 꺼칠꺼칠하던 울퉁불퉁하던 간에 다듬어지지 않은 것이다.

그림에서 소는 사람을 그리면서 가장 중요한 것을 가리킨다. 그것은 화룡점정畵龍點睛과 같은 생명부여의 과정으로, 정신을 부여하는 작업이다. 전신傳神의 순간인 것이다.

주자는 많은 문제를 자기 내면으로 끌고 들어왔다. 그는 내면화의 철학자로 도덕이 사회의 근본이라고 여겼다. 종래의 사상가와는 다른 발상의 전환이었다. 한대의 지식인들만 하더라도, 개인철학보다는 사회철학, 심신수양보다는 제도개혁에 관심을 기울인 흔적이 많다. 주자는 모든 문제를 '수신修身'의 문제에 집약시킨다. 『사서四書』가 주자에 의해서 편찬된 것이며, 그 가운데 하나가 수신제가치국평천하를 말하는 『대학大學』임을 기억하자.

결국 주자는 바탕을 먼저 닦으라는 수신의 철학에서 '회사후소'를 해석하고 있는 것이다.[5] 얼굴을 그린 다음에 화장을 한다는 것으로, 여기서 얼굴은 심신수련이고 화장은 예의범절을 가리킨다. 그러나 가장 오래된 전적에서 말하는 '소공素功'은 수신의 의미가 성립되는 송대의 성리학과는 거리가 멀 수밖에 없다.[6]

월전은 주자의 세계를 좇은 것으로 보인다. 한국유학의 전통에 서있는 월전으로서는 문화적이고 역사적인 훈습에 따른 당연한 결과였다. 더욱 중요한

---

4 『老子』, 第19章: 見素抱樸.

5 『論語集注』: 繪事, 繪事之事也. 後素, 後於素也. 考工記日: 繪畵之事後素功. 謂先以粉地爲質, 而後施五采; 猶人有美質, 然後可文飾. 주자의 영향력은 지속적이어서 대표적인 백화역인 楊伯峻의 것에서도 마찬가지다. 『論語譯注』, 「八佾」, 臺北: 源流, 1982.

6 『周禮』, 「考工記」: 畵績之事雜五色. 東方謂之青; 南方謂之赤; 西方謂之白; 北方謂之黑. 天謂之玄; 地謂之黃; 青與白相次也; 赤與黑相次也; 玄與黃相次也. 青與赤謂之文; 赤與白謂之章; 白與黑謂之黼; 黑與青謂之黻; 五采備謂之繡. 土以黃其象方, 天時變, 火以圜, 山以章, 水以龍, 鳥獸蛇, 雜四時五色之位以章之, 謂之巧, 凡畵績之事後素功.

것은 이것이냐 저것이냐가 아니라, 그것이 우리에게 미친 영향일 것이다. 월전은 그 자체로 하나의 '주해'가 되기 때문이다. 정현, 주희를 잇는 장우성의 해석사이며, 그것이 예술로 드러난 세계에 대한 탐구이다.

이런 작업은 '간결'과 '여백'이 회사후소와 어떤 식으로 연결되는지에 대한 본격적인 설명과 더불어 이루어질 수 있겠다. 연결이 되었다는 선언 이상의 문헌적이고 실제적 분석이 절실하다.

3. 예술과 작가

월전이 수집한 작품은 청대의 금석학 운동과도 밀접한 관련이 있다. 옹방강과 안원, 그리고 김정희에 이르는 문화운동에 대한 흠상이 수집품과 직결되고 있다.[7] 월전이 그리던 세계는 과연 무엇이었을까? 그것에 대한 총체적인 물음이 요망된다. 왜 <낙오된 거위>(2001)와 <광우병에 걸린 소>(2001)를 그렸을까? 그가 보는 생명에 대한 애정은 무엇을 '바탕'으로 하여, 어디에서 '마무리' 짓고 있는가?

> 무리에서 떨어진 거위 한 마리 넓은 들판에 외로이 섰네
> 소리를 질러도 대답이 없고 뛰어도 다가갈 수 없고
> 다시 날아보려 해도 날개에 힘도 없고
> 날은 저물고 바람은 찬데 살쾡이까지 다가오니
> 가엾은 이 거위 장차 갈 곳이 어디인가[8]

월전은 생명에 대한 애정을 실천을 통해 자신의 예술을 꽃피웠다. 살아서

7 이천시립월전미술관, 『서화선집』, 2009.

8 이천시립월전미술관, 『한국수묵대가 장우성·박노수 사제동행』, 2011, 그림 26.

의 웃음과 죽어서의 베품이 바로 그것이다. 박노수, 이열모, 김수천, 류철하, 정현숙으로 내려오는 월전연구의 맥에서 빠지지 않는 것이 바로 가엾은 한 마리 거위 같은 삶에서 피어나는 예술혼에 대한 탐구이다.

'철학의 번역, 번역의 철학', 대동철학회, 신라대, 2009.10.31.

11

나를 새기다

전호근, 「『열하일기』를 통해 본 박지원 사상의 근대성과 번역의 근대성 문제」

1. 새기다
2. 백화역
3. 영역
4. 소학
5. 현장
6. 악법
7. 『열하일기』

1. 새기다

우리말로는 번역함을 '새기다'라고 한다. '한문을 새기다'라는 것은 한문을 한국어로 옮김을 말한다. '번역'조차 번역되지 않은 채로 쓰이고 있다.

파고다 공원에서 노인을 모아 놓고 한문 강의를 하던 노인이 있었다. 한문으로 읽고 우리말로 옮기다 갑자기 말했다. "새기면 안 돼. 뜻이 안 와. 맛이 없어." 그때, 나는 '새기다'라는 말이 해석만이 아니라 번역을 가리키는 것을 알았다. 그럼에도 우리는 새긴다. 새기지 않으면 제 맛은 아닐지라도 맛도 모르고, 제 뜻은 아닐지라도 뜻도 모르게 된다. 그렇기 때문에 마치 소가 여물을 새기듯, 고전도 새기고 또 새기는 것이다.

고전을 새길 때, 우리는 우리의 지평을 반영한다. 해석학적 지평이라고 흔히 부르는 것인데, 나는 이 지평에서 그 위에 놓인 것을 볼 수밖에 없다. 다른 지평에 서면 다른 것을 보게 된다. 그렇기 때문에 지평이 달라지면 해석이 달라진다. 그것을 '해석학적 순환'(Hermeneutic circle)이라고 부른다. 『성서』 해석에서 벌어진 수많은 문제를 학문화한 것이 근대 해석학의 시원이다.

한문이 경전으로 읽혀졌고 그것에 대한 우리말 번역이라는 부수적인 문제가 따라붙을 수밖에 없는 우리에게 해석학이 없다는 것은 오히려 이상한 일이다. 우리의 상황은 어쩌면 해석학을 탄생시키기에 가장 좋은 환경일지도 모른다.

따라서 '철학의 번역'에서 발생되는 문제점을 드러내고 '번역의 철학'을 정립하는 것은 의미 있는 일이다. 철학은 번역되고 있고 번역되어야 하며, 그렇기 위해서 번역의 철학이 논의된다. '철학의 번역, 번역의 철학'은 번역철학이 대부분을 차지하는 우리 철학계의 현실에서 중심화두이다.

1980년대 후반 잠시 동양고전의 번역이 화제가 된 적이 있다. 그런데 그 이후에도 이루어진 번역이라고는 짧은 번역 외에는 진정으로 묵직한 번역은 많이 이루어지지 않았다. 아무리 중요한 원전이라고 하더라도 짧은 번역만으로 승부를 볼 수는 없는 일이다. 이른바 '국역원國譯院' 정도의 기능이 있어야 번역은 상승적인 효과를 낸다. 다시 말해 번역을 통해 하나의 문화적 역량과 주제가 고양되기 위해서는 그에 상당한 개인적인 정력과 사회적 투자가 체계적이고 지속적으로 이루어져야 하는 것이다. 이를테면 『성경』의 자국어번역이 주는 효과처럼 일관되고 장기적인 번역은 사회문화적으로 큰 반향을 일으킬 수 있다. 삼장법사 현장玄奘이 인도에서 돌아와 자은사慈恩寺에서 벌인 불경번역의 역사적 가치를 생각해보라.

그런데 우리 사회의 가장 큰 문제는 번역의 가치에 대한 근거 없는 편견과 번역 대상 원전에 대한 무조건적인 숭배이다. 위에서 말한 대로, 과연 새기면 뜻이 안 오는가? 하나씩 반박해보자.

첫째, 원전의 뜻이 있다. 원전이 나름의 고유한 뜻을 갖고 있을 수도 있다. 그러나 그것이 번역되지 않으면, 그 뜻은 그곳에 머물러 있을 뿐, 나와 관련 맺지 않는다. 아무리 원전의 뜻이 고유하게 있다손 치더라도 내가 이해하고 소화하지 않는 한 원전은 그것 그 자체로 동떨어져 존재할 뿐, 나와 아무런 상관이 없다. 따라서 원전의 고유한 뜻을 상정하는 것은 무엇인가가 있다는 것을 설정하는 것일 뿐, 아쉽게도 그것은 세계와 직접적으로 교류하거나 간섭하지 않는다.

둘째, 원전의 뜻을 내가 알았지만 말을 못하겠다. 비록 나는 원어를 통해 충실한 감각을 알았지만 원어를 모르는 남에게 그것을 설명할 수 없다. 고유한 원어의 맛은 아는 사람만이 알기에, 모르는 사람은 결국 모른다. 나름대로 그 원어만이 갖고 있는 무엇인가가 있다. 그 언어가 가리키는 것이 다르기 때문에 그 언어를 모르는 사람은 그것이 가리키는 것을 제대로 알 수 없다. 그러나 우리는 그가 알았다는 것을 알 수가 없다. 원어를 알았다고 하더라도 그 원어끼리의 이해내용조차 다를 수 있기 때문에 원전의 뜻을 알면서도 말하지 못한다는 것은 의미가 없다. 원어의 뜻을 알았으면 그 원어로라도 그 알아들은 뜻을 보여주어야 한다.

셋째, 원전의 뜻을 말로 했지만 진정한 뜻이 아니다. 번역은 했지만 그것은 이미 원전에서 벗어나버렸다. 따라서 번역은 원전의 의미를 망치고 있다. 사실 엄격하게 말하자면 원전이 자기의 의미를 보여준다는 것조차 말이 되지 않는다. 원전은 읽는 사람에게만 뜻이 다가오지 그 자체로 뜻을 가져다주진 않는다. 따라서 번역은 영원히 자신의 번역일 수밖에 없고 그러한 번역이기에 여러 번역 가운데 하나로 가치를 갖는다. 번역의 주관성과 다수성 그리고 시대성을 모르고 절대유일의 초시간적인 번역을 추구하려는 것은 지적 오만과 낭만적 이상에 불과하다. 번역은 원전에 충실하려고 무단히 시도할 뿐, 원전 그 자체가 결코 될 수 없다. 나의 사고가 그 시대의 사고로 아무리 귀착되어 있어도 나의 언어가 이미 그 시대의 언어로부터 유리되어있기에, 원전과 번역의 이중성은 상존할 수밖에 없는 것이다. 나아가 글이라는 것은 나의 손을 떠나는 순간 벌써 시간과의 이중성, 타인과의 이중성, 그리고 다른 언어와의 이중성을 전제하는 것이다.

그런 점에서 '새기면 맛이 안 난다'는 것은 '맛이 안 나도 새겨야 한다'로 바뀌어야 한다. 새기는 것은 곧 자기의 원전에 대한 이해를 고백하는 것이고 원전의 세계관에 대해 자기의 세계관을 저울질하는 것이기 때문이다. '새겨지지 않는다'는 것은 자신의 세계관이 없다는 말과 크게 다르지 않다.

2. 백화역

고전이 한자로 되어있는 아시아 문명권에서 그것의 번역은 두 가지 어려움을 겪는다. 하나는 한자 그 자체를 번역하지 않고 원어를 그냥 쓴다는 것이고, 다른 하나는 번역되지 않은 언어가 여전히 당시어 또는 현대어와 갈등을 일으킨다는 것이다.

성性, 정情, 심心, 기氣, 리理 등은 번역되지 않고 쓰임으로써 한자문화권에서 매우 친숙하게 느껴진다. 그러나 그 외형이 우리말과 닮았다고 해서 그것이 곧 의미를 발산하지는 않는다. 그 단어는 아는 사람에게만 그것이 가리키는 것(denoting)을 보여줄 뿐, 친숙하지 않은 사람에게는 여전히 번역되지 않은 이방인의 언어일 뿐이다. 설령 그것이 뜻하는 바(connoting)를 안다고 하더라도 그것끼리의 얽히고설킨 상호작용을 알지는 못한다. 그런 점에서 번역을 방치함으로써 얻어지는 폐단은 번역함으로써 얻어지는 폐해보다 클 수 있다. 이런 것들은 중심개념이기 때문에 번역가능성에서 한 발 물러서 취급할 수 있더라도, 이것들이 만나 이루어지는 상용구조차 번역하지 않는 것은 우리의 지적 두려움을 일정부분 반영한다. '이일분수理一分殊', '기발이승氣發理乘'은 언어적 경제성 때문이라면 모르지만, 뜻조차 모호한 채로 사용된다면 문제가 아닐 수 없다. 최근 들어 서구권에서 '심心'을 번역하면서 '마음/가슴'(mind/heart)을 함께 쓰는 것은 좋은 예이다. 우리는 과연 '심'을 마음으로 이해하는가, 아니면 가슴으로 이해하는가? 서구적인 의식에서 마음은 이성적이고, 가슴은 감성적이다. 우리는 마음이라고 하면서 오히려 정감을 드러내지는 않는가?

게다가 '허령지각虛靈知覺'이니, '중화中和'니 하면서 그것이 현대어의 용법과 상호충돌을 일으키기도 한다. 거의 아무도 번역하지 않는 '호연지기浩然之氣'의 예를 들어보자. '호연'은 어떤 상황이나 사태를 형용하는 것이다. 따라서 그것은 한자어를 넣어 번역하면 '호탕浩蕩한 기'를 말하고, 우리말로 설명하면 '큰물처럼 흘러가는 기'를 말한다. 그런데 그 기는 도덕적인 실천력과 더불어 말해지기 때문에 일종의 용기勇氣이며 기백氣魄이다. 도덕적 실천은 그러한 마음의 굳건함이 없이는 이루어지지 않기 때문이다. 그렇다면 그것은 우리말로 하면 '배포'이고 더 나아가 '배짱'일 수밖에 없다. 다만 자신의 양심에 따라 마음 속 깊이 우러나오는 도덕적 배포이고 실천적 배짱인 것이다. 도덕의 실천도 타인과의 투쟁을 전제하는 경우가 많다. 몸이나 돈을 훔치려는 사람과의 한 판은 쉽사리 덤벼들 수 있는 것이 아니다. 그의 옷이 찢기고 있거나 두들겨 맞고 있을 때 내가 나서기 위해서는 반드시 배짱이 필요하다. 그것은 나를 위한 배짱이 아니라 도덕을 위한 배짱이다. 그런 점에서 호연지기는 실천력을 가리키며 그것도 옳은 일을 하려는 굳센 배짱을 말한다. 배포가 뒷받침해주지 않는 도덕은 말뿐의 도덕이다. 힘 있는 도덕을 만들어가는 과정을 '옳음 모으기'(集義)라고 한다. 이렇게 고전어에서의 한 말이 현대어에서 의미 있기 위해서는 거듭된 번역과 상세한 설명의 역정이 필수불가결하다.

그렇다면 이런 어려움은 한자를 모국어로 쓰는 중국인들에게는 벌어지지 않는 것일까? 아니다. 그들도 늘 현대어로의 번역을 통해 고전의 의미를 수정하고 재확정한다. 이른바 '백화역白話譯'이 그것이다. 원문을 그대로 인용하고 번역하지 않은 경우라도, 자신의 이해를 이어 덧붙이는 것은 일반적이다.

원전이 중국인이라고 해서 그것이 해석되리라고 생각하는 것은 오산 중에 오산이다. 그들이 읽을 수 있다고 해서 곧 그들이 뜻을 아는 것은 결코 아니다. 읽는 것과 아는 것은 너무도 다른 층차의 일이다.

우리는 타이베이의 상무인서관商務印書館에서 거의 모든 종류의 고전을 백화역으로 출판한 사실을 안다. 단순한 학습을 위해서만이 아니라 원전에 대한 이해를 명확하게 보여준 좋은 사례이다. 베이징의 중화서국中華書局이 고전에 대한 교석校釋 작업을 꾸준히 하는 것도 이와 같은 번역의 필요성을 엿보게 해주는 것이다. 교석도 일종의 번역임에 틀림없다.

3. 영역

영미권에서 중국철학을 입문하면서 필수처럼 읽는 『중국철학자료집』[1]은 과연 문제가 없을까? 영역英譯본의 고전은 말할 것도 없이 레그(Legge)의 것을 치겠지만, 이후 나온 책 중에서 가장 자료를 잘 집약하고 있는 것은 그 책이 단연 으뜸이다. 앞서 『인도철학자료집』[2]이 같은 맥락에서 출판된 바 있다.

그런데 진영첩(陳榮捷; Wing-Tsit Chan)의 번역은 편집에서부터 번역에 이르기까지 지나치게 신유학(Neo-Confucianism)에 경도되어있다. 달리 말하면 주자나 왕양명 이후의 유학재해석 원리가 처음부터 끝까지 도배되어 있는 듯 보인다. 공자와 맹자를 소개한 후 곧바로 순자를 소개하지 않고 『대학』과 『중용』을 집어넣은 것에서부터 인의와 예에 대한 번역어조차 지나치게 형이상학적이다. 그것은 송명이학宋明理學의 심성론의 틀을 이어받은 것으로 개인윤리에 대한 강조가 현저하다.

만일 신유학이 사회의 병리현상에 무심하고 개인도덕의 함양에 치중되어 있다는 비판을 받아들인다면 진영첩의 번역도 중국철학을 성리학화했다는 비난을 면치 못할지도 모른다. 영어권의 학생들에게 이 책을 읽히면서 조심스

---

1 Wing-tsit Chan, *A Source book in Chinese Philosophy* (Princeton: Princeton University,1963).

2 Sarvepalli Radhakrishnan and Charles A. Moore, *A Source book in Indian Philosophy*, (Princeton: Princeton University, 1957).

러워해야 하는 점은 그들이 제자학과 공맹을 지나치게 신유학의 눈으로 바라보게 될 수 있다는 것이다.

진영첩의 책은 주자학적인 전통에 있는 나의 눈에는 매우 익숙하다. '학용學庸'을 보고 그 시각으로 세계를 해석하는 태도 말이다. 그러나 선진 제자諸子학에 조금이라도 관심을 기울여본 사람은 고전유학과 신유학의 많은 차이에 대해 어렵지 않게 수긍한다. 그렇기 때문에 그를 통해 중국철학을 읽는다는 것은, 넓게는 현금 중국인들의 틀로, 좁게는 정주이학程朱理學의 틀로 그것을 받아들인다는 것을 뜻한다.

그렇다고 해서 그의 책이 결점을 드러내는가? 결코 아니다. 번역에는 시점時點이 있고 태도가 있다. 시점은 전통이 승계되는 계기를 말해주고 있고, 태도는 그것에 대한 포폄을 담는다. 마지막 전통적 교육의 맥락에서 그는 자료들을 번역했으며, 주자학의 광범한 위력에 대해 인정하는 자세를 지닌다.

만일 진영첩이 현대신유가인 모종삼牟宗三의 철학을 심각하게 받아들였거나 그를 추종하는 영미권 중국학자들의 견해를 온전히 따랐다면 주자에 대한 편견을 지녔을지도 모르지만, 그는 왕양명의 『전습록傳習錄』뿐만 아니라 주자의 방대한 『근사록近思錄』도 각기 1963년과 1967년에 영어로 옮겼을 정도로 폭넓었다. 주자학이 담고 있는 송대 철학의 의미를 결코 소홀히 하지 않은 것이다. 게다가 그의 왕양명에 대한 이해는 양명이 아무리 불교를 비판했다고는 하지만 불교의 영향을 받았음을 부정할 수 없다는 입장이었다.[3]

진영첩의 자료집은 영미권에서 막대한 영향력을 미치고 있다. 웬만한 대학 구내서점에서 반드시 구비해놓는 새 책이자 헌 책이기도 하다. 그가 모아놓은 북송오자北宋五子의 문헌부터 담사동譚嗣同, 강유위康有爲, 나아가 웅십력熊十力에 대한 번역은 서구인들이 쉽게 접하지 못하는 중국철학의 자료들을 철학사적 맥락이 적힌 요약과 함께 친절하게 소개해주었다.

---

3 陳榮捷, 「王陽明與禪」, 대만판 영인본, Wing-tsit Chan, 같은 책.

우리에게는 『자료와 해설 한국의 철학사상』[4]이라는 자료집이 있지만, 그것이 외국어로 번역되기에는 아직 역부족이다. 어쩌면 좀 더 축약된 판본으로 영역을 기다려야 할지도 모른다.

돌이켜보자. 우리가 느끼기에 다소 엉뚱하다싶은 번역어를 갖고 서구인들이 나름의 지적 활동을 하는 것을 보라. 하다못해 한문도 모르고 중국어도 할 줄 모르면서도 그들은 자신의 번역어에 충실하여 의미 있고 가치 있는 논문을 써낸다. 그것은 원어가 문제라기보다는 문제의 있고 없음이 문제임을 명확하게 보여주는 실례이다. 우리는 원어에 치중하다 아는지 모르는지도 모르는 채 단순한 원어에 대한 머릿속 이해에 빠져 그것의 사회적이고 역사적인 맥락을 짚어보는 데 소홀하다.

문제는 뒷전에 둔 채 언어에만 매달린다. 그것도 번역되지 않은 원어에 매달리느라 그들이 말하고자 했던 문제를 놓친다. 철학을 하지 않고, 언어를 하는 것이다.

아퀴나스도 그리스어를 몰랐다. 프랑스어를 해야만 데리다를 공부하는 것은 아니다. 아무리 유럽어로서의 유사성이 보장된다고 해서 같은 언어는 아닐진대 그래도 번역만으로도 학위논문을 써낸다. 그것은 우리의 작업이 반드시 타언어이해라는 선 작업이 필수적이지 않음을 보여준다.

달리 말해 번역어로만도 충분히 철학을 할 수 있다는 것이다. 그런데 한국의 철학도들에게는 지나치게 어학이라는 고비를 넘도록 하고 있다. 그것은 아무래도 오랫동안 식민지학의 나쁜 전통에 물들어있기 때문이 아닐까 싶다. 그리고 언어에 대한 번역어의 열등감이 그 속에 자리 잡고 있는 것이다. 그 열등감을 극복하기 위해서 사람들은 번역하지 않고 원문을 보고, 원문을 보는 사람은 번역어를 보는 사람을 무시한다.

우리는 번역하는 것과 번역을 보는 것에 자신감을 가져야 한다. 중국문헌의 서구어 번역이 보여주는 만방의 가치에서 그래야하는 까닭을 넉넉히 찾

---

4 한국사상연구소 편, 『자료와 해설 한국의 철학사상』 (서울: 예문서원, 2001).

아볼 수 있다.

4. 소학

소학小學이란 문자文字학, 성운聲韻학, 훈고訓詁학을 가리킨다. 형태, 발음, 의미를 각기 추구한다. 이 세 가지가 바탕이 되지 않으면 원숙한 사고를 할 수 없기에 대학大學 이전의 소학이라고 부르는 것이다. 우리의 소학이 '어린이를 위한 배움'으로 이해되는 데 반해, 중국에서는 '크게 생각하기 위한 배움'으로 이해되는 것이다. 이런 맥락에서 '철학'은 '대학'이다. 어른이 배워서 집 덩치가 커서 대학이 아니라, 아무리 어리고 혼자라도 생각을 하기 때문에 대학인 것이다. 철학이라는 일본식 번역에 대응할 수 있는 철학의 번역어는 대학이 가장 걸맞는 듯하다. 우리는 '대학한다'.

그런데 이 소학이 여간 어려운 것이 아니다. 문자학의 경우, 그 유래를 따지기 위해 갑골문甲骨文에서부터 동정문銅鼎文, 나아가 새로 발견된 초간楚簡에 이르기까지 방대한 양을 섭렵해야 한다. 성운학의 경우, 적혀지지 않은 발음을 찾는 것이고 그 발음에 따른 의미의 변화를 추적하는 것이기 때문에 더욱 난해하다. 훈고학의 경우, 그래도 가장 철학적 활동에 가깝지만 전체적이지 않고 축자적逐字的이라는 점에서 구별된다.

철학이 문헌학에서 시작된 경우는 많다. 서양식으로 표현하자면 '문헌학에서 철학으로'(From Philology To Philosophy[5])라고 말할 수 있을 터인데, 다르다면 한쪽은 '말'(logos)을 좋아하는 것이지만 다른 한쪽은 '앎'(sophia)을 좋아한다는 점이다. 서양의 경우 여러 고전(Classics)을 공부한다는 까닭에서 '고전학자'(Classicist)라는 명칭이 주어지고, 동양의 경우 한문으로 되어있고 한나라 때

---

5 콘포드의 그리스철학연구서가 이와 비슷한 제목을 가졌다. F. M. Conford, 남경희 옮김, 『종교에서 철학에로: 서구 사유의 연원에 관한 연구』(서울: 이화여자대학교출판부, 1995).

경전의 해석과 편집이 대규모로 이루어지기에 '한학자漢學者'라고 불린다. 그들이 모두 시詩와 같은 문학을 포함한다는 점에서 현대적 의미에서의 철학자와는 다르지만 오히려 그들이 더 철학적인 경우도 많다. 이를테면 니체의 경우, 희랍비극에 대한 탐구로 자신의 철학을, 그것도 문학적으로 세웠고, 진백사陳白沙의 경우도 시가 저작의 대부분을 차지하지만 철학사에서도 거론된다.[6] 자신의 논지를 강조하기 위해 호머의 시나 『시경』이 인용된 경우는 허다하다.

'대학' 이외에 철학에 가장 가까운 전통용어는 아마도 경학經學일 것이다. 경학자라는 표현은 고전학자와 거의 비슷한 용법에서 쓰였다. 경학이라는 표현이 주로 유가의 13경에 집중되기 때문에 제자학을 공부하는 입장에서는 보편적 철학이 될 수 없다는 생각을 갖기 마련인데, 만일 『노자』가 『도덕경道德經』으로, 『장자』가 『남화진경南華眞經』으로 취급되는 것처럼 기타의 저작도 '경'으로 취급될 수 있다면, 경학이라는 표현이 넓게 받아들여질 수 있을지도 모른다. 문제는 고전을 경이라는 이름 아래 어느 유파가 독점하는 데 있다.

우리는 번역을 위해서 이러한 고전학과 한학을 하고 있는가? 그리고 이런 습득과정을 거쳐 소학에서 대학으로 나가고 있는가? 궁극적으로 물어보자. 과연 번역은 소학인가, 대학인가?

번역의 학문적 지위를 묻는 것은 적지 않은 논쟁거리를 수반한다. 만일 서양전통에 따르면 번역은 소학에 가까울 수 있다. 그러나 동양의 주해註解라는 전통으로 돌아가 보면 사정은 달라진다.

나는 주注조차도 창작이라고 여긴다. 아무리 '해설만 하지 창작은 하지 않겠다'(述而不作)는 공자의 언명은 경전의 권위를 극대화시키는 데 성공하고 있지만, 한편으로 그가 무엇인가 말하고 있음을 간접적으로 보여준다. 게다가 주자의 『사서집주四書集注』는 그야말로 주의 모음이지만 그는 이를 통해 확고한 세계관을 보여주고 있다. 서문과 발문은 그가 주문을 통해 말하고 있는 것에 비하면

6 『明儒學案』, 「白沙學案」.

별 것이 아니다. 주자의 '모듬주'는 오늘날의 각주의 지위를 넘어서 조각조각 찢어져 있던 철학자들의 언설을 하나의 완성된 체계로 이루어내는 것이었다.

때로 주는 원문에 대한 해설이라는 일반적인 인식을 완전히 뛰어넘어 전혀 다른 입장과 체계를 보여주는 경우도 있다. 곽상의 『장자주』가 대표적이다. 대붕의 큰 뜻이 참새의 비아냥 거리가 되고,[7] 북해의 자라가 우물 안 개구리의 웃음거리가 되는 것이[8] 갑자기 정당화된다. 소나 말이 사람에게 부림을 받는 것이 그들의 운명이란다.[9] 이 정도면 왜곡도 보통 왜곡이 아니다.[10] 많은 주들이 정도가 다를 뿐 이와 같은 문제를 갖고 있다.

그런데 이런 원문과 주의 차이는 부정적인 것이 아니다. 주 없이 원문은 해석되지 못한다는 고전의 특수성을 감안하더라도, 주는 다르기 때문에 사람들에게 읽히는 것이다. 원문의 뜻이 고정적이거나, 주가 매양 한가지라면 우리는 원문에 대한 여러 해석을 읽을 까닭이 없다. 좋은 주일수록 다른 내용을 담으며, 다르기 때문에 우리는 읽는다.

동양의 많은 철학은 고전읽기로부터 시작했다. 읽고 나서 자기의 철학을 쓰는 것이 아니라, 자기의 고전읽기를 보여주는 것이 곧 자기의 철학이라고 생각했다. 대진戴震은 『맹자』의 자의字意가 무엇인가를 따짐으로써 송명이학자들이 '형이상학으로 사람을 죽이는 것'(以理殺人)을 고발했다.[11] 왕부지王夫之는 '사서四書'를 다시 읽고,[12] 『장자』를 재해석함으로써[13] 기론자가 된다. 고전의 재해석은 곧 새로운 철학의 탄생이었던 것이다.

이 재해석은 오늘날 의미로는 번역에 가깝다. 거꾸로 말해, 번역이 곧 재해

---

7 『莊子』,「逍遙遊」.

8 『莊子』,「秋水」.

9 『莊子』,「秋水」.

10 정세근, 『제도와 본성』 (서울: 철학과현실, 2001).

11 戴 震, 『孟子字意疎證』.

12 王夫之, 『讀四書大典』.

13 王夫之, 『莊子通』, 『莊子解』.

석인 것이다. 이처럼 동양에서는 재해석 내지 번역이 곧 오늘날의 철학을 의미하는 대학의 영역이었다. 만일 우리가 아직도 전통 속에 있다면 '고전 읽기'가 곧 '철학하기'가 되는 것이다. 고전 읽기는 '고전 다시 읽기' 또는 '고전 다르게 읽기'이며, 그렇게 읽히거나 읽을 수 있을 때 그는 비로소 철학에 입문하게 되는 것이다.

따라서 번역작업을 소학의 영역에 국한시키는 것은 곤란하다. 번역은 궁극적으로 대학을 지향해야 한다. 이렇게 '문헌학에서 철학에로'라는 서양식 사고는 '소학에서 대학에로'라는 동양어로 번역되는 것이다. 좀 더 적극적으로는 '번역에서 철학에로' 나가게 된다.

좋은 예가 있다. 이른바 '4원인설'로 번역되는 아리스토텔레스의 '질료인', '형상인', '운동인', '목적인'이 그것으로, 통나무집을 예로 들면 나무가 질료인이고, 설계도가 형상인이고, 목수가 운동인이고, 사는 것이 목적인이다. 그런데 이런 용어는 명사화된 것이 아니고 단순한 물음이었다. 이를테면 '무엇을 위하여?'(For what?)라는 식이었다. 그러나 그것이 라틴어에서 명사로 번역되면서 '물음'은 하나의 '개념'이 되어버렸다. 이렇게 명사화되는 과정은 철학의 심도를 강화시키지만 반대로는 현실과는 다른 관념의 세계를 설정하는 바람에 추상화된 사유와 이론을 생산한다. 이른바 '사상捨象'되는 것이다. 번역은 이와 같이 철학에 깊게 관여한다. 아리스토텔레스는 플라톤과는 달리 구체적인 사물을 제1실체로 보았는데, 위의 경우처럼 관념화의 과정을 거치면서 실체는 형체를 숨기고 보이지 않는 제2실체가 되어버린다. 번역을 거치면서 물질적인 기체(基體: hypokeimenon)가 본질적인 실체(實體: substance)로 바뀌는 것이다.

5. 현장

인도인에 의해 번역된 중국어 불경이 더 쉬울까, 아니면 중국인에 의해 번역된 중국어 불경이 더 쉬울까? 재밌게도 답안은 인도인이다. 중국인에 의해 번역된 중국어 불경에는 원어가 속출하는 등 친절하지 않다. 오히려 인도인에 의한 산스크리스어 번역이 훨씬 중국식 어휘에 충실하다. 이런 현상은 바로 쿠마르지바(Kumārjīva; 鳩摩羅什)의 구역과 현장玄奘의 신역에서 발견된다.

인도인에게 중국어는 외국어이다. 따라서 번역을 하려면 남의 나라말로 제대로 해야 한다. 중국어로 옮겨지지 않으면 번역되지 않은 것과 같다. 그래서 중국적 어휘에 충실하다. 그러나 중국인에게 중국어는 자국어이다. 말이 문제가 아니라 인도어의 제 뜻을 전달하는 것이 우선이다. 따라서 번역되지 않는다고 판단된 것은 그냥 음역한다.

어떤 것이 좋은 번역일까? 쉬운 번역을 기준으로 본다면 인도인의 중국어 불경이다. 그러나 원의에 충실한 정도를 기준으로 본다면 아무래도 원어를 많이 노출시킨 중국어 불경일 것이다. 그러나 어떤 것이 좋은 번역이냐는 물음에는 쉽사리 대답하지 못한다. 나는 개인적으로 쉬운 번역을 선호한다. 원의는 아는 사람은 다 안다. 게다가 원의의 탐구는 두 언어를 다 아는 전문가의 영역이기 때문이다.

그런 점에서 우리가 쓰는 한자라고 하더라도 될 수 있으면 우리말로 번역되는 것이 장래 우리의 자주적이고 자생적인 사유를 위해서 낫다고 보인다. 한자어가 개념어의 대부분을 차지하는 상황에서 우리말로 번역되는 것이 오히려 일상개념으로부터 중심개념을 '이화異化'시키고, 그것이 우리들을 스스로 생각하게 해주기 때문이다.

나는 『노자』를 번역해놓고도 '도'와 '기'를 어떻게 처리할까 고민하느라 출판을 못하고 있다. 원문 번역에서는 도와 기를 한자 그대로 노출시키고 우리말 해석에서는 길이나 힘으로 문맥상 매끄럽게 쓰이도록 배치시키고 있는 것이 현재 상황이다. 원문에서는 동화시키고, 번역에서는 이화시키려는 목적이다.

유영모와 함석헌의 노자 이해가 의미 있는 것도 그들의 이와 같은 철저한 번역과 관련되고 있다. 새로운 언어가 새로운 사상을 담는 것이다. 거기에 원문에 충실하라는 주문은 어쩌면 사마귀말(贅言)일지도 모른다. 원문에는 누구든 충실하다. 충실의 기준이 다를 뿐이다.

내가 중국학을 하면서 오래전에 스스로 세운 기준은 아래와 같다.

> '그대의 것을, 그대에게로, 나의 눈으로.'

나는 애쓴다, 그대의 것을 마주하려고. 나는 애쓴다, 그대의 것을 그대에게로 돌려주려고. 그러나 나는 또한 애쓴다, 내가 돌려주려는 그것에 나의 눈빛을 담으려고. 그대는 어차피 그대의 것을 나에게 주었다. 나는 그대의 것이 본디 그대로부터 나왔음을 알지만, 이미 나의 손때가 묻은 것을 안다. 지우려 할수록 때는 더 묻는다. 오히려 나의 색깔로 다시 칠해 그대에게 되돌려주려 한다. 그러면 그대는 그대의 것을 또다시 남에게 줄 수 있을 것이다.

번역은 어디에 속하나? '나의 눈으로'가 빠질 것 같지만, 그것은 오산이다. 오히려 자신의 이해를 명확히 하면 할수록 좋은 번역이다. 나의 번역의 제1수칙은 '자기의 이해를 분명히 드러내야 한다'는 것이다. 그러면 후학들이 보고 나의 잘못을 고쳐줄 수 있다. 그러나 얼렁뚱땅 넘어가는 번역은 후학들의 판단조차 흐려버리고 만다. 따라서 나의 제2수칙은 '틀린 번역이 애매모호한 번역보다 낫다'는 것이다. 오해는 또한 철학을 낳는다. 철학사의 일정부분이 오독의 역사임을 기억한다면 자신의 과감한 번역에 좀 더 자신감을 가져도 좋을 것이다. 제3수칙이 선다. '남을 이해하기 위해서 자기를 이해하라.' 남 없이도 나 없지만, 나 없이도 남 없다. 번역의 대상만을 따지면 남 없이 나 없는 것이지만, 번역하는 주체를 따지면 나 없이 남 없는 것이다.

6. 악법

'악역惡譯'이라는 말이 쓰일 만한 황당무계한 사건이 있었다. 소크라테스의 죽음과 관련된 이야기다. 서양철학뿐만 아니라 대학 강단철학의 입구에

서있는 소크라테스가 악법도 법이라고 말했단다. 그 과정은 아마도 아래와 같았을 것이다.

1) 소크라테스는 피할 수 있었는데도 악법을 받아들이기로 했다.
2) 소크라테스는 악법에 순응했다.
3) 소크라테스는 악법도 법이라고 생각했다.
4) 소크라테스는 말했다. '악법도 법이다.'

소크라테스가 아테네 법정의 결과를 따른 것은 사실이다. 그러나 그 행위와 그가 악법도 법이라고 논리적으로 추론한 것은 다를 뿐만 아니라 더욱이 그는 '악법도 법이다'라고 말한 적이 없는 데도 그렇게 말한 것은 고의적인 왜곡의 혐의가 짙다.

유신헌법을 통해 발효되는 긴급조치의 정당성을 지원하기 위한 얄팍한 학자들의 술수였던 것으로 보인다. 그것을 통해 우리는 '충성의 번역학'을 만난다. 간접화법을 직접화법으로 옮기는 번역의 범죄였다. 이해를 번역에 빗대 곡해한 경우다. 나는 철학개론 시간의 첫머리에 늘 철학도의 한 사람으로서 이 문제를 사과한다. 언젠가는 이런 작업에 참여했던 작자들을 찾아내 우리 철학사에 다시는 이런 일이 없도록 해야 할 것이다.

여기서도 문제는 오역이 아니라, 오역으로 말미암아 야기되는 정치적 결과에 있음에 주목하자. 그리스철학 전공자들이 소크라테스가 그렇게 생각했다고 여길 만한 정황은 있다. 그러나 그가 그렇게 말했다고 함으로써 벌어지는 '한국의 상황'을 고려하지 않은 것이다. 악법도 법이기에 얼마나 많은 사람이 괴로움을 당해야 했는가. 곡학아세曲學阿世!

'소중화小中華'론조차 딱히 내놀만한 분명한 논자와 출처가 없지만, 소중화론이 조선중심론의 발걸음이었음은 여러 가지 정황을 통해 발견된다. 이익(1681-1763) 이후의 실학자들이 '소'자를 떼는 모습은 중화론의 보편성을 보여준다.[14] 지구 속에서 내가 중심이라는 선언이었다. 이때 중화는 중국이 아니라 지리적 중앙을 가리킨다. 알다시피 '중국中國'은 중국에서조차 세계를 가리키는 말이었다.

부정적인 시작에서 본다면, 김창업[15]과 홍대용[16]을 기점으로 유행처럼 번진 '연행록燕行錄'들은 청나라의 선진성을 보여주는 데 앞장 선 것으로 오히려 조선이 중심이라는 자주적 사고와는 거리가 있을 수도 있다. 1778년 이덕무[17]와 박제가[18]가 북경에 다녀오면서 시작한 북학파들의 청에 대한 경도는 그들의 의식 속에서 청나라는 오랑캐라는 단정이 지배적이었지만 결과적으로는 오히려 새로운 사대의 시작이 되었을 수도 있는 것이다. 물질과 정신이 쉽게 분리되지 않는다는 점을 생각하면 더욱 그렇다.

개화초기 얼마나 많은 지식인들이 뉴욕을 방문해야 했고, 현금 우리의 미국에 대한 인식도 그들처럼 이중적임을 생각한다면 북학파에 이해는 어렵지 않다. 우리가 오히려 잊지 말아야 할 것은, 우리 후대의 학자들이 우리를 놓고 역시 친미적 사대주의자라고 부를 수도 있다는 점이다.

나는 여기에서 중화론과 사대론 그리고 북학파의 정체성을 시비하려는 것이 아니다. 내가 어떤 쪽에서 무슨 생각을 하던, 그것이 충성의 번역학이어서는 결코 안 된다는 것뿐이다. 자기도 모르게 충성을 하고 있을 수도 있다. 그럼에도 그것이 권력과 황금을 얻기 위한 술책만 아니라면, 그리고 자기의 입장이 정치적으로 어떻게 이용 내지 활용되고 있는가만 직시한다면, 번역의 태도는 다원적으로 정당화될 수 있다. 그러나 그것이 권력의 하수인으로서의 역할을 수행하기 위해 고의적인 곡해의 길을 걷는다면 문제가 크다.

---

14 李瀷, 『星湖僿說』, 「華夷之辯」. 그러나 그곳에서는 그 관념이 명확하지 않다.

15 金昌業, 『燕行日記』.

16 洪大容, 『燕記』.

17 李德懋, 『入燕記』.

18 朴齊家, 『北學議』.

그런 점에서 번역은 세계관의 정립을 요구한다. 나아가 권력과의 거리두기를 필요로 한다. 학문과 권력의 분리는 우리 학계의 최우선과제가 아닐 수 없다. 권력을 뒤집어쓴 학문은, 정확히 말해, 학문으로 가장한 권력은 학문을 망치는 주범이다. 분리가 되었는지 그렇지 않은지에 대한 구별은 쉽다. 학자들을 학문으로 평가하지 않고 권력으로 평가하거나, 학문의 권위와 대학의 권위를 혼동하면 정교일치政敎一致인 것이다.

박제가의 스승이 바로 박지원(1737-1805)이며, 연행록으로 치자면 역시 박지원이 수위에 있다. 그런데 박지원의 『열하일기熱河日記』는 「호질후식虎叱後識」처럼 기록에 대한 기록이 있어 그것이 허구적인 것인지 사실적인 것인지조차 분별되기 어렵다. 기록에 대한 기록이 사실적이면 사실적일수록 핍진성은 높아진다. 기록에 대한 기록이 없으면 없을수록 창작성이 높아진다. 따라서 여기서 요구되는 것은 번역자의 입장이다.

7. 『열하일기』

왜 연암 박지원의 『열하일기』인가? 18세기 조선의 모순이 첨예화되었을 때 지식인들은 중국의 문물을 통해 새로운 세계를 접할 수 있었는데, 이때 기행문은 지식인뿐만 아니라 사회 각계각층에 신문화를 소개하는 계기가 된다. 그 가운데 장문의 『열하일기』는 18세기 말에 이미 한글로 번역이 될 정도로 중인과 부녀자들에게도 대중적인 인기를 얻는다. 조선말의 유길준의 『서유견문록』[19]과 비견될 만한 것이었다. 박지원과 그 문학에 대한 전호근의 의견을 들어보자.[20]

19 兪吉濬, 『西遊見聞錄』.

20 전호근, 「『열하일기』를 통해 본 박지원사상의 근대성과 번역의 근대성 문제」, 대동철학회 발표문, 2009.10.31. 신라대.

우선, 박지원은 노론이었고 당대제일의 문장가였는데, '시시콜콜한 소품 문학으로 시대를 흔들었다는 점에서 본인은 의도하지 않았을지라도 그 자체가 근대성을 내포하고 있다.' 시골 촌로의 코골이에서도 『장자』, 「제물론」의 '땅피리'(地籟)를 원용(패러디)할 정도로 참신했다. 그의 문장은 박종홍에 의해서도 '계몽과 혁신에 불타는 심정'으로 '획기적인 이채를 띤 그의 문장은 이것(부패된 사회상)을 신랄한 풍자로 감쌌던 것'으로 그려진다. 박지원은 여전히 중화지향적인 성향이 있지만, 자주의식도 있으며(「嬰處稿序」) 탈중세적이고 반봉건적이다(「酬素玩亭夏夜訪友記」).

둘째, 근대 이후의 『열하일기』 번역은, 일제강점기부터 번역에 착수하여 1948년에 출판한 김성칠 역, 1953년 북녘에서 간행한 리상호 역, 1968년 민족문화추진회에서 간행한 이가원 역, 그리고 2009년 돌베게에서 간행한 김혈조 역 네 가지를 꼽을 수 있다. 그런데 번역의 문제는 첫 부분의 「도강록」[21]의 날짜표기부분('後三庚子 我聖上四年 六月二十四日辛未')에서 바로 시작된다. 정조 4년 6월 24일 신미일(1780[22])이라는 것은 문제가 없는데, '후삼경자'를 박지원 스스로 설명하고 있다. 김성칠은 이 부분을 명나라에 대한 사대적 표현을 쓰지 않으려고 의도적으로 누락한 것이 아닐까 싶다. 리상호는 중화라든가 상국上國이라는 표현을 빼고 국가와 국가 간의 대등한 입장에서 번역한다. 이가원은 리상호의 번역이 나온 지 13년이 지났지만 진전된 부분이 많지 않으며, 오역을 하지는 않았지만 번역자가 시대를 함께 고민한 흔적을 찾기 어렵다. 김혈조는 '상국'을 '큰 나라'로 번역하여 조선이 명나라에 복속되는 느낌을 의도적으로 지우려했다. 결국, 리상호 역의 뛰어남이 드러난다.

전호근에 따르면 "번역은 애초에 소통을 목적으로 하는 것이기 때문에 원작의 정확성을 유지하는 일보다 독자에게 얼마나 효과적으로 원작이 지향하는 정신을 일깨워주느냐가 중요"하고 "그 때문에 번역자가 얼마나 자신의 세

---

21 정확히는, 「渡江錄序」.

22 乾隆 43년.

계관을 투입하여 주체적이고 창조적으로 번역하느냐가 대단히 중요한 문제"이다. 『열하일기』에 처음으로 나오는 유득공의 시[23]에 대한 네 사람의 번역도 다른데, 건물 이름인 '홍분루紅粉樓', 사람 이름인 '막수莫愁', 나라 이름인 '청남淸南'을 놓고, 김성칠의 경우는 홍분루는 그대로 두고 막수와 청남만 번역했고, 리상호의 경우 홍분루와 막수는 번역하고 청남은 그대로 두었으며, 이가원은 홍분루와 막수를 모두 그대로 두었고, 김혈조는 청남을 평양으로 바꾼 대신 홍분루와 막수를 모두 번역했다. 원전에 가까운 번역은 이가원의 것이나 가장 깊이 고민한 번역은 리상호의 것이라는 것이다. 이는 70년대 유영모가 『노자』를 '늙은이'로 번역한 것과 같은 맥락이다.

전호근의 고민은 번역불가능성 앞에서도 '내 식으로 번역해야 하는 운명'을 피할 수 없으면서도, '창조해서도 안 되는 번역'이라는 본질적이고 근원적인 한계에서 비롯된다. '그것은 마치 작곡가의 곡을 연주하는 연주자가 자기 마음대로 음표를 바꿀 수 없는 것과 같다.' 고전만이 아니라 현대의 새 문헌의 번역에서도 마찬가지이다.

전호근은 마침내 '자주와 주체의 이름으로 번역했다고 평가할 만한', '50년이 지난 뒤 세상에 나온 김혈조 역에 비해서도 크게 무리 없는', 그리고 '명실상부한 최초의 완역'이란 점에서 리상호 역 『열하일기』를 가장 빛나는 번역으로 꼽는다.

여기에서 내가 묻고 싶은 것은, 전호근의 박지원에 대한 입장이다. 위에서 강조했듯이 내가 없으면 남도 없다. 박지원이 중세적인지 반봉건적인지 명확히 자리매김하는 것이, 번역자의 태도는 물론 어휘를 설정하는 데 도움이 될 것이다. 박지원을 말하는지, 『열하일기』의 번역자를 말하는지, 박지원과 『열하일기』 번역자에 대한 역자의 입장을 말하는지 층차를 나누어볼 필요가 있다.

박지원도 자주의식이 있었다는 점에서, 번역자 리상호의 '자주와 주체'라

---

23 紅粉樓中別莫愁, 秋風數騎出邊頭, 畵船簫鼓無消息, 腸斷淸南第一州.

는 의식을 받아들인다는 점에서, 그리고 전호근도 번역의 문제를 자생력 및 민주성과 연결시킨다는 점에서, 모두 자주적인 태도를 갖는다. 번역의 문제가 소학만의 문제가 아니라 대학의 문제라는 것을 분명하게 보여준다.

우리는 식민지학의 나쁜 전통이 아직도 너무 강하다. '나의 문제풀이'보다는 '남의 문제 받아들이기'가 늘 우선이다. 주제가 성리학에서 서양철학, 서양철학에서 중국철학으로 바뀌었고, 그나마 한국철학이라고 불리는 것도 복고 성리학의 영역에서 크게 벗어나지 않는다. 내가 서양철학을 하거나 동양철학을 하거나 상관없이, 그 문제를 통해 나의 문제를 풀면 그것이 바로 폭넓은 의미에서의 한국철학이 되는 것이다. 번역도 이런 상황에서 자유롭지 않다. 공연한 남의 문제의 전이보다는 진정한 나의 문제가 번역을 통해 드러나야 하기 때문이다. 그렇지 않으면 우리는 아직도 식민지학을 하고 있을 뿐이다.

다시 말하지만, '우리말로 새겨지지 않는다'는 것은 '나의 세계관이 없다'는 말과 크게 다르지 않다.

12

노론과 근대성

김문준, 「노론학파의 연원과 전개: 철학사상과 현실인식」

1. 환국과 탕평

노론老論은 조선후기 200년간 정국의 중심세력이었다. 숙종대 이후 조선말의 세도정치에 이르기까지 때때로 실권失權은 있었지만, '환국換局'이라 불리는 정국변환을 통해 늘 중심부에 있었다. 환국은 오늘날의 표현으로는 정권교체나 정권탈환을 일컫는 것으로 정치적 국면의 전환을 가리킨다. 노론을 적대시하는 남인南人에 의한 기사환국己巳換局으로 숙종대 5년간의 아픈 경험을 제외하고는 그들은 늘 권력의 중심과 멀지 않았다. 그런 면에서 조선후기의 정치는 계파 간의 싸움은 있었지만 크게는 일당에 정권이 쏠려있는 것으로 보이는데, 과연 그럴까?

같은 서인西人이지만, 노소老少의 구별이 있다. 소론은 희빈 장씨의 아들인 경종景宗을 지지했고, 노론은 나중에 영조英祖가 되는 연잉군延礽君을 지지했다. 자연히 경종 시절(1720-4)에 노론은 소론에 밀릴 수밖에 없었다. 당시 노론의 김창집金昌集을 위시한 4대신이 유배된 후 마침내 사형에 처해지는 등, 두 해에 걸친 신축옥사(辛丑獄事: 1721)와 임인옥사(壬寅獄事: 1722)를 거치면서 벌어진 이른바 신임사화辛壬士禍로 노론 인사 60여 명과 그들의 가족이 처벌되거나 유배된다. 장형으로도 죽고, 교살도 되고, 자살도 있었는데, 그 수가 기십에 달했고, 유배 114인과 연좌 173인까지 포함하면 기백에 달한다. 기사환국으로 노론의 영수였던 송시열과 김수항이 사사賜死되고 노론 수십 명이 축출된 이후로 가장 큰 정변이었다.

그러고 보면 노론이 안정되게 권력을 유지했다는 것은 피상적인 이해일지도 모른다. 그들은 자신의 목숨을 내놓고 가족의 죽음과 바꾸면서 정치적 입장을 고수했다. 과연 그들을 그렇게 신념에 차있게 만든 것이 무엇일까? 우리는 그것을 물어야 한다. 이와 마찬가지로, 남인이 권력을 잡지 못했고 그것이 원한이 되었다는 사실만 강조할 것이 아니라, 그들의 정치적 이상이 무엇인가를 또한 물어야 한다.

또 다른 문제는 탕평책蕩平策이다. 영조는 이인좌의 난(1729) 이후 당론을 철저히 배격하여 당론을 일삼는 자는 역률逆律로 다스릴 것을 천명한다. 노소론의 온건파인 완론緩論을 중심으로 나름의 성과를 얻는다. 다만 혼인관계를 중시함으로써 척신이 등장하게 되고, 장헌세자(莊獻世子: 思悼世子)의 비극(영조 38: 1762)이 발생한다. 정조는 영조와는 다르게, 의리와 명분을 중심으로 준론峻論 탕평을 실시한다. 정조는 매우 이론적이고 철학적이었으며 그것을 '청론淸論'으로 삼았다. 이런 까닭에서 노론의 '청명당淸明黨'만이 아니라 남인의 '청남淸南', 소론의 '준론峻論'이 함께하는 의리의 탕평이었다. 청남에서는 체제공을 중심으로 정약용이나 이가환이 등장하였지만, 소론의 준론과 손잡고 노론의 청명당과 함께하는 탕평 정국이었다.

그런 점에서 상대적인 우위를 점유했다는 것은 사실이겠지만 과연 노론만이 정국의 주도권을 가졌을까? 그렇다면 환국이라는 말은 별 의미가 없어지고 만다. 정권의 교체가 거듭될 때만이 환국이라는 말이 가능해진다. 정조는 송시열을 복권시키고 그의 의리정신을 높이 사 대로사(大老祠: 정조 9년: 1785)를 짓고 『송자대전宋子大全』을 간행하면서도 천주교 집안의 정약용과 함께 정치를 이끌어나갔다. 노론이 주종관계에서 갑의 위치에 있다고 해서, 그것이 곧 현대적 의미에서의 정권장악을 뜻할까? 우리가 잊지 말아야 할 것은, 당시는 갑을만이 아니라 병이라는 군주가 반드시 요청됐다는 사실이다.

탕평을 강조하는 까닭은 노론에게 면죄부를 주고자하는 것이 결코 아니다. 오히려 근대화의 책임을 누군가에게는 물어야 하기 때문이다. 정국의 흐름을 잡고 있었던 사람이 누구이던 간에, 우리가 근대화에 실패했다면 그 원인과 책임을 그들에게 물을 수밖에 없기 때문이다. 나아가 그들이 물질적인 근대화에서는 실패했을지라도 정신적인 근대화에서 성공의 가능성을 조금이라도 보여주었다면, 그들에게 미래의 공로를 치하하지 않을 수 없기 때문이다. 특히 우리가 경제학자가 아닌 철학자라면 뒷부분에 관심을 가져야 하지 않겠는가.

2. 토론

김문준 교수의 방대하고 박식하고 요긴한 설명에 몇몇 작은 토론거리를 제공한다. 전반적인 묘사인 만큼 많은 이야기를 담고 있다.

첫째, 나는 '소중화'의 근거를 묻고 싶다. 중국은 대중화이고 조선은 소중화라는 개념의 연원이 어디인가? 나는 '조선중화론'이라는 말이 낫고, 나아가 '조선중심설'이 옳다고 생각한다.[1] 중국이 사라졌으니 이제 조선이 중심이라는 조선주체론인 것이다. 상대방이 없는데, 대소를 붙이는 것은 어법에도 맞지 않는다. 문화적 자긍심의 표현인 조선중심설에 '소'를 붙이는 것도 어색하다. 앞으로 노론의 이론 설명에서 '소중화'라는 말은 없어져야 한다.

둘째, 송시열을 위시한 노론은 조광조의 복권을 늘 강조해왔다. 그것은 조광조의 이상이 옳았기 때문이지 그의 현실이 성공적이었기 때문이 아니다. 이것이 바로 '춘추대의春秋大義'라고 불리는 '역사에서의 정의란 무엇인가'를 묻는 사고인 것이다. 그것이 정의였다면 성공과 실패에 상관없이 '옳다'. 그것이 송시열의 정신이었고 노론이 계승한 유지였다. 실패한 유비가 성공한 조조보

1 정세근, 「수암 권상하의 학맥과 사상」, 『우암논총』4, 2010.12.

다 옳은 까닭도 바로 여기에 있다. 북벌계획을 말하는 효종 앞에서 송시열이 오히려 나라가 무너질 것(覆亾之禍)을 걱정하자, 효종은 천리와 인심을 내세워 의지를 북돋는 장면을 생각해보라.[2]

셋째, 게다가 노론은 조광조만이 아니라 이황을 늘 존숭한다. 조광조의 정치적 이상과 이황의 자기완성의 도덕을 높이 산다. 이 정신은 이이 이래 줄곧 유지되어오는 입장으로, 조광조와 이황을 문묘에 종사할 것을 주장하는 것이다. 사실상 이황과 이이가 대립되는 것처럼 후대 학인들에게 쉽게 비춰지지만 오히려 그들에게는 이런 정신적 통일감이 있었다. 이후 송시열도 병신처분(丙申處分: 숙종 42)을 거쳐, 그 다음해 김장생과 송준길과 함께 문묘종사가 이루어진다. 우여곡절을 거쳐 영조도 양송을 문묘에 종향하라고 함으로써 노론의 '일당 독재(전제)'를 확립한다고 하는데, 노론의 선행과제가 조광조와 이황의 배향이었다는 점을 생각한다면 이황과 이이의 간격을 공고히 하는 것은 오히려 후대인의 작업에 불과한 것 아닌가?

넷째, 문묘배향은 당시의 정국을 단적으로 증명한다. 누가 올라가고 누가 내려가느냐만 보더라도 정치적 주도권을 쉽게 알 수 있는 것이다.[3] 사상은 숨어있어 찾거나 술 세우기 힘들지만, 그 사상의 표상이 곧 배향이었다. 송시열을 제향하는 곳이 70여 곳(기존 서원에 추향한 경우 30곳, 사액서원의 사우 37곳)이나 되었지만, 경신환국 이후에는 서인 인물이, 기사환국 이후에는 남인 인물이, 갑술환국으로 다시 송시열이 추향되거나 건립되는 것이라는 역사적 사실은 '말없는 사상의 말하는 표징'(sound of silence)임을 잊어서는 안 된다.

다섯째, 이이는 서인과 동인을 중재하려다 서인으로 몰려 삼사三司에서 탄핵을 당한다. 노론은 이런 정신을 잇고자 했다. 송시열이 고족 권상하에게 이

---

2 『宋書拾遺』 卷7, 「幄對說話」. 아울러 이 장면에서 효종은 송시열이 당론을 하지 않아 (자기와 마찬가지로 주변에서) 도와줄 사람이 없다(卿不爲黨論, 是彼此皆不見助之道也)고 함을 주목하자.

3 나는 명말의 문묘제향의 문제를 놓고 사상사적 시각에서 접근한 글이 박사논문이 된다는 사실에 놀란 적이 있다. 『明儒學案』을 주제로 역사연구방법론에 주목한 黃進興 교수의 예.

이의 『경연일기』(經筵日記: 石潭日記: 명종-선조 17년간의 친필기록)를 전하는 까닭이 여기에 있다. 그의 친서는 김장생, 김집, 송시열, 권상하에게로 의발처럼 전해지고 있다. 흔히 노론으로, 나아가 붕당과 세도정치의 표본으로 일컬어지는 그들의 목적이 화합과 통일에 있었다는 점은 강조가 될 필요가 있지 않을까? 사실 이현일李玄逸과 같은 영남학파에 의해 매겨진 '주기主氣'라는 호칭은 이미 폄하가 들어가 있는 개념이다. 그것이 조선유학사를 정리하는 타카하시 토오루에 의해 조선유학의 정체적 특질로 이용되면서, 아직도 주리主理와 주기의 망령에서 우리는 벗어나고 있지 못하는 것이다.[4] 어쩌면 악화가 양화를 계속 구축하고 있는지도 모른다. 어느 노론 또는 율곡학파가 자신을 주기론이라고 기꺼이 받아들일 수 있겠는가.

여섯째, 심心이 곧 기氣라는 태도는 주자에게서도 쉽게 찾아볼 수 있는 주장이다. 주자는 심과 성性을 구별함으로써 불선不善을 기질氣質의 면에서 설명하려 했다. 아무리 이진상李震相이 『리학종요理學宗要』를 통해 이황의 리발理發이 주자에게서 발견된다고 하더라도, 중국의 주자학자들은 대부분 이이의 주자 이해에게 손을 들어주기 쉽다. 이 정치한 문제는 결국 '미발지각未發知覺'의 성격에 대한 규정으로 모아지고 있다. 이황은 사람의 마음은 미발시 선하며 허령한 미발지각이 있다고 보았지만, 이이는 선하기는 하지만 미발지각은 없다고 보았고, 송시열은 미발시에는 선악이 없어 미발의 체도 선하다고 할 수 없다고 주장한다. 이런 과정에서 송시열이 함양공부를 위한 미발지각을 인정했다하여 퇴계의 이론을 받아들였다고 할 수 있을까? 이황의 미발지각은 선한 것이고, 송시열의 그것은 선악조차 없는 것 아닌가? 송시열의 미발지각은 '심지心知'로 시비지심의 단초가 되는 이발의 '지지智知'와는 다르다.

일곱째, 김창협은 다카하시 이래로 절충파로 정리되었다. 특히 그의 마음

---

4 정세근, 「조선유학사와 식민주의」, 『대동철학』55, 대동철학회, 2011.6. 참조.

은 자체발광自體發光이 가능한 것이라서 이황과 유사하다.[5] 그렇기 때문에 그의 사단칠정론은 기를 움직이게 하는 것이 리라는 이론을 이이학파의 기존의 체계 속에서 받아들인다. 그런 점에서 사단칠정론과 당시의 정국과는 거리가 먼 것은 사실인 것 같다. 그들은 여전히 학자였고 학리에 충실했다. 다만 김창협의 이론은 거의 불교식의 회광반조 곧 보살이 세계를 돌보아주는 대승의 이념과 지나치게 닮고 있는 것 아닌가? 미발의 체가 너무 많은 일을 하고 있다.

여덟째, 18세기 경기지역의 노론 소장학자들의 서양문물 흡수와 청과의 통상 주장의 예를 알고 싶다. 김창협의 손자인 김원행, 그리고 김원행의 문하인 홍대용이라는 학맥에서 노론과 북학파의 관련을 추론하는 것인가? 그렇다면 북학파도 노론에서 나왔다는 이야기가 되고 만다. 북벌론의 대표였던 김상헌(金尙憲: 1570~1652)을 기리는 석실서원에서 홍대용은 12세부터 35세까지 23년간 공부한다. 김창협도 이곳을 거쳐 갔다. 그렇다면 노론의 핵심사상이라 할 수 있는 북벌론과 북학파의 연관은 어떻게 지워야하는가? 김창협과 이간의 사승관계는 모호한 것이 있더라도, 김원행이 낙론이기 때문에, 결국 낙론과 북학파는 일정한 관계가 있다는 것인가? 덧붙여, 김창협과 그의 제자들이 학문적으로 이이, 김장생, 송시열을 잇는 기호유학의 정통노선을 고수하면서도 낙론을 지지하였다는 것은, 송시열이 호론을 응원했다는 점에서 문제가 발생한다.

마지막으로 하나 덧붙인다. 노론이 아니고 남인이었더라도 조선후기의 정치형태가 크게 바뀌었을 가능성은 적다는 가정은 정학일체政學一體의 도학사상에서 둘 다 마찬가지기 때문에 성립한다. 그러나 옛부터 정권을 잡은 이에게 책임을 묻는 일은 당연한 일 아닐까? 그 깊은 뜻은 절감한다. 나는 늘 외

5 정세근, 「거울이야기」, 한국철학상담학회, 2011.4. 발표문 참조, 『農巖集』, 卷14, 12a. 「答閔彦暉」3: '거울이 비출 수 있는 것은 스스로 그 (자)체가 그런 것이지, 어찌 곱고 미운 놈 때문이겠는가.'(譬如鏡之能照, 自其體然, 豈可曰因姸媸而有也.)

친다. '내가 정의롭지 않은 사람의 반대편에 있다고 해서, 내가 곧 정의로운 사람은 아니다'라고. 그렇지만 우리는 여전히 '무엇이 옳은가'를 물어야 하지 않을까? 그것도 이론의 윤리학을 넘어서 실천의 정치철학으로 물어야 하지 않는가?

3. 외세

서세동점의 시대, 그것이 노론의 시대였다. 송시열의 시대는 일본과 중국이 침입해오던 시대였다. 동란의 시대라고 부를 수 있다. 송시열 이후의 시대는 서양화된 일본과 중국이 또다시 침입해온다. 제국주의의 도전이었다.

남인 계열의 성호학파는 이익을 중심으로 서학과 함께 천주교를 받아들인다. 이익은 방에다 서양화를 걸어놓고 즐긴 것으로 알려져 있다. 그들은 이미 중국을 통해 들어온 서양문물에 감탄하고 있었던 것이다.[6] 당시 중국은 서양문물을 접할 수 있는 유일한 통로였고, 따라서 중국을 배우자는 것은 곧 서양을 배우자는 것과 같았다. 그들에게 '북경여행'(燕行)이 주는 의미는 오늘의 젊은이가 뉴욕이나 파리를 동경하는 것과 같은 것이었다.

문물은 단순히 물질로만 다가오지 않았다. 서학만이 아니라 서교西教도 따라 들어오게 되었다. 정조 같은 양식 있는 군주는 그것을 개방적으로 받아들인다. 그러나 문제는 교황 클레멘스 11세의 어처구니없는 오만 때문에 벌어진다. 1715년 교황청은 제사를 금지시키는 명령을 하달하면서, 강희제(1644년

---

6 李瀷, 『星湖僿說』, 권4. 姜世晃은 그보다 30여 세 많은 이익과의 교류에서 원근법류의 태서법泰西法을 익힌 것으로 추정된다. 그의 그림, <영통동구靈通洞口>의 예. 62세의 이익은 39세의 강세황에게 <도산도陶山圖>(1751)를 그려달라고 부탁한다. 발문에 '성호 선생이 세황에게 명하여 그렸다'는 내용이 적혀있다. 그러나 그 그림에는 서양화법이 나오지는 않는다. 강세황의 연행(燕行)과 관련되어서는, 박동우, 서신혜 역주, 『표암 강세황 산문전집』, 소명출판사, 2008. 정세근, 「강세황: 서양화법을 도입한 김홍도의 스승」, 『충북역사인물』, 충북학연구소, 2010.

생: 재위 1662-1722)를 위시한 청의 군주는 분노한다.[7] 같은 이유에서 노론 벽파는 명분을 잡고 천주교도 박해(辛酉迫害: 순조 1년: 1801)의 명분을 잡는다.[8] 소론과 남인 가운데 천주교에 우호적인 시파가 완전히 정치적으로 몰락하게 되는 것이다. 사실 서로 관용하면서 잘 지내던 전통과 서학이 부딪치고 대원군 시기에 이르러서는 6년간(1866-1872) 8천여 명이 목숨을 잃게 되는 데는 이러한 교황청의 그릇된 판단이 주된 원인이었다. 게다가 천주교도들은 그 지도자까지도 1796, 1801년에 자신들을 수호할 외국군의 파병을 요청했다.[9] 그런데 이와 같은 계획은 들통이 나고, 나라를 팔아먹는 종교인에 대해서 더욱 강경한 조치가 가해지게 된다. 병인양요(丙寅洋擾: 1866)와 신미양요(辛未洋擾: 1871)는 이러한 와중에서 벌어지는 일이었다.

위정척사衛正斥邪의 이념은 이렇게 탄생한다. 어쩌면 위정척사는 노론의 정신을 최후까지 가장 잘 이어받고 있는 것일지도 모른다. 이항로와 그의 문인인 김평묵, 유중교, 최익현, 유인석 등으로 이루어진 화서학파는 척양과 척왜의 정신으로 항일의병의 첨봉에 선다.

노론을 보면서 외세를 보지 않는 것이 나는 가장 안타깝다. 송시열도 맏형 시희를 호란 통에 잃고, 볼모로 잡혀간 임금의 한을 가슴에 묻고 평생을 살았다. 이후에도 비슷한 상황이 벌어져서 서구제국주의자와 일본제국주의자들이 조선 침략을 감행한다. 그들과 싸워야 하는가, 아니면 손잡아야 하는가? 그것이 문제이다.

현재의 우리는 노론처럼 '무엇이 옳은가'를 묻지 않는다. 의리는 없고 실리만 있는 오늘이다. 정의는 없고 자본만 있다.

---

7 그렇지만 강희제 사후 2년에서야 대대적인 박해가 시작되었다는 사실은 그가 큰 그늘이 되었음을 반증한다.

8 정약용과 외사촌 간인 윤지충은 1789년에 북경에서 견진성사堅振聖事를 받고 와서, 1791년 어머니가 죽자 제사를 지내지 않고 위패를 불사른 것(廢祭燔主)이 알려지면서 처형되어 최초의 순교자가 된다.

9 「황사영 백서」는 외국군을 요청하는 밀서의 역할도 했다. 그것이 발각된 것이다.

'2008 충북의 역사문화인물', 충북학연구소, 2008.9.11.

13

첫 번째 조선인

조항덕, 「삼봉 정도전의 개혁정신」

한 고조가 장량을 이용한 것이 아니라, 장량이 한 고조를 이용했다.

-태조실록, 7년 8월조-

1. 유교국가의 모순

유교국가의 어쩔 수 없는 모순이 있다. 이는 임금에 대한 무조건적인 충성과 관련되어 보이지만 그렇지 않다. 그것은 원리의 문제이다.

흔히 역성易姓 혁명이라고 할 때, 유교철학에 익숙하지 못한 사람들은, 성씨가 바뀌는 것이 무엇이 중요하냐고 묻는다. 내 성씨가 바뀌는 것도 아니고, 오늘날 선거라는 것도 성씨와 무관하니 말이다. 성씨에 집착하는 역사관과 그에 대한 술어가 잘 이해가 되지 않는 것이다.

그러나 유교국가는 종법宗法의 질서 위에서 세워진다. 종宗이란 다름 아닌 부자계승을 뜻한다. 달리 말하면 유교국가는 부자계승을 원칙으로 하는 국가인 것이다. 부자계승이 실패하여 삼촌이 뒤를 잇거나 하면, 왕인 경우, 종이라는 말을 쓰지 못하고 조祖라고만 시호를 쓸 수 있다(別子爲祖). 그래서 그 아버지를 추증하고 종이라는 시호를 쓰기도 한다.

고려의 해동공자 최충 이후, 이러한 종법의 질서는 나름대로 자리 잡았다. 국자감 설치의 역사를 태조 등극 직후까지 소급한다면, 유학을 배우는 사람들이라면 이 체계의 합리성에 동조를 하고 있을 것이다. 국자감은 성균관(감)으로 개칭되어 그 전통은 고스란히 조선에까지 이른다. 정도전도 성균시에 합격했고 성균좨주까지 지낸 인물이다.

정도전은 역성혁명을 이끌었다. 그는 조선이라는 유교국가를 세웠지만, 그 이념의 철칙에 의해 평가절하되는 운명을 맞는다. 단순히 이방원에 의한 반혁명의 희생양이라는 해석은 문제를 너무 축소시킨다. 그렇게 부를 수 있다면, 그는 태종의 희생양일 뿐만이 아니라, 유교 그 자체의 희생양이다. 종법질서를 부정한 이에 대한 엄준한 유교적 윤리기준을, 정치적인 희생양인 그에게 한 번 더 적용시켜버린 것이다. 그래서 그는 대한제국(1897)을 준비하는 고종 2년(1865)에 이르기까지 복권되지 못했다.

사육신은 세조를 부정했지만 유교질서에 맞아떨어졌기 때문에 복권될 수 있었고, 정도전은 그렇지 못해 조선 내내 부정되었다. 처음에는 정도전과 개혁의 뜻을 같이 했지만 고려왕조의 수호를 고집하다 죽음을 당한 정몽주는 오히려 충절의 상징으로 남게 되고, 정도전은 혁명을 꿈꾸는 허균과 같은 이들에게만 마음 속 숭배의 대상이 되었던 것이다.

버림받았으면서도 임금을 사모하는 심리는 이런 맥락에서 이해되어야 한다. 나는 희생될 수 있지만, 유가의 정신을 따르기 때문에, 종법은 공자 이래 평화의 질서였기 때문에, '충성'이라는 일편단심이 성립되었던 것이다.

정몽주는 부모상을 치르기 위해 영주에 머물던 정도전에게 『맹자』를 보낸다. 『맹자』는 호연지기浩然之氣와 역성혁명의 정당성을 가르치는 경전이다. 덕분에 정도전은 그런 기개로 혁명가가 될 수 있었지만, 정작 정몽주는 맹자보다는 종법의 질서를 좇고 있었다.

2. 요동정벌의 꿈

정도전 이해의 새로운 축은 사실상 요동정벌의 실체성이다. 이를 지지하는 견해도 만만치 않지만, 전문가들 가운데에서는 동의하지 않는 사람도 있다. 이 이론이 정당화될 수 있다면, 이방원의 정도전 살해조차, 명나라와의 관계 정상화를 위한 요동정벌주의자의 처형으로 볼 수 있겠지만, 그렇지 않다면 정도전은 반혁명에 의해 처단되었을 뿐이다. 이를테면 미국과의 불편한 관계를 만든 박정희를 김재규가 미국의 동의 아래 시해했다는 음모설은 단지 낭설인가?

정도전이 명나라에서 조선으로 오면서 했던 말, 그가 도성의 성곽을 정비했던 것, 진법 등 군사훈련을 강화했던 것, 과연 어떤 것이 진실인가? 주원장(명 태조, 재위 1368-1398)이 여말선초에 강력한 영향력을 미치고자 했던 것은 분명한 사실이다. 정도전이 만난 그는 조선의 개국(1392)과 안착에 어떤 정치적 변수로 작용했던가? 이방원은 얼마나 그와 교감을 하고 있었나?

만일 요동정벌의 꿈이 사실이라면, 정도전이 오늘날 다시 평가되어야 하는 것은 당연하다. 국제질서의 이해를 위해서 더욱 그러하다. 서울 성곽의 구축이 명과의 일전을 위한 것이라면, 그 의미도 다시 평가되어야 한다.

허구적 이해지만, 정도전의 '아들 진은 세종 때 형조판서를 지냈고, 손자 문형은 세조 때 우의정, 그 아들 숙지는 이조참판, 그 손자 원준은 성종의 사위가 되었다'는 사실은 관용의 정신이 아니라, 태종 이래의 정치적 고려가 아니었을까? 명과의 관계를 안정적으로 유지하면서도, 국제적 질서 속에서 처형된 개국공신에 대한 숨은 배려가 아니었을까? 아들 하나를 살려두고, 그의 후손을 중용하는 의도는 무엇인가?

이 글에 보이는 작은 물음도 있다. 먼저, 그의 호 삼봉이란 삼악산을 가리키는가, 단양의 도담삼봉을 말하는가? 또한 삼악산의 삼봉재는 서울의 삼악인가, 탄생설화가 있는 삼봉인가?

둘째, 거평부곡에서 3년 유배과정을 통해 정도전은 심신을 단련을 했는데, 그 부곡의 정체는 어떤 것이었을까? 어떤 천민들의 집단이었나? 정도전은 그곳에서 『심문천답』을 짓는다.

셋째, '민중적 진실'이 '역사적 진실'보다 중요할 수 있다면, 매포읍 도전리의 의미는 구체적으로 무엇인가? 민중들이 삼봉을 영웅으로 만든 것 이외의 사실史實은 없는가?[1] '고향 영주'라는 표현은 무엇을 뜻하는가?[2]

넷째, 왜 대원군은 경복궁 설계의 공을 인정하려 했는가? 그가 경복궁을 중수하려 했던 의도와 어떻게 통하는가? 왕실의 존엄을 위해서가 아니라, 현실적으로 외세로부터의 보호를 도모하려는 의도는 아니었나?

다섯째, 이성계의 즉위 장면도 왕위를 마다하는 모습으로 그려지고 있다. 공양왕이 물러났는데도 닷새를 버틴다든가, 왕좌를 앞에 두고도 기둥 안쪽에 서있었다든가, 몸이 아파 말을 타고 도망가지 못한다고 말했다든가 하는 것이다. 이성계는 돌아갈 함경도의 자기만의 왕국(咸幕) 때문에 그러했나, 아니면 현군의 모습을 위해서였나?[3]

여섯째, 『필원잡기』의 짝짝이 신발 건은 정도전의 호방하고 온화한 모습을 잘 보여준다. 『태평한화』의 사냥도 같은 맥락일 것이다. 그러나 당시 사냥은 사람을 미치게 하는 것이었다.[4] 오늘날 자주 문제되는 골프와도 비슷했다.

---

1 '아버지가 첩의 딸을 아내로 맞이한 것처럼, 정도전도 첩의 딸을 아내로 맞이한다. 정도전의 부인은 최씨로 최습의 딸이다. 위에서 말한 우연의 본부인이 연안 차씨로 차안도가 오빠였는데, 차안도의 사위가 최습이었고, 최습의 첩의 딸이 정도전의 아내가 된다. 핏줄은 섞이지 않았지만 차씨를 중심으로 맺어져 있는 인연을 아버지인 정운경은 우연을 통해서, 아들인 정도전은 최습을 통해 다시 맺고 있는 것이다. 우연의 본부인도 차씨(차안도의 동생)였고, 최습의 부인도 차씨(차안도의 딸)였다. 그러나 정도전 부자는 모두 차씨 집안과 혼인을 한 인물의 첩의 딸과 혼인을 맺게 된다. 달리 말해 우연의 첩의 딸이 정운경과 결혼하고, 최습의 첩의 딸이 정도전과 결혼을 한다. 비록 서얼이긴하지만, 정도전 부자는 우연과 최습을 장인으로 둠으로써 고려의 개국공신인 차씨 집안과 관련을 맺고 있는 것이다. 정도전 자신이 첩의 자식은 아니었지만, 어머니와 아내는 모두 첩의 딸이었던 것이다.' 정세근, 「삼봉 정도전-첫번째 조선인」, 충북학연구소, 2008.

2 특히 영주 구성공원 아래의 '3판서 고택'과 관련해보자.

3 『태조실록』(太祖實錄).

4 『노자』(老子), 제12장: 말달리며 사냥하는 것은 사람의 마음을 미쳐버리게 한다(馳騁畋獵令人心發狂).

영국왕실의 여우사냥도 여전히 문제되고 있다. 그것을 호방과 연결시키는 데, 뭔가 다름은 없을까?

3. 세 봉우리

삼봉三峯의 실질적인 의미는 혁명, 제도, 국방이라는 봉우리 아래 모아진다. 정도전은 혁명을 했고, 제도를 재정비했고, 강대국과의 국제질서 속에서 국방을 고민했다. 앞으로 이 세 방향은 늘 함께 고려되어야 한다. 그의 저술도 이와 같은 맥락에서 이해되어야 할 것이다.

지역관련 이야기를 해보자. 공민왕이 홍건적의 난으로 안동에 몽진하다 돌아오다가 청주에서 벌인 과거에서 정도전은 약관의 나이에 합격한다. 아버지의 인연으로 만난 스승 이색은 그를 '해야 할 일은 반드시 하는 군자'로 기억하지만, 정적이 되면서 청주옥에 갇히는데, 때마침 난 물난리로 이색은 은행나무(청주 중앙공원) 위에서 생명을 구하고 석방된다. 고려 말에 발간된 『삼봉집』의 서문은 음성에 3대 묘소가 있는 권근이 쓴다. '개국초기의 정책은 모두 선생이 찬정한 것으로 영웅호걸이 일어남이 구름이 용을 따르듯 하였으나 선생과 더불어 견줄 자가 없었다'고 찬양한 신숙주의 묵정영당(충청북도유형문화재 제108호)이 청원군 낭성면 관정리에 있다.

유소는 『인물지』를 통해 '영웅英雄'을 이렇게 말한다. 머리 좋은 사람은 영재(英)이고, 실천력 있는 사람은 사내다운 사람(雄)이다. 똑똑한 사람은 용기가 없고, 담력 좋은 사람은 머리가 나쁘다. 영웅은 그 둘을 모두 갖춘 사람이다. 우리는 역사를 통해 영웅을 보고, 장래에 나올 영웅을 기다린다.

한국도가철학회, 성균관대, 2008.6.13.

14

왕필의 신화

김백희, 「노자와 왕필」

1. 왕필을 말한다

왕필만큼 과대포장이 된 철학자가 있을까? '젊은 천재'의 진상은 과연 무엇인가? 우리가 꼭 알아야 할 것을 몇 가지 적어보자.

첫째, 죽음과 관련된 신화다. 이십 대 초반의 죽음을 천재성과 연결시키는 경우가 많은데, 그것은 철학의 본성을 아는 사람이라면 어렵지 않게 논박된다. 동서양을 막론하고 젊은 철학자가 있는가? 만약 훌륭한 젊은 철학자가 가능하다면, 왕필은 유일한 예가 된다. 그러나 역사에 따르면 왕필은 병이 들어 죽었다고 기록되어있다. 나는 그의 죽음이 사마씨 정권의 등장과 관련이 있다고 본다. 조조의 조씨 정권이 밀리면서 조씨 관련 인물들은 모두 숙청되는데 바로 그 해에 왕필이 병에 들어 죽기 때문이다. 그의 스승인 하안은 조조의 양아들이자 사위였다. 왕필의 병은 화병이 아니었을까?[1]

둘째, 젊은 나이에 학문을 이룬 것은 여러 배경이 뒷받침해주고 있다. 그의 가학家學은 『주역』이었다. 당시의 역학은 왕씨네가 중심이 되고 있었다. 한대 채옹의 수 만 권의 책이 그의 집안에 전해졌고, 그는 한대 상수역학을 포

1 정세근, 『제도와 본성』, 철학과현실사, 2001.

함해 역학의 흐름을 잘 읽고 있었다. 이른바 의리역학의 제창은 이런 기반에서 나온다. 사마천이 아버지 담의 자료를 바탕으로 대단한 역사서를 쓴 것과 비견된다.[2]

셋째, 게다가 왕필은 위에서 말한 하안에 의해서 발탁되어 정권의 중심부에서 활약하게 되는데, 아쉽게도 하안의 철학은 『논어집해』 이외에는 잘 남아있지 않다. 그런데 왕필은 하안의 철학을 대단히 많이 원용하고 있는 점을 발견할 수 있다. 특히 하안이 역학을 통해, 하늘의 물리적 존재와 그것의 효용을 나눈 점 등이 그러하다. 그냥 하늘이 있으면 뭐하냐는 것이다. 그것이 비를 내려주고 바람을 불어주는 것이 그것의 덕이라는 것이다. 둔하고 멍한 존재 그 자체와 그것의 훤칠한 쓰임을 확연하게 구별하여 『주역』을 설명하고 있는 것이 하안의 역학이다.[3] 『주역』에서 나오는 수많은 '용用'자만 주의해 봐도 쉽게 알 수 있는 일이다.[4]

넷째, 왕필의 철학사에서의 환대는 당말송초에 이루어진다는 사실이다. 알다시피 신유학 탄생 이전의 『노자』 해석의 정통 또는 주류는 하상공이었다. 그러나 신유학의 '리理' 중심의 형이상학은 왕필의 본말론을 주목하기 시작한다. 유학자들에 의해 노자의 정통해석을 하상공에서 왕필로 바꿀 것을 황제에게 건의할 정도로 그들은 불교에 대항할만한 전통 본체관의 탐색에 목말라했다. 왕필은 하안만이 아니라 신유학자들에게도 발탁된다.

위에서 말한 대강의 역사적이고 형식적인 사실은 이에 따른 철학적이고 내용적인 판단을 이끌어낸다. 철학적 논쟁의 원시적인 답이 물리적인 세계로부터도 추론된다는 것이다.

첫째에서는 왕필이 정권과 깊이 관련된 인물이라는 것, 따라서 왕필을 평가하면서 '소년천재'와 같은 수식어는 오히려 그에 대한 평가를 왜곡시킬 수

---

2 정세근, 「무는 유를 위해, 말은 뜻을 위해」, 한국주역학회 논평문, 1999.2.

3 정세근, 「하안의 역학적 해석론」, 『위진현학』, 예문서원, 2001.(한국동양철학회, 『동양철학』에 실린 글)

4 鄭世根, 「周易的體觀」, 臺北: 國立臺灣師範大學, 1999.

있다. 천재로 만든 것은 처음에는 신유학자들이고, 그 다음은 신유학에 경도된 금시대의 철학연구자들이고, 그 다음은 왕필의 역사를 보지 못하듯 우리 시대의 역사를 보지 않고 그들의 역사만을 보는 우리였다.

둘째에서는 왕필이 『노자』를 통해 『주역』을 보았는지, 『주역』을 통해 『노자』를 보았는지 하는 문제의 해답을 유추해낼 수 있다.[5] 한마디로 왕필은 역학자로서의 태생을 갖고 있다. 그에게 『노자』조차도 역학의 틀, 더 크게는 유학의 틀에서 크게 벗어나지 않는다. 유학자들이 그를 상찬한 역사와 그의 역학의 탁월함을 생각해보면 쉽게 이해된다.

셋째에서는 중국 고대의 전형적인 사고의 집약을 볼 수 있다. 용用 중심의 사고이다. 그리고 체는 그냥 신체, 물체, 체형, 체모體貌일 뿐이다. 이 덩어리(body)는 이른바 본체, 기체, 실체(substance)와는 아주 다른 것이다. 이놈의 덩어리는 덩치만 있을 뿐 아무런 의미가 없다. 이 덩어리가 잽싸게 주먹질을 한다든가 무거운 물건을 나르거나 할 때에서야 비로소 그것의 의미가 탄생한다. 그것이 바로 용이다. 나는 그냥 하늘(天)을 바라지 않는다. 비 내려주고 바람 불어주는 쓰임으로서의 하늘(乾)을 바란다. 나는 흙덩이 땅(地)을 사랑하지 않는다. 나를 서있게 해수고 집을 받쳐주고 먹을 것을 자라게 해주는 쓰임 있는 땅(坤)을 사랑한다. 이것이 바로 천지와 건곤의 차이이고, 『주역』의 용형用形의 철학-음과 양의 효용을 실현하는 용육用六, 용구用九의 철학이다. 이런 사고가 하안에서 너무도 잘 드러난다면 왕필의 독자성을 너무 무시하는 것일까? 용은 바로 덕 중심의 사고이다. 도가 드러나는 덕, 이른바 존재의 가치(virtu)이자 탁월성(virtue)에 대한 깊은 인식이다. 탁월성이란 바로 위에서 말한 훤칠한 쓰임이다. 나는 그런 점에서 『주역』에 체를 본체로 볼 수 있다는 고염무보다는 그런 뜻이 없다는 이옹의 주장을 옳다고 생각한다.

넷째에서는 왕필의 본말론의 의미를 엿볼 수 있다. 왕필의 체가 본체를 뜻하지 않는다는 것이 곧 그가 본질과 현상에 대한 인식이 없다는 것이 결코 아

---

5 정세근 엮음, 『위진현학』, 예문서원, 2001 가운데 이끄는 말에서 '以易釋老'의 논증 참조.

니다. 내가 왕필의 이론을 체용론이 아니라 용체론으로 본다고 해서,[6] 그가 본말론조차 없다는 것을 이야기하는 것이 결코 아니라는 것이다. 왕필철학의 매력, 특히 송명이학자들이 빠져버린 그의 매력은 바로 리기론이 적용될 수 있는 본말론에 있었다. 왕필조차 그것의 어머니와 아들의 역할에 대해서는 다소 혼란스런 부분이 없지 않지만, 어머니와 아들은 본말론으로, 그러나 어머니의 효용이 자식을 낳은 데 있다는 점에서 용체론으로도 설명될 수 있는 것이다.

좀 쉽게 생각하자. 좀 역사를 통해 사고하자. 좀 거리를 두고 바라보자. 좀 철학과 철학사를 나누어보자. 이 정도가 왕필에 대해 내가 하고 싶은 이야기다.

2. 풀어야 할 것들

무엇보다도 먼저, 귀무론이라하면 그 용법의 시원이 어떻게 되는가 답해야 한다. 귀무 또는 천유, 그리고 숭유라는 말이 어떻게 나왔는가? 배위의 글은 또한 어떤 맥락에서 그 글을 쓰는가? 왕필이 과연 그 비판의 대상인가?

둘째, 숭본식말이라고 말했다해서, 그리고 식의 의미가 휴식만이 아니라 번식의 뜻이 있다고 해서 말의 의미가 본을 앞지르지는 못한다. 가능성이 있다면, 그것은 쓰임 이론이 개입될 때이다. 본보다는 말이 더 잘 쓰일 때도 있지 않을까?

셋째, 자연과 명교라는 분법이 현학을 설명하는 좋은 도구임에는 분명하지만, 방법론의 설정 자체가 사유의 제한이나 속박을 낳지 않을까? 이를테면 그 둘은 대립되므로, 현학자들을 둘 중의 하나로 넣거나 아니면 변증법적인

6 鄭世根, 「王弼用體論: 崇用息體」, 魏晋南北朝國際學術硏討會, 中國文化大學/國家圖書館, 1998.12.28-30.

통일이라는 설명으로 한 데 집어넣는 것은 그들의 기본적인 사유를 읽는 데 방해가 되지 않을까? 아울러 그 분법의 근거는 어디에 있는가?

넷째, 우주 자연의 총체성을 그려내는데 기론만큼 적절한 것은 없지만, 왕필에게 구체적으로 드러나는 기에 대한 논의가 무엇인가? 노자가 기를 말하지만 장자에서야 기화유행의 개념이 자리잡는 것처럼, 왕필은 어떤 과정을 통해 기론을 정립하는가?

3. 왕필 다음

철학적 사유에서 주의해야 할 점이 있다. 우선은 한 철학자가 무조건은 아니지만 거의 절대적으로 옳다는 생각이다. 그리고 그 완전성 속에서 그 철학을 설명한다. 그것이 해석자의 입장에서 좀 더 완벽해 보이는 것은 사실이고, 앞뒤 안 맞는 것도 확 줄일 수 있다. 그러나 철학과 철학사는 그렇게 진행되는 것만은 아닌 것 같다. 문제가 많은 철학이 좋은 철학이고, 그 문제의 연속이 철학이기 때문이다. 따라서 어떤 철학자가 앞뒤가 맞고 종합적이고 모순 없기를 바라기보다는 그가 만난 문제와 그가 만든 문제에 집중하는 것이 더욱 도움이 될 때가 많다. 철학사를 읽는 재미는 그런 데 있지 않을까?

특히 그 완전성이 동서철학에 걸쳐있는 경우에는 좀 더 세심한 태도가 필요하다. 이를테면 동서비교도 그 다른 점이 드러났을 때 더욱 우리들에게 주는 의미가 크다.[7] 노자와 하이데거가 같기보다는 다른 점이 드러날 때 그 둘에 대한 이해가 좀 더 심화된다는 것이다. 그것은 노자와 장자, 노자와 왕필, 하안과 왕필, 왕필과 곽상 등의 차이가 더욱 우리들의 사유를 계발한다는 점이다. 다름이 철학을 만든다.

---

7 정세근, 「철학적 비교에서 같음과 다름」, 『범한철학』23, 범한철학회, 2001.

한국철학사상연구회, 숭실대, 2005.6.4.

15

조선의 노자

조민환, 「조선조 『노자』 주석서에 나타난 유도 이동관」

1. 조선의 여러 모습

조선의 모습은 어떠했을까? 우리가 알고 있는 조선이란 과연 맞는 것일까? 조선은 역사상 유례없이 장기적으로 정권을 유지했다. 중국의 조대朝代가 200년을 넘기 힘들었던 것과는 매우 대조적이다. 그런 조선은 500여 년 동안 과연 하나의 모습이었을까?

나는 아니라고 생각한다. 이를테면 우리가 굳건히 믿고 있는 '장자상속'의 경우도 그렇다. 종법제 국가인 유교 조선에서 부자상속은 무엇보다도 중요했다. 이른바 '종宗'이란 한마디로 '부자계승 종'자로 보아도 좋다. 부자가 상속되지 않은 경우, 『주례周禮』는 그것을 '조祖'라고 불러야 한다고 정의했다. '아들이 아니면 조가 된다'(別子爲祖). 그런데 종법제에 반드시 큰아들에게 주어야 한다는 법도는 없다. 아들이면 되는 것이다.

조선의 역사를 통틀어 왕권이 큰아들에게 반드시 계승이 되어야 한다는 규칙은 없었다. 세종도 셋째가 아니던가? 그러나 아들이 아니면 아니 된다. 그것은 주례의 실천자인 주공周公이 보여준 '섭정攝政하되 왕위를 찬탈해서는 안 된다'는 종법제에 대한 충실한 이행에서 그 전범을 찾아볼 수 있는 것이었다.

과연 언제부터 장자상속의 원칙이 자리잡게 되는가? 확실하진 않지만, 아무리 멀리 보아도 300년을 넘지 않는 것으로 보인다. 알다시피 조선초, 중기까지만 하더라도 '장가 갔다'. 처가에서 오랫동안 데릴사위 노릇을 해야 했고 아이가 웬만큼 커서야 돌아오곤 했다. 조선의 대유라는 율곡 이이도 강릉 심씨네 외가집에서 살았고, 우암 송시열도 옥천 외가집에서 곽씨들에게 홀대를 받아야 했다. 이를 증명하는 것이 바로 건축학적 변화이다.

임란(1592) 이후 왕권이 약화되면서 사림士林이 등장하고 그에 따라 그들의 행위양식이 『주자가례朱子家禮』에 의해 규정되면서 동족부락이 등장하고, 이에 따라 가옥과 재산의 일률적인 승계가 이루어지게 되는데, 이때 부각되는 것이 장자상속제도이다. 다시 말해 18세기 이후에야 양반가옥이 봉제사奉祭祀의 체제에 맞게 구조가 개선되고, 오늘날 우리가 볼 수 있는 전통건축물은 바로 이때에 상당부분 수정이 가해진 것이라는 것이다. 따라서 그 전까지만 하더라도 장자가 제사를 지내는 것이 아니라, 아들과 딸이 모두 돌아가면서 제사를 모시는 '윤회봉사輪廻奉祀'였다.[1]

달리 말해 민족이라는 것도 본디 있었던 것이 아니라 만들어졌다는 역사가의 논의처럼 우리의 전통이라는 것도 상당부분 만들어졌고, 만들어지고 있음을 깨닫지 않으면 안 된다는 것이다. 이처럼 조선도 만들어지고 있다. 우리가 알고 있는 조선은 단적으로 후기조선이지 전기조선이 아니며, 이른바 조선의 전통이라는 것도 대체로 우리와 가까운 시절의 조선인 것이다. 특히 객관적 대상으로서 다만 바라볼 수 있지 않은, 생활의 연속선상의 문화와 사상에 대한 이해에서는 더더욱 신중해야 한다.

조선이 정도전에 의해 유가이념에 의거하여 수립되었다할지라도 당시 대부분의 인물은 불교도가 아닐 수 없음을 기억하자. 태조 이성계가 가장 의지하는 인물도 스님이고, 이후 왕족들도 모두 왕궁에 절을 짓는 등, 불교도로서

1 김기주, 「조선시대 양반주택과 생활공간의 이해」(충북대 강연원고, 2004.11.11.) 이에 대한 자세한 논의는 정세근, 「국가와 무정부」(인문학협의회 발표문, 2004.11.27. 이화여대)를 참조할 것.

의 의식을 잘 드러내고 있다. 게다가 조선 중기까지만 하더라도 궁내에 도교 사원인 '소격전昭格殿'이 있었고, 점차 소격서昭格署로 강등되긴 했지만 중후기까지 명맥을 이어오고 있었다.

조선조란 그만큼 다양한 판본이 있는 것이다. 오늘날 전통학자들의 사고 속에 담겨있는 조선은 너무도 좁다. 기껏해야 우리보다 일, 이백 년밖에 앞서지 않는 조선인 듯하다. 우리가 보고 싶은 것은 세계 역사 속에서 유례를 찾아보기 힘든 유구한 역사 속의 조선이 아닐 수 없다. 조선 그 자체로 하나의 학문, 조선학朝鮮學으로 성립한다.

2. 『정로訂老』와 『도덕지귀道德指歸』

조선조에 있었던 『노자』 주석이 학계에 등장하게 된 것은 우리의 학문적 능력이 그만큼 성숙되었음을 증명한다. 율곡 이이의 『순언醇言』조차 쉬쉬하던 때와는 정말 달라진 분위기이다. 율곡은 주석을 통해 '노자라는 책은 오직 나와 남을 다스리는 것(治己治人)'이라고 정의했음에도 불구하고, 그의 문집에서 제외된다. 율곡이 노자를 한마디로 '아낌(嗇)의 철학'이라고 상찬한 것이 문제가 되었는지, 그와 노자는 철저히 분리된다. 그러나 적지 않은 유자들이 노자와 장자를 공부했고, 그것을 찾아내 학계에 소개한 사람이 바로 조민환 교수이다. 발굴과정 이야기는 아무래도 기록으로 남겨놓아도 좋을 듯하다.

이 글도 그런 연속선상에서 쓰였다. 어떻게 보면 그런 점에서 새로울 것이 없다. 무엇인가 다른 전개구조를 기대했지만 아직도 소개에 충실한 듯 보인다. 글이 완벽하여 질문거리가 없다. 그래서 몇 가지 제안을 해본다.

첫째, 조선조 초기의 경우 리기론의 사유를 통해 노자를 비판했다고 한다. 그런데 노자는 기로서 진리를 삼고, 불가는 심으로 종지를 삼았다(氣以爲道, 心以爲宗)는 정도전의 주장은 한마디로 '노불은 리를 몰랐다'는 것으로 리 우선적 사고를 드러낸다. 단순한 리기론이 아니라, '리가 기에 앞서고, 심에 앞선다'(理'諭'心氣)는 주장인 것이다.[2] 오히려 그 점을 명확히 하여 서술할 필요가 있다. 왜냐하면 리기론이 문제가 아니라, 리 우선 또는 기 우선적 사고의 철학사적 의미가 드러나야 하기 때문이다. 권근도 주석을 통해 긍정하고, 이황도 주자학적 입장에서 리학의 전통을 따르는데, 과연 그 둘 사이에는 어떤 차별도 없는 것인가? 하다못해 한원진은 『장자』의 「내편」을 주석한 사람으로 상당히 기론에 친숙한 사람이다. 나아가 '나누어짐의 나누어짐'(分殊之分殊)이라는 스승 권상하의 주장을 받아들여 나누어짐의 철학을 자기 주장의 근거로 삼았다. 이때 나누어짐은 조선과 청의 불평등구조를 긍정하는 것이기도 했는데, 이런 상세한 기론에 충실했던 그가 위의 퇴계의 입장과 같은 리기론일 수 있을까? 그는 이른바 주기론에 속하며 학맥도 다르다.

둘째, 한원진은 장자를 '음만 알았지 양을 몰랐다'(一陰之靜)는 관점에서 비판하고 이단의 학으로 규정하고 있으며, '기를 리로 여긴다'(認氣爲理)[3]는 것이 문제라고 지적하고 있지만, 만일 이러한 관점에 충실하다면 그들의 기론적 지위도 더불어 붕괴되는 것이 아닐까? 중국철학사의 경우, 장자를 주해한 사람은 모두 기론자라고 보아도 좋을 듯하다.[4] 오징, 방이지, 왕부지가 좋은 예인데, 그렇다면 조선의 경우도 결국 기호학파를 위시한 주기론자들이 대체로 노장에 주석서를 달고 있다고 보아도 되지 않을까? 제물을 비판한다기보다는 그 세계에도 원리가 필요함을 강조하는 것 아닌가?

셋째, 리가 기를 제어하지 않으면 정말 미치광이가 제멋대로 하는 것이 된다.[5] 내가 기론을 말하면서 늘 조심스러운 부분이 바로 이 점이다. 리가 없는

---

2 정도전, 『三峯集』, 권10, 「心理氣篇」 중 「理諭心氣」: 聖遠千載, 學誣言厖,, 氣以爲道, 心以爲宗.

3 韓元辰, 『南塘集』권6, 「筵說」, 「經筵說下」: 老莊以虛靜爲道. 此蓋有見於氣之太初虛靜者也. 故以天地未闢萬物未生之前, 混沌虛靜者爲道, 而世間萬事, 是非善惡, 本皆自混沌虛靜中出來. 故又以是非善惡爲道之全體, 而謂不可偏廢. 遂欲並存而齊物. 實不知混沌虛靜者, 乃前天地旣滅之餘一陰之靜, 而非眞所謂道也.

4 정세근, 『노장철학』(서울: 철학과현실사, 2002), 54쪽 참조.

5 위의 책: 異端之學, 以氣役理, 而理反聽命於氣. 故所行必至於猖狂自恣矣.

기론자는 쉽사리 개망나니가 되고 만다. 그래서 리가 필요한 것이다. 그런데 리는 이상이어서 규범적 사고를, 기는 현실이어서 현실적 사고를 동반한다. 리 없는 기를 지나치게 걱정하다가는 우리는 어떤 실천도 불가능해질지도 모른다. 그렇기 때문에 우리는 리학과 기학의 접점에서 삶을 영위할 수밖에 없다. 조선조의 학자라 할지라도 그 점을 모르지는 않았을 것이다. 그래서 그들은 노자와 장자를 보고 주석까지 한 것이리라. 외피로서의 언어와 그들의 실질적인 의도는 달랐을 수도 있다. 그런데 그런 점이 드러나 있지 않다.

넷째, 천인합일이란 자연세계와 인간세계의 조화를 일컫는 말이다. 그런데 순자가 말했듯이 도가는 자연에 인간이 가리는 경우가 있지만, 반대로 유가는 인간을 말하다 자연을 놓치는 경우가 종종 있다. 서명응이 '하늘은 내 스승이다'[6]라고 선언하는 대목에서 그런 고민을 읽을 수 있고, 홍석주가 천지의 도와 인륜의 도를 '자연'[7]이란 개념 아래 합치고자 하는 노력에서 동일한 상황을 발견한다. 나는 바로 그 점을 조선조 노자 주석가들에게서 찾아내야 한다고 생각한다. 그들의 이른바 '문제현실'[8]은 그곳에 있었을 것이다. 게다가 우리 유학은 노자를 주석한 오징(吳澄: 幼淸)에 의해 고려말부터 전래되지 않았는가? 노자의 '그 위와 그 아래'(其上其下)를 『주역』의 '형이상形而上'과 '형이하形而下'로 푸는 오징에 홍석주가 동의를 함은, '아래로부터 배워 높이 올라가자'(下學而上達)는 유학의 이념을 노자로 보충하고 싶은 것은 아니었을까? 그래서 홍석주는 '실사實事'[9]를 강조하고 있는 것이다.

『노자』를 보면서, 홍석주에게는 '자연'이, 서명응에게는 그것의 '조화造化'가 중요했다. 그리고 그에 대한 보완으로 주역적 사고가 필요했다. 이른바 '역

---

6 徐命應,『道德指歸』, 第65章 注: 周子以希天爲學之準的, 苟其言合天, 豈可以非吾師而舍之乎. 天吾師也.

7 洪奭周,『訂老』, 第1章: 在人則父子君臣夫婦之倫, 亘萬古而不可易, 皆惟自然而已.

8 박완규 엮음,『이 땅의 철학자 무엇을 생각하는가』(서울: 철학과현실사, 2005) 가운데 정세근,「문제현실론」참조.

9 洪奭周,『鶴岡散筆』, 卷3: 古人之敎, 必主乎實事, 其爲事也, 又必先乎人倫日用之近, 夫婦父子之間. 後世之說敎者, 曰心曰性曰理曰氣曰道曰德, 是其說非不洋乎美也, 又非不卓然高也.

으로 노자를 푼다'(以易釋老)는 전통이 조선의 철학자들에 의해 세워지는 것이다. 노자가 대역大易의 요지를 얻었다는 서명응의 주장은 그것을 대표한다. 나는 그런 해석학적 전통이 현대의 노자연구자들에게 오히려 중요하다고 생각한다. 그리고 그 점이 나열식이 아닌, 차별식으로 드러나야 한다.

작은 문제로는 주1)과 관련된 본문이 어색하고, 주53)과 관련된 번역은 많은 부분이 수정되어야 한다. 한자노출도 이제는 하지 않아도 될 정도로 분위기는 성숙되었다. 많은 경우 한자노출은 불성실한 번역과 자기의견의 은폐와 관련되기 쉽기 때문이다. 제목도 오히려 「『정로』와 『도덕지귀』에 나타난 유도이동관」이 나아 보인다.

3. 모두 유가

나는 조선초기의 학자들이 훨씬 더 도가와 불가에 대해 많이 알고 있었다고 생각한다. 그것이 더욱 관용적이었음을 반드시 뜻하는 것은 아니지만, 정도전과 권근의 노불에 대한 이해는 조선후기의 학자들이 따라갈 바가 아니었다. 그런 점에서 개방성의 문제는 조심스럽게 판단되어야 한다.

그리고 유가들이 생각한 '유체무용有體無用'의 사고도 분명히 할 필요가 있다. 체용론적 구조에서는 당연하게 느낄 수밖에 없겠지만, 노자의 '무용'은 '쓰임이 없음'(無所用)이 아니라 '없음이 쓰는 것'(無之用)이기 때문이다. 이런 사고는 왕필에서는 더욱 적극적이었는데, 주자는 그런 사고를 엿보지 못한 듯하다. 따라서 조선유학자들은 과연 어느 쪽이었는지 판단되어야 한다. 왕필은 체용론이 아니라 용체론임과 더불어 생각되어야 할 부분이다.[10]

우리의 상황은 조선조와 크게 다르지 않은 부분이 있다. 그들도 모두가 유

---

10 정세근, 「王弼用體論」, 『道敎文化硏究』18, 2003, 그리고 『제도와 본성』(서울: 철학과현실, 2001), 54-163쪽 및 206쪽 참조.

가였다면, 현재의 우리도 그렇기 때문이다. 그런 점에서 우리가 조선의 유가를 '유학으로 노자를 해석한다'(以儒釋老)고 말하면서도, 한편 우리조차 유가의 입장에서 조선조 유가의 노자해석을 다시금 해석하고 있지는 않을까 반성해 볼 필요가 있다. 이러한 분열도형적인-플랙탈 구조야말로 우리의 의식수준을 드러내고 있는 듯하다.

한국철학회, 전남대, 2005.5.28.

16

유비의 윤리학

홍원식, 「한국인의 관계 맺기-우리 속의 나」

1. 틀

유학의 기본 구도가 있다. 그것은 혈연관계의 중시이다. 핏줄이란 자연적인 속성 없는 사람의 무리가 있을 수 없기 때문에 일단 혈연을 우선시하는 것이다. 윤리학적으로 볼 때 상당히 자연주의적 관점이라고 비난받을 수도 있는 바로 이 점이 유가윤리의 출발점이다.

상식적으로 말하는 것이 훨씬 이해가 빠르겠다. 가족 없는 국가 없다. 사회의 탄생은 남녀의 만남으로 비롯되고, 남녀를 통해 생식이 이루어진다. 그 양적인 팽창의 결과가 군집사회이고, 그 질적인 정립이 국가사회이다. 국가와 사회의 기초단위가 바로 가정인 것이다.

이러한 자연주의적 인식 아래, 가정의 윤리를 무엇보다도 중시한 것이 유가들이었고 사회의 윤리는 그 가정의 윤리의 확대라고 유가는 믿었다. 그것은 일종의 유비類比였다. 가족과 국가의 유비, 유가들은 그것을 위해 분투했다.

예를 들어보자. 가족의 윤리에 효孝가 있으면, 국가의 윤리에 충忠이 있다. 가족의 윤리에 자慈가 있으면, 국가의 윤리에 신信이 있다. 효는 자식에게, 충은 신하에게 요구된다. 자는 부모에게, 신은 임금에게 요구된다. 효와 자가 부모와 자식 간의 상호윤리라면, 충과 신은 군신 간의 상호윤리이다. 동양의 윤리는 이렇듯 호혜적인 요청을 전제로 가족과 국가를 한 묶음으로 놓는다.

연속극에서조차 쉽게 볼 수 있는 임금의 부름에도 가지 않는 신하의 이유를 기억하자. '노모가 편찮으셔서'이다. 오늘날 어머니가 아프다고 결근한 직원을 칭찬할 리 있는가? 나라의 중대사를 놓고 아버지를 핑계 대며 일을 하지 않겠다고 하는 인물을 사회가 상찬하는가? 그렇지 않을 것이다. 그러나 전통유가사회에서는 윤리가 철저히 유비되어 부모에게 잘못하는 사람은 임금에도 잘못하는 사람일 수 있기에 노모의 병환은 좋은 구실이 되었다. 부모를 공경하지 않는 사람은 임금을 배반할 수도 있다고 생각되기 때문에 가족윤리가 최우선되고 있는 것이다.

오늘날 '충효忠孝'는 사실상 전도된 유가윤리의 좋은 예이다. '효충'이 맞다. 충효의 설정은 한漢 이후 국가윤리의 정립과정에서 나오는 하나의 통치 이데올로기이지, 전형적인 유가윤리의 서순 또는 서열에는 맞지 않는다. 유가윤리는 가족윤리가 국가윤리에 앞선다.

전쟁도 그랬다. 국가 간의 전투에서도, 국기를 걸고 싸우는 것이 아니라, 성씨를 걸고 싸운다. 장군이면 장군, 제후면 제후, 임금이면 임금의 성을 걸어놓고 기 빼앗기 싸움을 벌인다. 사실상 '이씨조선李氏朝鮮' 곧 이조라는 표현은 그저 폄하를 위한 것이 아니다. 그것이 곧 유가적 국가설정에도 어울리는 것이다. 조조의 위 나라를 조위曹魏[1]라고 부르는 것과 같다. 소설 속에서는 유비劉備가 정통으로 그려지는 것도 그가 바로 한 나라의 유방劉邦을 이은 유씨 성이었기 때문임을 상기하자. 관우關羽가 사실상 유비보다도 나이가 많음에도 유비를 형님으로 모시는 것도 그가 유씨였기 때문이다.

한국 사람은 만나서 친해지면 '형님, 아우'해야 드디어 제자리를 찾았다고

---

1 사실 '曺' 자 하나 조차 유가적 이념에서 자유롭지 못하다. 우리나라 성씨로 조는 '曺'라고 쓰는데, 그것은 유가 의리사상에 맞지 않았다고 평가되는 '조조曹操'의 성씨에서 획을 하나 빼서 '曺'라고 차별화해야 했기 때문이다. 그러나 정사에서는 분명 유비가 아닌 조조가 정통이다.

생각한다. 의형제를 맺기도 한다. 사회적인 관계를 혈연의 구도 속에 집어넣어야 참된 관계설정이 이루어졌다고 믿는 것이다. 의형제의 '의義'란 본디 그렇지 않은데 그렇게 여기자는 뜻이다. 당연히 이차적이고 부수적이지만 무엇보다도 중요하다. 가짜 다리를 '의족義足'이라 부르지 않던가.

우리가 잘 아는 수신제가修身齊家 치국평천하治國平天下의 원리도 현대사회의 관점에서 볼 때 그것은 필연성이 보장되기 어렵다. 필요조건이지만 충분조건이 아니다. 내가 아무리 집안일 열심히 성실히 잘 한다고 해서 곧 나랏일이 잘 되지는 않기 때문이다. 그러나 봉건사회에서 영주와 제후가 다 집안인 상황에서는 제가가 곧 치국이 되고 만다. 공자가 못내 돌아가고 싶어했던 주周나라에서는 천자가 제후를 성씨가 같으면 삼촌(叔父, 伯父), 다르면 외삼촌(舅舅)으로 불렀다.

주는 종법제宗法制 국가였다. 종이란 한마디로 '부자상속'을 일컫는다. 이때 큰아들, 둘째 아들은 관계없다. 부자계승이면 된다. 임금의 묘호에 종과 조祖를 쓰는 것도 이런 까닭에서이다. 이른바 '아들이 아니면 조가 된다'(別子爲祖)는 원칙에 따라 모든 개조開祖자는 조가 된다. 그를 이으면 종이 되는 것이고(繼別爲宗). 이렇듯 종조의 구별은 기본적으로 생물학적 분류에 지나지 않는다.[2] 그것이 공로나 업적에 대한 분류라면 누가 어떻게 감히 평가할 것이냐는 난제가 따를 수밖에 없다.

그런 종법의 체제가 오늘날 가장 잘 드러나는 곳이 재밌게도 한국의 재벌이다.[3] 최근 별세(영결식: 2005.5.24.)한 정세영鄭世永 회장이 자신이 만든 현대자동차를 떠날 수밖에 없었던 것은 주영周永 왕王회장이 '삼촌이 아닌 아들에게로'라는 종법의 원칙대로 몽구夢九에게 주었기 때문이다. 세영 회장은 반발했지만 주영 회장의 한마디로 현대그룹은 조용해진다. 삼촌은 영원히 방계傍系

2 여기에 관한 최근의 글로는, 나의 「국가와 무정부」(전국인문학협의회, 2004.11.27. 이화여대)를 볼 것. 『인문비평』, 2005.

3 정세근, 「유가윤리는 회복되어야 하는가」, 『동서철학연구』16, 1998.12.

일뿐 종가의 중심이 되지는 않는다. 공자가 꿈에서 그리워하던 주공周公의 예에서 볼 수 있는 것처럼 섭정攝政의 역할만이 주어져있다. 주영('周'永) 회장이 주공('周'公)을 알았는가?

따라서 윤리는 이렇듯 권리와 의무를 상보적으로 지니고 성장한다. 권력과 금전의 계승이라는 권리와 그에 따른 가족의 봉양이라는 의무가 늘 함께 있다. 제사의 의무를 강조하기 위해서는 그것을 실천하기 위한 종산宗産의 승계가 보장되고 그에 대한 통치권이 부여되어야 하는 것이다. 손발 없이 어떻게 마음이 움직이겠는가? 그러나 현대의 유가윤리는 손톱 발톱까지 다 빼어놓고 효만을 강요한다. 그때 그것은 윤리의 선언일 뿐, 현재를 담는 규범이 되지 못할 수밖에 없다. 유가식 양자養子제도도 그렇다. 흔히 가난한 큰아버지네 양자로 들어가는 것만을 생각하는데, 왜 재벌가의 양자로 들어가는 것은 생각하지 못하는가? 윤리는 결코 의무만으로 이루어져 있지 않다. 그것은 권리의 다른 이름이기도 한 것이다.

2. 우리

유가의 원죄는 있다. 그것은 전통이기 때문이다. 전통은 발전하는 것이며, 그것은 그에 대한 비판과 수정 그리고 재형태화를 통해 이루어진다. 유학을 고정적인 것으로 단정하는 것만큼 반유학적인 행태는 없다. 나는 김경일 교수의 『공자가 죽어야 나라가 산다』(1999)는 책에 대해 반론을 쓸 수 있음에도 불구하고 일부러 찬성 쪽을 택했다(중앙일보. 1999.5.20.). 그것은 찬성을 하는 것이 어렵다는 사회적 균형감 때문이었다.

우리는 유학을 대상화하지 않고 지나치게 생활화한다. 현대신유학을 전공한 중국사회과학원의 정가동鄭家棟 교수가 퇴계의 도산서원을 방문하고 그의 후손이 그곳에 아직도 산다는 것을 알고서 한국유학발전에 대해 비관적 발언을 한 것을 나는 기억한다. 생활은 학문이 아니기 때문이다.

현재 '우리'라는 관념은 새로운 형태로 자리잡아가고 있다. 이른바 싸이 월드 신드롬이 그렇다(http://www.cyworld.nate.com). 그곳에서는 분명 촌寸이라는 유학적 개념을 도구로 친소관계를 공유 또는 연결시키고 있다. 한국적 정서에 매우 부합된 신세대 문화공간인 것이다. 과연 우리 '사이'(싸이)는 무엇이고, 무엇이어야 할까?

홍원식 교수는 '우리'로서의 만남을 여러 만남 가운데 한 만남의 방식으로 인정하자고 주장한다. 비록 모든 만남에 적용할 수는 없겠지만 그 속에서 긍정적인 부분을 찾을 수 있다고 말한다. 그리고 그 우리는 혈연공동체인 가家를 통해 이루어진다고 생각한다.

첫째, 유학은 공동체주의와 만날 수 있는 점이 많다. 롤스(Rawls)와 노직(Nozick)을 비판하면서 나온 매킨타이어(A. MacIntyre), 테일러(C. Tayler), 샌델(M. Sandel), 바버(B. Barber)와 같은 이들은 자유주의를 비판하면서 삶의 기본단위인 공동체를 확고히 하고자 한다. 그들에게는 이익(interest)보다는 행복이 중요하다.[4] 그 중에서도 매킨타이어는 모더니즘과 그 연장선상의 포스트모더니즘에서 벗어나 아리스토텔레스의 덕(德: virtue)으로 돌아가자고 주장한다. 그래서 한국의 서양철학 전공자인 이진우 그리고 송영배와 같은 한국의 유학연구자에게도 그는 중요하게 여겨진다. 매킨타이어는 아리스토텔레스의 제자인 아퀴나스에서뿐만 아니라 주자의 제자인 진순(陳淳: 1130-1200)의 『북계자의北溪字義』에 붙어있는 연속적인 서문과 발문(1226, 1247, 1490, 1492, 1508, 1670, 1695, 1714)을 통해, 동서양이 각자의 전통 속에서 수정되고 보완되고 있음을 주장한다.[5] 역사와 전통에 구속받지 않는 '빚 없는 나'(저당 잡히지 않은 자아: the

4 유홍림, 「미국의 공동체주의 정치사상」, 『미국학』, 제20집, 서울대 미국학 연구소, 1997.

5 Alasdair MacIntyre, "Incommensurability, Truth, and the Conversation between Confucians and Aristotelians about the virtues", ed. Eliot Deutsch, *Culture and Modernity: East-West Philosophic Perspectives* (Honolulu: Univ. of Hawaii, 1991), 119쪽. 매킨타이어 책은, 이진우 옮김, 『덕의 상실』 (서울: 문예, 1997)을 보면 되고, 그의 유가철학에 대한 이해에 대해서는, 송영배, 「맥킨타이어(매킨타이어)의 역사주의적 관점과 유교와의 대화 가능성」, 『철학과현실』 (서울: 철학과현실사, 1998, 겨울)을 볼 것.

unencumbered self)라는 자유주의적 개인주의의 출발점은 허상이기 때문이다.[6] 그럼에도 주의해야 할 점은 지나친 우려일지도 모르나 그 공동체가 바로 '우리'의 공동체가 아니라 '그들만'의 공동체일 수 있기 때문이다. 워싱톤이라는 공동체가 우리를 겁주기 때문이다. 미국과 우리가 공동체('한미방위조약')가 아니라, 북한과 우리가 공동체('코리아')로 엮여지고 있기 때문이다.

둘째, 에임즈(Ames)나 로즈몬(Rosemont)의 주장은 서양인이 유가집단을 보았을 때 그렇게 보이기 쉬움을 대변한다. 에임즈가 유가윤리가 개인의 권리와 양립불가능하다고 본 것이나, 샌델이 강조한 구성원 간의 지속적인 정감이나, 로즈몬의 추상적인 나는 없고 구체적인 관계 속에서의 역할만 있다는 주장은 상당히 외국인의 시선으로 바라본 유학의 형식처럼 보인다. 그러나 위에서 말했듯이, 윤리는 의무만으로 이루어지지 않으며 권리도 분명 담고 있는 것이다. 그런 점에서 이승환의 비판은 매우 타당하다. 그런데 논자는 그런 점을 자세히 설명하지 않는다. 특히 '오륜은 상하, 신분 간의 윤리규정이 아니지만 삼강으로 가면서 수직적, 일방적인 것으로 바뀌면서 유학이 국가권력과 타협하게 되었다'고 날카롭게 지적하지만, 오륜이 삼강과 윤리적 행위자 면에서 여섯 글자나 겹친다는 점에서 좀 더 숙고할 필요가 있다.

셋째, '유학의 공동체주의적 성격이 생산력이 낮은 사회경제적 원인에서 기인'한다면, 오늘날같이 생산력이 극대화된 공간에서는 개인이 강조가 되고, 따라서 유가윤리는 폐기된다는 것인지 논리적 일관성이 요구된다. 사회경제적이라는 말은 반드시 역사적 결정론을 동반한다. 공동체주의가 역사적 산물이었다면, 이제 그것이 붕괴되고 있는 상황도 해명되어야 한다. 생산력이 문제였다면, 당시의 도가들은 왜 그다지도 개인주의적이었는가? 그들은 경제에서 자유로웠기 때문인가? 유가의 새로운 발전으로 보이는 법가들은 『한비자』의 첫머리에서 드러나듯이 묵가의 경제적 평등주의와 공자의 도덕적 이상주의

---

6 자세한 토론은, 정세근, 「법의 정의론」, 『동서철학연구』33, 2004.9.에서 다룬 롤스에 대한 비판적 이해와 동양적 정의론에 대한 소개를 참조하라.

에 대한 비판으로 시작한다. 우리의 논리에 충실하다면 여기서 한비자는 노직과 유사한 -합법적 수입을 정부가 건드려서는 안 된다는- 경제적 자유주의에 속하는데, 그렇다면 한비자의 생산력과 경제는 어떤 상황에 처해 있는가?

넷째, 따스함과 정情은 듣기만 해도 좋다. 그러나 그것은 윤리적 문제를 설정하는 방법은 아니다. '유교에다 패거리 문화나 정실주의에 책임을 돌릴 것이 아니라 우리 자신의 의식과 현실의 구조 속에서 그 원인을 찾자'고 주장하는데, 윤리적 문제는 논자의 말대로 '쌍무적雙務的'이기 때문에 따스함과 정의 반대편에서 소외된 사람을 논하는 것이 더욱 절실할 것이다. 그것이 나쁘지 않다는 논리보다는 그것 때문에 생겨날 수 있는 병폐에 대해 '쌍방적雙方的'으로 논해야 된다는 것이다. 그것이 바로 윤리의 쌍면雙面성이고 유가윤리도 거기에서 예외는 아니다. 심지어 의리가 갑자기 '사사로운 정에 불과하다'고 주장하는데, 그것 또한 유가의 중요한 덕목 가운데 하나를 용도폐기하는 무서운 발상이다. 정은 긍정적이고 의리는 부정적이라는 표현보다는, 정의와 의리의 긍정과 부정을 모두 말하는 것이 오히려 유가윤리에 발전적일 것이다.

다섯째, 이제는 유가들조차 리기理氣론이 불교의 화엄사상이나 장자莊子-장재張載는 장자를 장생莊生이라 직접 언급한다-의 기일원론의 영향을 많이 받고 있다는 객관적인 시선을 갖게 되었음을 볼 수 있었다. 유가 정통 내지 도통道統의 관점이 아닌, 객관화된 유학의 성장과 소멸을 바라보게 되었다는 말이다. 그럼에도 '주자학의 리기론은 리를 통해 평등을, 기를 통해 불평등을 말하고자 했으며, 이는 한 나라 이후의 수직적 유교 윤리와 부합된다'는 철학사적으로 매우 의미 있는 이 주장은 한유와 송유에 대한 논리적 연결고리와 평가문제를 수반하고 있다. 하다못해 조선조의 인물성人物性 동이同異론에서 '나누어짐의 나누어짐'(分殊之分殊: 一原, 分殊에서 한 걸음 더 나간)을 말하고자 했던 권상하와 그를 이은 한원진의 고민을 떠오르게 한다. 그렇다면 그는 조선과 명의 불평등(事大)을 전제로, 또한 조선과 청의 불평등(攘夷)을 가정했던 것인가? 그렇다면 우리나라의 불평등(한미, 한중, 한일 관계)은 이다지도 숙명적인 것인가?

3. 하늘과 사람

동양적 논의에서의 천인天人관계는 중요하다. 모든 입설立說에서 거의 필수불가결한 것이 천인의 관계를 어떻게, 얼마나, 어느 쪽으로 설정하는 데 있었다. 이른바 '하늘과 사람의 사이'(天人之際)란 얼듯 보기에는 단순히 개인과 그의 신념의 문제로 축약되기 쉽지만 그것은 '자연 속에서 인간을 어떻게 자리매김할 것인가'하는 진정 거대한 문제였던 것이다. 어디까지가 자연의 영역이고 어디까지가 인위의 영역인가? 이 물음은 오늘날까지도 타당한 인류보편의 숙제일 것이다. 어떻게 보면 인격신 때문에 서양이 놓친, 동양의 고유명제이기도 하다.

'하늘'은 생물학적 원리이고, '사람'은 사회학적 원리를 가리킨다. 좁혀 말해, '하늘'은 가족의 문제이고, '사람'은 국가의 문제이다. 이렇게 가족과 국가는 관계 맺기를 한다.

그런데 문제는 윤리적 원리의 상충이다. '국가냐, 가족이냐?'를 물었을 때 대답해야 하는 것이다. '공사公私'의 문제도 그렇고, '개인과 사회', '나와 조직'을 물어도 좋다. 생활집단에게 말할 때 자주 등장하는 '양자의 조화'라는 표현은 일반론에서는 완벽해도 철학적 탐구에서는 적절하지 않다. 오히려 두 극단을 대립시키는 편이 훨씬 우리의 윤리적 공백을 잘 드러내준다.

우리는 현재 '동쪽과 서쪽 사이'(東西之際)에서 심각하게 왔다 갔다 하고 있다. 동양의 윤리, 서양의 윤리가 우리를 힘들게 한다. 이때 전통윤리에 대한 반성은 실로 절실하다. 전통윤리는 정통윤리만이 아니다. 거기에는 정통윤리를 반대한 비정통윤리도 포함된다. 한편 정통윤리적 관점에서 보았을 때 서양윤리도 그런 점에서 비정통윤리에 속한다. 바로 우리 앞에 이렇게도 많은 윤리의 세계가 도래하고 있는 것이다. 정말 '우리'의 윤리학이 개방적으로 논의되어야 할 때이다.

국제학술회의 '동아시아의 언어와 문화', 충북대학교 인문학연구소, 2003.11.20.

17

곽점과 다시 쓰는 사상사

곽기郭沂, 「출토된 곽점 죽간과 새로운 중국사상사」(郭店楚簡如何改寫中國思想史)

1. 곽점

20세기 후반 중국에서는 사상사를 진동시킬만한 커다란 발굴이 두 차례나 있었다. 첫 번째는 1973년의 '마왕퇴 한묘馬王堆 漢墓'이었고, 두 번째는 1993년의 '곽점 초묘郭店 楚墓'이었다. 마왕퇴에서는 비단에 쓰여진 '백서帛書'와 대나무에 쓰여진 '죽간竹簡'이 나왔고, 곽점에서는 초나라 문자로 쓰여진 죽간이 나왔다. 이른바 고대 서적을 가리키는 '권卷'과 '책冊'이 무덤 속에서 문자와 함께 세상에 모습을 드러낸 것이다. 20년의 차이를 두고 일어난 이 두 차례의 발견은 중국사상사를 다시 쓸 수도 있다는 기대감을 많은 학자들에게 가져다주었다. 오늘 우리의 주제는 두 번째 발굴과 관련되고 있다.

곽점에서 발굴된 죽간은 한자가 진시황에 의해서 일률적으로 통일되기 전의 초 나라 문자로 쓰였다. 따라서 문자는 오늘의 한자와는 몹시 다르나 거의 오늘의 문자로 변환된다. 발굴된 것은 현행본 『노자老子』와 밀접한 관계를 갖고 있는 곽점본 노자를 비롯하여, 도가 또는 도교 계열인 『태일생수太一生水』와 다량의 유가 및 잡가 계열의 전적이다. 이후 우리는 노자를 말할 때, '곽점 『노자』', '백서 『노자』', '통행(본) 『노자』'(왕필王弼본) 등으로 구별해 부르게 되었다.

여기서 인용되는 책이름처럼 보이는 죽간의 명칭은 사실상 『노자』를 제외하고는 첫 구절을 따서 그렇게 부르는 것에 불과하다. 마치 김영랑의 시제詩題가 「모란이 피기까지는」처럼 모두 시의 첫 구절인 것과 비슷하다. 따라서 책 제목 자체에 특별한 의미를 부여할 필요는 없다.

따라서 곽점 죽간의 이해에는 매우 넓고 깊은 사상사적 편력이 요청된다. 당시 사상사들의 계통에 따른 정리가 필요하기도 하다. 이를테면 맹자孟子 계열, 순자荀子 계열, 자유子遊 계열, 공손니자公孫尼子 계열, 자사子思 계열 등으로 구별될 수 있는 것이다. 때로는 『당우지도唐虞之道』와 『충신지도忠信之道』와 같은 것은 유가계열이 아닌 종횡가의 것으로 보기도 한다. 『어총語叢』이나 『오행五行』에 이르러서는 더욱 많은 관점이 제기되고 있다.

처음 곽점 죽간이 발견되었을 때, 사람들의 주목을 끈 것은 통행본 『노자』에서 유가의 '인의仁義'를 반대한 구절이 곽점 『노자』에는 다른 문구로 되어 있다는 점이었다. 따라서 학자들은 곽점 『노자』는 인의를 반대하지 않았다는 식의 주장을 내놓기도 했다.

1996년 8월 북경대학이 주최한 제1차 <도가문화국제학술토론회>에서 주최 측은 곽점의 발굴사실을 소개하면서 아직 정리되지는 않았지만 사상사적 큰 사건이 될 것임을 흥분된 목소리로 선포하고 있었다. 이후 1998년 5월 형문시荊門市 박물관에서 『곽점초묘죽간』(文物出版社)이라는 자료집을 정리하여 출간하면서 일반에게 공개되었고, 이와 더불어 학술대회가 열리기 시작했다.[1] 당시 여러 국제회의에서조차 죽간의 인기는 매우 높았다. 1998년 12월 홍콩중문(中文)대학의 <중국문화와 21세기>라는 학회에서는 북경대학의 진래陳來가 「곽점초간유서(儒書)와 선진유학」이라는 글을 발표해서 좌중의 관심을 모았고, 곧이어 대만 보인輔仁대학에서는 전문적으로 <20세기에 출토된 사상문헌과 중국고전철학>(輔仁大, 1999.1.)이라는 제목의 학회를 개최하기도 했

1 1998년 6월에는 중국사회과학원 역사연구소와 국제유학연합회가 주최하는 <곽점초묘죽간학술토론회>가 있었다.

다. 미국 쪽에서도 예외는 아니어서 1998년 5월 미국 다트머스 대학(Dartmouth College)에서는 로버트 헨릭스(Robert H. Henricks)의 주도하에 도가계열인 곽점본 『노자』와 『태일생수太一生水』만을 놓고 토론을 벌이기도 했다.[2]

이런 상황에서 일본 측도 일정 부분의 역할을 해오고 있어, 동경대학의 이케다 토모히사(池田知久)를 중심으로 발굴작업에서부터 참가하여 연구성과를 내고 있다. 그의 제자인 한국학자 이승률은 같은 대학에서 학위를 받고 그곳에서 재직하고 있기도 하다.[3]

그런데 문제는 발굴본에 대한 지나친 신뢰로 후대의 사상사를 논단하는 데 있다. 위에서 말한 곽점 『노자』의 경우도 마찬가지여서, 비록 현행본 『노자』와 다른 구절이 곽점 『노자』에서 나왔다고는 하지만 다른 곳에서는 여전히 '인의仁義'를 반대하고 있기 때문에, '곽점 『노자』는 인의를 반대하지 않았다'는 주장은 설득력을 얻지 못한다.[4]

그럼에도 불구하고 중국인들은 여전히 이런 자료를 중심으로 새로운 학설을 내놓고 있다. 아마도 그것은 유가나 도가나 할 것 없이 중화中華 문화 내지 화하華夏 문명을 한 송이의 큰 꽃(大華)으로 그려내고 싶은 다소 민족주의적인 발상과 일정 부분 결부되어 있지 않은가 싶다. 곧 유도가 하나(儒道一源)라는 의식 아래 그려지고, 유학은 심원한 전통이 있다(深根固蒂)는 강한 믿음 위에 세워지는 중국사상사이다.

---

2 Henricks는 『곽점본 노자 도덕경』의 전문가로 원문을 번역하고 자료를 요목조목 정리하여 출간했다. Lao Tzu's Tao Te Ching: A Translation of the Startling New Documents Found at Guodian, New York: Columbia Univ., 2000.

3 李承律, 「郭店楚墓竹簡の儒家思想研究」, 東京大學大學院, 2001.

4 정세근, 「곽점 초간본 『노자老子』와 『태일생수太一生水』의 철학과 그 분파」, 『철학연구』 58, 철학연구회, 2002 가을.

2. 곽기의 『곽점죽간과 진 이전의 학술사상』(郭店竹簡與先秦學術思想, 上海教育, 2001)[5]

곽기 교수의 위의 책은 곽점죽간과 관련된 가장 방대한 최초의 저서라 할 수 있다. 많은 학자들에 의해 논문은 많이 발표되었고 특히 곽점 『노자』와 관련되어서는 해설서와 논문집도 나왔지만, 전체적으로 이렇게 다루고 있는 저작은 이전에 없었다. 그런 점에서 곽 교수는 현재 곽점에 대해서는 최고의 권위자이다.

그의 책은 먼저 『노자』, 『태일생수』, 『오행』, 『성지문지』(成之聞之: 작자는 고쳐 『大常』으로), 『성자명출』(性自命出: 「上」, 「下」를 각각 『有性』과 『求心』으로 設題) 6종을 설명하고 있고, 다음으로 곽점죽간과 『주역周易』, 『논어論語』 그리고 '자사子思학파' 및 '도가'의 관계를 다루고 있다.

발표된 글은 이 책의 서론(緖論: 古史的重建, 19쪽)과 제2권 제5장(老聃, 太史儋與『老子』, 특히 523쪽) 등에 해당되는 것으로, 자신의 주장을 개요식으로 정리한 것이다. 그런 점에서 어쩔 수 없는 논리적 비약이 따르고, 논증보다는 선언에 가까운 형태를 지니고 있다. 그러나 이는 곽점연구의 개황을 소개하고자 하는 발표자의 친절함에 기인한다.

곽 교수는 먼저 중국 고대사학은 여러 원인에서 치명적인 파괴를 당했다고 말한다. 이후 학자들은 이를 중건하고자 했고 역사상 3차례의 중요한 노력이 있었다는 것이다.

첫째는 공자로, 그는 육경六經을 정리함으로써 하상(은)주 삼대의 역사를 중건하고자 했다.

둘째는 진시황의 분서갱유 이후 서한에서 벌어진 선진역사의 중건이다. 한

---

5 2001년 국제중국철학회에서 곽기 교수를 만났을 때 나는 바로 출간된 책을 얻어볼 수 있었다. 당시 나는 다른 섹션에서 발표가 있어서 그에 대한 청중의 반응을 들을 수 없었다. 당시의 평가를 소개할 수 없어 아쉽다.

초에 진 나라의 협서률이 폐지되면서 민간에서, 학자의 구전으로, 진나라의 국가도서관에서 대량의 전적들이 모아졌다. 이는 한, 위, 수, 당 시대까지 이어졌으나, 북송 중엽부터 한당의 전통이 회의되기 시작하면서, 장구주소章句注疏의 학을 버리고 의리義理의 학을 세우고자 했다.

셋째는 바로 금세기의 사건으로 70년대에 한 나라의 죽간(漢簡)과 백서가 나온 이래, 90년대에 전국시대 초 나라의 죽간(楚簡)이 나오면서 또 다른 중건이 시작되고 있다.

이러한 관점을 바탕으로 곽 교수는 본 논문에서 곽점의 의의를 밝히고 있다. 곽점 분묘는 대략 기원전 350년에서 300년 사이의 것으로 전국중기 후반부의 것으로 추정되며, 12종 16편(『어총』이 4편임)으로 정리된다. 그 가운데 중국사상사를 다시 써야 할 것은 아래와 같다.

첫째(제2장), 곽점(죽간) 『노자』는 춘추말기 공자와 같은 시대의 노담老聃에 의해서 쓰였고, 금본(백서본도 포함하여) 『노자』는 전국주기 진秦 헌공獻公과 같은 시기의 태사담太史儋에 의해서 쓰였다.

둘째(제3장), 『문자文子』가 위서가 아니라는 것은 당란唐蘭에 의해서 밝혀졌는데, 몇몇 학자들은 죽간 『문자』와 금본今本 『문자』를 구별해서 취급하기도 한다. '죽간' 『문자』는 춘추말년 문자에 의해 쓰여졌고 그는 확실히 노담의 제자이다. 이는 『한서』, 「예문지」의 '노자의 제자이고 공자와 동시대'라는 기록과 일치하는 것이다. 그런데 '금본' 『문자』가 인용하는 노자의 말은 죽간본에는 보이지 않지만 금본 『노자』에는 보이므로 사마담보다 늦다.

셋째(제3장), 함곡관을 지날 때 관윤자關尹子에게 글을 상하편 써주었다는 노자를 바로 노담으로 생각해 관윤자는 춘추말년의 사람으로 여겼으나, 그 노자는 실제로는 전국중기의 사마담이므로 관윤자 또한 전국중기의 인물이다.

넷째(제3장), 『장자莊子』, 「달생達生」과 『여씨춘추呂氏春秋』, 「심기審己」에 열자列子가 관윤자에게 물었다는 기록이 있으므로, 열자는 관윤자(전국중기)보다 나이가 어리다. 과거에는 관윤자를 춘추말년의 사람으로 여겼기 때문에 모순이 되었다. 『장자』, 「양왕讓王」에서는 열자가 전국중기의 정자양鄭子陽과 동시대의 인물로 써있다.

다섯째(제4장), 송대 의고풍疑古風의 영향으로 공자의 저작에 대해 연구는 많았지만 모두 『논어』에서 벗어나지 못했다. 심한 경우는 『논어』를 한대에서야 비로소 결집된 것으로 보기도 했다. 그러나 곽점 죽간이 발견됨으로써 이런 의심이 해소되었다. 『수서隋書』, 「음악지音樂志」에서는 심약(梁, 沈約)의 말을 인용하면서 "『중용』, 『표기表記』, 『방기坊記』, 『치의緇衣』는 모두 자사자를 취했다"고 했는데(『史記』, 「孔子世家」에서 '자사가 『중용』을 지었다'), 이를 많은 사람들이 의심했고 후인의 가탁으로 여겼다. 그러나 곽점 죽간이 출토되어 상술된 기록이 완전히 믿을 만한 것으로 증명되었다. 『치의』는 죽간의 한 편으로 진 이전의 구물인 것이다. 또한 초간의 『성지문지』의 한 단락이 『방기』에서 보이며, 행문行文상 『방기』의 문의가 비교적 완전하여 『성지문지』는 『방기』를 인용했음을 알 수 있다. 이는 『방기』가 『성지문지』보다 빠름을 설명하고 있다.

사실상 공자의 제자는 3,000명으로 등당입실登堂入室한 자가 72명이었다면, 공자의 말은 대량으로 기록되었을 것으로 보인다. 공자가 죽은 뒤 후학들이 나뉘어졌고('儒分爲八') 따라서 많은 『논어』'류'의 문헌이 있었을 것이다. 공자는 예학禮學에서 인학仁學으로, 그리고는 역학易學으로 아래에서 위로 배워 나갔다(下學而上達). 특히 역학을 점술의 학에서 철학으로, 건곤의 이원론을 역의 일원론으로 발전시켰다. 논어류의 문헌으로 볼 때, 공자사상에는 형이상학이나 철학이 없다는 관점은 틀린 것이다.

여섯째(제5장), 『노자』, 『태일생수』와 『어총』 4편을 제외하면, 나머지는 자사와 그의 문인의 손에서 나온 것이므로, 자사학파의 진면목을 드러낼 수 있다. 이런 종류의 문헌을 고적에서 『자사』라고 불렀다. 이를테면 『설원說苑』, 「건본建本」의 '자사 가로되'(子思曰)라는 표현은 『자사』라는 책을 가리키는 것이며, 인용된 말은 자신의 말이 아니라(『大戴禮記』에는 '공자왈'로 되어있다) 『자사』라는 '책'이 기재하고 있는 공자의 말인 것이다('子思曰'은 사실은 '『子思』曰'이었다는 이야기).

일곱째(제6장), 자사는 92살에 죽었으며 기원전 504-403년 사이에 살았던 것으로 고증된다. 그런데 문제는 많은 전적에서 나오는 것처럼 맹자가 자사에게 배웠다거나 자사와 맹가孟軻와 만났다는 말을 증명할 수 없다는 데 있다. 실제 상황은, 맹자가 자사와 그 문인의 영향을 많이 받았지만, 자사나 그 문인에게 배운 바 없다. 『자사자』와 『공총자孔叢子』 등에 실려있는 맹가는 자字가 자거子車인 자사의 제자로 맹자가 아니다. 초간 가운데 『성지문지』, 『성자명출』, 『존덕의尊德義』, 『육덕六德』은 한 사람의 저작으로 보이는데, 아마도 이는 맹자거의 작품일 것이다. 『당우지도』와 『충신지도』도 위의 네 편과 밀접한 관계를 보이므로 맹자거의 작품일 수 있다. 『순자荀子』, 「비십이자非十二子」에서 말하는 "자사가 선창하면, 맹가가 화답한다"는 그 '맹가'가 맹자거이다. 『한서』, 「예문지」에 실려있는 "『맹자』 11편"은 맹자와 맹자거의 저작을 한꺼번에 합해놓은 것으로 보인다. 현재의 『맹자』 7편 이외의 4편은 초간의 『성자명출』 등 4편일 것이다. 후대에 그것과 『맹자』가 맞지 않자 빼버린 것이다.

곽 교수는 이와 같이 주장하면서 공자의 제자를 3대로 구별한다. 제1대는 3,000 제자 가운데 총명한 72인(『史記』, 「孔子世家」) 또는 77인(『史記』, 「仲尼弟子列傳」)으로 그 중 가장 뛰어난 사람이 증자曾子이고, 제2대는 70인으로부터 배운 제자로 특출한 사람이 자사인데 자사는 증자의 제자이기도 하며 공자의 제자이기도 하고, 제3대는 70인으로부터 배운 제자의 제자(공자로 치면, 3대 제자)로 자사의 제자인 맹자거가 가장 주목된다는 것이다. 따라서 공맹 사이에서 벌어진 유학의 발전사는 다시 쓰여야 한다고 곽 교수는 말한다. 자사와 맹자거의 문헌으로 볼 때 자사학파는 비록 의리의 성(義理之性: 善)이나 기질의 성(氣質之性: 有善, 有不善)의 구별을 하지는 못했지만 '인성人性'에 대해 탁월한 견해를 제시했으며, '성은 선도 없고 불선도 없다'는 주장을 내놓은 고자告子도 자사의 후학으로 사맹학파에 속했다고 설명한다. 고자는 맹자와 다른 견해를 가졌을 뿐이라는 것으로, 그의 '인은 안이고 의는 밖이다'(仁內義外)라는 관점은 자사로부터 맹자거에 이르는 전통적인 관점이었고, 맹자는 의리의 성만을 보아 성선을 주장했고, 순자는 이를 교정하기 위해 생리적인 본능을 다시 세우기 위해 성악설을 내세웠다는 것이다.

3. 문제들

곽기 교수는 이러한 주장을 매우 상세한 증거를 대면서 논증하고 있다. 덧붙여 몇 가지 물어보자.

첫째, 공맹 사이의 철학사를 보충할 수 있다고 해서, 과연 공맹을 다시 보게 할 수 있을 것인가? 곽점 『노자』의 발굴 이후에도 통행본 『노자』는 여전히 동일한 의미를 지니듯이, 맹자거가 공맹 사이를 메꾸었다고 해서 공자와 맹자에 대한 해석이 크게 바뀌지는 않는다. 과연 맹자거는 누구이며, 그로 말미암아 공맹을 달리 해석할 수 있을 만큼 영향력을 갖는가?

둘째, 사실상 공자에서 맹자로 정통이 이어진 것은 한유 등의 노력으로 이루어진 일로, 직하학파의 좨주祭酒였던 순자가 당시에는 오히려 권위가 있었다. 비록 죽간의 내용이 자사학파와 밀접한 것으로 보이지만, 그렇다고 해서 순자에 가까운 전적은 완전히 없는가? 만일 고자가 자사학파의 전통을 잇고 있다면, 순자도 그럴 수 있는 가능성은 없는가?

셋째, 송명이학에 대한 호감이 보이는데(有破有立) 그것은 성리性理의 전통에 대한 복원을 기대하는 것과 일맥상통한다. 이를테면 『성자명출』이 보여주는 성명의리학이나 심성학의 원형 같은 것 말이다. 이렇게 자사와 결부된, 『중용』 중심적인 사고는 혹시 결론부터 내리고 추론하는 것은 아닌가?

넷째, 고대사상사의 인식에서 인물중심적 사고는 그다지 바람직하지 않을 수 있다. 왜냐하면 고대의 전적은 거개가 '집체창작'이기 때문에 '유일한 작자'라는 판단은 위험하기 때문이다. 집체창작도 기술의 한 방법이고 전통이다. 그런데 저작과 작자를 지나치게 동일화(identification: 兩者認同)하는 것은 문제가 있다. 여기서 말하는 노자, 문자, 열자도 반드시 인물일 필요는 없다. 만일 여기서 말하지 않은 장자를 논한다면 더욱 그러하다.

다섯째, 나는 늘 공자의 제자를 복원하고 싶은 생각이 있는데, 이 글에서 보여준 많은 학파의 가능성은 시사하는 바가 크다. 현재까지 우리가 알고 있는 공자 제자들은 '심약心弱'해 보이기도 한다. 그런데 자사학파도 심성론이 앞서기 때문에 문약한 것은 마찬가지로 보인다. 논어'류'의 문헌으로 증건되는 것이 형이상학뿐이라면 너무 아쉽다.

위에서 말했듯이 곽점 죽간으로부터 새로운 사상사가 나오기는 쉽지 않다. 특히 『노자』가 새롭게 해석됨으로써 중국철학사가 다시 쓰여야 할 것 같은 기대는 하지 않는 것이 좋으리라고 생각된다.[6] 오히려 나는 철학과 철학사에 대한 시각이 이제는 더 이상 고정적이지 않고 다양할 수 있다는 점에 주목한다. 초간은 우리가 지니고 있던 사상의 역사에 대한 일률적이고 도식적인 판단이 '하나의 철학사의 철학'에 불과했음을 인지시켜주고 있다.

---

6 정세근, 위의 논문과 「노자와 곽점, 그리고 철학사」(논평문: 도가철학회 2000년도 추계발표회, 동국대, 2000.12.9.) 참조. 그리고 박원재 박사는 「곽점 죽간본 『노자』에 대한 몇 가지 검토」(『동양철학』13, 2000)라는 글에서 "『노자』의 무위적 정치이상이 담겨 있는 통행본의 32장이나 37장, 또 같은 맥락에서 '허虛'를 언급하고 있는 5장이나 16장 같은 장들이 죽간본에도 그 기본적인 내용은 고스란히 들어 있다는 점도 역시 주목할 필요가 있을 것이다. 이런 부분들에 대한 충분한 숙고가 이루어진다면 죽간본 내용이 『노자』를 반유학적 성향의 사유로 읽는 시각을 재검토하게 만든다는 식의 주장이 그리 쉽게 개진될 수는 없으리라고 본다."(3. 새로운 인식에 대한 비판)고 말한다.

한국도가철학회 추계학술발표회, 충북대, 2001.12.15.

18

왕필과 반야학

김진무, 「왕필의 현학사상에 보이는 반야학의 영향에 관한 일고」

만물은 비록 귀하지만 무를 쓰임으로 삼는다.

-왕필-

1. 철학의 식민성

철학을 공부하면서, 늘 말하면서도 거듭 말해져야 할 것이 있다. 그것은 우리 철학의 식민성 문제이며, 나아가 그 극복 방법에 관한 이야기이다. 우리가 중국철학을 하는 것이 곧 우리의 것을 하고 있는 것으로 여겨져서는 안 된다. 동양철학은 우리 것이고, 서양철학은 남의 것이라는 구별은 공간적으로나 시간적으로나 맞지 않는 이야기이다. 중국철학은 엄연히 중국의 철학이고, 우리 철학은 그것을 바탕으로 새롭게 사유한 것이다. 그런 점에서 나는 '독일철학'이나 '중국철학'이나 모두 외국철학이라는 점을 무척이나 강조한다.

그러한 외국철학이 한국의 사유형태로 바뀌기 위해서 필요한 것은 무엇인가? 그 대답은 의외로 간단하며, 매우 쉽다. 우리의 작업 속에서 열심히 사색하면 된다. 무슨 뜻인가? 남의 작업을 지속적으로 수입하다가 세월만 보내지 말고, 우리가 이루어낸 결과를 통해 우리의 사유를 진작시키면 된다는 것이다. 그러나 우리의 중국학은 아직도 '절대 수입학'의 오욕을 떨쳐버리고 있지 못하다.

중국에서 이런 자료 나오면 또 다시 그 자료를 소개하고, 저런 자료 나오면 또 다시 그 자료를 소개하다가 시간만 보낸다. 그런 점에서 우리는 중국학 소개자이지 결코 철학도가 아니다. 책값도 십 년 전보다 열 배나 올랐는데도 여전히 수입상 노릇을 하고 있다.

위진현학에 대해서는 이미 국내의 청장년 학자들이 많은 업적을 이루었다. 내가 엮은 『위진현학』[1]부터 나의 『제도와 본성: 현학이란 무엇인가』[2]와 같은 단행본의 형태는 드물지라도, 이미 하안과 왕필에 대한 논문은 꽤나 많다. 아울러 불교와 현학의 관계에 대한 논문도 벌써 나와 있다. 이러한 작업들은 우리 학계의 노고들이다. 다시 말해 우리가 한 걸음 더 나아가기 위해서는 먼저 발돋움할 저작들을 딛고 일어서야 한다는 것이다. 그것이 비판적 이해이던 상반된 견해이던 문제가 되지 않는다. 중요한 것은 그래야 다음 사유의 문이 열린다는 점이다.

왕필은 많은 문젯거리를 가져다준다. 그러나 형식적인 면에서 반드시 잊지 말아야 할 것이, 중국에서 나온 기존의 왕필 연구는 많은 경우 불교적 이해라는 엄연한 사실이다. 다시 말해 불교학을 하다가 현학을 건드리고, 따라서 불교적 현학으로 도색된다는 것이다. 탕용동湯用彤의 업적이 곧 그러하다.[3] 여징呂澂도 예외가 아니다. 이렇게 현학은 이미 불교의 입김에 깊게 쏘이고 있다. 따라서 현학연구의 문제는 불교적 사유의 대입이라기보다는 오히려 불교적 관점으로부터 현학을 구출하는 것이 시급할지도 모른다.

게다가 '현학과 불교의 구조가 같다'는 것은 너무도 큰 이야기여서 무의미해지기 쉽다. 이를테면 '기독교 신비주의와 도교가 같다'는 것처럼, 체계적으

---

1 정세근 엮음, 『위진현학』 (서울: 예문, 2001).

2 정세근, 『제도와 본성-현학이란 무엇인가』 (서울: 철학과현실사, 2001).

3 현학 이해에 대해서는, 『위진현학』, 같은 책, 「이끄는 말-현학의 시대와 오늘의 철학」, 참조.

로 어떤 부분을 지적하지 않는 한 그것은 말을 한 것이나 안 한 것이나 마찬가지가 되고 만다. 우리가 필요로 하는 사색은 'A와 B가 같다'는 진술보다는 'A와 B가 다르다'는 것이며,[4] 한 걸음 더 나아가자면, '달라서 이러저러하다'는 구체적인 설명과 주장이다. 그것이 전대미문前代未聞의 결과라면 더욱 더 반가운 것이다.

2. 왕필과 반야학

왕필은 과연 반야학을 알았을까? 오吳의 지겸支謙이 『대명도경』(大明度經: 支婁迦讖의 『道行般若經』의 重譯, 鳩摩羅什에 의해서는 『小品般若波羅蜜經』으로 번역됨: '道行般若'는 후에 '般若波羅蜜[般若波羅蜜多]'로 음역되고, 智慧度彼岸으로 의역되는 'Prajña Pāramitā') 등 일체의 불경을 번역한 것이 241년 이전으로 정시 년간(240-247)에 활약한 왕필은 반야학의 영향을 받았으며, 구체적으로는 그의 언의言意관이나 본말本末론에서 그 증거를 찾을 수 있다는 것이 이 글의 요지이다.

그런데 과연 그러할까? 현학의 3대 학파 가운데 하나가 격의格義파이듯, 현학과 불교의 관련성은 많은 추론이 가능하다. 그러나 그것의 구체적인 증거를 찾기는 쉽지 않다. 설령 증거를 찾았다하더라도 그것이 의미를 지니기는 참으로 어렵다. 게다가 불교에서 현학이 영향을 받았는지, 아니면 현학이 불교에 영향을 주었는지는 이론의 여지가 많다. 크게 네 가지를 물어보자.

첫째, 본말론이 불교에서 왔다는 것을 증명할 수 있는가? 불교에서 말하는 '연기緣起'의 '속제俗諦'와 '제법성공'(諸法性空: 鳩摩羅什의 번역, 지겸은 本無로 번역)의 '진제眞諦'와 같은 이원론적 구조가 비록 자주 보이기는 하지만, 본말론이 중국의 고유철학에 없었다고 보기는 어렵다. 물론 본말론은 왕필철학의 핵심을 이루고 있지만, 내가 보기에는, 그것이 곧 체용體用론은 결코 아니다.

---

4 정세근, 「철학적 비교에서 같음과 다름」, 『범한철학』23, 범한철학회, 2001.

왕필에게 '체'는 단순히 몸뚱이를 뜻하는 것으로 체현(體現: 마치 예수가 육화肉化 incarnation하듯)의 체이다.[5] 중국철학사에서 체는 불교의 체용론이 수입되기 전에는 거의 모두 이러한 뜻이었는데, 그 후 개념적 전환을 하게 된다.[6] 서양에서 실재(reality)의 개념적 위치가 뒤바뀌는 것과 같다.[7] 따라서 왕필의 본말은 오히려 용과 체에 각각 해당한다.

둘째, 왕필의 무는 노자의 무와 다르다. 정확히 말해, 왕필의 무는 『노자』 제11장의 '무를 쓰임으로 삼는다'(無之以爲用)라는 내용을 담는다. 한마디로 왕필은 '무의 쓰임'(無之用) 이론이다. 그것은 장자의 '쓸모없는 것의 쓸모 있음'(無用之用)의 주장과도 다르다. 그가 무를 쓰임으로 해석하는 것은 무에 대한 독특한 해석 때문이다. 다시 말해 그는 노자식의 절대무-이 글에서 자주 이야기되는 본무本無-를 일용日用이라는 유가라는 틀 속으로 집어넣고 있는 것이다. 『진서晉書』「왕연전王衍傳」에서 거론하는 왕필의 귀무貴無적 경향도 그가 무의 용을 말했기 때문(故無之爲用, 無爵而貴矣)이라고 하지 않던가.

셋째, 과연 언어가 같다고 사유도 같은가? 본무이던 성공이던 간에, 문제는 격의과정에서 비록 중국의 본래경전의 용어가 개입되지만 그래도 불교의 원상原狀과 노가 또는 유가는 다를 수 있는 것이다. 그것은 격의의 계선界線 문제이다. 이를테면 이 글에서도 인용된 도안道安의 『안반주서』(安般注序: 呼ānā吸pāna)에는 도가의 용어뿐만 아니라 『주역』의 용어(開物成務)도 눈에 띄지만 그것이 곧 중국사상과 같음을 뜻하는 것은 아니기 때문이다. 『노자』의 무위無爲는 철저히 소극적인 데 반해, 『안반경』의 무위는 대단히 적극적이다.

넷째, 선수학善數學은 선정禪定과 아비달마阿毘達磨의 무비無比법을 가리킨다. 그 가운데 아비달마법은 사제四諦, 팔정도八正道, 십이연기十二緣起 등 숫자

---

5 鄭世根, 「王弼用體論: 崇用息體」, 魏晉南北朝學術國際會議, 臺北, 1998.12.

6 鄭世根, 「論'體': 在中國古代哲學史中'體'一辭之演變」, 第12屆 國際中國哲學會, 北京, 2001.7. 근 한 시간의 열띤 질의와 응답이 있었다. 많은 반론을 예상했었지만, 적극적인 찬성도 있었다(중국사회과학원의 王中江은 『荀子』를 예로 들어 옹호했다. 사회자였던 李甦平도 원고 투고를 요청했다).

7 정세근, 「무는 유를 위해, 말은 뜻을 위해」, 한국주역학회 논평문, 1999.2.

배열과 관련되어 있어 '수'로 대표한다. 그러나 반야학도 십이연기법을 역순으로 진행하여 제일의제第一義諦가 공임을 이야기한다. 숫자와 관련된 선수학과 반야학의 차이가 무엇인가? 수학과 논리학의 불교적 차이는 무엇인가? 왜 반야학이 선수학을 대체하게 되는가? 도안은 선수학에서 반야학('度': 智度 곧 반야)으로 가는 과정에 있다. 그는 그 둘을 모두 버리지 않았다. 많은 제자 가운데 특히 승예僧叡가 그의 성공 이론을 잘 표현한다. 한대의 안세고安世高나 지루가참(支婁迦讖, 『道行般若經』)이 이미 반야를 말했는데도 왜 유행하지 않았을까?

작은 문제도 순서대로 지적해보자.

(1) 1쪽: 하안은 조조의 양자이자 부마이다. 역사서는 부마로 기록한다.

(2) 2쪽: "그에 대한 구체적 언급은 뒤로 미루겠지만, 동한 말년 중국의 시대와 사상적 상황을 고려한다면 충분히 납득할 수 있는 문제인 것이다." 불필요한 말이다. 아무 말도 전해주고 있지 않다.

(3) 3쪽: 황로학을 일종의 수행방법이라고도 했다가 도가정치학이라고도 한다. 때로는 종교적이라고도 한다(13쪽에서도). 어느 쪽인가?[8]

(4) 4쪽: 인용된 것들을 보면 오히려 「불교에 나타난 노자의 영향」에 가깝다.

(5) 5쪽, 10쪽: 본체를 담지체擔持體라고 한 까닭이 무엇인가? 언어는 약속성이 우선한다.

(6) 6쪽: '말과 뜻의 논변'에 대해서는 이미 한국의 많은 학자들이 말했다.[9]

(7) 7쪽: '언부진의', '득의망언' 등의 용어가 번역되지 않았다.

(8) 8쪽: '의意를 무로 이해'할 수 있는 논증이 없다.

(9) 8쪽: '오랑캐'(胡: 불교의 전래국)보다는 '외국'이 낫다.

(10) 8쪽, 주29): '최소한 10년의 격차'를 어떻게 보장하는가?

(11) 9쪽: 하왕(何晏과 王弼의) 정시현학이 귀무론으로 불리게 된 증거가 어디

---

8 황로학을 순수한 양생술으로 보는 것은 김갑수 박사의 견해를 참조하라.

9 이재권의 논문을 보라.

에 있는가? 그것은 배위裴頠가 싸잡아 하는 말이지 반드시 하왕을 가리키지는 않는다.

(12) 9쪽, 주32): '도는 체가 될 수 없으므로'(是道不可體)의 뜻은 도가 본질이 될 수 없다는 것이 아니라, 체현/현실화될 수 없다는 것이다.

(13) 10쪽: '파破'에 대한 해석이 없다. 왕필에도 그러한 사유가 있는가? 그의 『노자주』와 『노자지략』에 '파'자는 나오지 않는다.

(14) 10쪽, 주36): 유무관계가 아니라, 무위와 무명이다. 왕필이 『노자』 제1장을 해석할 때, 유명과 무명으로 해석하는 원리와 같다. 이럼으로써 무의 독자적인 의미가 희박해지는 것이다.

(15) 10쪽, 주38): 왕필은 무가 유에 반드시 기대야 된다고 생각하고 있지 않은가? 따라서 위의 문장과 이어 해석할 때, 그 내용은 무보다는 유에 가깝다(『周易注』: 夫無不可以無明, 必因於有. 故常於有物之極, 而必明其所由之宗也).

(16) 11쪽: '본무(性空)는 바로 체이고, 그를 여실하게 아는 반야는 그의 용이 된다'는 것은 불교식 체용론이지 왕필식 체와 용의 개념이 아니다. 왕필에게 무는 용의 영역이다. 그것은 주역의 '용형'(用形: 用九, 用六)의 사고와 일치한다.

(17) 12쪽: 제2장의 결론의 논증이 너무 적다. 남들이 본 것이 중요한 것이 아니라, 그 논리적 맥락이 더 의미 있다. 제3장의 결론도 마찬가지이다. 최종 결론의 마지막 말도 감상적으로 그 내용이 분명치 않다.

3. 불교와 현학

불교와 현학이라는 주제는 앞으로 많이 연구되어야 한다. 나아가 당의 중현重玄학 등은 불교와 너무도 닮았다. 이 점은 앞으로도 꾸준하게 논의되어야 할 것이다. 나아가 불교와 현학의 영향관계의 '있고 없음'이 중요한 것이 아니라, '그래서 어쨌다는 것이냐'에까지도 발전해야 한다. 그렇게 연구성과가 쌓이다보면 중국과는 다른 의견들이 나올 것이고, 그것이 곧 우리의 문제로 남게 될 것이다. 이런 과정 속에서 김진무 박사의 불교와 현학의 만남이라는 소재는 우리들에게 많은 도움을 주고 있다.

그러나 현학의 이해에서는 나와 큰 차이를 갖는다. 이를테면 '아주 분명하게 도가의 관점으로 유가사상을 해석하고 있음을 볼 수 있는데, 이점으로부터 정시현학이 갖는 유도융합의 특징을 엿볼 수 있는 것'(9쪽)이라든지, '현학의 성격이 도가사상으로 유가의 강상명교綱常名教를 새롭게 해석'(13쪽)했다는 주장의 뒷부분은 완전히 동의하지만, 앞부분은 오히려 반대로 생각되기 때문이다. 나는 왕필철학이 '『노자』로 『주역』을 해석했다'(以老釋易)는 주장을 믿지 않는다. 왕필은 시종일관 그리고 상당히 강력한 논조로 『주역』으로 『노자』를 해석하고 있다. 그 점은 바로 하안과 닮았다. 아니, 왕필이 하안의 영향을 받았다고 말하는 것이 나을지도 모른다.[10]

---

10 정세근, 「하안의 역학적 해석론」, 『위진현학』, 앞의 책, 참조.

19

도학의 정신

김문준, 「동주 성제원의 생애와 도학정신」

중국의 양나라 원제는 만권의 책을 읽었으나 결국 중국 위나라의 포로가 되고 말았다. 이것도 도학이라 할 수 있겠는가?

-이이, 『율곡전서』, 「동호문답」-

1. 철학에서의 글쓰기

철학적 글쓰기란 무엇일까? 내용의 넓고 깊음의 문제를 떠나 우리가 꼭 기억해야 할 것이 있다. 그것은 철저한 비교행위의 개입이라는 점이다. A라는 인물에 대해 서술할 때 오로지 A에 대한 서술만으로 그에 대한 모든 것을 말했다고 보기는 어렵다. A는 B나 C 등과 같은 인물과 더불어 자신의 의미맥락을 드러내기 때문이다. 이를테면 퇴계의 사칠론이 의미를 제대로 갖기 위해서는 고봉과 같은 탁월한 질문자가 수반되어야 한다. 인물성동이론은 남당과 외암의 의견이 달랐기 때문에 수암까지 개입하여 새로운 관점이 탄생하게 되는 것이다. '리와 기가 함께 움직인다'(理氣互發)는 주장이나 '나누어 가진 것을 한 번 더 나누어 가진다'(分殊之分殊)의 관념 같은 것은 이러한 만남으로 이루어진다. 그리고 우리는 이러한 만남을 비교적 관점에서 이해하며 서술한다. 단적으로 말해, 고봉 없는 퇴계 없고, 외암 없는 남당 없다. 또한 고봉과 퇴계를 비교하지 않고 퇴계를 말할 수 없으며, 외암과 남당을 비교하지 않고 남당을 말할 수 없다. 철학이라는 것은 이렇듯 비교를 전제하며, 비교를 통해 탄생된 '다름'이 철학을 만든다.[1]

철학사는 이러한 다름의 역사를 담는다. 좋은 철학사는 개개 철학자들의 다름이 잘 드러난 것이고, 나쁜 철학사는 이 철학자나 저 철학자나 그게 그거인 양 쓰인 것이다. 논문의 경우에도 마찬가지여서, 한 인물을 서술하고 그 인물은 훌륭한 사람이었으니 잘 본받자고 끝나는 경우, 이는 영웅전이나 인물평에 해당하는 것이지 철학적 이해라 보기는 어렵다. 왜냐하면 그 안에는 자족적이고 순환적인 설명만 있을 뿐이지, 역사 속의 한 인물에 대한 비교 관점으로 본 평가가 배제되어 있기 때문이다.

이를테면 『한국인물유학사』가 보여준 내용은 탁월한 철학사라기보다는 103인 유학자에 대한 상세한 소개서에 가깝다.[2] 그리고 그 이전에 나온 『한국철학사』는 철학사에 근접하기는 했지만, 일정한 관점이 없다는 점에서 19인의 논문집에 가까운 해설서이다.[3] 이렇듯 우리의 철학계는 비판적 시각에서 철학사가의 관점이 제대로 드러난 한국철학사 하나가 없다는 점에서, 북한 정성철鄭聖哲의 유물론적 철학사보다도 못한 상황이라 아니 할 수 없다.[4] 중국에서도 마르크스 레닌주의의 관점에서 『조선철학사상사』가 나오고 있는데,[5] 아쉽게도 우리의 한국철학사는 아직도 대체로 관점중심적이지 못하다. 그 까닭

---

1 정세근, 「철학적 비교에서 같음과 다름」, 『범한철학』23, 범한철학회, 2001년 5월 참조.

2 조준하 외, 『한국인물유학사』, 전4권, (서울: 한길사, 1996). 나도 「性齋 許傳」에 대한 글을 썼다.

3 한국철학회 편, 『한국철학사』, 상, 중, 하, (서울: 동명사, 1987).

4 정성철, 『실학파의 철학사상과 사회정치적 견해』, 철학법학도서편집부 편, 사회과학출판사, 1974. 이 책을 서울에서 '북한연구자료선12'(한마당, 1989)로 냈다. 내가 이 책을 접한 것은 1986년 동경의 헌책방에서 일본어본을 통해서였다. 최윤진, 권인섭, 김철앙 역, 『朝鮮實學思想の系譜』(東京: 雄山閣, 1982).

5 朱紅星, 李洪淳, 朱七星, 『朝鮮哲學思想史』(延邊: 人民, 1989).

은 바로 '비교행위'가 개입되지 않았을 뿐만 아니라 학문 풍토상 그것이 보장되지도 않기 때문이다. 누구는 유물론자이고 누구는 유심론자이라는 거친 분별법은 너무도 많은 해를 가져다주지만, 거꾸로 그와 같은 잣대를 통해 우리는 A와 B의 차이를 분명하게 인식할 수 있는 것임을 잊어서는 안 된다.

물론 문제는 한 인물에 대한 지식이 완전히 부족할 경우이다. 이때는 어쩔 수 없이 사전적인 설명으로 문장의 처음과 끝을 이을 수밖에 없을지도 모른다. 인물소개조차 되어있지 않은 상황에서 비교를 운운하는 것은 시기상조이기 때문이다. 그런 점에서 나는 철학도의 수가 지나치게 많다는 생각을 하지 않는다. 절대량이 보장되어야, 상대적으로 질도 높아질 수 있기 때문이다. 그러나 그렇다고 해서 철학적 글쓰기가 비교에서 출발한다는 이상적 명제를 포기해서는 안 된다. 그것은 철학적 사색을 방기하는 것과 같다.

2. 도학의 의미

우리 유학자들은 도가에 대한 심한 반발을 지니고 있다. 이러한 경향은 오늘날의 학자라 해도 크게 다르지 않다. 나는 이러한 태도는 학문의 이해를 편집偏執적으로 만든다고 생각한다. 자신이 유학자이어야만 하는 이런 자기구속과 문화 질곡은 우리의 철학계를 위축시킬 뿐만 아니라 우리를 사유가 아닌 독단으로 치닫게 한다. 게다가 이상한 집단의식으로 소수에 대한 관용을 허용하지 않아, 고래의 벽이단闢異端 논의를 재연케 하기도 한다. 도통道統 때문에 학통學統이 설자리를 잃는다.

이러한 환경 속에서, 동주東洲 성제원(成悌元:1506-1559)의 도학道學 정신을 소개한 것은 의의가 크다. 이른바 '도학' 내지 '도학자'의 정의가 어떻게 조선 유학 속에서 내려질 수 있는지를 정확하고 간명하게 드러내주기 때문이다.

과연 도학이란 무엇인가? 작은 물음들을 통해 접근해보기로 하자. 특히 동주는 우리나라의 두 번째 사액서원인 충북 보은 상현서원의 전신인 삼년성

三年城서원을 세웠기에 더욱 의의가 깊다.

첫째, "선생의 선조들은 고려말 이후 매 시기의 한국의 지난한 역사 속에서 언제나 높은 학문과 절의를 보여주었다"(2쪽)고 하는데, 동주의 조상 가운데 아버지는 고려말 충신이고 아들은 조선의 대제학이라면 무엇이 절의인가? 그의 증조부는 생육신이고 선조들이 성삼문과 관련되어 있는데, 그렇다면 무엇이 국가에 대한 충성인가? 동주도 기묘사화를 겪으면서 조선에서 벌어진 '당고의 화'라면서 은둔하기 시작한 것인데, 도학이란 참여인가, 둔세인가?

둘째, 동주가 48세에 보은현감을 하면서 "속리산 아래에 있어서 한가할 때면 문득 말과 종을 물리치고 혼자 소요하는 신선의 취미가 있었다"(3쪽)고 하는데, 그렇다면 그의 정신세계는 도가에 더욱 가까웠던 것 아닌가? 스스로 '동주선인仙人'이라고 불렀던 것도 그러하고, 해학을 즐겼던 것도 그러하고, 술로 세월을 보낸 것도 그러하다. 그렇다면 그는 기본적으로 노장을 즐기며, 죽림의 현자들을 부러워했던 것은 아닐까? '세세한 속절에 구애되지 않고, 세상을 얕보고 불공스럽게 하는 일이 꽤 있었다'는 것도 그의 도가적 풍취와 관련되는 것 아닌가? 결국, 그는 '세상을 싫어하나 인생을 즐기는'(厭世而不厭生) 전통적인 도가적 성품과 맞아떨어진다. 그리고 그가 어울리는 인물들이 조금씩이나마 모두 도가와 관련을 맺고 있었다. 남명은 『장자』를 보았고, 토정은 도참학의 대가이고, 화담은 기론자 아니던가? 그를 '노장에 가깝다'[6]고 묘사한 것은 이유가 있었던 것이다. 단순히 한 줄의 시로 반박될 일은 아니다(鍊丹還喪志, 參佛亦勞神). 환약을 만드는 것과 부처에 절하는 것이 정신을 피곤하게 한다는 것이 곧 노불을 배척하는 것이 아니기 때문이다(飢飽隨宜樂, 靑山作主賓).[7]

셋째, "이러한 조정의 노력으로 무오·기묘의 사화 이후로 몰락하였던 사림계의 신진 사류들이 관리에 다시 등용되면서 '향약'을 보급하고, '소학'을 장

6 『국역조선왕조실록』, 선수 013 12/05/01(을사); 『朝鮮王朝實錄』, 25집, 483면.

7 「陪伯氏遊龍江停三首」.

려하여 향촌질서 및 사회교화 체계를 확립하여 갔다. 명종·선조를 거치는 동안 이와 같은 향촌질서 및 사회교화 체계는 더욱 확립되었고 성리학 연구의 심화로 학문적으로 바탕을 마련해 나갔다."(5쪽) 신진 사류의 등장 원인과 그들의 실천방향에 대한 설명이 가능하다면, 동주의 인생 태도도 해석될 수 있지 않을까? 이른바 '경명행수經明行修'의 사상사적 의미와 그 전개방향 속에서 동주의 역할이 드러날 수 있지 않을까? 조선 산림山林학의 계보가 필요하다.

넷째, 사람들이 동주를 '머리 긴 중'(有髮僧)이라 한 것은 그의 정신세계가 불교와도 친숙했기 때문이다. 그는 금강산의 불승에게 준 시도 여러 편 남기고 있다. 그가 '지리학·의학·복술 등을 배우고 벼슬을 싫어하였음'(6쪽)은 유가와는 일정한 거리를 두려했던 것은 아닌가? 아니, 그를 유가로 분류한 것은 실록의 정치이념이 개입되었기 때문일 뿐, 그의 진정은 다른 곳에 있었던 것 아닌가? 남명은, "선생을 아는 자들이 선생의 춘풍기욕의 취미가 있다고 하였으며 모르는 자는 한 시대의 일민佚民이라고 했다"(6쪽)고 하고, 『조선왕조실록』은 "선생의 학문과 정신세계를 아는 자는 선생이 따뜻한 봄날에 강가에서 노닐고자 했던 공자의 즐거움(春風沂水之樂)이 있다고 했으며, 선생을 모르는 자는 선풍도인의 유유자적함(仙風道骨飄然物外)이 있다"(6쪽)고 했지만, 이러한 포폄褒貶의 기술과는 독립되어 한 인물을 평가해야 하는 것이 우리 시대의 의무 아닌가? 그리고 '일민'은 『주역』, 「건괘 문언」의 '은자隱者'[8]나 『논어』, 「미자」의 '일민逸民'과 어떻게 다른가? 백이伯夷, 숙제叔齊, 우중虞仲, 이일夷逸, 주장朱張, 유하경柳下惠, 소련少連 등과 같은 유민遺民과는 어떻게 다른가?

다섯째, 동주는 규암 송인수가 말했듯이 영웅호걸을 지향했던 듯싶다. 게다가 상당한 자부심도 있었다. "화담과 남명은 모두 반드시 빨리 (사업을) 이루지만 쉽게 실패하고(速成而易敗) 퇴계는 반드시 늦게 달성하지만 오래 지속되고 멀리까지 이른다(遲成而久遠). 나는 빨리 이루고도 능히 오래도록 지속할 수 있

8 『周易』, 「乾掛文言」: 子曰, 龍德而隱者也. 不易乎世, 不成乎名, 遯世无悶, 不見是而无悶, 樂則行之, 憂則違之, 確乎其不可拔, 潛龍也.

다(可速而能久)고 자부하기도 했다.[9]"(7쪽) 벗님들의 이야기이니 경중을 논할 것은 아니지만, 그처럼 호방하고 활달한 그였다. 그리고 그의 학문적 배경은 우암이 말한 것처럼 역학易學에 있었던 듯싶다. "동주 선생은 소강절邵康節의 학을 배운 자로서 선현들이 중국에서 태어나지 못하였을 뿐, 편방偏邦의 작은 선비가 아니다"[10](7쪽) 이렇게 보았을 때, 도학자란 그저 소심한 은둔자가 결코 아니다. 기개 있고 농을 잘하는 대인이다. 그러나 이 글 속의 동주는 너무도 단순한 유학자로 그려지지 않았을까?

마지막으로 작은 문제를 보자. 상현(象賢: 주7의 尙賢이 아니다)서원은 1555년에 동주에 의해 삼년성서원으로 창건되어, 1610년 상현서원으로 우리나라에서 두 번째로 사액되었다(1542년 백운동서원이 창건되고 1550년 소수서원으로 처음 사액됨). 그런데 그 위치는 각기 다르다. 게다가 상현서원은 현재 외속리면 서원리(지명조차 書院이다)에 유적을 남기고 있다. 비교해보면, 삼승면 선곡리에는 금화金華서원, 구병산 아래에는 병산屛山서원이 있고, 서당으로는 한말의 성리학자 박문호가 훈육하였던 풍림정사楓林精舍가 회북면 눌곡리에 있었다.

다른 것은 형식적인 면이다. 이를테면 주20)과 28)이 중복되고 있으며, 당연히 내용도 중복되고 있다. 그리고 주가 나중에 나오는 경우도 있으며, 때로 전거가 확실하지 않은 문장들이 있어 동주에 대한 내용을 구체적으로 확정할 수 없다.

마지막으로 해석상의 의문이다. "풍성風聲은 영수永樹로다"(7쪽), 그리고 "산수는 아교로 갠 옻칠이요, 이름을 날리는 인생길은 거북이 등위의 털과 같네"(山水膠中漆, 名途龜背毛: 주30)의 뜻이 궁금하다. 좀 더 상세히 말해, "온 세상 가운데 누가 푸른 눈을 가졌는가. 산을 찾아 흰 구름을 벗하네"(擧世誰靑眼, 深山伴白雲)와 같은 구절(주32)에서 '청안'은 '백안白眼'과 대비되는 것으로 이른바 '백안시'라는 말을 만들어낸 죽림의 완적阮籍에 대한 역사서의 표현이다. 또

---

9 『名臣錄』, 『澤堂別集』, 『동주선생유고』, 「부록」 諸家記述 p.16.

10 『宋子大全』, 「與金文谷書」.

한, '견독見獨'은 『장자』, 「대종사」에 나오는 표현이고, 크게 보아 '초월불기'(不羈)의 '기'자도 죽림칠현 가운데 패류인 왕융王戎이 혜강과 완적을 회상하면서 쓴 적도 있다.[11]

3. 오늘의 도학

나는 개인적으로 '나는 도학자이다...유도의 겸비이다...정주학의 잘못은 노불을 포용하지 않고 비난하려는데 있다'(1994.1.11.)는 글귀를 중국철학사의 앞장에 써놓고, 자신의 앞길을 점쳐본 적이 있다. 노불과 정주학을 통해 진정한 도학의 정립을 꿈꿨던 것이다. 이렇듯 도학이란 개념은 유학자만을 가리키는 것일 수 없다. 나아가 포용이나 비난이 중요한 것이 아니라, 진정한 비판을 통한 새로운 학풍의 정립이 시급한 것이다. 나는 '머리 묶지 않은 유가'(散髮儒)일 따름이다.

그런데 동주의 호방하고 해학적인 기질과 시문은 가히 '도학적'이라 할 수 있어, 16세기 사화기 직후의 도학군자의 모범을 보여준다. 특히 그의 시가 보여주는 화통함과 강개스러움은 실로 죽림의 술꾼을 만난 듯하다. 술동이를 앞에 놓고 반드시 통음할 것을 결심하고, 취한 가운데 또 다시 취하는 모습(今日樽前須痛飮, 醉中還作醉中人: 「次大谷韻」)은 역시 죽림 가운데 하나인 유령劉伶이 '죽으면 묻으라'(死便埋我)고 삽을 들고 다니며 술을 마시던 비장함도 엿보인다. 떠도는 세상의 비난과 쟁탈 때문에 웃음 속에서 봄을 맞을 뿐이다(浮世難爭笑裏春: 「次大谷韻」).

---

11 왕융은 황공黃公의 술집을 지나다가 이렇게 읊었다. '내 옛날 혜강과 완적과 더불어 이곳에서 연회를 벌리며 화락했는데, 죽림에서 노는 것도 끝이 보였다. 혜강과 완적이 죽음에 이르고 나서 나는 시대에 굴레와 고삐가 끼워졌노라. 오늘 이곳을 가까이 보는데도 산하처럼 아득히 멀게 보이는구나.'(吾昔與嵇叔夜, 阮嗣宗酣暢於此, 竹林之遊亦預其末. 自嵇阮云亡, 吾便爲時之所羈紲. 今日視之雖近, 邈若山河!)

그렇다면 우리가 말하는 도학이란 것은 좀 더 넓은 의미를 갖는다. 단순한 유학자만이 아니라, 둔세의 처사處士들이 모두 도학자인 것이고, 그들은 제자학과 같은 폭넓은 세계관을 통해 세상을 바라보고 있었다. 선풍도인仙風道人의 품격과 유유자적悠悠自適하는 기분이야말로 조선 도학자의 근저의 한 부분을 이루고 있었던 것이다. 그런 점에서 오늘 우리는 유학자보다는 도학자이길 자처해야 하지 않을까? 삶이라는 것은 이렇게 스스로 즐기는 것이니 말이다(人生如此自可樂). 그것을 우리는 천지와 왕래하는 '정신精神'이라고 부른다.

『동서철학연구』33, 한국동서철학회, 2004.

20

정의와 법*

이인숙, 「롤즈(롤스) 정의론의 법철학적 함의」

재판은 불완전한 절차적 정의의 한 예이다.

-J. 롤스, 『정의론』-

1. 정의론들

정의正義란 무엇인가? 한마디로 말해, 정의란 분배의 문제이다. 주어진 것을 어떻게 나누느냐 하는 것이 정의론의 가장 핵심적인 문제이다. 똑같이 나눈다고 하면 평등주의적 정의관을 지니는 것이고, 마음대로 나누자고 하면 자유주의적 정의관으로 나누어진다. 그런데 문제는 자유와 평등이 모두 우리의 이상이긴 하지만 기본적으로 대립되는 개념이라는 데 있다.

이를테면 중국의 문화대혁명은 평등을 실현하려는 사회주의의 이상을 담고 있었지만 결과는 하향평준화의 길로 접어들었다. 반면, 현재 벌어지고 있는 '사회주의적 시장경제'란 그 이상한 개념답게 '사회주의적 자본주의'를 모

* 이 글은 이인숙, 「롤즈(롤스) 정의론의 법철학적 함의」(제9회 Juris Forum, 충북대 법학연구소, 2001.11.22.)에 대한 논평논문(review article)이다.

순적으로 뜻하고 있지만, 실제로는 자유주의 경제의 실천을 목표로 하고 있는 것이다. 이처럼 우리는 경제적 방향이나 행위를 통해서도 평등과 자유의 대립을 만나며, 이때 등장하는 것이 바로 '정의'라는 말이다. 우리나라의 '경제정의'란 용어는 이러한 경제의 정의성을, 비록 주로 평등으로 치우쳐있긴 하지만, 나름대로 정의定義해보고자 하는 시도이다.

결국 정의란 자유와 평등의 두 극단에서 얼마나 좋은 선택을 하느냐는 데 달려있고, 그런 점에서 일정한 분배의 문제를 수반한다. '내가 벌어 내가 쓴다는데 누가 뭐라고 하느냐'고 하면 자유주의적 정의관을 지니는 것이고, '내가 버는데 남도 수고했으니 나누어주자'고 하면 평등주의적 정의관을 지니는 것이다. 이러한 문제는 단순히 경제뿐만 아니라 정치와 문화 등 '권력'이라는 말을 붙일 수 있는 곳이라면 어디에서도 발생한다. '정치권력'과 '문화권력'도 마침내는 분배의 정의와 상관되어 우리의 논의대상이 되는 것이다.

이러한 정의의 문제에 대해 동서철학자들은 고심해왔다. 소크라테스의 경우, '이것이 정의이다'라고 말하는 독단으로부터 벗어나기 위하여 대답을 회피하면서, 정의를 본질적인 영역으로 추상화시켜버렸다. 이후, 정의는 규범론적으로 이해되어 이 세계의 것이라기보다는 저 세계에서 주어진 것으로 초월성이 강조되었다. 지금 당장 눈앞에 있는 떡을 어떻게 나눌 것인가가 문제가 되지 않고, 신탁神託으로 얻어진 만고불변한 진리의 현현처럼 받아들여지게 된 것이다. 한비자의 경우, 그의 비난의 대상은 유가와 묵가였다. 그는 유가의 윤리적 이상주의와 묵가의 경제적 평등주의를 맹렬히 비판하면서 그의 철학을 열고 있다. 풍년인데도 못사는 놈은 그가 게을렀을 뿐이고, 흉년인데도 잘사는 놈이 있으면 그가 도둑일 뿐이다. 이렇듯 적시에 맞게 판단해야 할 것을 윤리와 경제의 문제로 환원시켜서는 안 된다는 것이다. 이때 등장하는 것이 법이다. 그리고 법의 본질은 합의적이기보다는 선험적이었다. 그의 스승인 순자荀子의 뜻처럼 법(禮)은 성인聖人만이 베풀어줄 수 있는 초월적인 기준을 표시하고 있었다.

이렇게 추상적이고 원론적인 정의의 세계에서 현대세계의 정의론으로 인도한 것은 바로 공리주의이다. 그런데 공리주의는 자체 내의 문제에서, 그리고 한국적 상황에서 큰 문제를 포함한 채 발전되었다. 공리주의(utilitarianism)란 분명 '이익을 도모하는 입장'(功利)이지 결코 '공공복지를 향상하는 입장'(公利)이 아니다. 그들의 공리는 곧 효용성(utility)의 극대화일 뿐이다. 따라서 벤담에게는 마치 공상과학(S.F.) 영화에 나오는 것과 같이 중앙통제소에서 주위를 감시하는 원형감옥(panopticon)이야말로 가장 효율성이 높은 것으로 평가되었던 것이다. 게다가 '최대 다수의 최대 행복'을 실현하기 위해서는 노예제도도 불사하는 정신이 곧 공리주의이다. 땡볕이 쬐는 날, 가위바위보를 통해 한 사람에게 고역스럽게 아이스크림을 자기 돈을 들여 사 오게 만드는 것이 곧 공리주의인 것이다. 이런 공리주의를 '공공의 이익'(public welfare)으로 오역하면서부터 우리나라의 윤리학과 그 윤리적 정의는 혼돈되기 시작했다. 군사정권의 긴급조치는 '공리公利'를 위한다는 명목으로 수 없는 '공리功利'를 자행했고, 그에 기생하는 법학자들은 '공리功利'가 곧 '공리公利'인 양 국민을 호도했다. 이후 서양의 공리주의는 규칙과 행위 공리주의자들로 양분되면서 많은 발전적 논의가 지속되었지만, 우리나라에서는 아직도 공리를 효율성으로 완전히 이해하고 있지 못한 것이 현실이다.

이러한 공리주의의 이론을 비판하면서 다수의 이익 때문에 소수에 불편을 끼쳐도 되는지, 모두에게 이익이 된다고 불평등을 인정할 수 있는지를 묻고 나온 것이 바로 롤스(J. Rawls)이다. 그는 말한다. "벤담, 에즈워드, 시즈위크 등에 의해 정식화된 고전적 견해가 갖는 한 가지 장점은 정의의 원칙이나 이로부터 도출되는 권리의 상대적 우선성이라는 중요한 문제점을 분명히 인식하고 있다는 것이다. 문제는 소수자에게 불편을 부과하는 일이 타인이 누릴 보다 큰 이익의 총량에 의해 정당화될 수 있는지의 여부이며, 또한 정의의 중대성이 과연 모든 이의 평등한 자유를 요구하며 모든 이에게 이익이 되는 경제적, 사회적 불평등만을 허용할 만큼 대단한 것인지의 여부이다. 고전적인 공리주의와 공정으로서의 정의관 간의 대비 속에는 암암리에 사회관에 있어서의 근본적인 차이가 있다."[1] 롤스에게 '고전적인 공리주의'는 사회적 자원

---

1 존 롤즈(롤스) 지음, 황경식 옮김, 『사회정의론』(서울: 서광사, 1977/1988), 54쪽.

을 효율적으로 관리하는 것으로 보였고, '공정으로서의 정의관'은 공정한 최초의 상황에서 사람들이 선택해나가면서 상호이익을 위해 협동하는 것으로 비춰졌다. 롤스가 취한 입장이 세인에게 최초의 관심을 끈 「공정으로서의 정의」(1958)론이었다.

그런데 이러한 롤스의 입장은 후인들에게 적지 않은 비판을 받는다. 최초로 시비를 건 인물이 노직(R. Nozick)이다. 세금의 문제로 비유를 들어보자. 롤스는 수중에 돈이 꽤나 있는 사람을 기준으로, 그가 그만큼 돈을 벌게 된 것은 너무도 임의적이므로 나누어줄 수 있어야 정의롭다고 생각한다. 그러나 노직은 월급쟁이를 기준으로, 쥐꼬리만한 월급에 세금을 많이 떼는 것은 정의롭지 못하다고 생각한다. 중과세정책은 롤스에게는 정의롭지만 노직에게는 부정의로운 것이다. 만일 나의 입장에서 의료보험비가 비싸다고 생각하는 것은 내 노동의 대가로 얻어지는 정당한 월급에 제멋대로 손을 댄다고 불만을 갖는 것이며(노직), 그럼에도 불쌍한 사람들을 생각하면 의료보험료는 많이 내도 된다고 생각하는 것은 내 수입의 원천에는 이웃들의 불공정한 희생이 있었다고 인식하는 것이다(롤스). 결국, 롤스가 말하는 정의의 주체는 유산을 받았거나 아니면 성공한 사람들로서 하층민에 대한 자신의 입장을 자비적으로 베품을 뜻하지만, 노직에게 정의란 일반적으로 아둥바둥 살고 있는 서민들의 것으로 합법적 수입을 정부가 건딜 하등의 이유가 없는 것이다.

이후 그들에게 반발하여 나온 것이 미국의 공동체주의자(communitarian)들로, 매킨타이어(A. MacIntyre), 테일러(C. Tayler), 샌델(M. Sandel), 바버(B. Barber) 들이다. 많은 그들 간의 차이에도 불구하고, 그들은 한결같이 자유주의를 비판하며 그것이 폄하하고 있는 행복한 삶의 기본단위인 공동체를 복구하고자 하는 데 목표를 같이 한다. 그들에게는 정의보다는 행복이 더욱 중요한 것이다. 나아가 공동체주의자들은 롤스나 노직이나 할 것 없이 이익(interest)을 추구하는 개인을 기반으로 사고하고 있기 때문에 문화나 역사 속에서 드러난 공동체의 의미와 역할을 망각하고 있다는 것이다. 특히 이러한 시도는, 근대성(modernity)과 그의 연속성상의 니체적 후기근대성(post-modernity)으로부터 탈피하여 아리스토텔레스적 덕(德: virtue) 개념으로 회귀를 주창하거나(매킨타이어), 아니면 근대성의 병폐를 지적하면서도 근대 개인주의 속에서 윤리적 가능성을 발견하면서(테일러), 새로운 국면을 맞고 있다.[2]

2. 롤스의 정의와 법

오늘날 법이 어느 자리에 있는지 단언한 사람은 없다. 자연법의 이상이 사라진 곳에서 실정법이 날카로운 칼을 들이대고 있지만, 그 칼날의 저편에는 언제나 '인권'과 같은 천부적인 개념이 도사리고 있기 때문이다. 왜 우리가 권리를 갖는가? 그것은 로크가 말하듯 생명보존의 원리로부터 확대되어 그것의 파생적 조건물인 재산권에 이르게 되는 것이다. 나아가 그 과정에는 수많은 계약이 개입된다. 적게는 폭력으로부터의 안정으로부터, 크게는 자유의 실현에 이르기까지 우리는 우리가 얻고 싶은 것을 얻기 위하여 우리의 권한을 '계약적'으로 양도했고, 그것이 이루어지지 않을 때 우리는 또 '계약에 따라' 파기한다. 그런 과정을 우리는 '절차'라고 부른다.

롤스는 그런 의미에서 전통적 사회계약론자이며, 엄밀한 절차주의자이다. 그에게 정의는 이른바 '원초적 입장/상태'(original position)라고 불리는 가상의 조건 속에서 사람들이 '무지의 베일'(veil of ignorance) 속에서 공평무사하게 합의를 도출해내는 것이다. 사회적 지위나 천부적인 재능을 베일에 쌓아두고, 하나씩 합리적인 원칙을 추론하여 계약당사자들이 선택해나가는 것이 롤스의 정의관이다. 이를 위해서는 사려 깊으면서도 신중한 판단이 요구되는데 그것이 바로 '조심성'(prudence)이다. 이는 매순간 타산성을 따지는 것으로 정의를 합의의 산물로 이끌어내는 방법이며, 또한 도덕적인 판단과도 다르다. 이를

2 공동체주의에 관해서는 다음의 글을 보라. 유홍림, 「미국의 공동체주의 정치사상」, 『미국학』, 제20집, 서울대 미국학 연구소, 1997.

통해, 우리는 사회적 불평등을 다소나마 줄여나갈 수 있다는 것이다.

이인숙 박사의 글은 이러한 롤스 이론의 대강을 소개하고 그것의 현대적 의미를 실증해주고 있다. 내용은 크게 롤스의 정의론에 대한 정리와 그것의 법철학적 함의에 대한 설명으로 나뉘어진다. 몇 가지 질문과 지적으로 이야기를 끌어나가 보자. 먼저 롤스에 대한 이해이다.

첫째, 롤스는 "공리주의에 대해 철저한 비판을 가하고 있다"(2쪽, 주8)고 했는데, 과연 그러한가? 그는 기본적으로 공리주의에 대해 원론적인 대안을 마련하고 있지는 못한 듯하다. 왜냐하면, 그에게 공리(功利: utility)성이야말로, 그가 줄곧 강조하는 '합의'에 도달하는 유일한 전제이기 때문이다. 비록 롤스는 "정의에 의해 보장된 사람들의 권리는 전체사회의 복지라는 명목으로도 유린될 수 없으며 사회적 이득계산에도 좌우되지 않는다"(2쪽)고 생각하고 있지만, 그에게 '사회의 기본구조'란 '사회의 주요제도가 권리와 의무를 배분'하고, '사회협동체로부터 생긴 이익을 분배하는 방식'이기 때문이다. 결국 문제는 이익에 있다는 점에서 공리주의와 반목하지 않는다는 것이다. 이를테면 '차등원칙이 만족될 경우, 효율성(utility)의 원칙에도 부합될 수 있다'(6쪽)고 롤스는 믿고 있지 않은가. 이는 이익의 극대화와 관련된다.

둘째, 롤스의 '무지의 베일'처럼 우리의 심금을 울리는 원칙은 없다. 이른바 오만과 편견으로부터 탈출하여 호혜성(reciprocity)에로의 전환이다. 이를 통해, 우리는 자유와 평등 그리고 경제적 복지를 실현할 수 있을 것처럼 보인다. 그러나 우리 사회는 한마디로 족벌族閥 사회이다. 재벌과 문벌이 호령하는 가문과 학력의 사회인 것이다. 이는 동서양의 '국가'의 정의에서부터 비롯된다. 플라톤에게 국가는 핏줄이 배제되면 될수록 이상적이며, 공자에게 국가는 핏줄로부터 시작되는 것이다. 혈연관계로부터의 이탈과 조합이라는 상반된 국가개념이 동서양에는 분명히 존재하는 것이다. 이른바 '수신제가'(修身齊家: 家)와 '치국평천하'(治國平天下: 國)의 필연성이 보장되기 위해서는 반드시 혈연중심적 사회가 전제되어야 한다. 이렇게 보았을 때, 우리에게 무지의 베일만큼이나 역설적으로 '몰상식'한 개념은 없는 것이다. 우리의 사회구성조건, 나아가 법질서까지도 모두 이러한 관계(關係: 중국의 '꽌씨'와도 통한다)의 영역에 속한다. 이른바 공정한 기회균등의 원칙에 따른 직책과 직위의 개방원칙(Equal Opportunity)은 아직 우리의 현실과는 거리가 멀다.

셋째, 롤스의 원칙선택의 전략에서 '최소극대화의 규칙'(maximin rule)이 뜻하는 것이 과연 무엇인가? 최소극대화란 게임이론에서 '최소의 득점을 최대로 하는 전술'로서 최소의 선을 극대화하자는 것으로 이해된다. 그 반대로, 최대극소화(minimax)란 경제학에서 '최악의 경우라도 손실이 최소한도에 그치도록 행동해야 한다'는 것으로, 이른바 '불행중 다행' 이론이다. 롤스가 원하는 태도가 어떤 것이지, 그 이유가 무엇인지에 대한 상세한 설명이 필요하다. 비록 논점의 맥락은 다르지만, '추상적인 선의 구현이 아니라 구체적인 악의 제거'를 주장하는 포퍼(K. Popper)의 원칙과는 어떻게 비교될 수 있는가? '작은 것을 많이 만들자'는 것과 '많은 것을 적게 만들자'는 것 사이에는 자유의 제한 정도가 다르다. '아무리 작은 선이라도 많이 실천하자'는 것과 '아무리 큰 악이라도 조금이라도 적게 만들자'는 것은 다르기 때문이다. 이때 기본적 자유와 경제적, 사회적 이득과의 교환은 용인되지 않음을 주장하는 롤스의 입장은 어느 쪽인가?

다음으로, 제안된 롤스와 현대의 법철학적 함의는 구체적으로 어떻게 만날 수 있는가를 묻지 않을 수 없다.

첫째, 발표자는 롤스의 "자유와 평등을 조화하려는 의지와 희망"을 엿보고, 그에서 "정당한 법의 이념은 이제 존재론적으로 정당화되는 것이 아니라 '당사자들의 합의', '널리 받아들여지는 전제들', '민주주의 사회의 공적인 정치문화에 내재하는 근본관념들', '정치적 전통' 그리고 이런 것들과 철학적 성찰과의 반성적 평형상태에 의해서 정당화되고 있다"(8쪽)고 주장한다. 이런 '공적 이성'(public reason)의 이념은 특히 후기 롤스에 오면서 강조되어, '공적인 토론'을 거쳐 '공적인 정당화'를 확보하며, 나아가 게임과 같은 '순수한 절차적 정의'(pure procedural justice)를 획득하게 된다는 것이다(파이를 가르는 사람이 맨 나중에 먹게 하는 '완전한 절차적 정의'와는 다르다). 그런데 과연 어떻게 동의를 얻어낼 것인가? 실체적 진실이 비록 '발견'되는 것이 아니라 '구성'되는 것이라고 할지라도, 우리는 어떻게 소송당사자들의 방식과 절차의 합리성을 얻어낼 수 있는가? 이를테면 '전관예우'가 관습적이고, '행형의 평형성'이 보장되고 있지 못한 우리의 현실에서 절차적 정의는 어떻게 보장될 수 있는가? 공사公私의 불분명한 법질서에 익숙한 우리에게 필요한 것은 과연 순수한 절차적 정의인가, 아니면 절차를 초월하는 인격자로서의 통찰인가? 사실상 윤리학의 문제를 궁극적으로 이상적 인격에게 맡겨버리게 되는 것도 이러한 절차적 정의의 한계 때문에 발생하는 일이다. 현대윤리학의 스티븐슨(Stevenson)이 내세운 것이 바로 이러한 문제의 핵을 해소하기 위한 관찰자(observer) 이론이었다. 아울러 고대의 순자도 '악한 인간이 만들어낼 수 없는 선한 법'이라는 성악性惡설의 논리상의 문제 때문에 성인聖人에게 그러한 역할을 완전히 맡겨버렸다.

둘째, 발표자는 "개인주의적·자유주의적 법원리가 지배한 19세기의 근대민법의 기본원리인 '소유권 절대의 원칙', '사적 자치의 원칙', '과실책임의 원칙'은 자본주의 경제를 고도로 발달시키는 적극적 계기로 작용"했으나, "자본주의가 진전되면서 계약자유라는 이름 아래 경제적 강자에 의한 계약의 강제와 함께 경제적 약자는 계약의 자유를 상실해 갔으며, 형식적 자유와 실질적 불평등이 야기"되었음을 지적하면서, 이에 따라 "실질적인 자유와 평등을 이루기 위한 적극적 조치가 요구되었고, 이를 보장하기 위한 사법의 이념으로서 '공공복리'가 민법에 들어오게 되었다"(11쪽)고 말한다. 그리하여 롤스의 정의의 제2원칙이 이러한 사법의 이념에 부합되고 그것을 정당화하고 있다는 것이다. 그 원칙이란 "(사회, 경제적) 불평등으로 인해 특히 최소수혜자(the least advantaged)에게 이득이 되어야 하며, 또한 그 불평등이 모든 사람에게 개방된 직위와 직책에 결부되어야 한다"는 것으로, "소득·재산의 분배, 권한 등에 있어서 차등(불평등)을 허용하되 그것이 최소수혜자에게 이득을 가져오는 경우에만 정당함을 내세운다"(5쪽)는 것을 가리킨다. 크게 보아 이러한 주장은 오늘날 사법의 이념에 부합할지도 모른다. 그러나 우리 사회가 과연 개인의 능력과 사회적 지위를 사회에 환원하려는 법질서를 받아들이고 있는가? 우리의 얻음을 남의 잃음에 돌려주고자 하는 법의 이념을 실현하고 있는가? 최소수혜자에게 돌아갈 응분의 여지(desert)가 법률적으로 보장되고 있는가? 이는 너무나도 현실과는 거리가 먼 이야기이다. 법은 현실을 제재하지만, 또한 현실을 반영한다. 분배적 정의가 명목이 아닌 실질의 평등을 확보한다는 것은 말처럼 쉬운 일이 아니다.

발표문의 형식적적인 면도 하나만 지적한다. 소개의 글이기에 불가피하겠지만 좀 더 친절히 인용을 밝혀줄 필요를 느낀다. 이를테면 아래의 문장(6쪽)은 기존의 번역 페이지와 상부한다. "결국 이른바 '민주주의적 평등'의 입장에 이르는데 이는 공정한 기회균등의 원칙과 차등원칙(difference principle)의 결합에 의해 이루어진다[『정의론』, 이하 생략, 95쪽]. 처지가 나은 자들의 더 높은 기대치가 정당한 것으로 인정될 수 있는 것은 그것이 사회의 최소수혜자들의 기대치를 향상시키는 경우이다[96쪽]. 예컨대 기업가 계층의 일원으로 출발하는 사람들은 미숙련노동자 계층의 일원으로 출발하는 사람들보다 훨씬 더 나은 생활전망을 갖게 되는데 이러한 불평등을 정당화할 수 있는 것은 그것이 오직 미숙련노동자들 같은 보다 불리한 처지에 있는 자들에게 이득이 될 경우이다[98쪽]. 이러한 차등원칙이 만족될 경우 효율성의 원칙에도 부합되는데 왜냐하면 차등의 원칙이 만족될 경우에는 최소수혜자의 처지를 악화시키지 않고 어떤 자들의 처지를 더 낫게 할 여지가 없기 때문이다[99쪽]."

3. 법과 철학

나는 철학도로서 누구에게나 사죄하는 것이 있다. "'악법도 법이다'라고 소크라테스는 말했다"는 거짓말을 내버려둔 잘못이다. 그런 말은 없다. 나아가 '정의'라는 말로 벌어지는 온갖 학살과 만행에 대해 침묵함에 부끄러움을 느낀다. '무한정의'(infinite justice)가 어찌 현실에서 존재할 수 있겠는가?

법학도 이러한 많은 말을 만들어낸다. 철학이 저지른 과오만큼이나 우리의 현대사에서도 한몫을 차지하는 것이다. 우리는 법이라는 이름으로 얼마나 많은 '법령'(Act)과 '조치措置'를 강제해야 했던가? 법의 정신은 현실과 이상을 조화시키는 것이지만, 우리의 법률가는 아무래도 권력에 손을 들어주는데 급급했다. 법률적 신중성(juris prudence)으로 확보되어야 하는 법제의 역사는 온데간데없었다.

이를 회복하기 위한 정의에 대한 탐구는 무엇보다도 시급할 것이다. 그러나 사실상 이러한 민주주의에 대한 절차주의적 해석은 단순히 롤스만이 아니다. 비판이론가인 하버마스(Habermas)에 의해서도 그러하다. 그들이 말하고 있는 과정의 중요성은 어떤 목적이라도 수단을 정당화할 수 없다는 신념을 깔고 있는 것이다. 이를테면 인권의 억압을 통해서라도 발전은 이루어져야 한다는 유신의 논리는 원천적으로 봉쇄된다. 롤스가 현대 정의론에서 태두의 자리에 있는 것은 바로 최댓값을 얻기 위한 공리주의의 원칙을 비판했기 때문이다. 이른바 최소수혜자에게도 이득이 되어야 한다는 새로운 표준을 제시한 셈이다.

그러나 이러한 이익의 원칙은 공동체주의자들에 의해 비판되고 있다. 역사와 전통 속에서의 자아를 발견해 나가는 과정이다. 매킨타이어에 따르면, 장기적인 맥락 속에서 제한을 전혀 받지 않는 '빚 없는 나'(저당 잡히지 않은 자아: the unencumbered self)라는 자유주의적 개인주의의 출발점은 허상이다. 나는 역사의 일부분이다. 그리고 그 전통을 실천적으로 유지시키는 것이 바로 덕(virtue)이며, 나아가 전통이란 움직이고 있을 뿐만 아니라 지속적으로 오류를 수정해나가고 있다는 것이다. 따라서 그는 아리스토텔레스 철학자인 아퀴나스뿐만 아니라 주자의 제자인 진순(陳淳: 1130-1200)의 『북계자의北溪字義』에 붙어있는 연속적인 서문과 발문(1226, 1247, 1490, 1492, 1508, 1670, 1695, 1714)을 통해, 동서양이 각자의 전통 속에서 수정되고 보완되고 있음을 주장한다.[3]

---

3 Alasdair MacIntyre, "Incommensurability, Truth, and the Conversation between Confucians and Aristotelians about the virtues", ed. Eliot Deutsch, Culture and Modernity: East-West Philosophic Perspectives (Honolulu: Univ. of Hawaii, 1991), 119쪽. 매킨타이어 책은, 이진우 옮김, 『덕의 상실』(서울: 문예, 1997)을 보면 되고, 그의 유가철학에 대한 이해에 대해서는, 송영배, 「매킨타이어의 역사주의적 관점과 유교와의 대화 가능성」, 『철학과현실』(서울: 철학과현실사, 1998, 겨울)을 보라. 나의 관점은 송영배의 논문에서 큰 도움을 얻었다.

이렇게 본다면 우리의 정의론, 나아가 법철학에서 강조되어야 할 것은 우리의 이론(道)이자 우리의 실천(德)이다. 이때 역사주의란 다름 아닌 전통에 대한 숙지와 그에 대한 주연周延한 심사숙고(prudence) 그리고 비판의식을 가리킨다. 또한 왜 이런 법이 있는가를 설명해줄 법철학을 우리의 맥락 속에서 찾아봄을 뜻한다. 조선조의 『경국대전經國大典』 이하의 여러 법전과 교지, 조례가 통합된 『대전회통大典會通』이 "시정施政의 만전을 기하기 위하여 일한합병 이전"[4]의 제도와 풍속을 알기 위해 조선총독부 중추원에 의해 교주校註되었음을 잊지 말자.

롤스의 말로 맺는다. "입헌체제나 혹은 어떤 정치 형태의 경우에 있어서도 완전한 절차적 정의의 이념은 실현될 수 없다. 달성될 수 있는 최선의 체제는 불완전한 절차적 정의의 체제일 뿐이다."[5] 따라서 정의로운 헌법이라 할지라도 불완전한 절차적 정의의 한 예가 된다.[6]

---

4 朝鮮總督府 中樞院調査科 編, 『校註 大典會通』, (서울: 朝鮮總督府中樞院, 1939), 序.

5 존 롤즈(롤스), 『사회정의론』, 같은 책, 218쪽.

6 존 롤즈(롤스), 『사회정의론』, 같은 책, 366쪽. 재판도 마찬가지이다. 105쪽.

'중국학에서의 국가', 한국중국학회 중국학국제학술대회,
서울대 법대 주산기념관, 2001.8.25.

21

개인과 국가

유흔우, 「은사와 국가」

마키아벨리와 더불어 현대세계는 시작된다. 바라던 목적은 달성되어 국가는 그 완전한 자율성을 획득하였다. 하지만 이 결과는 비싼 값을 치르고서야 얻을 수 있는 것이었다. 국가는 완전하게 독립하게 되지만, 동시에 그것은 완전히 고립하게 된다. 마키아벨리의 사상의 날카로운 칼은 그 이전의 여러 세대에 국가를 인간 생존의 유기적 전체에 묶어놓고 있던 모든 연줄을 끊어버렸다. 정치의 세계는 종교나 형이상학만 아니라, 또한 다른 모든 형식의 인간의 윤리적 및 문화적 생활과의 연관을 잃어버렸다. 그것은 텅 빈 공간 속에 홀로 서 있다.

-E. 카시러, 『국가의 신화』, 1945-

1. 국가란 무엇인가

우리에게 국가란 무엇일까? 과연 국가는 우리에게 필요한 것인가? 국가 없는 개인이 있을 수 있는가? 개인은 국가를 통해 자아를 실현하는가, 아니면 국가가 개인의 자유를 통제하는가? 우리들이 흔히 알고 있는 이른바 국민교

육헌장의 '나라의 발전이 나의 발전의 근본임을 깨달아'라는 구절은 어떻게 옹호될 수 있는가? 나아가 '국민'이란 단어는 어떻게 규정된 것인가?

국가의 개념만큼 이데올로기의 간섭이 심한 말은 없다. 국가가 어떻게 정의되느냐에 따라, 국가에 복속되어 '그 속에 사는 사람'에 대한 설정도 몹시 달라지기 때문이다. 국가는 기본적으로 일정한 영토의 의미를 지닌다. 땅은 땅인데, 비슷한 언어와 문화 그리고 사고를 지닌 사람들의 영역설정으로 그 안에는 최고지도자와 법률과 같은 '통치'의 문제가 개입된다. 고대의 국가는 '비슷한 사람들의 모임'으로 생물적 조건이 앞서지만, 오늘날 다언어와 다문화 그리고 종교와 사상의 자유가 보장되는 현대의 국가에서는 오히려 법률이 무엇보다도 우선된다.

이를테면 우리나라의 경우, 국가는 언어와 민족의 동질성을 보장하는 것이다. 헌법에 보장된 이북의 영토는 언어와 민족의 동질성은 유지되지만 사고의 유사성은 확보되지 못하는 지역이다. 미국의 경우, 무엇보다도 법치法治주의를 내세우는 것은, 언어와 민족의 다양성 때문에 유일한 표준은 법밖에 없기 때문이다.

국가가 있는 이유는 단 한마디로 통치를 위해서이다. 국가는 통치의 주체요, 통치는 국가의 행위이다. 이러한 통치를 옹호하는 원리는 다양하게 제시되었다. 가장 대표적인 것이 홉즈와 같은 사회계약설로 자연상태의 인간은 만인 대 만인의 투쟁 관계이므로, 권력을 한 사람에게 모아 그로 하여금 평화를 보장하게 한다는 내용을 담고 있다. 만일 그 사람이 평화를 유지시키지 못하면 계약을 어기는 것이기 때문에 그는 더 이상 군주가 아니다. 현대국가의 개념은 이와 같은 기초 위에서 건립되었다.

그런데 이런 현대국가는 너무나 많은 것을 사장시켜버렸다. 이는 한마디로 윤리를 비롯한 당위의 문제가 더 이상 국가의 이론과 결부되지 않는다는 것이다. 이른바 '정의正義'라는 표준이 국가를 간섭하기 어렵게 되어버렸다. 마키아벨리는 그런 점에서 과학자로서의 판단을 내리고 만 것이다. 그 안에는 개인적 이상이나 도덕적 요청이 개입되지 않고, 마치 화학자들이 화합물을

섞듯, 선과 악 그리고 상과 벌이 혼용되고 있었다.[1]

이러한 냉담한 표정을 한 국가에 대해 일련의 무리들은 강한 반발을 한다. 이른바 무정부주의자(Anarchist)들로, 그들에게 권위란 어떤 근거도, 아무런 가치도 지니지 않은 것이다. 그들의 강령은, 하늘에도 어떠한 절대권위도 없으며 땅위에도 어떠한 절대권위도 없다는 것이다. 그들에게 사람이 사람을 통제한다는 것은 언어도단이고 어불성설이다. 어떤 누구도 자기의 자유를 남에게 기탁하지도 않으며, 어떠한 이름으로도 남의 자유를 도용할 수 없기 때문이다. 인권은 위탁되거나 도용될 수 있는 것이 아니다. 따라서 그들은 제국주의자들에게 뿐만 아니라 공산주의자들에게조차 시련과 탄압을 당한다. 신의 이름이건, 국가의 이름이건, 당의 이름이건 인간을 통제할 권리는 아무에게도 없다.

근대 중국에서도 유사배劉師培를 위시한 무정부주의자들이 있었다. 특히 그와 적대적인 토론을 벌린 장병린章炳麟과 같은 인물은 「오무론五無論」을 제창하면서, 제1기에는 '무정부無政府'와 '무취락無聚落', 제2기에는 '무인류無人類'와 '무중생無衆生', 제3기에는 '무세계無世界'가 달성된다고 주장한다. 그는 유식론적 '자성自性'을 바탕으로 '무자성無自性'의 관점에서 어떤 조직이나 집단을 거부했다.[2]

결국 문제는 국가라는 규범적 체제의 인정여부에 있다. 나의 가장 큰 문제는 '나라가 없다면 쓰레기는 누가 치울 것인가?' 하는 것이다. 이른바 '쓰레기'란 단순한 음식찌꺼기에서부터 범죄자 등과 같은 위해 인격의 격리, 그리고 미혼모나 아동을 위한 복지시설까지 일반적인 인간들이 어떻게 할 수 없거나 하기 싫어하는 일을 가리킨다. 물론 '위해危害'라든지 '복지福祉'라는 말은 이

---

1 E. 캇시러 지음, 최명관 옮김, 『국가의 신화』 (서울: 현대사상사, 1979), 219쪽. 『영국문학사』의 서문에서 Hippolyte Taine는 역사가는 인간 행동에 관하여 말함에 있어 마치 화학자가 화학적 화합물에 관하여 말하듯 말하지 않으면 안 된다고 했다. 이것이 바로 마키아벨리의 방법이라는 것이다.

2 정세근, 「평등, 국수, 무정부: 장병린의 혁명철학」, 『공자학』3, 한국공자학회, 1998, 85쪽.

미 가치판단이 들어가 있어, 무엇이 나쁘거나 좋다는 의식으로 굴절되기 십상이다. 푸코의 말처럼, 정신병동이야말로 가장 경제적인 감시와 처벌의 체제인 것이다. 그러나 우리는 쉽사리 '국립' 정신병원을 없애자고 말하지 못한다. 환경미화원들은 '국가' 공무원이라는 점에 가장 큰 자부심을 느낀다. 이른바 '국가'라는 이름이 아니고서는 할 수 없는 일이 이 세상에는 너무나 많기 때문이다.

만일 우리가 국가의 역량에 손을 들어준다면, 우리는 기본적으로 규범주의자에 속한다. 국가의 법률로부터 수많은 조례와 규칙에 이르기까지 사람은 규범 없이 생존할 수 없음을 강조한다. 그러나 만일 우리가 개인의 역량에 손을 들어준다면, 우리는 탈규범 내지 반규범주의자에 속한다. 위에서 말한 무정부적 사고에 동조하는 것이다. 이때 개인은 국가보다 완전하며, 국가는 개인의 생명과 행위를 간섭해서는 안 된다. 양극단에서 벗어나 국가와 개인의 관계를 말해도 결과는 크게 다르지 않다. '나라의 발전이 나의 발전의 근본임을 깨달아'를 강조하는 한, 국가우선의 사고에서 벗어나지 않는다. '나의 발전이 나라의 발전의 근본임을 깨달아'로 바뀌지 않는 한 개인 우선의 사고는 자리 잡지 못한다.

인간은 공동체 생활을 한다. 우리는 그 속에서 다양한 태도와 의견 속에서 삶을 영위하고 있는 것이다. 따라서 어쩔 수 없이 우리는 규범의 지위 문제와 밀접한 관계를 맺는다. 내가 인권을 주장하는 자연법주의자가 아닌 한, 우리는 어쩔 수 없이 법실증주의의 입장에 따라, 대한민국 철학계의 역사상 치욕으로 남는 '악법도 법이다'는 한국의 가짜(擬) 소크라테스(pseudo-Socrates)의 주장에 따를 수밖에 없기 때문이다.

2. 은사와 일민

유흔우 교수는 기본적으로 『장자』, 「선성」의 '은사隱士'[3]라는 정의 규정에 힘을 쏟는다. 장자가 말하는 은사는 스스로 숨은 사람(自隱)이 아니고, 때(時命)가 그릇되어 나서지 않는 것이기 때문이다. 은사들은 이러한 나아가고 들어옴을 통해 자신을 보존하는 방법(存身之道)을 얻는다. 이러한 은사의 개념은 『주역』, 「건괘 문언」의 '은자隱者'[4]와 『논어』, 「미자」의 '일민逸民'과 같음을 유 교수는 밝히고 있다.

그러나 일민은 『논어』, 「미자」의 접여接輿, 장저長沮, 걸닉桀溺과는 달라 단순한 은둔주의자가 아니라는 것이다. 같은 편의 백이伯夷, 숙제叔齊, 우중虞仲, 이일夷逸, 주장朱張, 유하경柳下惠, 소련少連 등은 유민遺民으로, '간단히 규정하자면 벼슬살이를 하지 않는 사람들, 벼슬살이 할 마음이나 자질을 갖추고 있으나 세상에 도가 없어서 어쩔 수 없이 은거해 있는 사람들'로 정의한다. 시대의 부적절함 때문에 스스로 세상을 변혁시킬 뜻이 없는 사람들이라는 뜻이다. 따라서 덕이 쇠하고 도가 없는 세상에서도 오히려 출처한 공자를 기롱하는 접여나, 공자가 천하를 주유하는 것을 조롱하는 장저, 그리고 공자를 사람을 피하는 선비(辟人之士)로 표현하는 걸닉과는 다른 부류의 사람이다. 결국 은사는 '자아극제自我克制의 구세정신救世精神'에 뜻을 두고 있음을 유 교수는 밝히고 있다.

나아가 유 교수는 이러한 규정을 바탕으로 유가는 '한아限我', 묵가는 '훼아毁我', 도가는 '무아無我', 법가는 '비아鄙我'로 자아극제의 여러 층차를 구별해주고 있다. 이들은 기본적으로 '천하' 관념에서부터 차이가 난다는 것이다. 나아가 유 교수는 이른바 '세상에 도가 없다'는 것은 정서상 보편적인 합의가 있었던 것으로 생각되지만, 그래도 어떤 정도 차이, 또는 '도'가 있다 없다로 판정할

---

3 『莊子』, 「繕性」: 由是觀之, 世喪道矣, 道喪世矣. 世與道交相喪也, 道之人何由興乎世, 世亦何由興乎道哉! 道無以興乎世, 世無以興乎道, 雖聖人不在山林之中, 其德隱矣. 隱, 故不自隱. 古之所謂隱士者, 非伏其身而弗見也, 非閉其言而不出也, 非藏其知而不發也, 時命大謬也. 當時命而大行乎天下, 則反一無跡. 不當時命而大窮乎天下, 則深根寧極而待. 此存身之道也.

4 『周易』, 「乾掛文言」: 子曰, 龍德而隱者也. 不易乎世, 不成乎名, 遯世无悶, 不見是而无悶, 樂則行之, 憂則違之, 確乎其不可拔, 潛龍也.

때 나름의 기준 점 같은 것이 있다고 생각한다. 은사들의 공통점은 '때를 기다린다'에 있는 것이기 때문에 천하와 더불어 반생伴生하겠다는 그들의 생각에서 은사의 특징을 찾아낼 수 있다는 것이다. 높은 이상은 있으나 현실적으로 구세가 될 수 없어 은거를 하게 되는 과정을 추적하고 있다.

그리고 유 교수는 그러한 이상이 곤경에 처했을 때, 은사들은 어떤 방식을 취했는가를 묻고자 한다. 생존방식이라고도 부를 수 있는 그들의 태도는, 장법張法의 견해처럼 '하나는 굴원의 방식으로 도로써 정치를 논하고 이상을 견지하면서 정치를 평론하는 것이고, 다른 하나는 포괄적 의미에서 유가적 방식이라 할 수 있는 것으로서 도를 품고서 때를 기다리며 이상을 견지하긴 해도 투쟁은 하지 않는 것'으로 나뉜다. 다시 유가적 방식을 나누면, '도연명과 같은 도자연逃自然과 중국 근세 이후의 도선逃禪 방식으로 갈라진다는 것'이다.

그런데 과연 은사들은 천하에 도가 없어 은거할 뿐인가? 그들은 나라를 가지거나 다스리라는 소리에도 놀라 귀를 씻는 인물들이다. 오히려 그들은 이른바 '통치 행위'에 대해 기본적인 반발심을 갖고 있는 사람들은 아니었는가? 마치 무정부주의자들처럼 어떤 절대적인 권위도 인정하지 않으려는 입장을 갖고 있지는 않았나?

유가들은 기본적으로 규범적인 태도를 지닌다. 따라서 그들은 물러나 있을지라도 언제라도 달려나갈 기세이다. 이 점은 도가와 너무도 다르다. 그럼에도 도가의 은사를 유가의 일민으로 보는 것은 도가의 격조를 지나치게 낮춘 느낌이다. 내가 자유로운 것은 내가 통제 받거나 남을 통제하지 않기 때문이지 않을까?

3. 왕권과 신권

나는 개인적으로 유가의 정치에서 왕권은 늘 신권에 견제되었다고 생각한다. 이른바 유럽식 절대왕권이란 유가문화권에서는 오히려 없었다는 것이 나의 생각이다. 때로 폭군이 있을 수는 있지만, 원칙적으로 왕권을 견제하는 신권을 보장하는 통치원리가 유가문화권에서 사라진 적은 없었기 때문이다. 그런 점에서 유가문화는 기본적으로 신권정치이다. 따라서 벼슬하지 않고 숨어 있는 은사들이라 할지라도 일정한 비판 역할을 담당하게 되는 것이다.

다른 예로, 유태인들은 기본적으로 국가에 대한 매우 강한 비판의식을 갖고 있다. 왜냐하면 그들은 국가가 자칫 잘못되면 너무나도 무시무시한 야만을 낳는다는 것을 몸서리치게 체험한 사람들이기 때문이다. 유태인 학자들치고 플라톤 식의 국가론에 선뜻 동조할 사람은 없을 것이다. 나라가 없는 개인을 지킬 방법이 보장되지 않기 때문이다. 이렇듯 국가의 문제에 관심을 갖는 지식인에 대한 연구는 섬세한 분석을 요한다. 그들은 국가를 어떻게 보았는가를 물어야 하며, 나아가 국가는 무엇인가를 묻지 않으면 안 된다.

과거의 정치무대 속에서 공자는 보수주의자가 아니며 혁신자라고 주장하는 벤자빈 슈월츠는 이렇게 말한다. "계급 구조와 권위를 인류의 무대에서 막 사라지려고 하는 과거 악의 일시적 흔적으로서 간주하는 근대 정치 이념들의 광범위한 승리에도 불구하고, 복잡한 문명들이 과연 계급 구조와 권위가 없이도 생존할 수 있겠느냐 하는 문제는, 비록 이들의 범위를 제한시키고 또 충분한 해명을 하는 방법을 창조하는 데에 있어서는 약간의 성공을 거둔 것이 사실이지만, 아직 확실한 해답을 얻지 못하고 있다는 점을 솔직하게 인정해야만 한다. 권위의 행사와 사회적 세력의 불평등을 어떻게 인간화시킬 것인가 하는 공자의 문제는, 그의 해결책에 대해 우리가 어떻게 생각하든지 간에, 아직 우리에게 과제로 남아 있다."[5]

사실상 우리의 문제는 좀 더 작게는 개인과 국가라는 주제로 간략해질 수도 있다. 사람이란 너무도 객관적인 용어도 그것이 '국민', '인민', '민중' 등으로 불리면서 그 내용도 엄청나게 달라지기 때문이다. 이른바 '공부하는 은사'

---

5 벤자민 슈월츠 지음, 나성 옮김, 『중국고대사상의 세계』(서울: 살림, 1996), 116쪽.

學隱는 오늘날 정치로부터 소외된, 셀 수도 없는 우리 지식인의 꼴과 너무 닮았다.

도가철학회 추계발표회, 동국대, 2000.12.9.

22

노자와 곽점, 그리고 철학사

최진석, 「노자와 유가 사이」

1. 곽점

중국사상사에서 20세기 후반이 가져다준 두 번의 발견은 단연코 1973년의 '마왕퇴 한묘馬王堆 漢墓'와 1993년의 '곽점 초묘郭店 楚墓'일 것이다. 마왕퇴에서는 백서帛書와 죽간竹簡이 나왔고, 곽점에서는 초나라 문자로 쓰여진 죽간이 나왔다. 여기에서 우리는 두 번째 주제에 대해서 말하고 있다.

우리는 1973년 마왕퇴 발굴 때 많은 학자들이 관심을 기울였던 것을 기억한다. 이와 같은 현상이 또 다시 오늘 현시점에서 벌어지고 있는 것이다. 아직도 기억이 생생한 것은, 1996년 8월 북경대학이 주최한 제1차 <도가문화국제학술토론회>에서 그런 발굴사실을 소개하고 아직 정리되지는 않았지만 사상사적 큰 사건이 될 것임을 예측하던 일이었다. 느낌은 매우 흥분되고, 말은 매우 선언적이었다. 그러한 일이 있다는 사실은 이후 한국중국학회에서 구두상 소개되기도 했다.

1998년 5월 형문시荊門市 박물관에서 크고 두꺼운 책으로 『곽점초묘죽간』(文物出版社)을 내자, 소수의 학인들에게 점유되었던 자료들이 공개되었다. 이후, 많은 학자들이 앞을 다투어 연구하기 시작했고, 학술회의에서도 소개되었다.[1] 1998년 12월 홍콩중문대학에서 <중국문화와 21세기>라는 제목으로 새천년 맞이를 할 때에도, 북경대학의 진래陳來는 「곽점초간유서(儒書)와 선진유학」이라는 제목으로 인기를 끌었다. 나는 그때 <위진남북조학술토론회> 때문에 타이베이로 곧 바로 건너갔는데, 대만에서도 <20세기에 출토된 사상문헌과 중국고전철학>(輔仁大, 1999.1.)에 대한 토론회가 벌어지고 있는 것을 볼 수 있었다. 한편으로는 중국 나부산羅浮山의 황룡관黃龍觀에서 있었던 제2차 <도가문화국제학술토론회>(1998.12.)에서도 적지 않은 소개가 있었다.

중국인들은 새천년 맞이를 초나라 무덤 속에서 하고 있었던 것이다. 적어도 두 개 천년 전의 역사인 전국시대를 통해 21세기를 맞이하고 있었다.

그러나 나는 야릇한 마음을 참을 수 없었다. 철학자의 국적을 따지는 일이 우습긴 하지만, 공자가 엄연히 중국인으로 인정받고 있는 것은 사실이며 그건 노자도 마찬가지일 수밖에 없다. 공자와 노자가 우리에게 의미 있는 것은 우리 사유에 영향을 줄 때이며, 더 나아가 그것을 바탕으로 우리의 문제를 이끌어낼 때이다. 그러나 중국인들에게 공자와 노자는 우리와는 다른 의미로 다가온다. 그것이 바로 민족주의적 색채이다. 나는 늘 중국인들에게 '민족보다는 민주를' 생각할 것을 요청하고, 그것이야말로 21세기 아시아의 강대국으로 자격을 갖는 일임을 내세우고 있다.[2] 종족중심의 역사관으로는 절대적인 한계를 갖는다는 말이며, 따라서 중국의 정의조차 새롭게 하지 않으면 안 된다는 주장이다. 그런데 발굴본 전적이 출토될 때마다 느끼지 않을 수 없는 것은, 매우 거칠게 말해, '뭐 하나 잡았다고 주름잡으려는 꼴'이다.

이런 평가는 근본적으로 잘못됐을 수도 있다. 두 가지 이유에서이다. 첫째는 일본인 학자는 마왕퇴 때도 그러했고 곽점 때도 마찬가지로 자료정리부터

---

1 중국사회과학원 역사연구소와 국제유학연합회 주최, <곽점초묘죽간학술토론회>, 1998.6. 등.

2 鄭世根, 「中國觀商權: 多民族時代的文化觀」, 10th International Symposium, The Association of Chinese Scholars in Europe, Wien, Austria, 2000.7.

참여하는 등 적극적이다.[3] 그렇다면 내가 반문하고 싶은 것은 왜 우리는 그리 못하느냐는 것이다. 경제적인 이유 때문에, 아니면 학문의 기초가 모자라서 그런가? 둘째는 마왕퇴의 경우와 비교해서 이번부터는 구미학자들의 참여가 매우 적극적이었다. 1998년 5월 미국 다트머스 대학(Dartmouth College)에서는 아예 곽점본 『노자』와 『태일생수太一生水』를 놓고 집중적으로 토론을 벌였는데, 이는 단연코 그 대학의 로버트 헨릭스(Robert H. Henricks)의 주도하에서였다.[4] 왜 우리는 이런 일을 못해내는가? 사람이 없어서, 아니면 자료로부터 소외되어 그런가?

나는 우리의 학문구조가 이렇게 박약한 까닭을 강호제현께 다시 묻고 싶다. 주름잡으려는 꼴이라면 우리는 무엇을 어떻게 해야 하는가를 묻지 않을 수 없고, 주름잡으려는 꼴이 아니었다면 왜 우리는 주름잡지 못하느냐에 대꾸하지 않을 수 없다는 것이다.

사실 곽점 죽간의 문제는 폭넓은 사상사적 접근을 요한다. 맹자孟子, 순자荀子, 자유子遊, 공손니자公孫尼子, 자사子思 등 계열별 정리도 수반된다. 때로 유가와 도가 전적이라는 큰 구별 이외에도 『당우지도唐虞之道』와 『충신지도忠信之道』를 종횡가의 것으로, 『어총語叢』과 『오행五行』을 또 달리 보는 시각도 있다. 그 가운데 노자는 인의仁義를 반대하지 않았다는 주장이 쟁점이 되기도 한다.

우리의 중국철학계는 아직도 중국에서 이런 자료 나오면 그것에 쏠리고, 그것에 맹종하는 형태에서 크게 벗어나지 못하고 있다. 『장자』, 「추수」편에 나오듯, 마치 수릉의 젊은이가 한단의 걸음걸이를 흉내내다 기어오는(匍匐) 꼴이다. 내가 곧 그렇다.

---

3 池田知久의 예.

4 이후 그는 『곽점본 노자 도덕경』을 번역하고 자료를 요목조목 정리했다. Lao Tzu's Tao Te Ching: A Translation of the Startling New Documents Found at Guodian, New York: Columbia Univ., 2000.

2. 철학사의 다양한 이해

최진석 교수의 주장은 아래의 주장에서 볼 수 있듯 간단하다.

"(4.) 필자가 보기에 아무리 성지聖智나 인의仁義라는 관념이 통행본에는 있고 죽간본에는 없다고 하더라도 원래부터 유가와 도가 사이에는 바로 위에서 말한 의미에서 구별이 되어 있고, 그 구별만큼 벌어져 있는 거리는 개념의 출현 여부를 떠나 언제나 일정 정도 유지되고 있다는 것이다. 철학을 건립함에 있어서 동일한 대상을 놓고 같은 목적을 가졌다는 점에 이미 '근접성'은 자리잡고 있었으며, 다른 방식을 가진 점에서야 비로소 '거리'가 드러난다. 그래서 원래 있는 '근접성'을 이제 곽점본을 보고 나서 새롭게 인식하자는 것인데, 사실은 원래 있던 것을 여차여차한 연유로 보지 못하고 이제야 그 원래의 맥락을 회복하게 되었다는 것뿐이다."

이는 "춘추전국시대의 제자백가의 평면도를 제대로 인식하지 못했거나, 위진현학이나 근대서양철학 혹은 변증법적 유물론 도식에 집착하여 명제/반명제 식의 이분구도에 집착"했다는 평가이다. 최 교수의 이러한 논지는 멀리는 사마천부터 가깝게는 이재권, 이강수, 주희, 풍우란의 이분도식을 비판하는 것이다. "문명/반문명, 교육/반교육, 현세적/초월적, 입세적/은둔적, 적극적/소극적, 인문주의/자연주의로 이분도식화"는 틀렸고, 그러나 또한 그러한 유가와 도가 사이의 거리를 곽점본을 매개로 줄이려는 시도도 "너무 성급하거나 피상적"이라는 것이다.

내가 보기에는 최 교수의 대관大觀성 발언을 차지하고라도 문제는 '그러나'에 있다. 가까운 것이나 멀어졌다. 그런데 곽점본을 보니 역시 '가깝다'가 아니라, 그래도 '멀다'이다. 무엇보다도 먼저, 이러한 모순을 어떻게 설명할 것인가? 대전제에 대한 설명이 필요하다. 그 밖에도 큰 문제가 있다.

다른 것은 다르다. 아무리 대립항의 교직(交織: 有와 無, 高와 下 등의 '反'의 성질)이라는 수사로 설명한다할지라도 대립항은 우리가 언어의 세계에 있는 한 존재하는 것들이다. 언어를 떠나 형이상학으로 나가, 대립항의 '관계'라는 비교적 메타적인 용어를 쓰더라도 문제는 남는다. 그 형식이 반드시 대립항들을 달고 다니기 때문이다. 이를테면 최 교수의 관계는 여전히 'aRb'의 꼴로 'oRo'이 되지 못한다. 최 교수의 주장은 'aRb'가 곧 도의 형식이라는 것인데, 나는 이것은 상대 또는 상관되는 세계관에서 벗어나지 못했다는 것을 골자로 늘 비판해왔다.[5] 다시 말해 'aRb'와는 반대되는 세계로서의 'oRo'의 지위를 부정하는 것은 도가의 핵심논점에서 벗어날 수밖에 없다는 지적이었다. 그러한 논지에 무는 독립적인 공간이 없다. 무는 유와의 상대성 속에서만 존재한다. '유가 무를 낳는다'(有生於無)의 노자철학은 붕괴된다. 십분 양보해서, 노자가 아닌 최 교수의 입장에서, '무는 없고 허墟만 있다'는 태도를 받아들인다고 한다면, 노자는 그야말로 유가가 되고 만다. 상대무와 절대무는 다르다. 이 세계가 상대적으로 인식되는 한 우리는 결국 '술術'과 '세勢'의 가치관에 탐닉할 수밖에 없고, 그것을 벗어나기 위해서는 바로 '허虛'와 '정靜'이 필요한 것이다. 무한함을 조금이라도 생각한다면, 도가의 관계설정이 궁극적으로는 'R∞'를 지향함을 잊어서는 안 된다.[6]

최 교수는 노자가 반문명적인 것이 아니라 그것과는 다른 문명의 파라다임을 건설코자 했다는 입장인데, 내가 보기에, 그것은 '이음동의어'에 불과하다. 파라다임이라는 쿤의 용어가 가르키듯, 그것은 '위기'(Crisis)와 '혁명'(Revolution)을 동반하는 것이지, '사이 좋음'(근접성)을 설정하는 것이 아니다. 노자를 비판하고서 공자와도 손잡을 수 있는 새로운 파라다임을 제시하는 것은 철학도 모두에게 필요한 일이다. 그러나 이러한 철학적 주장과는 달리, 노자가 곧 유가와 근접한다는 사태파악은 문제를 일으킨다. 아래의 최 교수

5 정세근, 「해체의 해체」(김상환·최진석, 「노장과 해체론」에 대한 논평), 철학연구회 1999년도 추계발표회 (서울대: 1999.11.20.) 대회보를 볼 것.

6 그에 대해서는 정세근, 「무의 감응」, '1. 동서의 무' (『도가철학』2, 한국도가철학회, 2000.) 참조. 풍성한 동양의 무와 야박한 서양의 무는 너무도 다르다. 나아가 嚴遵의 『道德指歸』에 대한 王德有(虛虛와 無無의 虛와 無가 衍字)의 주장에 대한 비판을 볼 것. 有가 有를 낳을 수 없음은 노자와 그 후학의 기본 강령임을 잊지 말 것. 주5)를 보라.

의 진고응陳鼓應에 대한 태도가 이중적인 이유가 여기에 있다.

-"(4.) '(진고응은) 공, 묵, 노, 장을 불문하고 모두 인문 도덕의 세계를 중건하려고 시도하였다. 다만 인륜 교화를 위해 취하는 방식이 달랐을 뿐이다'고 말하는데, 이는 매우 정확하다."(7쪽)

-"(2.) '(진고응의 말) 인자충신예의 등과 같은 덕행에 대해서 노자가 긍정적인 태도를 취했음을 다시 한 번 새롭게 인식해야 하며, 더 나아가 노학老學 윤리사상을 새롭게 건립하는 일에 주의'…(3.으로 넘어가면서) 그런데,…죽간본 『노자』에 유가를 정면으로 반대하는 내용이 없다고 하는 주장이 너무 성급하거나, 판본상의 사소한 차이를 과장 심화하는 것이 아닌가 하고 의심한다."(5쪽)

이 두 주장은 어떻게 연결이 되는가? 큰 입장은 받아들이나 곽점본 의견은 받아들일 수 없다(大取小散)는 주장인가? 철학사에서의 이분구도의 문제도 마찬가지이다. 최 교수가 그런 이분구도를 뛰어넘는 철학을 서술하겠다는 '의지'와 현재까지 철학사에서의 '해석'은 다른 것이다. 설령, 그것이 철학사를 말한다고 하더라도, 그것은 아직까지 최 교수의 작업에서 논증된 바 없어 선언에 그친다. 이번 곽점의 건도, 최 교수에 따르면, 오히려 그에 대한 반증反證이 되고 만다.

작은 문제를 말해보자.

(1) "위진 시대는 급기야 대립적인 두 사상인 유가적 사유와 도가적 사유를 융합"(1쪽)

위진 시대의 설명도 그러하거니와, 이전의 춘추전국 시대나 한무제의 시절에도, 대립적인 사상의 출구를 마련해 주는 것이라면, 이미 그것은 대립항으로 성립되는 것 아닌가? 나는 위진시대의 조류를 유가적 사유가 도가적 사유를 통합하고 있는 것이라는 대전제 아래 파악하고 있는데, 융합이란 어떤 뜻에서인가? 혜강의 『태사잠太師箴』에서 보이는 '군도자연君道自然'론에서인가, 아니면 곽상 식의 '노예臣妾'도 제 운명이라는 전체주의적 논의인가?

(2) "근대에 들어와서도 (중국) 민족을 구제하려는 강한 생명력을 요청하는 시대적 사명에 부응하기 위하여 도가적 사유가 크게 강조"(1쪽)

장병린張炳麟의 『제물론석정齊物論釋定』의 예인가? 아니면 전란 시기 방동미(方東美) 같은 이들의 『유가 도가 철학』인가? 장태염의 예를 제외하곤 거의 유가중심적이거나, 태염도 마찬가지이지만 불교, 그것도 유식학(熊十力, 『新唯識論』)에 치중했음을 볼 때 도가적 사유의 강조는 무엇을 말하는가?

(3) "유가나 도가에는 동시에 '도'라는 범주가 주요 기능을 하고 있고, '중中', '효자孝慈', '충신忠信' 등도 동시에 각 학파 내에서 역할을 하고 있다."(9쪽)

노자에서 효자, 충신의 이야기는 말할 나위도 없고, 중中만 보더라도, 유가는 '중용中庸'을, 도가는 '환중環中'을, 불가는 '중론中論'을 이야기한다. 유가는 일용(日庸/ 日用)인 것이요, 도가는 '원환圓環'인 것이요, 불가는 '비비즉중非非卽中'인 것이다. 얼마나 다른 중인가? 다른 것으로 보니(以物觀之) 다 다르고, 같은 것으로 보니(以道觀之) 다 같다는 말인가? 자본주의나 공산주의 모두 '잘 살아보세'이므로 같은 이념이며, 자유와 평등 모두 인간의 이상이니 같은 개념인가?

(4) "아버지를 신고하는 것이 인간이 타고났을 진실한 느낌이나 진정한 정서를 파괴하는 것이기 때문에 정직(直)이 아니라는 것이다."(10쪽)

'덕으로 원한을 갚는다'(報怨以德: 『노자』, 제63장)는 노자의 말이지 공자의 말이 아니다. 그에 비하면, 공자가 '귀에는 귀, 눈에는 눈'이라는 원칙을 갖는다. 공자는 '원한은 그에 맞게, 은덕은 은덕으로'(以直報怨, 以德報恩: 『論語』, 「憲問」)이다. 이때 직直 사상은 인용구에서 말하는 정직과는 거리가 있는 강직이다. 공평함이나 균등성에 가깝다. 괄괄한 송시열이 이 직 개념을 좋아하지 않았던가?

(5) "유가의 철학체계에서 중심축은 '인간'에 있지 '자연'이나 '천명'에 있지 않다." "노자 철학 체계의 중심축은 '인도'가 아니라 '천도'에 있다."(11쪽)

이렇듯 유도가는 인도와 천도로 나누어진다. 이항 대립되고 있는 것이다. 『존덕의尊德義』나 『치의緇衣』라고 해서 달라질 것이 없다. 거꾸로, 유도가는 모두 사람을 말하고 있다. 그러나 유가가 사람의 꼴(人)에 매달려 형식적 통제(禮)를 꾀했다면, 도가는 사람의 좋은 마음(人性)과 나쁜 마음(人心)을 구별하면서 내면의 수양[一/復(歸)]으로 나가는 것이다. 최 교수도 말하듯, 노자는 '앎'(知/智)을 부정하고, '밝음'(明)의 인식이론을 제시하는 것도 마찬가지 까닭에서이다.

(6) "(5.결론) 유가의 이론구조가 '성聖'과 '지智'를 통하여 국민을 통합하고 국가의 전체이익을 도모할 수 있다고 보았다면, 묵자는 '겸애'를 기본이념으로 통치해야 국가의 공익이 극대화된다고 보는 것이며, 노자는 '절성絶聖'과 '기지棄智'를 통하여야 국가의 진정한 이로움('利')에 도달할 수 있다고 보는 것이다."(12쪽)

여기에 이르러, 최 교수의 유도묵 문명론의 통합은 절정에 달한다. 모두가 공리功利주의자로 규정되며, 따라서 3가의 '근접성'이 최고조에 이른다. '거리'는 방법의 차이일 뿐이다. "다른 방식으로 그 목적을 실현"(8쪽)하면 된다. 나는 개인적으로 이로움의 추구라는 문제 때문에 거룩한 묵자의 육체적인 희생과 정신적인 봉사가 격하되지 않았는가 생각할 정도로, 그들의 천박한 형이상학에 질겁한다. 현대적으로 본다면 그것은 '합리적 이기주의자'로서의 모습이며, 그것이 자본주의의 가치를 완성하는 듯 보이기도 한다. '내가 맛있는 저녁을 먹는 것은 농부의 자비심 때문이 아니라 그들의 이기심 때문이다'는 아담 스미스의 설명은 유도묵을 막론하고 적용된다. 그러나 그도 『도덕정감론』으로 그러한 이기심을 다스리고자 했다. 당대에도 비슷했다. 한비자의 논지의 출발점이 바로 이상적 도덕주의자인 유가와 경제적 평등주의자인 묵가를 비판하면서도, 분배 정의의 문제에 자연성(날씨의 좋고 나쁨)과 인간성(일하고 안함)이라는 요소를 개입시키는 것이었다. 여기에는 '이로움'(利)과는 다른 '정의'(義) 같은 문제가 떠오른다. 맹자 같은 의인에게 이로움을 말한다면 과연 그는 설득될까? 장자 같은 무용주의자에게 이로움을 말한다면 그것을 '큰 이로움'(無利之利)이라고 긍정할까? 공리주의 곧 기능주의(utilitarianism)란 벤담 같은 이들이 만들어낸, 극도로 효율성이 높은 '원형감옥'(panopticon)을 도구로 삼고 있는 것이다. '최대 다수의 최대 행복'을 위해서라면, 공리주의는 원리적으로 노예제도 서슴지 않는다.

3. 제안들

철학적 유파의 멀고 가까움을 어떻게 말해야 할까? 멀고 가까움이라는 말이 바로 보여주는 바와 같이, 그것은 원근(遠/近)이라는 상대적 개념으로 되어 있다. 그것은 어짜피 서로 주고 받을 수밖에 없는 말이다. 가까움을 앞세우다보니 멈을 말하지 못하고, 멈을 앞세우다보니 가까움이 없어진다. 이렇듯 '사이'는 멀고 가까움을 함께 일컬을 수밖에 없다.

최 교수는 '근접성'과 '거리'라는 두 날의 칼(劍)을 뽑고, 한 날은 유가에게, 한 날은 도가에게 부여했다. 다른 칼끼리 부딪히게 하는 것은 버려둔 채로, 한 칼의 한 날을 둔하게 하자고도 하지 않으며, 아예 이 두 날의 칼을 버리자고 하지도 않는다. 적이 없거나, 적이 모두 내 손 아귀에 있는데, 그 칼로 어떻게 무엇과 싸울 수 있는가?

최 교수가 설명해야할 부분은 많다. 그럼에도 나는 무엇보다도 즐겁고 기쁘게 읽은 장면이 있다. "왕필본과 죽간본 사이에 철학적 의미를 그렇게 달리 할 수도 있을 정도의 차이는 없는 것 같다. 왜냐하면, '성지聖智, 인의仁義, 교리巧利'나 '지변智辯, 교리巧利, 위사僞詐'가 내용상으로 크게 다르지 않기 때문이다.…노자는 인의를 여전히 반대하였다."(5. 결론, 마지막) 이는 우리가 일상적으로 답습해오던 중국학자의 의견을 통박하는 것이다. 만일 차라리 '근접성'을 내세우지 않고 '거리'만을 일관되게 주장했다면, 그의 논지는 더욱 선명했을 것이다.

이와 더불어 몇 가지를 제안한다.

첫째, 곽점 연구는 이제 시작이다. 곽점 연구만큼은 우리 학계의 업적을 착실히 정리하고 인용하자. 계속된 수입에 철학의 자생력은 없다. 이미 박원재 박사는 「곽점 죽간본 『노자』에 대한 몇 가지 검토」(『동양철학』13, 2000)라는 제목으로 자료를 상세히 정리했다. 그럼에도 불구하고, 그의 견해에 대한 인용은 없다. 그는 말한다. "『노자』의 무위적 정치이상이 담겨 있는 통행본의 32장이나 37장, 또 같은 맥락에서 '허虛'를 언급하고 있는 5장이나 16장 같은 장들이 죽간본에도 그 기본적인 내용은 고스란히 들어 있다는 점도 역시 주목할 필요가 있을 것이다. 이런 부분들에 대한 충분한 숙고가 이루어진다면 죽간본 내용이 『노자』를 반유학적 성향의 사유로 읽는 시각을 재검토하게 만든다는 식의 주장이 그리 쉽게 개진될 수는 없으리라고 본다."(3. 새로운 인식에 대한 비판) 이렇게 본다면 결국 최 교수의 의견은 위의 말의 중복인데, 아무런 인용도 없다. 적어도 곽점 연구부터는 우리끼리 먼저 토의하자.

둘째, 철학사 기술이 절실하다. 바로 위에서 말한 두 사람 모두 철학사에 대한 인식문제를 절실히 자각한다. 요약하면, '근접성이 있어야 하는데, 이것으로는 거리만을 보여준다'(최진석)던가, '서주의 인문주의가 차지하는 위치 및 유학과 그것의 관계 그리고 그에 대한 노자의 시각 등이 종합적으로 고려돼야 한다'(박원재)는 것인데, 이는 바로 그 시대의 지형도와 관련된다. 어떻게 보면, 곽점으로 호들갑을 떨 이유는 없는 것이다. 마치 마왕퇴의 발견으로 철학사의 지진이 나지 않은 것과 같다. 곽점 연구는 아직 모두 추측과 짐작이 주종을 이루고 있다. 그렇다면 무엇보다도 필요한 것은 오히려 김갑수 박사가 하는 것처럼 「황로학 제자리 찾기」와 같은 작업일지도 모른다. 그의 글을 옮긴다. "『노자을본』 앞부분에 수록된 4편의 고일서古佚書가 『황제사경』이라는 주장이 당란唐蘭에 의해 제기된 후 황로학의 성격이 운명처럼 결정되어 버렸다. 즉 황로학은 이 말의 최초 사용자인 사마천의 의도와는 상관없이 법가적 잡가적 성향을 띤 학술 조류로 정의되었다.…(즉 사마천의 용어는) 노장 등 초기 도가를 중심으로 신선술의 일정 부분을 받아들인 양생론 위주의 사상과 실천적 지침을 가리키는 말이었다. 그리고 한초의 황로학에서 중시한 청정과 무위는 군주의 신하에 대한 통제술이 아니라 피치자인 민民에 대한 불간섭주의를 이르는 말이었다."(요약문)

셋째, 자료를 공유하자. 사실 여러 사람이 건드려서 그렇지 자료집은 단순하다. 형문시 박물관의 1차 자료, 그리고는 중국의 『도가문화연구』(道家文化研究, 第17輯)와 『중국철학』(中國哲學, 제20/21輯)이 거의 모두라 할 수 있다. 여러 학술대회발표논문도 그곳에 많이 실려 있다. 특히 노자 연구로는 위에서 말한,

헨릭스의 책(김시천 제공)말고도, 팽호(彭浩,『郭店楚簡<老子>交讀』, 武漢: 湖北人民, 2000.1.)와 최인의(崔仁義,『荊門郭店楚簡<老子>硏究』, 北京: 科學, 1998.10. 위 두 책은 박원재 제공) 등이 있으나 기초적인 자료정리이며, 내가 보기에 무엇보다도 추천할 만한 책은 때로 김용옥의『노자와 21세기』(서울: 통나무, 2000)와 비교하여 읽어 볼 수 있는 정원식(丁原植,『郭店竹簡老子釋析與硏究』, 臺北: 萬卷樓, 1998.9. 본인수집)의 것이다. 그리고 동양사학회에서는 이성규 교수가「곽점초간과 태자교육」이란 제목으로 개요발표회를 가진 적이 있다.

나도 상술한 자료뿐만 아니라 우리의 논문을 바탕으로, 곽점 노자 연구의 자료사적 성과와 원전을 담은 책을 정리하고자 한다. 헨릭스가 말하듯 이미 '놀라운'(startling) 새 문헌은 아니더라도, 내 생각으로 '공들일 만한'(worthwhile) 일을 하고 싶기 때문이다.

마지막으로 '성聖'에 대한 해석은 여전히 문제로 남는다는 개인적인 견해를 밝힌다.『노자』에서 32번(중복1회) 출현하며, 제19장의 경우를 제외하고 모두 긍정적이기 때문이다.『노자』해석은 무엇보다도『노자』가 기준이다.

한국도가철학회 추계발표회, 동국대, 1999.11.27.

23

무의 감응

이지훈, 「제유의 우주: 장자, 스피노자, 라이프니츠」

-나는 무를 모른다. 그것은 없기 때문이다. 그러나 나는 무를 말한다. 그것은 잘못된 것인가? 없는 것이 없음은 모두 다 있음을 말한다. 있는 것의 없음은 그저 없음이다. 그러나 모든 없음의 없음은 있는 것인가, 없는 것인가?-

1. 동서의 무

동서철학에서 있음과 없음에 대한 태도는 다르다. 서양에 파르메니데스가 있다면, 동양에는 노자가 있다. 그들의 명제는 현격히 다르다. '있는 것은 있고, 없는 것은 없다.' 아니, 없는 것은 없기 때문에 말할 수도 생각할 수도 없다. 이것이 파르메니데스이다. 그러나 노자는 '있는 것은 없는 것으로부터 나온다.' 왜냐하면, 모든 것은 그것이 말미암는 바가 있기 때문이다. 자식은 부모가 있어야 하듯이, 유도 무로부터 나오지 않으면 안 된다.

하이데거의 문제도 파르메니데스의 길을 걷는다. 그는 '왜 존재자는 있고, 무는 없는가?'를 쉴 새 없이 묻기 때문이다. 그런 점에서 하이데거의 무는 노자의 무와 다르다. 하이데거의 무는 존재에 속해 있기 때문이다. 그에게 존재는 곧 무다. 그는 '순수한 존재는 순수한 무와 같다'는 헤겔의 명제를 옹호한다.[1] 일종의 질적 변환이다.[2] 그에게 '무로부터 모든 존재자로서의 존재자가 생긴다'(ex nihilo omne ens qua ens fit.)는 주장은 무의 순수성으로부터 추론되는 것이지, 결코 유와의 대립관계에서 막연하게 발생되는 것은 아니다. 하이데거는 노자를 보았고 그의 명제들을 사랑했지만, 그는 단연코 서양의 존재신학에 충실했다.

노자에게 유무는 때로 상대관계 속에서 정의되기도 한다. 그러나 그에게 유무란 선후 또는 주종관계를 벗어날 수 있는 것이 결코 아니다. 노자는 '천하만물은 유에서, 유는 무에서 나온다'(天下萬物生於有, 有生於無)[3]는 원칙을 저버리지 않는다. 만일 이러한 무의 시원성-서양의 절대성이라 표현하기는 무엇하더라도-을 부인한다면 그는 도가가 아니다. 그러한 사람이 있다면, 그는 노자의 입장과는 벌써 달라졌다고 할 수밖에 없다. 이 무에 대한 판단이 곧 자신의 입장을 밝히는 것이기 때문이다. 노자 이후 철학자들은 이에 대해 늘 고민해야 했다.

데리다가 자꾸만 '경계'(limits) 또는 '나머지'(margins)[4]에 매달리는 것은 서양철학적 전통에서 그것의 바깥에는 나갈 수 없기 때문이다. 철학과 전통 그리고 로고스중심주의를 해체한다고는 하지만 그의 해체는 변경에 집착하는데 그친다. 소쉬르가 내세운 '기호 바깥에는 아무 것도 없다'는 것이, 그에게 '텍스트 바깥에는 아무 것도 없다'는 말로 치환되는 까닭에는, '밖'에 대한 서양사유의 영원한 거부감이 배어있는 것이다. 그러니 구조를 세우지 못하고, 기껏 부수는데 애를 먹을 수밖에 없다. 해체론이 노장을 가장 잘 읽는 듯해도

---

1 Hegel, 『논리학』 제1권, 전집 제3권 S.74(Heidegger의 인용). Heidegger, 최동희 역, 『형이상학이란 무엇인가?』 (서울: 삼성, 1982), 86쪽.

2 Kierkegaard는 이 모두를 양적 변증법으로 보겠지만.

3 『老子』, 제40장.

4 Jacques Derrida, *Margins of Philosophy* (Brinton: Harvester, 1982), trans. Alan Bass.

진정한 무, 참다운 무, 유를 넘어서는 무를 인정하지 않는 한 둘의 거리는 아무래도 멀다.

한의 엄존嚴尊은 '빔의 빔이 빔을 비게 하는 것을 낳고, 없음의 없음이 없음을 없게 하는 것을 낳고, 없음이 꼴이 있는 것을 낳는다'(虛之虛者生虛虛者, 無之無者生無無者, 無者生有形者)[5]는 논리적 선후를 철저히 고수한다. 도는 빔의 빔 곧 빔 중의 빔이므로 하나(一)를 낳고, 하나는 빔과 더불어 둘(二)이 되고, 둘은 없음의 없음 곧 없음 중의 없음과 함께 셋(三)을 낳고, 셋은 없음과 더불어 만물을 낳는다. 순서는 '빔의 빔', '빔', '없음의 없음' 그리고 '없음'이다. 이렇듯, 빔의 빔이나 없음의 없음도 없는 것이 아니라 있다.

어떻게 없는 것이 있을 수 있는가? 어떻게 없음(無)에 있음(有)이라는 술어가 따라붙는가? 유는 서양의 계사(ἔστι/is)와는 다른 용법을 지닌다. 유는 서양의 계사와는 달리 병치가 아닌, 내함을 우선으로 하기 때문이다. '동무가 먼데서 온다'가 아니라 '동무가 <있어> 먼데서 온다'(有朋自遠訪來)이다. 이때 있다는 것은 존재가 아닌 불특정을 가리킨다. 우리말로는 '어떤 벗'(a certain friend)의 뜻이다. 우리는 그가 누군지는 모르지만 이 세계의 관계망 속에 실유함을 드러낸다. 그는 여기에 없지만 있을 수 있다는 점에서 무를 유화有化시켜 말하는 것이다. '집에 누구 있소?'라는 물음은 '<어떤> 사람이 집에 있느냐?'(Anybody home?)를 묻는 동시에 '사람이 <있어> 집에 있느냐?'(有人在家乎?)를 묻는다. 집은 사람이 없는 곳인데 '어떤' 사람이 있느냐를 묻는 것이 아니라, 집에는 사람이 '있는' 데 현재(現'在')있느냐를 묻는다. 이처럼 유는 무를 용인할 만큼 여유로운 술어이다.

유는 온갖 층차를 표현한다. 태극은 음양을 낳고, 음양은 5행을 낳는다(太

5 嚴尊, 『老子指歸』, 「道生一」. 王德有는 虛虛와 無無의 虛와 無가 衍字라고 한다. 『老子指歸』(北京: 中華, 1994), 19-20쪽. 그러나 내가 보기에는 그렇지 않다. '虛 중의 虛'가 '虛를 虛하게 하는 것'을 낳는 것이지, 단지 '虛한 것'을 낳는 것이 아니다. 왜냐하면 嚴君平에 따르면 同類는 결코 同類를 낳을 수 없기에 무가 유를 낳을 수 있는 것인데, 만일 '虛의 虛'가 '虛'를 낳을 수 있다면 '有의 有'도 '有'를 낳을 수 있게 되어, '다른 것이 다른 것을 낳는다'(道生一, 一生二, 二生三, 三生萬物)는 원리에 위배되기 때문이다.

極-兩儀-五行). 태극과 음양, 음양과 5행 사이에는 독립적인 관계가 성립되지 않는다. 그들은 독자적이지 않고 종속적이다. 그들은 병렬되지 않고, 주종을 이룬다. 숫자도 그렇다. 이를테면 59는 50이 있고 9가 그에 딸려 있는 것이다(五十有九). 수도 독립적이지 않고 오히려 층차적이다. 50의 층차에 9가 딸려 있지, 59는 개별적으로 존재하지 않는다. 이 모든 층차의 대명사인 유라고 층차를 갖지 않을 수는 없다. 그것이 바로 무이고, 그때 무는 유보다 앞선다. 적어도 모든 유는 무를 배경으로 깔지 않는 한 있을 수 없다. 그때 무는 유의 사라짐 또는 흩어짐이 아니라 유의 근원이다.

그런 절대무는 과연 무엇인가? 짝이 없다. 이때 절대부정은 상대로서의 부정이 아니다. 상대될 수 없기에 부정도 불가능하다. 그렇다고 이 절대부정은 절대긍정인가? 아니다. 절대부정은 절대의 세계에 있기 때문에 결코 상대의 세계를 포함하는 긍정으로 내려오지 않는다. 절대무의 세계에서 부정의 부정은 일어날 수는 없으며, 나아가 부정의 부정이 곧 긍정이 되지도 않는다. 절대무는 유를 만나는 순간, 상대무로 전락하고 만다. 그리고는 유의 가상 또는 허상으로 무의 지위는 하락되고 마는 것이다. 따라서 무는 긍정의 용법으로 표현돼서는 안 된다. 무는 영원히 부정의 의미 속에서 존재하는 것이다.

무가 절대부정 속에 있다고 부정되는 것은 결코 아니다. 우리는 '없음의 없음'을 말할 수 없거나 생각할 수 없지 않다. 둥근 세모와 쥐뿔처럼. 원형에 가까운 삼각형과 뿔 달린 쥐를 생각해보자. 다만 '없음의 없음'이라는 말이 있음의 말이기 때문에 말을 꺼려할 수밖에 없을 뿐이다. 도는 말할 수 '없다'(不可道). 그러나 참다운 도(常道)는 '있다'.[6] 말할 수 없음은 말로만 하고자 하는 이들에게 말함이요, 말할 수 있음은 말로 할 수 없음을 아는 이들에게 말함이다. 생각할 수 없음은 있음과 없음을 생각하는 사람들에게 생각할 수 없음이요, 생각할 수 있음은 있음과 없음을 넘어서는 사람들에게 생각할 수 있음이다. 무는 이렇게 말하고 생각된다.

---

6 『老子』, 제1장.

무는 변경을 넘어서 있으며, 유의 언저리에서 머물지만은 않는다. 서양의 무가 유의 가장자리에 덧붙여진 가느다란 것이라면 동양의 무는 유를 에워쌓고 있는 큰 덩치의 것이다. 서양의 무는 얇고 동양의 무는 두껍다. 서양의 무는 찢어질 듯 가냘프지만, 동양의 무는 푹신하면서도 널널하다. 서양의 무는 왜소하지만, 동양의 무는 풍만하다. 서양의 무가 촉급하다면 동양의 무는 여유롭고, 서양의 무가 배타성을 띤다면 동양의 무는 포용력을 보인다. 서양의 무는 개인을 위해서라도 존재하지 않아야 하고, 동양의 무는 관계를 위하여 반드시 존재하지 않으면 안 된다.

동양에서 인간의 지각이 '허령虛靈'한 까닭은 인간의 껍데기 속에 알맹이와 같은 무의 역할을 너무도 깊게 보아왔기 때문이다. 그런 점에서 무는 하나의 태도이다. 삶에 대한 자세, 남에 대한 숙고, 그로 말미암는 수많은 배려들이다. 무의 이름은 같으나 속이 다르기 때문에 서양의 실존주의는 걱정(念慮: Sorge, Fürsorge, Besorge) 투성이지만 이 동양의 무론은 평온平穩하고 염담恬淡한 덤덤함이다.

태도로서의 무라도 받아들일 수 있다면, 우리는 무와 유를 구별하는 것이다. 말할 수 없는 무라 하여 무가 없다고는 말하지 못한다. 무는 부정이기 때문에 부정되고 따라서 이중부정의 결과로서 유가 되지는 않는다. 무는 부정의 세계에 있지 긍정에 세계에 있지 않다. 부정의 세계에 있기 때문에 결코 긍정의 세계로 하강하거나 긍정의 세계에서 긍정되지 않는다. 노자와 장자는 부정의 부정이 긍정이라는 단순논리를 혐오한다. 그것이 노자의 도추道樞, 장자의 환중環中이라는 이름의 형이상학인 것이다. 그것들은 현실에 있지만 현실이어서는 안 되는 부정의 세계이다. 있는 것은 있고, 없는 것도 있다.

부정의 부정으로 부정을 없애지 말라. 무가 무라고 없애지 말라. 부정은 부정으로 긍정되고, 무는 무로 남게 하라. 무는 무이기 때문에 무로 없는 것이 아니라 무로 있는 것이다. 이것이 바로 도가의 형이상학이다.

이 도가의 무가 유에 의해 간섭받기는 꽤나 오래된 역사이다. 유가들이 도가의 무를 '무는 없다'[7]고 소박하게 주장한 것은 송초에 이르러서이지만, 불가가 그 무를 빌려쓰다 무를 다시 한 번 부정하여 유를 얻은 것은 위진 격의파 불교 이후의 명백한 사실이다. 불가나 유가나 모두 '무무無無'를 말했지만, 불가는 유무를 통해 또 다른 하나(空)를 얻고자 했다면 유가는 무의 자리에 다른 것(氣)을 집어넣기에 바빴다. 그 둘에게 모두 무의 독립적인 지위는 불가능하다. 무의 공으로의 이전, 무의 기로의 전환은 도가의 본래이념에 적절한 것은 아니었다. 인도-유럽어로서 불교의 논리구조에서 이중부정(neti-neti/not-not)은 긍정일 수밖에 없었고, 일용후생에 집착하는 유가들에게 무는 유를 위해 봉사하는 것(위진현학의 명교파 유가 또는 도가[8])에 지나지 않았다. 그리하여 도가의 절대무는 부정으로 긍정되지 못하고, 부정이기에 처음부터 부정되거나 아예 다른 이름으로 개칭되어, 오해되거나 침몰되어왔다.

2. 자연, 경지, 조화 그리고 리理

<자연> 노자의 '자연自然'은 결코 외재적 자연대상물을 가리키는 것이 아니다. 노자의 자연은 자연스러움을 가리킨다. 따라서 '자연성'과 '자연물'은 다르다. 자연성은 영원하다. 반면, 자연물은 유한하다. 유한의 자연물이 무한의 자연성을 낳을 수 있는가? 그렇지 않다. 자연성은 유한이 낳는 것이 아니라, 무한이 낳아야 한다. 자연[성]은 무한인 것이다.

절대무가 자연을 만든다. 상대무는 유에 종속되어 자연을 만들지 못한다. 내재성은 유의 사업이 아니고, 무의 영역이다. 무한하기 때문이다. 유한한 것은 영원하지 않다. 내재성은 영원성을 전제한다. 나의 내재와 너의 내재, 따라

---

7 張載, 『正蒙』: 知虛空卽氣, 則無無.

8 정세근, 「명교파와 죽림파 그리고 격의파: 위진현학의 3대 학파」, 『종교연구』13, 서울: 한국종교학회, 1997, 138-141쪽.

서 사람은 만날 수 있다. 유의 것은 유한할 뿐 무한하지 못하다. 그러므로 내재라는 무한의 성질은 무 속에서 찾아야 한다. 적어도 노자는 그렇다.

무한이 유한을 낳아야 한다. 내재가 시들어버릴 수 있는가? 인간의 본성이 이랬다, 저랬다, 있었다, 없었다 하는가? 아니다. 따라서 본성은 무한성에 귀속된다. 무한성은 당연히 절대무의 것이다. 유한이 그 무한을 간섭할 수 없다. 만일 간섭할 수 있다면 그것은 벌써 유한한 존재물로 이행되었음을 말한다.

결국 자연은 무이다. 자연이 유라면 그 유는 일시적인 것일 뿐이다. 그때 자연은 자연성이 아니라 석탄, 기름과 같은 자연물에 불과하다. 자연은 자연성, 그러니까 우주의 탄생 이래 면면히 내려온 본성인 것이다. 그 자연에게 절대무의 지위를 보장해주지 않는다면 누가 인간의 자연성에 경외심을 보내겠는가? 유한인(人)이 유한물(物)을 다룰 뿐인데.

스피노자가 "신은 모든 사물의 내재적인 원인이지 초월적인 원인이 아니다"(E1 P18)라고 한 것은 그가 내재성에서 무한성을 만났기 때문일 터이다. 그러나 능산 또는 능연(natura naturata), 그리고 소산 또는 소연(natura naturans)으로 구별되는 자연은 종국에서는 경계가 허물어질지라도(物物者與物無際)[9] 시초는 다르다(物物者非物於物[10]). 무한적인 것과 유한적인 것은 다르기 때문이다. 기氣와 만물의 차이와도 같다.

<경지> 또렷하지 않은 의식을 노자는 '황홀' 또는 '홀황'이라고 부른다. 아스라함(夷), 어렴풋함(希), 조그마함(微) 또한 그러하다. 장자는 지인至人, 신인神人이라는 호칭으로 기존의 성인聖人의 격을 한층 높인다. 때로 장자의 성인은 육체의 우스꽝스러움으로 정신의 고양을 드높이기도 한다. 데카르트가 '확실하게 아는 것'(A≠-A)만을 안다고 했지만, 스피노자는 그의 '아는 것을 알기'(의식-반성)를 넘어서 신의 차원에서 볼 때 '수준 차이'가 있을 뿐이라고 주장한

---

9 『莊子』, 「知北遊」.

10 『莊子』, 「山木」.

다. 그러나 이에 대한 완전한 설명은 라이프니츠이다. 의식 아래의 '작은 지각'(petites perceptions)으로 그는 '하부의식'(infra-conscience)을 말했다. 알지 못하는 것은 작은 의식으로 의식되지 않음을 뜻할 뿐이다.

우리는 옳다와 그르다만을 말할 때가 많다. 그러나 이 세계는 그 양분을 넘어서 '모른다'가 있다. 옳다와 그르다는 '안다'의 영역이지만, 우리는 '모른다'의 영역도 인정하지 않을 수 없는 것이다. 그것을 우리는 또 다시 무라는 이름으로 설명해야 할는지도 모른다. 사실상 20세기의 무의식도 무의 영역은 아니다. 그런데 우리가 모르는 것은 정말로 무의 것이 아닐까?

우리말의 경지境地는 중국말의 경계境界이다. 중국인에게 '계'는 영역이고 영토(territory)이지만 우리말에서 그것은 경계이고 한계(boundary)이다. 이를테면 우리말의 '한계限界'를 중국말로 바꾸면 영역의 의미가 들어가기 때문에 그대로 옮겨지지 않고, '계한界限'으로 바뀌어야 한다. 홍콩의 '신계新界'는 새로운 경계선이 아니라, 새로운 조차지租借地이다. 지금 내가 우리말로 말하는 '모른다'의 영역은 경지이지 경계가 아니다. 서양은 경계까지만 나갔지만, 동양은 경지에 이르지 않으면 안 되는 것이다. 그것이 바로 무의 경지-서양에 의해 버려진 동양의 버려진 땅이다.

<조화> 예정조화의 아름다움에 우리는 정말 미쳐버리고 싶다. 그러나 문제는 싸움조차 예정조화될 수 있느냐는 것이다. 싸움이 지나치다면, 우리는 적어도 상하, 귀천에 대해서는 말하지 않을 수 없다. '여럿'이 '하나'가 될 수 있는 것은 얼마나 예쁘고, '하나'가 '여럿'이 될 수 있는 것은 얼마나 거룩한가? 그러나 그러한 접힘과 펼침은 사회 속에서 통제와 규율로 나타나고 만다. 복종, 우열, 그리고 차별이 역사를 통해 점철된다.

곽상이 「제물론」주에서 밝히는 '천하가 한 몸이다'(天下爲一體)는 명제는, 내가 보기에는, '하나는 전체를 위하여, 전체는 하나를 위하여'(One for all; all for one.)라는 전체주의의 구호로밖에 들리지 않는다.[11] '하나'(님)의 세계 속에서

11 鄭世根, 「郭象與全體主義」, 第12次國際中國哲學會, 臺北: 政治大學, 1999.7.

하나가 되고 싶은 마음이야 우리 모두의 이상이지만, '마소가 사람에게 부림을 받는 것은 그 놈들의 운명'이라고 주장하는 곽상의 사고에 나는 진저리를 친다. 그의 말은 마소에 그치지 않고, 사람-노예(臣妾)에까지 이르기 때문이다.

막연하고 관념적인 평화의 철학이 헤겔의 생성론과 마르크스의 혁명론을 낳았다. 헤겔이 우파라면, 마르크스는 좌파로의 발전이다. 헤겔의 사변철학은 그 방만함과 둔탁함 때문에 결국 마르크스의 과학과 실천을 영접하지 않으면 안 되었다. 그리고는 레닌과 모택동, 그리고 주체사상으로 이어진다. 어떤 의미에서든지 평화를 지키는 사람은 평화에 대해서만큼은 가장 날카로운 칼을 지니고 있지 않으면 안 된다. 평화를 폭력으로 장악하려는 사람은 늘 최고의 무기를 갖추니까.

<리理> 라이프니츠를 볼 때, 나는 주자를 느꼈다. '참 하나에는 온 우주가 들어있다'는 것은 개물이 '태극 하나'(一太極)씩을 갖고 있다는 것으로 여겨졌기 때문이다. 물론 이러한 '리는 하나이되 만물이 나누어 가졌다'(理一分殊)는 사고는 한마디로 '월인천강지곡月印千江之曲'을 부르는 것과 같은 맥락이다. 경포대에는 5개의 달이 있다. 하늘에, 바다에, 호수에, 술잔 위에, 님의 눈동자에. 님의 눈동자는 둘이라고 묻지 말자. 달이 천 개의 강 또는 만 개의 강에 찍혔다는 설명은 조선 초의 불교적 분위기를 넉넉히 반영하고 있는 것이기도 하다. 이때 리는 보편자이며, 존재한다. 이와 더불어 태극은 분유分有를 실행하는 존재(Sein)이자 존재물(Seindes)이다.

우주는 '단자의 지각방식' 때문에 '단자에 따라서 흐릿하거나 또렷하게 표현된다'. 표현-상호표현(관념적 인과성)-어떤 하나에도 종속되지 않지만, 온 우주에 종속된다-더불어 벌어지는 가능성(com-possibility)-필연성-예정조화, 그러나 그 조화는 부조화처럼 의식될 정도로 조화를 의식하지 않고 무관심하지만 결국은 조화로운 것이다. 그래서 조화(pre-established harmony)는 섭리(Divine Providence)가 아니다.

흐릿함과 또렷함은 기의 청탁淸濁이요, 상호표현은 인온絪縕이요, 상호종속성은 태극과 만물의 체용體用 관계요, 공共가능성과 필연성은 '운명으로 주어진 본성'(天命之謂性)이요, 조화調和는 곧 음양조화陰陽造化이다. 이때의 설명은 『주역』을 보는 성리학자의 입장과도 비슷하다. 이른바 우주와 만물을 생성론적으로 설명하기 때문이다. 그런데 그곳에 노장은 쉽사리 자리잡지 못한다. 정조精粗, 기화氣化 정도가 개입할 수 있을 정도이다. 왜 그럴까? 그것은 어느 곳에서도 무, 무한, 무한정, 무화와 같은 개념이 끼여들 여지가 없기 때문이다. 이를테면 라이프니츠에게도 주자처럼 '무극은 곧 태극'(太極而無極)일 뿐, 그 말에 뒤따르는 '태극이 본래 무극이다'(太極本無極也)[12]는 판단은 찾아보기 힘들다. 그렇듯 단자는 너무도 자기가 강하다. '창은 없지만 거울로 자기를 들여다보기'와 같은 관념이 노장에서는 어떻게 드러나는가?

3. 감응의 철학

이 글은 은유와 환유를 넘어서 제유로 나가고자 한다. 은유는 같음의 비유법이며, 환유는 다름의 비유법이다. 그런데 제유는 부분과 전체를 보여주는 비유법이다. 부분과 전체의 감응으로 우리는 앎을 얻는다. 『장자』의 '물고기의 즐거움' 이야기가 대표적인 예이다. 제유의 세계에서 우리는 우주와 하나된다. 감응의 인식론이라고나 할까?

나는 이 글에서 동서의 만남이 가까이 왔음을 느낀다. 작은 주제가 이렇게 깊게, 그것도 수미일관되게 이루어졌음에 놀라지 않을 수 없다. 문장 하나에 서양철학사의 줄기 하나 씩 걸려 있다. 하이데거가 횔더린의 시를 말할 때, 아니, <농부의 구두>라는 그림을 만났을 때 보여준 반응같다. 그는 심미적 그래서 존재를 말하지만, 이지훈 교수는 인식론 그래서 우주를 말하는 차이일 뿐이다. 그러나 그는 인식론으로 출발해서 형이상학으로 해답을 내렸다. 작은 우주와 큰 우주를 제유提喩로 제휴提携한다.

---

12 周敦頤,「太極圖說」.

여기서 나는 동중서의 죄를 만났다. 천인상감天人相感을 말하면서도 인간의 영역을 지나치게 확장한 죄, 벼는 하늘(天)이 자라게 하지만 피는 사람(人)이 뽑아줘야 한다는 구실로 자연을 대상화시킨 죄, 그리하여 세계 속의 두 존재는 서로 느끼려고 하지 않고 베풀거나 받는 일방적 관계로 전향된 결말에 대한 책임을 그는 져야 했다.

라이프니츠의 '표현'(expression)이 우리의 '감응感應'과 통하기 위한 전제가 있다. 이 교수도 지적하듯, 장자가 '그'(물고기)에 가까운 까닭은 입족처立足處를 무엇보다도 무의 경지에 두고 있기 때문이다. "자기를 무로 돌림으로써 온 우주를 생생하게 담는 거울이 되었고, 그 결과 만물을 살리며, 만물을 얻었다."(12쪽)

나는 '또 다른 그'가 무를 만나길 빈다. 나의 장황한 무에 대한 이야기는 무를 살리기 위해서였다. 그리고 그 무를 만나지 못한다면 노장, 적어도 노자와는 다른 길을 가야 할는지도 모른다. 후대의 주석가들에 의한 일정부분의 침입에 자유롭지 않음을 시인한다 할지라도 노자의 무가 그저 유의 사라짐에 불과하다면 노자의 철학은 그와 마찬가지로 그저 쓰레기(遺)[13]에 지나지 않겠는가?

나는 무 때문에 노자와 하이데거, 노자와 데리다의 다름을 만난다. 물론 그런 다름이 구조주의 또는 후기구조주의가 말하는 '차이'(difference) 또는 '차연'(différance)에 근거를 두는 것은 아니다. 아리스토텔레스의 종차로서의 정의, 스피노자의 부정으로서의 규정, 소쉬르의 긍정적인 용어는 없고 차이만이 존재한다(cat, bat, fat, hat)는 주장에 동조하는 것이 아니라, 혼돈混沌의 생명력을 보존코자 함이다. 그것이 『이아爾雅』에서 발음과 뜻이 비슷한 말(類音類義語)의 속출이 의미있는 까닭이다. '사람은 사랑이다'(人, 仁也).[14]

---

13 裴頠, 『崇有論』.

14 『論語』, 「顔淵」: 樊遲問仁, 子曰: 愛人. 또는 周敦頤, 『通書』: 聖, 誠而已矣.

24

해체의 해체

김상환·최진석, 「노장과 해체론」

1. 전조前兆-췌언贅言 또는 프롤로그

그러니까 1980년대 초반, 해체론이라는 말이 자리를 잡지도 못했을 때, 후기구조주의라는 이름 아래 몇몇 프랑스철학자들의 개념과 주장들이 문학잡지들을 중심으로 외국문학도에 의해 한반도에 떠돌기 시작했다. 그것을 뒤로 하고, 나는 당시 대통령의 단임 약속이 지켜지지 않는다면 모든 것을 포기하고 돌아오겠다는 결심으로 나의 출국을 정당화하며 눈물을 머금고 이 나라를 떠났다. 내 머리 속엔 온통 양희은의 노래 가사뿐이었다. '나는 돌아가리.'

타이베이는 서울보다 빨랐다. 푸코와 데리다의 책이 손쉽게 복사되어 나돌고 있었고, 후기구조주의와 해체를 뒤섞은 말-解構-도 점차 자리잡아가고 있었다. 단순히 외국문학뿐만이 아니라, 중국사상사에서도 이미 비판의 준거 및 방법론으로 빌려 쓰고 있었다.[1] 나는 그곳에서 『창작과 비평』과 『문학과

1 대표적인 인물이 錢新祖로 시카코 대학에 있다가 대만대학 사학과 등에서 푸코와 데리다의 개념을 사용하여 중국사상사(Edward T. Ch'ien, *The conception of language and the use of paradox in Buddhism and Taoism*)를 강의했으나, 젊은 나이에 병사했다. 1977년 2월에는 臺灣社會研究季刊社와 淸華大學 亞太文化研究室의 협찬으로 기념학술회의가 있었다. 정세근, 「해외학계 동향(대만)」, 『오늘의 동양사상』1, 1998, 266-267쪽.

사회』의 후기구조주의에 대한 견해 차이를 논쟁식으로 정리하여 사상잡지에 소개한 적이 있었다. 문지가 '한 번 해보면 어떻냐'는 식일 때, 창비는 '우리가 언제 합리적이어 봤다고 탈이성 운운하느냐'고 따지고 들던 것이 생생히 기억난다.[2]

노장사상과 해체론을 비교하는 작업은 이미 만시지탄晩時之歎을 금할 수 없는 일이다. 오늘 그런 점에서 반갑고 기쁘다. 그것도 홀로의 작업이 아닌 둘의 작업이라는 점에서 더욱 그렇다. 따라서 이 글은 이미 두 번의 논평을 받은 셈이다. 결국 나는 세 번째의 다시 읽기라는 점에서 좀 더 문제발굴에 침착하지 않을 수 없다. 이를테면 창비 쪽 견해는 반드시 그런 물줄기가 아니더라도 여전히 유효하다는 점이다. 나아가 해체는 유행이 아니라 진정한 해체의 역할을 해야 한다는 점이다. 따라서 젊은 『해체론 시대의 철학』[3]은 『이성은 죽지 않았다』[4]는 노련한 추궁에 나름의 답변을 하지 않으면 안 된다. 프랑스는 아직도 독일의 짐을 쉽게 벗어버리지 못한다. 이 글이 칸트와 니체의 사이에서, 때로는 현상학과 하이데거의 틈에 기생하는 이유가 거기에 있으며, 노장과 데리다의 비슷함에 집착하는 원인도 거기에 있다.

내가 아무런 주석서 없이 데리다를 접하면서 감동적이었던 것은 '백색의 신화'[5]라는 표현이었다. 그것은 이른바 니체적인 오류의 계보학이 보여주는 가장 자극적인 부분이었다. 때로 나는 그것을 '황색의 과학'이라는 표현으로 빗대면서 '역사로서의 과학'과 '과학 그 자체로서의 과학'을 구분하는 데 써보기도 했다.[6] 좀 더 엄격하게 말해 지금 우리가 해야 할 부분은 이처럼 데리

---

2 鄭世根,「南韓文學界的兩種爭論」,『當代』30, 臺北, 1988.10.

3 김상환,『해체론 시대의 철학』(서울: 민음사, 1996).

4 박이문,『이성은 죽지 않았다』(서울: 당대, 1996).

5 Jacques Derrida, *Margins of Philosophy* (Brinton: Harvester, 1982), tr. by Alan Bass, pp.207-229, 특히 p. 213.

6 鄭世根,『莊子氣化論』(臺北: 學生, 1993), 14쪽 및 18쪽 주25), 또는 정세근,「역사 또는 과학으로서 '중국과학'의 의미」,『사색』(서울: 숭실대 철학과, 1993), 235쪽.

다의 철학이거나 노장의 철학이 아니다. 철학으로서의 데리다 또는 철학으로서의 노장, 나아가 노장사상과 해체론의 병렬이 아니라 노장사상과 해체론의 철학적 의미이다. 만일 병렬에만 그친다면 그것은 과거완료, 그것도 식민지의 사상과 식민지인의 품격을 유지하는 철학을 재생산하는 결과만을 낳는다. 철학은 난해하고 산만한 품위유지 교본이 아니다.

이 자리처럼 동서가 만날 수 있음은 한국철학이라는 화두에 조금 더 접근하는 것이다. 프랑스철학과 중국철학의 만남, 그것의 연속선 위에서 한국철학이 있을 수 있다는 믿음에로 나아가는 것이다. 때론 미국적 맥락이긴 하지만 한국어를 구사하는 사람에 의해 장자와 로티가 만나기도 했다.[7] 그러나 혼자가 아닌 둘, 특히 동서철학의 전문가가 만나 공통의 작업을 한다는 것은 매우 바람직하다. 이는 철학적 글쓰기의 새로운 지평이 열리는 것이기도 하다. 서양과 중국을 빌어서야 가능했다는 점이 한국철학을 목표로 하는 사람의 하나로 여전히 슬프기는 하지만, 어찌됐든 우리말의 풍성함과 미묘함 그리고 애매함조차 드러날 수 있는 계기가 벌어졌다는 점에서 긍정적이지 않을 수 없다.

2. 가까이 하기와 멀리 하기

이 글은 노장과 해체론을 통해 '개방성의 기원'을 탐구한다. 도는 "존재론적 개방성의 기원"(18쪽)이며, 해체론은 "개방성의 기원에 이르려는 초월론"(21쪽)이다. 이러한 대전제 아래, 노자와 데리다 그리고 장자는 개념의 활동에서도 한 데 묶여진다. "데리다적 의미에서의 차연이 노자적 의미에서의 반反"이며, "도는 흔적 운동(弱)으로서의 차연(反)이다."(18쪽) 또 "노자와 장자가 말하는 도기道紀와 도추道樞는 이런 해체론적 영점과 유사한 형태를 지칭하고 있다."(21쪽) 마침내, "우리는 이것이 가장 오래된 동아시아의 사상과 막 태어난

7 이광세, 『동양과 서양 두 지평선의 융합』(서울: 길, 1998).

(탈)서양의 사상이 만나는 통로임을 알 수 있다"고 이 글은 주장한다. 물론 그 의미는 개방성의 기원을 던져주었다는 데 있다.

이 같은 결론을 위해 이 글은 서양철학과 노장철학에 대해 적지 않은 판단을 내리고 있다. 양자를 가까이 해보고 동시에 멀리 해보자.

(1) 칸트와 니체

-노장과 해체론은 다같이 칸트적 의미에서의 선험적 가상론이며 니체·푸코적 의미의 계보학과 근거리에 있다. 둘은 모두 개방성의 기원에 대한 탐구라는 점에서 비롯되는 필연적 일치이다(2쪽).

여기에서 글쓴이는 해체론을 니체뿐만 아니라 칸트에 연결시킨다. 우리는 해체론과 니체의 근접을 잘 안다. 그러나 칸트에 대해서는 좀 더 신중할 필요를 느낀다. 왜냐하면 칸트는 니체적인 오류의 계보학에 서있지 않고, 흄에 의해 독단의 꿈에서 깨어나길 선택했기 때문이다. 그가 아무리 이성의 슬픈 운명을 느꼈다고 할지라도, 그래서 이성을 비판했다 할지라도, 그가 좇고자 했던 것은 '구성'(통각)으로 '해체'(탈-로고스)와는 거리가 멀다. 칸트의 가상론은 비극적인 운명을 예고하긴 했어도, 결코 희망 또는 요청을 버리지는 않았다. 설사 아무리 가상론이 단지 파괴하는 사유가 아니고 구성적 사유 못지않게 분류하고 정리하고 논증하며 전미래(미래완료)에 개방성을 선물한다 할지라도(4쪽), 칸트가 이른바 해체론의 가상론을 용납할까?

만일 칸트와 데리다를 만나게 하려면, 차라리 신칸트주의자를 거쳐야 했을지도 모른다. 조금 더 심각하자면, 카시러처럼 루소를 통해 프랑스철학과 칸트의 영향관계를 짚고 넘어가야[8] 해체의 모습이 더욱 분명하지 않을까? 칸트의 경건주의와 푸코의 동성애가 어떻게 만날 수 있을까? 루소의 방탕 덕분인가, 아니면 그를 에워싸고 있는 유토피아니즘 또는 현존성 때문인가?

---

8 Ernst Cassirer, tr. by James Gutmann, *Rouseau, Kant, Goethe* (Princeton: Princeton univ. 1945).

(2) 계보학에서의 공자

-니체의 계보학은 이성이 원인, 중심, 기원을 설정하는 타고난 의지가 있다는 것을 말한다. 계보학이 계보학인 것은 이성의 진리가 전도와 도착의 산물임을 밝히기 때문이다. 이성이 내세우는 원인과 기원은 숨겨진 내력의 결과에 불과하고, 중심은 어떤 전도된 주변이라는 것이다(3쪽).

그렇다면 유가의 철학도 공격성이 내면화된 결과이며 총체적 지배의지 또는 감성에 대한 복수심과 평가절하로 볼 수 있는가? 이 글이 전반적으로 비난하고 있는 구분의 절대화, 정명론, 동일성의 사유, 본질주의, 목적론, 반생성론적 정태주의, 위계의 중시(2쪽)를 모두 유가의 기도로 돌려도 좋은가? 데리다가 플라톤 이래의 서양철학을 일도양단一刀兩斷했듯, 우리도 도가의 입장에서 유가의 목을 베어버리는 것에 동의하는가? 공자도 니체의 표현처럼 '애꾸눈의 거인'이었단 말인가? 오늘날 벌어지는 '공자 죽이기'에 동참하는가? 만일 니체와 데리다의 맥락에 충실하려면 노장 살리기에 급급하지 않고 오히려 유가비판에 적극적이어야 하지 않을까?

더욱이 유위 없이 무위에 도달할 수 없고 무위는 그에 적합한 어떤 유위의 절차라면(6쪽), 이 글은 여지없이 유가의 삶을 선택하고 있는 것이다. 백번 양보하여 노장도 유가처럼 '유위당有爲堂'에서 살았음을 받아들인다 하더라도 그 유위의 층차는 너무도 다르다. 마치 불교의 이중의 부정(neti-neti)처럼, 산은 산이고 물은 물인 것이다.

(3) 존재와 무

-언어화된 세계, 언어적 질서의 영역에 대하여 그 안과 밖 사이에서 일어나는 교환과 경제, 그 영역의 닫힘과 열림의 구조, 다시 말해서 존재론적 개방성의 기원을 서술하는 것이 기록학이다. 기록학으로서의 해체론은 따라서 존재론적 현상학과 비슷한 장소에 서있다(7-8쪽).

이 글은 노장을 존재론으로 본다. 노장은 동아시아 존재론의 모태이며, 그런 점에서 노장은 해체론과 더불어 존재론적 개방성의 기원을 재검토하였고 스스로도 개방했다는 것이다(4쪽). 그러나 존재론과 데리다가 과연 적절하게 만날 수 있는가? '있는 것은 있고 없는 것은 없다'는 파르메니데스적인 전통에 충실한 서양적 존재론, 그리고 그에 대한 반발로서의 데리다일 터인데, 어떻게 그와 유사한 사유에 존재론이라는 명명을 붙이는가? 가능성이 있다면 하이데거의 존재론적 구별일 것이다. 그렇다면 이때 존재는 곧 무이다. 하이데거적 의미에서 말소표시(×)된 존재이며, 은폐되어 있다. 일상적인 맥락이긴 해도 레비나스의 '절대타자'와도 견줘진다. 그런데 데리다는 레비나스와 함께 존재론, 정확하게는 존재신학적 사유를 거부하고 있지 않는가?

설령 노장을 존재론으로 볼 수 있다 할지라도 문제는 남는다. 글 곳곳에서 유무의 대대待對 곧 보충대리성을 드러내기 위해 무의 독자성을 부정하기 때문이다. 무는 유의 발생적 기원이나 선행이 아니라 유와 동등(15쪽)하다면, 이때 무는 정말로 아무 것도 아니다. 곽상이 말한 '존재하는 모든 것들이 잘 어울리는 상태'(神器獨化於玄冥之境)[9]에서 무는 할 일이 없고, 배위가 말하는 것처럼 '무는 유의 찌꺼기(遺)'[10]에 지나지 않는다. 우리는 곽상이 파르메니데스의 원리에 충실함을 잘 알고 있다. 그에게도 분명 '무만이 유가 될 수 없는 것이 아니라, 유도 무가 될 수 없다'(非唯無不能化而爲有, 有亦不得化而爲無)[11]는 것은 확고하다. 그러나 노장의 도는 오히려 아낙시만드로스의 비한정성(to aperon)에 가깝다.

현상학이라는 호칭도 그러하다. 현상학에는 '사실 그대로'(Zu den Sachen selbst!-Heidegger-)라는 절대의 세계가 전제되어 있다. 판단중지도 그를 위한 데카르트적인 방법론적 기술에 불과한 것이다. 현상학의 '이념'에서 해체론을 같은 맥락에서 읽는다면 모르지만, 현상학의 '방법'에서 그것의 일치성을 추구하는 것은 무리가 아닐까? 비록 '해석학적'이라는 말을 많이 쓰기는 해도,

---

9 郭象, 『莊子注』, 序.

10 裴頠, 『崇有論』.

11 郭象, 『莊子注』, 「知北遊」.

노장에 주어진 해석학(14쪽)이라는 호칭도 마찬가지의 물음을 갖게 한다. '학'이라는 말을 붙이는 순간 우리는 해체론의 그림에서 벗어나는 것은 아닌가? 푸코의 고고학이나 데리다의 문자학은 기존의 '(철)학'이 아니라는 징표가 아닐까?

(4) 하향하는 초월

-해체론적 초월론은 하향적 초월론이라 할 수 있다(11쪽).

-[유가사상, 플라톤주의의 옹호와 주장이] 외재적 초월론이라면, 노장은 내재적 초월론이다(19쪽).

하향적 초월이라는 용어가 중국철학에서 생소한 것은 아니다. 이른바 '내재적 초월'이라는 말이 현대신유가인 모종삼牟宗三과 그의 제자들에 의해 전 세계적으로 쓰이기 때문이다. 물론 모종삼도 초월의 의미에 칸트적 요소를 듬뿍 담고 있다. 그런 점에서 이른바 초월성 또는 초월적 개방성(20쪽)이라는 용어가 생소하지는 않다. 초월성은 실재의 과도함이고 부정신학은 그러한 상향적 초월론의 정점(10쪽)에 있으며, 반대로 노장은 과소한 실재성 때문에 하향적 초월론이 된다는 것이다. 우리는 플라톤 이래 중세를 지켜왔던 '존재의 비존재에 대한 우위', 그로 말미암은 실재성의 확보를 면면히 보아왔다. 이른바 안셀무스의 존재론적 증명이란 완전성에 대한 서양철학적 전통을 여실히 보여주고 있는 것이다. 권위는 더 이상 비실재의 것이 아니다.

그렇다면 노장의 실재는 과연 빈곤 내지 궁핍하며, 따라서 무명성을 갖는가? 여기에서 나는 실재성의 전도를 만난다. 데리다가 '텍스트의 바깥은 없다'고 하여 노장도 그러한가? 노장이 말하는 아스라함(夷), 어렴풋함(希), 조그마함(微), 그리고 그것들이 연출해내는 황홀경 내지 홀황경은, 소쉬르나 촘스키의 구조주의적 보편주의가 끼어들지 못하는, 참으로 '소박素樸한 실재'(naive reality)는 아닌가? 다시 말해 '이름 없는 박'(無名之樸)은 '무명의 소박함'이 아니라 '박은 이름이 없다/아니다'고 풀어야 되는 것 아닌가? 우리는 서구의 절대론을 또 다시 이 땅에 초청하고 있는 것은 아닌가? 도의 자기근거성(道法自然)

이 반드시 '초월'이라는 말로 묘사되어야 하는가? 그리고 유가에게 초월적 규칙 생산의 혐의를 덮어씌우는 것(19쪽)은 정말 타당한가? 오히려 그들은 규칙의 근거를 너무도 현실(周禮)에 둔 것은 아닌가?

데리다에게서 하향적 초월론의 해체론적 근거는 무엇이며, 나아가 개방성이 왜 반드시 초월성-선험성을 지녀야 하는가? 노장의 도는 과연 일자一者 또는 천망天網을 낳는 선험적 형식(16쪽)인가? 왜 또 다시 칸트, 그것도 사고의 규범적 형식인가?

3. 해체의 개방성

데리다는 '구조의 개방성'(la structualite d'une ouverture)으로 전통의 구조와 자신의 구조를 구별한다. 전통적 구조가 구조에 대한 환원적 이해라면, 그의 구조는 구조의 구조성 곧 근본적 구조라는 것이다. 이러한 주장 때문에 이 글은 '초월적 개방성'(la transcendantalite de l'ouverture)을 노장을 통해 보여주는 데 진력했나. 그런 점에서 이 글은 매우 철학적이다. 철학적인 글은 다시금 함께 생각할 문제를 낳는다.

첫째, 노장이 서구철학과 비교된 적은 오래되었다. 우리나라의 학자만 보더라도 그렇다. 『헤겔에서 노동의 개념』[12]을 서술하다가도 그랬고, 『장자와 변증법』[13]을 설명할 때도 그랬고, 하이데거를 해석할 때도 그랬다.[14] 일본으로 나가면 장자는 '중국 고대의 실존주의'[15]가 되기도 한다. 해석의 가능성은 늘

12 임석진 지음, 이을호·황태연 역, 『헤겔에 있어서의 노동의 개념』(서울: 지학사, 1981), 245쪽 주32) 質眞若渝(『老子』, 제41장).

13 양재혁, 『장자와 모택동의 변증법』(서울: 이론과 실천, 1989).

14 선과 유가의 경우. 고형곤, 『禪의 세계』(서울: 삼영사, 1977) 및 宋榮培, 「海德格的'存有'概念-兼論其與儒家'天命'思想之差別」, 대만대 석사논문, 1972.

15 福永光司, 『莊子』(東京: 中央公論社, 1964), 27-28쪽.

열려있는 셈이다. 그런데 거꾸로 이런 유비는 매번 치러야 하는 홍역이 되고 만 것은 아닌가? 홍역은 한 번에 면역기능이 생기는데, 우리는 왜 아직도 면역 결핍인가?

둘째, 비교 철학의 난점이긴 하지만, 노장과 데리다의 유사성에 집중하는 것은 그 차별성을 드러내는 것보다 지나치게 융합적일 수 있다. 『데리다와 노장의 독법』[16]은 의미 있으며, 그에 따른 「노장사유의 해체적 이해」[17]도 가능하다. 그럼에도 불구하고, 우리가 묻는 것은 그들의 또 다른 차이점이다.[18] 그 다름이 단순한 노장이나 데리다 띄우기, 다시 말해 자기 주전공 찬양에 그치는 것이 아니라면, 철학적 작업으로 더욱 성공적일 수 있다.

셋째, 우리 모두의 고민이지만, 철학함은 노장과 데리다를 말하는 데 있지 않고, 문제를 말하는 데 있는 것임에도 우리가 한 걸음 뛰어넘는 것에 매우 인색하다. 우리는 노장과 데리다의 비슷함에 머물지 말고, 진정 '개방성의 기원에 관하여' 말해야 한다. 그리고 우리가 그 개방성을 어떻게 획득하는가에 대하여 이야기해야 한다. 인간, 사회, 윤리, 국가, 종족 그리고 수많은 판단과 그 기초에 대해 철학적으로 말할 수 있어야 한다. 그것은 결코 이데올로기의 과잉이 아니다. 철학함의 터전일 뿐이다.

데리다가 서구의 형이상학을 말하듯, 우리는 동양의 철학적 기반을 물어야 한다. 요즈음이 후기 현대일 수 있는 까닭은 오늘이 제2의 현대이기 때문만이 아니라 '동양의 현대'[19]이기 때문이다. 그 현대의 정답으로 노장과 데리

16 김형효, 『데리다와 노장의 독법』(성남: 한국정신문화연구원, 1994).

17 김상래, 「노장사유의 해체적 이해」, 한국정신문화연구원 박사논문, 1998.9.

18 이승종, 「해체에서 자연으로」, 『도가철학』1, 1999.2. "데리다의 해체주의가 차이의 철학이라면 장자의 철학은 이 차이도 해체하여 균형과 대긍정에 이르려 한다. 장자의 이러한 태도는 사물과 언어의 공성空性을 깨달은 뒤에 그 공성마저 비워내는(空空) 용수와 비트겐슈타인을 닮았다." 144쪽. 그는 이를 해체주의와 구별되는 자연주의적 국면이라고 한다. 150쪽.

19 鄭世根, 「亞洲沒落與文明自新論」, 21世紀與中國文化, 香港中文大學, 1998.12.

다가 반드시 제시되어야 할 까닭은 없다. 내가 바라는 것은 계보학의 부활이지, 그것이 계보학이었다는 진술이 아니다. 유가전통에 대한 오류의 계보학뿐만 아니라 도가와 불가전통에 대한 시비도 불가피하다는 것이다. 완전한 대안은 없다. 비판의 수행과 그 결과로서의 철학만이 있을 뿐이다.

이천역학국제학술대회, 동국대, 1999.7.1-2.

25

오행의 역사성과 상수역의 현대성

이현중, 「음양오행원리의 역학적 탐구」

1. 다양한 역학

철학사는 늘 다양하다. 아니, 철학사 그 자체가 다양함을 보여주는 계기이다. 우리는 단순한 사상사적 계보를 철학사라고 부르지 않는다. 오늘의 철학사는 일파의 정리와 서술을 뛰어넘어 개방의 태도를 지닌다. 지나간 세월과 그 속의 사람 앞에서 나를 여는 것은 철학사 쓰기의 바탕이 된다. 나아가 다양한 내용을 남고 있는 철학사마저도 다양할 수 있는 것이 바로 철학사이다.

그런데 철학사 쓰기를 하기 위해서는 역사적 양식良識을 요청한다. 반드시 역사주의적 실증을 요구하는 것은 아니더라도, 적어도 한 주장의 탄생과 유행 그리고 전래에 대한 기초적 이해는 필수불가결하다. 이를테면 공구가 맹가보다 뒤쳐질 수는 없는 것이며, 왕수인이 주희보다 앞설 수는 없는 것이다. 그것은 역사가 그러했기도 하지만, 철학이 또한 그러하기 때문이다. 다시 말해 공자 없는 맹자 없고, 주자 없는 양명 없다.

음양오행론은 처음부터 일심동체가 아니었다. 음양과 오행이 단짝을 이룬 것은 전국말 추연鄒衍부터라고 알려지고 있다.[1] 결국 그 이전에는 음양과 오행

1 王夢鷗, 『鄒衍遺說考』(臺北: 商務, 1966) 참조.

은 같은 배를 타고 있던 것이 아니며, 서로 자기만의 항해를 해오고 있던 것이다. 진 제국 성립 이전 그들은 합방을 했고, 이어 전 철학사를 통해 합체로서 강력한 권위를 갖게 되었다. 음양오행이 『주역』의 해석에 절대적인 방법론으로 자리잡은 것은 한대이다. 역학연구에서 음양오행을 빼놓을 수 없다면 우리는 한대인에게 이모저모로 빚지고 있는 셈이다.

여기에서 우리는 『주역』을 탐구하면서 주의해야 할 해석학적인 기초를 마주한다. 먼저 『주역』 그 자체에 음양과 오행이 있다는 것과, 합체된 음양오행으로 『주역』을 본다는 것은 다르다. 아울러 음양과 오행은 「역경」과 「역전」에 따라 달리 이해되어야 할 것이다. 더욱 철저히는 음효(--)나 양효(—)와 같은 꼴(象)이 있다는 것과 음양사상이 체계화되었다는 것도 구별되어야 할지도 모른다. 원론적으로 꼴은 점보기(卜筮[2])용이고 음양은 그를 바탕으로 한 형이상학이기 때문이다.

역수적 이해도 마찬가지이다. 『주역』이 목표로 하는 것이 '알맞은 때 찾기'(時中)임을 생각한다면, 시간성은 그 속에서 무척 강조되지 않을 수 없다. 시간의 표현은 당연히 계량화된 수를 떠날 수 없다. 오늘날도 24 단위로 시간의 흐름을 분절하여 부르며, 24의 1은 다시 60으로, 60의 1은 다시 60으로, 60의 1은 다시 100으로 나뉘는 것처럼, 역학에서 수는 시간의 역할을 톡톡히 하고 있는 것이다. 동양적 수 개념으로는 무엇보다도 60갑자(甲子: 10×12)가 기본이고, 따라서 『주역』 내부의 착종錯綜의 문제도 이를 기준으로 설명되기도 한다. 역수曆數란 어의상 기본적으로 역법의 수를 가리키는 것으로 결국 시간의 문제와 결부된다. 이수理數의 경우처럼 만물에 자연스럽게 각인된 내재적

---

2 卜筮의 '卜'의 글자가 바로 갑골의 불태우기 꼴에서 나왔음을 잊지 말라. 그런 점에서 占 이나 貞이나 모두 복서의 추구와 그 결과이다. 그 관련에 대해서는 아래를 보라. Iulian K. Shchutskii, trans by W. L. MacDonald & T. Hasegawa, *Researches on the I Ching* (London: Routledge & Kegan Paul Ltd., 1980), 143p. 20f.

인 고유의 수와는 다르며,[3] 진수眞數처럼 3을 가리키는 것도 아니다.[4] 결국, 역수의 문제는 수를 어떻게 이해하느냐에 따라, 다시 말해 어느 시점의 어느 인물의 '수학數學'[5]을 하느냐에 따라, 너무도 많은 차별을 갖는다. 거기에다 수학과 원칙적으로 대비되는 '도서학圖書學'[6]까지 첨부되면 다양성은 더욱 고조된다.

역학은 그 자체로 철학사의 성격을 갖는다. 역학만으로도 철학사가 가능하다는 이야기이기도 하다.[7] 역학을 하면서 어느 하나만을 잡는다는 것은, 선택하여 고집하는 것(擇善而固執之)이라는 명분도 있지만 실제로는 그 방대함으로 말미암는 포기일 때가 많다.

2. 정역과 반의리역

김항金恒의 『정역正易』은 한국의 역학을 대표한다. 『주역』이 과거의 역인 반면, 『정역』은 미래의 역이라 이해되기 때문에 더욱 그렇다. 과거가 아닌 현실이요, 현실을 넘은 미래로 나아가고자 하는 노력이 고스란히 담겨있기 때문에 우리들에게 현실의 인식과 미래의 희망을 던져주는 것이다. 『정역』이 방법론으로 삼고 있는 것은 다름 아닌 도서와 육갑으로, 도서학과 수학이 종합적으로 적용되고 있다.

여기서 철학사의 문제가 제기된다. 왜냐하면 수학과 도서학을 중심으로

---

3 邵雍, 『皇極經世』, 「觀物外篇」: 易有內象, 理數是也, 有外象, 指定一物而不變者是也. 自然而然不得而更者, 內象內數也. 他皆外象外數也.

4 邵雍, 『皇極經世』, 「觀物篇」: 易有眞數, 三而已. 이때 3은 '參天兩地而倚數'(『易』, 「說卦」)의 三이다.

5 北宋 劉牧과 邵雍으로 대표되는 數學派를 생각해 보라.

6 河圖洛書를 紀元으로 숫자보다는 그림으로 설명하려는 陳摶, 李之才, 周敦頤의 역학은 남송, 원, 명, 청에 이르기까지 막대한 영향을 끼친다.

7 朱伯崑, 『易學哲學史』(北京: 北京大學, 1986: 제1권) 총4권(臺北: 藍燈, 1991)의 예.

역학을 한 인물로는 소옹을 빼놓을 수 없고, 그의 상수학은 의리학과는 정면 대치되기 때문이다. 달리 말해 『정역』도 상수학의 계보선상에 있고, 그것은 결과적으로 의리적 역학을 부정하는 경향을 띤다. 한대 상수학의 발전에 의리학의 간섭이 있었던 것은 아니다. 의리학은 오히려 한대를 지나 위진에 이르러서야 그 형태를 갖추며, 그 첨봉에 왕필王弼이 서 있다. 그런데 북송의 소옹은 다시 한역으로 돌아간 셈이고, 조선의 김항도 소옹을 통해 한역으로 돌아간 것이다. 그들은 모두 의리학의 한계를 넘어 상수학의 세계를 다시 건설하고 싶었던 것이다.

원조에게 가보자. 한대 역학의 음양오행적 해석은 경방京房을 빼놓을 수 없을 것이다. 이른바 서한의 경방에 의해 대표되는 한역경씨파漢易京氏派는 시施씨역, 맹孟씨역, 양구梁丘씨역, 한韓씨역, 비費씨역, 고高씨역 등과 더불어 서한십삼가西漢十三家를 이룬다. 이 가운데, 한씨역[8]과 비씨역[9]은 의리역으로, 맹씨역[10]과 경씨역[11]은 상수역으로 대별되며, 나머지는 일실 되어 분명히 말하기 어렵다. 맹씨역에도 음양오행과 재이설이 담겨져 있으며, 동지나 춘분과 같은 24절기에 64괘를 맞춘 맹희孟喜의 괘기卦氣설은 직접적으로 경방에 영향을 끼치기도 한다. 결국 경방은 한대 음양오행의 역학적 적용의 총화를 이루는 것이다.

경방의 역학은 매우 광범위하게 유행했다. 수대에만 해도 10종 73권의 책이 있었고, 당대에도 5종 23권의 책이 있었다.[12] 오늘날의 『경씨역전京氏易傳』 3권에 비하면 엄청난 양이 유포되었음을 알 수 있다. 뿐만 아니다. 당시에도 경방의 역학은 다른 것들과는 이질적인 것으로 평가되었던 모양이다. 이를테

---

8 韓嬰, 韓商.

9 費直, 王璜.

10 孟喜, 白光 및 虞翻.

11 焦贛, 京房, 殷嘉.

12 呂紹綱 편, 『周易辭典』(吉林: 吉林大學, 1992), 350쪽.

면 유향劉向은 제역학과 경방의 학설을 동류에 넣을 수 없는 것으로 보고 있다.[13]

경씨역학은 음양오행설을 위시하여, 납갑納甲, 비복飛伏, 팔궁八宮 등과 같은 적산적, 순서적, 도수적인 학설을 창신한다. 이러한 64괘의 산술적 이해는 『주역』 해석의 새로운 장면을 이룩하여, 당시뿐만 아니라 세대를 건너 풍미한다. 비록 왕필과 같은 인물에 의해 상수학의 비판이 강도 있게 이루어지지만, 사람은 여전히 세계의 복잡한 현상을 설명해야 했고, 그때 산술적 이해는 무엇보다도 엄격하면서도 체계적이었기 때문에 매력을 잃지 않고 대대의 계승을 이어온다. 주자의 스승 격인 소옹의 역학이 또 하나의 역학으로, 김항의 『정역』이 또 다른 하나의 역학으로 성립할 수 있는 까닭이기도 하다.

과연 무엇이 그들로 하여금 한역으로의 복귀를 이끌었을까? 아무도 이를 단언하지 못한다. 그러나 분명한 것은 수의 전개는 바로 '예측가능성'으로 이어진다는 것이다. 64 다음에 봄이 오면, 또 다시 64가 지나가면 봄이 옴을 알 수 있게 되는 것이다. 우리가 소옹과 김항의 수학에 의미를 두는 것은 바로 그러한 미래학의 정신에 있다.

3. 선험성

이현중 박사의 글은 그런 점에서 역학의 한 연구이다. 역학도 정역의 연구이며, 정역의 연구도 역수의 원리를 기저로 한다. 그런 점에서 제목은 「음양오행원리의 역학적 탐구」가 아닌 「역학의 음양오행적 탐구」가 되었어야 하며, 구체적으로는 '정역적 이해'라든지, '역수원리적 이해'라는 단서가 붙었어야 한다. 차라리 「선후천 변화의 음양오행적 이해-정역의 역수원리를 중심으로」와

---

13 『漢書』, 「儒林傳」: 至成帝時, 劉向校書, 考易說, 以爲諸易家說皆祖田何, 楊叔, 丁將軍, 大誼略同, 唯京氏爲異 …」.

같이 조금 더 줄였을 수도 있었다.

문장은 서론과 결론을 빼면 두절로 이루어져 있다. 그런데 앞절의 제목도 '역학'과 '역도'이지만 실제적으로는 '정역'과 '착종'을 말하고 있고, 뒷절의 제목도 '역수'와 '음양오행'이지만 오히려 '오행의 생성작용(逆生倒成/ 倒生逆成)'과 '도서圖書'를 말하고 있다. 달리 말해 제목이 내용을 드러내고 있지 않을 뿐만 아니라 단락과 단락 간의 연속성도 분명하지 않다.

선천과 후천을 아우르는 역학이기에 어쩔 수 없을지는 모르지만, '존재론', '역도론', '신도', '신명', '리', '기', '초월', 나아가 '역도는 존재론의 측면에서는 천도의 인간 주체화 원리이며, 자각론의 측면에서는 천도의 인간 주체적 자각 원리'(주10) 또는 '음양 오행 원리는 천도의 인간 주체적 자각 원리인 동시에 천도의 인간 주체화 원리'(결론) 등 선험적인 언사와 주장 그리고 반복은, 읽는 이로 하여금 역학의 어려움을 더욱 뼈저리게 느끼게 한다. 작은 문제를 던져 보자.

첫째, '신명은 역도의 인격성을 나타내는 개념'인가? 그 증거로 내세운 것이 상제上帝인데, 신명과 상제가 반드시 연결되는 것인가? 같은 맥락에서, '사물적 차원에서 인격적 차원으로의 초월'이나 '인격적 세계로의 초월'은 인격에 절대성을 부여하는 것인데, 고전에서의 상제는 조상신을 뜻하지 않는가? 또 '인간 자신의 본래성의 자각을 통해서' 이루어지는 초월은 초월이라기보다는 복귀에 가까운데, 그 둘의 간격은 어떻게 메워지는가? 현대신유가들이 말하는 '내재적 초월'인가?

둘째, 효변 또는 괘변으로 설명하는 시작과 끝은 과연 무엇을 말하고자 하는 것인가? '선후갑삼일과 선후경삼일은 구이착종과 삼오착종의 역수원리'라는데, 그것은 무엇을 보여주고 있는 것인가? '선천에서 후천으로의 변화'나 '후천에서 선천으로의 변화'를 '표상'하는 까닭은 무엇인가? 그것이 갖는 의미를 구체적인 예를 들어 설명해야 하지 않을까?

셋째, '체용'으로 이해하는 것은 성리학의 기본 태도이다. 그러나 『주역』에서 체와 용 가운데 무엇이 중요한가? '오행작용의 체인 천지'가 중요한가, 아니면 그것의 쓰임으로서의 '건곤'이 더욱 중요한가? 적어도 『주역』의 체는 '효체'나 '괘체'와 같이 형태를 지닌 어떤 것을 가리킬 뿐, 성리학적인 본체의 의미는 없지 않을까? 글쓴이는 『주역』으로 『주역』을 보는 것인가, 아니면 '성리학'으로 『주역』을 보는 것인가?

넷째, 『정역』에서 말하는 낙서와 하도의 무리(太陰/太陽, 逆生倒成/倒生逆成, 先天太極/後天無極)는 서로 태초와 종말을 지향하고 있기 때문에 그 결과로써 황극皇極을 낳는다. 이러한 구조가 '대연지수大衍之數'와 연결되는 고리는 무엇인가? 나아가 순역(順逆: 政令과 律呂)의 문제와는 어떻게 만나는가? 또 사력四歷과는 어떻게 이야기되는가? 사실상 도표가 필요한 곳은 여기이다. 한역과 『정역』이 도서를 활용했듯, 진정 도상으로는 어떻게 그려질 수 있는가? 물론 오행도 일관되게 적용돼야 한다.

4. 상수학의 현대성

한역은 어렵다. 『정역』도 어렵다. 이 모두 상수학의 곤란함이다. 그것은 참위讖緯설로 나가는 길목에 있기도 하다. 그래서 공산중국에서는 비과학적이라든지, 미신이라든지, 점성술이라든지 하는 말로 일도양단의 판단을 가하여, 의리학의 손을 들어주고 있다. 그러나 그것은 오늘날의 눈으로 본 역학이지, 한대인의 눈으로 본 역학일 수는 없다.

나는 한대를 말하면서 늘 그들의 과학적 정신을 빼놓지 않는다. 전한과 후한 500년 동안 그들은 정치 이데올로기뿐만 아니라 과학의 체계를 잡아놓으려 했기 때문이다. 음양오행은 그 시절의 걸작이다. 그것은 과학적 방법론이자, 나아가 과학과 인문학을 통괄하는 거대담론의 핵이었다. 오늘날 초라해진 거대담론의 위상 때문에 그 시절의 그것이 쉽게 버려질 수는 없다.[14]

서양도 마찬가지로, 오행설도 있었고 칠행설도 있었다. 그것은 인문학과 의학과 과학에 골고루 적용된 세계인식 방법이었다. 그러나 니이담이 지적하는 것처럼 중국은 너무 길게 오행을 잡고 있었다.[15] 서양이 그러한 가설을 일찍이, 늦어도 17세기의 과학혁명 이전에 용도폐기한 반면, 동아시아제국은 19세기말까지도 끌고 내려왔던 것이다.

그러나 역학에서의 오행설은 그렇게 단순하지만은 않다. 왜냐하면 역학은 애초부터 미래에 대한 예측을 이상으로 하고 있기 때문이다. 그것이 수학이든 도서학이든 관계없이 미래에 대해 어떤 이야기를 해주면 된다. 의리학은 그런 점에서 오히려 점보는 책으로서의 『주역』의 역할을 축소했을는지도 모른다. 이른바 송대 역학이 주자로 상징될 수 있는 것도, 상수파의 주돈이와 소옹, 그리고 의리파의 정이程頤와 장재張載를 통합적으로 체계화했기 때문이다.

우리는 늘 수비학(數秘學: numerology)의 언저리에서 떠날 수 없을는지도 모른다. 서양에서도 피타고라스 이후 수는 종교였고 신앙이었다. 신이 각인해 놓은 진리를 찾기 위해서 수는 무엇보다도 중요했다. 동양에서 수는 과거와 미래를 연결해주는 통로였다. 하도와 낙서의 수는 『주역』을 거쳐 한대인들에 의해 더욱 정교화된다. 앞으로도 우리는 수리와 도상을 쉽사리 떠나지 못한다. 문제는 상수학으로 어떻게 오늘을, 그리고 앞날을 어떻게 설명할 수 있는가에 달려있다.

---

14 두 가지 예만 들어보자. 한의학에서의 음양오행의 위세는 아직도 쟁쟁하다. 한의학계 내에서 음양오행의 독보적인 권위를 자랑하는 한동석만 하더라도 『정역』을 '역과 상수의 극치'라고 말한다. 한동석, 『우주변화의 원리-음양오행원리』 (서울: 행림, 1966/1992), 196-201쪽. 다음, 김영태(昌夫 金永台)는 우리의 윷판에서 도상의 이상을 발견하고 정역에 대한 설명을 '말판'(馬板圖)을 중심으로 설명한다. 박상화, 『정역석의·역리여론』(필사합본, 1971서문)의 『역리여론』. 박상화는 한 걸음 더 나아가 '평화윷놀이'를 제시한다. 평화윷놀이란 민주정치의 체제를 나타내는 것으로 모임자리를 각기 지방행정처, 중간행정처, 국회, 정부로 보며, 중앙은 대통령으로 본다. 그런데 중앙 방에 들어간 것은 가결된 민의를 다시 민간에 돌리는 것을 의미해서 방에 들어간 말은 '물림도'로 뺀다. 48-49쪽.

15 정세근, 「역사 또는 과학으로서 '중국과학'의 의미」, 『사색』, 제10집, (서울: 숭실대 철학과, 1993), 242쪽. Needham, *Science and civilization in China*, 이석호·임철주·임정대 역, 『중국의 과학과 문명』 (서울: 을유, 1986), 406쪽. '중국의 오행설에 관하여 곤란한 일은, 단지 하나, 그것이 너무 오래 계속되었다는 점이다. 11세기에서 전적으로 진보적이었던 것은 12세기쯤에서도 참을 수 있었다. 그리고 18세기까지만 하여도 그렇게 흉한 것은 아니었다.'

한국도가철학회, 동국대, 1999.6.

26

현학의 과거와 미학의 미래

김재숙,「위진현학의 미학적 성격」

1. 현학

현학은 과거적이라면, 미학은 미래적이다. 현학은 철학사의 일정 부분을 발굴하여 재개하는 것이라면, 미학은 그를 바탕으로 조합하여 창신한다. 그런 점에서 현학은 비교적 구체성 안에서 벗어날 수 없는 반면, 미학은 상대적으로 매우 심한 추상성을 보인다. '현학玄學'은 고사변 운동 당시 '과학'(science)에 상비되어 형이상학(metaphysics)의 근대적 번역어로 쓰이기는 했지만 오늘날에 이르러 현학을 형이상학적 이론으로 단정 짓는 일은 곤란하게 되었고, '미학'(aesthetics)은 니시 아마에(西周)가 가취론佳趣論 정도로 이해했지만 헤겔 류의 관념론적인 미학이 등장하면서 오히려 더욱 형이상학적 냄새를 얻게 되었다. 그런 점에서 현학과 미학은 모두 형이상학이라는 화장 또는 오해를 쉽게 벗어버리지 못하는 것이다. 짙은 화장은 얼굴을, 깊은 오해는 눈을 가려, 우리는 진면목眞面目에서 자꾸만 멀어진다.

미학의 형이상학적 경향은 세월이 갈수록 심한 반발을 낳았고 그 결과 '아래로부터의 미학'을 강조하는 예술학이 탄생하게 되었으며, 나아가 역사·경제적인 이해를 중시하여 '사회사로서의 예술'이 중시되기도 했다. 이성이 주관하는 논리학과 구별하여 부른 '감성적 인식론'(Scientia Cognitionis Sensitivae)

이 현대적 모습을 갖추게 된 것이다. 이런 점에서 오늘날의 미학의 연구는 헤겔 이후의 주관적 또는 객관적 관념론의 성격에 대한 비판에 응대하지 않을 수 없게 된 것이다.

현학의 연구도 비슷한 과정을 겪는다. 오로지 '아득하고 아득한'(玄之又玄) 학문으로 이해된 것이 점차 현실의 구체적 맥락 속에서 파악되고 있다. 일찍이 풍우란도 곽상의 학문을 '하늘을 날라 다니는 것'(經虛涉曠)으로 이해했었지만 80년대초 스스로를 수정하였으며,[1] 사상사가들의 실증적인 연구는 이와 같은 자각과 더불어 좀 더 '땅으로 내려온' 현학의 모습을 보여주고 있다. 현학은 위진시대 학풍의 특징을 대변하는 말이지, 그 시절 학문의 모든 경향이 현묘함을 가리키는 것이 아니다.

위진미학은 그런 점에서 양방면의 곤혹을 치르고 있다. 미학도 낮은 데로, 현학도 낮은 데로 임하지 않으면 안 되기 때문이다. 더욱이 현학에 대한 해석이 완비하지 않은 상태에서 그 위에 미학을 세우고자 하니 사상누각砂上樓閣을 면하기 보통 어려운 일이 아니다. '현학 위의 미학'(玄上美閣)이 이름만큼 아름답기란 그래서 더욱 힘들다.

2. 무와 용

태초 형이상학의 이름 아래 태어난 자식들이 있었다. 왕필, 혜강, 완적, 곽상 등으로 대표되는 현학자들이다. 그러나 그들은 모태母胎를 부정하고, 동포同胞를 거절한다. 혜강과 완적이 형제임을 긍정할 뿐, 그들과 왕필, 그들과 곽상도 다르다. 왕필과 곽상은 그런대로 같은 핏줄에 속하지만 그들도 자못 다르다. 그런 점에서 이들의 가족관계는 매우 복잡하여 주의를 요한다. 적어도 왕필과 곽상, 그리고 혜강과 완적은 이복 관계이다. 그런데도 그들을 한 밥상

---

1 馮友蘭, 「郭象『莊子注』的哲學體系」, 『中華學術論文集』(北京: 中華, 1982).

위에 놓으면 맛도 색깔도 엉망이 되고 마는 것이다. 만일 같은 시절 이야기이지만 옆집에 살았던 불경번역가까지도 한 집안에 모아 놓으려면 제법 구분이 분명한 방을 따로 주어야 할 터이다. 그런 점에서 1) 명교파/현학파, 2) 죽림파/자연파, 3) 격의파/반야파라는 3대 학파를 나누어주지 않으면 안 된다.[2]

이를테면 왕필에게 가보자. 왕필이 '숭본식말崇本息末'을 이야기한 것은 틀림없는 사실이다. 그러나 문제는 본말이 가리키는 것에 있다. 왕필의 본말론은 일다一多의 관계로 이해된다. 그래서 모자母子의 관계로도 설명되기도 한다. 그런데 체용體用을 말할 때는 이러한 관계는 전도된다. 다시 말해 어머니의 쓰임은 아이를 낳기 위한 것이라 사고 속에서 어머니가 '쓰임'(用)이 되고 오히려 아이가 '몸'(體)이 된다. 이러한 사유전통은 실상 너무도 당연한 것이다. 『주역』이 가학家學인 왕필에게 역학적 사고의 핵인 '용'-이를테면 용구用九, 용육用六 및 물용勿用 등-은 본이지 결코 말이 아닌 것이다. 우리가 체용이라 하면서 체가 본이고 용이 말이라고 생각하는 것은, 불교의 체 개념 유입 이후에 발생된 송명유학자들의 고의적이거나 무의식적인 의미 전환 때문이다. 그런 점에서 왕필의 그것은 오히려 '용체론'이라 부를 만한 것이다.[3] 다시 말해 그것은 '본용本用'론으로, '본이 체이고 말이 용이다'는 뜻이 아니라 '본이 곧 용이다'는 말이다.

무無에 대해서는 더욱 세밀한 접근이 필요하다. 왕필의 용에 대한 집착은 무에 대한 이해에서도 마찬가지로 드러난다. 그의 무는 노자의 무와는 다르다. 정확히 말해, 노자가 말하는 절대무나 상대무가 아니라 '무의 쓰임'(無之以爲用)[4]에 근거를 둔 무이다. 우리는 왕필의 대전제인 '무릇 유가 이익이 되려면 반드시 무를 쓰임으로 삼아야 한다'(凡有之爲利, 必以無爲用)[5]는 명제를 잊어서는

---

2 정세근, 「명교파와 죽림파 그리고 격의파: 위진현학의 3대 학파」, 『종교연구』13, 한국종교학회, 1997.

3 鄭世根, 「王弼用體論: 崇用息體」, 魏晉南北朝國際學術硏討會, 中國文化大學·國家圖書館, 1998.12.

4 『老子』, 제11장.

5 王弼, 『老子注』, 제1장.

안 된다. 이러한 쓰임으로서의 무는 무의 유에로의 적용을 당연시한다는 점에서 도가를 넘어 유가에로 한 걸음 내딛는 것이 아닐 수 없다. 하다못해 왕필이 도가의 기본입장인 성인무정聖人無情론에서 유가적인 유정론에로 나가는 것을 생각해보면, 그의 관점이 어디에로 향하고 있는가를 어렵지 않게 알 수 있는 것이다.

3. 절대무와 '제멋대로'(任性)

김재숙 박사의 글은 아쉽게도 제기된 개념에 대한 상세한 설명이 없고, 주장을 위한 논거가 과감히 생략되어 있다. 개념과 개념, 주장과 주장의 연결고리가 확연하지 않아, 읽는 이에게 적지 않은 상상력을 요구하고 있다.

첫째, 왕필에게 절대무가 어떻게 성립되는가? 귀무론은 결국 귀용貴用론이라는 입장을 받아들이지 않더라도, 적어도 '식말'과 '거말擧末'의 차이에 대해 설명해야 했나. 특히 "말에 해당되는 예술적 형상의 중요성"이 변호되기 위해서는 양자 간의 인식론적 간격을 메워 주어야 한다. 나아가 '미의 본원은 무에 있다'고 하려면, 그것과 관련된 어구가 제시되었어야 한다. 그러나 절대무의 논거는 모두 '무'가 아니라 '무형' 아니면 '무명'이다. 왕필은 '무'보다는 '무명'이라고 읽기를 좋아한다는 점을 상기한다면, 그 사이에는 엄청난 골이 있다. 그럼에도 불구하고 왕필이 절대무의 추종자라고 한다면, 결론을 미리 말해놓고 맞지 않으면 위와 아래를 잘라버리는 식이 아닌가? "정신본체의 무는 유에서 이탈될 수 없으며, 유에 있어야 비로소 자신을 드러낼 수 있기 때문"이라고 말하는 것은 유 때문에 이미 무척 희석된 무인데, 그 무도 절대무인가?

둘째, 유무론과 관련되어, 고개지와 종병 그리고 사혁조차 귀무론적 맥락에서 이해되었는데, 그것이 어떻게 가능한가? '신神', '도道' 등이 무이고 '형形'이 유라는 유비가 어떻게 성립되는가? 신과 도는 유의 영역에서 파악될 수 없는 것인가? 고개지와 종병은 형의 의의를 부정한 것이라기보다는 형이라는 구체적인 예술작품을 자기 앞에 두고 있지 않았는가? 사혁의 기운생동과 나머지 5법이 무와 유의 관계라는 것도, 아무리 이상이 기운생동이라 하지만 인물화를 위해서 필요한 5법(골법용필, 응물상형, 수류부채, 경영위치, 전이모사)을 예술의 창작수단으로 제시한 것 아닌가? 만일 유무의 유비가 예술에게도 고식적으로 성립한다면, 예술 그것만으로서의 가치는 어디에도 없지 않을까?

셋째, 혜강과 완적이 보여주었던 '본성에 맡기라'(任性)의 태도는 매우 중요한 심미적 견해를 담고 있음에 틀림없지만, 그렇다고 해서 그들의 태도가 위진을 모두 대변하는 것은 아니지 않을까? 흔히들 죽림칠현이나 몇몇 명사들의 주장과 행태로 위진을 속단하고 그것이 바로 위진의 예술적 성격인 양 판단하는 경우는, 대체로 나무만 보고 숲을 보지 못한 까닭에서 비롯된다. 혜강과 완적의 독특한 개성과 반유학적 성향이 위진미학을 대변하려면, 그들과는 다른 의견이었던 이들의 견해는 달리 취급되어야 할 것이다. 그럼에도 불구하고 위진미학이라는 이름 아래, 그들과는 달랐던 이들조차 한꺼번에 묶어지고 있다. 오히려 죽음도 불사했던 예술가의 삶을 보여준 그들의 이론이야말로 심미적 개방성의 표상으로 특기해야 하지 않는가?

문제는 조망 없이는 보이지 않는다. 그에 따라 작은 문제도 파생된다. "왕필의 장자 언의론에 대한 발전은 언어문자가 정을 나타내고 뜻을 전달하는 작용"이라 할 때, 정情은 감정이라기보다는 참다움을 가리킨다. 이른바 '괘를 풀어 참과 거짓을 다한다'(說卦以盡情僞)[6]고 할 때의 정 곧 진정眞情 또는 실정實情이다. 왕필도 '획을 거듭 놓아 참을 다한다'(重劃以盡情)[7]라고 하여 정의 뜻을 밝히고 있다. 과연 어떤 맥락에서 이를 인용했는가? 다음, 왕필은 이러한 과정을 통해 "[직관적] 형상적 사유를 드높이고 미학적 사고를 발전"시켰다고 하는데, 그 형상은 형상形相으로 이데아의 절대세계를 상정하는 것이다. 그렇다면 왕필에게 어떤 요소가 플라톤적인가? 그에게 그렇게 절대적인 무의 형

6 『周易』, 「繫辭」, 上.

7 王弼, 『周易略例』, 「明象」.

상이 있었다면, 설괘나 중획은 모두 참을 드러낼 수 없는 것 아닌가?

4. 감성의 역할

장자는 사실상 언어를 완전히 떠나고자 한 것은 아니다. 그래서 '말을 잊은 사람과 말하고 싶다'고 하기도 하며, '말도 말없음도 아니다'라고 한다. 그런데 왕필은 『주역』을 통해 언의言意의 문제뿐만 아니라 상象의 문제와도 만난다. 상이라는 매개체의 역할을 고민하지 않을 수 없게 된 것이다. 이는 왕필의 주역에 대한 중시와도 같은 맥락에 있다. 이 점에 대해서 글쓴이는 깊이 있는 분석을 하고 있다. 그리고 언의만이 아닌 언상의의 관계에서 예술적 의의를 밝히고 있다. 아무리 '득의망상'이라고는 하지만, 결국 예술은 상을 통해 표현될 수밖에 없기 때문이리라.

왕필이 성인유정을 말하는 것은 복괘의 해석에서 '천지의 마음'(天地之心)[8]을 밀한 것과 상통한다. 무심이 아닌 유심의 세계로 나서고자 하는 것이다. 그것과는 다르게, 문화적으로 정체되어있는 자아를 철저하게 해체하고자 하는 이가 혜강으로, 그는 '나를 옭아매지 말고 풀어놓으라'(釋私)고 주장한다. 뜻을 따르지 말고 '느낌을 따르라'(緣情)는 육기의 입장도 같은 맥락에서의 발언이다.

미학적 저작의 가치는 바로 감성학의 구성에 있다. 미학이란 말만 붙이면 미학이 되는 것이 아니다. 다시 말해 '철학'이라는 말을 '미학'으로만 바꾸거나 '형이상학적'이라는 말을 '심미적'이라 옮김으로써 미학이 성립되는 것은 아니다. 그 점에서 위진인들이 보여준 감성의 능동적 표출은 미학사의 큰 계기였다. 그 후 역사 속에서 전개된 그것의 억압과 노출의 기복과 요철을 밝히는 것은 미학사적인 과제로 남는다.

---

8 王弼, 『周易注』.

한국주역학회, 대우재단, 1999.2.26.

27

무는 유를 위해, 말은 뜻을 위해

김주창, 「왕필 주역의 언상의 지식체계 이론 고찰」

1. 무의 쓰임과 용체

왕필王弼에 대해서는 정말로 쓸 데 없는 찬사가 많다. 찬사가 아깝다는 말이 아니라, 섣부른 찬사가 그에 대한 오해를 자꾸만 일으킨다는 말이다. 소년천재少年天才이기 때문에 무엇이든지 훌륭한 듯 칭찬에 칭찬을 거듭하여 마침내는 그의 사상이 무엇인지도 모를 정도로 하늘에 둥 떠버리고 만다. 때로는 교조화되고 때로는 신비화되어 왕필의 진짜(眞情)는 오간 데 없고 오히려 그의 찌꺼기(糟粕)만이 난무하기도 한다.

왕필이 일찍 죽기는 했다. 미인박명美人薄命인가? 아니리라. 사서의 기록으로는 병사라고는 하나, 사마씨의 등장으로 조조의 양아들이자 사위인 하안이 처형되면서, 적어도 그것과 더불어 오는 홧병이 아니었을까? 이렇듯 하안과 왕필은 떼려야 뗄 수 없는 관계이다. 역학에 기초한 사고를 지닌 하안何晏에게 『주역』을 가학으로 했던 왕필은 후생가외後生可畏로 여겨졌고, 하안이 지니고 있던 철학적 단초는 드디어 왕필에서 꽃을 피운다. 그 대표적인 예가 '무의 쓰임'(無之用) 이론이다.

'[자연의] 만물을 열고, [인간의] 사무를 이룬다'(開物成務)는 『주역』, 「계사」의 이상은 하안에게 "천지만물은 모두 무로써 근본을 삼는다. 무라는 것은 만물을 열고 사무를 이루며, 나아가서 존재하지 않음이 없는 것이다."(天地萬物皆以無爲本. 無也者, 開物成務, 無往不存者也.)[1]라고 이해된다. 여기서 우리는 무가 아무 것도 하지 않는 것이 결코 아니라, 오히려 적극적인 역할을 하고 있음을 주목하지 않으면 안 된다. 하안은 곧이어 "무의 쓰임 됨은 작위 없이도 귀한 것이다."(無之爲用, 無爵而貴矣.)라고 덧붙이고 있다.[2]

왕필의 무 또한 그러하다. 노장과는 다른 무이다. 왕필의 무는 노자가 말하는 무 가운데 하나인 '유가 이익되는 것은 무가 쓰이기'(有之以利, 無之以爲用)[3] 때문이라는 원칙에 충실하다. 왕필의 무는 노자의 절대성이나 상대성과 거리를 멀리 할 뿐만 아니라 장자의 '무용지용無用之用'과도 손을 잡지 않는다. 그럼에도 불구하고 왕필의 무를 노자식으로 이해하는 것은 문제가 아닐 수 없다.[4]

그렇다면 왜 왕필이-하안도 포함하여- '용用'을 강조하게 되었을까? 그 까닭은 매우 간단하게 설명된다. 『주역』의 사상이 무엇인가? 그것은 용의 지위를 인간사에 제시한 최초의 경전이 아닐 수 없다. 하늘과 땅이 중요한가? 아니다. 물리적 세계로서의 천지天地가 우리에게 주는 것은 아무 것도 없다. 그것이 살아 움직이면서 나에게 덕을 베풀 때(生生之德)야 말로 우리에게 중요하다. 그것을 『주역』은 '건곤'(健坤/ 乾坤)이라 부른다. 하안이 "네모자에서 네모가 나오고, 걸음쇠(컴파스)에서 동그라미가 나온다."(矩以之方, 規以之圓)[5]는 것을 말함은 천지와 건곤의 관계를 강조하는 것과 같다. 여기서 체體와 용의 관계도 자연스럽게 드러난다. 그러나 이때의 체와 용은 오늘날 체용과는 오히려 상반되어 있다.

---

1 『晉書』, 「王衍」.

2 정세근, 「하안의 역학적 해석론」, 『동양철학』, 제9집, 한국동양철학회, 1998.7., '8. 무의 쓰임'.

3 『老子』, 제11장.

4 정세근, 「유와 무: 위진현학에서의 유무 논쟁」, 『인문학지』, 제16집, 충북대, 1998.5., '5. 왕필의 무의 쓰임 이론'.

5 『列子』, 「天瑞」, 注引.

1(수정)-/네모와 동그라미라는 꼴(體)은 네모자와 걸음쇠를 씀(用)으로써 그려진다. 네모자와 걸음쇠가 없으면 네모와 동그라미는 있을 수 없다는 것으로, 네모자와 걸음쇠의 쓰임이 네모와 동그라미의 바탕이 된다. 마찬가지로 우리가 살고 있는 천지라는 꼴도 바로 건곤의 쓰임에 바탕을 둔다./(용이야말로 보편의 것, 체는 특수의 것)

2(원본)-/네모자와 걸음쇠가 있는 것(體)은 네모와 동그라미를 그리기 위해서(用)인 것처럼, 천지가 있는 것도 건곤을 드러내기 위해서인 것이다./

따라서 천지의 체는 중요한 것이 아니다. 오히려 건곤의 용이 중요하다. 그때의 체는 천체天體라고 말할 때처럼, 단순한 형체에 불과하다. 왕필은 분명히 "하늘(天)이라는 것은 꼴의 이름이며, 굳셈(건健)이라는 것은 꼴을 쓰는 것이다."(天也者, 形之名也; 健也者, 用形者也.)라고 하여, 이름뿐인 천체를 쓰임의 세계로 이끌기를 바라고 있다.[6] 이러한 '용형用形'의 사상은 다름 아닌 주역의 용구用九 또는 용육用六의 사고와 밀접한 관계를 맺고 있는 것이다. 하다못해 왕필이 한대 역학을 비판한 까닭은 바로 괘체卦體나 효체爻體와 같은 형태로-정현鄭玄의 호체互體, 경방京房과 우번虞翻의 괘변卦變- 장난하기 때문이었음을 생각해 보면 쉽게 이해될 수 있는 것이기도 하다.

우리가 왕필을 보면서, 자꾸만 불교적인 체용관이나 송명이학적인 체용관으로 보는 까닭은 우리 인식의 시대적 한계를 드러내는 것이 아닐 수 없다. 물론 그 앞에는 불교학의 대가 탕용동湯用彤과 성리학의 거두 모종삼牟宗三 교수의 영향이 없을 수 없었다. 그러나 왕필로 왕필을 본다면, 그의 체용은 체용이 아니라 오히려 용체임을 분명히 하지 않으면 안 된다. 그러나 그렇다고 해서, 왕필이 오늘날의 체용론적 사고가 없다는 말은 아니다. 그는 오늘날의 체용에 해당되는 '본말本末'론을 지니고 있기 때문이다.[7] 서양철학사에서 실재(reality)의 관념이 중세를 끝낸 현대철학에 와서 뒤바뀌듯, 체의 의미도 당을

---

6 王弼,『周易注』,「乾卦彖辭」.

7 鄭世根,「王弼用體論: 崇用息體」, 魏晉南北朝學術國際會議, 臺北, 1998.12.

거쳐 송대에 이르러 바뀌고 있는 것이다.

2. 말과 뜻 그리고 그림

이 글은 말(언어: 言)과 그림(부호: 象) 그리고 뜻(의미: 意)에 대해 집중적으로 논의하고 있다. 그런데 『주역』에서 말은 문자요, 그림은 괘효요, 뜻은 그를 통해 얻어지는 그 무엇을 가리킨다. 결국 이 글은 그 삼자의 관계를 어떻게 설정할 것인가에 대한 탐구이다. 그를 위해 제시된 상세한 분석은 우리에게 여러 가지를 생각하게 한다.

첫째, 공자의 정명론에서부터 실제로 명실에 대한 문제를 논의했는가?(2쪽) 명실名實에서 명리名理로의 발전은 부인할 수 없이, 객관사물에서 그러한 사물의 이치에로의 철학사적인 발전임에 틀림없다. 그러나 공자의 명실론은 객관사물로서의 실재(實)에 대한 논의가 아니라, 오히려 당위세계로서의 올바름(正)에 대한 논의가 아니었을까? 정명론이 곧 명실론의 대표가 되지는 않는다.

둘째, 언어의 전달 불가능성과 의미의 불완전성은 다르지 않을까?(3쪽) 불가지론이 곧 불가언不可言 또는 불가설不可說론은 아니다. 말을 잊은 자와 말하고자 하는 장자의 기대는 불가지라기보다는 불가언설에 가깝기 때문이다. 혜시와 다리 위에서 벌린 물고기의 즐거움에 대한 이야기는 이를 뒷받침 해준다. 『여씨춘추呂氏春秋』라 할지라도 "말로써 뜻을 본다"(以言觀意)고 하여 언어를 완전히 배제하고 있는 것은 아니다.

셋째, 왕필이 장자의 철학체계를 철저히 따르고 있을까?(5, 6, 7, 10쪽) 왕필이 장자에 많은 빚을 지고 있는 것을 사실이다. 그러나 왕필이 곧 장자는 아니다. 특히 잊어버림(忘)의 논의에서처럼, 왕필이 장자에게 빚진 문자 때문에 그들의 사상이 같아질 수는 없는 것이다. 왜냐하면 왕필의 잊어버림은 『주역』의 괘효와 같은 기호에 매달려 있고, 장자는 단순히 말과 뜻을 일컫고 있기 때문이다. 왕필에게는 「계사」 이래로 이미 제3의 문제가 제시된 것이다. 성인이 '기호를 세워 뜻을 다했다'(立象以盡意)고 하기에, 또한 「설괘」와 「계사」로 참과 거짓(情僞)의 문제와 더불어 부족한 언어가 보완되고 설명되었기 때문에, 왕필에게는 장자보다는 좀 더 복잡한 문제에 대면하지 않으면 안 되었다.

넷째, '잊는 것'과 '버리는 것'(6쪽), 그리고 '도구'와 '수단'(8쪽)이 그렇게 다른가? 장자는 잊으라 했지 버리라 하지 않았다. 그러나 그렇다고 해서 버리는 것(棄)이 노장의 세계에서 그렇게 나쁜 것만은 아니다. 도구는 좋은 뜻이고, 수단은 나쁜 뜻이 될 수 있을까? 인용된 학자들의 '공구工具'의 뜻에도 부정적인 의미가 첨부되어 있는 것 아닌가? 왜냐하면 의리義理만 얻으면 될 뿐인 도구 내지 수단이기 때문이다.

다섯째, 왕필도 노장처럼 '언어 지식 체계'에서 '도 체계'로 넘어가려 했다면 그의 철학은 어디에 속하는가? 장자는 급히 넘어가려 했지만 왕필이 자세한 설명을 하려했다면, 과연 왕필은 무엇을 지향했는가? 제목에서는 '지식체계'라고 했으므로, 왕필은 지식체계에 좀 더 많은 관심을 기울인 것으로 판명되는데, 그렇다면 전대의 철학자와는 많이 다르지 않는가? 사실상 장자가 중간과정인 '상象'을 생각하지 못한 것은 너무도 단순한 이유에서 비롯된다. 그는 비록 음양론적 사고에 친숙해도[8] 부호를 위주로 하는 사고에는 친숙하지 않은 것이다.

여섯째, 진정 "왕필은 우주 자연의 모든 변화를 모순 가운데 변화의 핵이 자연 발생하여 나오는 것으로"(10, 11쪽) 보고 있는가? 이러한 논의는 위의 일련의 언어나 지식과 결부된 논지와 무슨 관련을 맺고 있는가? '우주', '모순', '변화', '자연'이라는 형이상학적 개념은 어떤 체제 내에서 마찰 없이 소화되고 있는가? 적어도 왕필이 말하는 '자연'은 과연 어떤 자연인가? 우리는 객관세계로서의 '자연'과 저절로 또는 스스로 그러함을 가리키는 '자연'은 구별돼야 하지 않을까? 나아가 우주와 인간세의 모순과 변화는 얼마만큼 '자연

8 鄭世根, 『莊子氣化論』(臺北: 學生, 1993), '第5章, 氣化宇宙論: 陰陽說'.

적'인가?[9]

3. 유도의 만남

위진현학에 대한 이해는 왕필이 관건이 된다. 따라서 그에 대한 논의는 우리의 철학적 계발에 큰 영향을 미친다. 김 교수는 그러한 점을 놓치지 않고 있다.

첫째, 무는 유를 통하여 실현되고, 거꾸로 무는 유를 통하여 인식됨(1쪽)을 철학사에 밝힌 것은 현학의 역할이다. 현이 가리키는 것이 곧 유무를 통섭하듯, 현학자들에게 유무는 매우 중요한 토론거리였으며, 그에 따라 자신의 입장이 결정되기도 한다. 왕필이 무를 이야기하는 것도 유를 위해 봉사하는 무를 그려내기 위함이었다. 결국 그들에게 유무는 그저 획일적으로 무파나 유파처럼 나누어지지 않는다.

둘째, 구양건이 언어가 갖는 중요성을 간과하지 않았듯이, 왕필도 그 시대의 범주에서 크게 벗어나지 않음(5쪽)은 사실이다. 왕필의 여러 저작에서 볼 수 있듯이, 그는 결코 언어를 단순히 홀시하지 않는다. 이른바 언어가 기호를, 기호가 의미를 전달한다는 도식에서 완전 이탈하지는 않는 것이다. 문제는 기호에만 매달려 있는 상수역일 따름이다.[10] "뜻을 다하는 데 상만한 것이 없고, 상을 다하는 데 말만한 것이 없다."(盡意莫若象, 盡象莫若言.)[11] 그러나 건괘에 반드시 말을, 곤괘에 반드시 소를 대입하거나, 심지어 금, 목, 수, 화, 토를 상에 고정시켜 오행의 상생과 상극을 적용시키는 데는 문제가 있지 않을 수 없는

---

9 정세근, 「노장과 그 주석가들의 자연 개념의 형성과 변천」, 『도교문화연구』, 제13집, 한국도교문화학회, 1999.

10 정세근, 「말과 뜻: 장자, 왕필, 구양건의 언의지변言意之辯」, 『인문학지』, 제17집, 충북대, 1999.2.

11 王弼, 『周易略例』, 「明象」.

것이다. 따라서 왕필은 상을 잊고 뜻을 구하라고 하는 것이다.[12]

셋째, 왕필은 유도의 철학 체계를 회통(2쪽)하고자 했으며, 내면화된 장자 철학에 객관성을 부여하고 유가철학과의 융합을 시도(10쪽)하려 했을 뿐만 아니라 지식문제를 장자의 자연 철학에다 주역의 사회 철학을 자신의 체계 내에서 해석(12쪽)하려 한 철학자임에 틀림없다. 그래서 왕필류의 철학은 '신도가'라는 정의보다는 '도가적 유가'('道家儒學')라는 정의가 나올지도 모른다.[13]

왕필은 진정 『주역』을 자신의 학문적 기초로 삼았다. 사실상 그는 집안 대대로 내려오는 역학에 짙게 훈습되고 있었다. 그의 철학적 동지였던 하안이 『주역』으로 『논어』를 해석하듯이,[14] 왕필도 자신의 철학 깊숙이 『주역』을 담보하고 있었다. 『주역』은 왕필의 철학적 문제에 대한 원론적인 답안이었다.

---

12 한 걸음 더 나아가 왕필의 用體論的 구도에서 생각하면, 象은 體이고 意는 用에 해당됨을 어렵지 않게 알 수 있다.

13 정세근, 「제도 옹호론과 그 반대자들」, 『공자사상의 계승』(서울: 열린책들, 1995), 7. 도가적 유가, 또는 鄭世根, 「王弼與道家儒學: '無之用', '理', '心'說」, 國際中國哲學會, 1997.7.

14 何晏, 「論語集解」, 또는 정세근, 「하안의 역학적 해석론」, '5. 논어집해', 위의 글.

한국도가철학회, 성균관대, 1998.5.23.

28

노자, 왕필, 무위자연의 도

임수무, 「노자의 도와 무위자연」

무위자연의 도는 과연 무엇일까? 우리는 그것에 대한 해답을 쉽게 얻을 수는 없다. 그러나 배움을 위해서라도 무엇이라고 시도도 해보고 단정도 해보는 것이다. 그래서 입장이 분명한 논평은 위험하지만 의의가 많고, 결론이 분명치 않은 논평은 원만하지만 의의가 적다.

도가철학이라고 해서 이래도 좋고, 저래도 좋은 것은 아니다. 인시인비因是因非라고는 하지만, 시비가 아예 없으면 그것을 감싸 안는 환중環中도 불가하기 때문이다. 우리가 시비를 말하는 것은 시비 그 자체를 위해서가 아니라, 도추道樞를 잡기 위해서이다.

1.

김백현 교수의 논문은 무화의 공부론을 주장하면서, 본체론과 공부론이 하나인 동양철학의 특질을 노자의 「하는 것이 없으나 하지 않는 것이 없다」(無爲而無不爲)에서 발견할 수 있다고 한다. "공부론적 측면에서 말하면, 이 글귀를 '인위 조작을 없애면 하지 못하는 것이 없어진다'고 해석할 수 있으며, 본체론적 측면에서 말하면, 이러한 없애고 없애는 즉 무화無化의 공부를 끝까지 펼치어 도달한 참다운 도는 언제나 '인위 조작이 없으나 하지 못하는 것이 없다'고 해석할 수 있다."[1] 그런데 그에게 과연 모종삼牟宗三 교수의 경지(境地: 境界)형태의 사유-무는 존재론적인 개념이 아니라 실천상의 관념-가 구체적으로 어떻게 녹아 들어가 있는가? 모종삼 교수가 인용된 부분은 '무위한다는 의미에서의 무'[2]인데, 김백현 교수는 존재론/본체론적인 의미도 강조하고 있지 않은가?

2.

이규상 교수의 논문은 '규정성의 거부'를 강조하고 있다.[3] 한마디로 '언어적 표현이나 개념적 규정의 한계성'을 노자는 드러냈다는 말이다. 이에 대해 임수무 교수는 노자의 '변증적 사유모형'이 잘 드러나고 있지 않다고 비판한다. 그러면서, 모 교수가 지적한 '유, 무, 현의 변증적 발전'을 주장하여, 규정적 의미를 내세운다. 그러나 변증법은 과연 규정적 사유인가? 형식논리(formal logic)에 반대하여 내세운 변증법(dialectic)은 오히려 무규정성에 가까운 것은 아닌가? 규정성과 부정성은 서로 어긋나는 개념은 아닌가? 나아가 이규상 교수의 "노자의 부정적 태도는 단순히 부정을 목표로 하는 것이 아니라 인간의식이 지어내는 차별적인 상에 대한 부정을 통하여 본연의 세계에 도달하려는 긍정을 전제하고 있다"[4]는 주장은 어떻게 이해해야 하는가?

---

1 김백현, 「노자의 무위자연의 도」, 『동양철학』, 제1집, 1990, 341쪽.

2 같은 책, 345쪽.

3 이규상, 「노자의 부정적 사유방법에 대한 모색」, 『동서철학연구』, 한국동서철학연구회, 제11호, 1992, 114-116쪽.

4 같은 책, 110쪽.

3.

무엇이 왕필王弼적인 사유틀인가? 나는 그를 '도가적 유가'[5]에 접근시키고 있다. 『노자』 주의 수많은 부분이 체제옹호적인 발언이기 때문이다. 『노자』, 제17장의 '최상의 것은 그것이 있는지 모른다"(太上, 不知有之)의 구절에서 왕필은 이 구절의 '부不'를 '하下'로 하여 백성은 지배만 받으면 된다는 식으로 설명한다. 태상에 대해 왕필은 노자의 그 말이 바로 '위를 따름을 말한다'(言從上)고 적고 있다. 또, 제25장의 "그러므로 도도 크고 하늘도 크고 땅도 크고 사람도 크다"(故道大, 天大, 地大, 人亦大)에서도 왕필은 '인人'을 '왕王'으로 적으면서 왕은 사람의 주인임(王是人之主也)을 밝히고 있다. 『노자』의 제7장 그 유명한 물에 대한 비유에서도 예외는 아니다. 왕필은 그 장의 끝에 '모든 사람은 통치되어야 함을 말한다'(言, 人皆應於治道)라고 한다. 왕필에게 조조曹操의 정권은 무엇이었는가?

4.

왕필은 쉽게 귀무론貴無論으로 취급된다. 그 근거는 사실상 배위裴頠의 숭유론崇有論에 있다. 그러나 배위는 누가 귀무론이라는 이야기를 구체적으로 하지 않는다. 다시 말해 왕필이 귀무론의 혐嫌을 뒤집어쓰고 있을 수도 있다는 것이다. 이른바 '귀무천유貴無賤有'의 작자가 반드시 왕필을 가리키는 것은 아니다. 배위는 '제도 유기'(遺制)라는 관점에서 귀무론자를 비판했는데, 왕필은 그 입장에 속하지 않기 때문이다. 배위가 논박하는 귀무론은 특정한 인물이 아니라 오히려 당시의 분위기로 이해해야 되지 않을까?

---

5 鄭世根, 「王弼與道家儒學」, 「동아시아철학의 현대적 의의」, 國際中國哲學會, 1997.

5.

왕필의 '체용體用'설도 마찬가지이다. 재밌게도 내가 보기에는 왕필에게 유有는 체이고 무無는 용이다. 일다一多, 본말本末, 모자母子의 개념과는 자못 다르다. 왕필은 제38장 주에서 말한다. '[만물이] 비록 귀할지라도 무로써 쓰임을 삼는데, 무를 버리고 체가 될 수는 없다.'([萬物]雖貴, 以無爲用, 不能捨無以爲體也.) 또, 그는 제1장 주에서 "무릇 유가 이로운 것은 반드시 무를 쓰임으로 삼는다"(凡有之爲利, 必以無爲用)라고 말하기도 한다. 그에게 무는 용이지, 체가 아니다. 이러한 사유구조는 왕필의 무가 절대의 무도, 상대의 무도 아닌, 쓰임으로서의 무(無之用)이기 때문이다.[6] 그것은 장자의 무용지용無用之用과도 다르다. 왕필은 제40장 주에서 말한다. "높음은 낮음을 바탕으로 하고, 귀함은 천함을 본디로 삼고, 유는 무를 쓰임으로 삼는다."(高以下爲基, 貴以賤爲本, 有以無爲用.) 심지어는 제38장 주에서 '덕이 높은 사람에게 도란 오로지 쓰임이다(上德之人, 唯道是用)라고까지 한다. 그런 점에서 노자의 도와 무위無爲도 왕필처럼 용의 측면이 부각될 수는 없을까?

6.

성리학적 체계를 빌리자면, '대대待對'는 미발未發의 세계를 가리키지만, '상대相對'는 이발已發의 세계를 비교하여 가리킨다. '음양대대'란 선천적인 것이나, '너와 내가 상대되는 것'은 후천적인 것이다. 한 걸음 더 나아가 대대는 긍정적인 의미가, 상대는 부정적인 의미가 실려있다. 『도덕지귀道德指歸』의 작자인 서명응徐命應은 문질文質의 의미로 주종主從을 나누는데-소박素樸은 질이고, 인의仁義는 문, 따라서 성지聖智, 인의, 교리巧利보다는 소박이 중요하다(제18장)-, 여기

---

6 정세근, 「제도 옹호론과 그 반대자들」, 『공자사상의 계승1』(서울: 열린책들, 1995), 305-309쪽.

서 문질은 상대라기보다는 대대에 가깝다(文質彬彬). 따라서 '늘 끊임없이 변동' 하는 관계는 대대라기보다는 상대에 가깝지 않을까?

7.

제자들은 사랑에 대해 많은 이야기를 했다. 대표적인 것이, 겸애兼愛와 별애別愛 그리고 자애自愛이다. 그런데 노자의 사랑은 무슨 사랑일까? 그의 사랑은 '자慈', 다름 아닌 모성애이다. 노자는 여성성을 무엇보다도 중요하게 여긴다. 유가가 남성성을 부각시킨다면 도가는 그 반대이다. 그런데 모성애는 가장 자연에 가깝다. 게다가 '영아嬰兒'나 '적자赤子'의 인상과 결부되어 그 의미를 가중하고 있다. 노자의 삼보三寶 가운데 첫째인, '사랑'(慈)도 다른 것과 구별되어 쓰여야 하지 않을까?

8.

상현商賢주의가 선왕先王에 대한 존숭으로 이해된다면 공맹孔孟이 상현주의라는 것은 말할 것도 없다. 순자荀子의 후왕後王론은 그를 반대하고, 한비자韓非子와 장태염章太炎같은 순자주의자들는 2천 년을 뛰어넘어 일정한 개혁성향을 유지한다. 그러나 묵자의 현자는 대체로 우禹 임금에 그치고 있다. 요순堯舜, 탕湯, 문무文武, 주공周公의 음악을 거부한 묵자이다(非樂). 게다가 묵가는 출신도 무사(士)로 알려지고 있다. '상현주의는 공맹과 묵자에서 쉽게 찾을 수 있음(주18)'에서 상현의 의미가 우만을 가리킨다면 모르지만 현자의 다수성을 인정한다면, 과연 묵자가 상현주의일까? 상현을 '지식의 의미'에만 국한시킨다할지라도 묵가는 생활에서 지적 작업보다는 군대식 공동체 생활을 통해 육체노동의 의미를 찾으려 했는데, 그래도 그는 상현주의일까?

9.

노자는 '자연自然'을 이야기했다. 그렇다면 장자는 '자화自化'를 말한다. 왕필은 '자생自生'과 '자제自濟'를 들려주고, 곽상郭象은 '자득自得'과 '자임自任'을 노래한다. 노자는 도로서의 자연을 말한다면, 장자는 기氣로서의 자화를, 왕필은 귀일歸一의 구조에서, 곽상은 적성適性에 근거해서 '자自'를 말한다. 노자는 인간과 세계의 완전성으로서 '함이 없음'(無爲)을, 장자는 만물의 유행에서 '음양의 창조와 변화'(陰陽造化)를, 왕필은 왕권과 관련된 '뿌리를 높이고 가지를 줄임'(崇本息末)을, 곽상은 전체주의적 입장에서 '전체 속에서 개체의 자기화'(獨化於玄冥之間)를 각기 가리키고 있는 것이다. 과연 '자위自爲'와 '자유自由' 그리고 '자재自在'는 어떤 층차에서 이해되어야 할까?

10.

임수무 교수는 우리에게 깊고도 넓은 물음을 던져 주었다. 당군의唐君毅 교수의 실유實有형태의 도를 경지형태와 어떻게 연결시킬 것인가? 왕필이 구별한, 객관적 사물(形狀)에서 나오는 명호名號와 주관적 개념(涉求)으로서의 칭위稱爲의 차이를 어떻게 노자철학에 적용할 것인가? 그리고 '자字'에 대한 독특한 해석 등, 그 밖에도 도의 여러 의미와 구체적인 내용과 실천적 항목이 열거되어 있다. 우리는 곁어에서 노자가 아닌, 그의 이야기를 듣고 싶어한다.[7]

---

7 주 15.의 '名號則大失其眞'(王弼)은 '眞'이 아니라 '旨'이고, 제5장 마지막 老子의 '損之又損, 以至禦無爲'(老子)의 '禦'는 '於'이다.

29

그래도 죽음은 있다

송항룡, 「노장에서 본 죽음의 문제」

- 대주제 : 죽음에 대한 철학 종교적 이해 -

1. 삶 속의 죽음
2. 노장이 본 죽음
3. 해석의 철학사
4. 관념을 넘어서

1. 삶 속의 죽음

'죽음'은 있다. 오늘 나에게는 없지만 나의 앞날에 곧 다가온다. 따라서 죽음은 결코 나의 삶과 무관한 것이 아니다. 만일 그것이 우리와 그렇게 관계없는 것이라면 이야기꺼리조차 되지 못할 것이다. 죽음은 줄곧 우리의 삶을 간섭하고 있다. 아니, 죽음이 우리의 삶에 간여한다기보다는 우리가 죽음을 삶의 영역으로 끌어당겨 놓고 있다. 문제는 우리가 살면서 죽음과 떼려야 뗄 수 없는 관련을 맺고 있다는 분명한 사실에 있다.

죽음이 삶을 간섭하는가? 논자에 따르면, 아니다. 죽음은 죽음이고 삶은 삶일 뿐, 죽음이 삶을 어쩌지는 못한다. 말 그대로 '죽음의 세계는 다른 차원'

의 것이므로 '사고 판단의 대상으로 도래해 마주 서있는 세계가 아니다'. 따라서 '없는 것을 상대로 좋다 나쁘다는 온갖 판단을 내려 그 판단 내용을 가지고 허구로 대상(죽음의 세계)을 만들어 가는 것'은 '없는 것을 있다고 우겨대는 맹랑지설孟浪之說에 지나지 않는다'. 없는 것이므로 이야기할 대상도, 필요도, 가치도 없다는 생각이다.

그러나 죽음은 여전히 우리 앞에 있다. 우리는 죽을 것이다. 그리고 우리는 그 미래 때문에 슬퍼하고 불안해한다. 오늘 우리는 내일 죽을 것을 생각하여 때로는 반성을, 때로는 체념을, 때로는 결심을 한다. 나쁜 쪽으로는 '어차피 죽을 텐데'라면서 남을 다치게 하고 나를 함부로 놀린다. 좋은 쪽으로는 '그래 죽음 앞에 사람은 똑같다'라면서 남을 용서하고 나의 것을 나누어준다. 죽음은 이와 같이 우리의 삶과 관련을 맺고 있다. 죽음 자체가 삶을 간섭하지 않더라도 우리는 죽음을 삶의 영역 내로 끌어당겨 놓고 있다.

이와 같이 죽음이 삶을 간섭한다기보다는 우리가 죽음을 삶의 영역으로 끌어당기는 데 우리의 문제가 있다. 그런데 논자는 죽음을 허구로 봄으로써 죽음이 삶과 어떤 관계도 없음을 주장한다. 그렇다면 우리는 허구의 논의를 하고 있는가? 내가 살아있기에 죽음은 없는가? 내 옆에 묻힌 내가 사랑하는 그가 만난 것은 죽음이 아닌가?

2. 노장이 본 죽음

노자와 장자도 죽음을 앞옆으로 두었던 사람이다. 그런 까닭에 그들도 죽음의 문제를 자기의 철학 속에서 적지 않게 다루고 있다. 그들은 인간의 '본질'보다는 '실존'을 강조한 철학자들이었다. 사람은 사람다워야 하는 '정명正名'의 유가에 반대하여 사람의 거친 모습을 받아들인 '무명無名'의 도가였다. 이름이 있으면 그것에 맞추지 않으면 안 되는 것이 사람의 세계이다. 그 이름을 위해 목에 힘을 주고 돈을 쓰며 심지어는 죽음도 불사한다. 그러나 이름이 없으면 그런 문제는 근본적으로 해결이 된다. 이와 같은 까닭에서 정명은 본질론을 낳고 무명은 실존론을 낳는다. 지금 나의 모습이 중요하지 나의 이름에 걸맞는 상태가 우선되지 않는다. 실존론에서 죽음의 문제가 부각되는 까닭도 바로 여기에 있다. 죽음을 삶의 문제 속으로 끌어당길 수밖에 없는 것이 사람이기 때문이다.

노자는 죽음에 대해서 도가의 전형적인 관점을 내세웠다. '죽음을 가벼이 여기지 말라'(重死[1])라는 명제이다. 철학자들에게 죽음은 아무 것도 아닌 양 취급되지만 그는 오히려 죽음을 무겁게 여기는 것이야말로 이상향의 모습이라고 주장한다. 죽음에 대한 나쁜 쪽의 판단이 많았음을 보여준다. 백성이 죽음을 두려워하지 않으니(不畏死[2]) 죽음으로 겁줄 수 없다. 그와 같다면 형벌이 먹힐 방도는 없다. 사람이 죽음을 두려워 할 때 범죄자를 잡아죽인다면 그와 같은 죄악을 범할 사람이 없을 것이다. 그런데 아무나 나서서 칼잡이 노릇을 하니 자기의 손뿐만 아니라 백성의 정신도 다치기 마련이다. 양주楊朱의 생명존중사상과 같은 맥락의 것이다. 문제는 죽음을 우습게 알고(輕死[3]) 삶을 지나치게 살찌우는 것(貴生[4]과 生生之厚[5])이다.

장자도 예외는 아니다. 도가철학의 수장격인 양주의 생명중시의 관점은 장자라고 다르지 않다. 그러나 장자는 철학사적으로 매우 중요한 개념을 내세움으로써 삶과 죽음의 문제를 해결한다. 그것이 바로 '기氣'이다. 좀 더 정확하게 말하면 삶과 죽음이 기의 모이고 흩어짐(聚散)에 불과하다는 '기화론氣化論'이다. 우리의 생명은 기의 모임이고 사망은 기의 흩어짐으로서(人之生, 氣之聚也; 聚則爲生, 散則爲死[6]) 이는 마치 음양陰陽과 같은 것이다(緩急相摩, 聚散以

1 『老子』, 제80장.

2 『노자』, 제74장.

3 『노자』, 제75장.

4 『노자』, 제75장.

5 『노자』, 제50장.

6 『莊子』, 「知北遊」.

成[7]). 따라서 장자는 '죽음과 삶은 하나다'(死生一如)의 관념을 명백하게 보여준다. 삶은 죽음과 동류이고 죽음은 삶의 시작이다. 이와 같이 한 무리로 보니 걱정이 있을 까닭이 없다. 이른바 '만물은 하나다'(萬物一也)라는 깨달음에서 '천하의 한 기를 통한다'(通天下一氣)라는 대원리에로 나아가는 것이다.[8] 이와 같은 생사일여관은 곳곳에서 나타난다. '죽음과 삶을 한 줄로 여긴다'(以死生爲一條)[9]든지, '죽음과 삶이 한 꼴이다'(死生同狀)[10]든지, '죽음과 삶은 낮과 밤이다'(死生爲晝夜)[11]든지 하는 구절은 아주 쉽게 찾아볼 수 있다.[12] 이와 같은 맥락에서 장자는 죽음과 삶이 마음에 들어오지 못하거나(死生不入於心[13]) 아예 죽음과 삶을 벗어나는 것(外死生)[14]을 이상으로 삼는다.

노자도 삶을 '무화無化'시키는 것(夫唯無以生爲者[15])을 이상으로 삼는다는 점에서 장자와 상통하는 점이 있지만 노자는 장자와 같이 좀 더 분명한 도구적 개념이나 논리를 사용하지는 못했다. 노자는 전통적인 중생重生의 관점을 받아들이는 데 반해 장자는 그것조차 넘어서 일기一氣설을 내세우고 있다. 다른 해석의 여지는 있지만 공자에게서처럼 노자는 오래 산 인물로 대표되는 팽조彭祖와 같은 맥락에서 이해될 수 있는 데 반해[16] 『장자』에서는 팽조가 몸껍대기만 기르면서 오래 살기만 하려는 자(養形之人)로 비난당하는 것[17]을 분명히 해두지 않으

7 『장자』, 「則陽」.

8 『장자』, 「지북유」.

9 『장자』, 「德充符」.

10 『장자』, 「天地」.

11 『장자』, 「至樂」.

12 鄭世根, 『莊子氣化論』(臺北: 學生, 1993) 참조. 특히 氣化人生論에서 死生一如觀을 다룬 부분을 볼 것. 124-125쪽.

13 『장자』, 「田子方」.

14 『장자』, 「天下」.

15 『노자』, 제75장.

16 『論語』, 「述而」.

17 『장자』, 「刻意」.

면 안 된다.

논자는 죽음 문제를 꺼내면서 주로 장자만을 이야기하고 노자의 관점은 많이 생략했다. 논자의 글에서 '노장'은 거의 장자만을 가리킨다. 또 '노장'이라고 함께 불려진다해서 노자와 장자 사이에 철학적 발전이 없는 것은 아니다. 더욱이 죽음에 대한 이해도 노장의 것이라기보다는 오히려 논자의 사상이 짙게 깔려 있다.

3. 해석의 철학사

철학사는 해석의 역사이다. 일차적으로는 세계에 대한 해석이고 부차적으로는 그러한 해석에 대한 해석이 철학사를 이루고 있다. 그리고 훌륭한 철학이란 처음의 것과 나중의 것이 창조적으로 어우러져 있는 것이 아닐 수 없다. 세계는 영원한 원전(text)이고 해석은 원전을 읽을 수 있게 해주는 사전(dictionary)이다. 그런데 문제는 사전의 판본(version)에 따라 원전이 달리 읽혀지기 마련이라는 데 있다. 『노자』와 『장자』라고 해서 예외는 아니다.

『노자』는 통용본通用本이라 할 수 있는 것이 위진魏晉 시대에 활약했던 왕필王弼이 해석(注)한 책이고, 『장자』의 그것도 같은 시대이나 약간 뒤쳐지는 곽상郭象이 편집(編)한 책이다. 따라서 왕필 식의 해석은 줄곧 후학자들에게 막대한 영향을 끼쳐왔으며 곽상 식의 편집은 현본 『장자』 책冊을 33편으로 짜여있게(刪) 했을 정도이다. 왕필의 『노자』를 읽는 방법(句點)은 당연히 자신의 철학적 배경을 깔고 있었으며 곽상의 『장자』 33편은 기타인들이 편집한 26, 27편이나 30, 35편이나 52편과는 다를 수 밖에 없을 것이다.

그런데 왕필이나 곽상이나 할 것 없이 조조曹操가 삼국을 통일하고 사마의司馬懿가 그 정권을 탈취하던 그러한 위진의 격변기에 살고 있었다. 그러나 그 둘은 마찬가지로 조씨의 무력에서 사마司馬씨의 패권에 이르기까지 권력 내부에 몸을 담고 있었다.[18] 이와 같은 사실만으로도 반제도론의 입장에 있는 노장과 체제 내의 철학자인 왕필과 곽상의 사고는 달라질 수 밖에 없다는 것을 어렵지 않게 짐작할 수 있다. 실제로도 그들의 차이는 곳곳에서 드러난다. 체제에 대한 철학적 입장의 차이가 그러한 현격한 차이를 야기하는 것이다.

논자는 왕필본(本) 『노자』를 보았다. 제1장의 해석은 완전히 왕필 식의 구두점을 따랐다. 그런데 앞에서 말했듯이 왕필은 노자와 반드시 같은 세계관을 지니고 있는 사람이 아니다. 특히 '유무有無'의 문제에서 그러하다. 아주 쉽게 생각해서 무는 도가의 것이고 유는 유가의 것이다. 무를 인정한다는 것은 그만큼 유가에게는 자기의 정체(正體: identity)를 흔들리게 하는 것이기 때문이다. 왕필도 예외는 아니어서 노자가 말한 절대무絶對無의 존재에 대해 끊임없는 자기 해석을 내린다. 그것이 바로 '무의 쓰임'(以無爲用[19])설이다. 노자가 말하는 '무가 쓰임이 된다'(無之以爲用[20])는 주장으로 그의 무를 해석해 버린다. 다시 말해 노자가 강조한 무의 절대적인 의미는 왕필에 의해 희석되어 유가의 유인 현실의 제도가 긍정되고 있는 것이다. 이와 같이 왕필이 제1장의 해석을 '유'와 '무'라는 개념으로 보지 않고 '무명無名'과 '유명有名' 또는 '무욕無欲'과 '유욕有欲'으로 파악하는 데는 나름의 입장이 분명히 있다. 이 뿐만이 아니다. 제17장의 '부不'를 '하下'로[21], 제25장의 '인人'을 '왕王'으로 적어놓은 것[22] 등은

---

18 王弼은 何晏에 의해 弱冠에 발탁된 인물이고 하안은 曹操의 양자이자 사위였고 결국 司馬懿가 曹爽 무리를 없앨 때 해를 입은 사람이고 보면 왕필과 권력의 관계는 명백해진다. 왕필과 하안은 같은 해(正始 10년: 249년) 죽은 것으로 고증된다. 郭象도 정권 내부에서 줄곧 머물렀던 사람이고 東海王 司馬越 때에는 권력을 마음대로 휘두르기도 했다. 『晉書』 참조.

19 『老子注』, 제1장/ 제38장. 道經과 德經의 시작을 모두 이 無之用說로 전개하고 있음을 주의하자. 하다못해 '反者道之動'(제40장)이라는 유명한 구절도 '高以下爲基, 貴以賤爲本, 有以無爲用'으로 해석하여 유를 위한 무라는 인식을 분명히 드러내고 있다. 거칠게 말해 유를 위해 봉사하는 무라는 뜻이다.

20 『노자』, 제11장.

21 太上, 不知有之. 여기서 태상은 최고의 무엇이다. 왕필에게는 大人으로 해석됐는데 그것은 다시 말해 절대권력자를 뜻하는 것이기도 하다. 不가 下로 바뀌면 곧 민중은 절대권력이 있음을 알기만 하면 된다로 풀이된다. 그는 노자의 말이 '위를 따름을 말한다'(言從上)고 적고 있다.

22 故道大, 天大, 地大, 人亦大. 왕필은 人을 王으로 적어놓음으로써 왕의 사람의 주인됨(王是人之主也)을 밝히고 있다. 보다시피 이런 해석이 노자적일 수는 없는 것이다.

그의 세계관이 바로 지배받는 민중(下)과 통치하는 절대권력(王)의 관계를 설정해놓은 것임을 보여준다. 이런 식의 해석이 분명한 것은 제8장의 물에 대한 해석에서도 드러난다. 노자는 물 이야기를 하고 있는데, 왕필은 거기에 갑자기 이 말은 사람은 통치돼야 함(人皆應於治道)을 이야기하는 것이라고 적고 있다. 우리가 왕필의 해석을 따를 때 주의해야할 점들이 바로 여기에 있다. 철학사적으로 볼 때 왕필 식의 표점標點을 부정하는 학자도 적지 않음을 기억하자. 더 나아가 이와 같은 맥락에서 볼 때 논자가 '요(皦)徼'를 '구별'이라 본 것은 어떤 근거가 있어야 할 것이다. 그것이 왕필 식의 해석을 따르더라도 숨어 있는 본질(妙)이 아닌 드러난 현상(曒; 邀)은 기본적으로 긍정돼야 하는 것이기 때문이다.

장자의 경우도 논자는 제물齊物을 설명하면서 '모든 것이 자기가 자기로서 있는 것이요, 비교와 구별 속에 간섭받으며 있는 것이 아니다'라고 하면서 '만물이 하나라는 말은 아니다'라고 함으로써 만물의 개별성 또는 독자성을 강조하고 있다. 그러나 장자는 분명히 '만물은 하나다'(萬物一也)[23]라고 하며 만물의 하나됨(萬物一齊)[24]을 주장하고 있다. 사실상 만물의 단독성이 강조된 것은 곽상에 이르러서이다. 이른바 '독화獨化'의 주장이다. 곽상의 독화는 '현명玄冥'과의 관계에서 이해되는데, 그것은 다름아닌 사회 속에서의 개인의 지위와 전체 속에서의 부분의 역할을 규정하는 설명 방법이다. 이른바 '사회 속에서의 개인의 발전' 또는 '전체 속에서 부분의 실현'이라 풀이될 수 있는 관계의 문제(獨化於玄冥之境[25])이다. 다시 말해 제도 안에서의 개인의 할 일을 명백히 하는 것이다. 비교해볼 때 장자에게서 이와 같은 보편과 특수의 문제가 분명하다고는 보기는 어렵다.

노자와 장자의 삶과 죽음의 문제를 이야기하면서 줄곧 이야기된 논자의

---

23 『장자』, 「지북유」.

24 『장자』, 「秋水」.

25 『莊子注』, 「齊物論」/「大宗師」/「徐無鬼」 등.

'구별 없음' 또는 '간섭 없음'은 이와 같은 맥락 속에서 이해될 때 보다 확연해질 수 있다. 노장이 말하는 무구별과 비간섭은 논자의 의견과는 다른 입장이고 논자가 설명하고 있는 노장은 오히려 후대인에 의해 해석된 그것일 수 있기 때문이다. 사전이 다르면 원전도 다르게 읽힌다.

4. 관념을 넘어서

노장의 철학은 도교라는 종교화된 모습으로 발전한다. 그 종교적인 내용이 다름 아닌 죽지 않고 오래 사는 것(不老長生)임에는 틀림없다. 내세來世없는 종교란 마치 천국天國없는 구원이고 극락極樂없는 왕생과도 같다. 도교는 이러한 인간의 어쩔 수 없는 두려움과 끈질긴 바람을 여러 방면으로 만족시켜주었다.

『포박자』 이후의 '생명 연장'(延壽)의 의지는 환약의 제조(煉丹術)와 호흡의 수련(氣功術)으로 이어진다. 양생養生을 위해 약을 먹는 것을 긍정한 혜강嵇康과 같은 철학자도 나온다. 그러나 얄궂게도 그는 반정부적인 입장 때문에 사람에 의해서 죽임을 당한다. 아무리 불로초를 구해 먹어도 무력의 칼날에는 어쩔 수 없는 것이 사람이다. 우리가 죽음을 어찌할 수 없는 까닭이 바로 여기에 있다. 그와는 반대로 조식曹植은 죽음 후의 부활(屍徙柩空)을 믿지 않았고 완덕여阮德如는 집의 명당설을 부정한다. 그럼에도 불구하고 우리는 여전히 죽지 않으려 하고(不死) 좋은 땅(吉宅)을 찾으려 하고 있다.

옛 진인(古之眞人)이야 '삶을 좋아하고 죽음을 싫어하는 것'(悅生惡死)을 몰랐지만[26] 불쌍한 우리는 오늘도 헤매고 있다. 죽음은 단지 관념일 뿐인가? 그것이 단순히 관념적이라 해서 그렇게 쉽게 해결이 나는 것인가? 이를테면 장자가 제시한 기氣 개념과 같이 분명한 해석의 틀로 설명이 돼야 하는 것 아

---

26 『장자』, 「대종사」.

닌가?

논자의 사상 속에 죽음은 문제될 것이 없겠지만 중생에게 죽음은 여전히 문제로 남아있다. 우리가 넘어야 될 것은 죽음에 대한 관념이라기보다는 오히려 죽음을 관념으로만 보는 데 있다. 죽음은 관념 속에서만 없을 뿐, 너와 나의 삶 속에서 끊임없이 마주하고 있다.

2008 인문주간 일상으로서의 인문학 '양반문화: Noblesse Oblige-그 원리와 사례', 충북대 개신문화관, 2008.10.7.

30

치부 없는 치부

최해진, 「경주 최부자의 노블레스 오블리주」

1. 이중성

돈 많은 것이 부끄럽지 않고 가난이 자랑스럽지 않을 수 있을까? 얼듯 보기에 거꾸로 된 물음처럼 보이지만, 아니다. 우리 사회에서는 정말 이렇게 물어야 한다.

우리 사회는 돈 많은 것을 자랑스럽게 생각하고, 가난을 부끄럽게 여기는 것처럼 보인다. 과연 그럴까? 짧고 작게 보면 그럴 것 같지만, 조금이라도 길거나 크게 보면 그런 것 같지 않다. 우리는 과연 부자와 빈자 가운데 누가 도덕적인가?

우리는 대체로 돈 많은 사람들을 훌륭하다고 생각하지 않는다. 그들이 가족이 아닌 한, 우리는 그들의 재산축적을 정당하다고 보려 하지 않는다. 단순히 '사촌이 땅을 사서'가 아니다. 부를 모으는 것은 곧 청렴하지 않은 것으로 취급하기 십상이다. 한마디로, '치부致富'는 '치부恥部'이다. 그래서 사람들은 돈을 벌었더라도 쉬쉬 숨긴다. 자랑스러워하기보다는 감추려한다. 돈을 많이 벌었으면 세금을 많이 내면 되고, 그 세금은 사회를 위해 쓰이기 때문에, 우리는 누군가 돈을 많이 벌기를 원하고, 그래서 우리 모두 잘 살게 되길 원해야 정상일 텐데, 그렇지 않다. 이런 선순환은 기대하지도 않더라도 적어도 '부를 이루었다'는 치부의 뜻이 좋아야 할 텐데 우리 사회에서 치부의 용법은 그다지 좋게 들리지 않는다. 돈이 많은 것은 누구든 좋아하면서도 돈을 많이 번 것에 시선이 곱지 않은 이중성이 있는 것이다.

우리는 돈이 없음을 자신의 탓으로 돌리고 진정 부끄러워하는가? 쉽지 않은 일이다. 내가 게을러서 가난한 것이 아니라 남이 도둑질해서 내가 가난한 것이며, 내가 잘못해서 가난해진 것이 아니라 남이 내 등을 쳐서 가난해졌다고 생각한다. 나의 가난은 내 탓이 아니다. 사회가 나를 욕 먹이고, 정부가 나를 속이고, 사장이 나를 착취했다. 나는 정당하다. 고용주가 나의 부를 착취한 만큼 그들은 뱉어내야 하며, 나는 그들에 의해 고혈膏血이 빼앗긴 착한 노동자일 뿐이다. 가난이 부끄러운 것은 매우 개체화된 자기일 때뿐이다. 조금이라도 집단화되고 추상화되면, 나는 노동자로서, 농민으로서, 도시빈민으로서 정당하며 권리를 위해 투쟁해야 한다. 그렇다면 논리적으로는 개체화된 자신의 가난조차도 자랑스러워야 할 텐데, 별로 그런 것 같지는 않다. 개인으로서의 나는 언제나 그들처럼 돈을 벌어야겠다는 계급의 이동을 꿈꾼다.

우리 사회가 특수한 것은 있다. 그러나 이미 우리가 자본주의의 배를 좋던 싫던 탔다면 이 배가 침몰되지 않게 하려는 것은 공통의 관심사일 것이다. 그런 점에서 자본의 축적이 자랑스럽고, 자본의 미비가 부끄러울 수 있느냐고 묻을 수 있는 것이다. 이것이 우리 사회의 돈에 대한 이중성을 극복하는 첫걸음이다.

2. 자기존경

다행히 우리 사회에도 돈을 벌어 자랑스러운 사람과 집안이 있었다. 가깝게는 유일한을 꼽고, 멀리는 조선시대의 경주 최부자를 꼽는다. 유일한(1895-1971)은 소유와 경영의 분리로 시작하여 마침내는 소유조차 기부함으로써 기업의 사회적 기여가 무엇인지 보여주었고, 최부자댁은 사회적 기여를 하면서도 자신들의 부를 500년 동안(9대 동안 진사, 12대 동안 만석)이나 유지시킴으로써 그 둘이 상충되지 않음을 보여준 본보기였다. 그런데 그 둘의 가장 큰 차이는 바로 기득권의 유지와 관련이 있다. 유일한은 혈족의 기득권을 포기함으로써, 최부자네는 혈족의 기득권을 유지하기 위해서 모두 사회적 모범이 되었기 때문이다.

그 둘 가운데 과연 어떤 것이 더 이상적일까? 현대적 가치관으로서는 오히려 유일한이 더 선호될 수도 있다. 그러나 전통적 가치관에서 집안은 물론, 정부조차 혈족의 계승체계가 사회구성의 원리였기 때문에 당시의 사고로서는 최씨 집안이 더 유교적 가치관에 적합했을 것이다. 이른바 '국가國家'라는 말처럼 나라를 집의 모임으로 보는 사고방식이 곧 그러하다. 만일 오늘날 유행하는 '노블레스 오블리주'(noblésse oblige) 즉 높은 신분에 따르는 도덕상의 의무의 관점에서 보면 어떠할까?

노블레스는 고귀한 신분을 가진 귀족을 뜻하고 그 계급은 태생적으로 세습되는 것이니, 유일한의 경우는 이에 딱 맞아떨어지지 않는다. 그런데 최부자댁은 세습양반이라는 점에서 흡사하다. 그러나 고려시대 과거제 도입 이후 조선시대에도 일정한 관직의 유지를 통해 양반신분, 정확히는 토지를 소유할 수 있는 자격을 유지할 수 있었다는 점에서 다소 다른 점이 있다. 물론 귀족도 몰락할 수 있지만, 프랑스의 귀족은 우리처럼 과거라는 시험제도를 통해 유지되는 것이 아니라, 왕실에 대한 기여도에 따라 존속되는 것이기 때문이다. 그런 점에서 '귀족의 의무'를 뜻하는 노블레스 오블리주는 귀족신분의 유지를 위해 현실적으로 필수불가결했을 것이다. 과연 유럽에 과거제가 있었다면 노블레스 오블리주라는 관념이 생겨날 수 있었을까?

최부자네의 귀족적 의무감은 유교의 실천의식에서 나온 것으로 보인다. 어쩌면 그렇기 때문에 최부자네의 사회기여가 더욱 자발적이고 무보상적이다. 부를 유지하려는 사욕을 위해 타인에게 봉사하는 태도는 그것이 아무리 동기론적으로 비도덕적일지라도 결과론적으로는 선을 담보하기 때문이다. 게다가 그것은 의무적이지 않았다는 점에서 더욱 의미가 깊다. '양반의 의무감'(obligation)에서 행하는 것이 아니라 '양반의 자긍심'(pride)에서 행하는 것이기 때문이다. 그렇기 때문에 나는 오늘의 주제인 '양반문화'를 자기존경의 한 형태로 보고자 하는 것이다.

최부자의 육연六然 가운데, 제1연이 '홀로 머물면서도 초연하라'(自處超然)인 까닭이 바로 여기에 있다. 초연은 자존自尊이요, 자긍自矜이며, 자부自負이다. '내 이러한 사람인데, 어찌 그럴 수 있으리요'라는 자기 확신이며, 자기 의지이며, 자기 긍정이다. 자기존경이 없는 사람이 타인을 긍휼히 여길 수 없는 법이다. 자기를 사랑하지 않는 사람이 남을 사랑할 수는 없다.

육연은 모두 심리적인 상태를 형용하는 것이다. 마치 '호연지기浩然之氣'[1]의 '호연'처럼 호탕浩蕩함을 가리킨다. 맹자孟子가 이를 말하는 까닭은 사람이 도덕적이려면 그 실천을 위해 기개를 길러 배포가 두둑해야 하기 때문이다. 겁쟁이는 위험에 처한 여인을 구할 수 없다. 따라서 육연은 모두 감성의 훈련을 목표로 하고 있다. 혼자 있을 때는 '초연한 듯'(自處超然), 사람에게는 '구름이 모이듯'(對人靄然), 일 없을 땐 심정을 '맑게'(無事澄然), 일 할 때는 '과감히'(有事敢然), 일을 해놓고는 '담담한 듯'(得意淡然), 일이 이루어지지 않더라도 '태연하게'(失意泰然) 하라는 것은 인간의 심성을 기르는 것이지 도덕적인 예법으로 인간을 규제하는 것이 아니다. 그런 점에서 최부자네의 가르침은 심성교육이 우선이고, 그것을 통해 자기존경을 심어주지 않았나 싶다. 이성만의 교육으로 도배된 오늘날의 교육이 상실한 부분들이다.

자기존경은 이중성을 배제한다. 이중성이란 도덕적으로 자신이 없는 상태에서 발로한다. '남도 그러는데, 왜 나라고 못해?', '나의 잘못은 남의 잘못 때문이었어', '나는 남만큼만 할 거야'라는 사고 속에 자기존경은 찾아보기 힘들다. 내가 나를 존경하는 까닭은 내가 나의 양심에 따라 행동하기 때문이다. 나의 도덕률이 나의 준칙이 아닌 타인의 행동에 기준을 둘 때, 나의 가치관은 흔들릴 수밖에 없다. 나는, 최부자네를 통해, 돈보다는 그러한 자존심을 본다.

---

1 『孟子』, 「公孫丑」, 上.

그들이 가진 돈보다, 돈을 초연할 수 있는 과감성이나 돈을 담담하게 대하는 태연성에 더욱 가치를 두고 싶다.

최해진 교수는 「최부자 경영사상의 현대적 조명」[2]에서 동학의 개조인 수운水雲 최제우崔濟愚와 최부잣집의 관련성을 말한 바 있다. 이를 놓고, 조용헌 교수는 수운의 '불연기연不然其然'설과 육연의 관계를 짐작하기도 한다.[3] 불연기연이란 '그렇지 않으나 그러하다'로 해석되는 것으로, '막상 보기에는 그렇지 않은 듯하지만, 사실은 그렇다'는 뜻을 담고 있다. 부정의 변증법이라 할 수 있는 이 사상은 부정을 통해 긍정을 얻는 사유방법인데, 과연 육연과 연관성이 있을까? 내가 보기에는, 위에서 말한 것처럼, 육연은 오히려 감성교육의 좋은 표본이 될 수는 있지만, 그런 사변적인 학리를 담고 있지 않다.

작게도 몇 가지 가르침을 구한다.

첫째, 육연의 가르침과 홍익인간의 이념을 실천하는 것과 어떤 관련이 있는가? 홍익인간弘益人間이란 인간사 곧 사회를 넓게 이롭게 한다는 사회봉사의 뜻이다.

둘째, 가거십훈家居十訓의 첫째가 오륜이면서도 여섯째에는 붕우유신이 들어가는 까닭은 무엇인가? 반복인가, 강조인가, 단순한 중복인가? 무엇인가 구체적인 내용이 있지는 않을까?

셋째, 『소학小學』에는 '형을 아버지처럼, 동생을 친구처럼 대하라'고 가르친다. '노인을 대하듯이 형이 대하고, 어린이를 대하듯 아우를 대하라'는 근거는 무엇인가?

넷째, 재산을 1만 석 이상 늘이지 말라는 것은 재화의 한정성에 근거하는 것으로 보이는데, 그들의 이식利息에 대한 관념은 어떠했나? 무슬림은 이윤 있는 대금업을 비도덕적으로 본다.

다섯째, '파장 물건은 사지 말고, 값을 깍지 마라'고 하면 상인은 떨이로라

---

2 최해진, 「최부자 경영사상의 현대적 조명」, 『동의논집』 30, 동의대학교, 1999.

3 조용헌, 『5백년 내력의 명문이야기』 (서울: 푸른 역사, 2005), 50쪽.

도 물건을 파는 것이 더욱 이득일 텐데, 따라서 제값에 사줘야 하지 '사지 말라'고 하면 모순적이 아닌가? 떨이는 품질이 나빠서 사지 말라고 했다면 모르지만 말이다.

여섯째, '(최)진립의 아들 동량은 자손들이 국가에 충성하기를 간절히 호소하였다'는데, 구체적인 내용은 무엇인가?

마지막으로 보성전문학교 등 교육기관설립과 관련된 내용을 듣고 싶다.

3. 즉시의 동정심

사실 유교사회에서 효는 충보다 먼저이다. 왜냐하면 가족의 확대가 정부이고, 그 윤리적 기준은 공유되는 것이기 때문이다. 가거십훈에서 효가 충보다 먼저 나오는 까닭이 바로 여기에 있다. 물론 삼강이 아닌 오륜도 부자유친父子有親이 군신유의君臣有義에 앞선다. 따라서 최부자네라고 해서 국가윤리가 가족윤리에 앞섰다고 판단하는 것은 당시의 윤리관을 지나치게 오늘의 관점에서 바라보는 것이다. 임금도 노모의 병환을 핑계로 대는 불출사不出仕의 의지를 어쩌지 못하는 까닭이 여기에 있다.

『한비자韓非子』는 흉년인데 그 누구만 잘 살면 그 놈이 도둑이고, 풍년인데 그 누구만 못살면 그 놈이 게으름뱅이라고 자기의 논의를 시작한다. 그래서 '돈이 많으면서도 부끄럽지 않고, 가난하면서도 자랑스럽지 않은 사회'의 건설을 강력한 법치의 이념 아래 추구하는 것이다. 현대사회에서 그런 사회의 건설을 위해서 가장 절실한 것이 납세의 정직함이다(바로 유일한이 그것을 실천했다). 내가 돈을 벌어서 세금을 많이 내면 자랑스러운 일이어야 하고, 내가 돈을 못 벌어 세금을 축내면 부끄러워야 한다. 선진국, 특히 북미에서 벌어지고 있는, 납세의 엄중함은 바로 이런 인식에서 출발한다. 우리의 과세의 태만함 또는 방만함은 도를 넘는다.

그러나 나의 돈은 남의 돈으로부터 나온다. 자본주의 사회에서 재화는 창출보다는 유통이 우선되기 때문이다. 따라서 타인의 불행에 아무리 많은 동정심과 자비심을 베푼다고 할지라도 지나칠 수 없다. 방법의 옳고 그름을 따질 일이 아니다. 당장 밥 한 그릇이 필요한 그들에게 베풀어줌은 분명한 선행이다. 수레바퀴 자국 속의 고인 물에서 죽어가는 물고기에게, '서강의 물을 끌어다 주겠노라'고 하는 것은 황당한 일이다.[4] 한 바가지 물로 당장 목숨을 살려야 하는데도 이것저것 따지는 것은 정말 사치이다. 콜카다(캘커타)의 테레사 수녀의 죽음의 집은, 거리의 죽어가는 사람들이 그곳에서 몸을 씻고 밥 몇 술 뜨는 것만으로도 사람을 살린다. 그녀의 집은 사람이 죽어서 나가길 기다리는 곳이 아니라 살려서 내보내는 곳이다. 그런데 우리 사회가 부족한 점이 바로 이 '즉시卽時의 동정심'이다. 과객에게 필요한 것은 비를 피할 잠자리요, 굶주린 사람에게 필요한 것은 죽 한사발이다. 우리의 역사에서 즉시의 동정심을 만난다는 것은 기분 좋은 일이다.

---

4 『莊子』, 「外物」.

중국철학회 하계발표회, 무주 산림환경연구소 자연학습원, 2001.8.19.

31

유가의 음악론과 그 현대성

남상호, 「공자와 음악」

음악(樂)으로 같아지고 예법(禮)으로 달라진다. 같으면 서로 가까와지고 달라지면 서로 우러른다. 음악이 예법을 이기면 엉망이 되고, 예법이 음악을 이기면 서로 멀어진다. 내면적 감정을 고르고 외면적 모양을 꾸미는 것이 예악의 일이다.

-樂者爲同, 禮者爲異. 同則相親, 離則相敬, 樂勝則流, 禮勝則離. 合情飾貌者, 禮樂之事也. 『禮記』, 「樂記」.-

1. 음악의 지위

음악이란 무엇인가? 그것은 사람의 감정과 결부된 의도적 음성의 체계를 가리킨다. 음악을 듣고도 감정이 움직이지 않는다면 그것은 음악이 아니다. 감정의 움직임이란, 평정에서 동요로 바뀌든 그 반대의 상황이든, 일종의 감정전이感情轉移의 상태를 말한다. 한마디로 어떤 소리를 들으면 신이 나거나 우울해지거나 아니면 평온해지며, 또한 그 소리가 나름의 규칙성을 지니고 반복가능하면 바로 음악인 것이다.

그런데 음악은 과연 자연에서 나온 것인가? 마치 자연법의 논의에서처럼,

법률이란 자연 속에 내재되어 있는 규율을 드러내는 것인가? 아니면 법실증주의의 입장처럼, 우리의 합의로 일련의 규칙을 정리해 낸 것에 지나지 않는가? 왜 우리는 노래를 부르고 가락을 즐기는가?

서양전통의 경우, 음악의 근원을 종교적인 원인에 두면 비교적 설명이 쉽다. 음악은 절대자의 목소리이며, 또한 음악으로 그 권위를 고양한다고 말하면 되기 때문이다. 음악은 이른바 '찬양'(讚揚: 讚頌)의 수단이요, 일환이다. 이를테면 5음계로 그레고리안 샨트를 부를 때 형용할 수 없는 신성함을 느낀다면 음악의 목적은 실현된다. 그런데 현대 서양음악은 그러한 목적이 거의 사라지고 예술지상주의와 함께 욕망의 실현으로서의 가치가 두드러지게 강조된다. 순수음악이라는 용어도 음악이 종교와 정치에 복속되어서는 안 된다는 뜻을 내포한다. 그러다보니, 음악은 더욱더 인간의 감정을 드러내는 욕구실현의 목적을 지닌다. 오늘날의 유행음악이 대표적인 예이다. 더욱이 자본주의의 맥락 속에서 '노래는 곧 돈'이 되기 때문에 주머니에서 돈을 끄집어낼 수만 있다면 어떤 것이든 마다하지 않아, 감각적이고 자극적인 음악이 성행한다.

동양전통 속에서 음악은 서양보다 더욱 강조되었다. 완전한 인간이란 이성만이 아닌 감성도 구비해야 했기 때문이다. 인문학의 주제로 이렇게 음악이 강조된 역사를 서양에서는 찾아볼 수 없다. 과거 서양의 음악이 신을 위해 봉사했다면, 동양의 음악은 사회를 위해 봉사했다. 따라서 동양의 음악은 사람끼리의 관계학이자 개인심성의 치료학이었다. 인간관계를 위해 음악은 제공되었고, 마음의 평화를 위해 음악이 연주되었다. 따라서 음악은 국가의식 등 모든 행사의 필수불가결한 요소가 되었고, 개인수양의 매우 중요한 방편이었다. 선비들은 거문고나 가야금을 뜯을 줄 알아야 했고, 그나마 못하면 퉁소라도 불어야 했다.

그런 점에서 동서양을 막론하고 음악은 본성이다. 그러나 구별해야 할 것은 '음악을 함이 본성'이라는 것이 곧 '음악이 자연에서 나왔음'을 말하지는 않는다는 점이다. 다시 말해 우리 모두는 노래를 부른다. 그러나 그 노래가 모두 자연의 소리는 아니다. 이런 문제가 바로 음악미학의 주제들이고, 앞으로 토론해야 할 것들이다.

과연 음악이란 무엇인가? 음악이란 왜 사람의 감정을 움직일까? 소리의 높낮이와 길고 짧음 그리고 흔들림이 왜 사람에게 감동을 일으킬까? 음악이 아닌 것이라도 감동을 일으키는데, 그것은 소설, 시 등과 같은 문학처럼 문자로 쓰이거나 그림이나 춤처럼 형태를 지녀 나름의 내용을 갖는 것들이지만 음악은 소리들인데, 그것들이 우리에게 특별한 감상을 가져다주는 것은 왜일까? 그 밖에도 문제는 많다. 음악이란 문화에 따라 같은가, 다른가? 흔히들 만국공통의 언어라 하지만, 그 체계는 너무도 다른데 과연 음악은 보편성을 지니는가? 또한 음악이 도덕교화를 위해 사용될 수 있는가? 그렇지 않고 윤리에서 독립된 음악은 열등하거나 위험한가? 단순히 감각을 자극하는 음악은 왜 안 되는가? 음악에서 철학의 역할은 무엇인가? 철학자들이 음악에서 그것의 의미와 가치 그리고 의무를 말하는 것은 어떻게 타당화될 수 있는가?

동양음악의 전범이 되는 『예기』, 「악기」가 보여주는 것은 기본적으로 자연음악설이다. "큰 음악은 천지와 더불어 어울리고, 큰 예법은 천지와 더불어 마디지워진다."(大樂與天地同和, 大禮與天地同節.) 천지와 더불어 조화되고 천지의 규칙에 따른다는 말이다. 뿐만 아니다. "음악은 천지의 조화로움이며, 예법은 천지의 질서이다."(樂者, 天地之和也; 禮者, 天地之序也.) "악은 하늘로부터 만들어지고, 예는 땅으로 지어진다."(樂由天作, 禮以地制.) 이러한 의견에 따르면 가락조차 사람으로부터 나온 것(凡音者, 生於人心者也)이다. 결국, 음악은 인간과 자연으로부터 나오며, 그것을 충실히 표현한 것이 좋은 음악이라는 것이다.

2. 음악도구주의

음악은 반드시 무엇을 위해 봉사해야 하는 것일까? 다시 말해 음악은 비록 사람의 감정을 조절시키지만, 그것만으로 단독적으로 존재할 수 있는 것인가? 동양의 전통사상 속에서 음악은 예법과 늘 같은 걸음을 걷는다. 음악 없는 예법 없고, 예법 없는 음악 없다. 그런 점에서 음악은 예법을 위해서 수단적으로 쓰이며, 예법은 음악을 통해 완성된다. 따라서 음악과 예법은 거대한 정치적 도구로 정의된다. 나는 이것을 '음악도구주의'라고 부른다. 음악은 그 자체로서 가치를 지니는 것이 아니라, 종교와 정치 나아가 도덕적 교화에 사용됨으로써 그 기능을 다한다는 것이다.

남상호 교수는 기본적으로 이러한 음악도구주의에 동의하고 있다. 음악의 목적을 노동에 두는 견해를 반대하고 감성표현이 먼저라고 주장하지만, "정치적 목적으로 사용되었거나 도덕적 자각을 하면서 도덕 자아의 실현도구로 사용되었을 것"(7쪽)이라 한다. 이는 음악은 욕망의 충족이 아니라 도덕정치의 실현에 그 목적이 있다는 사마천의 견해에 동조하는 것이다. 아울러 "그것은 선왕의 덕을 칭송하기 위한 정치적 목적도 있는 것"(7쪽)임을 말하는 것이기도 하다. 남 교수에 따르면, "유가 음악 철학의 관건이 되는 것은 바로 도덕 자아의 실현에 있다."(7쪽) 요약하면, 음악의 목적은 감성의 표현이지만 도덕자각을 통하여 자아 완성을 추구한다는 것이다.

이렇게 본다면 오늘날의 예술지상론 곧 순수예술론과는 거리가 멀어진다. "자공子貢은 그 음악을 듣고 그 덕을 안다고 말했듯이, 음악 속에 도덕성이 있어야 한다고 보았다"(8쪽)고 남 교수는 말한다. 노나라의 제制씨가 음악을 아무리 잘 해도 그 '의미와 당위'(義)를 모르면 소용없는 일이라는 『한서漢書』, 「예악지禮樂志」의 의견을 따르는 것이다. 남 교수는 주장한다. "이렇게 공자가 『시경』을 5음에 따른 각 조調의 음악적 느낌과 정치 사회의 구조를 일치시켜 음악화 한 것은 주 왕조에 대한 찬양과 백성들의 정서를 반영하여 달래줌으로써 이풍역속移風易俗하려는 정치적 목적이 내재해 있다."(12쪽)

이러한 논지를 밀고 나가면, 결국 음악은 예에 종속되고 만다. 남 교수는 말한다. "오히려 감성은 그 밑에 있어야 한다고 보는 것이다. 그래서 『예기』에서 예와 음악이 분리되면 예는 경직되어 상하가 흩어지게 되고 음악은 갈피를 잡지 못하여 방종으로 흐르게 된다고 보는 것은, 예에 의해 본성이 구속되는 것이 아니라 오히려 인간의 주체성을 회복할 수 있다고 보는 것이다."(13쪽)

이렇듯 음악은 방욕放欲을 절욕節欲으로 전환시키기 위한 도구이다.

남 교수에 따르면, 음악은 감성을 표현하기도 하지만 본성에 기초를 두고 있다. 음악은 인仁을 실현하기 위한 도구이다. 따라서 "듣는 기관이 귀가 아닌 인한 마음이고, 듣고 즐기는 대상이 소리가 아닌 인한 본성이 될 때, 음악의 영역은 감성이 아니라 본성 영역에까지 이르게 된다. 그때의 음악은 음악이 아니라 인악仁樂이 되는 것이다."(15쪽) 그리하여 남 교수는 '음악의 활용'이라는 한 절을 할애하여 수양과 정치에 봉사하는 그것을 조목조목 『예기』, 『사기』, 『논어』, 『좌전』, 『여씨춘추』, 『국어』 등의 여러 경전을 통해 그려내고 있다. 아울러 현대의 음악과 예가 분리되어야 한다는 주장도 반대한다.

이런 음악도구주의는 달리 말해 '음악도덕론'으로 동양음악사상의 핵심이다. 사마천도 "아雅와 송頌의 악곡을 연주하면 백성의 정서가 바르게 되고, 높고 우렁차 격앙된 소리는 사기를 고조시키며, 정鄭나라와 위衛나라의 노래를 부르면 민심이 음란해진다"[1]고 했으며, 이러한 입장은 거슬러 올라가면 『예기』, 「악기」는 물론이거니와 『좌전』에서 정鄭 나라의 음악에 대한 "그 섬세함이 이미 지나쳐 백성이 감당하지 못하는구나! 이것이 먼저 망할 징조인가?"[2]라는 평가와 직결된다. 그런 점에서 남 교수는 음악에 대한 전통적 견해를 정확하고 성실하게 정리했다. 뿐만 아니라 "사람이 음악을 따르는 것이 아니라 음악이 인간 본성을 따르는 것"(20쪽)이라고 주장함으로써 음악은 인간 본성에 내재하고 있는 '인仁'과 같은 도덕성에 충실해야 함을 강조하고 있다. 그래야 음악은 인악으로서의 본질을 실현할 수 있다는 것이다.

그런데 이러한 도덕주의는 어쩔 수 없이 엄숙주의를 전제하고 만다. 더 나아가면 성리학의 '인욕을 막아라'(遏人欲)는 정신과도 상통하여 노래는 즐겁기보다 무거운 것이 되고 만다. 이를테면 장조보다는 단조음악이 우세해지며, 명랑하고 쾌활한 것보다는 정적이고 우아한 것이 우선되고 만다. 과연 음악

1 『史記』, 「樂書」.

2 『左傳』, 「襄公29年」.

의 목적이 이렇게 도덕에 봉사하는 데만 있을까? 남 교수는 '감성 미학'이라는 말을 자주 쓰면서(5, 8, 13, 19쪽) 그것은 부정될 것은 아니지만 폐단이 있는 것으로 취급하는데, 그렇다면 감성이 이성에 지나치게 종속되는 결과를 낳지 않을까?

공자가 58세 무렵 사양자師襄子에게 거문고(琴) 타는 것을 배우면서 최후에 감상했던 문왕조文王操가 "궁음을 으뜸음으로 한 장조의 음악이었을 것이고, 작곡자는 그런 웅장·엄숙·명랑·쾌활한 느낌에 대해 제왕과 관련된 의미를 부여했을 것"(10쪽)이라면, 공자도 감정의 다양함을 즐긴 셈이다. 공자는 직접적으로도 "<관저關雎>는 즐거우면서도 음란하지 않고, 슬프면서도 마음을 상하게 하지 않는다"[3]고 했는데, 그렇다면 그는 좀 더 감성의 다양함과 원숙함을 내세운 것이지 이성에 복종하는 감성을 주장한 것은 아닐 수 있지 않은가?

나아가 전통예악 속에서 음악은 반드시 예법에 종속되는 것은 아니다. 오히려 음악이 예법을 완성시켜 주기도 한다. 사마천이 공자를 평가할 때, "305편의 시에 모두 곡조를 붙여 노래로 부름으로써, 소韶·무武·아雅·송頌의 음악에 맞추려 했다. 예와 악이 이로부터 회복되어 서술할 수 있게 됨으로써, 왕도를 갖추고 6예가 완성되었다"[4]고 한 것은 그의 음악중시의 사고를 단적으로 보여준다. 그렇다면 그러한 감성의 영역에 대한 기본적인 긍정이 필요할 것이다. 그러한 '감성학'이 곧 미학이며, 말로 할 수는 없지만 뜻으로 알아듣는 '경지境地' 또는 '지음知音'의 학문인 것이다.

더 나아가 그런 음악도구주의가 갖는 현대적 의미는 무엇일까? 오늘날 음악은 도덕과는 상관이 없어지고 말았는데, 그렇다면 음악도덕론은 단순한 구호에 그치는 것이 아닌가? 당위와 현실은 거리가 있을 수밖에 없는데, 전통음악이 자리를 잃고 있는 오늘날 도덕제일주의는 무슨 역할을 하는 것인가?

---

3 『論語』, 「八佾」: 子曰, 關雎, 樂而不淫, 哀而不傷.

4 『史記』, 「孔子世家」: 三百五篇孔子皆弦歌之, 以求合韶武雅頌之音. 禮樂自此可得而述, 以備王道成六藝.

이러한 큰 문제 아래, 작은 질문을 잇는다.

첫째, 음악이 산술적 평균율이 아닌 음향적 순정율(純正律: Pure intonation)이라면, 음계音階는 기본적으로 완전한 비례를 추구하는 것은 아니다. 그럼에도 우리나라 문묘와 종묘제례악에서는 궁상각치우와 같은 정음正音만 쓰고 변치(變徵: Fa)와 변궁(變宮: Si) 같은 반음을 쓰지 않았는데, 이러한 음악적 경건주의를 어떻게 보아야 하는가? 엄격한 비례주의는 결국 음악의 완성도를 떨어뜨릴 수도 있지 않은가?

둘째, 정鄭, 위衛 나라의 음악이 그렇게 나쁘다면 오늘날 젊은이들의 많은 음악도 나빠지고 마는데, 과연 그렇게 음악에 대한 이분법이 가능할까? 종묘제례학의 느린 저음은 훌륭하고, 서태지의 빠른 고음은 잘못된 것인가? 하다못해 전통적으로도 중국음(京劇: 거짓소리)은 한국음(판소리: 쉰소리)보다 높고 가벼운데, 그렇다면 중국인들은 예를 모르는 것인가? 덕음德音과 익음溺音[5]의 기준은 무엇인가?

셋째, 철학자들은 음악을 거부하기도 하고 옹호하기도 했다. 묵자는 그 사치성 때문에 싫어했고, 유가들은 그 형식적 의미에 가치를 부여했다. 하다못해 어려운 음악은 좋은 음악이 아니며(大樂必易),[6] 『여씨춘추』가 말하듯 '사치스런 음악'(侈樂)이 되어서는 안 된다. 그러나 고전은 대체로 어렵고 복잡하다. 그렇다면 이를 고쳐도 되는 것인가? 다시 말해 음악은 철학자 또는 도덕가들에 의해 조절될 수 있는 것인가?

넷째, 5음계(궁상각치우)와 12율려의 문자적 어원은 무엇인가? 자세한 내용 설명처럼 문자적 설명이 필요하다. 또 중국과 한국의 5음이 다르다(주32)는데, 왜 그런가? 궁상각치우조차 다르다면, 음악이 보편적이라는 주장은 음악이라는 그 형식에 있지 음악의 실질적인 내용을 가리키는 것은 아니지 않는가? 그렇다면 인간 도덕의 보편성은 어떻게 보장되는가?

---

5 『禮記』, 「樂記」.

6 『禮記』, 「樂記」: 大樂必易, 大禮必簡.

다섯째, 음악의 목적을 도덕적 자아의 실현에 있다고 했지만, 현실적으로는 오히려 정치의 원만한 시행을 위해서가 아니었나? 도덕의 실현이라는 것은 오히려 이상론적인 이야기이고, 현실에서는 상하관계의 원숙한 조화를 위한 것 아닌가? 『여씨춘추』가 강조하는 것은 음악을 통해 그 나라의 풍속과 경향을 알 수 있다는 것인데,[7] 그것이 바로 정치적 목적이 아닌가?

여섯째, 최초의 창작자(聖)와 개작자 내지 연주자(明)를 말하면서 '술작述作'의 문제를 「악기」는 말하고 있는데,[8] 그렇다면 음악론은 결코 '해석하지 창작하지 않는다'(述而不作)가 아니라 '창작 다음에는 해석한다'(作而後述)의 원칙이 성립된다. 이러한 자유로운 태도는 가능한가?

일곱째, 서양음악에서는 3도씩 높이가 다른 3음의 어울림을 드러냈는데, 동양음악은 그것을 추구하지 않았다고 했는데, 과연 동양음악에는 이른바 화성학和聲學이 없었던 것인가? 다른 악기의 어울림이라는 것은 화성학과 관련이 없는가?

여덟째, 「악기」의 '유음'(遺音: '표현하지 않은 음'[9])이란 『여씨춘추』의 '진음進音'의 뜻으로 해석의 여지를 남겨두는 것을 가리키는데, 그것이 음악의 완성이라면 매우 모호하지 않은가? 물론 똑같은 악보로도 수많은 음악가들이 나올 수 있는 것은 바로 그 해석의 차이와 수준에 달린 것이지만, 과연 그것이 다른 곳에서도 강조된 적이 있는가? 아주 단순히, 음악을 모자란 듯 질박하게 연주해야 감성이 여지가 있음을 말하는 것은 아닌가? 좀 더 많은 설명을 요한다.

아홉째, 결론적으로 '음악의 본질은 인간 본성이다'(20쪽)고 했는데, 만일 인간 본성을 비도덕적인 것으로 본다면 음악이 도덕적일 수 있다는 결론

---

7 『呂氏春秋』, 「音初」: 凡音者産乎人心者也. 感於心則蕩乎音. 音成於外而化乎內. 是故聞其聲而知其風, 察其風而知其志, 觀其志而知其德. 盛衰賢不肖君子小人, 皆形於樂, 不可隱匿.

8 『禮記』, 「樂記」: 故知禮樂之情者能作, 識禮樂之文者能述. 作者之謂聖, 述者之謂明. 明聖者述作之謂也.

9 『禮記』, 「樂記」: 樂之隆, 非極音也. 食饗之禮, 非致味也. 淸廟之瑟, 朱絃而疏越, 壹倡而三歎, 有遺音者矣. 大饗之禮, 尙玄酒而俎腥魚, 大羹不和, 有遺味者矣. (『呂氏春秋』에는 有遺音者가 아닌 有進乎音者라 한다.)

을 어떻게 보장할 수 있는가? 『순자』도 많이 인용되었는데, 그에 따르면, 음악은 그 자체가 도덕 본성을 실현시켜주는 것이 아니라 오히려 악한 본성을 광정匡正시키는 것이다. 또한 완적阮籍의 주장을 근거로 '예술이 곧 자연 그 자체'[10]라 했는데, 완적은 도덕교화보다는 감성의 방일을 추구하는 인물로 혜강嵇康과 더불어 죽림칠현을 대표하는데, 이러한 도가들의 입장이 유가의 주장과 병립될 수 있는가? 하다못해 혜강은 '소리에는 슬픔과 즐거움이 없다'(聲無哀樂)고 주장하여 유가의 음악교화론을 부정하는데, 그렇다면 어떻게 음악이 본성임을 논증할 수 있는가? 인간 본성과 천지자연의 법칙을 따르는 음악은 음악인가, 아니면 노자가 말하는 '소리 없는 음악'(大音希聲)이고 장자가 말하는 '자연의 음악'(天樂/至樂)인가?

형식면에서 한마디 덧붙이면, 「공자와 음악」이라는 제목이지만 실제적인 내용은 유가음악사상에 치중되어 있다. 음악학과 「악기」에 대한 연구보다는 공자의 음악사상에 집중될 필요가 있었다. 더욱이 논문이 「공자와 춘추」(2000.9.)와 「공자와 예」(2000.12.)에 이은 글이기 때문이다. 그리고 결론이자 핵심인데도 유음遺音에 대한 논의가 너무 적다.

3. 음악과 현대

가야금의 명인인 황병기 교수조차 자신의 음악이 졸리다는 것을 잘 알고 있다. 그는 70년대 3년간 공연금지가 되었던 약 20분 분량의 <미궁迷宮>과 같은 충격적 작품을 대중에게 연주하길 주저하지 않는다. <미궁>은 컴퓨터 게임 음악용으로도 활용되고, 감정의 기복이 강하여 서양인들도 애호하며, 젊은이들 사이에서 서양의 록음악처럼 느껴진다고 한다. <미궁>은 '초혼'에서

10 『阮步兵集』, 「樂論」: 夫樂者, 天地之體, 萬物之性也. 合其體得其性則和, 離其體失其性則乖. 昔者聖人之作樂也, 將以順天地之性, 體萬物之生也…故八音有本體, 五聲有自然. (嚴可均, 『全三國文』 卷46)

'피안'에 이르는 일생을 표현하는 새로운 음악인 것이다. 황 교수에 따르면 연주 도중 울거나 뛰쳐나가는 사람이 나올 정도라고 하니, 흔히 아는 황병기류와는 전혀 다른 곡조이다. 이렇게 <미궁>은 이른바 '해석과 창작'(述作)에서 자유로운 맛을 보여주고 있다.

'엽기토끼'에서 '엽기적인 그녀'까지 일본식 엽기獵奇 문화가 판을 치고, 할리 데이비슨 오토바이의 엔진 진동 소음을 틀어놓고 타악기를 연주하는 이 시대에 정악正樂과 사악邪樂을 말하는 것은 정말로 어려운 일이다. 따라서 옳고 그름(是非)의 인식론적인 구분은 오히려 좋고 나쁨(好惡)이라는 가치론적인 구별로 나가는 것이 옳을지도 모른다. 피아노를 부시는 것으로 공연을 대신하고 가락이 아닌 읊조림으로 노래를 대신하는 이 시대에, 육체와 그 감각은 해방만 되었을 뿐 진정한 방향은 찾지 못하고 있는 것이다.

하버드 대학의 연경연구소장을 맡고 있는 두유명杜維明 교수는 한국사람처럼 진정으로 음악을 즐기는 사람은 없다면서 관광버스의 예를 말한 적이 있다. 그러나 그의 입장은 매우 긍정적이었다. 음악이 빠져버린 현대유가들이 찾아야 할 부분이라는 것이었다. 요즘은 많이 줄었지만, 6, 70년대에 어디서도 볼 수 있었던 춤을 추는 사람들, 그렇게 춤과 노래를 즐기던 민족이었다. 최근에 노래방으로 그 전통이 부활되고는 있으나 도덕적 엄숙주의가 결국 우리의 가무문화를 한동안, 그리고 어느 정도는 앞으로도, 가두어버리고 말았다.

예禮의 악樂에 대한 절대적인 우위는 곤란하다. 예악은 말 그대로 쌍두마차와 같이 가야 할 것이다. 공부가 끝나고 교수와 학생이 노래방을 찾는 것은 우리 모두의 화락함을 위해서이며, 자동차 안에서 유행가의 선율을 듣는 것은 내 마음을 달래기 위해서이다. 영화나 연속극의 배경음악은 감정을 더욱 강조하기 위해서이며, 내가 소리질러 노래를 부르는 것은 기쁨을 더 하기 위해서거나 속에 쌓인 울분을 떨쳐내기 위해서이다. 그런 점에서 예가 칼과 같다면, 악은 물과 같은 것이다. 물과 칼은 내 삶의 상징이다.

'21세기, 새로운 노동과 치유를 위하여', 『대동철학』65, 2013.12.31.

32

노동과 치유*

1. 왜 노동하고, 왜 치유하는가?

대한민국 노동 1번지는 어디일까? 인구의 대부분이 몰려있는 서울일까? 가장 큰 도시를 서울로 꼽으라는 데는 주저함이 없을 것이다. 그러니 서울이 과연 노동의 도시인가? 서울이 권력의 중심, 자본의 중심, 문화의 중심이라는 데에는 이견이 없겠지만, 과연 서울은 노동하고 있는가? 서울은 오히려 명령의 중심, 착취의 중심, 유행의 중심 아닌가?

지방에 살면서 가장 불편한 것이 교통망이다. 지방과 서울을 잇는 교통망이 불편하다는 것이 아니다. 지방과 지방을 잇는 교통망이 불편하다는 말이다. 그래서 옆에 놔두고 서울로 올라갔다가 다시 내려가야 하는 일이 벌어지기도 한다. 서울을 '올라가고' 지방을 '내려가는' 것조차 언어의 폭력이지만, 관용어도 용법이니 어쩔 수 없다. 우리는 서울을 올리고 지방을 낮춘다.

'서울공화국'. 나는 우리나라의 이름을 아예 서울로 바꾸자는 엉뚱한 생각

---

* 이 논문은 대동철학회 추계학술대회 '21세기, 새로운 노동과 치유를 위하여'(울산대, 2013.11.1.)에 대한 종합토론문이다.

을 가끔 한다. 모든 것이 서울 중심이기 때문이다. 우리나라에는 서울 이외의 도시는 없는 것 같다. 안중에도 없고, 계획에도 없고, 역사에도 없다. 서울 이외에는 모두 지방이다. 서울도 명확하게는 '서울 지방'인데, 우리의 사고 속에는 '서울지방법원', '서울지방병무청'은 의미 없이 들린다. 서울이 지방이면, 지방은 부곡部曲이거나 부락部落[1]이다. 서울이 양반의 것이라면, 지방은 상민과 천민의 것이다. 서울은 출세고, 지방은 낙향이자 귀양이다.

그러나 오직 한곳-어쩌면 더 많을 수도 있겠지만, 아니, 더 많아야 하겠지만, 두드러진 한 곳은 무언가의 중심이다. 이른바 광역시라는 타이틀을 달고 서울과 경쟁하는 울산이 그곳이다. 전통적인 부산이나 권력적인 대구나 소외됐던 광주나 중심적인 대전과는 달리, 독특한 형태로 발전한 곳이 바로 울산이다. 조국근대화의 산물이 곧 울산이다. 울산에 버금가는 곳이 포항이고, 여수고, 거제이지만 이른바 광역권에 이르지는 못한다. 그렇다면 울산의 특징은 무엇인가? 그것은 바로 노동이다.

울산은 산업단지로 키워졌다. 인위적이고 계획적이다. 그런데 울산은 무엇으로 특징지어졌는가? 문화로, 학문으로, 체육으로? 대규모의 인공성에도 불구하고 거대한 울산에는 자기의 정체성이 없다. 단순히 노동하는 군중만이 있다. 울산시민은 위대한 노동을 할뿐, 그들은 왜 노동하는지 사고하지 않고 반성하지 않는다. 그렇다면 사고하고 반성하는 노동도시가 어디에 있느냐고 반문할 것이다.

철학계에서 학술의 경향이나 주의 때문에 명명된 도시는 몇몇 곳이 있다. 오스트리아의 비엔나는 논리실증주의로 유명해서 '비엔나 서클'(學團)이라고 불리고, 독일의 프랑크푸르트는 자본주의에 대한 대안이론으로 유명해서 '프랑크푸르트 스쿨'(學派)로 불린다. 비엔나 학단이 현대철학에 미친 영향은 '반형이상학'이었고, 프랑크푸르트 학파가 이끌었던 사조는 '자본주의문명에 대한 비판이론'이었다. 우리에게는 왜 '울산학파'가 없는가?

---

1 일본식 '부라쿠민'(部落民)은 오늘날까지도 사회적 문제가 되는 천민을 가리킨다.

학회 당일 울산대학교 학보사 기자가 물었을 때 나는 대답했다. 노동이 있으면 노동자에 대한 치유가 있어야 한다고. 우리나라나 중국을 막론하고 자본주의적 생산력증대가 가장 큰 목적인 사회 속에서 과노동에 시달리는 노동자를 철학적으로 이해하고 설명함으로써 그들의 정신이 치유되어야 한다고. 경제 한국, 경제 중국 속의 노동자에게 필요한 것은 철학치료로 그들이 어쩔 수 없이 빠져있는 왜곡된 욕망의 악순환에 대해서 논의되어야 한다고. 성과지향의 사회에서 우리가 목도하는 현대성의 자가당착을 해결하기 위해 사회시스템을 분석해야 한다고. 우리는 노동중독자라서 중독에 대한 치유가 요구된다고. 정신병이 아니라 사회적 병이고, 약을 먹어야 할 것이 아니라 사고해야 할 것이기 때문에 철학적 병이라고.

울산은 노동의 고향이다. 노동의 고향은 노동만 하는 곳이 아니다. 노동의 문제를 사고하고, 노동하는 인간을 치유하는 곳이어야 한다. 인간은 노동으로 살아간다. 그러나 노동하는 인간은 치유 받아야 한다. 노동하는 의무와 치유 받을 권리가 공존하는 곳에서야 우리는 노동이 권리가 되고 치유가 의무가 되는 사회를 비로소 만난다. 노사갈등만이 아니라 노노갈등, 정규직과 비정규직, 노동하는 인간과 노동하고 싶어 하는 인간, 노동중독과 과노동, 이러한 문제가 사유되어야 우리는 철학적으로 치유되는 것이다. 사고를 통한 치료(힐링)는 정화淨化이고 순화純化이며, 나아가 조율調律이며 화해和解다.

2. 소외된 노동을 넘어서

21세기의 문제는 낭비다. 만족되지 않는 욕구 때문에 우리는 낭비한다. 낭비는 소비가 아니다. 낭비는 과잉 향유다. 필요한 것은 향유가 아니라 '돌봄'인데, 향유에 남을 돌보기가 파묻혀버리고 말았다. 남을 돌보지 않으니 나도 돌보지 않는다. 서로 돌보지 않으니 인간은 동료가 아닌 적이 된다. 적끼리 사는 곳에 상호부조가 있을 수 없다. 노동을 하지만 저주의 노동을 한다. 어떻게 하면 축복의 노동을 할 수 있는가?

프랑크푸르트학파를 이끌던 호르크하이머는 『계몽의 변증법』을 시작하면서 이렇게 물었다. '왜 우리는 과학기술의 진보에도 불구하고 진정한 인간의 상태가 아닌 새로운 야만의 상태로 빠져들었는가?' 우리는 발전했지만 행복하지 않다. 우리는 문명 속에 있지만 신종 야수가 되어 서로 죽이려든다. 어깨동무는 없고 무한경쟁만 있다. 임경석 교수는 호르크하이머의 질문을 대답하기 위해, 「세계화 시대와 소외된 노동」이라는 제목 아래, 다음과 같이 노동 개념의 역사와 마르크스의 소외된 노동을 우리의 현실 속에서 살펴보면서 궁극적으로는 '기본소득'(basic income)을 주장한다.

노동은 '욕구-노동-향유'라는 삼각형의 한 변을 차지한다. 노동은 반드시 유급노동만을 가리키는 것이 아니다. 가사노동이나 정신노동과 같은 유무급의 모든 노동을 포함한다. 노동은 생산, 유통, 분배, 소비, 재생산의 원천이다. 노동으로 우리는 과연 자기실현을 이룰 수 있는가, 아니면 자기소외에 빠질 수밖에 없는가?

아렌트가 인간의 행위적 삶(vita activa)을 노동(arbeit), 작업(work), 행위(action)로 나누었듯이, 육체활동은 플라톤과 아리스토텔레스 이후 평가절하되었다. 유대기독교적 상황도 다르지 않아 노동은 원죄로 인한 고생이라는 저주받은 개념이거나 바울이 경고하는 게으름(otiositas)의 반대 개념으로 설정되고, 르네상스와 종교개혁 시기에 이르러서야 그것을 성실히 이행할 때 하나의 소명으로 간주된다. 17세기 이후 근대의 노동개념은 진보를 향한 과학기술로 여겨져, 로크는 노동이 만물에 대한 소유권을 부여한다고 보았으며, 흄은 욕망이 노동의 원인이라고 보았으며, 데카르트는 노동으로부터의 해방을 꿈꿨고, 라이프니츠는 노동이 유희(Spiel)가 될 수 있다고 믿었다. 케네의 『경제표』와 스미스의 『국부론』에서 절정에 도달한 국민경제학에서 '토지가 국부의 어머니이듯이 노동은 국부의 아버지'로 취급된다. 스미스에게 노동은 재화의 교환가치를 측정하는 진정한 척도가 된다. 리카르도는 노동가치설을 정립하고 노동의 정치사회적 의미도 지적했다. 프랑스혁명은 재산권과 더불어 노동 선택의 권리를 보장하는 사건이었다. 피히테는 노동을 육체와 정신의 활동을 모두 포함하는 문명화와 진보의 상징으로 파악했다. 리스트는 노동이 인류를 자유롭게 해 줄 것이라는 자유주의적 유토피아를 옹호한다. 뮬러는 권리에 기초하는 노동의 원칙이 유용성에 기초한 자본의 원칙과 더불어 종교의 도움으로 아름다운 내적 균형을 이룰 것을 희망한다.

마르크스는 헤겔의 영향으로 추상적 논의를 전개한다. 헤겔에게 노동은 정신의 형성 또는 세계사의 전개과정에서 자유의 원칙이 구현되어가는 관계 속에서 파악된다. 마르크스는 헤겔의 『정신현상학』의 위대함이 인간의 자기 생산을 하나의 과정으로 봄으로써 노동의 본질을 파악하는 데 있다고 한다. 마르크스도 무노동(Nicht-Arbeit)이 행복을 보장할 수 있다는 입장을 반대하여 자유로운 노동을 주장한다. 그런데 그는 사후 출간의 『경철수고』(1844)에서 노동은 부자에게는 아름다운 궁전을, 노동자에게는 추한 가난을 만들어낸다고 주장한다.[2] 노동자의 노동으로 부자는 지성을 얻고, 노동자는 저능해진다. 노동자의 노동은 강제노동이 되고, 자신의 자유를 더 이상 추구할 수 없게 된다. 이렇게 소외된 노동은 더불어 사는 유적 존재인 인간이 경쟁을 통해 이기적 삶을 추구하게 만든다. 노동분업과 자동화를 포함하는 기계화는 잉여가치의 극대화를 위한 수단이며, 결국 자본가에게조차 노동을 통한 자기소외의 굴레만을 초래할 것이다. 마르크스의 사위 라파르그가 말한 것처럼, 우리에게는 더 이상 예술과 고귀한 덕의 어머니로서 '게으를 권리'는 없다. 노동의 권리는 빈곤의 권리로 전락했다.

한국의 상황도 소외된 노동의 국면에서 예외가 아니다. 기술의 진보는 대량생산을 이끌 것이고, 저렴해진 물품을 많은 사람이 소비하여, 시장은 활성화되어 모두 향유하는 시대가 온다는 것은 신자유주의 논법일 뿐이다. 플렉스타임(flextime)이나 일자리 함께하기(job-sharing)는 가족친화적이지만, 일부유형의 직장에 제한적이며 안전망도 지니고 있지 않다.

---

2 Marx, 『경철수고』, MEW 40, 513쪽.

미래에는 점차 노동이 불필요한 사회가 될 것이며, 인구의 절반도 노동하지 못하게 될 것이다. 대안은 무엇인가? 그것은 기본소득지구네트워크[3]의 주장인 기본소득의 도입이다. 중등학교에서 무상급식이 이루어졌듯이, 전 지구적으로도 모두에게 기본소득(Grobal Basic Income)을 보장해주는 것이다.

김영희 교수는 이에 대한 논평에서, 오늘날 사회적 불평등은 역사상 최초의 영구기관(perpetuum mobile)이 되는 것 같다는 바우만의 지적을 인용하면서, 우리의 상황은 17년 동안 멈추지 않고 달리는 영화 <설국열차>와 같다고 꼬집는다. 더 강력한 신자본주의에로의 변모는 불평등을 영구화하고 있다는 것이다. 세계인구 가운데 30억 명이 하루 2달러 이하로 살아가며, 상위 20%가 생산된 재화의 90%를 소비하고 하위 20%가 불과 1%만을 소비하며, 세계 최고 부자 20%의 재산의 총합이 가난한 10억 명의 그것과 같다.[4] 그리하여 노동자는 '프리카리아트'(일용직 프롤레타리아)[5]로 전락하고 있다. 한병철이 말했듯이, 생산성이 일정 지점에 이르면 규율의 패러다임이 성과의 패러다임으로, '해야 한다'에서 '할 수 있다'로 옮겨가면서, 외적 강제는 없지만 스스로 '긍정의 과잉'에 빠져 우울하게 된다.[6] 성과 패러다임 사회는 열심히 일할수록 더 많은 잉여를 생산하고, 노동을 시킬 수도 없으며 소비자로도 부적절한 존재를 양산하여, 이주노동자나 극빈층들을 세계 밖으로 내보낸다.[7]

여기에서 김영희 교수는 묻는다. 기본소득이라는 것이 '소비잠재력이 곧 생산력에로 이어진다'는 자본주의적 발상을 그대로 이어받고 있어, 소비를 미

---

3 Basic Income Earth Network(BIEN). www.basicincome.org(2013.12.1). 기본소득 한국네트워크(BIKN)는 서울선언(2010.1.17.)을 했다. , http://basicincome.kr(2013.12.1.)

4 지그문트 바우만, 『왜 우리는 불평등을 감수하는가』, 안규남 옮김, 동녘, 서울, 2013, 22쪽.

5 precarious(그날 벌어 그날 사는)+proletariat. 비정규직, 파견직, 실업자, 노숙자를 포함한 불안정한 고용자들을 가리키는 말로서, 우리말에는 '일용잡급직(日傭雜給職)의 인부(人夫)' 곧 '일용잡부'(日傭雜夫)라는 표현이 가장 가깝다. 한마디로 '품팔이'다.

6 한병철, 『피로사회』, 문학과지성사, 서울, 2012, 12쪽.

7 최태섭, 『잉여사회』, 웅진지식하우스, 서울, 2013, 122쪽.

덕으로 바꾼 자본주의적 가치부여와 동일한 아이디어로 보일 수 있다고. 그것이 아무리 미국독립운동의 발흥을 일으키고 미국헌법제정자 가운데 하나인 토마스 페인이 1795년에 표명한 '한 나라의 부는 모든 이전 세대들의 기여에서 나오며, 오늘날 운 좋은 사람이 운이 덜한 사람보다 훨씬 잘 사는 것이 마땅하다고 할 수는 없다'는 원칙아래 사회배당의 형태로 적정한 몫을 받는 것은 사회구성원에게 공평하다는 것일지라도,[8] 대대손손의 빈부격차를 줄이는 데는 한계가 있고 인플레이션을 유발할 수도 있다는 것이다. 게다가 기본소득은 '노동하지 않는 노동을 인정'하는 방안이기 때문에 마르크스의 '노동-소외' 개념으로 설명되기 어렵다는 것이다. 거칠게 줄이면 이렇다.

첫째, 기본소득도 여전히 자본주의적이다.

둘째, 기본소득은 사회구조의 근본적인 변화를 추동하지 않는다.

셋째, 오늘날의 치밀하고 세련된 소외를 마르크스는 설명하지 못한다.

이에 대한 임경석 교수의 답변은 이렇다.

첫째, 자본주의적 소비와 사회적 소비는 다르다. 재원마련의 방안도 다르다. 무노동 불로소득(이자소득)에 중과세해야 한다.

둘째, 일정액이 들어오면 사람들은 삶을 설계(계획)한다. 비정규직으로 하고 싶은 일을 할 수 있다. 선택적 자본주의(optional capitalism)로 나갈 수 있다.

셋째, 대안은 마르크스 안에서 제시된 것이 아니다. 우리가 해야 하는 해석의 문제가 남아 있다. 꿈꾸는 사람(dreamer)이 되어, 존 레논의 노래(<imagine>, 1971[9])처럼 상상해보자.

---

8 최광은, 『모두에게 기본소득을』, 박종철출판사, 서울, 2011. 기본소득지구네트워크 명예공동대표인 가이 스탠딩의 추천의 글.

9 Imagine there's no heaven, It's easy if you try, No hell below us, Above us only sky, Imagine all the people living for today...Imagine there's no countries, It isn't hard to do, Nothing to kill or die for, No religion too, Imagine all the people living life in peace...(REFRAIN)You may say I'm a dreamer, but I'm not the only one, I hope some day you'll join us, And the world will live as one. Imagine no possessions, I wonder if you can, No need for greed or hunger, A brotherhood of man, Imagine all the people sharing all the world...(REPEAT REFRAIN).

남아프리카공화국의 북서쪽에 있는 나미비아(Namibia)의 오미타라 주에서 기본소득 파일럿 프로젝트가 2년간 실험형태로 진행되고 있다. 브라질은 기본소득입법안이 통과되었고, 룰라 대통령이 언급한 보우싸 파밀리아(Bolsa Familia)에서는 불완전한 형태로 현실화되었다. 시간적으로 얼마 안 된 정책이지만 그 실현 가능성을 엿보게 해준다. 다만 보우싸 파밀리아는 묻지도 따지지도 말고 주어야하는 기본소득의 이념과 다르게 특정 소득수준 이하의 가구를 대상으로 하고 있어 완전하지 않다.[10]

임경석 교수는 재원마련 방안으로, ① 모든 국가가 국내총생산의 일정액을 국제기구에 지불하여 그 기금을 운영하는 방식(기준은 동위구매력PPP: Purchasing Power Parity), ② 사용물품에 직접적으로 세금을 징수하는 방법(투기자본이동에 대한 Tobin Tax; 정보이동에 대한 bit tax; 이산화탄소나 프레온가스에 대한 탄소세나 환경세green tax; Pogge가 주장하는 글로벌 자원배당금), ③ 공유자원에 대한 공유권 방식(알레스카 영구기금)을 제시한다.

그런데 나의 궁금함은 도대체 얼마면 되느냐는 것이다. 임경석 교수는 50만 원을 제시했다. 보통 알려진 액수인 60만 원보다 10만 원이 삭감된 액수다. 안타깝게도 내 주위의 학생들은 50만 원으로는 자신이 하고 싶은 일을 하면서 살 수 없다는 반응이었다. 50만 원을 받더라도 그 이상의 보수를 위해 노동에 매달릴 수밖에 없다는 입장이었다. 50만 원을 받는데도 앞날을 설계할 수 없다면 기본소득의 의의는 퇴색되고 만다. 그렇다고 액수를 쉽사리 올릴 수 있는 것도 아니다. 이른바 무상급식처럼 재원만 있으면 바로 시행할 정도로 단순하지 않기 때문이다.

그럼에도 나는 무상의 이념이 지니고 있는 장점을 잘 안다. 무상이 단순히 나태함의 상징일 수는 없다. 무상은 오히려 교육과 같은 영역에서는 절대적으

---

10 우리의 국민기초생활보장법과 근로장려세제는 미국의 자유주의 경제학을 이끌었던 프리드만이 제창한 NIT(Negative Income Tax: Food Stamp, EITC)에 해당되는 것으로, 가난한 사람의 부족한 소득을 부자 증세로 보충하는 것이므로 기본소득과는 다르다.

로 요구된다. 미래는 많은 사람이 노동을 하고 싶어도 할 수 없는 사회가 되면서, 노동은 특정인이나 계급의 전유물이 될 수도 있다. 인간이 노동으로부터 소외되는 것이 아니라, 노동이 오히려 특권이 되는 것이다. 그런 점에서 노동하지 못하는 사람을 위한 기본소득의 보장은 오히려 노동권의 분배라는 차원에서 의미가 있다. 기본소득이 있을 때 비로소 자신만의 새로운 영역의 노동을 찾아 나설 수 있기 때문이다.

3. 포기할 수 없는 사회주의

중국문제는 중요하다. 우리와의 수출입이 2천억 불이 넘는다. 수출이 수입의 배를 넘는다. 과거는 미국이 우리의 수출대상국이었는데, 이제는 중국이 그 자리를 차지한다. 중국은 우리의 제1무역국인 셈이다. 게다가 중국은 이제 세계 2위의 경제력을 지니고 있다. 일이십 년 내에 미국을 능가할 것이라고 모든 사람이 예측한다. 그런데도 우리는 중국을 잘 모른다. 아니, 중국식 사회주의가 추구하는 것이 무엇인지 잘 모른다. 정치가 경제를 지도하는 사회주의 국가와 거래하면서, 공산당이 말하는 사회주의의 실질과 방향을 모른다는 것은 정말 안타깝고 위험하다. 이철승 교수는 「현대중국의 소외문제와 어울림 철학」이라는 제목 아래 아래와 같이 '중국식 사회주의의 허와 실'을 지적한다.

1978년 '중국공산당 제11기 중앙위원회 제3차 전체회의'(제11기 3중 전회)에서 개혁개방을 주장하면서 모택동시대의 경제정책을 평균주의로 규정하고 중국특색의 사회주의론인 '사회주의 시장경제'를 제창한다. 이후 30년 동안 급격한 양적인 팽창을 이루어냈지만 내부적으로는 생태파괴, 해안과 내륙의 빈부격차, 부패로 말미암는 소외의 문제가 부각됐다.

2004년 제16기 4중 전회에서 '사회주의 조화(화해: 和諧)사회' 건설을 결정하면서, 그동안 소홀히 했던 사회적 불균형 문제를 해결해보고자 한다. 이런 경향은 지속되어 2012년 '중국공산당 제18차 전국대표대회'에서도 반부패 및 사회의 공평과 정의를 강조한다. '중국의 꿈'을 강조하며 국가주석에 오른 습근평習近平도 대동大同사회로 나가기 위한 소강小康사회를 건설하자면서 마찬가지의 주장을 한다.

이철승 교수는 소외의 문제를 중국식 사회주의 자체에 그 혐의를 두고 '어울림(和) 철학'이라는 프리즘으로 접근한다. 여기서 어울림 철학은 공자의 '어울리나 같지 않다'(和而不同)의 사상과 같은 전통철학에 근거한다.

중국식 사회주의는 등소평이 1958년 이후의 대약진운동을 경제법칙을 존중하지 않은 것으로 판단하여, 1960년대에서 70년대에 진행된 문화혁명을 경제를 어렵게 한 재난으로 평가하면서, 계급투쟁보다 더 중요한 생산력 방면의 혁명을 주장한다. 그의 관점은, 생산력과 생산관계의 모순해결을 사회의 근본모순으로 여겨 이를 해결하기 위해 계급투쟁을 중시하는 모택동의 전통적인 사회주의 사상과 차이를 보인다. 등소평은 1980년대 백화제방의 분위기를 조성하여, 유학과 같은 전통사상에 대한 연구와 부르주아의 자유주의 사조를 유행시킨다. 철학계에서도 철학사를 '유물론과 유심론의 투쟁사'로 여기던 것을 '인식의 발전사'로 여기게 되면서 관념론에 대한 연구가 증가된다. 중국현실은 사회주의 초급단계이므로, 생산력과 생산관계의 모순 해결은 생산력이 풍부하게 발전된 이후에야 가능하다. 마침내 등소평은 계획경제와 시장경제는 사회주의와 자본주의를 가르는 본질적인 차이가 아니라 모두 생산력 발전을 위한 방법이며, 사회주의를 위해 복무하면 사회주의의 것이고 자본주의를 위해 복무하면 자본주의의 것이라고 말한다. 자본주의에도 계획이 있고 사회주의에도 시장이 있으니, "계획과 시장은 모두 경제수단으로, 사회주의의 본질은 생산력을 해방하고, 생산력을 발전시키며, 착취를 소멸하고, 양극화를 제거하며, 최종적으로 공동 부유에 도달하는 데 있다"[11]고 선언한다. 이것이 '중국 특색의 사회주의'로 35년이 지난 오늘에도 적용되는 이론이며,

---

11 『등소평문선』, 제3권, 「在武昌, 深圳, 珠海, 上海等地的談話要点」(1992.1.18.-2.21), 人民出版社, 北京 1993, 373쪽. 이른바 '남순강화南巡講話'를 가리킨다.

2020년 도래예정의 '소강사회'의 틀이다.

이런 시장경제의 도입으로 파생되는 농촌과 도시의 빈부격차는 '일부 부유' 론으로 옹호된다. 평균적인 발전은 불가능하기 때문에 먼저 잘 자는 사람이 못사는 사람을 도와주면 된다는 것이다. 연해지방부터 발전하여 내륙산간으로 가자는 것인데, 이것이 바로 도시와 농촌의 빈부격차를 늘이고 있으며 소외의 문제를 일으키고 있다. 소득불평등도를 나타내는 지니계수는 2000년에 국제경계선인 0.4를 넘어 2012년에는 0.5에 이른다. 도시와 농촌주민의 최고소득 10%와 최저소득 10%의 소득차이를 정부는 9배라고 하지만 학자들은 31배 전후로 보며, 전국주민 최고소득 10%와 최저소득 10%의 차이는 21배가 아니라 55배 전후다. 세계은행의 보고에 따르면, 세계 도시와 농촌의 소득 차이 비율은 1.5:1인데 중국은 2009년의 경우 3.3:1이며, 세계 공무원 평균임금은 최저임금의 2배인데 중국은 6배다. 이런 것이 일부 부유론의 역기능으로 드러나는 것이다. 생산수단의 사유화와 공유화가 자본주의와 사회주의를 가르는 것인데, 등소평과 지도부는 사유재산을 천부인권으로 여기는 자본가들의 사유를 공유의 필요성으로 전화시키는 노력이 매우 어려운 일이라는 것을 간과했다.[12]

2005년 전후에 정초된 '사회주의 조화사회'에 관한 명제는 2012년 11월의 '중국공산당 제18차 전국대표대회'에서 구체화되어 정부의 청렴과 공평이 강조되는 원칙이 강조되고(胡錦濤), 나아가 '공동 부유'를 향한 '중국의 꿈'까지도 연결된다(習近平). 그러나 이철승 교수에 따르면, 그들은 근본적인 구조개혁과 같은 대안을 제시하지 않으며, 생산력과 생산관계의 모순해결보다는 생산력 발전중심의 정책이 빚어내는 근원적 문제를 봉합하는 데 그치고 있다. 정부와 학계에서 공자의 사상을 비롯하여 유가의 '어울림의 철학'을 내세우고 있기는 하지만, 갈등의 근본원인인 생산수단의 사유화문제를 구조적으로 변혁하는 데 소홀하다면 제한적으로 현대중국의 소외 문제에 접근하는 꼴이 된

12 이철승, 『유가사상과 중국식 사회주의 철학』, 심산문화, 서울, 2002, 241쪽. 이철승은 모택동 시대가 생산력이 저하된 기간이라는 평가조차 토론의 여지가 있다고 주장한다.

다는 것이다.

손영식 교수는 이에 대한 논평에서 중국은 민주화 과정 없이는 하강할 것이라고 지적한다. 공산당은 유교현자독재의 체제를 답습한다는 것이다. 태자당은 음서이고, 상해당은 지역당이고, 공청단은 패거리당에 불과하다. 줄이면 아래와 같다.

⑴ 중국에서 내놓은 해결책인 '사회주의 조화사회, 어울림 철학, 소강사회'라는 것은 등소평의 '도와주기'(방조幇助)라는 말을 번안한 정도다.

⑵ '시장'이 벌써 '계획'을 결정하게 된 중국을 사회주의라 할 수 있는가?

⑶ 지금이야말로 공산혁명의 적기다. 모택동은 농업혁명을 주장했지만 당시의 진독수는 공업-노동자혁명을 주장했듯이, 이제 제2의 모택동은 노동자혁명을 이루어내야 한다. 등소평이 생산력 증진에 성공하는 순간, 절실하게 필요한 것이 모택동 같은 혁명가다.

⑷ 이 정도의 빈부격차라면 혁명밖에 없지만, 어렵게 일군 경제발전을 혁명으로 날릴 수는 없다. 결국 남는 것은 자본주의적 방법뿐이다.

⑸ 자본주의는 다양한 장치를 마련했다. 여러 정책도 있지만, 가장 본질적인 것은 민주적 절차다. '절차'(by the people)가 없을 때 '정책'(for the people)은 이루어지지 않는다. 공산당이 위로부터의 자발적 혁명을 하긴 어렵다. 자본주의로 나갔으면 자본주의적인 해결책을 써야한다. 사회주의라는 강변으로 정당정치와 시민단체를 부정해서는 안 된다.

⑹ 공산당의 유교적인 현자독재와 우민정치에는 목표는 있되 실천방법이 없다. 권력주체는 전통적 붕당으로 전락했다. 경제가 발전하면 창의성이 중요해지는데, 그러한 혁신(innovation)은 민주주의라는 토대위에서 가능하다. 사회주의의 탈을 쓴 유가적 현자독재는 앞으로 중국경제에 질곡이 될 것이다.

⑺ 죽은 유교의 화려한 부활로 서구적 민주주의에 대한 하나의 대안으로 삼을 것이지만, 공산당은 중국의 문제에 대해 진지하게 정면 대응하지 않는 것 같다.

이에 대해 이철승 교수는 기본적으로 견해 차이가 없다면서 부연한다. 중국식 사회주의는 '이론이 진실하지 못하다'면서, 학자들이 그것을 개인적으로 수긍하긴 해도 결코 공개논문은 없었음을 지적한다. 이제는 불이익이 없을 정도가 되어 서서히 생긴다. 이른바 사상투쟁이 허용되는 것인데, '유교사회주의'로 가지 않을까 싶다는 것이다. 그러나 이철승 교수에 따르면 '유교자본주의'는 이론이 맞지 않는다고 한다. 중국은 30년 동안 자본주의의 맛을 보았지만, 13억 인구를 균등하게 살게 하기 위해서 사회주의를 내릴 수는 없다. 중국의 특색은 현재로서는 사회주의가 아니지만, 2020년의 소강 사회를 지나 2050년 대동大同 사회로 갈 수 있다면 길게 보면 사회주의는 이루어지는 것이다. 사실상 중국은 사회주의나 자본주의나 모두 중국식으로 해석하고 있다. 철학적으로 보면 맹자, 주자의 방향이 아닌 순자, 왕충, 왕정상, 왕부지, 대진의 방향으로 가고 있다. 유교와 사회주의의 영향으로 중화민족주의로 걸어가고 있는 것이다.

손영식 교수는 80년대 후반 노동쟁의(울산 현대중공업의 시청 행진)를 통해 임금이 상향되면서 기업은 기술개발로 방향을 바꿀 수밖에 없게 됨을 지적했다. 민주화를 통해 창조성이 향상될 수 있다는 것이다. 나는 중국이 '민족'을 내세우고 '민주'를 소홀히 하면 안 됨을 늘 지적한다.[13] 자본주의는 지신에 대한 공격조차 상품화시키는 매력 또는 마력을 지니고 있다. 자본주의의 폭력성을 노동조합과 시민사회가 경계하면서, 자본주의와 민주주의는 공생하게 되는 것이다. 그러면서 사회의 공평과 정의는 이상적이지는 않을지라도 절차적으로 정비되어간다. 중국이 배워야 할 것이 바로 이점이다. 민족보다 중요한 민주다.

4. 철학치료의 본질

소외된 자들에게 필요한 것은 치유다. 그것도 철학적 치료다. 철학적 치료

13 중국발음은 '민족'과 '민주'가 약간의 발음만 다르다. 鄭世根, 「中國觀商權」, '前望21世紀的中國', 유럽중국학회, 비엔나, 2000.7.

는 약을 먹어야 하는 의학적 치료가 아니다. 철학적 치료는 심리적 이상상태를 다루는 치료가 아니다. 철학적 치료는 정상적인 사람이 대상으로, 철학적 문제에 대한 고민이고 사유다. 개념적 진단이며 의미의 처방이다. 이영의 교수는 「철학치료의 본질과 과제」를 개괄적으로 아래와 같이 소개한다.

마음의 병을 치료하는데 의학치료만 치료이고 나머지는 치료가 아니라는 것은 억지다. 우울할 때 프로작(Prozac)을 먹기도 하지만, 세네카를 읽거나 바흐의 음악을 듣기도 한다. '치료, 치유, 상담'과 같은 개념적 문제에 매달리기보다는 대상과 방법을 검토하는 것이 실제적이다. 철학치료의 대상은 철학적 병 또는 철학적 병을 앓고 있는, 다시 말해 삶의 문제로 고민하는 정상인이다. 그들과 함께하는 철학적 활동을 '철학실천'(philosophical practice), '임상철학'(clinical philosophy), '철학치료'(philosophical therapy), '철학상담'(philosophical counseling) 등으로 부르는데, 라하브와 틸리만스의 정의에 따르면 '내담자가 그들 자신과 세계에 대한 철학적 이해를 계발하여 세계관을 풍요롭게 하고 자신들의 문제를 다룰 수 있어 스스로의 방식대로 살아가도록 돕는 것'[14]이다. 그런데 질병은 몸의 병과 마음의 병이 있듯이, 마음의 병에도 두 종류가 있다. 도파민 가설에 의한 신경전달물질의 과다 분비가 첫째이고, 자아와 사회와 관련된 존재론적이고 가치론적 문제가 둘째다. 첫째는 의학의, 둘째는 철학의 영역이다. 광신, 화병, 논리적 모순, 우상 등이 두 번째의 영역이다.[15] 그 가운데에는 '왕따를 당연시하는 의식'도 포함된다.[16] 따라서 철학적 병의 주체는 나치정권 하의 독일사회처럼 개인이 아니라 사회인 경우가 있다.

철학치료에는 인지치료, 인지행동치료, 로고테라피 등이 있다. 체화된 마

---

14 Ran Lahav and da V. Tillimanns, *Essays on Philosophical Counselling*, University of Press of America, N.Y. x iii.

15 김영진은 질병을 '육체적 병, 정신의학적 병, 철학적 병'으로 구분했다. 김영진, 『철학적 병에 대한 진단과 처방: 임상철학』, 철학과현실, 서울, 2008.

16 정세근, '왜 왕따가 철학의 문제인가', 『대동철학』64, 대동철학회, 2013. 나는 왕따를 '사회적 병리현상'으로 정의했다. <교수신문>(윤상민 정리, 2013.12.)에서 개요가 소개되었다.

음 이론(embodied mind theory)에 따르면 뇌, 몸, 환경으로 구성된 역동체계에서는 창발적 과정이 일어나는데,[17] 그 과정은 물리적 사건(간질)이 심리적 사건(정신능력)에 영향을 미치는 상향적 인과(upward causation)뿐만 아니라 그 반대로 '하향적 인과(dawnward causation: 복잡한 수학계산을 시키면 발작이 지연)도 포함된다. 하향적 인과가 과학적으로 증명될 수 있다면, 철학치료에 대혁명과 같은 커다란 변화를 초래할 것이다. 특히 논리기반치료(LBT: Logic-Based Therapy[18])처럼 순수한 이성적 활동으로 정서나 행동에서 변화를 일으키려는 접근에 경험적인 근거를 제공한다. 체화된 마음 이론의 선구자는 메를로 퐁티로, 우리는 자신을 세계로부터 분리시킬 수 없다. 몸이 의식을 갖는 것이 아니라 몸이 곧 의식이고, 그 결과 의식적인 것은 마음이 아니라 몸이다. 마음의 체화성은 건강개념과도 연관되어, 건강은 몸만이 아니라 마음의 건강도 중요해진다. 따라서 이영의 교수는 철학치료의 원리를 아래와 같이 정리한다.

(1) 체화성 원리: 마음은 몸과 세계에 체화되어있다.

(2) 초월성 원리: 인간은 신체(body)와 심리(psyche)를 넘어 정신(spirit)을 추구한다.[19] 의학적인 항상성(homeostasis) 유지와는 반대된다.

(3) 상대성 원리: 삶의 의미는 목적에 따라 상대적이다. 보편적인 삶의 의미는 없다. 삶의 의미는 지향성에 기반을 둔 목적 상대적으로 확보된다. 철학치료사는 내담자가 자신의 목적으로 나갈 수 있는 길을 규범이나 덕의 체계와 관련하여 성찰하도록 돕는다. 이러한 목적상대성 아래 목적론적 치료모형의 골격(①상황 기술, ②목적이나 지향성 파악, ③규범과 덕에 대한 성찰, ④위의 단계에 대한 반

---

17 이영의는 일반적으로 마음이 뇌나 그것의 과정에서 찾을 수 있다고 하지만, 이동전화의 발달로 전화번호를 잊는 것은 마음이 어디나 있음을 보여준다고 설명한다. 그러나 동양적 마음은 '머리'에 있지 않고 '가슴'에 있다. 정세근, '마음자리: 머리에서 가슴으로', 「동서철학연구」, 한국동서철학회, 2013.3.

18 E. Cohen, *The New rational Therapy*, Rowman & Littlefield, N.Y. 2009.

19 V. Frankl, *Man's Search for Ultimate Meaning*, Perseus Books, N.Y. 1959, 32-33쪽. 그는 이전에 이미 '의미를 향한 의지'(*The Will to Meaning*, World Pub, 1969, N.Y.)를 강조했다.

성적 확인 및 사회 환원)이 완성된다.[20]

당면과제로는 치료모형 개발, 철학적 병의 분류, 진단법(철학지수) 개발, 그리고 가장 중요한 치료기법(소크라테스 대화법) 개발이 있으며, 다른 치료(명상, 음악, 사진, 동작, 음식)와의 관계와 그 연결 방식(융합, 통합, 변형)을 통해 대상의 구체화와 교육제도를 구비해야 한다. 한국철학상담치료학회는 2009년 창립되었고,[21] 장차 동양철학을 모태로 하는 이론 및 모형이 개발되어야 한다.

이기홍 교수는 우선 이영의 교수가 지나치게 인지주의적·내재주의적으로 접근하는 것에 반대한다. 목적론적 치료모형이 그것인데, 체화이론은 오히려 외재주의적 형태의 마음 이론이다. 그렇다면 체화인지와 내재주의의 치료모형은 상충된다. 철학치료는 여러 방법이 고안될 수 있으며, 인지주의적·목적론적 모델은 재고되어야 한다. 인과적 치료모델도 허용되어야한다. 체화인지이론은 인지와 사회적 환경 간의 인과적 관계를 허용하기 때문이다. 다음, 철학치료가 초월성을 강조한다면서 항상성과 초월성을 대비시키는 것은 곤란함을 지적한다. 오히려 그 둘은 상호보완적이다. 항상성의 승화가 초월성인 것이다. 아울러 철학치료의 정체성을 철학치료이론으로부터 이끌어내는 귀납적 방식이 오히려 철학치료이론의 기준을 먼저 제시하고 철학치료이론을 생산하는 연역적 방식보다 낫다고 제안한다. 메타담론보다는 철학치료이론의 구성과 제시가 급선무다. 동양의 이론은 영성치유를 통해 적극적으로 이에 임하고 있다는 것이다.

이영의 교수는, 첫째, 마음이 사회 전체로 구현되어있다는 체화이론과 삶의 고통을 해결하기 위한 목적론적 접근은 상충되지 않는다고 답한다. 인지이론은 사람을 컴퓨터로 비유하여 몸은 하드웨어에, 마음은 소프트웨어에 해당한다고 생각하는 것이다. 목적론적 접근이 인지치료와 비슷하지만, 인지

---

20 이영의, 'A teleological model for philosophical practice', *Journal of Humanities Therapy* 3, 2012, pp. 133-146.

21 나도 창립 때부터 참가를 하여 몇 번의 발표를 했다. 현재 이사를 맡고 있다.

이론과는 전혀 다르다. 물질이 마음을 지배한다는 상향적 인과보다는 마음이 몸을 지배한다는 하향적 인과를 강조해야 한다. 둘째, 철학적 상담의 중점은 차원을 올리는 것으로 스피노자의 코나투스(자기보존)야말로 철학적 항상성을 유지하는 것이다. 목적이 있어야 뛰어넘을 수 있다는 것이다. 셋째, 종교학자는 마음과 영혼을 구별함으로써 합리성과 신앙을 대립시킨다. 종교적 영성을 지나치게 강조하면 얼을 빼놓게 되는데, 그것은 이성적 철학치료가 될 수 없다.

우리 사회는 힐링이 유행하고 있다. 그것은 달리 말해 병이 많다는 것이다. 그 많은 병을 의사가 다 치료하기를 기다리는 것은 철학자의 의무방기일 것이다. 힐링은 오히려 병원이 아닌 철학을 고대한다. 의사들도 소크라테스가 필요하다. 『플라톤은 프로작(우울증 치료약물)이 아니다.』[22] 그리고 『장자』의 우언은 이솝 우화보다 더 사람을 위로한다.

5. 과노동과 치유

한국은 과노동 사회다. 세계 어느 나라 사람보다 일을 많이 한다. 그러나 그만큼 행복한가? 아니다. 노사는 분규로 시끄럽고, 학생은 자살로 우리의 애를 끓게 한다. 정치인조차 '저녁 있는 삶'을 내걸 정도로 한국사회는 가족이 함께하는 저녁이 없는 사회다. 과노동을 하지 않는 한국인은 한국인으로서의 특색을 지니지 못할 정도다. 야근과 조기출근은 일상화되어있다. 이런 우리는 잘 사는 것일까?

과노동에 지친 우리는 치유가 필요하다. 박은미 교수는 '일과 삶의 균형'이 대한민국사회에는 어울리지 않는 말로 들린다면서 「과노동 사회에서의 치유

---

22 루 매리노프 지음. 『철학으로 마음의 병을 치료한다』(Plato Not Prozac, 1999), 이종인 옮김, 해냄, 서울, 2000.

의 필요성 및 한계」를 아래와 같이 정리한다.

우리나라는 OECD 가입국 가운데 가장 긴 연간 2316시간이라는 엄청난 노동시간을 자랑한다. 2위인 헝가리와도 300시간의 격차를 보인다. 평균이 1768년인데 548시간이나 차이가 난다.[23] 우리는 가장 많이 일하고 가장 적게 자지만 가난한 사람이 많고 자살률이 높은 병든 사회다. 과로사가 만연하다. 그러나 다른 쪽에서는 실업자도 늘어난다. 기업은 인건비 부담을 줄이기 위해 채용인원을 줄이지만, 실업자가 많아지면 구매력도 줄어 기업의 생산품을 사지 않는다. 이는 마치 목초지의 비극과 같다. 개별기업이 아무리 합리적 선택을 하더라도 세계경제에는 악영향을 끼치게 된다. 이 과정에서 아무도 행복하지 않고, 그래서인지 화두는 치유나 힐링이다.

인간은 한정된 에너지로 생활하는 존재이므로 신체적 에너지가 한계에 이르면 노동을 지속할 수 없다. 그러나 '인간으로서의 노동자가 자신에게 가하는 테러'[24]가 바로 노동중독증인데, 그것은 사람이 일을 통제하는 것이 아니라 일이 사람을 통제하는 병적 사회상황이다. 인간은 자연에게 테러를, 자본은 인간과 자연에게 테러를, 인간은 자신에게 테러를 가한다. 마침내 노동자는 '노동의 내면화 과정'(강수돌)으로 자신의 정체성을 노동 자체와 동일시하여 성과와 업적 중심으로 살게 되고, 노동에 대한 보상이 적을 경우, 공허한 자신의 내면을 채우기 위해 노동중독, 쇼핑중독, 알콜중독에 빠진다.

외적 강제가 내면화된 노동중독증은 가정영역을 담당한 사람에게 가정생활의 의무를 전적으로 떠넘기게 되어 의사소통에 심각한 장애를 일으켜 황혼이혼까지 이어질 수 있다. 여가조차 수동적으로 보내게 하거나 자극적인 것

---

23 548시간은 22.8일인데 8시간 노동을 기준으로 본다면 68.5일이 되어 두 달이나 더 일하는 꼴이다. 사실 2316시간을 공휴일을 뺀 1년(250일)으로 나누면 9시간이 조금 넘는다(한국은 9.264시간, OECD 평균은 7시간). 내가 생각하기에 토, 일요일과 공휴일(2014년 기준 117일)을 빼고 9시간을 일한다고 과노동이라고 생각하는 한국인은 많지 않을 것이다. 그 정도로 과노동이 일상화되어있는 사회다. 독일은 연간 1300시간(250일 기준으로 5.2시간)이다.

24 강수돌, 「노동중독사회와 주5일 근무제」, 『문화과학』, 문화과학사, 2001, 291-292쪽.

을 찾도록 만든다. 인간다움을 높이기보다는 쾌락을 좇는다. 부모나 선생님의 눈치를 보면서 자란 한국인은 욕구충족의 문제를 잘 해결하면서 자란 독일인보다 노동경도성과 일중독 성향이 높다. 또한 한국사회의 압축성장의 성공은 과노동을 근면으로 이해하게 만들어 과로사나 노동중독의 문제를 공론화하는 데 걸림돌이다.

명품회사들에게 한국은 특이한 국가로, 가격을 올리면 오히려 매출이 는다. 소비를 통해 자신의 정체성을 확인하는 경우, 돈이 없어 명품을 사지 못하는 것이 가장 두려운 일이 된다. 구매력의 지속성에 대한 불안이 자신에 대한 불안으로 이어지면서, 안정감을 주는 인격의 통합에 실패한다. 그래서 '자존감 회복'과 '치유'가 화두가 된다. 규율사회의 부정성은 광인과 범죄자를 낳는데 비해, 성과사회의 긍정성은 우울증환자와 낙오자를 만들어낸다.[25] 현대인은 우울증을 겪기 전에 소진을 경험하는데, 사실 소진은 자발적인 자기착취(자신테러)의 병리학적 결과다. 부정성은 그 금지에 맞서 싸우면서 힘이 생기는데, 긍정성의 과잉은 '내가 할 수 있는데도 못해서' 성취하지 못한 것으로 결론지어지면 우울증을 겪게 된다. '할 수 없는 데도, 할 수 있는데 못했다'고 성과주의시스템은 개인을 속이고 닦달한다.

과노동사회에서 치유는 필요하다. 성과주의 사회는 사람의 내면을 파괴한다. 경제학자는 자신의 내면을 찾지 못한 수준에서 말해도 되지만, 철학자는 진정한 내면을 어떻게 찾을 수 있는지 말해야 한다. 왜곡된 욕망을 실현하는 사람이나 그렇지 않은 사람도 모두 소외와 불안을 느낄 위험이 있다. '욕망과 충족의 영원한 현재적 순환에 불과한 삶'[26]의 문제를 정면으로 인식하는 철학상담/철학치유가 필요한 것이다. 자신의 인식방식을 보편적인 심리적 인식의 방식을 통해 의식하면서 마음의 습관으로부터 놓여날 수 있게 되는 심

---

25 한병철, 『피로사회』, 김태환 옮김, 문학과지성사, 서울, 2012, 24쪽.

26 소병철, 「노동윤리의 새로운 정향: 노동의 기회와 질에 관한 논의를 중심으로」, 『철학탐구』23, 중앙대 철학연구소, 2008, 141쪽.

리치료와는 달리, 철학치유는 논리가 작동하지 않았다는 것을 확인함으로써 자신의 인식 패턴과 행동 패턴을 확인하게 되고 내담자는 자신의 영역에서 논리의 영역과 심리의 영역을 구분함으로써 논리의 영역을 확장할 수 있는 자생력을 얻어낼 수 있게 된다. 철학적 성찰력을 향상시킴으로써 소비라는 마취제를 버리고 철학이라는 각성제를 선택하도록 해야 한다.

우리는 타인에게 상처를 주면서도 자신이 상처를 주었음을 의식하지 못한다. 우리는 상처를 주려는 의도를 가지지 않았기에 다른 사람이 나 때문에 상처받은 것을 모른다. 그래서 상처를 준 사람은 없고 상처를 받은 사람만 있다. '내가 그 사람에게 상처를 주었다'고 생각하지 않고 '그 사람은 왜 별것도 아닌 것에 상처를 받고 그래, 그렇게 약해빠져서 어떻게 살겠다는 거야'라고 생각한다. 상처를 준 사람이 받은 사람을 원망한다. 철학상담/치유는 이러한 불편한 진실을 인식시킨다. 우리는 '보고 싶은 것만 보고, 믿고 싶은 것만 믿는다'는 것을 각성시키는 작업이다. 상담가가 내담자와 철학적 대화를 나누면서 생각의 흐름을 메타 차원에서 분석할 수 있도록 도와주는 작업이다. 그래서 자신이 얼마나 비이성적인 사람인지를 의식하게 만드는 작업이다. 자신의 비논리의 근원지는 '인정받고 싶다'거나 '죽지 않고 싶다'는 비합리적인 전제임을 알게 하는 작업이다. 행동과 생각의 패턴을 좌지우지하는 그릇된 근본 믿음을 제거하고, 자신의 비논리를 넘어 '살아가는 것이 죽어가는 것'이라는 삶의 진실을 각성하게 만드는 것이다.

진정한 의미의 치유는 개인적인 차원에서만 머물지 않는다. 치유적 접근이 사회구조까지 볼 수 있게 하는 인식의 확장을 가져오고, 그래서 내담자가 영혼의 주인이 되도록 도와주어야 한다. 나만 비정규직이 되지 않으면 된다는 방식이 아니라 일해도 가난한(working poor) 사회구조의 부당성, 과로와 실업 가운데 극단적인 선택만을 강요하는 경제체제의 부당성을 의식하도록 해야 한다. 생각이 바뀌면 존재방식이 바뀐다. 노동시간의 단축이 장기적으로는 인류 전체를 위해서 필수적인 선택이다. 철학상담/치유는 귀에서 마음까지의 거리를 좁히는 철학실천으로 '영혼의 치유'라는 철학의 본령을 회복하는 노력이다.

유현상 교수는 이에 대한 논평으로 철학상담/치유가 과노동의 개인에게 도움을 준다고 해도 자칫하면 자본주의의 근원적 착취구조에 알리바이를 제공하는 것은 아닐까하고 묻는다.

첫째, 선진국이나 일정한 산업화를 달성한 국가를 대상으로 과노동을 말하는 것은 배부른 투정이다.

둘째, 과노동의 문제는 광범위한 사회문제인데, 철학상담/치유를 통한 해결은 너무 개인적인 접근이다.

셋째, 가치관이나 의식의 전환은 그냥 철학의 것이라고 해도 되는 것을 굳이 철학상담/치유의 것이라고 하는가?

넷째, 욕망은 쉽게 없어지지 않고, 빈곤을 절대 빈곤과 상대 빈곤으로 나누는 것은 대다수에게는 별 의미가 없는 것이고, 누구에게나 빈곤은 빈곤으로 느껴질 뿐인데, 욕망을 다스리는 방식의 치유는 어떤 사람에게는 상처를 더 아프게 하는 것은 아닌가?

유현상 교수의 입장에서는, 자본주의는 힐링도 상품으로 만들기 때문에 과노동이라는 지난한 문제에 대해서는 여러 접근이 필요하다는 것이다. 치유는 한국사회에서 배부른 투정으로 치유도 받지 못하는 약자는 어쩌며, 노동에서 정량만이 아닌 정성 평가(대부분의 임시직이 서비스산업이기에)는 어떻게 할 것인가?

이에 대해 박은미 교수는 모순을 껴안고 사는 것이 발전의 원동력임을 전제하면서 철학을 개인의 문제와 함께 가자고 제안한다. 일대다의 관계도 있지만 일대일의 관계도 있다는 것이다. 철학에도 많은 세부전공이 있듯이 구체적 철학실천학회는 일반인과 같이 가기 위해 필요하다. 사람들은 자신의 이중논리를 비판하지 않기에 철학상담/치유가 요구된다. 우리의 인식에는 '내가 하면 로맨스이고 남이 하면 스캔들이다'라는 사고가 강하게 배어있다. 경제가 최우선시되는 상황에서 당연한 진실이 보이지 않는다. 이를테면 삶은 죽어가는 것이다. 또한 식량이동의 부조리가 기아를 낳는다. 민초는 느리게 진보한다. 어떤 세대가 바뀌기보다는 개개인이 바뀌어야 한다.

우리가 열심히 사는 것은 맞다. 수출지향사회에서 바이어들은 한국인의 노동에 혀를 내둘렀다. 저녁에 그렇게 술을 먹고도 아침에 말끔하게 출근하는 모습이 그들에게는 신기했다. 불가사의한 체력은 결국 과로사와 우울증을 낳고, 그것이 이른바 과노동사회로 정의되고 있다. 우리가 과로를 선택하는 것은 실업이 두렵기 때문이다. 그런데 노동을 함께 나누면, 실업도 과로도 해결될 수 있다. 기계화, 자동화되는 현대의 자본주의 속에서 인간의 노동은 의무가 아니라 하나의 권리가 되고 있다. 이를 위해서 우리 사회가 과노동이 습관화되어있다는 인식은 필요한 것이다. 과노동의 결과로 얻어지는 자기학대는 사회적으로도 큰 문제가 된다. 철학은 그러한 자학, 우울, 그리고 끊임없는 욕망에 대한 치유 활동에 적극적으로 참여해야 한다. 철학실천은 철학의 본령이었다. 공자와 소크라테스는 논문을 쓰느라 밤을 새지 않았다. 그들은 끊임없이 제자들과 대화를 나누었을 뿐이다. 대화는 상담의 기본이다.

6. 나의 노동과 치유

현대화 과정 속에서 한국인은 '노동'이라는 말보다는 '근로勤勞'라는 말을 강요받았다. <'노동'자의 날>에 우리는 <'근로'기준법>을 따진다. 국가권력의 용어로는 근로가 노동보다는 선호되었다. 힘쓴다는 '노력'보다는 '근면'의 의미를 강조하고 싶었던 것이 국가의 의지였다. 못살던 시대의 게으른 국민을 잘살고 열심히 일하는 나라로 바꿔보고 싶었던 것이다. 바울이 말했듯이, 노동은 게으름(otiositas)의 반대 개념이었다.

근면은 전통적인 덕목이었다. 열심히 공부하고 열심히 일해야 한다. 노동은 현대적인 어휘다. 상품의 가격은 노동시간에 의해 결정된다. 노동의 착취는 자본의 형성을 일으킨다. 산업(industry)은 곧 근면(industry)이었다. 근면(diligence)은 나태(indolence)라는 죄악의 반대편에 있는 선행이었다. 한국인에게 근면은 청교도들에게 각인되었던 소명과 같은 것이었다.

과거 우리는 일자리가 없어서 게으를 수밖에 없었다. 산업화가 된다고 게으른 사람이 갑자기 부지런해질 수는 없는 것이다. 거꾸로 오늘날은 실업의 시대다. 실업은 우리를 또다시 게으르게 만든다. 할 일이 없는데 부지런할 필요가 없는 것이다. 이렇게 보면, 산업화 초기의 게으름이 산업화 완성단계에서 역설적으로 다시 부각되고 말았다. 산업화 초기에 우리는 '게으를 권리'(라파르그)를 박탈당했지만, 이제는 삶과 예술 그리고 동료를 위한 '게으를 의무'가 요청되고 있다. 그런데도 한국사회는 게으를 의무를 용납하지 않는다. 일자리 나누기는 우리의 시대적 과정인데도 시대는 과노동을 강제하며 그에 지친 사람은 낙오시키거나 바로 대체함으로써 더욱 체제를 공고히 한다. '편안한 게으름'은 없고 '불안한 게으름'만이 가득하다.

상품이 노동시간으로 정의되던 시대에 투입되는 시간을 줄이면 가격이 내려간다고 이해되었다. 마르크스도 그랬다. 따라서 기계화와 자동화는 자본주의의 필연적인 과정이었다. 그 속에서 우리는 우리가 무엇을 하는지도 모르게 되면서, 자본은 물론이고 상품으로부터도 소외되었다. 이제 우리는 프롤레타리아를 넘어 프리카리아트(일용잡부)로 전락하고 있다.

무산계급 혁명을 꿈꾸던 중국은 자신들 앞에 놓인 빈부격차, 도농都農격차를 '일부 부유'론으로 합리화하며 '도움'의 논리로 '공동 부유'를 완성할 수 있을 것으로 예측하지만 생산수단의 사유화문제는 여전히 해결되고 있지 않다. 생산력 향상이 모든 것의 열쇠라고 믿는 한, 사회주의의 평등성은 담보되지 못한다. 게다가 유교사회주의는 고래의 유교현자독재를 답습하기 쉽다. 민주화야말로 중요한데 중국사회는 아직도 일당독재체제를 고수한다. 경제는 자본주의, 정치는 공산주의를 견지하는 것이다. 사회주의라는 이념을 고수하면서도 자본주의를 받아들인 중국이 어떻게 경제적 평등주의를 성공시킬 것인가는 세계적인 관심사가 된다.

여기서 소외된 개인을 위한 철학치료의 필요성이 분명하게 드러난다. 철학은 생물학적 항상성보다는 정신의 초월성을 강조함으로써 괴로운 상황을 극복하게 해준다. 심리치료는 과거지향적(정신분석)이거나 행복에 도달하기 위한 긍정의 심리학(항상성 유지처방)에 매달려왔지만, 철학은 부정성의 중요성을 강조하면서 인내와 극기라는 자기수양의 길을 권고한다(이영의). 심리치료는 기업환경의 비인간성을 개인적 차원에서 해결하게 만들거나 적응시킬 뿐으로, 사실상 자아은닉을 요구함으로써 자기의 진정한 내면을 만나지 못하게 한다(박은미). 여기에서 떠오르는 자기수양과 자기공부-주정主靜, 주경主敬, 정좌靜坐, 좌선坐禪-는 동양철학의 전통적인 학문방법과도 통한다. 학문의 길을 지식의 증대로 보는 것이 아니라 인격의 완성인 수양공부로 보는 것이다.

철학치료의 시작은 심리학자들의 말처럼 '이 세상에는 상처받은 사람만 있고 상처를 준 사람은 없다'에서 머물러서는 안 되고, 남의 아픔이 나로부터 시작되었음을 깨닫는 데에 있다. 너의 상처는 나로부터 비롯되었고(나의 철학적 병[27]), 나아가 너와 나의 갈등은 사회구조적인 문제 속에 벌어진 일(사회의 철학적 병[28])이라는 것을 인식하는 것이 바로 철학상담의 제1과 제2의 원리가 될 수 있는 것이다.

아울러 노동에서 벗어난 사람들이 오히려 치유받기 원함에 주목해야 한다. 노동 속에 있을 때는 노동에 바빠 스스로를 생각하지 못하다가 노동에서 밀려나면서 오히려 자신의 삶과 죽음에 대해 의문을 갖게 되는 것이다. 과노동만이 아니라 그 종착지인 무노동에서 사람들은 철학적 질문과 면대한다. 과노동에서 무노동으로 오긴 왔는데, 그것이 자율적이지도 않고 즐겁지도 않다. 탈노동은 이루어졌는데 근심과 걱정은 끊임없다. 이제 우리는 이런 상황을 일상적으로 맞이한다. 백세 시대에 노년은 선택이 아니라 필수가 되었고, 살아온 만큼 남은 삶에 대한 가치관, 지나간 세월과 관련된 운명에 대한 태

---

27 남에게 문제가 있다는 설명으로는 상처의 고리를 영원히 풀지 못한다. 결국 나에게 되돌아올 수밖에 없다. 그것이 철학이 우리에게 요구하는 성찰적 사고이고 반성적 삶이다.

28 프랑크푸르트학파처럼 사회를 병든 환자로 보고 그 해결책을 철학적으로 제시하는 것이다. 이 글에서 언급된 '노동중독, 노동의 내면화, 집단적 편향성, 소외, 욕망의 악순환' 등도 좋은 주제로 성립한다.

도, 어쩔 수 없이 다가오는 죽음을 맞이하는 방법은 철학상담의 주요 분야로 떠오르고 있다.

'논술교육과 윤리', 한국윤리교육학회·한국동서철학회 연합학술대회, 한남대, 2005.12.10.

33

강경과 제술

이왕주,「글쓰기에 관한 몇 가지 성찰」

1. 글보기>글쓰기

조선 초기에서 문과 초장에 경전을 강독하는 강경을 실시할 것인지, 논술시험인 제술을 실시할 것인지에 대한 오랜 논란이 있었다는 것을 보면,[1] 우리나라의 글쓰기 전통은 실로 오래된 듯하다. 경국대전에도 명문화되었던 사상 중심의 시험이 결국 모범답안 위주의 시험으로 바뀌면서 많은 부작용을 낳았던 경험도 우리의 역사이고 보면, 우리는 정말 과거를 통해 미래를 설계할 수 있을 것 같다.

그러나 현실은 어떠한가? 글쓰기를 하기 위해서는 글보기가 먼저여야 함에도, 글은 보지 않고, 글쓰기에 대한 글만 본다. 한국교육의 가장 문제인 '열거와 발췌'가 글보기에서도 이루어져 진정한 글쓰기는 뒷전이다. 게다가 '글을 쓰자'는 것은 '생각을 하자'는 것인데도 글이 생각을 앞지른다. 기의는 없고 기표만 난무하는 세상이다. 머리로 쓰지 않고 손으로 쓰며, 가슴으로 생각하지 않고 눈으로 생각한다. 플라톤이 말하는 '영혼에 의미를 새기는 글쓰기'(writing graven in the soul)는 언감생심 요원하다.

1 이성무, 한국과거제도사, 민음사, 1997, 269쪽.

전통적으로 '글은 그 사람'(書如其人)이라고 했다. 때로 그 글이 글씨로도 해석되기도 하지만, 분명한 것은 글을 통해 사람을 볼 수 있다는 인식론적이고 가치론적인 판단이 소통되었다는 점이다. 글은 그의 지성과 감성 나아가 성품을 나타내는 얼개라는 것이다. 따라서 글쓰기란 한마디로 인격의 표현이다. 그런데 오늘날의 글쓰기가 종합적인 인격을 드러내주고 있는가? 아니, 오늘날의 글쓰기가 그것을 목적으로 이루어지고 있는가? 그렇지 않기 때문에 글쓰기가 문제되고 있는 것이다. 플라톤도 파이드로스 편에서 소크라테스를 통해 말하듯이 글쓰기는 기술이 아니라 철학이다. 그것은 기교적 습득행위가 아니라 인격적 실체로서의 철학자가 되는 것이다. 과연 우리의 글쓰기 교육은 그것을 목적으로 가르치고 배우고 있는가? 제술이 아닌 강경이 되고 있는가?

2. 배짱>호연지기

우리나라가 인문학을 숭상하는 것은 우리의 화폐 도안에서도 알 수 있다. 이황, 이이라는 철학자와 국어학자인 세종대왕이 우리가 가장 상용하는 지폐에 안치되어있다. 국민적 합의 속에서 우리는 인문학자를 우리의 생활 가까이에 두고 있는 것이다. 그러나 사람들은 그림은 보지 않고 숫자만 본다. 통재痛哉다.

이왕주 교수는 글쓰기에 대한 글쓰기를 하면서 글쓰기의 전형적인 모범을 보여준다. 글쓰기에 대한 글쓰기란 메타적 작업이라서 이중 부담을 갖기 마련이다. 그러나 여러 상황의 설정을 통해 '글쓰기란 무엇인가'를 잘 물어주고 있다. 이몽룡의 글쓰기는 글 속에서의 글쓰기 상황을 보여주는 것인데, 허구 속에서의 허구라서 오히려 진정성이 돋보이는 예제였다. 세익스피어는 글쓰기 속에 글쓰기를 집어넣지 못하는 바람에 로미오와 줄리엣이 비극을 맞이할 수밖에 없었지만, 춘향전의 작자는 글쓰기 속에 글쓰기를 집어넣어 이몽룡과

성춘향을 해피엔딩으로 끝낼 수 있었다. 즉각적인 문학기술 방식에서 벗어난 우회의, 간접의, 비유의, 시적인 패러디가 비극을 희극으로 만든 것이다. 그만큼 글쓰기는 곧 완충지대이자 보호장비의 구실을 한다. 플라톤이 자기의 말을 소크라테스를 빌려서 하는 것과 똑같다. 좋은 글이란 이처럼 글 속에 글을 넣는 글이다. 그래야 재밌고 신난다. 그것은 플롯의 매직, 구성의 요술이다. 아리스토텔레스가 말하듯, 전환과 발견은 희곡(이른바 비극으로 번역되는 디오니소스 축제극)의 매력이 아닐 수 없다. 이야기 속의 이야기, 줄거리 속의 줄거리, 끊임없는 전환과 발견, 그것이 우리를 즐겁게 만든다.

사실 맹자와 관련되어서는 송 나라 농부라는 예도 있지만, 자기의 직접적 진술이 함께 거론되었다는 점에서 다른 인용과는 다른 성격을 띤다. 토마스 만은 자기의 이야기일지라도 자전적 소설(토니오 크뢰거)이라는 점에서 여전히 완충과 보호의 기구를 착용하고 있지만, 맹자의 '호연지기'는 완전히 직접적으로 노출되고 있기 때문이다.

그런데 과연 호연지기란 무엇인가? 그것은 한마디로 배짱이다. 배포이고 뱃심이다. 나는 이러한 심정적 상태, 감성적 진정성 그리고 논리에 앞서는 정의情意에 대한 기술이 근원에서 가능했던 것이 동양적 사유의 고유성이라고 본다. 플라톤이 철학자의 특성으로 '언제나 존재하는 것에 대한 배움', '부분이 아닌 전부를 사랑하기', 그리고 '불의를 거부하기'를 들었을 때,[2] 그것은 동양적 언어로는 '하나'(一), '모두'(全) 그리고 '마땅함'(義)으로 번안될 수 있는 것이었다. 한마디로 '전일적 의리全一的 義理'를 추구해야지 '소아적小我的 이익利益'에 좌우되지 말라는 것이었다. 그런데 플라톤에게 빠진 것이 바로 그것을 실천하기 위한 배짱에 대한 언급이었다. 불의를 거부하기 위해서 필요한 것은 논리나 지성이 아니다. 그것은 바로 용기와 같은 기질의 증가가 무엇보다도 필요하다. 인식론적으로 따지고 보면, '불의의 반대편에 서있다고 내가 정의로운 것은 아니다.' 그러나 실천론적인 당위의 관점에서는 적어도 '불의의 반대편

2 플라톤, 국가론.

에 현실적으로 버젓이 서 있을 수 있다는 것만으로도 정의롭다.' 의義란 당위의 개념으로 개념적 부족함이나 모호함을 따지는 것이 아니라 행위의 유무를 관련시키기 때문이다. 철학자가 불의를 인지하면 뭐하나, 불의에 대항하는 용기가 있어야지, 바로 이것이 맹자의 배짱론이다. 그러고 보면 윌리엄 제임스가 말하는 구분처럼, 맹자는 정말 터프가이(tender-minded philosopher)이다. 공자처럼 온순(tender-minded)하지 않다.

글쓰기란 한마디로 배짱을 기르는 작업이기도 하다. 그것이 어떤 모습이듯, 이러한 감성의 차원이 없다면 우리의 글쓰기에 대한 주장도 혜시가 장자를 비난하듯 '맹랑孟浪'해지고 만다.

나는 어학의 실력을 글에서 감정을 느낄 때라고 생각한다. 지은이의 감정상태를 엿볼 수 있을 때 그는 일정 수준의 어학에 도달한 것이라는 말이다. 거꾸로 나는 좋은 글은 자기 글임을 남들이 알아볼 수 있는 글이라고 말한다. 글쓴이의 의지와 지향점이 그만의 색깔로 들어날 때 그는 완숙된 글쓰기를 이루고 있다는 것이다.

3. 글>말

데리다가 말하듯 소크라테스는 '쓰지 않은 철학자'이다. 달리 말하면 서구문화는 말이 글에 앞선다. 현존성이 무엇보다도 중요한 것이다. 그러나 동양권은 전혀 다르다. 글이 말보다 앞선다. 사람이 분명히 현재 눈앞에 있는데도, 도장이라는 과거를 담고 있는 글자를 가지고 오란다. 역사성이 현존성에 앞서기 때문이다. 그런 점에서 서양에서 해체대상이 '음성중심주의'라면, 그리고 그것의 동양적 유비가 타당하다면, 우리의 해체대상은 '문자중심주의'이다. 우리가 어학을 못하는 것도 회화보다는 문법을 중시하는 문자중심과 관련을 맺는다. 말 잘하면 사기꾼이라서 어눌語訥이 인격적으로 더 존경받을 수 있고, 아는 자는 말하지 않으며(知者不言) 말하면 모두 잘못이다(開口則錯). 지혜 또는 예지는 말에 있지 않고 글에 깃든다.

과연 오늘날 우리는 이 두 가지를 모두 알고 있는가? 음성도 되지 않고, 문자도 되지 않는 것이 오늘 아닌지? 글쓰기의 기술이 생각의 철학을 누르는 바람에 대상과 언어 사이에서 '버티기'가 불가능해지지는 않았나?

교육부는 선발의 재량권을 대학당국에 이미 주었다. 그러나 오히려 교수가 버거워하고 귀찮아한다. 최근의 본고사 문제 때문에 교육부가 대학을 감독하는 것처럼 여겨질 수 있지만 그것은 학문과 권력을 구별하지 못하는 몇몇 대학의 횡포에 맞서는 어쩔 수 없는 대항으로 보인다. 또한 대학이 지나치게 서열화 되어있는 상황이라서 논술이라는 숫자로 정확히 표현되어 평가되기 어려운 입학시험이 자리 잡기 어렵다. 오히려 지나친 대학 서열화가 문제인 셈이다. 그리고 사교육금지가 위헌 판결이 날 때도 반대의견이 적지 않았다. 수험논술교육 폐지만이 아니라 전반적인 사교육금지가 더 중요할지도 모른다.

글쓰기가 문제가 된 작금은 이중적인 고민을 가져다주었다. 철학, 윤리학 그리고 국문학계에 자의적이건 타의적이건 글쓰기에 대한 전반적인 호응을 불러일으켰다는 것이다. 그런 점에서 특히 윤리학을 포함한 철학계는 이 사실에 적극적으로 개입할 필요가 있다. 국문학에서 이 글쓰기의 주인을 자처하고 있기도 하다. 다른 하나는 글쓰기가 중등교육의 파행화에 가담하거나 대학 서열화 공고화에 일조할 수도 있다는 것이다. 논술시험에 논술이 없다면 철학을 포함한 윤리학계는 정말 큰 죄를 짓는 것이 되기 때문이다. 그래서 철학계와 윤리학계는 처음으로 만난 것이다.

작곡가 겸 가수인 조용필은 언제 작곡을 할까? 토마스 만이 말하듯 '당신의 심장이 너무 따뜻하게 뛴다면, 당신은 틀림없이 완전히 실패하고 말 것'이다. 조용필은 새벽에 한단다. 밤늦게 하면 다음날 보면 지나치게 감상적으로 들린다는 것이다. 시를 포함한 글쓰기 모두는 참음을 바탕으로 한다.

제3부

학계를 말하다

1. 「우리 철학 어떻게 할 것인가」. 정세근(충북대)
2. 「분단 50년 전후 이북의 철학과 문화」. 정세근(충북대)
3. 「인물성동이론」. 정세근(충북대)
4. 「샌델의 정의론과 우리」. 정세근(충북대)
5. 「조선유학사와 식민주의」. 정세근(충북대)
6. 「우리 시대의 노장 연구사」. 정세근(충북대)
7. 「한국 도가철학 연구의 길」. 정세근(충북대), 「동향과 전망: 한국의 도가철학 연구현황」
8. 「다름끼리의 만남」. 김진석(인하대)·김성환(군산대)의 논쟁을 보며
9. 「21세기 우리의 길」. 정세근(충북대), 「도가 및 제자학 그리고 미학 동향(2000.3.-2001.2)」
10. 「중국과 다른 중국철학」. 정세근(충북대), 「도가 및 제자학 그리고 미학 동향(1999.3.-2000.2.)」
11. 「대만의 고독과 그 극복」. 정세근(충북대), 「대만 학계동향(1998.3.-1999.2)」
12. 「지역학의 미래」. 정세근(충북대), 「지역학의 사례: '서울학'과 서울학연구소」
13. 「신제자시대의 구축」. 정세근(충북대), 「국내 학계동향(1998.3.-1999.2.)」
14. 「활발한 전통사상 연구와 전산화 작업」. 정세근(충북대), 「해외학계 동향(대만: 1997.2-1998.2)」
15. 「현대 한국철학에서 창조적 지성의 방향」. 나성(한신대)·정해창(한국학중앙연구원)·김용정(동국대), 「현대 한국철학에 있어서 창조적 지성의 방향」

『대동철학』76, 대동철학회, 2016.9.

1

우리 철학 어떻게 할 것인가*

1. 우리 철학

'우리 철학'이란 말은 양면성이 있다. 당연히 우리 철학이 있다는 것이 정면이라면, 실제로는 우리 철학이 없다는 것이 부면이 된다. 우리 철학이라는 말이 우리 철학계의 주제로 떠오른 사실은 우리에게 우리 철학이 없음을 반증한다. 우리 철학이 있다면 굳이 우리 철학이라고 하지 않고 그냥 철학이라고 했을 것이다. 그런데 우리 철학이라고 할 만한 것이 별로 없기 때문에 우리 철학이라는 말을 써서 과연 우리는 우리의 철학을 하고 있는가를 물어보게 되는 것이다.

우리 철학의 반대어는 남의 철학일 것이다. 한국에 철학을 업으로 삼고 있는 사람이 버젓이 있는데도, 우리가 우리 철학이 없다는 것은 결국 우리가 남의 철학을 하고 있다는 이야기가 된다. 우리는 철학을 하고 있지만, 너희 철학

---

* 이 글은 대동철학회 2014년 조선대학교에 '우리철학연구소'(소장 이철승 조선대)가 창립되면서 이를 기념하기 위해 대동철학회(회장 정세근 충북대)와 조선대학교 인문학연구원(원장 염수균 조선대)이 공동주최하여 '우리철학 어떻게 할 것인가?-수입철학과 훈고학을 넘어서'(2014.5.24.)라는 제목으로 열린 학술대회의 종합논평논문이다. 2016년 7월 1일 조선대학교 인문학연구원 우리철학연구소는 '근대 전환기 전통철학의 계승과 변용'이라는 부제로 같은 제목의 학술대회를 개최하게 되어, 최초의 원고들을 정리하여 소개한다. 자세한 내용은 이 글의 마지막에 소개한다(5. 한국에서 철학하는 자세들).

을 하고 있거나 내 것이 아닌 남의 철학을 하고 있어서, 마침내 우리에게 우리 철학이란 무엇일까를 묻기로 한 것이다.

오죽하면 대학에서 '우리철학연구소'를 창립하기까지 했을까? 얼마나 남의 철학이나 떠들고 있었기에 이제는 우리 철학 좀 해보자고 하는 것일까?

우리 철학의 다른 이름은 한국철학이겠다. 한국철학이란 무엇인가?

첫째, 한국철학이 한국전통의 철학을 하는 것이라면, 조선시대 성리학이나 신라 불교학을 가리킨다. 인물성동이론이나 화쟁론 정도는 알아야 한국철학을 한다고 할 것이다. 한원진, 이간, 원효 등을 전공하면 한국철학을 한다고 말한다. 그렇다면 이들을 전공하는 중국인이나 미국인이라면, 그들은 한국철학자인가? 여기서 개념의 혼란을 만난다. 너무 좁게 보는 한국철학의 정의라는 것이다. 역사 속의 한국철학으로만 우리 철학을 정의할 수는 없다.

둘째, 한국철학은 한국에서 이루어지는 모든 철학적 활동을 가리키는 것이라면, 아도르노나 데카르트를 전공하거나 아니면 아리스토텔레스와 플라톤을 전공해도 한국철학 전공자라고 해야 한다. 서양철학자를 주로 공부했더라도 그들의 문제를 한국적으로 대입하여 전개했다면 모르되, 대체로 우리 학계는 주요 인물의 주장과 저작을 연구하기에 바쁘기에 우리 철학이라고 하기는 어렵다. 너무 크게 한국철학을 보는 것이다.

셋째, 현대 한국의 문제를 다루는 것을 한국철학이라고 할 수 있다면, 그 정의가 비교적 크지도 작지도 않다. 이를테면 남북통일, 빈부격차, 여성차별, 학벌, 노사갈등, 외국인노동자와 다문화가정, 그리고 왕따[1]가 오늘날의 주제라는 것은 분명하다. 그런데 이런 문제를 푸는 언어가 대체로 서양적이기 때문에 한국철학이라고 하기에는 어색한 경우가 많다. 통일의 문제를 말하면서 독일의 철학자 하버마스가 주가 되고, 언어로는 정신적 외상을 가리키는 심리

---

1 정세근, 「왜 왕따가 철학의 문제인가?」, 『대동철학』64, 대동철학회, 2013. /JEONG Se Geun, 'Why Wangdda is a Philosophical Problem?', *DAEDONG CHULHAK* 64, THE DAEDONG(GREAT UNION) PHILOSOPHICAL ASSOCIATION, 2013.

학 용어인 트라우마가 주가 된다면 과연 우리가 우리의 문제를 말하고 있는지 묻게 된다. 그렇다고 해서 한국 역사상의 철학자나 용어가 현대 문제를 푸는데 사용되고 있느냐고 묻는다면 그 대답 역시 부정적이다. 앞의 경우는 서양철학이 에피소드 정도의 역할을 하는 것이고, 뒤의 경우는 한국철학이 오늘의 문제와 단절되었음을 보여준다.

여기서 우리 철학의 문제를 만나게 된다. 우리가 놓친 것, 우리가 해야 할 것이 드러나게 되는 것이다.

우선 우리 철학은 우리의 문제를 다루어야 한다. 우리의 문제는 과거 우리의 문제여도 좋고 현대 우리의 문제라도 좋지만, 되도록 현대화된 문제가 좋다. 철학이라는 것은 문제풀이다. 과거의 문제풀이는 그 맥락도 찾기 어렵지만, 더욱 중요한 것은 우리 앞의 문제 풀기다. 과거에는 과거의 철학자들이 풀려고 애썼고, 현대의 문제는 오늘 우리가 풀려고 애써야 한다. 우리의 문제지만 현대 우리의 문제여야 우리 철학이 된다. 따라서 아래와 같이 정리된다.

○ 공리1: 우리 철학은 오늘 우리의 문제를 다룬다.

우리에게 과연 무엇이 가장 중요한 문제인가? 철학자마다 답은 다를 수 있다. 그러나 그것은 문제끼리 중첩되면서, 그리고 답도 융합되면서 하나의 우리 철학의 모습으로 자리 잡는다. 통일에서 왕따에 이르기까지 자유, 해방, 평등, 인권 등이 하나의 철학적 대상이 된다. 그러나 그것을 푸는 용어를 서구어로 온전히 처리하기에는 문제 상황이 시간적으로나 공간적으로도 다르기 때문에 우리에 알맞은 언어와 문법이 필요하다.

○ 공리2: 우리 철학은 우리말로 한다.

그런데 이 두 공리를 지킨 우리 앞의 철학자에 대해 공부할 필요가 있다. 그들은 19세기 이후 근대화를 겪었거나 그것을 이끌어낸 당사자였다. 때론 종교적일 수도 있고 때론 반동적일 수도 있다. 그러나 그들이 엮어낸 주장과 애달픈 고민은 우리의 중요한 소재다. 그들이야말로 우리의 문제에 집착했고 우리말로 사고했고 우리와 더불어 살았다. 따라서 우리는 존경심과 탐구열로 그들의 '우리 철학'에 집중해보아야 하는 것이다.

○ 공리3: 우리 철학은 우리 철학자를 공부한다.

이런 공리에서 우리는 종합적인 결론을 이끌어낼 수 있겠다. 거칠지만 우리 철학을 정립하기 위한 최소한의 정의라고 생각하자.[2]

---

2 우리에게 현대철학이 없는 까닭은 아래와 같이 정리된다. 다소 길지만 비슷한 문제라서, 한국에는 어떻게 한국현대철학이 없게 되었는지를 정리한 글을 붙인다. "첫째, 문제가 한국과 상관없다. 철학적 문제의 대부분이 현대 한국과 상관이 없다. 서양의 철학을 하거나 아니면 고대 한국의 철학을 한다. 서양철학이라도 오늘날 한국의 문제와 연결되지 못하고, 고대 한국철학을 하더라도 오늘의 현실까지 이어지지 않는다. 한국의 '서양철학'이거나 '고대'의 한국철학이다. 자신의 작업이 본디 서구적이거나 아예 전통적이라서 현대 한국에서 제기된 어떤 문제와 연결고리를 찾을 수 없다. 따라서 '한국'이라는 말을 붙이지 못하고, 한국이라는 말을 붙이더라도 '현대'라는 말을 붙이지 못한다. 따라서 한국현대철학은 없다. 둘째, 현대 한국을 주제로 삼는 것은 정치학이거나 사회학으로 사회과학도의 일이지 철학자의 본업이 아니다. 한국의 정체政體를 문제 삼는 것은 정치학이고, 한국 사회의 정체성을 따지는 것은 사회학이다. 철학자는 그런 것을 하지 않는다. 마르크스주의 혁명가거나 우파 정치꾼은 있어도 철학자는 없다. 나는 제대로 된 이념의 철학을 하지 구차한 일상의 철학을 하지 않는다. 현대 정치학이나 좌파 혁명 이론은 있었어도 한국현대철학은 없다. 셋째, 철학은 보편적이라서 '한국'이나 '현대'와 같은 수식이 붙을 수 없다. 우리는 철학을 공부하지 인물을 공부하는 것이 아니다. 인물은 특수한 것이고 개별적인 것이라서 지나치게 역사적이다. 따라서 역사 속의 인물을 다루는 것은, 아리스토텔레스가 강조했듯이, 철학이라기보다는 역사다. 식민지 시대에 활동한 독립 운동가는 있지만, 독립 철학자는 없다. 행여 한국현대사상은 있을 수 있어도 한국현대철학은 없다. 넷째, 철학자는 백인이거나 중국인이었다. 흑인 철학자가 없듯이, 한국인 철학자는 없다. 한국인 철학자가 없는 것은 베트남 철학자, 태국 철학자, 이디오피아 철학자, 콩고 철학자가 없는 것과 같다. 철학은 문명을 전제한다. 문명 없는 철학 없다. 베트남에는 유학자, 태국에는 불교인, 인도네시아에는 무슬림, 이디오피아에는 그리스도인, 콩고에는 독립운동가가 있을 뿐이다. 우리의 대학자는 공자학자이든 주자학자이지 철학자가 아니다. 우리의 성인聖人은 인류를 구원하는 도덕가이지 철학자가 아니다. 아시아에서 오직 현대일본철학이 가능하다면 가능했던 것은 서구문명을 한학이나 불교 전통 속에서 소화했기 때문이다. 서구도 전통도 모르는 한, 한국현대철학은 없다. 다섯째, 철학이라고 할 만한 것이 있었지만 지나치게 종교적이다. 근대태동기에 한국의 문화적 유산은 많다. 유학자들이 중심이 된 대종大倧교, 제국주의에 반대한 동학, 한국의 새 불교인 원불교, 선천개벽을 넘어 후천개벽을 꿈꾸는 증산교, 후천개벽을 부정하고 도덕완성을 꿈꾸는 금강대도 등 많은 사상은 있었지만, 철학이라기보다는 종교다. 그 후예들은 철학자라기보다는 종교인으로-정확히는 도인道人으로, 교인敎人으로, 청학동의 유생儒生으로, 정녀貞女같은 출가인出家人으로- 살았다. 그런 점에서 현대한국종교는 가능해도 현대한국철학은 없다. 여섯째, 내 주위의 철학자는 철학자가 아니다. 동료의 수준은 나의 수준과 같다. 그들의 문제는 나의 문제를 넘어서지 못한다. 동료가 인식한 문제는 나도 한다. 나의 문제는 동료도 할 수 있다. 동료끼리는 문제의 지적 기원이 존재하지 않는다. 나도 현대고 너도 현대다. 그것을 한국으로, 현대로 묶을 방도가 없다. 기나긴 역사가 흐르면 모를까, 진행형인 오늘날을 현대라는 시대구분으로 묶기 어렵다. 따라서 한국현대철학은 없다." 정세근, 「한국에는 현대철학이 있는가」-이규성, 『한국현대철학사론』(이대출판부, 2012)에 대한 서평. 『인문논총』, 제71권 제2호, 서울대 인문학연구소, 2014, 392-4쪽. /JEONG Se Geun, 'Is There Contemporary Philosophy in Korea?', *INMUNNONCHONG* Vol.71 No.2, Institute of Humanities in Seoul National University.

'우리 철학은 오늘 우리말로 우리의 문제와 철학자를 다루는 것을 뜻한다.'

2. 만장철학을 위한 장송곡

2014년 조선대학교에 '우리철학연구소'(소장 이철승 조선대)가 창립되었다. 이를 기념하여 대동철학회(회장 정세근 충북대)와 조선대학교 인문학연구원(원장 염수균 조선대)이 공동주최하여 '우리철학 어떻게 할 것인가?-수입철학과 훈고학을 넘어서'(2014.5.24)라는 제목으로 조선대학교에서 열렸다.

이철승 교수의 주된 관심사인 우리 철학이 이런 행태로 집중되어 학술대회로 열리게 된 것이다. 발표자와 논평자의 주장과 면모를 보면 이 문제가 오늘 여기의 우리 철학자들에게 얼마나 중요한 것인가를 어렵지 않게 알 수 있다.

'철학을 하기는 했다. 그러나 내가 하고 있는 것이 정말로 우리의 철학인지는 확신이 제대로 가지 않는다.' 이것이 우리의 현주소인 것이다. 철학을 공부하면서 자신이 어떤 철학자에 대한 전문가임을 자부하고 철학사를 꿰뚫고 있음을 자신할 수는 있어도, 자신이 그들 철학자처럼 생각하고 말하고 있는지는 확신하지 못한다. 남들이 봉착한 문제와 남의 해답은 잘 알고 있지만, 정작 내가 처한 문제와 나의 해답에 대해서는 무지하다. 이것이 우리의 모습인 것이다.

결국 우리는 철학자가 아니라 철학사가, 동양철학자가 아닌 서양철학자, 한국철학자가 아닌 중국철학자, 현대철학자가 아닌 전통철학자, 나의 철학을 하는 사람이 아닌 남의 철학을 하는 사람으로 남게 된다. 훌륭한 철학사가는 많으나 철학자는 드문 것이 우리의 현실인 것이다.

이런 질책이 서양철학을 공부하는 사람에게만 적용된다고 생각하는 것은 오산이다. 동양철학을 공부하는 사람도 마찬가지다. 동양철학을 한다고 우리 철학을 한다고 생각하기 쉬운데, 이 역시 서양철학을 공부하는 사람에게 적용되는 기준으로 보면 남의 철학하기는 마찬가지다. 동양철학자의 대부분은 중국철학자에 불과한 것이다. 중국인들이 '동서東西'라고 하지 않고 습관적으로 '중서中西'라고 함을 상기하자. 그들에게는 중국과 서양의 대립밖에는 없다. 이른바 '중체서용中體西用'의 논리가 그것이다. 우리의 '동도서기東道西器'의 논리와 유사함에도 단어의 선택에서 엄청난 자세의 차이를 보인다.

결국 우리가 한국철학을 하지 못하는 것은 대대손손 이어진 식민지인으로서의 체화된 기억을 떨쳐버리지 못한 데에서 그 원인을 찾아야 할지도 모른다. 주자학을 하던 습관이 칸트학을 하고, 양명학을 미워하던 습관이 마르크스학을 미워하는 셈이다. 따라야 할 것을 찾고 미워해야 할 것을 찾아야 직성이 풀린다.

한국철학을 전공했다고 해도 그들 또한 우리 철학을 하고 있느냐는 질문에서 자유롭지 못하다. 한국의 과거철학을 공부한 것은 맞지만 현대철학을 공부하고 있지는 못하기 때문이다. 현금의 한국철학은 대부분 전통철학으로 오늘의 문제에는 무심하다. 그런데 그것을 한국철학이라고 하기에는 위에서 제시한 최소한의 정의인 '우리 철학은 오늘 우리말로 우리의 문제와 철학자를 다루는 것을 뜻한다'는 원칙에서 벗어난다. 오늘을 말하는 것도 아니고, 우리말로 이야기하는 것도 아니고, 우리의 문제를 다루는 것도 아니고, 오늘 우리의 철학자와 겨루는 것도 아니다. 이를테면 조선시대를 말하고, 한자로 이야기하고, 당시의 문제를 다루고, 다행히 동료철학사가와 옳고 그름을 따지고는 있지만 진정 우리가 대상으로 삼아야 할 독창적인 세계관의 현대철학자를 한국의 맥락에서 이해하려 들지는 않는다. 한마디로 오늘의 한국철학자는 한국철학사가이거나, 한국의 현대철학자가 아닌 전통철학자다. 살아있는 맥락 속에서 사유하는 것이 아니라 죽어있는 실체의 정체를 밝히기에 바쁘다. 사망의 철학이지 생명의 철학이 아니다. 오늘의 한국철학은 생물로서의 맥락脈絡 곧 맥박脈搏과 경락經絡이 벌떡벌떡 뛰지 않는 죽은 자를 위한 만장輓章인 것이다.

만가를 위해서 우리가 모인 것이 아니다. 코리언 필로소피아를 위한 얼레지(elegy)를 위해 우리가 모인 것이 아니다. 과거의 비철학을 장송葬送하여 멀리멀리 떠나보내고 오늘 우리 철학의 시발을 경축하기 위해서 우리는 모인 것이다.

더 이상의 수입철학은 안 된다. 유럽이던, 미국이던 철학을 수입하기에 바빴던 과거를 떠나보내자. 더 이상의 훈고학은 없다. 장구에 매달리다 대학大學으로 나가지 못하고 소학小學에만 머물던 전통철학의 폐습에서 벗어나자. 구미를 넘어서, 전통을 넘어서, 외국어를 넘어서, 과거를 넘어서, 수입을 넘어서 수출하는 우리말로 된 우리의 철학을 하자. '가는 길은 달라도 가야 할 곳은 하나다.' 이것이 모인 사람들의 공동된 견해였다.

3. 주장들

많은 주장과 논평, 거기에 덧붙여진 많은 비판이 있었다. 그런데 이 글에서는 중심맥락은 잃지 않되, 되도록 글에서 소개되지 않은 이야기를 전하려고 한다. 저녁 늦게까지 이어진 토론에 우리는 서로 많이 배웠다. 그런 열기와 의지를 적고자 한다.

5개의 발표가 있었다. 한국철학, 서양철학, 동양철학, 북한철학, 그리고 현대한국철학의 순서였다. 곽신환 교수에 의해 진행된 두 시간 가량의 종합토론은 모든 발표와 토론을 정리하는 데 큰 도움이 되었다. 시간적 여유도 있었지만 처음부터 끝까지 요약정리하여 문제의 핵심을 다중에게 전달하려는 의지가 돋보이는 모범적인 진행이었다. 토론자들도 각 분야의 철저한 전문가라서 발표자보다도 더 많은 의견을 제시하는 형국이었는데, 따라서 그들의 질문도 문제의 정곡을 찌르고 있었다. 게다가 방청객들의 열의는 놀라울 정도였다. 사람들의 평가는 공통적이었다. 광주라는 토양을 바탕으로 우리 철학 논의가 가능하겠다는 것이었다.

마지막에는 안타깝게도 세월호 참사에 관한 방청객의 질의도 있었다. 비판과 주체적 사유의 정신이 없는 바람에 드러난 현상이라는 대답, 철학을 가르쳤다면 이런 일은 벌어지지 않았을 것이라는 대답, 복종과 순응의 관성에서 벗어나 질의와 창발로 가는 길을 철학은 제시한다는 대답도 있었다. 철학을 가르치지 않는 바람에 의문 없는 교육이 되었다는 것이다. 문답과 토론에서 우리는 해답을 찾았어야 하는데, 철학의 부재가 곧 참사였다는 것이다. 묻지 않음, 그것은 철학이 없는 것이요, 철학이 없는 곳에서 비극이 벌어진다는 것이다.

환영사를 한 염수균 교수의 말처럼 '우리 철학은 그만큼 소박하게 출발하지만 결코 그 실제는 소박할 수 없는 것'이다. 한국철학은 세계철학의 쓰레기통이기 때문에 따라서 이 세계를 이끌 새 철학은 한국에서 나온다는 것이다. 철학이 쓰레기인 나라에서 노란 생명이 다시 나기 위해서는 세월호에 대한 철학적 반성이 필수적이겠다.

제1발표는 권인호 교수의 「한국철학의 현황과 반성 및 향후 과제」였다. 권 교수는 이미 대동철학회가 타카하시 토오루의 『조선유학사』를 반성하는 자리를 마련했을 때, 일본식민지 잔재를 격렬한 어조로 비판한 적이 있다.[3] 이어 아래와 같이 비판적 정신을 이어간다.

권 교수는 '현재 한국에서 철학이란 존재의 이유를 밝히는 학문에서부터 시대정신의 정화라는 명제를, 강단철학이나 이를 담당하는 철학자 스스로 망각한 경우가 많다'고 주장하면서, '왜 이러한 연구와 강의를 하고 담론을 이어가는지 뚜렷한 목적이 불분명하다'고 진단한다. '그래서 어떻게 하자는 것인가'를 물어야 하는데 문제의식이 상실된 채 흘러간다. 이런 문제점은 서양

3 2011년 대동철학회 춘계학술대회, '조선유학사와 식민철학', 경성대. 권인호, 「타카하시 토오루의 황도유학-이황, 고교형, 박종홍의 주자성리학과 중앙집권 국가주의 비판-」, 『대동철학』55, 2011.6. 이에 대한 종합논평문은, 정세근, 「조선유학사와 식민철학」, 『대동철학』55, 2011.6. /JEONG Se Geun, 'History of JOSUN Confucianism and Colonial Philosophy', *DAEDONG CHULHAK* 55, THE DAEDONG(GREAT UNION) PHILOSOPHICAL ASSOCIATION, 2011.

철학이나 중국철학 전공자보다 오히려 한국철학 전공자들의 성찰이 더욱 필요하다. 동어반복 속에서 헤매느라 타카하시 토오루의 유학에 대한 담론을 7, 80년이 지났는데도 벗어나지 못하는 것 같다는 것이다.

권 교수는 광해군을 세종, 정조, 성종에 이어 성군으로 추앙한다. 게다가 성리학도 실학이라는 주장(한우근), 정약용 등 남인이 중심이었기에 퇴계가 실학의 시조라는 주장(유승국), 실학은 허구이자 사학자들의 말장난이라는 주장(김용옥)과는 다르게, 권 교수는 실학이 성리학의 주제인 사변적 천리에서 이탈하여 공맹유학이 추구하는 구체적인 인간과 현실의 개조를 문제 삼았다는 점에서 '유학의 르네상스'라고 규정한다. 공자가 소정묘를 베고 맹자가 양혜왕과 제선왕에게 벼슬하지 않은 것이 현실참여의 좋은 예라는 것이다.

이 글에 대해, 최영진 교수는 조선성리학은 크게 16세기 사칠논변, 19세기 호락논변, 19세기말-20세기 중엽의 심설논변으로 나누어진다면서, 한국성리학에 대한 연구가 다양한 분야에서 축적되어있는데, 한국유학연구가 주자성리학적 형이상학 담론의 영역에 국한되어있는 것으로 보아서는 안 된다고 비판한다. 조선성리학이 수행한 사회적 기능에 관한 기존의 연구성과를 일별해보기만 해도 실학에 대한 이와 같은 주장은 설득력을 상실한다는 것이다. 이에 덧붙여 유교의 의미는 '마음이 변화하여 개인이 변화하고, 개인이 변화하여 사회가 변화되는 것'이라면서, 풍우란이나 노사광의 『중국철학사』처럼 표준적 『한국철학사』가 없는 것이 시급한 문제라고 주장한다.

제2발표는 홍윤기 교수의 「서양철학 수입 후 철학수용의 폭증과 철학교육의 폭락」으로 '몰락'도 아닌 '폭락'이라는 자극적인 제목이었다. 홍 교수는 모두에 철학의 위기를 말하면서 서양철학은 강단철학이 되었고 이를 극복하기 위해 자신이 90년대부터 한국의 현대철학을 공부해왔다고 밝혔다. 우리 나름의 대응방식이 있었다는 시각 아래 그 작업을 진행하고 있단다. 덧붙여 홍 교수는 대동철학회가 창립총회를 할 때도 철학의 위기와 사회적 자세를 말했는

데 여전히 토씨조차 바뀌지 않은 현실을 지적했다.[4]

홍 교수의 관점은 '고대 한국에서 불교의 체질화, 근대 한국에서 성리학 형태의 유교의 체제화에 이어 현대 초기 한국에서 천주교의 유입에 묻어 들어온 서양철학을 단순히 수입하려고 했던 것은 아니라는 점'에 그 초점이 있었다. 아래는 대표적인 예다.

(1) 1903-1910년 석정石停 이정직李定稷의 『강씨철학대략康氏哲學大略』이 유학계에 전파되었고, 그는 중국에 사신으로 갔다가 양계초의 책을 통해 칸트와 베이컨의 철학을 접하고 주자학의 개념과 비교 분석한다. '철학'이란 말을 조선 최초로 쓴다.

(2) 1912년 한주학파의 거유 만우 곽종석의 문하생이었던 성와省窩 이인재李寅梓가 성리학의 적폐를 일신하려는 의도에서 『고대희랍철학고변古代希臘哲學攷辨』을 상재한다.

(3) 1920년 유교, 불교, 도교 등의 전통사상과 서양철학을 종합하고 칸트의 영구평화론에 관심을 보인 서우曙宇 전병훈全秉薰의 『정신철학통편』(정신철학통편)이 출간된다.

홍 교수는 이와 같은 작업을 통해 30년 만에 서양철학에 대한 개괄을 이루었다고 분석한다. 1905년 숭실학당에서 선교사 베른 하이젤(Bern Heisel; 片夏薛)이 학교판 교육을 실시한 이후 1980년대에 이르기까지 한국에서 이루어진 서양철학의 유입은 '철학개론 교육을 교양필수로 하는 오랜 관행의 단단한 엄호 아래' 그 수요가 폭증하면서 교육과 연구 인력을 증대시켜 왔지만, 안타깝게도 그것은 결국 '학문적 사대주의와 철학능력의 부실'로 귀결되고 말았다. 전통철학과도 단절되고, 현실적 문제의식과도 단절되고, 학문적 종속성도 극복되지 못한 것이 바로 한국철학부재론이라는 것이다.

---

4 1998년 '21세기 한국사회를 위한 새로운 철학의 모색'이라는 대주제 아래 홍교수는 '철학의 위기와 한국 사회'라는 제목으로 발표했다. 『대동철학』75, 2016, 연혁, 147쪽. /The History of Association, *DAEDONG CHULHAK* 75, THE DAEDONG(GREAT UNION) PHILOSOPHICAL ASSOCIATION, 2016.

이러한 발표에 대해 설헌영 교수는 불교를 체질화하고 성리학이 체제화한 것처럼 현대한국철학도 그럴 수 있지 않느냐고 반문하면서, '한국현대철학 1세대의 철학교육 실패'에 모든 문제를 귀결시킬 수는 없지 않느냐는 의문을 던진다. 시장의 논리로 무장한 관료와 정치가에게 철학교육을 잘못시켜 이 모양이 되었다는 논리는 지나치다는 것이다.

제3발표는 홍원식 교수의 「동양철학 연구방법론의 궁핍과 문제점, 그리고 모색」이었다. 그는 먼저 국학으로서의 한국철학과 철학으로서의 한국철학을 구분한다. 중국인에게 중국철학은 국학이지만 우리에게는 중국의 철학일 뿐 국학일 수 없고, 그렇다고 해서 중국철학이 서양의 학자들처럼 순수하게 객관적으로 바라볼 수 있는 '남'의 철학은 아니라고 전제한다. 홍 교수는 '중국철학은 우리의 철학이 아니면서도 동시에 우리의 철학이며, 또한 우리의 철학이면서도 동시에 우리의 철학이 아닌 그 무엇이다'고 말한다. '한국철학이 서양철학과 마주하게 되면 중국철학이 우리 철학이 되었다가, 중국철학과 마주하게 되면 남의 철학이 되어 버리는 특수한 위치와 그에 따른 주관적 태도'를 인지하자는 것이다. 한국에서 중국철학을 연구하는 자들은 첫째, 철학에 주안점을 두어 중국철학과 한국철학의 구분에는 관심을 두지 않는 경우, 둘째, 한국철학의 연원이라는 관점에서 중국철학을 연구하는 경우(서양철학과 마주했을 때는 중국철학이 돌연 우리의 철학이 된다), 셋째, 중국학이라는 관점에서 중국철학이 우리 철학이라는 생각은 전혀 끼어 들 필요도, 틈도 없는 경우로 나뉜다.

홍 교수가 보기에 어느 나라보다도 중국철학 연구의 좋은 조건과 토대를 한국의 중국철학계는 가지고 있음에도 상황이 어두운 것은 아래와 같은 이유에서이다.

(1) 소통의 부재

(2) 문제의 부재

(3) 현실에 대한 인식의 결여

(4) 소통과 문제의 부재는 다시 관점과 방법의 부재로 전이

이에 대한 논평에서 이승환 교수는 '철학에 방법론이란 있기는 있는 것일까?'하고 물으면서, 유물론의 역사서술의 방법은 특정한 세계관과 같은 이데올로기에 가깝고 분석철학에서의 언어분석은 방법론이라기보다 언어를 엄밀하게 사용하는 그 이상이 아니라고 주장한다. 1999년 이철승 교수가 그리고 2014년에는 홍원식 교수가 동일한 톤으로 방법론의 부재를 말하지만, 2001년의 『노자에서 데리다까지』(예문서원)라는 책에서처럼 15편의 글이 여러 관점에서 조망된 예도 있고, 주자학의 미발未發 문제를 도덕심리학의 문제로 연구한 예도 있다는 것이다. 새로운 관점과 방법론에 대한 모색은 그동안 꾸준히 있어왔다고 이 교수는 생각한다. 중요한 것은 그동안 시도된 그것들을 구체적이고 세밀하게 그 득실과 공과에 대해 논하는 일이라는 것이다. 가다머가 『진리와 방법』에서 '언어, 이성, 분석, 추론을 정확히 하는 것이 곧 방법론'이라고 말했듯이 말이다.

제4발표는 이병수 교수의 「북한 철학의 패러다임 변화와 사상적 특징」으로 주체사상에 대한 전반적인 소개가 있었다. '주체사상에는 유교전통만이 아니라 북한사회주의의 역사적 전개과정에서 마르크스-레닌주의, 모택동주의, 나아가 기독교 등 매우 다양한 사상적 요소들이 포함되어 있다'고 전제한다. 기독교가 포함되었다는 것이 의아할 텐데, 발표자에 따르면, '유일사상체계가 수십 년간 북한사회를 지배하면서 수령에 대한 숭배가 북한주민들 사이에 깊이 스며들어 종교적 신앙으로 내면화된 측면에서 기독교와의 유사성도 보이고 있다'는 것이다. 북한의 종교성에 대해서는 부정하는 학자도 있으나 이 교수는 종교성이 강화되고 있다고 보고 있다. 주체사상의 절대적 무오류성과 다른 주장에 대한 배타적 적대감은 성경의 지위나 기독교적 근본주의와 다를 바가 없다는 것이다.

김재현 교수는 논평에서 하버마스의 이론을 빌어 '북한은 경제체제의 논리(시장논리)를 극도로 축소하고 정치, 행정체제(공동체 논리와 국가, 민족논리)를 극

대화시킨 사회체제로서 정치행정 체제에 의한 계획경제의 실패 때문에 생활세계에서의 사적 생활의 물질적 토대가 약하고 또한 정치적 공론(적)영역의 발달이 거의 없는 사회, 즉 시민사회의 발달이 거의 없는 사회라 할 수 있을 것'이라고 주장한다. 수령, 당, 인민이 삼위일체로서 '사회정치적 생명체'로 성립되어 이로써 사회를 통제하고 체제를 통합하기 때문에 북한은 '사회주의적 유교적 가족국가'의 특징을 보인다는 것이다. 그 정점에 바로 주체사상이 위치한다. 김 교수의 질문은 이렇다. 북한의 사상은 정치이데올로기적 요소가 강한데 남한에서도 박정희 때의 철학이나 사상이 그랬고 그것의 역할도 강조되었다. 그렇다면 오늘날 우리 사회에서 사상의 역할이 무엇인지 물어야 한다는 것이다. 사상이 있다면 어떤 것이 있고, 자본주의 사상(효율성, 공리주의, 개인주의, 자유주의 등)과 이를 수정하고자 하는 사상, 나아가 저항하고 극복하려는 사상으로 구분되어 기술될 필요가 있다고 말한다.

제5발표는 김상봉 교수의 「20세기 한국철학의 좌표계: '우리 철학 어떻게 할 것인가'라는 물음에 대한 대답」이었다. 서양의 경우도 17세기에는 데카르트를 강단철학자들이 알아보지 못했고, 18세기 초중엽까지도 아리스토텔레스를 전달하기만 한 것처럼 교육은 보수적일 수밖에 없다고 이야기를 꺼낸다. 김 교수는 총체성 속에서 보려는 태도가 철학이라면서 사칠론이 악의 문제를 탐구하는 데는 최고의 수준이었지만 세계관의 경지에까지 이르진 못했다고 분석한다. 우리의 서양철학이 하청업이 되는 것도 세계관이 없기 때문이며, 학벌이나 5.18에 대한 것도 부분적 사유에 불과하여 그것들이 하나로 모여 세계상이 되어야 철학으로 성립한다는 것이다.

이런 의미에서 한국의 역사에서 참된 의미의 철학이 출현한 것은 동학이 처음이라고 김 교수는 주장한다. '니시다 키타로(西田幾多郎)가 서양철학의 테두리 내에 충실하게 머물러 불교적 전통으로부터 모호한 말을 보태거나, 우치무라 간조(內村鑑三)가 기독교의 테두리를 넘지 않으면서 단지 교회라는 제도를 거부한 정도의 선에서 머물렀던 것'과는 다르다. 후설이 유럽문명의 위기를 말하거나 하버마스가 타자들 사이의 의사소통의 가능성을 고민한다고 해서 그들의 문제의식이 '동학 이래 한국의 철학자들이 직면한 세계의 분열상에 대한 절박한 문제의식에 필적할 수는 없기 때문이다'. 그리하여 동학은 철학적인 동시에 종교적이고 총체적인 세계관을 추구한다. 그리하여 '(유신론자, 무신론자가 다 같이 믿고 살며, 나아가 만인의 종교로서) 뜻의 주체가 바로 수운의 상제이고 함석헌의 하나님이고 만해의 님'이다. '동학 이후 한국철학에서 드러나는 공통점은 상제 또는 하나님을 절대적 홀로주체성 속에서 자족하고 자립하는 존재가 아니라 반드시 인간에 마주선 서로주체성 속에서 파악한다는 점'이라고 김 교수는 주장한다.

김상봉 교수는 수직축과 수평축으로 우리 철학을 설명하고 있다. 수직축은 동학으로부터 시작된 것으로 '종말과 파국에 대한 자각'이고, 수평축은 3.1운동의 철학자 함석헌으로부터 시작된 것으로 '세계의 개벽에 대한 열망'이다. 파국과 부정의 좌표축에 한일합방의 철학자 유영모, 6.25의 철학자 박동환을 자리매김하고(정대현, 이기상, 김영민도), 항쟁과 개벽의 좌표축에 3.1운동, 4.19혁명, 5.18항쟁을 놓는다(세월호에 대한 김용옥도). 시간의 순서에서 마지막은 통일이며, 수직축은 자아(나)와 타자(절대적 타자)로 이어진다.

김교빈 교수는 평론에서 김상봉 교수가 꼽은 철학자의 사상이 우리 사회의 주류가 되지 못한 점을 지적하면서, 우리 철학은 주류를 이루지 못한 까닭이 무엇인지, 우리 철학의 계승을 위해 우리는 무엇을 해야 되는지를 묻는다. 통일로 이어지기 위한 우리 철학이 할 일이 무엇인지, 미래의 지점이 통일이라면 황장엽, 윤노빈, 송두율을 어떻게 보아야 할 것인지 묻는다.

4. 종합토론

곽신환 교수가 이끈 종합토론에서 논평자들에 대한 발표자들의 답변은 아래와 같이 모아진다. 질문에 대한 정확한 답변이라기보다는 자신의 주장을 보완하는 주장이 많아 주장자의 입장을 시간순서로 정리한다.

-권인호 교수: 역사학자들이 더 당파적이다. 노론이 나라를 팔아먹은 주역들이었다.

-홍윤기 교수: '피투성被投性'과 같은 철학개론의 번역을 보고 머리에 쥐가 났다(세계 속에 내가 '내던져짐'). 자기철학화의 시기를 놓쳐서 교육관료가 철학을 없애자고 하는 것이다. 철학과 권력을 구별 못했다. 독재자들에게 '국민윤리교육'으로 분리시켜준 것은 말도 안 되는 일을 벌인 것이다. 이규호가 사범대 윤리교육과를 만들면서 철학졸업생이 더 이상 이 분야에 진출되지 못하게 되었다. 철학교육 시켰으면 세월호 참사 안 일어났다. 철학교육 시켰으면 고스란히 죽지 않았다. (비판적 사고를 통해) 스스로 알아서 걸어 나온다.

-홍원식 교수: 중국철학은 한국철학에서 애매한 위치다. 우리인지, 아닌지 불명확하다. 관점조정이 필요하다.

-이병수 교수: 철학의 보편성을 적용할 의도가 없다. 지역을 배경으로 하는 인문사회학이 필요하다. 그래서 그들에게도 통하는 것을 하자. 서구에서 보편성을 자임하거나, 북한이 과잉보편화하는 것은 문제다. 자주성도 좋지만 자유나 생명 등이 더 중요하다. '모기장 이론'(모기는 막고 바람은 들어오게)처럼 북한은 체제가 유지되면 자본주의에 개방할 수도 있을 것이다.

-김상봉: 인도는 귀족의 눈으로 본 세계를, 동아시아는 우리처럼 양반의 시각으로 본 세상을 그렸다. 그러나 아테네 철학은 평등한 시민의 철학으로 보편성을 가졌다. 계급의 철학이 아닌 시민주체의 철학이 되어야 한다. 동학은 버림받은 자들의 철학이었다. 모두의 철학이자 아무도 아닌, 최초의 민중철학이었다. 예수, 공자, 데카르트도 100년이 걸렸듯이 주류가 아니라도 누군가 이어가면 된다.

윤평중 교수가 '통일에 대해 헌법적 기초를 말해야 한다'고 주장했는데 감동 받았다. 반독재투쟁은 문학이나 역사에서 할 수 있다. 그러나 통일은 '형성'(새로운 국가에 대한 치밀한 설계 아래)되는 것으로 그 총체성은 철학이 맡아야 한다. 근대국가를 넘어서는 '열린 국가'(함석헌)를 고민해야 한다.

사유에는 능동성도 있지만 수동성도 있다. 능동성에 경도되면 주체성이, 수동성에 경도되면 타자가 강조된다. 일본의 근대철학사는 능동과 수동이 교차되지 않는다. 현대한국철학의 주요 특징은 바로 교차된다는 점이다.

(전체토론에 앞서 논평자에게 기회를 주자)

-김재현 교수: 역사, 사회학, 문학, 종교가 모여 철학사(서양과 접촉하는)를 기술해야 한다. 분단 때문에 장애가 있다. 자료와 문헌을 모으는 작업을 해야 한다.

-김교빈 교수: 통일을 말하는 학과를 만들어야 하겠다. 윤노빈의 신생新生철학처럼 남북을 오가며 고민한 지점이 있다면 검토해야 한다. 베트남, 예멘, 독일의 통일 전후의 고민을 공부하자.

(토론이 전체에게 개방되면서)

-홍윤기 교수: 교사가 자유롭기를 두려워하면 안 된다. 부당한 압박에 아니라고 할 수 있어야 철학이다. 초등교과서에서 보이는 것처럼 착한 아이 신드롬이 문제다. 나설 수 있는 배짱이 필요하다.

-이승환 교수: (세월호와 관련하여) 아이들을 제대로 공부시켰어야 한다. 공부는 『중용』이 말하듯이 배우는 것(博學)만 있는 것이 아니라 묻고(審問) 생각하고(愼思) 따지는 것(明辨)도 있다. 그렇게 알게 된 것은 행동으로 이어진다(篤行). 그리고 『논어』의 정명正名이 곧 역할윤리 아니냐.

-이병수 교수: 남북관계는 극히 적대적이다. 쿤의 말처럼 통약불가능해보이기도 하다. 이념의 문제를 넘어선다. 내면의 정서가 문제다. 선불리 남북의 공통점 찾기는 곤란하다. 분단 이후 그것이 고착된 이유에 대한 자기성찰이 필요하다. 자칫 잘못하면 만날수록 갈라서게 된다.

-김상봉 교수: 윤리선생님 덕분에 철학과를 지원하는 학생이 많이 있다. 악조건 속에서도 자기가 선 자리에서 노력해야 한다. 절망과 파국의 철학은 멋이 아니다. 주눅들은, 짓밟힌 경험이 있는 철학자들은 자기를 표출하려들지 않는다. '6.25는 인간이 벌레가 되어야 하는 시간'(박완서)이었다. 골방에서 세계를 관찰할 때는 다름 아닌 언어를 관찰하게 된다. 한글이 신앙이 되고 계시

가 되고 세계관이 된다. 언어에 매달리면 밖으로 안 나가도 된다.

-홍윤기 교수: 독일에서 칸트 전공한다면 웃는다. 칸트철학은 일반적이기 때문이다. 서양철학이 먼저 현대사회를 이야기했다는 장점이 있다.

5. 한국에서 철학하는 자세들

『한국에서 철학하는 자세들: 철학연구방법론의 한국적 모색』(심재룡 외, 집문당, 1986)이라는 책이 철학계에서 회자된 적이 있다. '한국철학이 가능한가' 하는 질문에서부터 '동양철학 어떻게 할까'라는 질문까지 세계 속의 한국철학을 정초하고자 하는 반성의 결과물이었다. 이를 통해 많은 철학자들이 자성의 길을 걸었다.

이제 '우리철학연구소'라는 전대미문의 제목을 갖춘 연구소가 발족하였다. 외국어로 바꿔보자. '우리 철학', 참으로 이상한 표현이다. '우리 전통'(our tradition)이라든지 하는 표현은 가능하다. 그리고 그것은 한편으로는 동양을 모른다는 점에서 서양인들이 쓴 겸손의 표현이기도 했다(우리나라에서는 때로 '서양'으로 번역되었으니). 그런데 우리나라에서 '우리 철학'은 '우리 철학이 없다'는 자인自認 또는 자괴自愧로부터 시작된다.

문제가 드러나면 해결책이 생긴다. 문제가 없는 것이 가장 큰 문제일 뿐이다. 그래서 '우리 철학'이라는 표현은 부끄럽지만 써야하는 표현일지도 모른다.

2016년 7월 1일에 조선대학교 인문학연구원 우리철학연구소는 '우리 철학 어떻게 할 것인가?'라는 같은 제목 아래 '근대 전환기 전통철학의 계승과 변용'이라는 부제를 달고 다시 학술대회를 개최하였다. 현황과 과제에 대한 이철승 교수의 기조발제가 있었고, 김윤경 교수가 「정인보와 장병린의 주체론 비교」를, 김현우 교수가 「황성신문의 실학인식」을, 김형석 교수가 「근대전환기 도교 전통의 모색-전병훈의 『정신철학통편』에 보이는 근대적 문제의식을 중심으로-」을, 이종란 교수가 「기독교철학에 대한 최한기의 비판적 수용」을, 홍정근 교수가 「인물성동이론의 계승과 변용」을 발표하였다. 나는 김형석 교수의 논평을 맡아 전병훈을 대종교 계열로 보기 힘들고(단군과 『천부경』은 공통점이 되지만), 개인주의적이고 자연주의적이고 생태주의적인 도덕적 원리로 천을 내세운다(原天)는 점에서 유가보다는 도가에 가깝다고 지적한 바 있다.

위의 발표에 대해서는 주제가 다양해서 하나로 잇는 종합논평문을 쓸 수는 없지만, 달리 말하면 주제의 미시화가 이루어지고 있는 것으로 보일 수 있다. 조선대학교 우리철학총서사업단이 공동주최하고 한국학중앙연구원 한국학진흥사업단이 후원하는 행사였다. 그만큼 '우리 철학'은 국가적인 공감대를 얻고 있는 의미 있는 사업인 것이다.

『철학과 현실』34, 1997.

2

분단 50년 전후 이북의 철학과 문화

1. 경향성과 전도성
2. 조선실학
3. 주체사상
4. 언어와 문학
5. 단군릉과 전통출판의 역사
6. 통일학

1. 경향성과 전도성

'분단 50년 전후'---90년대에는 많은 변화가 일어났다. 소비에트 연방은 산산조각으로 해체되고, 아메리카 연방은 세계의 패권국가로 자리 잡았다. 그런 냉전시대의 붕괴에도 불구하고 우리나라는 여전히 지구상 유일한 분단국가로 남아 있다.

이북의 철학과 문화는 소련의 좌파 사상과 중국적 어휘로 도색되었고, 이남의 그것은 미국의 우파 사상과 일본적 어휘로 점철되었다. 이북에서 많이 빌려 쓰고 있는 중국적 어휘가 이남에서는 긍정적이지 못한 의미로 매도되고, 이남에서 그대로 옮겨 쓰고 있는 일본적 어휘가 이북에서는 타도의 대상이 된다.

이렇게 한 쪽으로 쏠려 있는 모습은 우리나라의 철학과 문화의 '경향성傾向性'과 '전도성顚倒性'을 드러내는 것이었다. 이남이 좌파 거부증과 미국 사대주의를 보이고, 이북이 미국 혐오증과 주체 유일주의를 갖게 된 것은 바로 우리의 경향성을 대변한다. 학술보다는 정치 논리에 학자들이 앞장서고, 개인의 양심보다는 군중의 폭력에 대중이 휩쓸리고, 순수한 이상보다는 복잡한 현실에 국가가 목메어 있는 것은 바로 우리의 전도성을 대표한다. 남과 북을 막론하고, 국민과 인민을 불문하고 모두 이러한 경향성과 전도성을 크게 벗어나지 못한다. 그런 점에서 우리의 현실은 자못 비극적이다.

한마디로 말해, 철학계에서도 어떤 사상의 옳고 그름(是非)보다는 쓸 데 있고 없음(有用不用)이 더욱 앞서고, 문화계에서도 어떤 조류의 좋고 나쁨(好惡)보다는 남들이 하고 안 하고(流行不行)를 먼저 따지고 있는 것이 오늘의 양상이다. 과연 이러한 남과 북의 현상을 어떻게 이해하고 비판해야 하는가? 우리는 어떤 결론 아래 장래의 방향을 모색해야 하는가?

중국 공산화에 관한 학위논문인 『계몽과 해방』(1988)에서부터 우리나라의 통일 문제를 주제로 한 『역사는 끝났는가』(1996)에 이르기까지 여러 저서를 통해 우리의 현실을 나름의 방식으로 이해하고 있는 뮌스터대 사회학과의 송두율은 동아시아의 자본주의와 공산주의의 문제를 동서양의 철학적 명제와 더불어 현실적인 이해 방식을 가미해 접근해 나가고 있다. 그는 주체사상에 대해 제3세계의 예를 들면서 비교적 호의적인 평가를 시도하기도 한다. 그러나, 그러한 그조차 이북이 가장 위대하다고 스스로 자랑하는 주체사상이 맞고 있는 분위기를 낙관적으로 보고 있지 못하다. "인간의 자주성, 나아가 민족의 자주성 실현을 출발점으로 하는 자기 긍정의 철학이 내건 자연개조, 사회개조보다도 선차적인 과업으로 제기하는 인간개조가 정말로 가능한가에 대한 회의도 날이 갈수록 깊어지고 있다."[1] 그는 공산주의적인 새로운 인간을 창출한다는 이상은, 아놀드 겔렌이 지적했듯이, 금욕적인 엘리트들의 사회행복주의적(Sozialeudämonismus)인 꿈에 지나지 않는다[2]는 것을 잘 알고 있다. 따라서 송두율은 "주체형의 새로운 인간창출이라는 이념도 애초부터 잘못 설정된 것이었을까"[3]하고 회의하는 것이다.

또한 현재 독일의 가장 유명한 철학자인 위르겐 하버마스는 독일 통일 과정에서 발생한 문제점이 우리나라의 경우에도 적용되어야 할 것이라고 주장했다. 그는, 독일이나 우리나라를 막론하고, 통일 이전 선행되어야 할 것이 있다는 강력히 호소한다. 그러나 스스로 인정하듯이 그는 우리나라를 모른다. 그가 주장하는 '종족'(Ethnos)에 앞서는 '민주'(Demos)의 문제는 누구라도 쉽게 부정하진 못한다. 한마디로 그의 이야기는 분단 민족의 혈연적인 감정이 민주사회의 건설이라는 대전제를 뛰어넘어서는 안 된다는 것이다. 민주적인 시민사회의 수립이 어떤 통일 이론보다도 중요하다는 것이기도 하다.[4] 그런데 아쉽게도 그러한 논리는 우리의 현 상황과는 상당한 거리가 있다. 아무리 민주주의가 어떤 원리보다도 선행되는 제일의 원리라는 점을 인정한다 하더라도 남과 북이 고리를 맺고 있는 것은 '동포애'라는 매우 감성적인 기초이기 때문이다. 실제적으로도 '왜 통일이 돼야 하나'라는 질문은 우리에게 상당한 고초를 가져다준다. 마치 물어서는 안 될 것을 물은 독신죄瀆神罪와도 같다. 이러

---

1 송두율, 「북한의 이데올로기와 주체사상」, 『역사는 끝났는가』 (서울: 당대, 1995), 290쪽. <한국사>(22권, 1994)에 게재되었던 글.

2 A. Gehlen, "Die Rolle des Lebensstandards in der heutigen Gesellschaft", in: Ders. Gesammelte Werke, Bd. 7(Einblicke), Frankfurt/M, 1978, S.410. 송두율(1995), 290-291쪽에서 재인용.

3 송두율(1995), 291쪽.

4 위르겐 하버마스, 「민족통일과 국민주권」, 제8회 서남초청강좌(1996.4.30.), 서울대. "따라서 유럽인의 시각에서 나는 아주 비싼 값을 지불하고 힘겹게 깨달은 다음의 교훈, 즉 갈등상황에서 국가의 구성원인 '민주시민'이 민족공동체의 구성원인 '종족'보다 우선권을 지녀야만 한다는 사실을 여러분에게 강조하고 싶다."(이남인 역)

한 상황에서 이북에 대한 철학적 논의는 이남과 더불어 양비론兩非論을 펼치는 것만이 가능할는지도 모른다.

이 글에서 나는 주로 1990년대를 중심으로 이북의 철학과 문화 현황을 가능한 중립적으로 서술하고자 한다. 따라서 이 글은 최근 소개되지 않은 이북 자료에 대한 요점적인 파악을 중요한 목적으로 하는 것이다. 그러나 남과 북을 막론하고 이론과 주장에 대한 비판적인 태도가 없는 한 우리나라의 발전은 불가능하다는 것을 상기하자. 다시 말해 통일 논의가 교조적인 정치술이 아닌 진정한 철학적 담론으로 성립하지 않는 한 '통일'이라는 연호를 쓸 날은 멀고도 험하다는 것을 숙지하자.[5]

2. 조선실학

이북의 조선 실학 연구의 대표격 학자는 정성철이다. 1974년 그는 『실학파의 철학사상과 사회정치적 견해』라는 저작을 펴냈다.[6] 그런데 내용은 어떤 사상가이건 간에 천편일률적으로 '○○○의 철학 및 사회정치 사상'으로 일관하고 있으며, 세부목차도 대동소이하게 철학 부분에는 '자연관, 변증법, 인식론, 무신론, 윤리도덕관' 등으로, 사회정치 사상 부분에는 '사회역사관, 개혁사상, 애국주의 사상, 국방 사상' 등으로 요약되고 있다.

정성철의 이 저작은 일본어판으로 번역되는데, 일본 조선학회의 최윤진, 고려사회과학연구소의 권인섭, 조선대학교의 김철앙 등 좌파 지식인에 의해

5 아래의 이북 자료의 한글 표기법은 인용문구 이외에는 편의상 가능한 한 이남의 원칙을 따랐고, 자료는 中國 延吉市 延邊圖書館에서 수집·정리했음을 밝힌다. 나는 개인적으로 연변지역은 한국학 또는 조선학의 학문적 중립지대이어야 한다고 생각하는데, 1990년대까지도 그곳의 도서관과 대학의 연구소는 아직도 이북의 자료에 치중되어 있어 매우 안타깝지 않을 수 없다.

6 정성철, 『실학파의 철학사상과 사회정치적 견해』 (평양: 사회과학출판사, 1974).

원저와는 다른 이름인 『朝鮮實學思想の系譜』로 출판된다.[7] 일본어 판에서는 원제가 부제가 된다. 이와는 달리, 이남에서는 북한 자료 해금의 분위기와 더불어 한 출판사에서 <북한연구자료선(12)>으로 같은 제목을 달고 간행된다.[8]

그런데 정성철의 저작과 그의 영향은 단순히 전통학문의 한 부분에 대한 관심으로만 그친 것이 아니다. 그의 책은 이북 전통 학술에 대한 하나의 지남指南이었다. 이북 학계에서 조선 실학은 '이조봉건계급'에 대한 비판으로서 그 위상을 찾은 것이다. 이와 같은 경향은 그 후에도 지속된다. 정성철도 양과 질 방면에서 가장 심혈을 기울여 서술한 정약용과 최한기에 대한 연구로 예를 들어보자.

현재 이북은 '조선고전문학선집 70' 등으로 정약용 작품집을 순서적으로 내고 있다. 내용은 역자의 서를 비롯하여 시 및 산문으로 정리되고 있다. 역자인 이철화는 정약용이 당시의 상황에서는 상당히 훌륭하기는 했지만,[9] 오히려 "그의 작품에 일관된 사상은 정통적인 봉건유교사상이었다. 때문에 그는 당대사회의 모순이 봉건제도자체의 근본모순에서 산생된다는 것을 보지 못한 나머지…결국 봉건왕권을 뒤흔들리게 한다는 관점에서 개별적인 악질관료들을 비판하는 데 그치고 피착취 인민대중의 근본적인 이해관계의 대변자로 나서지 못하였다"[10]고 비판한다. 역자의 입장에서 볼 때, 정약용이 농민봉기를 적대시한 것은 '양반통치계급적 입장의 집중적 표현'이다. 그러나 정약용의 시와 산문에 대한 평가는 호평일색이다.[11] 여러 시 이외에도 산문으로는 통치자론, 토지론, 악론, 군기론, 기예론, 양리론, 서얼론, 『아언각비雅言覺非』 서

7 鄭聖哲 著, 崔允珍, 權仁燮, 金哲央 譯, 『朝鮮實學思想の系譜』(東京: 雄山閣, 1982). 필자는 이 책을 1985년 여름 일본 동경에서 처음 접했는데, 당시의 분위기는 이러한 책의 유통을 허락할 만한 상황은 아니었다.

8 정성철, 『실학파의 철학사상과 사회정치적 견해』(서울: 한마당, 1989).

9 리철화, 류수 역, 『정약용작품집』(1) (평양: 문예출판사, 1990), 1-2쪽.

10 위의 책, 7쪽.

11 위의 책, 3쪽과 6쪽.

문, 화폐 및 농업 정책에 대한 건의서가 포함되어 있다.

이북의 철학계도 이남과 마찬가지로 전통사상에 대한 연구가 서양철학에 비해 많이 뒤떨어진다. 근자에 들어 이남이 전통 철학에 대한 관심을 '동양철학'이라는 큰 이름으로 전개하고 있는 것에 반해, 이북은 그에 대한 관심보다는 좌파 철학에 치우쳐 있다. 이북에서 연속적으로 출판되고 있는 『철학논문집』(20)에서도 동양철학에 관한 논문은 최한기에 대한 것이 유일하다. 준박사 최동종의 「최한기의 인식론 연구」는 서두에서 논리 전개의 기준과 방향을 밝힌다. "우리나라 중세기부터 근대에로 넘어오던 역사적 시기에 발생 발전한 최한기의 기일원론적 철학사상을 주체적인 방법론에 기초하여 연구하고 당성, 노동계급의 원칙, 역사주의적 원칙에서 옳게 분석 평가하는 것은…철학사 발전의 합법칙성을 과학적으로 해명하기 위하여 반드시 풀어야 할 과제의 하나이다."[12] 이는 최한기는 기일원론적 철학자 곧 유물론 철학자라는 해답을 전제하고 있음을 보여준다. 최동종의 견해에 따르면, 기일원론적 철학사상에 중심적인 역할을 하는 인식론이고, 따라서 최한기가 "인식론적 문제들을 심리학에 대한 비교적 깊은 연구에 기초하여 논리학 및 변증법과 밀접히 결부시켜 유물론적으로 해결하였다"[13]고 한다. 최동종은 『추측론推測論』, 『신기통神氣通』을 중심으로 주로 '지행知行'의 문제에 골몰하고 있다.[14]

정약용과 최한기는 한국철학사에서 근대적 정신을 대변한다. 그런 까닭에 남과 북을 막론하고 중시되었다. 그러나 정약용의 경우, 남과 북은 다르게, 그의 서학西學이 천주학적인 관심에서 중시되기도 하고 관념론적 한계로 비판되기도 한다. 최한기의 경우, 남과 북이 비슷하게, 인식론적인 관심에서 그 사상의 현대성이 동서양철학계를 불문하고 강조되고 있다.

전통사상에 대해 이남 철학계는 아직도 강력한 비판적 어조를 허용하지

---

12 최동종, 「최한기의 인식론 연구」. 과학백과사전종합출판사, 『철학논문집』(20), 1993, 184쪽.

13 위의 책, 184쪽.

14 위의 책, 212-214쪽.

않는다. 그것은 전통에 대한 애정에서 비롯된 것이지만, 그로 말미암아 '이 철학자도 훌륭하고, 저 철학자도 훌륭하고, 모두 훌륭하다'라고 애매모호하게 결론짓고 마는 경우가 대부분이다. 이러한 태도는 학문의 발전을 저해하고 미래의 방향에 대한 제시를 불가능하게 한다. 그러나 이북의 철학계는 철저한 비판이 가능했다. 그리고 비판은 현재에 이르기 위한 하나의 과정으로 설명되어야 했다. 그런 점에서 전통 철학자에 대한 일도양단一刀兩斷식의 판단이 가능했던 것이다. 오늘의 현실에서 평가할 때, 이남은 그러한 보수성 때문에 전통 학문이 양적으로 많이 팽창할 수 있었고, 이북은 그러한 혁명성 때문에 질적인 변화를 겪을 수 있었던 것이다.

3. 주체사상

송두율은 주체사상의 이해에 앞서 서구나 이남에서 철학논의에서 등장하는 개념 또는 서술체계로는 그것을 다루기 힘들다는 일반적인 인상에 대해 변명하고 있다. "비슷한 문제는 가령 서양철학과 동양철학에서도 나타나고 있지만, 오랫동안 동일한 문화적 전통에서 성장하였으나 지난 반세기 가까운 분단 속에서 형성된 담론(Diskurs)의 체계와 이의 전개 차이를 분명히 우리는 인정해야 한다. 그러나 이러한 차이가 통약불가능(Inkommensurabilität), 즉 이들 상이한 담론의 체계가 서로 통할 수 없음을 뜻하는 것은 아니다. 이러한 이해와 해석 가능성은 무엇보다도 오랫동안 형성된 문화적 동질성과 정서 때문이다."[15] 나는 송두율이 제시하는 통약가능성을 믿는다. 그리고 언제인가는, 또 무엇인가는 상통될 수 있는 담론이 이루어지리라는 믿음으로 이 글이 쓰이고 있는 것이다. 그러나 그가 말한 '문화적 동질성과 정서'에 대해서는 상당히 회의적이다. 나는 남북이 공통적으로 지니고 있는 '문화적 동질성과 정서'를 부

---

15 송두율(1995), 267쪽.

정한다는 것이 아니라, 그것에 대한 구체적이고 확실한 토론 없이 단순히 전제되는 '문화적 동질성과 정서'는 여전히 '동포애'라는 단순한 감성적 차원에서 머물고 말기 때문이다.

운명이나 인생관 등의 통속적 개념이 주체사상에는 자주 등장한다. 이에 대해 송두율은 말한다. "서양철학의 개념들이 지배적인 남한의 전문적인 철학논의에는 비학문적인 것으로 비칠 수도 있다. 철학의 모든 언표들이 철학(자) 자체를 위한 것이 아니라 당파성과 계급성을 전제한 인민대중의 세계관으로서 나타나야 한다고 보는 주체철학은 따라서 통속성 자체를 부정적인 의미에서 보고 있지 않다. 이 문제는 마르크스-레닌주의와 주체사상과의 관계에서도 특히 많이 제기되고 있는데, 마르크스-레닌주의의 치밀한 구성력과 방법론적인 전개력에 대하여 주체사상 내지 주체철학의 통속성과 비학문성이 대비되고 있기 때문이다."[16] 송두율은 이러한 주장을 통해 두 마리의 토끼를 좇고 있다. 하나는, '주체사상이 서구나 이남의 기준에서는 비철학적이지만, 주체사상은 그 자체가 통속성을 인정하기 때문에 철학적일 수 있다'는 것이고, 또 하나는 '주체사상은 마르크스-레닌주의에 비해 치밀한 구성력과 방법론적인 선개력이 뒤떨어지지만, 그것이 주체사상과 마르크스-레닌주의와의 차이점이다'는 것이다. 가령 '주체사상이 일반적인 철학의 관점에서는 비철학적이지만 마르크스-레닌주의의 관점에서는 철학적'이라든지, '그것이 마르크스-레닌주의와 같은 철저함은 없지만 이북의 새로운 사상이라는 점에서 철학적'이라고 했으면, 한 마리의 토끼를 잡는 것이었지만, 송두율은 그런 논지를 취하려 하지 않는다.

1993년의 『철학논문집』(20)에 실린 제목은 「사회주의건설에서 일관하게 견지하여야 할 근본원칙」, 「사회주의나라 당들사이의 관계에서 지켜야 할 기

---

16 송두율(1995), 267-268쪽. 이러한 주장은 아래에서 나왔다. G. Freudenberg, "Archipel Gulag oder Musterland sozialistischer Entwicklungspolitik?", in: R. Werning(ed.) Nordkorea, Frankfurt/M, 1988, S.89.

본원칙」, 「인민성은 공산주의 혁명가들이 지녀야 할 중요한 풍모」, 「집단주의는 사회주의의 생명」, 「현대부르죠아 '자유'론의 반동성」 등으로 짜여져 있다. 실로 서구철학적 관점에서 철학이라 불릴 만한 것은, 실존주의와 실용주의 그리고 현대 부르조아 철학과 사회학의 반동성을 지적한 맨 아래의 「현대부르죠아 '자유'론의 반동성」 정도에 그친다. 비록 결론 모음집의 형태이지만, 적어도 그 안에는 철학적 주제에 대한 비판적 평가가 들어 있기 때문이다. 나머지는 대체로 이미 마르크스가 천명했거나 레닌이 요령으로 내놓은 것들을 반복해서 언급하는 것이다. '나가야 할', '견지하여야 할', '지켜야 할', '지녀야 할' 등의 표현도 반복되어 이미 그 내용이 사실에 대한 분석이나 체계적인 이론 정립이 아니라, 당위에 대한 강조이며 실천의 중요성을 앞세우는 것임을 쉽게 알 수 있다. 또한 '근본 원칙', '기본 원칙', '중요한 풍모', '사회주의의 생명'이라는 상당히 문학적인 수사의 반복은 학문적이라기보다는 윤리적 덕목을 지적하는 듯이 보인다. 위의 논문이 공통적으로 '김일성동지'보다는 '김정일동지'의 교시를 더욱 중요하게 중간 중간 삽입하고 있다는 것도 특기할 만하다.[17]

우리는 이북 철학계의 도식적인 구분이 소련으로부터 시작되어 중국을 거쳐 전수된 것임을 안다. 유심론과 유물론, 변증법, 봉건주의 등 그들은 마르크스적 언어를 공유하고 있다. 그것은 전통에 대한 포폄褒貶에 매우 쓸모 있는 기준이자 도구였다. 반면에, 이남의 철학계는 식민지 시대의 '데·칸·쇼' 철학의 영향을 쉽게 벗어나지 못하고 있는 와중에 미국 학문의 대량 수입으로 자신을 반성할 충분한 기회를 갖지 못했다. 그러나 이남의 철학계가 비록 산만하지만 자유로운 분위기 속에서 나름의 정체성을 모색하고 있는 반면, 이북의 철학계는 주체사상이라는 '유일' 원리로 말미암아 토론의 장을 개방하지 못하고 이념의 카리스마로 일방적 주제를 양산하고 있다.

---

17 과학백과사전종합출판사, 『철학논문집』(20), 1993.

4. 언어와 문학

해방 이후 남북은 언어 문제에서 다른 경로를 겪었다. 이남이 일본식의 한자와 미국식 외래어를 무분별하게 흡수한 반면, 이북은 일제 청산과 미제 추방의 구호 아래 언어를 정립해 나갔다. 역사적으로도 이북은 일찍이 1947년 2월에는 조선어문연구회가 창립되고, 1949년 2월에는 학술용어사정위원회가 구성되었다. 이를 바탕으로 이북은 우리말 어휘정리 작업을 시작하는데, 이에는 민족어 수립이라는 명제를 인지한 지도층의 조직적인 지원이 있었다. 이를테면 우리 말의 아름다움을 보여준 『임꺽정』의 저자 홍명희는 문인으로서 최고위급 권좌에까지 올랐을 뿐만 아니라 그의 아들 홍기문은 이북 국어학계의 영도적인 인물이었다.

언어 문제에서 이남은 정부 차원에서의 권고나 규제뿐만 아니라 학술적인 논의가 이북에 비해 상대적으로 열악했다. 무엇인가 보여주어야 하는 정치논리에 급급한 나머지 눈에 띄지 않는 문화사업에 신경 쓸 여유가 없는 것이 큰 이유였다. 군사정권 당시 한동안 한글전용과 외래어의 한글화를 시도했지만 여러 사정에 의해 포기되고 말았다. 그러한 상황은 오늘까지 이어져, 언론매체들조차 우리말에 대한 체계적인 인식 없이 황급히 일본식 용어를 모사하여 대중에게 전파하는 데 앞장서고 있다.

이북의 입장에서 볼 때 이남에서는 언어적 혼란이 가중되고 있기 때문에 이북이라도 학술적인 체계를 갖고 정리하는 것이 시급하게 느껴진 것이다. "오늘 남조선에서 우리 말이 서양화, 일본화, 한자화되어…민족어를 지켜내고 그 순수성, 고유성을 살리는 것은 우리 민족 앞에 더는 미룰 수 없는 절박한 과업으로 나섰다."[18] 이처럼 이북은 우리말의 정리를 남북의 문제로 귀결시키고 있다. 하다못해 문자개혁사업은 조국통일 이후에 해야 한다는 생각을 보여준다.[19]

---

18 박상훈, 리근영, 고신숙, 『우리 나라에서의 어휘정리』 (평양: 사회과학출판사, 1986), 9쪽.

19 위의 책, 10-11쪽.

현재 이북의 어휘정리는 상당히 체계적이고 학문적이다. '말바꾸기'만을 하고 있는 것이 결코 아니다. 더욱이 학술용어정리의 경우, 정확성, 명확성, 체계성, 간결성을 보장하기 위해 세부조항 아래 어휘정리가 이루어지고 있다. 나아가 번역과 같이 언어의 차이에 따른 의미적 면에서의 조절은 더욱 강조되고 있다.[20]

이북의 이러한 노력에도 불구하고 정치제도의 상명하복적 질서는 많은 문제를 낳는다. 이를테면 어휘정리의 방향은 매번 김일성의 교시를 인용하여 도출된 것이다. 좋게 보면, 이런 데까지 신경 쓰는 최고위층의 성의를 주의할 만하다. 이를테면 김일성은 '요깡'을 '단묵'으로, 김정일은 '아이스크림'을 '얼음보숭이'라고 다듬어 주었기 때문에 그 언어는 권력의 일률성에 의지해 자리 잡을 수 있는 것이다. 그러나 나쁘게 보면, 순수한 학술활동에 지나친 정치적 간섭으로 내용에서 경직성을 띤다는 것이다. 이를테면 "위대한 수령님께서는…꽃도 좋고 향기로운데 왜 개오동이라고 하는가고 하시면서 '향오동'이라고 그 이름을 지어주시었으며 명태를 짜개서 말린 것을…'개명태'라 하지 말고 '짝태'라고 하는 것이 좋다고 교시하시었다"[21]는 데, 이는 언어의 기본 속성보다 수령의 지침이 우선한다는 희한한 생각이 아닐 수 없다.

소설의 경우, 이북은 기본적으로 1930년대 카프문학의 우위를 강조한다. 그런데 1930년대의 카프 문학에 대해, 김창현과 같은 이북 문학평론가는 "부르죠아반동문예사가들은 1930년대에 들어와 프로레타리아소설이 이미 퇴조기에 들어서고 '카프'작가들의 작품활동도 별로 없었던 듯이 황당한 주장을 하였다"[22]고 지적한다. 그 근거로는 '카프'의 맹원은 아니면서도 그들의 창작과 같은 경향의 작품을 발표하는 작가들이 적지 않았는데, 그들을 '동반작가'

---

20 위의 책, 91-99쪽.

21 위의 책, 38-39쪽.

22 김창현, 「강경애의 소설작품에 대하여」, 강경애, 『인간문제』(평양: 문학예술종합출판사, 1994)의 편집자 서문, 1-2쪽.

라고 불렀다는 것이다. 이에 따라 이른바 '동반작가'의 작품도 근래 들어 중시되는 것이다.

이를테면 강경애(1906-1944)와 같이 카프의 성원은 아니었지만 프로레타리아의 편에 선 작가가 재각광을 받는다. 김정일도 카프 조직 밖에 있던 강경애와 그의 소설 <인간문제>를 '사회주의적 사실주의 작품'[23]이라고 직접 거론하기도 한다. 이에 따라 그의 작품은 1994년에도 새롭게 발간되는 것이다. 『인간문제』에는 일제의 검열로 삭제된 마지막 12행이 복원된 중편소설 <소금>도 실려 있다.

일제하의 문학과는 달리, 고전문학에 대해서도 윤색 및 주해 작업이 이북에서는 활발히 이루어지고 있다. 이를테면 <토끼전>, <장끼전>, <금방울전>, <두껍전>을 윤색한 글과 원문 그리고 주해를 차례대로 실은 책이 계속 출판되고 있다. 이는 이북이 '조선고전문학선집'(44)으로 낸 것인데, 윤색자의 서문을 쓴 권택무는 이와 같은 작업이 '민족문화유산계승발전노선'[24]에 따른다고 밝히고 있다. 그러나 권택무의 평은 상당히 강직된 기준을 지니고 있음을 지적하지 않을 수 없다. 이를테면 <토끼전>은 '봉건통치배들의 반동성과 그 멸망에 직면한 운명을 신랄히 폭로한 것'이라든지, <장끼전>은 '봉건적인 윤리도덕을 반대하면서 여성의 인격을 옹호하는 내용을 의인화 수법으로 반영한 특색이는 작품'이라든지, <금방울전>은 '해룡이가 금방울과 공주를 다 같이 안해로 맞이하는 봉건적 일부다처제를 인정한 것'이라든지 하는 평가는 상당히 도식적이다.[25]

위에서 말한 권택무는 고전소설학자일 뿐만 아니라 전설 등과 같은 민간이야기를 수집했다. 이는 이북 문학계 인사들이 민간 이야기의 발굴과 정리에 많은 정렬을 쏟고 있음을 보여준다. 이를테면 『백두산의 옛전설』(1)이라는

23 위의 책, 2쪽.

24 권택무, 최옥희, 『토끼전』의 서(평양: 문예출판사, 1992), 12쪽.

25 위의 책, 11-12쪽.

책에는 수집된 사화史話, 전설, 야담, 민화 23편을 싣고 있는데, 이는 모두 백두산에 관련된 이야기들로 주로 민족의 기상을 드높이는 것이다.[26] 이런 전설 시리즈는 백두산뿐만 아니라 다른 곳에도 해당된다. 『칠보산전설』(1)이 그 예로 주로 오랑캐와의 싸움, 의병의 활약, 김삿갓의 각성 등을 그리고 있다.[27] 이를테면 '쾌지나 칭칭 나네'는 1592년 8월에 관북 지방에서 벌어진 왜구와의 싸움에서 정문부 부대의 명천관노 출신의 늙은 북잡이 허춘보가 백탑전투에서 외친 '쾌재라, 가등청정이가 쫓겨나간다'라는 말이 변한 것이라는 것이다.[28]

이북 문학의 이런 경향은 동화나 만화도 예외는 아니어서, 그림책 『이쁜이와 천계화』의 경우, '금강산 전설집'(3)으로 나온 것으로 내용으로는 <이쁜이와 천계화>를 비롯, <금란굴과 총석정>, <금강산을 지킨 사자와 화룡>, <용궁으로 돌아가지 못한 거북이>가 실려있다.[29] 그 밖에도 어린이 만화인 『수정열쇠』(1)(2)는 최장수와 그의 두 아들인 최곰과 최돌이 벌이는 산적 무리와의 싸움을 그리고 있다.

남북을 막론하고 문학에서 전통을 강조한다는 것은 무엇보다도 중요하다. 그런 점에서 이북의 고전문학과 민간의 전설 및 사회에 대한 관심은 높게 평가해 줄 만하다. 아동 문학에서 보여주는 탈이념적 경향은 상당히 고무적이지만, 아직도 문학성보다는 정치성이 앞서고, 흥미보다는 계몽이 앞섬을 부정할 수 없다.

---

26 황청일 등, 『백두산의 옛전설』(1) (평양: 문학예술종합출판사, 1994).

27 장동일 등, 『칠보산의 옛전설』(1) (평양: 문학예술종합출판사, 1994).

28 김종석, <쾌지나 칭칭나네>, 『칠보산의 옛전설』(1), 84-101쪽.

29 지정엽 글, 강영남 그림 등, 『예쁜이와 천계화』 (평양: 조선미술출판사, 1994).

5. 단군릉과 전통출판의 역사

이북은 1994년 『단군과 고조선에 관한 연구논문집』을 냄으로써, 민간에서 단군릉이라 불리던 무덤의 주인이 단군이고 단군신화는 신화가 아닌 사실史實이며 그 역사는 현재부터 5011±267년에 거슬러 올라감을 주장했다. 이에 따라 이남 학계는 과연 이것이 무엇을 의미하는가에 대한 관심을 기울이지 않을 수 없었다.

이북의 사회과학원의 발굴보고는 다음과 같이 주장한다. 단군과 고조선의 역사는 사대주의와 일제어용학자들에 의해 왜곡 말살되어 정확한 해명을 보지 못했다. 그런데 위대한 수령께서는 우리의 민족사를 주체적 입장에서 정립하기 위해서는 일제에 의해 말살된 단군과 고대조선의 역사부터 바로 잡아야 한다고 간곡히 교시했다. 이에 사회과학원의 고고학자들은 단군릉 발굴사업을 진행했다. 그 결과 다음과 같은 내용을 얻었다. 단군릉은 평양시 강동군 강동읍에서 서북쪽으로 좀 떨어진 대박산의 동남쪽 경사면 기슭에 자리잡고 있었다. 단군릉은 돌로 쌓은 고구려양식의 돌칸흙무덤이다. 반지하에 만들어 놓은 무덤칸은 주검칸과 무덤안길로 이루어진 외칸무덤이고 그 방향은 서쪽으로 약간 치우친 남향이다. 주검칸의 크기는 동서 273cm, 남북 276cm이며 바닥에서 천정고임 1단까지의 높이는 160cm이다. 일제의 도굴로 유물은 많지 않다. 그러나 두 사람분의 뼈가 발굴되었다. 모두 86개 뼈 가운데 하나의 개체는 남자 뼈이고 다른 개체는 여자 뼈이다. 남자는 170cm이상(당시 남자의 키는 163cm를 넘지 못함)이었으며 장수했다. 전자상자성공명법을 적용하여 두 개의 연구기관의 현대적 측정기구로 24회, 30회씩 측정한 결과, 지금으로부터 5011년 전의 것이다. 유골이 삭아 없어지지 않은 것은 석회암지대에 매장되어 있었기 때문이다.[30]

---

30 조선민주주의인민공화국 사회과학원, 「단군릉발굴보고」, 『단군과 고조선에 관한 연구논문집』 (평양: 사회과학출판사, 1994), 5-7쪽.

발굴보고서에 의하면 그 고분이 단군릉이라는 증거는 아래의 네 가지로 요약된다.

첫째, 과학적 측정방법인 전자상자성공명법에 따라 5011±267년 전의 것이라는 결과가 나왔다. 이와 같이 오래된 유골은 함경북도 회령시 남산리 검은개봉 유적에서도 발견된 적이 있다.

둘째, 강동에 있는 단군릉을 실재했던 단군의 무덤으로 명백히 기록한 첫 문헌은 1530년에 완성된 『신증동국여지승람』이다. 거기에는 강동현 서쪽 3리에 둘레가 410자의 큰 무덤이 있으며 민간에서 단군릉이라 전한다고 적혀 있다. 그 밖에도 「숙종실록」 1697년 7월 14일, 「영조실록」 1739년 5월 23일, 「정조실록」 1763년 8월 9일 각기 단군릉에 대한 언급이 있다.

셋째, 발굴 시 무덤 앞에서 고려시기의 유약을 바른 기와조각이 발견되었는데, 이것은 당시 무덤앞에 제당이 있었으며 거기에서 제사를 지냈다는 것을 보여준다.

넷째, 단군릉은 고구려 무덤양식으로 되어 있는데 이것은 고구려시기에 무덤을 개축한 것이다. 고구려사람은 시조인 동명왕과 함께 단군도 숭배하였다. 『삼국유사』의 왕력에 고주몽이 '단군의 아들'이라고 기록되어 있고, 『제왕운기』에 고구려 사람들을 단군의 후손이라고 쓰고 있다. 따라서 고구려인이 자기들의 양식으로 개건하였다.[31]

그럼에도 불구하고 많은 의문점이 남는다. 김일성이 1993년에 들어와서만도 단군유골과 연대측정문제와 조선민족의 발원지, 첫 국가의 발생제, 단군릉 재건문제 등에 관해서 무려 20여 차례에 걸쳐 강령적 교시를 주시하였다는데,[32] 비록 이를 발굴의 공을 최고통치자에게 돌리려는 겸양의 덕으로 볼 수도 있겠지만 오히려 발굴 자체가 정권의 계획된 의도였다는 것이 반증됨으로

31 위의 책, 7-10쪽.

32 소장 전영률, 「위대한 수령 김일성동지께서 단군 및 고조선과 관련하여 하신 교시는 역사연구에서 새로운 전환의 계기를 열어놓은 강령적 지침」, 『단군과 고조선에 관한 연구논문집』, 14쪽.

써 발굴의 순수성을 의심하지 않을 수 없는 것이다. 이북 학계 내에서도 "요동지방이 조선반도보다 문화가 앞선 것으로 보았고 단군조선의 수도 왕검성도 요동지방에 있으며 단군이 죽어서 묻힌 곳도 요동의 어느 지방이었다고 생각"하고 있었으며, "단군릉은 427년에 장수왕이 평양에 천도하면서 동명왕릉을 이개축할 때 함께 옮겨온 것으로 인정하였다."[33] 그러나 이번 보고서에서 이러한 태도를 비과학적 태도 또는 사대주의적 역사관이라고 비판하고 있다. 왜 이러한 역사적 반전이 있었는가? 우리는 이를 묻지 않을 수 없는 것이다.

그 전환은 사실상 매우 단순한 논리에서 비롯되고 있다. 이북은 단군릉을 통해, '평양 중심의 역사'를 전개하고자 하는 것이다. 이에 따라 이북 고고학계는 "단군이 고조선을 창건하고 도읍한 평양이 산수 수려한 곳으로서 검은모루유적의 주인공과 '역포사람'(고인), '만달사람'(신인), 조선옛유형사람으로 이어지는 인류발상지의 하나이며 조선민족의 발상지이고 첫 국가의 발생지였다는 사실이 힘있게 증명"[34]되었으며, "평양이 조선인종의 발상지이고 단군의 출생지이며 조선민족의 발원지이고 첫 국가의 탄생지라는 것이 밝혀짐으로써 조선민족사발전의 중심지문제, 역사적으로 이어온 조선민족의 정치, 경제, 문화의 중심지문제가 독창적으로 해명"[35]되었다고 주장한다. 결국, 단군릉 발굴은 "박혁거세와 동명성왕을 시조로 보는 지역적 한계성을 극복하고 조선인민을 계급과 출신, 사상과 신앙의 차이에 관계없이 하나의 조상을 가진 단일민족이라는 혈연적 동질성으로…조국통일을 위한 투쟁에로 힘있게 고무추동"[36]하기 위한 목적을 드러내고 있다. 그러나 논문집에 실린 그 밖의 것은 비교적 학술적인 데 무게를 두고 있다.

---

33 위의 책, 17쪽.

34 조선민주주의인민공화국 사회과학원, 「단군릉발굴보고」(1994), 같은 책, 11쪽.

35 전영률(1994), 같은 책, 18쪽.

36 위의 책, 20쪽.

이남의 역사학계는 군사정권 당시의 민족주의사관의 유행을 기억하고 있다. 단순한 사관의 정립이 아닌 정권의 정치적 목적에 의해 고무되었던 학문적 경향을 경험한 적이 있다. 오늘날에도 '다물多勿'을 이야기하는 극우적 역사관이 우리 옆에서 자생하고 있다. 우리는 단군과 『한단고기』를 내세우는 정신을 반대하는 것이 아니다. 우리가 우려하는 바는 철학적 이상이 정치적 야욕 때문에 역사적 사실과 더불어 수정·편집되어 왜곡·정리되는 것일 따름이다.

이와는 달리, 이념성이 거의 제거될 수 있는 이북의 연구 가운데 출판의 역사에 대한 연구를 꼽을 수 있겠다. 고대 및 삼국 시기의 출판문화를 비롯하여, 발해, 후기신라, 고려, 조선을 망라한 『조선출판문화사』(고대~중세)와 같은 저서는 상당한 학문적 성과를 이룬 역저이다. 전통출판문화를 연구하는데 이와 같은 연구는 매우 중요한 자료적 가치를 지닌다.

특이한 것은 고조선의 고대글자인 '신지글자'를 인정하여 '가림도'(加林多, 加林土)에서 '훈민정음訓民正音'에 이르는 과정을 일본의 신대문자神代文字-대마도의 아비루阿比留글자-와의 관련 속에서 파악하고 있다는 점이다. 이에 대한 사료적 증거로 8세기 발해사람 대야발의 『단군고사』와 14세기 이암의 『단군세기』에서 말하고 있는, 고조선 3대왕 가륵 때의 정음正音 38자를 들고 있다. 또 일본의 옛 책인 행지의 『훈석언문해』에서 훈민정음은 삼한초(고조선 말기)의 옛날체와 이조 세종 때의 지금체가 있다고 하며, 옛날체는 일본에서 전해오고 있는 '비인서肥人書'라고 한다고 방증하고 있는데, 이는 이북 학계의 공통적인 관점이다.[37]

그 밖에 유교, 불교, 도교 서적의 보급과 전파에 대해서도 상세한 연구보고를 하고 있다. 이를테면 "고구려 624년에 노자의 『도덕경』이 들어와서 고구려 사람들 속에서 연구되었고, 643년에는 당시의 대신으로 있었던 연개소문

---

37 류렬, 「우리 민족은 고조선시기분터 고유한 민족글자를 가진 슬기로운 민족」, 『단군과 고조선에 관한 연구논문집』, 95-97쪽. 나철화, 『조선출판문화사』(고대~중세) (평양: 사회과학출판사, 1995), 13-15쪽.

이 불교사원을 개편하여 이를 도관으로 만든 실례까지 있었다"[38]는 등 사실의 정리가 잘 되어 있다.

재미있는 것은『조선출판문화사』의 책 앞면 어디에고 저자의 이름은 적혀 있지 않고 마지막 장에 출판사와 더불어 작은 글씨로 저자를 밝히고 있다는 점이다. 더욱 재미있는 것은, 다른 책들과 다르게, 머리말 첫 부분에 김일성의 교시를 단 한 번 인용한 후, 내용에서 다시 거론하지 않는다는 점이다.

6. 통일학

공산중국도 어떤 저작에서나 모주석毛主席과 마르크스-레닌(馬列)을 반드시 인용해야 한 적이 있었다. 그러나 1980년 초반부터 그러한 경향은 점차 줄어들어, 90년대 말에 들어서 학술적으로는 거의 완전히 불필요해졌다. 물론 그 전에도 '○○○說'이라는 말을 빼고 읽어도 의미상 큰 차이는 없었다. 현재 이북의 출판물도 기본상 대동소이하다. 물론 주체사상의 경우, '다음과 같이 교시하시었다' 이후의 발언을 기초로 연구하는 것이기에 상관성을 부정할 수 없지만, 교시 내용 자체는 사실상 학문적 토론을 요구하는 것이 아니다. 그것은 일종의 격언格言 또는 금언金言과 같이 '훌륭하고 좋은 말'일 뿐이다. 그러나 포퍼(K.Popper)의 원칙을 따르면, 그러한 말은 이른바 '반박가능성'이 없기 때문에 과학 내지 철학의 언어가 아니라 종교 내지 신화의 언어로 전락하고 만다.

물론 중국과 우리의 상황은 다르다. 이를테면 대만의 경우, 통일론자가 여당 쪽이고 독립론자가 야당 쪽임에도 불구하고 우리와 같은 맥락에서 통일론자가 야당이라고 생각하는 것은 큰 오산이다. 나는 소설가 황석영이 대만의 통일론자와 더불어 통일의 의미를 논하는 것을 보고 '엉뚱한 다리를 긁고 있

---

38 나철화,『조선출판문화사』(고대~중세) (평양: 사회과학출판사, 1995), 40쪽.

다'는 생각을 한 적이 있다. 비록 대만의 통일론자도 반정부 운동을 하지만 그것은 최후의 순간에는 정부(國民黨)의 비호를 받을 수 있다는 것이 대만의 독립주의자(獨立分子)와는 너무도 다른 점이었다. 만일 오늘에도 그러한 격화소양隔靴搔癢식의 논의가 있다면 그것은 통일과 그 후의 화해를 너무도 멀게 만드는 것이다. 남북의 국민과 인민은 참으로 가려운 데가 있고 그것을 위정자들이 알아차리기를 목타게 바라고 있다.

이북을 이야기하면서 종족보다는 민주시민을 앞세워야 할 때는 그들의 천부적 인권이 무시되고 있는 경우이며, 민주주의보다 동포애를 내세워야 할 때는 그들의 자연적 생명력이 보전되지 못할 때이다. 나아가 통일의 이상은 이남의 훈도적 차원이나 이북의 반봉건적 입장에서 제작되는 것이 아니다. 이 둘은 모두 전근대적인 것에 대한 계몽성이 지나치게 강조되고 있기 때문이다. 그러한 통일논의는 우리 사고를 규격화하고 격자화시킴으로써 자유로운 토론으로 나아가게 하지 못한다. 진정한 남북통일의 문제는 문명사적인 관점에서 우리들에게 많은 만남을 던져 주는 것이다. 크게는 동양과 서양, 20세기와 21세기, 자본주의와 공산주의, 현대와 후기 현대의 만남이고, 적게는 충효와 당성, 실리와 이념, 사랑과 동지, 여가와 노동의 만남이다. 이러한 만남들은 통일학이라는 이름 아래 크고도 넓은 학문적 주제를 우리에게 던져 주고 있는 것이다.

3

인물성동이론(人物性同異論)

외암巍巖 이간(李柬: 1677-1727)은 그의 「외암기」에 따르면 외암은 대산장천大山長川의 길지로 조상의 묘를 대대로 써온 곳이다. 이간은 자신을 '외암주인(主人)'이라고 자호하였다. 외암은 「외암오산(五山)」에서 '광덕산' 등을 노래하였고, 「외암오수(五水)」에서 온정溫井의 온천을 자랑하였다.

외암은 제천 청풍의 수암遂巖 권상하權尙夏에게 배웠고, 수암은 우암 송시열의 고족(高足)이니, 우암학풍을 배웠다고 할 수 있다. 수암의 강문팔학사江門八學士의 하나로 온양 외암서원에 제향되는데, 순조 때 이조판서로 추증되니 시호가 문정文正이다.

그런데 외암의 학문적 노정은 매우 특별하다. 비록 율곡, 우암, 수암의 학통을 잇고 있지만, 이른바 주기主氣설에서 벗어나기 때문이다. 율곡과 우암은 주자의 '사물의 관점에서 볼 때'(在物上看)의 시각을 원용하여 이기혼융설을 견지하였고, 나아가 수암은 '리가 기 속에 있는 것'(理在氣中)으로 보았지만, 외암은 오히려 리가 기보다 앞서며(理先氣後), 리도 움직임을 갖는다(理有動靜)고 주장한다.

외암의 스승인 수암은 '나뉘고 또 나뉨'(分殊之分殊)의 학설로 주기론을 좀 더 적극적으로 세분화한다. 형체(形器)를 떠나있는 것을 말하자면, 리는 하나이고 사람이나 사물이나 동등한 리를 지닌다. 그러나 형체로 내려오면서 리의 편전偏全이 벌어지며, '분수分殊'뿐만이 아니라 '분수의 분수'가 벌어지게 된다. 이런 관점에서 보면 인성과 물성은 달라지게 된다.

수암의 제자 가운데는 남당南塘 한원진(韓元震: 1682-1751)도 있었다.[1] 그는 이러한 상이설을 유지, 발전시켰고, 외암은 이에 반대하면서 조선유학사의 큰 논쟁인 인물성동이론이 벌어지게 된다.

주자는 사람과 금수가 식색의 본능은 같지만, 이의예지신의 오상五常에서는 다를 수밖에 없다고 말한다. 호랑이는 부자유친의 인仁만 있고, 벌이나 개미는 군신유의의 의義만 있고, 물수리는 부부유별의 예禮만 있고, 철새는 계절을 아는 지智만 있고, 개는 신信만 있다는 식이다.[2] 이런 면을 강조하다보면 인성과 물성은 달라진다. 인간은 온전하지만, 금수는 편협 되어있다는 것이다.

그러나 외암은 기질에서는 인성과 물성이 다르겠지만 본연에서는 인성과 물성이 같은 것이기 때문에 같은 것으로 파악된다. 현상보다는 본질을 우선으로 삼는 시각이다. 근원이 하나라는 관점에서 볼 때 천명이나 오상이 인성과 물성에 따라 다를 수 없으며, 만약 다르게 본다면 인성과 물성뿐만 아니라 성인과 범부도 달라질 수밖에 없다는 것이다. 이런 입설은 기질의 성에 앞서 본연의 성을 강조한 주자의 학설에도 부합된다.

스승이었던 수암은 외암이 아닌 남당에게 손을 들어주었다. 주기설의 입장에서 볼 때 외암의 설은 이기혼융설과는 거리가 멀었다. 그러나 주자학의 입장에 충실한 근대의 학자[3]들은 외암의 손을 들어주기도 한다. 리 우선의 사고에서는 외암이 맞아떨어지는 것이다.

---

1 현재 충남 홍성군 서부면 남당리로, 사우와 묘소가 다 그 근처에 있으며, 생가터는 남당리 북쪽 한씨 집성촌에 있다.

2 朱熹,『孟子集註』,「告子章句」上: 生之謂性章/『性理大全』, 卷29, 性理1, 16b-17a.

3 때론 중국 쪽 학자.

<호락논쟁 인물도>

인물성 이론	**인물성 동론**
이휘일 이현일(兄)	이숭일(弟)
정시한(師)	이식(弟)
김창협, 권상유(弟) 권상하(兄)	[박세당, 『사변록』]
한원진 채지홍, 윤봉구	이간 김창흡, 이재, 어유봉, 박필주
호론(湖: 충청도)	**낙론(洛: 서울, 경기)**

-호락논쟁은 1709년(숙종 35) 외암 32세, 남당 27세 때 시작
-남당 한원진은 21세 때 청풍의 황강(제천군 한수면)으로 수암 권상하를 찾아가 수학

<평가>

1. [주자가 인물성을 말한 까닭은] 인성과 물성의 동이를 깨달아 인간만이 본래적으로 지니고 있는 인성의 선하고 고귀한 가치를 보존함은 물론, 그것을 개발 구현함으로써 만물 가운데서 인간의 영장적 생활을 충분히 하려는 것(윤사순).

2. 남당의 '성즉기질설'은 선악이 공재하는 현실적 인간의 모순성을 해명하여 해결하자는 것이요, 성즉리설에 근본한 외암은 인간 본연의 회복을 꾀하는 이상주의적 인간관을 재확인 한 것(유명종).

3. 주자학설의 일관성에서 볼 때, 외암이 남당보다 옳다고 할 수 있다. 그러나, 주자학의 한국적 발전이라는 관점에서 볼 때, 인물성이론이 좀 더 독보적이다. 그 반대의 정점에 퇴계의 '리도 움직인다'(理氣互發)는 설이 자리하고 있다. 외암이 '리도 움직인다'(理有動靜)고 말한 것과 비교된다.

4. 결국, 그들의 문제현실은, 명나라를 이긴 청나라를 문화적 주체(人)로 인정할 수 있는가에 놓여있다고 말할 수 있다. 조선을 짓밟은 청(物)을 인정하거나 그럴 수 없음으로 크게 나뉘어진다. 명말청초의 한족 유학자들(劉宗周: 양명학, 王夫之: 기론)의 사유와도 유비된다.

5. 그러나, 우리가 형이상학을 말하는 것은 현실적인 삶의 근본원리를 찾고자 함임에도, 당시의 논쟁 및 그에 대한 오늘의 연구가 윤리적 형이상학에만 치중되어 분명한 결론을 얻지 못하고 모호한 상태로 남아있는 것은 안타깝다.

4
샌델의 정의론과 우리

1. 정의란 무엇인가

'정의正義'가 유행이다. 그런데 '정의가 유행이다'라는 말이 성립되는가? 정의는 시대를 초월하여 면면히 존재하는 것 아닌가? 정의가 유행한다는 것은 유행이 사라지면 정의도 사라진다는 말 아닌가? 그렇다면 유행하는 정의는 영구히 정의로울 수 없기 때문에, 현재 유행하는 정의는 정의롭지 않다는 것인가? 시대별 정의를 말한다 할지라도 정의의 일반적 특징이나 일정한 형식은 있지 않은가? 아니면 그것조차 버려야 하는가?

마이클 샌델의 『정의란 무엇인가』가 유행이다.[1] 그런데 이렇게 정의론이 유행해도 되는가? 정의론은 유행할 것이 아니라 논의되어야 하는 것임에도, 우리 사회는 정의론이 유행하기만 하고 오히려 논의되지는 않은 것 아닌가? 당시의 표어를 보면 그 사회가 대체로 그렇지 않음을 알 수 있다는 역사가의 통찰처럼, 정의론이 유행한다는 것은 우리 사회가 대체로 정의롭지 않음을 반증하는 것인가? 정의론이 또 다시 유행처럼 흘러가면 우리에게는 아무런 정의도 남지 않게 되는 것은 아닌가? '민주'라든가 '정의'라는 말이 정당의 이

1 마이클 샌델 지음, 이창신 옮김, 『정의란 무엇인가』, 김영사, 2010.

름으로 나오던 시대가 민주화되지도 정의롭지도 않았던 것처럼, 정의를 묻는 이 시대가 정의와는 가장 반대되는 시대는 아닌가?

사실 우리 사회에서 유행하는 샌델의 책은 그의 어떤 주장도 담고 있지 않다. 그 책은 강의록이고 교양과정의 학생들에게 문제를 제시하기 위해 쓰인 것이다. 그것은 『윤리학개론』, 좀 더 정확히는 『정치철학입문』에 해당하는 강의교재로, 문제를 몇 가지로 분류하고 그에 대한 여러 철학자들의 답안을 제시하는 데 그 목적을 두고 있다. 부분적으로 자신의 입장이 드러날 수는 있겠지만 그런 주장은 전문적으로 다른 곳에서 논하고 있지, 학부교재에 나올만한 것은 아니다. 그런 점에서 샌델은 정의正義는 정의定義될 수 없다고 말하고 있을 뿐이다.

그 책은 사실 정의를 말하기보다는 '무엇을 해야 옳은가'(What is right thing to do?)라고 구체적으로 묻는다. 그런 점에서 그는 추상적으로 '정의란 무엇인가'를 묻기보다는 사례를 통해 '어떻게 해야 옳은가'를 '너라면 어떻게 할래?'라고 묻고 또 묻는 것이다. 많은 학생들이 그의 강의에 적극적으로 참여할 수 있는 까닭은 '나라면 이렇게 하겠다'는 자기표현을 이끌어낸 까닭이다. 그리고는 이미 있었던 수많은 철학적 논쟁이나 대안을 통해 우리들 주장을 설명하거나 논박하는 것이다.

의외로 그 차이는 크다. 정의를 찾아가는 길은 어렵고 지나치게 관념적일 수 있다. 그러나 '무엇이 옳은가'를 묻는 것은 누구에게나 주어진 일이다. 개인의 일상사에서부터 종교적 신념에 이르기까지 우리는 무엇이 옳은지 물을 수 있고, 생각하는 사람이라면 그것에 대해 나름의 판단을 지니고 있어야 하기 때문이다.

2. 정의와 분배

나는 정의를 분배의 문제라고 생각한다.[2] 정의라는 추상적인 관념을 현실

2 정세근, 「법의 정의론」, 『동서철학연구』33, 한국동서철학회, 2004.

에 적용시킬 때 가장 많이 문제가 되는 것이 곧 분배이다. 여기서 분배는 '(:) 어떻게 나눌 것인가', '(-) 어떻게 나누어 먹을 것인가'에 대한 질문이다. 자, 우리 앞에 시루떡 한 판이 있다고 하자. 물어보자.

묻는다: 사람들에게 똑같이 나눌 것인가?

다시 묻는다: 배고픈 사람과 배부른 사람에게도 똑같이 줄 것인가?

묻는다-윗사람과 아랫사람 가운데 누가 먼저 먹도록 할 것인가?

다시 묻는다-병든 윗사람과 먹고 싶어 안달이 난 아이 가운데 누구에게 먼저 주어야 하나?

묻는다-남자와 여자 가운데 누가 먼저 먹어야 하는가?

다시 묻는다-남녀의 서순을 정할 것인가, 아니면 똑같이 할 것인가?

묻는다-떡을 만든 사람과 떡을 먹는 사람은 전혀 다른 사람인가?

다시 묻는다-떡을 만든 사람도 나름의 기여를 했는데, 단지 떡을 팔았다는 이유로 떡을 먹어서는 안 되는가?

묻는다-떡의 원료인 쌀을 가져다준 사람에게 떡을 나누어줘야 하는가?

다시 묻는다-하나의 떡이 이루어지기 위해서는 그 뒤에 숨어서 일한 사람이 많은데, 그들은 떡에 대해 조금도 권한을 지니지 못하는가?

묻는다-누구에게 칼자루를 쥐어줄 것인가?

다시 묻는다-칼 잘 다루는 엄마에게, 무서운 아빠에게, 철없는 아기에게, 아니면 집안 사정을 아무것도 모르는 남에게?

묻는다-똑같이 잘라졌다고 할 때, 누가 가장 먼저 먹어야 하는가?

다시 묻는다-어른, 아이, 할아버지, 할머니, 배고픈 사람, 슬픈 사람, 가장 수고한 사람 가운데 누가 먼저인가?

묻는다-떡을 자른 사람은 언제 먹어야 하는가?

다시 묻는다-자른 사람이 가장 먼저 먹는다면 아무래도 하나는 가장 크게 자르지 않을까? 그렇다면 똑같이 자르게 하기 위해서라도 떡을 자른 사람은 가장 나중에 먹어야 하지 않는가?

여기서 문제가 되는 것이 바로 정의(justice)이고 공정(just)인 것이다. 정의란 곧 '무엇이 공정한가'라고 묻는 것이다. 정의를 생각한다면 우리는 말끝마다 물어야 한다. '공정해?', '적당해?' 그리고 '마땅해?'라고. 마치 '이게 최선이야?'라고 묻는 것처럼 말이다.

샌델이 자신의 주장에서 가장 많이 다루는 현대철학자는 평등주의적인 롤스(J. Rawls)였다. 롤스는 프리드만 식의 자유방임 원칙에 따른 '불공평과 함께 사는 법과 그 결과 나오는 이익을 즐기기'에 강력히 반대하면서 평등을 위한 차등원칙을 내세운다. 차등원칙이란 재능 있는 사람에게 불이익을 주지 않으면서도 그 재능의 대가를 공동체 전체로 돌아가게 하는 것이다. 열심히 달려 일등을 하라. 그러나 그 대가로 얻은 것을 함께 뛴 사람과 나누어가져라. 이것이 롤스의 차등원칙이다. 차등을 주어도 좋으나 가장 약한 사람에게 이익이 돌아가게 하라는 것이다. 공부를 열심히 하라. 그러나 네가 열심히 한 것은 너의 집안이 좋아서이거나 우연히도 머리가 좋아서일 뿐이므로, 성공한 다음에 너의 재능과 그 결과를 이웃과 나누라. 네가 머리가 좋거나 좋은 집안에 태어날 자격이 애초부터 주어진 것이 아니다. 따라서 롤스는 무지의 장막을 두르고 사람을 대하라고 한다. 남자, 여자, 학벌, 그리고 종교를 장막으로 감춰 모르는 채로 사람을 대하라는 것이다. 그리고 파이를 자를 때는 파이를 자른 사람이 가장 늦게 먹어야 한다. 왜냐하면, 가장 힘없는 사람이 가장 늦게 잡는다면 가장 작은 조각을 쥘 수밖에 없기 때문이다.

정의는 이렇게 분배의 문제에서 가장 예민해진다. 내 돈을 왜 세금으로 떼어 가느냐는 항변(기업가)에서부터, 네 돈은 본디 네 것이 아니라는 투쟁(노동자)에 이르기까지 수많은 의견을 조절하는 데에서부터 시작한다. 그 정의를 '분배정의'라고 축약시켜 말하기도 하지만, 무엇이 공정하냐고 묻는 것의 대부분은 바로 분배의 문제이기 때문에 정의는 곧 분배의 문제가 되는 것이다. 혼자서는 공정함을 묻지 않는다. 공정함은 사회와 연관을 맺는다. 그래서 '공정사회'라는 말이 나오게 되는 것이다. 특히 우리말에서 정의는 사회적인 것이며 정치적인 것이다. '무엇이 옳은가'라는 물음과 '정의란 무엇인가'를 묻는 것의 차이가 여기에서 벌어진다. 샌델이 물은 많은 것은 앞의 질문이고, 롤스가 물은 많은 것은 뒤의 것이다. 그러나 재밌게도 샌델은 정치철학을, 롤스는 윤리학을 같은 대학 내에서 가르치고 있다. 샌델은 롤스를 비판하면서 명성을 얻었으며, 그에 따르면, 롤스의 "그 이론은 미국 정치철학이 아직 내놓지 못한, 좀 더 평등한 사회를 옹호하는 가장 설득력 있는 주장임에 분명하다."[3]

샌델이 롤스의 이론에 반발하는 학생들에게 내놓는 재밌는 예시가 있다. 하버드 학생들은 자신의 입학을 비롯한 성취가 자신의 노력의 산물이었다고 생각하면서, 롤스가 말하는 '노력으로 얻은 것조차 도덕적 자격을 내세울 수 없다'는 입장에 의심을 품는다. 여기까지 온 것이 내 노력의 대가이고 따라서 그것은 도덕적이라고 생각하는 것조차 문제가 된다는 롤스의 주장을 대부분의 학생들은 받아들이지 못한다는 것이다. 그러나 샌델은 스스로도 말하는 '비과학적 설문조사'를 통해 학생들의 고정관점을 부순다. 심리학자들은 형제의 출생순서가 노력에 영향을 미친다고 하는데, 왜냐하면 첫째(장남과 장녀 모두)가 동생보다 노동윤리가 더 강하고, 돈도 많이 벌고, 전통적 의미의 성공도 더 많이 거둔다는 심리학자의 연구가 있는데, 샌델이 학생들을 대상으로 조사하면 거의 똑같이 75-80퍼센트가 첫째였다는 것이다. 첫째로 태어난 것이 노력의

---

3 마이클 샌델, 『정의란 무엇인가』, 231쪽.

산물이라고 생각하는 사람은 없다. 따라서 롤스의 주장은 설득력을 얻는다.[4]

이런 점에서 우리는 롤스와 샌델의 유사성을 엿볼 수 있다. 샌델은 문화적 배경을 강조하는 공동체주의적인 생각을 많이 갖고 있는데, 비슷한 사유 속에서 등장하는 것이 매킨타이어(A. MacIntyre)같은 사람이 주장하는 '빚진 나'라는 개념이다. 나는 혼자 살고 있는 것처럼 보이지만 너무 많은 빚을 지고 있다는 것이다. 나는 가족에, 사회에, 국가에 그렇게 빚지고 살고 있다. 따라서 완전히 독립한 개인은 없다. 그래서 그들을 공동체주의자(communitarian)라고 부른다.

3. 공동체주의

샌델은 한국에 와서 당혹해했다. 그의 철학적 견해는 유교적 사고와 매우 비슷하다고 생각했기 때문에 한국의 문화와 친밀성이 있을 것이라고 믿었지만, 사람들의 반응은 그렇지 않았다. 게다가 롤스를 따르는 한국학자는 더욱 심했다. 샌델의 말을 들어보자.

"한국사회의 배경에 맞서 자유주의적 개인주의는 신선한 공기이자 활기차고 해방스런 관념이며 진보적인 개혁을 위한 유망한 자원이다. 자유주의적 정치철학에 대한 나의 도전은 자유주의적 개인주의가 익숙하여 그것이 군림하는 권위로, 곧 대부분의 공적 담론의 부지불식간의 시작점으로 행세해왔던 사회에서 다듬어졌다."[5]

---

4 샌델, 『정의란 무엇인가』, 222쪽.

5 Michael J. Sandel, 'Preface for the Korean Public'(August 2007), Lectures(『공동체주의와 공공성』, 철학과현실사, 2008): against the background of Korean society, liberal individualism is a breath of fresh air, an energizing, liberating ideal, a promising resource for progressive reform. My own challenge to liberal political philosophy had taken shape in a society in which liberal individualism was so familiar that it had come to serve as the reigning orthodoxy, the unacknowledged starting point for most public discourse.

샌델은 유교와 자신의 공동체주의가 확실한 친근성(certain affinities)이 있어 서로 마음이 당길 것이라고 믿었지만, 한국의 학자는 그렇지 않았다. 그에 대해 샌델은, 연줄사회의 한국사회에서 자유주의적 개인주의는 하나의 신선한 자극이며 개혁의 근원이었기에 그것을 받아들였고, 모든 토론에서 자유주의적 개인주의가 판을 치던 사회에서 자라난 자신은 오히려 그것을 비판한 것이라고 말한다. 물론 그렇다고 해서 그것이 반드시 윤리적 상대주의를 받아들이는 것은 아니라면서.

샌델의 논의가 외부인에게는 때로 백인문화의, 기독교적 가치의-비록 자신은 유태인이지만-, 중산층위주의 윤리를 타인에게 지나치게 강요하는 것 아닌지에 대해서 우리는 의심을 품을 수 있다. 그러나 샌델만이 아닌, 다른 공동체주의자들 가운데, 매킨타이어 같은 경우도 유교의 경전에서 자신들의 이상을 발견하는 것으로 보아, 그들과 유교는 상당한 연관성을 지니고 있는 것만큼은 분명하다.[6] 매킨타이어의 경우, 우리가 버리려는 덕의 윤리를 제창함으로써 세계적인 명성을 얻는다. 그는 늘 '서사적 자아'(Narrative-Self) 곧 '이야기 속의 나'를 내세움으로써 '나는 홀로 이루어져 있지 않다'는 점을 강조한다. 그렇기 때문에 나는 '저당 잡힌 자아' 곧 '빚진 나'인 것이다.

---

6 그가 예로 든 것은 주자朱子의 제자인 진순陳淳의 「북계자의北溪字義」이다. 그는 인의예지신仁義禮智信을 끊임없이 계발, 발전시키고자 했다. 그러나 우리가 내세울 수 있는 것은 무엇보다도 조선 500년 동안 이루어진 유교헌법인 『경국대전經國大典』일 것이다. Jeong, Se Geun, 'Conflicts between Modern Korean Democracy and Confucianism', Tenth East-West Philosophers' Conference, May 16-24. 2011, East-West Center, University of Hawai'i.

'조선유학사의 해석과 반성', 『대동철학』55, 대동철학회, 2011.6.

5 조선유학사와 식민주의

1. 식민주의
2. 중국학의 식민성
3. 오리엔탈 오리엔탈리즘
4. 여러 식민주의
5. 조선유학사의 해석과 반성
6. 철학의 악화

1. 식민주의

한국학계의 가장 고질적인 병폐는 뭐니뭐니해도 식민성(植民性: colonialness) 문제일 것이다. 식민성은 비단 일제시기의 학문만을 가리키는 것은 아니다. 여기서 식민성은 '스스로 생각하지 않고 남의 것을 베끼는 데 익숙한 모든 것'을 말한다. 남의 것을 옮기는 데 그치지 않고 그것을 나의 것인 양 생각하는, 가장 몽상적인 학문태도가 바로 식민주의(colonialism)인 것이다. 그런 점에서 오늘 우리의 식민성은 학계전반에 유행하는 일종의 풍토이자 풍습이다.

문제를 풀고자 학문을 하는데 바로 그 구체적인 문제풀이에는 관심이 없고 남들의 문제풀이만을 답습한다. 남들의 문제풀이라도 우리의 문제풀이에 적용만 된다면 그것도 별 문제는 없을 터이지만, 문제풀이 자체가 아니라 문제풀이 소개에 세월을 보낸다. 내 문제를 풀기 위해 남의 문제풀이를 엿보는 것은 당연히 필요하다. 그것은 타산지석他山之石과 같은 것으로 누구도 그 가치를 부정하지 않는다. 그러나 문제는, 남의 문제풀이가 남의 돌로 그치는 것이 아니라, 나의 돌로 삼는 데 있는 것이다. 그것은 혼동이자 착각이며, 심지어 일종의 절도이며 망상이다.

이런 식민주의의 경향은 사실 서양학이 더욱 심한듯하다. 역사적 배경과 개인적 경험이 다른데도 그들의 것을 무리하게 우리에게 적용시키기 때문이다. 한국사회가 아무리 서구화되었다고 하지만 현실과 그 안의 문제가 똑같을 수는 없다. 우리의 문제를 풀기 위해서는 오히려 서구적 틀이 맞는 부분보다는 맞지 않는 부분을 냉철하게 지적하고, 때로는 과감하게 기성의 틀을 버리고 우리의 틀을 사용하는 자세가 절실하다. '이론 따로, 현실 따로'의 서양학이 우리 사회에 준 폐해는 실로 크다. 풀어야 할 것이 앞에 있는 데도 틀을 배우고 또 배우다 문제를 놓치는 것이 우리의 현실이었다.

그런 점에서 서양학이 우리의 식민주의 양산에 가장 많은 공여를 했다는 것은 부인할 수 없다. 그것이 가져다준 자유주의, 개인주의, 합리주의의 장점에도 불구하고, 우리는 그것이 가져다준 식민성 청산에 오랜 시간을 투자하지 않으면 안 될 것이다.

게다가 서양학 속에 숨어있는 동방주의(orientalism) 곧 동양폄하주의는 금세기의 화두로 떠올랐다.[1] 물론 그 말의 원류는 결코 아시아나 극동(極東: the Far East)을 대상으로 하는 것이 아니라 유럽에서 가장 가까운 동방인 중동(中東: the Middle East)을 중심으로 삼는다는 점에서 동아시아 또는 남아시아와 같은 '잊힌 식민지' 또는 '2차 식민지'를 놓치고 있지만, 동방주의가 이끌어낸 서양인의 무의식적이거나 고의적인 동양폄하론의 위험성은 유비적으로 폭로된 셈이다.

---

1 에드워드 사이드, 박홍규 옮김, 『오리엔탈리즘』, 서울: 교보문고, 1999.

2. 중국학의 식민성

동양학을 하는 사람은 이런 식민성과 무관한가? 결코 그렇지 않다. 동양학을 하는 사람들은 자칫 '우리 것'을 하고 있다는 착각에 빠지기 쉽다. 실제로는 중국학을 하면서도 동양학이라는 이름 때문에 우리 것을 한다고 오해할 때 그 식민주의의 자기함몰성은 더욱 심각하다. 남의 것을 하는 줄 알면서 남의 것을 하는 것은 그래도 경증이지만, 남의 것을 하면서도 나의 것을 하고 있다고 생각하는 것은 중증 자기분열이기 때문이다. 정신병에서 인지치료가 강조되는 것은 '너 스스로 그렇다는 것을 알기'가 무엇보다도 우선이기 때문인데, 자기에 대한 인지가 되지 않은 상태에서 학문을 지속하다가는 근원에서부터 망조가 들기 쉽다.

소크라테스의 국적을 따지는 것은 우스운 일이다. 그의 문제는 이미 보편적이며 세계적이고 동시에 통시성을 띤다. 그렇다고 해서 그가 그리스인이 아닌가? 그는 아테네 시민으로서 목숨을 내놓을 정도로 자기공동체에 대한 문제에 충실했던 사람이다. 공자의 국적을 따지는 것도 우스운 일이다. 그는 우리 역사의 한 부분이고 전통윤리의 중심에 서있다. 그렇다고 해서 그가 중국인이 아니거나 아예 한국인인가? 그는 그 앞에 놓인 유가전적의 해석에 열심이었고 노나라와 제나라의 정치상황에 지극한 관심을 기울였다. 이러한 예는 철학자들이 역사의 교훈처럼 우리들에게 문제해결의 좋은 방식을 제시했다는 것을 보여주는 것이지만, 그렇다고 해서 그들의 현실이 나의 현실과 똑같음을 말하는 것은 아니다. 공자가 오늘 이곳의 현실에 있다면 『논어』와는 다른 나름의 해결책을 제시했을 수도 있으며, 소크라테스가 한국의 정치제도에 살고 있다면 부산 시장에 출마했을지도 모른다. 그런 점에서 어쩔 수 없이 중국은 중국이고 한국은 한국이다.

최근 들어, 공자의 경우는 중국공산당의 정신적 지주로 마르크스를 대신하면서, 유교이데올로기로 자리 잡기 시작하는 것을 만천하에 보여주고 있다. 중국공산당(Chinese Communist Party: C.C.P.)이 중국공자당(Chinese Confucian Party:

C.C.P.)으로 변모하고 있는 것이다.[2] 현재 중국공산당의 이런 시각을 간과하고 유학을 바라보는 것은 그것이 긍정적이건 부정적이건 상관없이 위험한 일이다. 공자복권, 아니 공자주의의 세계화는 2000년대 들어서 이른바 '중앙'(정부: 공산당)의 가장 큰 사업이다. 전 세계 곳곳에 정부의 돈을 들여세우는 '공자학원'을 보라. 동북공정東北工程에는 둔감하면서도 '공자공정孔子工程'의 하나인 '유장儒藏' 사업에 가문의 사재를 들여 참여하는 세태가 현대한국유가의 모습이다. 가장 반공적이면서도 중국공산당과는 의외의 친밀성을 보이고 있는 것이다.

공자가 훌륭하지 않다는 것이 아니다. 주자朱子를 섬긴 퇴율退栗이 훌륭하지 않다는 것도 아니다. 그들 모두 자기의 문제를 보았기에 성인이 되었고, 따라서 훌륭하다는 말을 하고 싶은 것이다.

중국학 연구에서도 서양학과 비슷한 현상은 늘 벌어진다. 칸트를 전공한 사람이 그에 관한 서양의 연구업적이 나오면 그것을 보다가 세월을 다 보내듯이, 맹자를 전공한 사람이 그에 관한 중국의 업적이 나오면 그것을 보다가 세월을 다 보낸다. 문제를 이식하는 것이 아니라, 사람과 말 그리고 그 언저리의 힘으로 식민한다. '너는 그 사람 모르지, 너는 그 말 모르지, 너는 따라서 우리가 아니지'라면서 지배구조를 공고히 하고 세습한다. 한국의 중국학자에게 중국이 부지불식간에 자기 나라가 되고, 한국은 영원히 남의 나라로 남게 되는 것이다. 그런 점에서 자기인지가 되지 않는 한국의 '동양철학'이 '서양철학'보다 더 위험하고 가증스러울 수 있다. 말로는 '동양'이라면서 실제로는 중국만을 말하는 경우가 특히 더 그렇다. 왜 우리말에서 '중국학'(sinology)이 '동양학'[3]으로 변질되어 변역되는가? '신'(Sin)은 '진'(秦: Chin) 곧 '차이나'(China)를 가리킨다.

그로부터의 탈피는 쉬운 일이 아니다. 왜냐하면 조선성리학의 어떤 부분

---

2 정세근, 「공자학의 미래」, 『공자학』17, 한국공자학회, 2009, 주5). 청화대학 다니엘 벨 교수의 말.

3 김용옥, 『동양학 어떻게 할 것인가?』, 서울: 민음사, 1985.

은 그러한 침륜이나 탐닉에서 벗어나지 못하고 있기 때문이다. 게다가 침륜과 탐닉을 순수학문에 대한 열정으로 포장하거나 자기상실의 세계시민적 경지로 도색하는 경우는 더욱 문제가 크다. 처지處地라는 것이 있다. 중국과 한국은 그것이 다르다. 세계사적 위치도 다르고, 언어적 문법도 다르고, 역사적 경험도 다르다.

3. 오리엔탈 오리엔탈리즘

표현은 기괴하지만, '오리엔탈 오리엔탈리즘'이라는 것이 있다. 나는 이를 '바나나주의'(bananaism)로 부른다. 동양의 동양폄하주의가 바로 그것이다. 영어에도 바나나에 '백인에 붙어먹는 황색인'이라는 뜻이 있듯이, 바나나주의는 좋은 뜻이 아니다. 겉은 노란데 속은 하얀 것이 바로 바나나다. 황색인이지만 생각이나 하는 짓이 완전히 백인과 같은 족속이 바나나인 것이다.

일본은 일찍부터 아시아를 떠나 유럽으로 가고자 했다. 이른바 '탈아입구脫亞入歐'[4]의 주장은 일본근대화의 모토였다. 후진 아시아에서 벗어나서 선진 유럽의 문물을 배우자. 그리고는 선진 유럽의 문화와 제도로 동양제국을 지배하여 계도하자. 이러한 일본의 태도는 동양의 동양폄하주의가 서양의 동양폄하주의보다 좀 더 고질痼疾임을 알 수 있다. 왜냐하면 일본은 이제 더 이상 중국이나 한국으로부터 배우지 않고 서양으로부터 배우겠다는 선언으로, 한 걸음 더 나아가면 이웃을 곧바로 제도濟度의 대상으로 삼겠다는 것이기 때문이다. 이때 식민의 주체만 바뀌었을 뿐, 식민지의 정당성은 늘 옹호된다. '동인도회사'에서 '총독부'로 바뀔 뿐이다.[5]

---

4 얼마전까지 일본지폐에 등장하던 후쿠자와 유키치(福澤諭吉,: 1835-0901)가 대표적이다.

5 다시금, 오리엔탈 오리엔탈리즘에서 오리엔탈리즘으로 넘어가는 것은 '총독부'에서 '미군정사령부'(중앙청)로 넘어가는 일이었다.

아시아인의 아시아 폄하는 서양인의 동양폄하보다 더욱 악질적일 수밖에 없다. 자기와 비슷한 것이기 때문에 이해하려는 자세도 없고, 조금이라도 남겨둘 신비감도 없다. 자기를 사랑하지 않는 사람이 남을 사랑할 수 없듯이, 자기를 미워하는 사람은 남을 더 미워한다. 그런 점에서 일본제국주의의 바나나주의는 학살과 박해라는 심각한 결과를 초래했다.

그런데 일본의 제국주의가 사라진 이후에도 동양인의 동양폄하주의는 줄곧 횡행했다. 서구에서 공부를 한, 생긴 것은 노랗지만 생각은 무척이나 하얀 바나나들이 아시아의 주류를 자처했다. 결과는 근대화의 미명아래 벌어진 서구화였다. 우리에게 모던(modern) 또는 모더니티(modernity)는 서구화와 다르지 않았다. 정반대로 '전근대前近代'는 질곡과 압박의 시대이자 누추하고 창피한 역사였다. 전근대적 사고는 전통적 사고이고 근대적 사고는 서구적 사고라는 이분법이 횡행했다.

중국에서는 '중체서용中體西用'을 넘어 '전반서화론全般西化論'이 유행했고, 한국과 일본에서는 개화파들이 서양문물의 우수성을 전파하는 데 앞장선다. 한국의 개화파는 친일적 색채를 띠기도 하지만, 그들의 궁극적인 목표는 서구화를 통한 조국의 선진화였다. 일본의 쇄국은 거대한 미국에 의해 무너지지만, 한국의 쇄국은 어정쩡한 승리로 말미암아 더욱 공고해진다. 일본에서 미국이 표준이 된 것은 단지 미군정 이후의 일이 아니다. 맥아더보다 이미 앞서 페리부터, 미국의 영향력은 이미 일본에서 확고한 것이었다. 나아가 한국에서 일본의 표준이 이식되는 것은 미국의 표준이 재이식되는 것과 같았다.

여기에서 일본의 현대철학자인 니시다 키타로(西田機多郞)의 역설을 만난다. 그의 철학은 동양사상의 서구화라는 큰 틀에서 벗어나지 않는다. 그의 글을 서양어로 번역한 책이 일본어 책보다 가깝게 느껴질 수 있는데, 그것은 그의 개념의 거개가 서양어에 뿌리박고 있기 때문이다. 좋게 보면 그는 동양사상의 세계화에 성공적인 작업을 이루어낸 것이지만, 나쁘게 보면 그것은 단순히 동양사상의 서구화 내지 개념의 각색에 지나지 않을 수도 있는 것이다.

서양인들은 니시다의 글을 보면서 여타의 동양전적보다 어렵지 않다고 느낀다. 이는 다른 전적들의 어려움에 비하면 그의 책은 그만큼 서양화되어 있음을 보여준다. 그러나 우리 동양인이 보기에는 지나친 서구화 때문에 오히려 읽기 쉽지 않다. 이런 모순이 바로 니시다에서 발생한다. 서양인에게 쉽지만 동양인에게 어려운 동양인의 철학, 이런 괴리를 어떻게 설명할 수 있을까? 심지어 오늘날 이미 서구화된 동양인인 우리에게는 그의 서양번역이 더 가깝게 느껴지는 현상을 어떻게 받아들여야 할까? 그는 스스로 번역한 일본어로 철학을 했지만, 그의 일본어는 기본적으로 서양철학을 바탕으로 하고 있기 때문에 서양철학을 모르는 일본인 또는 한자어권의 학자들은 그의 글에서 거리감을 느끼지 않을 수 없는 것이다. 니시다의 이러한 동양사상의 서양화는 서구학자들에게는 매혹적이었고 이로 인해 그의 철학이 성공하게 된다. 그는 '바나나 철학'의 최초의 수출자일지도 모른다. 그것도 일본제국주의의 구미에 맞게 포장된 것일지도 모른다. 전체의 아름다움을 위해 산화散華하는 젊은 카미카제(神風)의 머릿속에 맴도는 니시다 철학을 상상해보자.

4. 여러 식민주의

식민주의도 여러 가지 모습을 한다. 대체로 악마의 몸으로 그려지지만 때로는 천사의 얼굴을 하고 나타나기도 한다. 부드러운 웃음에 날카로운 손톱을 지닌 채 말이다.

○ 식민주의1: 미개조선의 폭정과 궁핍으로부터 일본제국에로의 귀화.

조선은 미개하다. 조정은 썩었고, 조선인은 어리석은 조정 때문에 배고프다. 따라서 일본이 조선을 구원해야 하고, 그 덕분에 조선인은 가난으로부터 벗어난다. 일본의 역할은 조선의 일본화를 통한 조선과 조선인의 구제이다.

사실 이런 논의는 오늘날까지도 지속된다. 일본의 한국에서의 역할이 과연 근대화에 도움이 되었는지, 그렇지 않은지에 관한 논의이다. 도움이 전혀 되지 않았다는 주장에서, 지배책략을 통한 궁극적인 수탈에 불과했지만 귀족이 아닌 인민의 편에서는 나아진 부분을 부정할 수 없다는 주장까지 등장한다.

○ 식민주의2: 중국의 후진식민에서 일본의 선진식민으로의 개화.

조선은 어차피 중국의 식민지이다. 그리고 중국의 식민지로 사는 것은 퇴행의 길이다. 따라서 일본이 중국을 대신하고자 한다. 조선의 모든 것은 중국의 복제이다. 학문도, 제도도, 정치도 그렇다. 그런 후진성에서 일본의 선진화된 문물로 조선을 정비해야 한다. 일본이 조선을 식민화하는 것은 주인만 바뀌는 것일 뿐이므로 문제가 없다. 조선은 새로운 식민지경영자를 통해 더 좋은 조건으로 살아가게 된다.

노예를 사고파는 것과 같은 논리로 노예제가 옳은가는 묻지 않고 노예의 주인으로 누가 좋은가만을 묻는다. 노예에게 좋은 대우를 해주는 주인이 낫다는 주장이다. 잘 먹여주고 입혀주는 새로운 주인은 고리타분한 옛 주인보다 낫다는 것이다.

○ 식민주의3: 서구의 식민화에 대항하는 황국신민화.

동양은 서양제국주의의 침략에 무방비상태이다. 서양의 총칼에 무릎을 꿇을 수밖에 없는 것이 동양의 현실이다. 일본은 동양을 대표하여 그들에 맞선다. 일본은 동양을 수호하고 대변한다. 네덜란드(타이완), 포르투갈(마카오), 독일(칭다오), 영국(싱가폴)에 의해 식민되고 조차租借되는 동양의 현실에 일본만이 대안이다.

일본은 네덜란드라는 창구를 통해 서양과의 교류의 물꼬를 나름 열어 놓고 있었다. 그것이 난학 곧 화란(和蘭: Holland)학이다. 막부도 선교의 문제 때문에 쇄국의 길을 가지만 그러면서도 통로는 마련해 두었고, 따라서 쿠슈(九州)

는 서양화의 전초기지가 되었다. 많은 서양인들이 중국으로 갔고 조정과의 교류도 자유스러웠지만, 교황 클레멘스 11세의 제사 금지조치로 말미암아 황실은 격노했고 마침내 단절이라는 극단을 선택한다. 조선은 북경을 통한 서구문물의 수입이 북학北學파에 의해 간신히 명백을 이루고 있을 뿐이었다. 미국에 의해 부득이하게 전면 개화하였지만 서구화에 성공한 일본의 신민臣民이 되는 길만이 한국과 중국이 살길이다. 제국일본을 따르라.

○ 식민주의4: 세계제국 속에서 동아시아인으로서의 자격화.

유럽은 국가 간의 경계가 엄격하지 않아 하나의 대륙으로서 자신들의 견해를 모아간다. 아프리카와 아시아는 유럽국가들 간의 각축장이었고, 북아메리카는 새로운 식민지로서 영국과 프랑스의 전장이 되었지만, 그들끼리는 협상이 가능했다. 유럽은 연방이나 연맹을 통해 독자성을 유지하면서도 전체적으로는 단합하는 모습을 보여주었다. 일본은 동아시아에도 이러한 하나된 체계가 필요하다고 생각했다. 그것이 바로 '대동아공영권大東亞共榮圈'이다.

동양은 서양과 달랐다. 특히 동아시아는 유럽과는 달랐다. 유교문화권에 불교가 혼효된 동아시아는 정체政體도, 윤리도, 교육방법도 구미와는 달랐다. 서양화는 필수였지만, 동양의 고유한 정신세계가 가미되어야 충분했다. 그것은 일본이 서양에 가르쳐야 할 것이었다. 사무라이(武士道: marshal)와 선(禪: Zen)이 대표적이었다. 일본은 동아시아의 표준이어야 했다.

정치는 위의 것 어디에도 속할 수 있지만 속내가 비교적 잘 드러난다. 그러나 문제는 철학이다. 식민성1은 무정부 상황에서 인간의 조건-'인권'이 문제되고, 식민성2는 기존질서에서 새로운 질서에로의 변화-'진보'의 목적이 문제가 되고, 식민성3은 최선最善을 대신하는 차선次善의 악惡-'선한 악' 또는 '필요악'이라는 관념이 문제가 되며, 식민성4는 서구화에 대항하는 동아시아 주류의 공동체-'주체'와 '자각'이라는 개념이 문제가 된다. 이 모두 어리석은 자를 깨우치겠다는 계몽(啓蒙: enlightenment)의 신화를 바탕으로 한 것이지만, 등장한 문제들은 오늘도 여전히 철학적 주제로 유효하다. 그것들에서 교화라는 오만함만 빼면 그것들이 어제의 문제인지 오늘의 문제인지 분명하지 않을뿐더러, 나아가 전통과 대결하는 혁명적인 성격이나 전통을 재건하는 충직한 모습으로 우리 앞에 세련되게 나타난다.

5. 조선유학사의 해석과 반성

안타깝게도 조선유학연구의 시발은 일본인 학자 타카하시 토오루(高橋亨: 1878-1967)에 의해 이루어진다.[6] 그 역시 위에서 말한 여러 종류의 식민주의의 망령에서 벗어나지 못했다. 수많은 명분이 있었지만 결과적으로는 일본의 조선 지배를 위한 조선유학의 비하를 넘어서지 못했던 것이다. 타카하시는 대한제국 관립 한성중학교[7] 교유(教諭, 1903), 조선총독부 종교조사(1910), 경성고보[8] 교유(1911), 대구고보[9] 교유(1916), 경성제대[10] 교수(1926-1939), 혜화전문 교장(1940),[11] 조선 유도연합회 부회장(1944)을 지내다 귀국 후에는 천리대교수(1950)로 지내면서 조선학회 부회장을 맡았었다. 문제는 우리의 초창기 유학연구자들이 모두 그로부터 알게 모르게 영향을 받은 사람들이고, 그들로부터 교육받은 사람들이 현

6 그(たかはし とぉる: Takahashi Tōru)의 한국어 표기는 '타카하시 토오루'로 통일되어야 할 것 같다. '亨'은 장음이고, '高'도 무성음이기 때문이다. '다'와 '도'로 표기하면 일본 유성음을 표기할 수도 없을뿐더러, 실제발음도 유성음으로 읽히기 쉽다. 이 글에서는 '타카하시 토오루'로 먼저 표기하고 남의 글인 경우 글쓴이의 표기를 괄호에 넣었다. 다음의 책에서도 위의 영어식 표기를 썼다. 福永光司 編, 『道教よ東アジア-中国·朝鮮·日本』, 京都: 人文書院, 1989, 高橋徹(徹은 亨과 訓讀에서 통한다)의 예.

7 서울고등학교 전신.

8 경기고등학교 전신.

9 경북고등학교 전신.

10 서울대학교 전신.

11 동국대학교 전신.

재의 한국유학전문가들이라는 점이다. 생물학적 세대로 말하자면, 타카하시와 그를 논박한 장지연(張志淵: 1864-1921)이 1세대, 그에게 직간접으로 영향을 받은 사람들이 2세대, 2세대를 스승으로 삼은 사람들이 3세대가 된다. 그러나 오늘날까지도 타카하시가 제시한 주리主理와 주기主氣의 이분법에서 벗어나지 못하고 있다는 점에서 학문적으로는 모두 제1세대에 속한다. 학문적 2세대의 모색을 위해서라도 타카하시를 다시 바라보아야 하는 것이다.

타카하시는 총독부의 명령으로 삼남 지방을 돌아다니다가 유병장의 책상에 『퇴계집退溪集』이 놓여있는 것을 보고 조선유학을 연구하게 되며, 오대산 월정사 승려들의 근면하고 바른 행동을 보고 불교를 연구하게 된다. 「이조불교」(李朝佛教: 1929)는 완성했지만, 「이조유학」은 완성하지 못했다. 그러나 그가 쓴 단편들로부터 이후의 조선유학연구자들은 큰 영향을 받는다.

타카하시 연구의 어려움은 현재 활동하는 연구자를 가르친 사람들이 그의 영향을 알게 모르게 받았기 때문이다. 자신을 극복하기도 어렵지만, 타카하시에 대한 비판이 곧 스승에 대한 비판으로 여겨지기 쉬워 조심스럽다. 그런 점에서 타카하시의 문제를 지적하는 사람은 조선유학사의 새로운 개척자가 아닐 수 없다. 여기에서 그들의 이야기와 그에 대한 논평을 하나씩 들어보자.

권인호는 「타카하시 토오루(다카하시 도오루)의 황도유학皇道儒學」이라는 글에서 이황, 박종홍까지 포함하여 주자성리학의 중앙집권적 국가주의를 비판한다. 권인호는 먼저 한말 대부분의 유학자들은 전통유교를 왕도王道 유교로 인식했고 점차 황도 유학으로 경도되었음을 지적한다. 조선유학자들 자체 성향에 대한 분석이다. 아울러 타카하시가 동경제국제학 지도교수였던 다케베 돈고(建部遯吾: 1871-1945)의 진화론에 영향을 받아 조선의 사상을 고착성과 사대성으로 열등하게 파악했다는 조남호의 주장을 받아들인다.[12] 이어 권인호

12 이때의 진화론은 '자연선택'을 '도태淘汰'로 번역하던 사회진화론의 시절이었음을 상기하자. 정확히는 스펜서의 사회유기체론이다.

는 '타카하시(다카하시)는 조선조의 철학사상을 퇴율 중심의 성리학으로 파악하여 전개하였고, 이를 답습한 박종홍을 비롯한 현상윤, 이병도, 배종호, 윤사순 등, 그리고 그들의 대부분의 제자들이 같은 주제로 연구하여 이론의 재생산이 계속되고 있다'고 역설한다. 주희와 이황, 타카하시와 박종홍, 그리고 그 후예들의 학문연구 태도가 공통적인 문제점이 있다는 것이다.

이형성은 「타카하시 토오루(다카하시 도루)의 조선유학 서술의 문제점」이라는 글에서, 타카하시는 어용관학자였으며 조선국어학을 연구하다 사상과 종교까지 연구의 폭을 넓혀갔음을 거론하면서, 특히 주리파와 주기파라는 분류와 그에 의한 당론 연결이 가장 심각한 문제라고 주장한다. 그러나 윤사순 이후 이에 대한 비판이 나왔음을 언급하면서,[13] 이후의 많은 연구를 열거한다. 또, 이형성은 타카하시가 정한론자征韓論者들과 깊은 관계를 맺고 있었음을 지적하면서 식민사관을 숨기고 있었다고 밝힌다. 타카하시가 쓴 속담연구에는 조선인의 특징을 아래와 같이 여섯가지로 분류한다.

(1) 사상의 고착성固着性: '다른 것'에 활동하지 않는 것.

(2) 사상의 무창견無創見: 중국사상 외에 독립적인 창조가 없는 것.

(3) 창기暢氣: 관유寬裕하지 않고 심히 통려痛慮하여 실망할 때 '낙천적'이 되는 것.

(4) 문약文弱: '무武의 정신'을 잃어버린 것.

(5) 당파심黨派心: 이른바 당쟁.

(6) 형식주의: 겉만 따르고 실질을 잊는 것.

타카하시에 따르면 '4천 년 조선역사는 이 여섯 가지 성질이 구체화된 것'에 지나지 않는다. 이형성은 이는 '제국주의적 사관의 표출'이 아닐 수 없는데, 일간지에 게재된 이 내용으로부터 장지연과의 지상논쟁이 벌어졌지만, 타

13 윤사순, 「고교형의 한국유학관 검토」, 『한국학』12, 중앙대학교 한국학연구소, 1976. 이형성의 지적이 옳다면, 조선유학연구 제2세대가 이미 형성된 것일지도 모른다.

카하시는 줄곧 '조선의 유학은 치인治人을 무시한 성리학 연구로 도학道學에 빠져 실용적 학문이 없다'고 주장했다고 한다. 결국, 조선의 유학은 주자학 이외에는 아무것도 없으며, 유국儒國이나 유향儒鄕을 실현하기 위해서 예론禮論이 일어나 노인을 존중하고 학자를 숭배하는 것으로 드러났지만, 이황과 이이만을 제일로 여긴 까닭에 진보가 없어 일본에 의해 재흥再興되어야 한다는 것이었다. 타카하시는 '주리파=영남학파', '주기파=기호학파', 틀에서 약간 벗어난 '김창협문파=절충'이라고 도식화했는데, 이형성이 보기에 조선유학은 리학을 치밀하게 연구한 것이기 때문에 그의 조선유학사에 대한 연구는 잘못되었음이 자명하다는 것이다.

손흥철은 이형성의 발표에 대해 동정적인 입장에서 조선유학사의 망령이 주리, 주기와 타카하시라고 전제한다. 그러나 오늘날 중등학생들은 윤리도덕이나 국사를 배우지 않았기 때문에 오히려 제대로 가르칠 수 있는 기회라는 것이다. 여규형(呂圭亨: 1848-1921), 정만조(鄭萬朝: 1858-1936), 윤희구(尹喜求: 1867-1926) 등이 대표적인 친일유학자들인데, 그들이 먼저 자발적으로 타카하시에 접근하였는지, 타카하시 및 일본 관료들이 의도적으로 이들을 끌어들였는지 연구가 필요하다. 게다가 이 대목에서만큼은 장지연이 그들과 같은 친일유학자로 분류될 수 없다. 구체적으로는, 지금도 줄기차게 퇴계학파와 퇴계학연구자는 율곡과 율곡학파에 대하여, "리를 기로 이해하고 있다"라고 공격하는데, 이것은 타카하시의 관점과 거의 일치하는 것이다. 이렇게 주기라고 한다면 성즉리性卽理가 아니라 성즉기性卽氣가 되어야 하지만, 이런 관점은 조선말 최한기(崔漢綺: 1803-1877) 정도에서야 발견된다. 결론적으로 손흥철은 한국유학이 현재와 미래에서 역할을 할 수 없다면 오히려 타카하시의 견해가 역설적으로 맞게 될 수 있음을 걱정한다.

내가 보기에, 우리에게 철학적으로 남은 문제는 이발已發과 미발未發의 문제이다. 이발론은 사단칠정론四端七情論으로 확대되면서 '성이 발현하여 정이 된다'(性發爲情)는 정을 주기와 주리라는 용어로 설명하기 때문이다. 주리와 주기는 본디 조선유학 고유의 용어인 것이다. 아울러 미발론은 성의 보편성에 대한 논쟁인 인물성동이론人物性同異論으로 확대되면서, 기질氣質론 곧 '나뉨의 나뉨'(分殊之分殊)[14]론으로 상세히 분화되고 있기 때문이다.

김미영은 「타카하시 토오루(다카하시 도오루)와 장지연의 한국유학사관」이라는 글을 통해 우선 1915년 <매일신보每日申報>상 벌어진 그 둘 사이의 지상 논쟁을 소개한다. 홍원식이 "타카하시(다카하시)의 유교에 대한 이해는 장지연보다 한발 앞서 있음이 분명하며, 한국유학에 대한 이해 또한 보다 분석적"[15]이라고 말했다면서, 이는 타카하시가 근대적 학문관에 의거해 객관적으로 유학사를 논하고 있는 반면, 장지연은 여전히 전통적 시각에 놓여있음을 지적하는 것이라고 말한다. 근대적 의미의 국가정체성 내지는 애국심 확보를 위한 노력의 일환이 장지연이고, 식민통치의 정당화 내지는 이를 통하여 한국민을 일본국민화 과정에 편입시키기 위한 노력의 일환이 타카하시였다는 것이다. 타카하시에 따르면, '유학자儒學者'는 송학자와 같이 단순한 훈고학자이며 성리학자이고, 진정한 '유자儒者'는 공자문하의 효제충신을 실천하는 사람들인데, 조선성리학은 공리공담으로 흐른 유학자로 분류된다. 이에 반해, 장지연은 참된 도학자와 속유俗儒라는 구별을 제시하면서, 타카하시가 말하는 것처럼, 조광조 이래로 유학자가 분화되지도 않았으며, 서경덕, 이언적, 이황에 이르러 유자와 유학자가 구분되지도 않았다고 강조한다. 타카하시에게는 이이만이 '유자로서 유학자를 겸한 자'로 실용학자였다. 이러한 소개와 더불어 김미영은 이 논쟁에서 부상되고 있는 율곡학이 향후 한국유학사에서 한국인에게도 일본인에게도 부동의 지위를 차지하게 되는 퇴계학에 자리를 양보하는 과정을 그린다.

---

14 수암(遂菴) 권상하(權尙夏)의 경우. 정세근, 「수암 권상하의 학맥과 사상」, 『尤庵論叢』4, 충북대학교 우암연구소, 2010, 16쪽.

15 홍원식, 「장지연과 다카하시 도루(타카하시 토오루)의 '유자·유학자 불이·불일' 논쟁」 『오늘의 동양사상』, 2005, 284-5쪽.

이봉규는 김미영의 발표에 덧붙여, 타카하시의 경우는 근대적 의미로서의 학(science)의 개념에 대한 인식이 후반부로 갈수록 더 분명해짐을 강조한다. 타카하시는 이이가 이론과 실천을 겸비한 것으로 보는 반면, 이황은 실용적 수행이 결여된 것으로 보았지만, 나중에는 이황을 학문과 도덕을 겸비한 학자로 평가했다는 것이다. 그럼에도 조선유학이 주자학으로 시야가 좁아지고 순수학문에 전념케 되는 것이 이황 이후라는 관점은 유지된다. 타카하시의 문제의식은 학설사 위주의 연구이고 리기론과 심설 등의 메타담론이었는데, 그 까닭은 바로 근대적 학의 층위에서 유교를 기술하는 것이었기 때문이었다. 지난 100년간의 연구성과에서 메타담론 중심의 연구는 대체로 유교사가적 작업이 중심이었기 때문에[16] 이제는 리기론이 대상으로 삼았던 인륜과 예제로 내려가 역사적 경험의 맥락에서 또한 비교철학적 시야에서 성찰하는 것이 필요할 것 같다고 주장한다.

여기서 나는 묻는다. 과연 타카하시는 이황과 이이 가운데 어느 쪽을 선택한 것인가? 그 자신이 바뀌기는 하지만, 조선유학사는 이이가 완성한 것이기도 하고, 이황은 주자를 떠나 독창성이 없음에도 조선유학 발달의 정점이라고 하면, 도대체 논지가 무엇인가? 조선유학은 정체되었기 때문에 이황에 이르러 정체의 최고조에 이르렀다는 말인가? 타카하시의 해석을 거치면서 퇴계학은 율곡학을 대신 부동의 지위를 차지할 수 있었다고 한다면, 결국 오늘의 퇴계학 중심의 연구풍토는 타카하시의 기도와 맞아떨어진다는 말인가? 초기의 논쟁이긴 하지만, 장지연이야말로 허훈, 허전, 황덕길, 안정복, 이익, 그리고 이황으로 거슬러 올라가는 학맥을 잡았는데, 그렇다면 타카하시가 장지연의 논조를 받아들인다는 것인가? 타카하시가 1920년대에는 이익과 정약용에 관심을 기울이지 않지만 30년대 이후 '실학'을 퇴계학의 평가와 연동하는

16 이봉규는 "타카하시(다까하시)는 사칠론에 대한 이황과 이이의 견해 차이가 성리설과 경세론과 연관해서, 또는 성리학 전체를 이해하는 시각과 어떻게 연관되는지 해명하려는 문제의식을 보이지 않았다"고 앞서 비판한 바 있다. 「조선시대 유학연구 再讀」, 이화여자대학교 한국문화연구원 편, 『철학연구 50년』, 서울: 혜안, 2003, 418쪽.

것은 무엇 때문인가?

리기용은 「타카하시 토오루(다카하시 도루)의 조선유학 이해와 지산 배종호의 한국유학사」라는 발표에서 타카하시의 영향력은 주리파와 주기파의 대립으로 조선유학의 전개를 해석하는 데 성공하지도 못했고, 동아시아철학사 서술에까지 영향을 미치지도 못했다고 명쾌하게 답한다. 아직도 타카하시의 유령이 판을 치고 다니는 현실을 개탄하며 그는 일개 관변학자에 지나지 않은 허명이라고 단언한다. 타카하시의 조선이해의 실체는 서구의 오리엔탈리즘을 철저하게 답습하여, 일본화된 오리엔탈리즘을 그대로 조선 이해에 적용시키는 것이었다. 타카하시는 일본 근대철학의 대부이자 동경대학 최초의 일본인 교수인 이노우에 테츠지로(井上哲次郎: 1855-1944)와 그의 제자였던 다케베 돈고의 영향을 깊이 받는다. 이노우에의 역할은 전통사상의 우월성을 전제하면서 서양적 방식으로 '동양철학'을 전개하는 것이었다. 이노우에는 그 일환으로 주자학 대신 (허구의) 양명학을 제시하며,[17] 다케베는 사회진화론의 입장에서 일본을 중심으로 낙후된 동아시아가 함께 발전하자는 주장을 편다.[18] 이런 영향 아래, 타카하시는 '일종의 레포트'로 조선유학을 실험적으로 적용하였으며, 심지어 분리와 통치의 원칙에 맞게 영남과 기호지방의 대립 갈등을 증폭시켰다는 것이다.

배종호의 『한국유학사』(1974)는 타카하시의 영향을 받은 것으로 간주되지만, 어느 곳에서도 그에 대한 언급이 없다고 리기용은 말한다. 배종호의 관심은 오히려 서양철학이었으며 1960년 42세 때 연세대학교에 전임강사로 부임하여 일반철학개론을 가르치면서 비로소 오노 테츠토(宇野哲人)의 유학사와 오야나기 시게타(小柳司氣太)의 경학사 등의 중국철학을 공부하기 시작한다. 한국유학사 강의를 위해서는 자료와 논술을 겸비한 장지연의 『조선유교

---

17 이노우에는 양명학에 이어서 고학古學파와 주자학파를 연구함으로써 체계적인 작업을 완성한다.

18 그의 스승이 토야마 마사카츠(戶山正一: 1848-1900)이었고 '사회학'이라는 이름으로 독립시켰다는 것이다. 그 이전에는 '近態學'이었다.

연원』, 현상윤의 『조선유학사』, 이병도의 『자료초고유학사』를 참조한다. 결국 배종호에게 영향을 미친 것은 서양철학이며, 서양철학을 동양의 정신적 전통에 동화시키려고 노력했던 니시다의 제자인 헤겔 전공의 다나베 하지메(田邊元)의 『철학통론』[19]이었다. 배종호의 주리와 주기의 도식은 전통적인 계보학의 맥락과 닿아있을 뿐이라는 것이다.

조남호는 리기용의 주장에 대해 계보학이 반드시 잘 쓰인 것은 아니라면서, 대표적인 예로 『명유학안明儒學案』을 든다. 중요한 것은 계보의 인증이었으며, 더 나아가 계보학의 중심이 무엇이냐를 물어야 한다고 강조한다.

아직도 많은 학자들이 조선유학사의 기초적 이해를 배종호의 저서와 자료를 통해 입문하고 있다. 따라서 내 생각에는 언급이 없다는 것과 이해의 구조가 같다는 것은 의미상 주의해서 써야 할 것 같다. 이해의 구조가 같으면 언급이 있건 없건 간에 같긴 같은 것이기 때문이다. 그리고 계보를 나누는 것 자체가 철학적 분류이자 이해의 틀로 보인다.

이향준은 「타카하시(다카하시)의 고약한 은유」라는 글을 통해, 그의 주리와 주기라는 개념은 고약하면서도 사소한 철학적 은유라고 주장한다. 타카하시는 발선發善과 교악矯惡이라는 수양론의 양대 유형을 본체론으로 대체했다는 것이다. '유학의 도덕이론은 무엇을 원천으로 하고 있는가'라는 질문에 대해 타카하시는 잘못된 대답을 하고 있는데, 주리파는 규범성의 원천을 리라고 간주하지만 주기파는 그것의 원천을 기라고 간주하지 않기 때문이다. 따라서 타카하시의 기준은 핵심적인 질문을 비켜가고 있다. 이향준에 따르면, 이황의 리는 통속적인 양심개념의 추상화에 가깝고 이이의 리는 이상화된 사회질서에 가깝다.[20] 이는 맹자가 규범의 내재성을, 순자가 규범의 외재성을 강조하

19 田邊元, 『哲學通論』, 東京: 岩波書店, 1971.

20 이향준, 「이발설의 은유적 해명」, 『철학』91, 한국철학회, 2007 및 「이이: 켄타우로스를 상상한 유학자」, 『철학연구』118, 대한철학회, 2011.

고, 『중용』이 천명과 성을 통해 이를 종합하려는 것과 같다. 그러나 내재와 외재라는 두 철학적 사유는 유가 도덕성의 본디 날개가 하나가 아니라 둘일 수 있음을 보여준다. 주자에게서 하나로 모이던 것이, 이황과 이이에서 분리되는 것이 그것을 증명한다. 덧붙여, 초월적이고 선험적인 탐구는 충분하므로 경험적 탐구에로 지평을 넓혀가야 한다는 것이다.

한자경은 타카하시에 대한 여러 비판에 대해서 이견을 내놓는다. 리의 활동성에 입각한 주리·주기의 학파분류는 어느 특정 연구자가 나중에 임의적으로 덧붙인 기준이나 분류가 아니라, 각 학파에 속해 논쟁을 벌인 사람들 자신이 이미 스스로 알고 있었던 내용이라는 것이다. 그 구분은 타카하시가 해낸 것도 아니며, 만일 주리·주기의 분류기준이 확실치 않다고 하면 영남학파와 기호학파가 논쟁하면서도 무슨 문제에서 의견이 나뉘는지도 몰랐다는 말이 된다는 것이다. 결과적으로는 사칠논쟁 자체를 무의미한 것으로 인정하게 되고, 그것이 바로 식민사관이 노리는 것이다. 유학에서의 리발理發, 태극과 리의 활동성을 받아들여야 조선유학의 생혼生魂을 느낄 수 있으며, 리의 활동성을 부정하고 들어간다면 유교를 주기론으로 단정지을 뿐만 아니라 주리·주기의 분류가 담고 있는 생생한 정신의 긴장을 부정해버리게 된다는 것이다.

한자경은 이종우의 심학·성학의 분류법을 소개한다. 이종우는 이진상학파(퇴계학파)와 전우학파(율곡학파)가 둘 다 '주리=정학, 주기=이단'이란 등식 하에 자신을 주리로, 상대를 주기로 간주했으므로 주리·주기를 버리고 그들 자신의 용법인 심학·성학으로 부르자고 한다.[21] 그러나 분류하는 사람이 아닌 분류되는 사람의 용법에 치중한다면 분류의 객관성과 보편성이 확보되지 못함을 한자경은 지적한다.

여기서 나는 또 묻는다. 과연 타카하시 자신은 주리였나, 주기였나? 이종우는 그가 이황을 주리라고 부름으로써 퇴계와 영남학파를 두둔했다고 하

---

21 이종우, 「한국유학사 분류방식으로서 주리·주기에 관한 비판과 대안」, 『철학연구』64, 2004.

고, 한자경은 리를 능동적으로 발현하는 것으로 보기보다는 단지 기에 따라 발현하는 것으로 보는 주기의 율곡에 가까운 듯하다고 한다. 모종삼牟宗三의 용어를 빌린 이향준의 구별에 따르면, 퇴계는 심체(心體: 육상산, 왕양명: 即存有即活動[22])론자에 가깝고 율곡은 성체(性體: 주희: 只是理/ 只存有而不活動[23])론자에 가까워지는데, 그렇다면 퇴계학과 양명학이 규범의 내재성에서 모종의 연관성을 갖는가? 한자경은 퇴계가 양명학의 심학, 나아가 불교적 일심사상과 상통한다고 보고 있다.

6. 철학사의 악화

'악화惡貨는 양화良貨를 구축한다.' 이런 경제학 용어가 철학계에도 적용될 때가 있다. 나쁜 이론이 더욱 성세를 떨치는 경우를 말한다. 학문활동이라는 것이 사승관계와 이해관계로 맺어지는 경우가 많아, 자신의 이론을 따르는 사람을 가까이하고 그렇지 않는 사람을 멀리하기에 벌어지는 일이다. 따라서 학생은 교수의 이론을 확대재생산하려고만 하고, 비판하고 재정립하려들지 않는다. 스승의 노선을 따르지 않는 것은 곧 자멸을 뜻하기에 더욱 보수화되고 공고화된다. 세월이 가면서 좋아지는 것이 아니라 오히려 나빠진다.

교수가 가르친 주리와 주기의 이론에 대해 학생이 자유롭지 못하면 새로운 학문의 정립은 어려워진다. 비판이 오히려 스승을 높이는 일일수도 있는데 동양적 의미에서의 '스승 배반'(背師)의 혐의가 겁나 머뭇거린다. 그러나 이제는 다양한 의견 속에서 심도 있는 조선철학사 연구가 필요한 시점이다.

공연한 식민주의의 망령에 휩싸여 학문과 권력을 구별하지 못하는 것도

---

22 牟宗三, 『心體與性體』, 卷1, 臺北: 正中書局, 1983, 42쪽.

23 牟宗三, 『心體與性體』, 卷1, 臺北: 正中書局, 1983, 31-2쪽.

죄다.[24] 그러나 마찬가지로 권력에 무릎 꿇어 학문을 학문 외적인 것과 구별하지 못하는 것도 죄다. 나는 식민지 시대의 학자지만 조선을 사랑한 미학자 야나기 무네요시(柳宗悅: 1889-1961)가 좋은 예라고 생각한다. 비록 '슬픔'을 강조했다는 한계가 있지만, 그는 정말로 조선을 사랑했다. 그는 광화문을 부수지 말라고 총독부와 대결했던 학자이다.

추사 김정희와 청대 금석학자의 교류 연구에 평생을 바치고 그의 아들에게까지 유업을 넘긴 후지츠카 지카시(藤塚隣: 1879-1948)도 있고,[25] 금시대의 일본주자학과 퇴계학 연구의 권위자인 아베 요시오(阿部吉雄: 1905-?)도 있다.[26] 그들은 모두 경성제대의 성립시기와 관련되어 등장하는 인물이지만, 그들에 대한 평가는 제대로 이루어지지 않고 있다. 그런 점에서 우리는 아직도 식민주의의 망령에서 자유롭지 못하다. '악화惡貨'로 말미암아 우리의 철학사는 더 '악화惡化'되고 있다.

위에서 말한 식민주의의 여러 양상은 '인권', '진보', '필요악', '주체'와 '자각'이라는 미명 아래 한 시대를 풍미했다. 식민지시대의 철학은 특히 위와 같은 명분 아래 이루어진 매우 정치精緻한 작업이었다. 이를테면 오늘날 골상학骨相學은 우생학적인 편견이 가득한 학문이라고 부르지만, 한 세기 전만 하더라도 전세계에 널리 퍼져있는 인간판단의 기준이었다.[27] 이제는 역사 속으로 사라진 수많은 개념이 어제는 얼마나 위세가 당당했는가. 오늘의 관념 중에는 어떤 것이 사라져야 할 것인가? 우리 속에 들어있는 '악의 형이상학'을 드러내는 것은 철학의 중요한 임무이다.

---

24 영어에서 식민지풍(colonial)은 미국에서의 초기 영국풍 건축물을 가리키는 것으로 반드시 나쁜 뜻은 아니다. 그러나 우리나라에서 일제잔재를 식민지풍이라고 일컫다가는 매판(買辦)으로 몰리기 쉽다. 그 차이는 미국이 그만큼 영국에 대해 자신이 있다는 이야기와도 같다. 로마시대의 식민지 지명이 아직도 남아있는 유럽과도 비교해보자. 독일의 쾰른(Köln: colony), 영국의 런던(London: Londinium) 등이 그렇다.

25 1930년에 타카하시와 함께 명륜학원에서 강사를 한 적이 있다.

26 阿部吉雄, 『日本朱子學と朝鮮』, 東京: 東京大, 1965. 저자약력에는 明治 38년생, 경성제대 조교수 昭和 16년(1941)으로 적혀있다.

27 스티븐 제이 굴드 지음, 김동광 옮김, 『인간에 대한 오해』, 서울: 사회평론, 2003.

『동서철학연구』37, 한국동서철학회, 2005.9.

6

우리 시대의 노장 연구사

1. 연구사의 중요성
2. 연구사 정리의 범위와 내용
3. 중국, 일본, 서구의 노장 연구
4. 한국의 노장 연구
5. 남은 것과 갈 길

1. 연구사의 중요성

연구사를 연구하는 이유는 무엇인가? 그것은 우리의 연구가 어디까지 왔고, 얼마나 이루어졌으며, 어디로 가야 할 것인가를 묻기 위해서이다. 과거에 대한 반성이고, 현대에 대한 검토이며, 미래에 대한 방향 설정이다. 연구사는 정말 방대하고 수고로운 작업이다. 그럼에도 하지 않을 수 없는 것은 학문의 방향지方向指 설정을 위해서는 반드시 거쳐 가지 않으면 안 되기 때문이다.

내가 왜 이것을 연구하는가? 이것을 남들은 어떻게 연구했나? 앞으로 무엇을 연구해야 할 것인가? 이런 필수불가결한 선결문제에 대한 인지 없이 학문을 한다는 것은 자칫 잘못하면 위태로워 보이기도 한다. 학문의 장이라는 것은 단순히 자신의 만족만으로 그칠 수 있는 것이 아니다. 내가 그것을 좋아하고 즐긴다는 것은 독자나 감상자와 같은 학문애호가의 심정으로는 옳아도, 학문적 담론을 만들어가는 학자의 방향으로는 그렇게 옳아 보이지 않는다. 무엇보다도 이러한 태도가 야기하는 가장 큰 문제는 바로 '학문적 반복'에 있다.

지금 말하는 학문적 반복은 학문의 계승과는 전혀 다른 것이다. 그것은 한마디로 '한 이야기 또 하는' 상황을 일컫는다. 경전에 대한 연구는 개방적인 것이라서 누구든 일정한 견해를 말할 수 있다. 그러나 그것이 이미 해 온 연구에서 한 걸음 더 나아간 것이 아니라 단지 반복이라면 우리의 연구는 어쩔 수 없이 상당히 소모적이고 낭비적이게 된다. 게다가 그것은 선대 연구의 학습을 소홀히 한 것이라서 학문적으로도 비난의 여지가 있다. 논문을 쓸 때 많은 참고자료를 열독하고 제시하는 것은 그만큼 선대 연구를 바탕으로 자신의 주장을 펴겠다는 것인데, 이런 기본자세가 무시되거나 어느 특정한 방향으로만 집중된다면 그만큼 우리는 진정한 기반 마련에서 실패하게 될 수밖에 없다.

한 예를 들어보자. 노자 곽점 죽간본이 출토(1993)되어 공개(1998)된 것은 얼마 되지 않는다. 연구업적도 특정한 시점에서부터 발생한다. 따라서 곽점본에 대한 연구는 분명한 선행연구가 있고, 지금의 주장이 있다.[1] 그런데 우리나라에서는 이를 어떻게 연구하는가? 먼저 중국 쪽이나 일본 쪽의 자료를 바탕으로 논문을 쓴다. 그렇다면 다음번은 중국과 일본, 그리고 우리나라의 논문을 바탕으로 쓰는 것이 자연스러운 순서일 것이다. 그러나 우리는 그렇게 하지 않는다. 새로 쓴 논문은 중국과 일본의 새로운 자료를 참고했을 뿐, 우리나라의 논지를 계승하거나 주장을 비판하려고 들지 않는다. 또 다시 중국과 일

1 정세근, 「곽점 초간본 『노자老子』와 『태일생수太一生水』의 철학과 그 분파」, 『철학연구』 58, 철학연구회, 2002. 당시만 하더라도 박원재의 글(「곽점 죽간본 『노자』에 대한 몇 가지 검토」, 『동양철학13』, 서울, 동양철학회, 2000)이 유일무이했다. 같은 글의 주6) 참조. 그러나 그 후 유사한 논문이 쏟아져 나왔으나 어떤 논문도 한국의 선행연구에 대해서는 구체적으로 거론하지 않았다.

본은 이렇게 말했다면서 거기에 자기의 주장을 곁들이는 식으로 쓴다. 그곳에는 한국의 선행연구가 배제되어있다. 어떨 때는 한국의 선행연구와 거의 같은 결론임에도 하나의 다른 논문으로 취급받는다. 이런 연구의 중복을 바로 학문적 반복이라 하는 것이다.[2]

한국의 어떤 논문 가)는 논문A(중국)와 논문 B(일본)를 바탕으로 쓰였다. 그렇다면 다른 한국의 논문 나)는 A, B, A', B'를 바탕으로 하되, 당연히 논문 가)를 주의해서 쓰여야 한다. 가)를 계승하거나 비판하는 것이 바로 나)로써 또 다른 한국의 논문 다)를 기다리는 자세이다. 그러나 우리는 그러한가? 논문 나)는 A, B, A', B'만을 본다. 그리고 논문 다)는 여전히 A, B, A', B', A'', B'' 만을 볼뿐 우리의 논문 가)와 나)는 보지 않는다. 이런 상황에서 우리 논문의 수준이 올라가길 바라는 것은 애초부터 지나친 희망이 된다. 가)는 나)와 다)를 두려워하지 않고 A와 B만을 정리하는 데 그치기 쉽고, 나)는 다)를 두려워하지 않을 뿐만 아니라 가)를 모른 체하면서 여전히 A와 B만 정리하면 된다. 다)는 나)도 그랬기 때문에 더욱 부담 없이 A와 B만, 또는 A와 B에서 조금 더 나아간 것만 정리하면 된다. 결국 가), 나), 다)는 대동소이해진다.

이런 학문적 상황이 우리의 연구가 집적되지 못하는 원인이 되고 있다. 이른바 학문적 식민성에서 벗어나지 못하여 자생학문의 기틀이 마련되지 못하는 가장 중요한 까닭이 바로 이러한 데 있는 것이다.

한국의 인문학 논문 가운데 적지 않은 수가 새로운 관점이나 개념을 전개한다기보다는 외국의 논문들을 정리, 요약하는 데에서 그치고 있다. 그 이유는 이렇듯 상호 간에 통용되는 모종의 암묵적 태도에 있다. 외국의 것만 보면 된다. 우리의 것은 보지 않아도 된다. 이런 태도는 과거 우리의 것이 없다고 할 정도의 박약한 상태에서는 어쩔 수 없었다고 하더라도, 양과 질에서 상당

---

2 이런 현실을 고치자고 주장한 나의 글이 「노자와 곽점, 그리고 철학사」라는 한국도가철학회 2000년도 추계발표회(동국대 2000.12.9.) 논평문이었다. "첫째, 곽점 연구는 이제 시작이다. 곽점 연구만큼은 우리 학계의 업적을 착실히 정리하고 인용하자. 계속된 수입에 철학의 자생력은 없다. … (갑은 을의 중복인데) … 적어도 곽점 연구부터는 우리끼리 먼저 토의하자."

한 발전을 이룩한 오늘날에도 적용될 수 있는 것은 아니다. 게다가 우리 글을 보자는 것은 우리 학문의 발전을 위해 너무도 필요한 것이다. 아무도 보지 않는 글을 쓴다는 우리 학계의 자조와 탄식은 정말 사라져야 한다. 후학이 무서워서라도 나쁜 글을 쓰지 않고, 후학에 본이 되기 위해서라도 좋은 글을 써야 한다. 그리고 같은 이야기하는 글은 더 이상 쓰이지 않아야 한다. 학문적 반복은 우리 스스로를 위해서라도 안 될 일이다.

연구사 정리는 바로 이와 같은 취지에서 중요하다. 여태까지의 연구를 상세하게 정리해줌으로써 앞으로 연구방향 설정을 쉽게 해주는 것이며, 기존의 논문과는 다른 새로운 논문을 쓰게 해주는 일이다. 더욱이 이런 작업은 후학들에게 어떤 전공에의 입문을 쉽게 해준다. 이런 일이 있었으니 앞으로 할 일이 무엇인지 여러모로 생각하게끔 한다. 일정한 제시를 통해 선행연구의 한계와 문제점을 폭넓게 찾아낼 수 있도록 해주는 것이다.

2. 연구사 정리의 범위와 내용

대만에는 국가중앙도서관 부설 한학연구센터에서 발행하는 『한학연구통신漢學研究通訊』이라는 잡지가 있다. 전 세계의 한학 전문가들을 대상으로 하는 이 잡지는 문학, 사학, 철학 관련 모든 학술적 내용을 기간별로 수집하여 배포한다. 석, 박사 논문에서부터 학술회의 내용에 이르기까지 중국학 관련 학술 목록을 일목요연하게 정리한다. 그러나 구체적인 학술내용을 담지는 않는다. 그런 점에서 일종의 '메타(meta)학'이다.

인문학에서 가장 메타 곧 '학문에 대한 학문'의 성격을 갖는 것은 도서학이다. 내용을 담는 그릇인 책을 정리하는 학문이기 때문이다. 서지학, 목록학, 도서분류학은 그 자체에 문사철을 담고 있지는 않지만, 문사철은 그것을 통해 자신을 드러낸다. 문학작품은 책이라는 공간을 통해 전개되고, 장구한 역사를 통해 누적된 양은 서지학과 같은 도서학을 통해 집약된다. 어떤 학문과 관련된 도서학의 발전은 곧 그 학문의 발전을 내함한다. 학문이 발전하니 그 방면의 도서학이 발전될 수밖에 없는 것이다. 따라서 때로는 도서학의 발달만으로도 학문의 발전을 가늠할 수도 있게 된다. 과거의 성군들이 안정된 정치를 바탕으로 도서를 집약한 것을 생각해보자. 이를테면 『사고전서四庫全書』와 같은 전집의 편집과 간행은 어지간한 국력으로 이루어질 수 있는 것이 아니다. 또한 그것은 이러한 일을 국가사업으로 벌이겠다는 데 많은 사람들이 기꺼이 동의하는 문화적 성숙도와도 관련된다. 먹고살기 바쁜데 책을 모아 펴내겠다는 사람은 없을 것이며, 아울러 그런 일이 국가의 장기적인 발전을 위해 필요하다는 성숙한 인식이 공감대를 이루어야 비로소 가능해지게 되는 것이다.

불행 중 다행으로 우리나라도 이제 인문학 기초연구를 국가사업으로 실시하게 되었다. 2002년 처음 실시된 이 사업으로 박사급 연구자들이 이 분야에 종사함으로써 생업으로 학문을 삼을 수 있게 되었고, 공동연구를 통해 기초적인 작업에 매달릴 수 있었다. 해야만 되지만 개인으로서는 하기 어려운 사업이 금번 지원을 통해 이루어질 수 있었다. 우리의 노장 연구사 정리는 바로 이러한 배경 속에서 탄생된 것이다. 우리 사업의 제목은 '우리 시대의 노장/현학 담론의 형성과 전개'였다.

최초 범위는 넷으로 설정이 되었다. 노장과 현학, 그리고 외국과 한국이었다. 노장 또한 분리될 수 있는 것이었지만 연구사이기 때문에 범범하게 나갈 수밖에 없었다. 외국은 중국, 일본 그리고 서구로 나뉘었다. 중요한 것은 우리나라였기 때문에 한국은 상세히 연구하고자 하는 의도에서였다.

외국의 연구성과는 양도 양이지만 하나의 논문으로 정리되기 위해서는 각자 자기의 특기를 살려 주제 중심적으로 나가야 했다. 중국은 '현대 신유학자들이 본 노장'을 중심으로, 일본은 '도교와 관련된 종교학적 관점'에서, 서구는 '왜 그들이 노장을 보는가'에 초점을 맞추었다. 나름대로 특색을 갖춘 의미 있는 작업이었다. 연구사이면서도 논지를 담으려고 했던 것이다.

그러나 현학은 노장연구만큼이나 독특한 범주를 지니고 있는 것이었다.

현학과 관련된 것도 나중에 부록으로 집어넣을 수는 있겠지만, 노장을 현학과 더불어 논하다가는 오히려 본래의 목적을 훼손시킬 가능성이 있었다. 1차 년도 종료시의 발표회에서 각계에서 초청된 전문가들은 현학분야를 독립시킬 것을 권고했다. 그것은 따로 정리될 분야라는 것이었다. 결국 우리가 중점을 두어야 할 것은 노장이고 외국과 한국이었다.

외국의 연구사가 나름대로 정리가 끝나고, 2차 년도에 들어 한국의 노장학 연구가 오히려 쉬울 것으로 예측했지만 그것은 엄청난 오산이었다. 그것은 우리말로 쓰인, 우리 맥락 속의, 우리에게 영향을 준 것으로 하나로 정리하기에는 너무 복잡다단했다. 게다가 시대별 정리가 옳은 것인지, 대표적 인물을 연구하는 것이 옳은 것인지, 박사논문을 중심으로 학적 계통을 수립하는 것이 옳은 것인지 분명하지 않았다. 토론의 결과는 이랬다. 시대를 중심으로 하자. 그러나 첫 시대는 유영모와 함석헌과 같은 인물을 중심으로, 둘째 시대는 7, 80년대를 다루면서도 저서를 중심으로, 셋째 시대는 90년대 이후의 연구 분위기를 다루면서도 박사논문을 중심으로 정리해나가자.

한국의 연구사 정리가 더 어려웠다는 것은 많은 점을 시사해준다. 역시 우리가 목표했던 대로 우리의 연구사 정리는, 곧 우리 학문의 방향성을 정립하는 것이기 때문에 그 기준 설정이 쉽지 않았던 것이다. 어떻게 시작되어, 어떻게 전개되고, 마침내 어떻게 우리에게 영향을 끼쳤는지 설명하기란 정말 난감했다. 학문의 승계와 전환, 창조와 약진, 그리고 반대와 종합이라는 일정한 구조 속에서 그 내용을 해석해야 나름의 논리와 체계를 이룰 수 있는 것이었다. 그러나 거꾸로 이야기하면, 우리 학문이 그만큼 학적 계통을 이루고 있지 않고 단속斷續적이고 산발적으로 이루어지고 있음을 반증하는 것이기도 했다. 하나의 흐름을 타고 흐르는 것이 아니라, 모두 각개 연구를 하고 있었다는 것이다. 그런 점에서 업적은 있었지만 맥락은 찾기 힘들었고, 성과는 있었지만 비판은 찾기 힘들었던 것 같다. 참다운 학문적 계승이란 비판을 통해 이루어질 수밖에 없는 운명을 갖기 때문에 전후 상호 간의 어떤 흐름을 찾고자 했지만 그것은 안타깝게도 쉽게 모습을 드러내지 않았다.

3. 중국, 일본, 서구의 노장 연구

중국의 경우, 과연 노장 연구에 가장 영향력 있었던 학자군은 누구였을까? 얄궂게도 그것은 노장연구자라기보다는 이른바 현대 신유가라고 불리는 유학자들이었다. 물론 그들이 빼도 박도 못하는 유가라고 정의하는 데에는 상당한 무리가 따른다. 그들은 유가라기보다는 중화주의자였고, 중화문명의 자긍심을 통해 중국인들의 정신적 궐기를 도모하고 싶어 했다. 그들에게는 유가도 중요했지만 도가도 그만큼 중국인의 것이라는 점에서 소홀히 할 수는 없었다. 한마디로 그들에게 노장은 좋은 사유의 발판 가운데 하나였던 것이다.

우리가 중국의 현대 신유가를 주목하지 않을 수 없었던 까닭은, 초창기 우리나라의 노장연구자는 그들의 영향력에서 결코 자유롭지 않았기 때문이다. 대표적인 서복관徐復觀, 당군의唐君毅, 모종삼牟宗三 그리고 방동미方東美의 철학은 한국의 중국철학자들에게 확실한 귀감이자 명백한 지표였다. 당군의의 노자 해석을 예로 들어본다. 한대漢代 학자들은 장구를 나누고 뜻풀이를 하였고, 위진 시대의 학자들은 자신의 철학으로 원문에 벗어날 정도의 새로운 해석을 했으며, 불교 유입 이후 학자들은 불교와 노자의 뜻이 같다고 여기거나 『중용』 등의 유가경전에 가탁하여 설명했다. 그러면서 그는 노자의 도를 불교적인 용用, 체體, 상相 등의 개념을 사용하여 여섯 가지 의미로 분류하기도 한다. 이렇듯 당군의에게 노자는 유가와 불가와 혼효될 수 있는 폭넓은 대상이었다. 그러나 그는 노자의 도를 '무선무악의 중성적인 형이상학적 존재'로 정의함으로써 유가 우위의 사고에서 벗어나지 못한다.

더불어 철학사가들의 관점도 지나칠 수는 없었다. 왜냐하면 철학사는 초학자들이 노장에 입문하는 입구라고 생각되었기 때문이다. 철학사가들도 위의 신유가들처럼 유가 중심적인 사관에서 크게 벗어나고 있지 않았다. 풍우란馮友蘭은 한비자의 관점에서, 그리고 변증법이라는 개념을 원용하면서 노장을 이해하기도 하는데, 이는 아마도 최초의 철학사가라 할 수 있는 사마천

司馬遷의 관점을 이용하면서도 서양철학을 적용해본 예라고 볼 수 있다. 다른 철학사가인 노사광勞思光은 장자를 형체를 가진 자아를 뛰어넘는 방법으로 삶과 죽음을 뛰어넘고(破生死), 남과 나를 하나로 하는(通人我) 주장을 제시한 철학으로 보았으나, 도가의 사상을 예술을 제외하고는 폐단으로 평가하기도 한다.

현대 신유가들의 노장 이해는 우리의 노장연구자들에게 사실상 하나의 뛰어넘어야 할 산으로 보인다. 그들의 중국철학에 대한 이해는 후학으로 학습하지 않을 수 없고, 그 가운데의 하나인 노장 이해도 긍·부정을 뛰어넘어 검토하지 않을 수가 없기 때문이다. 게다가 한국에서의 노장 이해는 그들에게 깊은 영향을 받은 학자들에 의해 일정 부분 이루어 졌기에 더욱 그러하다.

그런데 그들 모두에게 찾을 수 있는 하나의 공통점이 있다. 그것은 '용用'으로 '체體'를 설명하려는 사고방식이었다. 모든 존재는 그것이 발생하는 작용으로 표현되고, 작용이 사라지면 존재조차 사라진다는 의식이었다. 한마디로 그것은 현실 속에서의 용 중심적 사고로, 근대화 세력의 엄습 속에서 그들이 중국의 정신에서 재발견해야 할 것은 바로 전통 속의 기능론이었다.

우리가 주목해야 할 것은 바로 이러한 일관된 관점의 전개와 관련된 고전해석의 태도이다. 그들의 해석에는 목적이 있었고, 그것은 합의된 채로 한 방향으로 나아가고 있었다. 그렇다면 과연 우리는 노장을 보면서 이런 태도나 관점이 있었는가? 우리가 아쉬워하는 것은 바로 이 점이다. 현대 신유가가 공부한 목적은 잊은 채로, 그들의 결과만을 본다는 것은 우리가 정말로 주시해야 할 지점을 놓치는 것이기 때문이다. 우리는 노장을 연구하면서 과연 그런 목적을 설정하고 있는가? 그들과 동일한 해결책을 가질 수는 없겠지만, 우리는 그런 목적을 전제하고 있는가? 과연 노장을 통해 우리는 무엇을 얻고자 하는가?

일본의 경우는 좀 더 모호했다. 많은 전문가들이 있었지만 그들도 우리처럼 노장 연구의 구체적인 목적은 분명하게 드러나지 않았다. 일본은 불교의 나라였지 도교의 나라는 아니었다. 도교의 연구도 불교만큼 많을 것이라는 기대는 지나친 것이었다. 일본에서의 도교연구는 재밌게도 전부는 아니지만 하나의 출판사(平河)를 중심으로 이루어지고 있다. 그곳은 1991년부터 2001년에 걸쳐 6권이 나온 『강좌 도교』 편찬에서 중심적인 역할을 맡았고, 『도교』(1983 초판) 제1권: 도교란 무엇인가, 제2권: 도교의 전개, 제3권: 도교의 전파(일본과 한국 그리고 대만의 도교 소개) 등의 서적도 그곳에서 이루어졌다. 모든 공구서에서 선진임을 자랑하는 일본에서 일본어 『도교사전(事典)』(野口鐵郞 등)도 같은 출판사에서 1994년에 나왔으니 불교연구에 비하면 정말 초보적인 셈이다.

일본인들이 도교에 관심을 갖은 이유는 일본 내의 도교연구의 필요성에서 비롯된 것이 아니라 중국의 이해에서 비롯한다. 중국인들의 정신을 지배하고 있는 사상 가운데 하나인 도교의 이해를 통해 중국을 이해하고자 한 것이다. 한학적 전통이 있던 일본이 구체적인 도교연구를 시작한 것은 2차 대전 전후로 보아도 큰 무리는 없다. 달리 말해 일본인은 도교를 몰랐고 말하지도 않다가 중국의 침략과 만주의 경영을 위해 그것에 관심을 갖게 되었다는 것이다. 당시의 도교연구자는 남만주南滿洲철도회사와 동아東亞연구소에 속해 있었다는 사실이 이를 입증해준다. 여러 시기로 구분을 하지만 일본인조차 그러한 사실을 시인한다.

사카이 다다오(酒井忠夫)는 1977년 일본에서의 도교연구를 정리하면서,[3] 1930년대 이후부터 2차대전 말까지를 제2기로 구분하는데, 이처럼 정치적 사건이 연구사의 획을 긋고 있는 것이다. 1972년 9월 중일 외교회복이 제3기, 제4기를 나누는 구분이 되기도 한다. 이는 일본인의 도교연구에는 정치적 목적이 개입되어있었음을 고백하는 것이다. 일본의 도교학회는 1950년 10월에서야 성립되며, 도교연구는 중국학의 일환으로 시작되었다.

---

3 유사한 글 가운데 가장 간명하게 정리된 것은, 사카이 타다오(酒井忠夫)와 노구치 테츠로(野口鐵郞)가 쓴 「일본의 도교 연구」(Taoist Studies in Japan)이다. H. Welch & A. Seidel, *Facets of Taoism -Essay in Chinese Religion*, New Heaven and London: Yale University Press, 1979, pp. 269-87.

그렇다면 노장 연구는 어떠한가? 일본은 하부 영역에서도 우리들이 잘 알고 있는 대가의 역할이 컸다. 그들의 주요 저작은 우리말로도 대체로 번역되어있어 접근이 용이했다. 노자는 오오하마 아키라(大濱澔)의 『노자의 철학』을, 장자는 후쿠나가 미쓰지(福永光司)의 『장자: 고대 중국의 실존주의』를, 전반적인 접근은 다소 오래되었지만 고야나기 시게타(小柳司氣太)의 『노장 사상과 도교』를 꼽을 수 있다. 마지막의 고야나기는 일본 도교연구의 제1세대에 속한다. 당시의 학자였던, 다케우치 요시오(武內義雄)와 츠다 소기치(津田左右吉) 등과 같이 유가와 불가에 대한 이해를 근저로 도교를 이해한 그는 1923년에 『도교개론』을, 1928년에 『노장철학』을 써내는데, 이 책들을 합본한 것이 바로 위의 책(1944)이다. 편집과정에서도 알 수 있듯이, 고야나기의 관점은 도교와 노장사상을 구별하는 것이었다. 노장사상은 경전이 있는 하나의 철학으로, 도교는 살아있는 중국인의 종교로서 나누어졌다. 이런 시각은 위의 다케우치 요시오와 츠다 소기치도 가지고 있는 것이었고, 일본의 노장 연구에 절대적인 영향력을 미치게 된다. 이후의 도교연구는 구보 노리타다(窪 德忠)의 『도교사』에서 집약된다. 그에게 모든 중국인은 도교도였다.

노장에 대한 연구는 위의 두 인물이 대표하듯 서양철학적 관점을 대입해 보는 것이었다. 오오하마는 헤겔의 관점을 노자에, 후쿠나가는 실존주의로 장자를 보았다. 그러나 이 두 대가의 노장해석 이후에 비교적 상식적 수준에서의 현대적 적용이 있을지라도 심도 있는 철학적인 해석은 그다지 활발하지 않았다. 후쿠나가의 경우는 비록 중국침략에 징집된 군인으로서 실존적 반성을 장자를 통해 한 것이었지만, 전쟁의 배후로서 도교를 연구하는 자세와는 사뭇 다르다.

일본의 노장 연구는 어쩌면 도교연구에 밀리고 있는지도 모른다. 다시 말해 그들은 노장을 철학적으로 다루기보다는 중국인의 생활종교라는 관점에서 도교를 연구하고 있는 것이다. 과거 그것이 중국지배의 일환으로 일종의 인류학적 관심에서 연구되었다면, 현재 그것은 중국학이라는 세계적 학문범주 속에서 자신들과는 다른 종교로서의 도교로 탐구되고 있는 것이다.

서구의 경우, 노장 연구의 목적이 매우 다양했다. 최초 도덕경의 서양어 번역은 예수회 선교사에 의한 라틴어 번역이었는데, 여기에서 알 수 있듯이 서양인의 노장접근은 그들의 종교적 신념을 기반으로 한 것이었다. 도는 창조주와 연결되었고, 도덕경은 신의 의지가 숨겨져 있는 곳이었다. 이런 종교적 신념은 도가를 곧장 신비주의와 연결시키기도 했다. 이런 관점으로부터의 변환은, 레그(Legge)에 의한 새로운 번역도 기여를 했겠지만, 과학사적 관점에서 도가를 바라본 니이담(Needham)에 의해 본격적으로 이루어진다. 그에게 도가는 서양 근대의 기계론적 유물론을 뛰어넘는 유기체론적 사고의 보고로 평가되었다. 그는 노장의 도에서 통일성, 자발성, 무목적성과 같은 유기체적 사고를 발견한다. 물론 니이담이 중국과학, 그것도 도가적 사유를 높이 평가했다는 판단은 상당한 주의를 요한다. 그는 중국과학의 위대성보다는 그것이 발전하지 못한 부정적 이유를 찾고 있으며, 도가에서 발전의 긍정적 가능성을 조금 엿보았을 뿐이기 때문이다. 그럼에도 니이담의 중대한 의미는 도가를 독자적 영역으로 설명하고 평가한 데 있었다.

그렇다면 수많은 노장 해석가들을 관통하는 일관된 태도는 없는가? 그것을 우리는 오리엔탈리즘과 연결시켜볼 수 있을 것이라고 생각했다. 오리엔탈리즘은 서구중심의 동양폄하사고를 뜻한다. 그러나 우리가 말하고 싶었던 것은, 오리엔탈리즘이라는 획일적인 구도로 서구인의 노장 이해를 논단하자는 것이 아니라, 그들이 가질 수밖에 없었던 오만과 편견을 일목요연하게 적시하자는 것이었다. 서구인으로서 노장에 관심을 갖는 것은 그 자체로도 감지덕지한 일일지도 모른다. 하지만 서구인들이 노장을 보는 까닭은 노장 또는 중국인을 위해서가 아니라 철저히 자신의 문제를 풀기 위한 것이라는 점을 잊어서는 안 된다.

서구의 노장 이해는 어느 면에서 보면, 가장 '철학적'이었다. 여기서 말하는 철학적임은 서양철학의 훈도를 받은 한국의 학자들이 볼 때, 서구의 논문들이 가장 문제의식을 지닌 것으로 보일 수 있음을 뜻한다. 이를테면 그레이엄(Graham)과 같은 학자는, 동양학과가 아닌 철학과 교수답게, 서구윤리학의 가장 큰 난제인 '존재에서 당위를 이끌어내는' 작업에 장자가 그 해답을 줄 수 있다고 생각했다. 그것이 성공적이었는가를 묻거나 서구철학계 내에서 얼마만큼의 영향력을 갖고 있는가를 묻는 것은 그다지 중요한 일이 아니다. 오히려 자신들의 문제를 풀기 위해 노장을 원용하는 정신을 우리는 높게 살 수 있는 것이다.

서구의 자기중심적 노장 이해는 우리에게 적지 않은 의미를 준다. 노장이 문제가 아니라 자신이 문제라는 정신은, 한국에서 노장을 공부하는 사람들에게도 시사하는 바가 많기 때문이다. 서양이 열광하기 때문에 사랑해야 할 노장도 아니며, 내가 사랑하기 때문에 옹호의 대상으로 삼는 노장도 아니다. 우리의 문제를 풀기 위한 철학적 수단으로서의 노장이어야 했다.

4. 한국의 노장 연구

한국의 노장 연구의 첫머리는 아나키즘 운동의 역사와 더불어 쓰여야 할 것 같다. 우리나라 처음의 아나키스트라 할 수 있는 고순흠과 박열은 노장사상의 영향을 받은 것으로 추정된다. 그러나 단편들만 발견될 뿐, 노장과 관련된 분명한 저작이나 문제의식은 찾기 어렵다. 당시의 사상계 전반에 걸쳐 번지고 있는 무정부주의를 동아시아의 전통사유로 풀면서, 그들은 노장을 떠올렸던 것 같다. 그것은 중국의 지식인들에게도 마찬가지여서, 장태염章太炎 같은 이들이 대표적인 인물이었다.

그런데 노장과 관련된 가장 중요한 인물은 오히려 기독교 계통의 학자였던 유영모였다. 무교회주의자이자 종교다원주의자였던 그는 토착적 신앙을 통해 유가, 불가, 도가 사상과 천지인 삼재사상을 기독교와 관계짓고 싶어 했다. 자기 생애의 구분을 천명(天命之謂性: 52세까지로 제소리 시기), 솔성(率性之謂道; 52-65세 사이로 가온소리 시기), 수도(修道之謂敎: 65세 이후로 제소리 시기)로 나누는 것은 유가적 사유의 영향을 보여주고 있고, 인간의 수성獸性을 탐貪, 진瞋, 치痴

로 푸는 것은 불가적 용례를 따르고 있고, 자신의 종교적 궁극대상으로 모든 상대세계를 부정하고 초월하는 절대무를 상정하는 것은 도가적 영향을 여실하게 드러내고 있다. 그에게 '빔'(空, 無)은 궁극적인 관심으로 불가와 노자로부터 나오는 것이었다.

이런 삼교합일적 정신 속에서도 유명모는 이런 빔의 절대성을 '어둠'으로 단정짓는다. 그의 신앙은 빛보다는 어둠에 바탕을 두었고, 하늘나라도 '영원한 밤'(永夕)으로 상징되며, 자신 또한 '하도 지낸 밤'이라는 뜻의 다석多夕으로 아호를 삼는다. 이 어둠은 노자의 어둠인 '현玄'으로 보인다. 유영모는 『도덕경』의 검음을 '감ᄋᆞ 또 감음'(玄之又玄: 어둡고 또 어둡다), '감ᄋᆞᆫ 암'(玄牝: 검은 암컷), '감안히 보기에'(玄覽: 검은 거울), '감ᄋᆞᆫ 속알'(玄德: 검은 덕), '금 뚫렸음이여'(玄通: 검은 통함), '감ᄋᆞᆫ 가틈'(玄同: 검은 같음) 등으로 번역하고 있다. 게다가 그는 이 '검'(검음)이 곧 신神을 의미한다고 주장한다.

그러나 유영모의 이러한 무에로의 회귀 또는 어둠에로의 지향은 그의 사상내부의 지나치게 엄격한 순백주의 때문에 실패로 돌아가는 듯 보인다. 그의 순수성은 개인에게는 가능했을지라도 사회 속에는 불가능했기 때문이다. 독재의 시절에 자기만의 순결을 내세우는 것은, 마치 진흙탕 속의 연꽃을 찬양하느라 냄새나는 연못물을 애써 모른 척하는 것과 비슷했다. 이러한 현실인식에 대한 부족은 그의 제자인 함석헌에게서 나타난다.

함석헌, 그는 노장 사상의 애호가였다.[4] 그가 군부독재에 항거하며 제시한 대안은 '스스로 함' 곧 노장의 '자연自然'이었다. 노자의 '무위無爲'론과 장자의 '재유在宥'론은 '민중을 제발 건드리지 말고 스스로 자신의 본성을 발전해나갈 수 있도록 하라'는 뜻으로 해석되었다. 이런 무위와 재유의 정치는 '씨올' 곧 민중의 해방과 자치를 그 지향점으로 삼고 있었다.

함석헌은 노자를 통해 박정희 정권에 무위의 정치를 충고했고, 장자를 통

---

4 개인적으로 내가 『장자』를 처음 접한 것도 80년대초 서울 명동 YWCA에서 열린 함석헌의 「在宥」편 강좌에서였다. 「재유」의 '천하를 제발 내버려두라'는 주장은 함석헌의 독재투쟁의 공간과 맞닿아있었다.

해 억압받는 민초들에게 해방의 정신을 고무시켰다. 박정희가 유가적 충효사상을 인민들에게 강요할 때, 함석헌은 노장의 무위와 자유의 정신으로 무장된 자치주의로 항거했다.

함석헌은 유영모의 철저한 제자였다. 함석헌의 씨알 이야기조차 유영모가 『대학』의 '친민親民'을 번역할 때 쓰던 것이었다.[5] 비록 유영모가 함석헌의 사생활을 들어 관계를 재정립하지만 함석헌이 노장을 만나게 된 것은 전적으로 유영모 덕분이었다.

1960년대의 도가연구는 이렇듯 특이한 모습을 띠고 있었다. 그 특징은 세 가지로 정리될 수 있다.

첫째, 유영모와 함석헌은 모두 기독교적 세례를 많이 받고 있다. 그들의 절대자가 결코 기독교의 그것이 아니었을지라도, 그들은 고난, 해방 등 그들의 개념을 많이 빌려 쓰고 있었다. 종래에는 없었던 한국에서의 노장해석의 틀이었다.

둘째, 유영모는 개인에, 함석헌은 사회에 관심이 많았지만, 문제는 모두 현실에 있었다. 유영모는 순수주의를 통해 개인의 구원이, 함석헌은 씨알의 소리를 통해 사회의 구원이 이루어질 것이라고 믿었다. 그들에게 노장과 현실은 서로 떨어져있는 것이 아니라, 함께 하고 있었다.

셋째, 유영모와 함석헌에게 노장은 유가와 불가 그리고 기독교와 마찬가지로 그들의 사상을 전개하기 위한 방편이었다. 그들은 말하고자 한 바가 있었고, 그것을 위해서는 유불도는 물론, 기독교조차 자유롭게 풀었다. 노장이 중요한 것이 아니라, 자기가 중요했던 것이다.

7, 80년대에 들어와서는 노장이 학술적으로 이해되기 시작한다. 선언적이거나 묵시적인 노장 이해가 아니라 근대적 교육체계 내에서 노장사상이 철학

5 함석헌, 『생각하는 백성이라야 산다』(『함석헌전집』 14, 서울: 한길사, 1993, 장서본), 357-8쪽. 親民을 '씨알 어뵘'으로 옮기면서, 주자는 '新民'이라고 했지만 유영모는 '親民'이 더 좋을 것이라고 했으며, 함석헌은 그전에도 민중이라고 썼지만, 선생님이 해주셨던 그 말 그대로 쓰는 것이 좋을 것 같아 '씨알'로 썼다고 한다.

적으로 설명된다. 학위논문으로서도 등장하며, 단행본도 사회적 시류를 타고 유행하기도 한다. 달리 말하면 노장철학의 학문적 연구는 80년대에 들어서야 본격화한다고 보아도 좋다. 오늘날 노장 연구의 배경이 그때부터 만들어지기 시작하는 것이다.

박이문의 노장 이해는 꽤나 사회적인 반향을 일으켰다(1980). 서양철학 전공자가 미국의 학생을 위해 노장을 강의하면서 얻은 소회를 단순하고 명쾌하게 설명하여 우리나라의 독자에게도 많은 호응을 얻었다. 그는 노장 사상을 철학, 종교, 이념이라는 세 범주로 이해하여 그들의 다양한 사상적 함의를 분명하게 해설하면서도, 노장이 존재차원과 의미차원을 혼동했다고 비판의 칼날을 들이대기도 한다. 박이문의 이러한 서구철학에 의한 노장 이해는 분석철학적 명제의 일반적 적용이라는 어쩔 수 없는 한계를 드러내기도 하지만, 이른바 '전공주의'(자기의 전공은 무조건 옳고 훌륭하다는 식의 판단)와는 비교적 거리가 먼 시각이었다. 이후의 노장에 대한 이해에서 전공자들이 배워야 할 점은 바로 이 점이었다. '노장 만세'가 아니라 '노장의 비판적 이해'가 가능해야 노장의 철학적 발전, 그것도 한국에서의 노장학 발전이 이루어질 수 있었음에도, 우리의 노장 전공자들은, 여느 서양철학자나 동양철학자들이 그래왔던 것처럼, 여전히 노장 수호자 또는 노장 애호가의 역할을 담당하는 것이 곧 학문의 길인 양 생각했던 것이다. 물론 유학의 전공주의에 대항하기 위한 도가의 변호는 상대적으로 정당화될 수 있었던 것이었지만, 그것이 곧 이상적인 발전 방향은 아니었다. 박이문과 같은 서양철학자들의 질문에 도가철학자들은 적극적으로 대답을 할 필요가 있었다.

시기적으로는 늦지만 원로급에서도 노자에 관한 최초의 박사논문(김항배, 1982)이 나오기도 했다. 김항배는 노자의 철학사상이 자연환경과 인간소외라는 문제를 해결하는데 현대적 의의가 있다고 평가하며, 노자의 철학을 체계화했다. 그 후 장자에 대한 박사논문들도 나오기 시작하며, 동양철학 내에서의 비교철학도 등장한다. 맹자와 장자의 수양론이 비교되기도 하고, 감산憨山에 의한 불교적 장자 이해가 소개되기도 한다. 그리고 노장철학에 대한 미학적 이해가 등장하기도 한다.

여기서도 주목해야 할 것은 중국의 노장 연구를 기초로 한 한국인의 노장 연구이다. 앞서 신유학자들에 의한 노장 이해가 우리에게 의미가 있었듯이, 그것은 곧바로 한국의 노장연구자들에게 영향을 주었다. 대표적인 업적은 김충열의 노자 연구로 최근의 발굴 결과를 반영하여 후학들에게 지남을 마련해 주었다(2004). 그는 죽간본의 출토 이후 기존의 학설을 버리고 노담老聃과 태사담太史儋을 구별한다. 김충열은 노자라는 책을 넷으로 나눈다.

⑴ 노담의 죽간본: 스스로 완전한 체계를 갖춘 질박하고 상식적 격언으로 된 노자.

⑵ 태사담의 백서본: 법가 쪽으로 기울어진 노자.

⑶ 하상공河上公의 노자: 한대 음양론 또는 원기설이나 정기설을 기반으로 하는 노자.

⑷ 왕필王弼의 노자: 형이상학적 순수철학이론으로 위진현학과 관련된 노자.

따라서 김충열은 초간본, 백서본, 하상공본 그리고 통행본인 왕필본을 하나의 『노자』로 뭉뚱그려 보아서는 안 되며, 그들은 각기 독립된 판본으로 보아 '그 시대의 사상'으로서 노자를 보려해야 한다고 주장한다.

김충열의 주장에서 볼 수 있듯이, 이제는 노자를 다양한 층차 속에서 이해할 수 있는 학적 능력과 학문적 토대가 마련된 것으로 보인다. 그는 스스로도 밝히듯이 여전히 방동미와 당군의에게 많이 빚지고 있지만, 노자를 은일의 현자가 아니라 적극적인 현세주의자나 지극한 인간애를 지닌 실천가이자 혁명가로 바라봄으로써 이후 연구자들을 학문적으로 자극하고 있다.

결과적으로 많은 학자들의 연구는 중국학자들(서복관도 포함한)의 견해를 잘 소개하고 있기는 하지만, 우리의 시각으로 문제를 발견하여 체계적인 해석을 수립하거나 철학적으로 의미 있는 비판을 첨삭 없이 드러내는 데는 아직도 미흡한 점이 없지 않다는 평가를 내릴 수 있었다. 중국인의 노장 읽기에 매달리다보니 우리 식 노장 읽기가 되고 있지 않은 것이다.

이후 90년대부터는 많은 양의 노장 및 도가 관련 박사논문이 봇물처럼 쏟아졌다. 박사논문의 범주는 대략 열 가지로 정리되었다.

① 노장철학 일반
② 노자학
③ 장자학
④ 노장과 불가·유가
⑤ 황로학
⑥ 노학의 분기
⑦ 위진현학
⑧ 한국(노자)학
⑨ 예술철학
⑩ 해체론과 노장철학

이상과 같은 분류에서 볼 수 있듯이 이제 노장학은 규모면에서나 체계면에서, 그리고 발전가능성을 염두에 둔 다양성 면에서 종래에 없던 획기적인 발전을 이루고 있다. 노장과 『주역』이 비교되기도 했고, 『황제사경黃帝四經』이나 『회남자淮南子』 그리고 박세당朴世堂이 연구되기도 했다. 게다가 해체주의의 전문가인 김형효는 많은 저작을 통해 데리다와 노장의 밀접한 관계를 규명해왔고, 그에 동조하는 학자들은 관련된 글을 쓰기도 했다.

연구분야는 정말 많아졌다. 그럼에도 아직도 도가와 도교는 만나고 있지 못한 듯하고, 아직도 그들의 노장학을 하지 우리의 노장학을 하고 있지는 않은 듯했다. 또한 현대에서 철학을 하는 것이 아니라 과거에서 철학을 하고 있는 듯 보였다. 한편으로 이런 미증유의 업적은 우리에게 새로운 노장학의 향방에 대한 대답을 강력하게 요구하고 있었다.

5. 남은 것과 갈 길

우리의 중간발표회에 초청된 박원재는 다음과 같이 말했다. "마지막으로, 우리 현재의 사회·정치적 맥락 속에서 도가철학을 읽어나가는 문제이다. 이미 수도 없이 지적된 이 문제에 진전을 이루는 길은 역시 끊임없이 오늘의 언어로 텍스트에 담겨있는 사유들은 번역해 내는 수밖에 없다. 나는 개인적으로 우리가 서양의 동양철학 연구에서 배워야 할 가장 중요한 요소는 바로 이 점이라고 생각한다. 그들이 성취해내는 그 어떤 연구의 양과 질보다도, 쓰는 것이 아니라 한 자 한 자 그리면서도 '한자'라는 낯선 기표들이 표상하고 있는 사유들은 끈질기게 자기들 언어로 옮겨내고 있는 그들의 뚝심이 나는 가장 두렵다. 그러므로 짐짓 대가연大家然하며 '맛'을 해친다는 말로 자신의 부족한 이해력을 덮으려고 하지 말고 우리 각자 현재 자신이 도달한 언어의 수준에서 노자와 그 후예들을 번역해내는 일을 게을리 하지 말아야 한다. '한국 도가철학'의 전망은 그런 작업들이 꾸준히 축적되어 나갈 때 비로소 가시화될 수 있을 것이다."

이 말은 비록 서구의 도가 이해에 빗대어 우리의 현실을 견주어본 것이지만, 정말 우리의 학문적 상황은 여기에서 크게 벗어나지 않는다. 한마디로 말한다면 그것은 학문적 식민성이 극복되지 않았다는 것과 통한다. 중국이 말하면 그것을 받아 적고, 일본이 말하면 그것을 옮기고, 미국이 말하면 그것을 뇌까리는 식의 학문적 풍토에서는 자생학문의 탄생은 요원할 수밖에 없다.

나는 우리의 학문이 자생성을 갖지 못하는 것이 교육학 권력의 학문지배 시스템과도 일정 부분 연관이 있다고 생각한다. 교육학적 교육의 특징인 열거와 반복의 강조가 초중등교육 이래 우리의 학습시스템을 장악해왔고 이러한 습관과 타성은 고등교육에서도 똑같이 전개되었다. '누구누구는 이렇게 말했다'가 지나치게 중요해서, 그가 왜 이런 말을 했는지 아니면 그런 말이 우리에게 무슨 의미가 있는지를 묻지 않는다. 문제가 주어지면 그것의 해결책을 찾으려들기보다는 그런 문제를 다른 나라 사람은 어떻게 풀었는지에 더 관심이 많다. 문제는 맥락이 다르고 전개양상이 달라질 수밖에 없는 것임에도 우리의 문제를 풀다 어느 순간 남의 문제에 더 빠져있다.

반즈라는 아리스토텔레스 전공자는 '범주'에 대한 연구로 예를 든다. 어떤 이가 범주에 대해 알고 싶어하다 아리스토텔레스를 공부하고, 결국 그는 아리스토텔레스 전공자는 되었을지라도 범주에 대해서는 한 마디도 못했다고. 그래서 반즈는 단호하게 말한다. "아리스토텔레스를 공부하는 철학적 이유가 강요되어서는 안 된다."[6]

우리도 노장을 공부하는 목적은 어떤 이유로도 강제되어서는 안 된다. 우리가 하고자 하는 것은 우리 철학이다. 그럼에도 중국, 일본, 서구의 대변자가 되어 우리의 문제를 소홀히 한다. 이제는 정치적 식민성보다도 학문적 식민성이 더욱 문제가 되어야 할 때이다. 열거와 반복의 교육은 중등교육만으로도 족하며 궁극적으로는 이 땅에서 사라져야 한다. 우리와 우리의 것을 주체적으로 생각할 때만이 우리의 학문이 선다. 발췌학과 요약학은 철학이 가장 경계해야 할 대상이다.[7]

---

6 J. Barnes, *The Cambridge Companion to Aristotle* (Cambridge, 1995), xviii.

7 우리의 최종 발표는 동양철학회연합대회(2005.6.18.)에서 이루어졌다. 교수신문은 곧이어 우리의 연구성과를 머리글로 뽑고 도표로 작성하여 게재했다(2005.6.20.). 도표에서 정리된 제목은 아래와 같다.
<1950-60년대> 특징: 유교라는 폐쇄적 울타리를 돌파, 근대를 지향할 수 있는 사상적 대안으로서의 도가사상 연구.
<1970-80년대> 특징: 노자와 장자의 사상을 소개하고, 철학적 체계와 틀을 세워 정형화.
<1990년대> 특징: 노학과 장학의 범위를 넓혔으며, 한국의 전통문화 속에서 도가 연구자들을 발굴해냄.

『오늘의 동양사상』10, 예문동양사상연구원, 2004.3.

7

한국 도가철학 연구의 길

동향과 전망: 한국의 도가철학 연구현황

1. 삼월이 철학

우리가 왜 철학을 하는가? 게다가 어떤 사람들은 왜 노장철학을 하는가? 딘지 고진을 읽는 즐거움 때문에 『노자』와 『장자』를 읽고 있다면, 그가 반드시 철학자일 필요는 없다. 그는 단순한 독자이거나 감상자이면 된다. 철학이라는 무거운 이름으로 책읽기에 부담을 줄 필요가 없는 것이다.

그러나 우리는 스스로 철학을 한다고 자처하며 그 이름 덕분에 자부심을 지니기도 한다. 그럼에도 불구하고 과연 우리는 철학을 하고 있을까? 여기에 자신 있게 대답할 사람은 많지 않을 듯싶다. 대개의 경우, 서양철학도 그렇지만, 수입학의 범주에서 크게 벗어나지 못해서, 우리는 단순한 소개자의 역할에 그치고 있는 것이 사실이다. 그런 점에서 대부분의 중국철학 연구자 내지 한국철학 연구자는 중국학자이고 한국학자이거나 전통적인 중국철학과 한국철학을 대상으로 하는 사상사 연구자일뿐, 진정한 철학자의 이름을 갖지는 못한다. 기껏해야 '철학사가'라는 칭호를 부여받을 뿐이다.

얼마 전 생명과학 철학을 전공하는 사람들의 집중토론회에서 발표할 글을 정리하다가 상념에 빠진 적이 있었다. 내게 주어진 책은 유전학의 역사를 다루는 것이었는데, 새로운 주제가 나올 때마다 매 번 '몇 년도의 누구의 무슨 책에서 이런 개념을 제시하였고 그것은 이러저러하다'고 쓰고 있었기 때문이다. 혹자는 우리가 이렇게 논문을 쓰고 있지 않느냐고 반문할지 모르지만 내가 생각하기에는 그렇지 않은 듯하다.

유전학이라는 것이 인문학과는 다른 과학이고 따라서 발전의 역사가 분명하다는 점을 십분 이해한다고 해도, 그들은 '언제, 누구의, 어떤 말'을 늘 앞세우면서 그에 대한 설명이나 보완 그리고 비판을 빼놓지 않았다. '춘천의 홍길동이 2004년에 이런 이야기를 했는데 그것이 어떻다'는 식이었다. 하다못해 '인간 행동의 진화를 이해하려고 동물 행동을 공부하고 있는 미국의 두 학생인 데리와 윌슨은 이것은 놀라운 일이 아니라고 지적했다'[1]는 식이다.

나는 이런 기술記述 방식이 너무 부러웠다. 한국에서 연구의 수준이 누구를 인용할 만큼의 수준도 되지 않았다는 자책만으로 그러고 있지 않는 우리를 변명하는 것은 아무래도 석연치 않다. 그 정도로 인용될 사람이 없단 말인가? 그 정도에 우리의 학문 수준이 머물러있다는 말인가? 다른 까닭이 있는 것은 아닐까?

우리는 우리 옆 사람을 먼저 보지 않는다. 가장 중요한 것이 바로 옆의 사람인데 늘 건넌방 사람을 생각한다. 게다가 더 참혹한 것은 우리의 주제가 안방마님인데도 삼월이 이야기로 마님의 심중을 엿보려고만 한다.

내 밑에서 공부하던 미국인 학생의 일관된 태도에서 나는 놀란 적이 있다. 공자면 공자, 플라톤이면 플라톤, 그의 책을 보려하지, 2차 자료를 우선시하지 않는 태도였다. 내가 『논어』를 봐야 느낌이 오고, 내가 플라톤의 책을 봐야 인식이 되지, 그렇지 않으면 헛것이 되고 만다. 그러나 우리의 교육은 중등과정부터 잘못된 것이기는 하지만, 언제나 2차 자료 중심이었다. 교과서조차

---

1 존 메이나드 스미스·에올스 스자스마리 지음, 한국동물학회 옮김, 『40억 년간의 시나리오』(서울: 전파과학사, 2001), 239쪽.

대체로 2차 자료의 요약본이고 그것을 보기 위해서 우리는 '참고서'라는 또 다른 다이제스트를 습관적으로 공부해왔다. 중요한 것은 공자와 플라톤인데도, 우리에게 공자와 플라톤은 뒷전이고 오히려 그들에 관한 해설서만 난무했다.

이것은 아무래도 우리 학문의 자생성自生性과 깊은 관련을 맺는 것 같다. 한 번도 우리 학문을 해보지 않은 포괄적 식민지 시대의 지식인으로서 남이 소화해준 것, 남이 해석해 준 것만을 받아먹어 버릇한 탓이다.

앞으로의 철학이 이럴 수는 없다. 이래서는 안 된다. 마르크스주의는 공부해도 마르크스는 공부하지 않거나, 다윈주의는 공부해도 직접적으로 다윈을 공부하지는 않는 풍토는 하루빨리 바꾸어야 한다. 게다가 마르크스나 다윈을 바로 옆 사람, 곧 우리나라 사람이 어떻게 이해했는지를 살펴보지 않으면 안 된다. 철학자가 되기 위해서는 안방마님과 친해야 하는 것은 물론이고, 우선 옆 사람과 친해야 한다. 삼월이 철학은 이제 정말 그만 두어야 한다.

2. 도가철학 전개의 난맥상

나는 한국의 도가철학 연구 개황을 줄곧 정리해 왔다. 1997년 이전과 1998년부터 2001년 2월까지의 연구성과에 대한 글을 잡지에 실어왔다. 그 성과물이 나의 『노장철학』(2002)[2] 가운데 부록 「한국의 노장학」으로 실려있고, 이에 덧붙여 부록 인명의 색인도 맨 뒤에 붙어있어 누가 무엇을 했는지 쉽게 찾아볼 수 있다. 김갑수에서부터 한흥섭에 이르는 도가철학계 인물을 망라했다.

사실 1997년도에 개황을 정리하면서 나는 이런 작업을 통해 반복 내지 중복되는 연구가 많이 줄어들 수 있을 것으로 생각했다. 그러다 보면 위에서 말

---

2 정세근, 『노장철학』(서울: 철학과현실사, 2002).

한 것처럼 '한국 도가철학계의 지속적인 발전의 역사'가 정리될 수 있지 않을까 생각되었다. 언제 어느 곳의 누가 이런 이야기를 하였고, 그 다음에는 어디의 누가 어떠했다고 쓰는 식이다. 청주대학의 누가 그렇게 말했고, 대전의 어떤 연구원의 누가 이렇게 말했다는 식 말이다. 그러나 우리 학계의 관성은 여전해서 아직도 서로의 논문 읽기 풍토는 요원한 듯하다. 이런 한탄은 『오늘의 동양사상』에서 도가철학란을 쓰는 동안 떨쳐버릴 수 없었고 문장 곳곳에서 드러났다.

"양적으로 적지 않은 논문을 보는 것은 이 방면의 연구자로서 기쁘지 않을 수 없다. 그럼에도 불구하고 나는 너무도 슬프다. 우리 학문의 고질적인 병폐인 '남의 글 안 보기'는 여전하기 때문이다. 서로가 서로를 볼 필요가 없는 모양이다. 아니, 봤으면서도 못 본 척하는지도 모르겠다.…이 글을 부탁 받았을 때, 나는 의무감이 앞섰다. 『오늘의 동양사상』과 같은 이런 학문의 정지 작업은 발전의 초석이라고 생각되기에, 귀찮음은 어떤 명분으로도 정당화될 수 없는 것이었다. 그러나 어차피 서로 오가지 않는다면 이런 글은 쓰잘 데 없는 지껄임에 지나지 않는다. 오가지 않는 글을 바라보는 것은 결코 조망이 아니다. 그저 나열일 뿐이다. 조망은 시각이 있지만, 나열은 산만할 뿐이다."(『오늘의 동양사상』 제2호, 1999)

"서로가 서로의 글을 보지 않는 시절에 그것을 총평하는 글은 옥상옥屋上屋에 불과했다. 말이 좋아 메타(meta)지, 그것은 군더더기 말(贅言)에 가깝다.…이번의 경우도 별 차이가 없다. 그런 점에서 이 난이 추구하고 있는 토론의 장은 아직도 멀고도 멀다. 아집과 편견만이 있을 뿐이지, 개방과 포용은 자리 잡지 못한다. 그러니 독단과 무지 속에서 만남의 여지는 없을 수밖에 없다."(『오늘의 동양사상』 제3호, 2000)

현재의 이런 풍토를 떨쳐버리는 것은 우리의 학적 수준을 한 단계 올리는 것이기도 하다. 곽점 초간의 발견과 더불어서도 나는 이런 이야기를 한 적이 있다. 곽점은 새로운 발견이니 곽점만큼이라도 우리의 연구성과를 철저히 쌓아 나아가자는 것이었다.

"곽점 연구는 이제 시작이다. 곽점 연구만큼은 우리 학계의 업적을 착실히 정리하고 인용하자. 계속된 수입에 철학의 자생력은 없다."[3]

그러나 곽점조차 늘 중국과 일본 그리고 미국으로부터의 직수입이다. 박원재[4]를 비롯해서, 최진석[5] 그리고 나[6]도 그에 대한 연구성과가 있음에도 이후의 논문에서 핵심 주제화 또는 논리 전개의 출발점이 되지 않는다. 이런 형국에서 논문 쓰기란 곧 논의의 집약이 아니라 병렬로 그치고 말며, 따라서 한국에서의 중국철학의 새로운 해석이라는, 다시 말해 '중국과는 다른 중국 철학'이라는 절대절명의 과제는 결과적으로 불가능해지고 만다.

이런 분야가 단지 도가철학만은 결코 아니고, 우리 학계의 전반적인 경향이기는 하다. 그러나 전공자는 자신의 분야에 대한 정화부터 실천하지 않을 수 없다. 과연 어떻게 해야 하는가?

3. 근대 노장철학 연구의 4시기

한국에서의 노장철학이라고 하면, 분명 중국이나 일본 그리고 구미와는 다른 전개방식이 있었을 것이다. 처해진 상황이 다른 이상 노장도 다르게 읽혔을 것이라고 전제하는 것이다. 물론 근자의 연구에는 중국이나 일본 그리고 미국의 연구를 거의 그대로 정리, 요약하고 말미에 자신의 의견을 소략하는 식의 논문이 없지 않아 우리의 '처해진 상황'을 드러내기 어려운 것도 사

---

3 정세근, 「노자와 곽점, 그리고 철학사」-최진석의 「노자와 유가 사이」에 대한 논평(도가철학회 2000년도 추계발표회, 동국대, 2000. 12. 9).

4 박원재, 「곽점 죽간본 『노자』에 대한 몇 가지 검토」, 『동양철학』 13집(발행처, 2000).

5 최진석, 「노자와 유가 사이」(도가철학회 2000년도 추계발표회, 동국대, 2000. 12. 9). 최진석의 글의 논조가 박원재와 공통점이 많았음에도, 최는 박을 인용하지 않았다. 비록 사소하고 형식적인 면이지만, 새로운 연구분야의 집적이라는 차원에서 나는 그 점을 논평에서 지적한 바 있다.

6 정세근, 「곽점 초간본 『노자老子』와 『태일생수太一生水』의 철학과 그 분파」, 『철학연구』 58(철학연구회, 2002.8).

실이다. 그럼에도 우리의 시각을 차별화하는 것은 앞으로의 연구에서 단초를 마련하기 위해 매우 필요하다.

한국에서 노장철학의 연구는 무엇보다도 유학의 입장에서 볼 때 사문난적의 행위에 오랫동안 속해 있었다는 점에 주목할 필요가 있다. 내가 노장을 공부하기 시작했을 당시만 해도 이단의 도를 연구한다는 의식이 원로 교수들에게는 팽배해 있었다. 이는 조선 유학의 전통이 현대의 학문연구에도 여실히 간섭하고 있음을 보여준다.

그러나 20세기의 후반부에 이르러 상황은 달라져서 동양철학뿐만 아니라 서양철학 연구자의 깊은 관심의 대상이 되면서, 여러 가지 관점이 등장하게 된다. 20세기 한국에서 노장과 현학을 둘러싼 이와 같은 담론의 상황은 대략 다음과 같은 세 시기로 구분될 수 있을 듯하다.[7]

제1시기-한국전쟁 이전 시대(1953년까지): 반공이데올로기 이전 시대

이 시대에는 일제 치하라는 암울한 식민지 시대에서 새로운 사상적 탈출구로서 유학 이외의 선진 제자백가에 대한 관심이 표출되었던 때이다. 묵가, 명가, 법가 등에 대한 관심이 표현되기도 하였고, 노장에 대한 새로운 시각이 나타나기도 하였다. 특히 당시에는 중국의 신문화운동에 참여한 학자들처럼, 동서 문화의 비교라든가 동양 문화의 정체성을 찾으려는 시도가 이루어지기도 하는데 그러한 사상적 움직임은 유가만을 중심으로 하지 않고 제자백가 특히 노장에 대한 관심이 확연하게 드러나 있다.

제2시기-한국전쟁 이후에서 70년대 말까지: 철학사의 시대

이 시기에는 주로 노자와 장자의 텍스트가 다양하게 번역되는 과정에서, 그리고 일부 학자들에 의한 철학사 서술의 과정에서 독특한 양상을 보이는

7 이후의 내용은 학술진흥재단의 연구사업계획서 작성에 앞장선 심의용, 김시천 박사 등의 적극적인 참여 하에 쓰였다.

데, 이 과정에서 노장은 주로 동양 철학의 형이상학적 전통을 복원하는 데에 크나큰 관심이 주어진다. 달리 말하자면, 정치와 윤리 분야에서는 유가 전통이 기원적인 사상이라면 형이상학과 존재론의 영역에서는 노장을 중심으로 한 연구가 활발하게 드러났으며 이를 통해 불교와 신유학으로 이어지는 동양 철학의 형이상학적 사유의 전통을 구축하려는 데에 기본 초점이 있었다.

제3시기-80년대: 서구적 사조 유입의 시대

이 시기에는 동양철학 자체의 지형과 역사 안에서 노장철학 전통의 정체성을 확보하려는 움직임이 강하였다. 특히 번역서의 수가 비약적으로 증가함은 물론 다른 한편으로는 광복 이후 쌓여져 온 연구 서적이 연이어 출판되면서 질적인 면에서도 크게 향상된 시기이기도 하다. 특히 이러한 출판의 물결에서 나타난 양상은 크게 두 가지로 정리할 수 있는데, 한 가지는 노자의 '무위'를 통해 독재에 대한 비판과 자유의 이념을 긍정하려는 해석의 기조가 주류를 이루었다는 점이다.[8] 다른 한편으로는 사회의 다양한 조류들과 결합하면서 특히 환경, 자연에 대한 관심이 노장철학과 결합하는 모습을 보이게 된다.

제4시기-90년대에서 현재까지: 주체적 해석의 형성과 동서철학의 융합 시대

이 시기에는 소장학자들이 대거 등장하면서 다양한 관심과 입장에서 노장을 통해 사유하려는 움직임이 강하게 드러나게 된다. 거시적인 차원에서 주목할만한 사실은 우선 노장철학 전통에 대한 해석을 중국이나 일본적인 시각에서 벗어나 독자적인 철학사적 시각에서 해석하는 관점이 나타나고, 더불어 이를 동양의 예술론이나 현대 사회의 환경 문제 등에 직접적으로 적용하려는 구체적인 문제 중심의 철학으로 변화하게 된다는 점이다. 특히 형이

---

8 80년대에 나는 함석헌 옹이 명동 YWCA에서 『장자』 강의를 할 때 청강을 한 적이 있다. 당시 그의 강좌는 무정부주의 사상과 유사한 내용을 담고 있는 「재유在宥」편이었다.

상학이나 존재론, 언어 철학에 대한 해석에서 서양철학 전공자들이 대거 참여하여 노장철학은 동서철학이 함께 만나 대화를 나누는 통로 역할을 하고 있다.

이와 같은 구분은 20세기 한국의 역사 과정에서 노장과 둘러싼 담론의 역사와 현재의 지형을 가늠하게 해준다. 이를 바탕으로 현재 우리에게 그것이 어떤 의미를 지니는가를 확인하고 정리하는 작업이 필요한 것이다. 여기에는 당연히 기존 학계의 연구 업적을 총괄하고 반성함으로써 향후의 연구에 대한 기초를 마련하는 작업이 따라야 한다.

4. 노장/현학의 전개

위에서 말했듯이 지나온 발자취를 더듬어보고 반성함으로써 현재 우리의 시야와 위치를 정확하게 위치시키는 것은 매우 중요한 일이다. 그럼에도 우리는 이제껏 과거의 연구 작업과 그에 둘러싼 담론들에 눈을 돌려 그것의 정확한 의미와 가치를 부여하고, 그것을 객관적으로 조망해 보는 데에는 매우 인색하였다. 그러다 보니 학자들 사이의 논쟁이나 대화는 찾아보기 어렵게 되었다.

그럼에도 다행스러운 것은 노장과 현학을 둘러싼 최근 우리 학계의 논의나 대중적인 출판물들에서 보이는 다양성과 복합성이다. 달리 말하면 우리는 이미 충분히 연구가 가능한 연구 텍스트들을 갖고 있으며, 거기에는 상호 간에 교차되고 간섭되는 논쟁과 대화가 어느 정도 들어 있다는 것이다. 이러한 텍스트들 속에 들어있는 상호 간의 중첩되고 때로는 모순되는 다양한 노장/현학의 담론들을 둘러보는 것은 거꾸로 우리 시대의 정신사를 재구성해 보는 작업이기도 하다.

그런데 우리가 우리의 시각을 객관적으로 자리매김하기 위해서는 우리와는 다른 시각들, 혹은 우리의 담론 형성에 영향을 미친 갖가지 줄기들을 더듬는 작업이 병행되어야 한다. 이때 우리가 다루어야 할 것은 우선 두 가지가 있다. 하나는 우리의 담론 형성에 영향을 미친 사상들 혹은 우리 주변의 일반적 시각에 대한 비교적 고찰이고, 다른 하나는 우리 시대의 학자들이 생산한 담론의 텍스트들이다. 따라서 우리 시대 노장/현학의 담론의 형성과 전개를 제대로 다루기 위해서는 두 단계의 작업이 진행되어야 한다.

1) 중국, 일본, 서구를 망라하는 노장/현학 해석의 전통
2) 우리 시대의 노장/현학 담론의 형성 과정과 그 특이성

우리 자신의 시각을 특수화하고 그 의미와 가치를 객관적으로 드러내기 위해서는 바로 위와 같은 작업이 총체적으로 수행되어야 할 것이다. 예를 들어 노자와 공자의 순서에 대해서도 중국은 철저히 노자 선행으로 보는 시각이 주류라면, 서구 학계와 일본 학계는 공자 이후로 보는 시각이 주류이다. 이것은 사실의 문제라기보다는 그러한 시각이 움직이는 그 사회의 시대적 요청과 긴밀한 연관이 있어 보인다. 또한 우리 학계 내부적으로 보아도 6, 70년대에 노장은 '무위자연'이라는 말로 압축되듯이 권위에 대한 저항, 자유의 희구 등에 대한 표현이 주류였다. 이와 달리 80년대에 들어서게 되면, 오히려 '자연'이 중심 개념이 되고 이제는 환경, 생태, 문명과 같은 화두들이 논의의 주류가 된다. 이와 같이 노장은 단순히 노자와 장자라는 텍스트 연구에만 한정되는 것이 아니라 그를 둘러싼 우리 시대의 문제들이 복잡하게 얽혀 있는 하나의 담론이다.

현재 우리에게 절실한 것은 바로 이와 같은 우리 시대 지식인들의 노장 인식을 좀 더 넓은 틀에서 객관적이고 비판적으로 반성하여 그 공과를 평가해 보는 것이다. 더 나아가 중국이나 일본의 시각과는 다른 우리의 독특한 시야를 열어볼 수 있는 가능성을 타진해 보아야 한다. 따라서 이러한 작업은 크게 보아 곧 우리 시대의 정신사에 대한 추적이며, 작게 보아 우리들의 철학적 시야를 확인하는 일이다.

5. 도가 이해의 새로운 국면

사실상 우리 학계에서 너무도 자연스럽게 받아들이고 있는 '노장=도가'라는 도식은 철학사적 사실이 아니라 역사적으로 형성된 구성물이자 우리 학계가 노장과 도가를 이해하는 독특한 시각의 산물일 수 있다. 이 점은 특히 현재 중국이나 서구 학계의 어법에 비추어 볼 때 자명하게 드러난다. 이는 도가, 도교, 노장, 현학, 황로 등과 같은 현대 중국 고대 철학 연구에서 빈번하게 사용되는 갖가지 분류적 범주의 적용에 대한 의미 규정을 탐색하게 될 때 확인된다.

춘추전국 시대에 등장한 제자백가諸子百家의 하나로서 '도가道家' 혹은 '도덕가道德家'에 대해 서구에서는 흔히 '도교'(Taoim), '종교적 도교'(Religious Taoism) '철학적 도교'(Philosophical Taoim), '신선 도교'(Hsien Taoism: 仙道) 등의 다양하고 복잡한 용어와 개념을 적용해왔다. 이 가운데 대표적인 구분은 철학으로서의 '도가'와 종교로서의 '도교'를 구분하려는 입장과, 양자를 모두 '도교'로 포함시키려는 입장이라 할 수 있다. 이와 같이 서구적 학문 풍토에서 발생한 철학과 종교를 구분하려는 입장은 대개 '도가'를 '노장老莊'과 거의 동의어로 사용하는데, 광복 이후 한국 학계의 분위기는 대체로 이에 해당한다. 즉 철학과 종교는 명백하게 구분되는 영역이며, 따라서 철학적 전통에 해당하는 도가/노장과 종교적 전통에 해당하는 도교는 다르다는 것이다.

그런데 철학과 종교를 확연히 구분하였던 서구 학계는 우리와는 다소 차이를 보인다. 왜냐하면 이들에게는 '다오이즘'(Taoism)이란 독특한 전통이 있기 때문이다. 물론 동아시아 학계의 인식을 대변하는 도가와 도교의 분리라는 구분이 받아들여져 '도가'(Philosophical Taoism)와 '도교'(Religious Taoism)란 구분이 사용되기도 한다. 다만 여기서 양자를 구분하는 가장 중요한 기준은 의미상의 차이라기보다는 텍스트의 범위가 다르다는 점이다. 즉 『노자老子』, 『장자莊子』, 『회남자淮南子』, 『열자列子』로 대표되는 것이 '도가' 텍스트라면, 『태평경太平經』이나 『노자상이주老子想爾注』, 『포박자抱朴子』를 위시한 수많은 도교 경전이 '도교'의 텍스트에 해당하는 것이다. 그러나 최근에는 단순히

'다오이즘' 속에서 양자를 포괄하여 이해하려는 경향이 두드러진 추세이다. 즉 도가는 도교에 포함되는 것이다.

미국의 대표적인 도가 전통 연구자인 로스(Harold D. Roth)의 경우에 '다오이즘'이란 『관자管子』, 「사편四篇」과 『장자』, 「내편內篇」에서 『노자』, 『여씨춘추呂氏春秋』를 거쳐 『회남자』로 이어지는 신비주의적 내수內修(the Inner-Cultivation) 전통을 의미하고, 프랑스 출신의 종교사가인 지라도(Norman J. Girardot)의 경우에는 『노자』, 『장자』, 『회남자』가 주요 문헌이지만 여기에는 『초사楚辭』나 『산해경山海經』과 같은 중국의 고대 신화적 전통이 포함된다. 또한 크릴(H. G. Creel)은 이미 20세기 중반에 신선 전통을 '다오이즘'과 구분하여 '신선 다오이즘'(Hsien Taoism: 仙道敎)이라는 용어를 만들기도 하였으며, 최근 미국 학계의 도교학자인 콘(Livia Kohn)은 '노장'이란 용어를 불교가 유입된 이후에 성립한 『노자』와 『장자』에 대한 주석 전통을 가리키는 제한된 의미로 사용한다. 그러면서도 이들 모두에게 종교와 철학은 분리되지 않고 모두 '다오이즘'으로 지칭된다.

중국의 경우에도 90년대 들어서면서부터 텍스트 중심의 해석 경향을 보이고 있다. 즉 '노학老學'과 '장학莊學'이라는 용어가 상징적으로 웅변하듯이 원 텍스트와 주석서를 분리하여 이를 역사적으로 파악하려는 사상사적 인식이 확산되고 있는 것으로 보인다. 다시 말해 우리가 일반적으로 통칭하는 '노장'이라는 말이 『회남자』에 와서야 등장한다는 점이 강조되고, 새로 발굴된 문헌들의 사상사적 의미가 논구되면서 이전보다 더 세밀한 구분이 가능하다는 인식이 확산되고 있는 것이다. 이것은 또한 선진先秦 사상사의 흐름에 대한 새로운 접근 방식을 표현하는 것이기도 하다.

하지만 우리 학계의 분위기는 아직 '도가'는 '노장'과 거의 동의어이며, 이때 '노장'의 실질적인 의미란 "『장자』를 통해 해석하는 『노자』와 도가를 해석하는 전통"을 의미한다. 그런데 우리 학계의 일반적인 분위기처럼 <도가=노장>식의 이해의 근거는 어디에 있는 것일까?

일반적인 지적에 의하면 '노장'의 병칭은 한漢 나라의 『회남자』에서 비롯된 것이라 한다. 즉 『회남자』, 「요략훈要略訓」에 보면 "노장의 술을 상고해 증험한다"(考驗老莊之術)는 구절에 근거하여 『회남자』의 시대로부터 비롯되는 것으로 이야기하는 것이다. 그러나 『회남자』 문헌학사 연구를 바탕으로 '도가'(Taoim)의 원류를 추적하는 연구를 오랫동안 지속해 온 로스에 따르면, 이는 상당히 의심스러운 구석이 있다. 왜냐하면 『회남자』에서 장자를 언급한 경우는 오로지 단 한 번에 지나지 않으며 장자를 언급하고 있는 「도응훈道應訓」은 42번이나 '노자'를 직접 거명하면서 노자 철학의 실천적 적용을 논하고 있다. 따라서 이러한 「요략훈」에서 '노장지술老莊之術'이라 언급한 단 한 번의 사례는 본래 '노자지술老子之術'이라 읽는 것이 오히려 타당하며 이것은 위진 시대 이후에 수정된 것으로 보아야 한다는 것이다.

이러한 논의는 노장 연구와 현학 연구의 통합적 연구에 의해서만 가능한 듯하다. 왜냐하면 1990년대 내내 우리 학계에서 이루어진 연구의 성과는, 우리의 지난 100여 년의 노장 연구가 실은 전통적인 현학적 시각의 연장선에서 이루어져 왔으며, 90년대의 비교적 다양한 논의는 우리의 노장 이해의 시각이 현학과 차별화되지 않는다는 점을 잘 보여주기 때문이다. 이런 사실은 우리 학계에서의 노장/현학 연구의 과정이 어떠한 사회적·역사적·해석적 틀 안에서 논의되어 왔는가를 깊이 천착해 보아야 한다는 과제를 던져준다.

따라서 우리 사회에서의 노장/현학 중심의 연구 경향을 보다 객관적으로 조망하기 위해서는 중국이나 일본은 물론이고 서구 학계까지 포함되는 보다 넓은 시야에서 우리의 연구 시각을 정위하는 연구가 필요하다. 그것이야말로 한국에서의 노장/현학 연구의 성과와 의미를 객관적이고 비판적으로 평가할 수 있는 시야를 확보하는 계기가 될 수 있을 것이다.

6. 오늘 우리의 노장 읽기의 경향

우리가 '오늘 여기'에서 <노장>을 읽는다는 것은 도대체 어떤 것일까? 줄

기찬 서구화의 길을 내달리며 상대적으로 무심했던 '노장'의 텍스트들은 지금도 과거의 그 의미를 그대로 간직하고 있을까? 역사적인 도가道家의 전통에서 볼 때 '노장'은 도가의 여러 조류 가운데 하나일 뿐이다. 그런데 우리에게 도가는 곧 노장으로 이해되며 전통을 해석하고 이해하는 틀로 자리잡고 있다. 지금 우리의 '노장/현학' 읽기는 춘추전국春秋戰國 시대, 위진魏晉 시대, 송명宋明 시대는 물론 조선朝鮮 시대의 '노장'과도 다르고 현대의 중국, 일본과도 다르며 서양과도 다른 나름의 독특한 성격을 지니고 있다. 바로 이러한 점은 20세기에 출간된 저술에서 드러난다.

그동안 출간되었던 노장/현학 관련 연구서 및 개설서들은 각각의 독특한 주제를 시사하고 있지만, 대체로 90년을 기점으로 하여 다음과 같은 두 범주로 묶을 수 있다. 이러한 분류 기준은 학자들의 연배와 출간 시기, 그리고 책이 형성된 시기를 기준으로 할 때 다음과 같이 나누어 볼 수 있다.

분류 1

이 부류의 저술들은 대체로 대학 강단에서 오랫동안 강의를 하면서 이루어진 연구성과나 학위논문, 또는 개별적인 관심에 의해 저술된 것들이다. 공통적으로는 동서철학의 대비 속에서 또는 동양의 철학사 속에서 그 특이성을 강조하는 방식을 취하고 있다는 점이 기본 특징이다. 앞에 붙인 표현들은 이러한 저서들이 내건 부제나 책 속에서 다루어지는 특징적인 주제 의식을 반영하고 있다.

1) 현학에 대한 한국적 이해, 『황산덕의 삼현학』(황산덕)
2) 철학과 종교의 사이에서, 『老莊思想』(박이문)
3) 무위와 소요의 철학, 『노자와 장자』(이강수)
4) <노자> <장자>와의 대화, 『노장철학강의』(김충렬)
5) 해 뜨는 곳에서, 『東洋哲學의 문제들』(송항룡)
6) 도가와 불교, 『불교와 도가사상』(김항배)

7) 이것인가 저것인가, 『노자철학 이것이다』·『노자와 21세기』(김용옥)

8) 기타 학회지 발표 논문과 박사 학위논문(전문 연구자)[9]

분류 2.

이 부류의 저술들은 분류 1의 저술들과는 차별화된 모습을 보이고 있다. 출간된 시기는 물론이고, 저자의 연배에 따라 대체적으로 분류하자면, 이들 부류에 속하는 저술들은 90년대 이후 등장하는 주요한 특징을 발견할 수 있다. 우선 철학적 문제 중심의 성격이 강한 것이 일차적인 특징이고, 둘째로 주제별 논의 중심이라는 점이다.

1) 언어 철학적 탐구, 『도가철학의 현대적 해석』(이재권)

2) 역사 속에서 "노장" 읽기, 『유학자들이 보는 노장철학』(조민환)

3) 현학을 넘어서, 『제도와 본성』(정세근)

4) 노장을 통해 사유하기, 『노장철학』(정세근)

5) 데리다/해체주의자가 된 노장, 『노장사상 해체적 독법』(김형효)

6) 도교적 세계관, 『도교철학의 이해』(윤찬원)

7) 언어와 존재의 그늘에서, 『노자에서 데리다까지』(한국도가철학회)

8) 도가철학의 다양성, 『도가철학의 문제들』(이종성)

9) 현대한국도가의 과제, 『도가철학연구』(김백현)

10) 도가철학의 모색, 『도가철학연구』 1-3집(한국도가철학회)

11) 기타 학회지·학술지 발표 논문과 학위논문(전문연구자)

그런데 우리가 이러한 저술과 논문들 속에서 다뤄야 할 것은 단순한 연구

---

9 석·박사논문에 관한 관련자료는 『도가철학』 창간호(한국도가철학회, 1999)에 정리되어있다. 이렇게 모두에게 필요한 정리작업을 주도적으로 한 김백현 교수에게 다시금 감사드린다. 그 밖에 논문과 저서 등에 대한 소개는 『대우재단소식』(1997년 이전)과 『오늘의 동양사상』(1999년 이후)에 실렸었고, 위에서 말했듯이 나의 『노장사상』에 부록으로 수록되어있다.

사가 아니다. 즉, 중국이나 일본, 서구 학계와의 연구의 시각이나 내용과의 차별성에 그치는 것이 아니라 이러한 텍스트들이 실제 철학적으로나 사회적으로 어떠한 담론의 기반을 형성하고 있는가 하는 점이 궁극적인 논의의 목적이 되어야 한다. 따라서 이들 텍스트들은 다시 주제별로 다음과 같은 몇 가지 분류로 묶어 낼 수 있다.

1) 노장의 철학화 (서구적 의미의 철학으로 정위하려는 논의)
2) 노장의 역사적 의미 (철학사적 관심)
3) 서구 철학과의 비교와 재해석 (존재론, 형이상학)
4) 문제 중심의 논의 (환경, 예술)

마지막으로 이러한 해석의 방식에서 강조되는 시대적 가치에 대한 인식의 문제이다. 위에서 말한 1980년대 이전까지가 무위자연이란 철학적 사유의 재구성을 통해 독재와 권위주의에 대한 비판과 자유 이념의 주장에 대한 논의가 주류였다면, 90년대 이후에 전개되는 논의는 다분히 '포스트모던적' 방식의 유행과 결부시켜볼 수 있지 않을까? 이런 과정을 통해 노장 해석의 배후에 암묵적으로 또는 공개적으로 놓여있는 서양의 존재론이나 형이상학, 그리고 데리다와 같은 철학자와의 비교도 자연스럽게 이루어질 수 있을 것이다. 중요한 것은 노장이나 현학이라기보다는 우리이다.

8

다름끼리의 만남

김진석·김성환의 논쟁을 보며

교수신문사에서 대담자리가 있다며 연락이 왔다. 그런데 그 과정을 들어보니 '만날 수 없는 사이'라든지 '아직 나서기 그렇다'든지 '이제 욕먹기 싫다'든지 하는 비학문적 용어가 학리적 탐구에 앞서 있었다. 정작 동서철학이 만나 짭짤하고 시원한 이야기를 해야 할 이 시점에서 안타까운 마음을 좀 더 발전적으로 개진하고자 종합하는 자세로 이 글을 쓴다. 어차피 기자가 보내온 논쟁문을 읽는 바람에 이미 시간은 빼앗긴 대로 빼앗긴 마당이다.

김진석 교수(인하대)는 어떤 동료의 말처럼 공력이 대단한 사람이다. 나와는 김상환(서울대), 최진석(서강대) 교수의 글에 대한 논평자로 나란히 자리에 오른 적 있고(1999.11.20. 서울대), 그때 나는 그가 나와 많은 생각을 공유한다는 생각을 한 적이 있다. 하다못해 쉬는 시간에, "김 교수의 '포월'(匍越: 초월에서 포월로)이란 용어는 특허 내야 하는 것인데, 다른 사람이 인용 없이 그냥 쓰네요"라며 그의 철학적 창조성을 변호한 적도 있다(물론 오오하마 아키라의 감성과 이성의 '包越'이라는 용어와 구별하여). 우리의 생각은 해체론이 나오자 노장이 해체론이라고 주장하는 것은 '전공주의'의 혐을 벗기 어렵다는 것이었다. 중요한 것은 노장과 데리다가 아니라 진정 '개방성의 기원'에 대해 말해야 하고, 그것이 인간, 사회, 윤리, 국가, 종족 그리고 수많은 판단과 어떠한 관련을 갖는가를 물어야 한다는 것이었다. 칸트가 나오면 모두 칸트, 하이데거가 나오면 모두 하이데거, 이런 식의 접근은 영원한 식민지학을 보장하는 것일 뿐이다.

나의 입장은 오히려 김 교수보다 더 어려울 수도 있다. 나야말로 전공주의는 배격하지만 이른바 전공이라는 것은 동양 그것도 노장이기 때문이다. 하다못해 『사회비평』에서 김용옥 박사에 대해 장문의 논평을 써 달라 왔을 때도 우리 학계의 '냉담제일'론을 거역할 수 없을 지경이었다. 이 글도 자칫하면 배신자의 소리를 들을 지도 모른다. 그러나 나는 기본적으로 김 교수의 견해를 옹호한다.

동도서기東道西器론을 중체서용中體西用과 화용양재和魂洋才의 설과 비교해서 말하는 것은 내 철학개론의 첫 부분이다. 일본만 하더라도 '중국철학사연구'라 하여 자기와 중국을 철저히 구별하는데도 우리는 그러한 분류에 감감무소식이다. 왜 그럴까? 여기에 김성환 교수 의견의 타당성이 있다. 서양학에 치인 동양학, 서구의 보편이란 이름의 폭력, 그에 기생하는 문화권력, 마침내는 "철학의 살집에 끼어든 '동양'이라는 가시를 견디지 못해 내지르는 투정"과 질투, 이런 것들에 휩싸여 있는 것이 바로 오늘날 우리 동양학의 현실이기 때문이다. 한마디로 서양철학전공자보다 많은 동양철학전공자(한국철학도 포함하여)가 있는 대학이 우리나라에 있느냐는 말이다. 따라서 동양철학계를 잘못 건드리면, 그 속에 도사리고 있는 울분이 폭발하는 경우가 종종 있다. 우리의 철학 교수진 비율을 현행의 '서양철학2/3, 동양철학1/3'도 못되는 수치에서 이를테면 '서양(구미)철학1/3, 중국 및 일본철학1/3, 한국철학1/3로 하자'고 할 때 받아들일 학과가 몇이냐 되냐는 것이다. 현실이 이런데, 거기다가 '동양담론의 공허함'을 외쳤으니, 불난 집에 부채질한 꼴이 되고 말았다.

그러나 김진석 교수의 말을 잘 들어보자. 그는 동양이 곧 대안이라는 논의만을 비판하는 것이 아니었다. 그의 말처럼 "서양 중심의 해석학도 마찬가지"이다. 그런 점에서 김 교수는 솔직하며 학구적이다. 내가 보기에 김 교수의 문제는 '문제 자체'에 있지, 동서의 구별이나 호교론에 있지 않다.

여기에서 '철학이란 무엇인가'라는 원초적인 질문으로 돌아가 볼 필요가 있다. 철학은 같음을 만드는 게 아니다. 오히려 다름이 철학을 만든다. 주자와 칸트의 다름, 나아가 공자와 강유위 및 장태염의 다름, 플라톤과 아리스토텔레스 그리고 아퀴나스의 다름 때문에 철학이 벌어지기 때문이다. 그럼에도 우리의 철학계에서 '다름'은 모독이고 무지이며 오독으로 간주되는 일이 비일비재하다. 비판이 곧 우리에게 생명을 넣어주는데도, 비판이 상정하고 있는 다름을 참아내지 못한다(졸고, 「철학적 비교에서 같음과 다름」, 범한철학23). 마치 주자와 다르면 큰일 날 것 같은 조선의 유생과도 같다(과거답안지 때문이라도). 그러나 다름만이 철학의 생명이고 인문학의 활력소이다. 달라야 우리는 이야기할 수 있다.

김진석·김성환 교수의 논쟁이 마치 소모전과 같은 느낌을 주는 까닭이 여기 있다. 나란히만 갈 뿐 서로 뒤섞이지 않는다. 서양철학자가 동양철학자보다 많이 알 수 없거나, 그 거꾸로인 것이 무엇이 중요하단 말인가? 우리는 원칙적으로 '철학하고' 있지, '철학사하고' 있는 것이 아니다. 철학사의 행위도 강단철학의 주된 과제임을 조금도 부정할 생각은 없다. 그러나 우리의 이상은 철학하는 것이 아닌가?

철학을 할 때, 전제되는 것이 있다. 그것은 치열한 논지의 전개이다. 이를테면 '도가의 자연관이 생태론의 대안이다'라는 명제는 당위적이지만 사실적이지 않고, 또한 '도가의 자연관은 생태론과 무관하다'는 명제는 선언적이지 추론적이지 않다. 동양담론이 요란한 깡통이라면, 서양담론도 또한 조용한 요강일 뿐이다. 이렇듯 '경전에 대한 신성불가침의 신화가 폐기'돼야 한다는 점은 우리 모두가 동의하는 바가 아닌가?

나는 오히려 요즘 걱정스러운 것이 있다. 많은 담론들이 멋진 수사에만 빠져, 읽을 때는 좋은 데 읽고 나서 남들에게 이야기하려면 금방 까먹어버린다는 것이다. 사변중심의 시대에서 수사우위의 시대가 도래했다는 것을 부인하지 않더라도, 마치 주간지를 읽고 버릴 때처럼 텅 빈 느낌을 지울 수가 없다는 것이다. 애무는 많이 하는 데 진정한 포옹은 온데 간데 없다.

얼마 전 이런 이야기를 '조건 없는 포스트모던적 해체는 학문의 약육강식으로 이어질 게 불 보듯 뻔한 일'임을 다양한 방법으로 주장하는 이왕주 교수(부산대)에게 한 적이 있는데(2001.6.2. 원광대), 그것은 애무가 불필요해서가 아니라 진정한 쾌감을 위해서임을 서로 확인하기도 했다.

김진석 교수는 동양을 잘 모른다. 김성환 교수는 동양을 잘 안다. 그러나 문제는 알고 모르는 데 있는 것이 아니라 우리가 진정 '지배질서(성·계급·인종·종교에 따른)'(김진석)를 파악하고 '구체성과 실천성이 결여된 추상적 관념성'(김성환)을 실제적으로 비판하는 것이다. 이것이 어찌 이데올로기의 과잉이겠는가?

최진덕, 최진석, 김진석과 정호근, 정세근이 어울어졌던 그 날의 발표된 논평문(「해체의 해체」)의 끝을 옮긴다. "데리다가 서구의 형이상학을 말하듯, 우리는 동양의 철학적 기반을 물어야 한다. 요즈음이 후기 현대일 수 있는 까닭은 오늘이 제2의 현대이기 때문만이 아니라 '동양의 현대'이기 때문이다. 그 현대의 정답으로 노장과 데리다가 반드시 제시되어야 할 까닭은 없다. 내가 바라는 것은 계보학의 부활이지, 그것이 계보학이었다는 진술이 아니다. 유가전통에 대한 오류의 계보학뿐만 아니라 도가와 불가전통에 대한 시비도 불가피하다는 것이다. 완선한 대안은 없다. 비판의 수행과 그 결과로서의 철학만이 있을 뿐이다." 앞의 이야기는 요란한 깡통이라도 좋으니 동양의 역할을 희망하는 것이고, 반면 뒤의 이야기는 그것이 조용한 요강으로 끝나지 않기를 고대하는 것이다.

『오늘의 동양사상』5, 예문동양사상연구원, 2001.9.

9

21세기 우리의 길

도가 및 제자학 그리고 미학 동향(2000.3.-2001.2.)

1. 우리 철학의 방향
2. 유행의 허실과 저서들
3. 논문의 네 범주
4. 허망에서 실상으로

1. 우리 철학의 방향

21세기를 여는 저번 호를 쓰면서 나는 '논문에서 책으로'라는 소제목으로 시작했다. 큰 제목은 「중국과 다른 중국철학」이었다. '논문에서 책으로'라는 말이 가리키는 것은, 남의 논문을 읽지 않는 것에 대한 탓도 있었지만, 그런대로 적지 않은 수확을 보인 저서와 번역 때문이었다. 학계의 타성이 그만큼 심각함을 보여주는 것이기도 했지만, 한편 우리의 역량이 그만큼 성숙했음을 보여주는 것이기도 했다.

나는 줄곧 이 난을 쓰기를 주저했다. 안타깝게도 '쓰면 뭐하냐'는 자괴감이 너무도 심했기 때문이다. 물론 쓰더라도 좋은 소리 못 들을 것은 뻔하지만, 애초부터 그런 것을 탓할 마음은 없었다. 다만 그래도 우리의 업적들이 쌓이고 쌓여, 또 우리의 문제들이 우리들 속에서 한 발짝씩 더 나아가 이제는 곽점郭店에서 새것이 발굴되든 사회과학원 출판사에서 새 책이 나오든 상관없이 우리 나름의 걸음 그대로를 걷기 바라는 것뿐이었다.

올해도 국제중국철학회(12차) 참석차 북경에 다녀오면서, 이제 중국의 경제가 우리의 머리 밑에 바싹 다가왔음을 몸서리치게 느낄 수 있었다. 50년간의 단군 이래의 호기는 이제 서서히 사라지고 있었다. 책값만 하더라도 이제 우리와 가까워지고 있었다.[1] 나는 더 이상 택시를 타고 다니지 못하고, 책의 무게로 어깨에 피멍이 든 채로 지하철과 버스를 타야만 했다. 그런데 과연 우리는 어디로 가고 있는 것인가? 도대체 우리의 중국철학은 어디로 가고 있단 말인가? 아니, 우리의 문제, 우리의 철학, '중국과 다른 중국철학, 곧 한국철학'은 어디에 있는 것인가?

나는 이번 호를 마지막으로 이 난을 쓸 것이다. 이제는 남들이 맡아 더 좋은 평가를 해야 할 시점이다. 선사先師, 도우道友, 동학同學들에게 고백한다. 내가 바라는 것은 정말 딱 한가지이다. 제발 중국과 다른 문제의식으로 접근하고, 그래서 대두된 문제를 놓고 끈질기게 따져보고, 그것을 바탕으로 새로운 세계관을 정립하지 않으면 안 된다는 것이다. 중국과 굳이 달라지자는 것이 아니라, 이른바 '문제현실'[2]이 서로 다를 수밖에 없는데, 왜 우리는 아직도 중국의 맥락에서 벗어나지 못한단 말인가?

한편으로, 우리가 도가 및 제자철학을 하는 잇점은 바로 그런 데 있지 않을까 한다. 유가철학이 비교적 교조적인 풍토에서 학문이 이루어지고 있는 반면, 우리 제자학은 이미 복수(諸)의 철학자(子)를 담보하고 있으니 말이다.

---

1 한 예를 들어보자. 金春峯의 『漢代哲學史』(北京: 中國社會科學院)의 초판이 1987년에 나왔을 때 4.55元이었다. 그러나 현재 통용되고 있는, 孟喜와 京房의 易學과 劉歆의 古文學을 보완한 1997년 수정 재판의 가격은 28元이다. 그렇다면 책값만 하더라도 무려 6배 이상이 뛰었다. 만일 1992년도 우리와 수교한 직후의 100:1의 환율에서 현대 2001년의 160:1의 환율까지 생각한다면, 물경 10배의 차이가 난다. 물가가 10배가 올랐다는 말이 단순한 추측이 아니라, 학자들에게 절실한 도서구입비만 하더라도 10배의 차이가 난다는 것은 시사하는 바가 크다.

2 정세근, 「문제현실론」, 『동서철학연구』19, 한국동서철학회, 2000.

복수란 다양성을 의미하고, 다양성은 토론을 유발시키고, 토론은 철학을 정초하는 것이기 때문이다.

2. 유행의 허실

유행이라 함은 역시 김용옥 열풍과 떼려야 뗄 수 없는 관계를 갖는다. 도올檮杌이라는 호는 우리말 '돌'을 말하는 것이기는 하지만, 한편으로는 신화 속의 말썽장이를 가리킨다. 자호의 의도조차 기존의 체제를 부수겠다는 의지를 강하게 드러내고 있음을 볼 수 있다. 그런데 문제는 그가 과연 진정한 말썽꾼이냐는 데 있다.

나는 그가 한동안 유행을 할 때, 오히려 러셀의 책을 보면서 진정한 철학자란 무엇임을 곰곰히 생각해 보았다. 뉴욕대학에 초빙되었지만 「나는 왜 기독교인이 아닌가」라는 입장 때문에 시민의 돈으로 그에게 급료를 주어서는 안 된다는 이유로 거절당했던 그, 오늘날 젊은이라면 한 번쯤 빠져보았을 '반핵운동'의 최초운동가였던 그, 객관적이지 못하다는 이유로 때로 정통 철학계에서는 배척당하기도 하지만 최초로 서구의 철학사에 '서양'이라는 이름을 붙였던 그, 수리논리에 앞장 서 오늘날 누구나 배우는 수학의 집합론을 『수학원리』로 개발한 그, 무엇보다도 서양전통 속의 실재(reality)라는 개념을 저 하늘이 아닌 이 땅으로 끌어내려 이른바 '소박 실재론'(naive realism)을 창시한 그, 그리고 젊은 비트겐슈타인을 자기 수업에서 매번 고개를 갸우뚱거리는 학생으로 알아 본 그가 바로 러셀이다. 철학자로서의 양심과 실천 그리고 논리까지 겸비한 그는 과연 케임브리지, 나아가 영국을 현대철학의 산실로 만들만한 위대한 인물이었다. 과연 우리의 철학자는 어디쯤 가고 있을까?

김용옥 박사의 가장 큰 문제는 노자가 나오면 '노자 만세', 공자가 나오면 '공자 만세'라는 공허한 외침에 있다. 이는 마치 1997년 대선에서 경선관계였던 두 인물, 곧 김영삼이 나오면 '김영삼 만세', 김대중이 나오면 '김대중 만세'

를 외치는 것과 같다. 노자와 공자는 사상적으로 같지 않다. 그 둘은 오히려 기나긴 역사를 통해 서로를 비판하면서 후학을 통해 자신의 세력을 확장시킨 철학자이다. 그럼에도 두 인물 간의 긴장감은 온데간데없고, 이른바 '경전을 통한 권위의 확대재생산'만을 일삼는 강연은 진정 철학적이지 못했다. 자신이 열변하듯, 그는 훌륭한 번역자임에는 틀림없다. 그러나 그가 우리가 이상으로 삼는 철학자임을 인정하기에는 아직 이르다.

그러한 유행의 산실인 김용옥의 『노자와 21세기』를 선두로, 한학자 유덕선은 『장자와의 명상』이라는 세 권의 책으로 『장자』를 단순 번역해냈다. 이현주는 『노자』 주석서로서 권위를 자랑하고 있는 초횡焦竑의 『노자익老子翼』을 왕필王弼과 소철蘇轍 및 기타 1인(呂惠卿 등), 그리고 자신의 약해를 덧붙여 번역해 냈다. 왕필 주는 이미 임채우 박사에 의해 단행본으로 나왔으나(김학목 박사가 다시 번역서를 냈다), 소철의 주가 번역된 적은 없으므로 그 공로를 인정할 만하다. 다만 소자유蘇子由와 왕필의 사상이 무엇이 다른지에 대한 설명도 없고, 소철이 먼저 나오고 나중에 왕필이 나오는 바람에 시대적 이해에 착각을 일으킬 수 있다. 이상적으로야 왕필과 소철의 사상적 편차가 드러나길 바라지만 그것은 김용옥 박사조차 적극적으로 임하지 않은 부분이다.

또한 김용옥 박사의 경우, 대체로 간단명료한 원전을 장황설로 번역을 해내긴 했지만 그와 반대되는 수고로운 번역이 드물다는 아쉬움이 남는데, 이런 우리 학계의 천박함을 해소시킬만한 대번역이 나왔다. 마침내 김장환 교수에 의해 『세설신어世說新語』의 완결판이 나온 것이다. 역자가 석사논문을 준비하면서 1985년부터 시작한 일이지만, 그 상권이 1996년에, 중권이 1997년에, 하권이 2000년 말에 나옴으로써 완결을 보게 되었다. 번역이라는 것이 이렇다. 이렇듯 열 다섯 성상星霜이 흘러야 나오는 것이 바로 번역이다. 그는 이와 더불어 중국 고대의 은군자隱君子 91인에 대한 이야기인 『고사전』도 같은 해에 번역해 냈다. 그 밖에도 다른 번역서가 많으니, 나는 정말 그의 젊은 정력에 혀를 내두를 지경이다. 이와 더불어 학계의 원로인 김학주 교수가 『열자列子』를 번역해 냈으니, 지성은 숨어있지만 살아있는 것이 분명하다.

이와는 다르게 현대저작에 대한 맛깔난 번역도 있다. 중국의 소병蕭兵현상을 주도하는 소의건邵宜健의 책이 『노자와 성性』으로 번역되었다. 자칫 제목 때문에 유행으로 오해될 수도 있지만 그보다는 한 층 높은 수준의 역작으로, 단순한 철학적 서술이 아닌 문화인류학적인 가치를 지닌 작품이다. 사실상 이러한 접근은 중국에서는 보기 드문 일이 아니다. 문일다聞一多, 두이미杜而未 등이 『노자』를 문화인류학적으로 접근했고, 전현동錢玄同, 주여동周予同, 곽말약郭沫若, 혜문보嵇文甫, 여사면呂思勉 등이 『주역』 등을 중심으로 '생식기 상징' 이론을 내세웠다. 좀 더 정확히 말하자면, 이는 종교인류학이다. 단적인 예를 들자면, 노자의 '제帝'(제4장, "象帝之先")는 여성의 성기(▽: 帝의 머릿부분, 아랫부분은 제단)를 가리킨다(帝爲女陰說)는 것이다. 물론 거꾸로 된 모양(△)은 남성의 성기를 가리킨다. 따라서 '제'는 만물을 낳는 근원이 된다고 주장한다. 또한 이러한 사고는 오로지 중국만의 것이 아니라 세계 여러 곳에서도 마찬가지라는 것이다. 만일 단순히 이런 주장뿐이라면 철학적으로 별 의미가 없을지도 모른다. 그러나 역자는 노자가 『주역周易』(주나라의 역은 건괘부터 시작한다)이 아닌 은나라의 『귀장역歸藏易』(곤괘부터 시작한다)의 전통을 따랐으며, 두꺼비로 그려지던 여와女媧(蛙)가 뱀으로 바뀌면서 부권제가 모권제를 갈음한다고 주장함으로써, 남근의 등장은 인류 타락의 서막이라는 입장[3]에로까지 나아간다.

탄탄한 논문집도 두 권이나 나왔다. 정말로 학계의 귀감이 되는 두 책이다. 하나는 정재서 교수의 『도교와 문학 그리고 상상력』으로, 그는 이미 1985년에는 『산해경山海經 역주』로 1994년에는 『불사의 신화와 사상』으로 도교연구에 목말라하는 우리 학계에 신선한 충격을 가져다주었는데, 이번 저작은 기간의 저작들을 중심으로 도교연구의 한 획을 긋는 작업이었다. 내용은 『태평경太平經』, 『포박자抱樸子』와 같은 원전에 대한 고증과 이해를 바탕으로, 도교에서의 '거울'의 의미와 동서양 유토피아의 개념에서 도교의 현재적 '희망'에까지 다양하게 다뤄지고 있다. 늘 느끼는 것이지만, 그의 글은 무게가 있으

3 『노자와 성』, 역자 해제, 주15)(서울: 문학동네, 2000).

면서도 어쩌면 이렇게 사람을 빨아들일 수 있는지 신기할 정도이다. 아마도 주제의 박실함에서 구성의 재미가 나오지 않는가 한다. 그가 믿듯, '도교의 본질은 논리성에 있지 않고 이야기성에 있기'[4] 때문 아닐까?[5]

또 다른 한 권은 김항배 교수의 『불교와 도가사상』으로, 지은이의 화갑을 기념하여 자신의 글을 모은 논문집이다. 김 교수는 최근에 출간된 『장자철학정해』에서도 장자뿐만 아니라 『장자』를 편집한 곽상을 다루어 후학에 적지 않은 도움을 주었는데, 이번에도 '유무와 체용'을 다루면서 곽상의 문제점을 지적하였다. 김 교수의 네 논지를 간단히 옮겨본다.

첫째, 인간의 모든 작위가 본성에서 나온 것이라면, 인간의 모든 문물제도에는 아무런 잘못도 없는가?

둘째, 성군聖君에 의해 다스려질 때는 이상을 실현할 수 있다지만, 폭군에 의해 지배될 때는 어떻게 바로 잡을 것인가?

셋째, 문물제도는 인간이 시설했지만 다시 인간을 규제하는데, 통치자가 남용할 때는 어떻게 할 것인가?

넷째, 인간의 심성과 사회의 제도는 같은 차원의 것인가? 사회제도는 인간 심성과 별도의 존재성을 갖는 것이 아닌가?[6]

이와 같은 곽상에 대한 비판은, 첫째, 장자와 곽상을 구별하여 다루었다는 점에서, 둘째, 주석가의 사상을 비판적으로 연구했다는 점에서, 셋째, 중국학자의 관점과는 다른 의견을 제시했다는 점에서 매우 높은 가치를 지닌다. 나

4 『도교와 문학 그리고 상상력』, 「서문」(서울: 푸른숲, 2000).

5 아울러 정재서 교수는 『한국의 신선사상』(도교문화학회, 『도교문화연구』 14)에 「한국 도교문학에서 신화의 專有」라는 글도 실었다. 그 책에는 정민 교수의 「허균의 『東國名山洞天註解記』와 도교문화사적 의미」, 이진수 교수의 「풍류도로서의 신선사상」, 박미라 선생의 「중국 제천의례에 있어서 시간-공간의 상징적 구조 연구」 등도 실려있다. 또한 허일웅 교수는 「양생풍류검의 원리와 권법」 및 「태극권의 양생과 미학적 관점」을 정리하기도 했는데, 이는 학회 때 시연을 한 것이다.

6 『불교와 도가사상』(서울: 동국대, 1999), 134~135쪽. 이 책은 1999년 12월 판이나 2000년도에 소개되지 않아 이번 호로 이월, 편집하였다.

도 이와 같은 관점을 적극적으로 홍양하고 있다.[7] 한 걸음 더 나아가 김 교수는 이와 같은 경전 해석에만 머물지 않고 현대중국철학에 대한 비판도 시도하고 있다. 그는 「웅십력의 체용론에 대한 비판」이란 제목으로 중국 현대신유가에 대한 평가를 하고 있는데, 이는 한국학자에 의한 중국현대철학자에 대한 비판으로 장래 한국의 중국철학의 연구방향을 제시해주는 것이 아닐 수 없다.[8] 그 밖에 「불교 철학에 있어서 정의의 문제」라든가, 「현대 한국의 자본주의와 도교 문화」도 불교와 도교의 현실적 적용을 놓고 심사숙고한 작업들이다.

미학과 예술사 방면의 번역과 저작도 두 종이 상재되었다. 하나는 중국 정부와의 불화로 미국의 콜롬비아에 머물고 있는 이택후李澤厚의 『중국미학입문』(美學四講)이 장태진 박사에 의해 번역된 것이고, 다른 하나는 바사리(Giorgio Vasari, 1511-1574)의 『위대한 미술가의 생애』(이근배 교수에 의해 『이탈리아 르네상스 미술가전』으로 번역되기도 한)를 모본으로 삼아 한국의 미술가의 인간학을 구성해 낸 유홍준 교수의 『화인열전』(1)(2)이다.

이택후 교수는 나와 2000년 여름에 비엔나에서 만난 적이 있는데 여전히 담론을 즐겨하고 비판적 가치를 숭상하고 있었다. 하다못해 그는 '5.4 운동의 언어폭력이 홍위병에 이어 오늘날까지도 지속된다'는 견해에 동조하고 있었다. 영국으로 떠난다는 그에게 나는 런던의 마르크스 묘지 앞에서 그의 묘지명에 쓰인 '포에르바하에 관한 마지막 명제'를 흉내 내어 "이제는 마르크스(묘지명은 '세계')를 해석(to interpretate)할 때가 아니라 변혁(to change)할 때"라는 말을 한 적이 있다고 하자, 파안대소하며 『논어 오늘 읽기』(論語今讀: 1998, 홍콩)라는 『논어』 번역을 내게 주기도 했었다. 그의 철학은 당당한 깊이가 있음에도 정치적인 원인 때문에 현실적으로 제자가 없다는 이유로 무시되고 있는 것은 안타깝다. 철학자의 의무란 국가를 뛰어넘는 비판과 견제이다. 나는 중국이

---

7 정세근, 『제도와 본성—현학이란 무엇인가』(서울: 철학과현실사, 2001) 참조.

8 2001년 9월 7~9일에 郭齊勇 교수의 주관으로 중국의 武漢大學에서 웅심력에 대한 국제학술대회 개최.

'민족'을 강조하고 '민주'를 소홀히 하는 한 아시아의 맹주가 될 수 없음을 강하게 주장했었다.

유홍준 교수는 『역사비평』에 10여 년간 연재한 '조선시대 화가들의 삶과 예술'을 정리하여 두 권의 책으로 냈다. 재미와 고증 그리고 비판적 안목이 가미된 또 하나의 문제작으로, 앞으로도 계속할 요량으로 1, 2권이라는 이름을 달았다. 피렌체에서 미켈란젤로에게 그림을 배우고 화가와 건축가로도 이름을 날린 바사리의 방대한 글은 이후 미술사연구의 표지가 되었는데, 우리도 그만한 화가열전을 갖게 될 수 있을 것만 같아 매우 기쁘다. 다른 점이 있다면, 바사리의 시대는 다 빈치와 라파엘로가 죽은 지 20년밖에 되지 않았고 당시 피렌체는 이탈리아 문학과 예술의 중심지 역할을 하고 있었던 반면, 유홍준의 시대는 천박한 20세기 예술시대를 거쳐 '기술복제성'[9]으로 대변되는 21세기라는 점이다. 결국, 바사리는 문화 속의 한 결정체라면, 유홍준은 진흙 속의 연꽃인 셈이다. 그러나 안타깝게도 유홍준의 문화권력은 문자문화(글씨)가 시각적 자극(그림)에 밀리는 시대적 분위기에 편승함으로써 경전 위주의 철학이 설자리를 더욱 좁게 만들어버리는 데 나름의 역할을 했다. 그의 독단적인 독설은 '눈'이 '미리'를 대체하는 시대를 창도하고 난 셈이다. 만일 그가 오늘날의 예술가를 비판하는 데 앞장섰다면 철학자가 이렇게 자괴감을 느끼지는 않을지도 모른다. 글자에 매달리는 철학자의 주머니는 자꾸만 헐고 있는데도, 예술가와 그에 관련된 사람들이 바로 그 '눈'을 빙자해 떼돈을 버는 시대이기 때문이다.

3. 논문의 네 범주

2000년도에도 많은 글이 있었지만 대략 네 분야로 일목요연하게 정리가

9 Waler Benjamin, 『기술복제성시대의 예술작품』(1936).

될 수 있었다. 우리 철학계 내에서 벌어지는 앞으로의 연구작업도 이에서 크게 벗어나지는 않을 성싶다.

첫째는 경전에 대한 해석이다. 이는 경전에 대한 직접적인 해석을 말하는 것으로, 이를테면 『열자』의 연구를 가리킨다.

둘째는 경전해석사에 대한 연구이다. 이는 역사 속에서 경전이 어떻게 해석되어왔는가를 살피는 작업으로 주로 경전의 주석에 관한 비교분석을 말한다. 이를테면 『장자주』의 곽상 연구 등이 이에 속한다.

셋째는 경전의 현대적 탐구이다. 이는 경전을 단순히 해석의 대상으로만 보지 않고, 그 숨어있는 현재적 가치를 드러내는 작업이다. 이를테면 『한비자』와 자본주의 윤리 연구 같은 것이다.

넷째는 경전의 방계적 접근이다. 이는 경전을 단순히 철학적으로만 보지 않고 미학과 같이 다른 시각에서 이해하는 것이다. 이를테면 공자의 예술관 등이다.

경전해석은 아무래도 객관적으로 원작자의 의미에 충실하려 한다면, 경전해석사는 해석자의 다양함을 드러내는 데 치중되고, 경전의 현대적 탐구는 연구자의 주관이 어쩔 수 없이 많이 가미되고, 경전의 방계적 접근은 기존의 방식과는 다른 의미를 보여주는 데 그 가치가 있다.

그런데 그러한 글의 좋고 나쁨은 다음과 같은 기준으로 판단될 수 있다.

첫째, 경전해석은 자체 내의 일관성이 유지되어야 하며, 기본적으로 당시의 다른 경전과도 의미가 소통될 수 있어야 한다(예: 『열자』와 『장자』의 개념의 일치).

둘째, 경전해석사는 경전과 해석자의 간격이 다소간 드러나야 하며, 나아가 많은 해석자들 사이의 입장차이도 규명되어야 한다(예: 『장자』와 『장자주』(와 『장자해』)의 차이).

셋째, 경전의 현대적 탐구는 경전의 원의와는 별개로 새로운 주장이 나와야 하며, 그 주장이 때로는 원전을 비판할 수 있어야 한다(예: 『한비자』의 현대성과 그 한계).

넷째, 경전의 방계적 접근은 창조성이 강조되어야 하며, 그 작업이 단발적이지 않고 연속적이어야 한다(예: 공자, 맹자, 순자의 예술관).

이와 같은 관점에서 볼 때, 첫 번째 경전해석이 7(6)편, 두 번째 경전해석사가 8⑷편, 세 번째 경전의 현대적 탐구가 13⑺편, 네 번째 경전의 방계적 접근이 8⑸편이었다.[10] 이렇게 보면, 우리 학계가 관심을 갖고 있는 것이 무엇인가가 손쉽게 드러난다. 우리는 무엇보다도 경전의 현대적 탐구를 갈망하고 있는 것이다. 물론 이러한 탐구가 경전해석사의 연구보다 손쉽다는 이점이 있는 것은 사실이다. 하지만 우리가 이렇듯 '고전의 현대화'에 매진한다는 것은 미래에 대한 불안을 고전을 통해 극복하고자 하는 열망과 다르지 않다. 아울러 경전의 방계적 접근이 의외로 많은 것은 그만큼 식상한 해석이나 해석사를 넘어 신선한 이해를 추구하고 있음을 보여준다. 당연히 경전해석이나 경전해석사가 기초적인 작업임에는 틀림없다. 이는 우리의 기반역량이 탄탄한가를 묻는 것이기 때문이다. 어째든 우리는 그 바탕을 넘어서 철학적 사유를 시도하고 있는 것이다.

무엇보다도 중요한 것은 우리 작업의 성공 여부에 있다. 이는 위에서 말한 평가기준에 달려 있을 것이다. 이에 유념하여 논문을 소개하기로 한다.

⑴ 경전해석

내가 알기로는, 박원재 박사가 우리나라의 철학계에서는 처음으로 곽점郭店에서 출토된 죽간본竹簡本『노자』에 대한 글을 썼다. 그의「곽점 죽간본『노자』에 대한 몇 가지 검토」라는 글은 앞으로 있을 곽점본『노자』연구의 기본서술이 될 것이다. 나는 학회 석상에서 앞으로는 제발 중국 것만 수입하지 말고 우선 한국의 연구업적을 바탕으로 성과를 누적해 나가길 호소한 적이 있는데(한국도가철학회, 2000.12.9.), 그때 내 말의 직접적인 대상이 바로 그의 글이었다. 우리는 아직도 중국에서 새로운 자료와 업적이 나올 때마다 그것에 줄곧 따라 다니는 양상을 보이고 있는데, 정말 아쉬운 일이다. 그러다 한단지보邯鄲之步가 될까 걱정인 것이다. 중국의 걸음걸이를 흉내내다 한국의 걸음걸이도 못하는 일이 벌어져서는 결코 안 된다. 박 박사는 분명 말한다. "『노자』의 무위적 정치 이상이 담겨 있는 통행본의 32장이나 37장, 또 같은 맥락에서

10 괄호 속의 숫자는 도가철학 전문학술지인『도가철학』제2집에 수록된 글들을 제외했을 때의 수치임.

'허虛'를 언급하고 있는 5장이나 16장 같은 장들이 죽간본에도 그 기본적인 내용은 고스란히 들어 있다.……죽간본 내용이 『노자』를 반유학적 성향의 사유로 읽는 시각을 재검토하게 만든다는 식의 주장이 그리 쉽게 개진될 수는 없으리라고 본다."

임수무 교수는 「노자철학에서 덕의 의미」를 '용用'과 '복귀復歸'의 의미를 부각시켜 밝혔고, 이봉호 선생은 「『장자』에서 '자연'과 '자유'의 의미에 관한 연구」를 통해 하이데거의 자유 개념의 분류에 근거하여 자발적 자유, 비본래적 자유, 소극적 자유, 적극적 자유, 본래적 자유 등의 개념으로 나누어 보았고, 김득만 선생은 「도가에 있어서 기론」을 『노자』와 『장자』 그리고 『회남자』를 중심으로 그려내었다.

그 밖에도 임수무 교수는 「선진 명변론과 순자의 정명론」을 장자, 혜시, 공손룡, 묵변, 순자를 역순서대로 훑어 내려오면서 이름(名)의 문제를 밝혀주었고, 남상호 교수는 줄곧 방법론의 연구의 일환으로 「『여씨춘추』의 여원동기與元同氣적 방법」을 '전생全生'설을 바탕으로 발표하였다. 박승현 박사는 「『황제사경』에 나타난 도가철학의 특징」이란 글에서 '법'과 '무위'의 개념 비교를 통해 황로학이 도가와 법가의 사상적 결합을 시도하고 있음을 말했는데, 문제는 작년의 연구성과에서 말했듯이 김갑수 박사의 황로학에 대한 새로운 이해나 비판이 배제되어 있다는 점이다. 다시 환기하면, 김 박사는 『노자을본』 앞부분의 4편의 고일서古佚書가 『황제사경』이라는 주장이 당란唐蘭에 의해 제기된 후 황로학의 성격이 운명처럼 결정되어 버렸지만, 이른바 청정과 무위는 통제술이 아니라 백성에 대한 불간섭주의였다고 주장하고 있다. 이렇게 본다면, 『황제사경』은 사마천이 내린 최초의 정의에 따르면 황로학조차 아니며, 나아가 그 황로학이 가리키는 무위는 법가적이지 않은 양생술이 되어버리는데, 이에 대해 박 박사의 의견은 어떤지 서술해야 할 것이다.

(2) 경전해석사

박승현 박사는 「『회남자』에 있어서 장자철학의 영향」이라는 글에서 꼼꼼하게 그 둘을 비교하였다. 「원도훈」, 「숙진훈」, 「남명훈」, 「정신훈」, 「도응훈」, 「수무훈」, 「인간훈」, 「제속훈」은 장자사상과 관계가 깊고, 「본경훈」, 「주술훈」, 「무칭훈」, 「범론훈」, 「전언훈」, 「설산훈」, 「설림훈」, 「태족훈」은 직접적인 관계는 없지만 어구의 인용이 있고, 「병략훈」, 「천문훈」, 「지형훈」, 「시칙훈」은 학술적인 면에서 그다지 관계가 없다(王叔岷, 周駿富)는 것이다.

김학목 박사는 작년에 이어 「왕필 노자주에서 유무에 대한 고찰」로 왕필 연구를 지속하고 있으며, 「서계 박세당의 노자관」과 (그의) 「『신주도덕경』에 나타난 서계의 체용론」까지도 써내 왕성한 학구열을 보여주었다. 이 모두 『박세당의 노자』(1999), 『노자도덕경과 왕필의 주』(2000), 『율곡 이이의 노자』(醇言, 2001), 『홍석주의 노자』(訂老, 2001) 등의 풍성한 기초작업에 근거한 것이다. 임채우 박사도 「왕필 현학 사상의 오해 비판」을 통해 『주역주』는 음양관계 논리에 기초한 사유를, 『노자주』는 유무개념에 의거한 추상적 사유를 보인다고 주장하며 양자의 차이를 강조하였다.

곽상에 대한 독특한 논문도 있다. 김용수 박사는 「곽상 『장자주』에 비친 『역전』의 성성이지成性易知」라는 글에서 일본의 고산사高山寺에서 발견된 「장자발跋」(舊鈔卷子本莊子殘卷)의 '배우는 사람은 본성을 이루고 쉽게 아는 것을 덕으로 삼아야지 이단을 공부하는 것을 귀하게 여겨서는 안 된다'(不學者當以成性易知爲德, 不以能功異端爲貴也)라는 구절을 기반으로, 곽상 사상의 골간을 밝혔다. 알다시피 '성성'(成之者性)과 '이지(乾以易知, 坤以簡能)'는 『역전』, 「계사」(상)의 말이고, '공이단'은 『논어』, 「위정」의 말이다. 만약 이러한 개념이 곽상사상을 대표할 수 있다면, 내가 늘 강조하듯 곽상의 유가적 성격은 더욱 잘 드러나게 되는 셈이다.[11]

김성환 교수는 「진한秦漢의 방사方士와 방술方術」이라는 글에서 방사가 사

---

11 나는 왕필과 곽상을 모두 명교파로 분류하며, 왕필조차 '도가적 유가'라는 호칭을 부여한다. 그들에 대한 『주역』의 영향은 매우 큰 것이다. 왕필과 동류의 사고를 하는 하안도 역학적 방법을 즐겨 쓴다. 정세근, 「하안의 역학적 해석론」(『동양철학』9, 한국동양철학회, 1998) 참조.

기꾼의 무리가 아니라 유생에 비견되는 사인士人임을 드러냈으며, 윤찬원 교수는 「후한시대 초기도교철학사상에 관한 연구」를 사천성의 오두미교五斗米敎를 중심으로 정리해냈다. 아울러 「위진현학과 불교」라는 글 속에서 장애순 교수는 승조의 심무의心無義, 즉색의卽色義, 본무의本無義에 대한 비판을 통해 격의불교의 양상을 보여주었다. 내 식으로 말하면, 현학의 3대 학파(명교파, 죽림파, 격의파) 가운데 하나인 '격의 또는 반야파'에 대한 통시적인 연구였다. 시대를 내려와, 김백현 교수는 「태극도로 본 송대의 도가문화」를 단학丹學을 위주로 하여 소개해주었다.

(3) 경전의 현대적 탐구

서양철학적 연구에 많이 기댄 노장 연구부터 소개하면, 김영건 선생은 「과연 우리는 도에 대해서 말할 수 있는가?」라는 글에서 현대언어철학적 관점에서 분석하고 있고, 여종현 박사는 「후설의 현상학적 의식에 대한 노자의 도심道心적 해석」을 통해 '초월론적 의식(내면성)은 도심'이며 '도심은 현상학적으로 순수한 마음'이라고 주장했고, 강신주 선생은 「『도덕경』 논리와 자본 논리의 구조적 유사성」과 「장자 철학에서 마음과 삶의 문제」라는 두 글에서 '자본-화폐-상품'(마르크스)과 '도-상덕上德-하덕下德'(노자)이 구조적 유사성을 가지며 장자의 성심成心은 유한성을 보편적인 척도로 삼아 삶에 폭력적으로 적용된다고 파악한다.

이지훈 교수도 「제유의 우주-장자, 스피노자, 라이프니츠」라는 논문에서 은유隱喩('나는 산이다')와 환유換喩('요람에서 무덤까지')를 넘어선 제유提喩('손 좀 빌려줘')를 주창하고 있으며, 정세근은 그의 글에 대한 논평논문인 「무의 감응」에서 동서철학의 무에 대한 태도가 기본적으로 다름을 강조했다.

해체주의와 노장의 밀접한 관계를 김형효 교수가 「도가사상의 현대적 독법」에서, 박원재 박사가 「도와 차연差延」에서 드러냈으며, 직접적인 동서비교는 아니지만 이종성 교수는 해체라는 말을 원용하여 「장자철학에 있어서 마음 닦음의 해체적 성격」이라는 글에서 해체는 오히려 개별적 존재들의 본성을 온전하게 만들고 존재의 자연성을 있는 그대로 드러낸다고 밝혔다.

현대문명에 대한 대안으로서의 도가문화 연구도 활발했다. 이종성 교수는 「선진도가의 자연관을 통해 본 현대문명의 비판적 대안」을 제시하면서 인간중심주의적이고 도구주의적 세계관을 넘어선 비판적 대안으로 노장사상이 요청된다고 강조하며, 최진석 교수는 「도가의 자연관과 생태문제」를 다루면서 인간중심주의가 현대의 위기를 가져왔기에 '본질'로부터 '관계'로 전환되는 세계관을 주창하며, 김성환 교수는 「도가의 사회사상과 그 현대적 의의」를 이성중심주의, 인간중심주의, 이원적 인식론, 기계론적 자연관을 넘어선 도가사상에서 발견한다. 재미있게도, 아니, 처절하게도 세 사람 모두 인간중심주의를 비판하면서 (심층)생태론을 말하고 있으며, 또한 도가사상의 현실적 적용가능성에 대해서도 무척 많은 고민을 하고 있다. 이종성은 도가사상이 우리가 어디로 가야하는지 분명하게 제시하기는 하지만 그 자연에 도달하기 위하여 무엇을 하여야 하는지 구체적인 방법에 대한 설명에 매우 인색함을 걱정하고 있고, 최진석은 세계관에 대한 다른 인식이 다른 행위를 낳을 수 있느냐는 철학적 문제를 끄집어내면서도 그러리라는 강한 신념을 보여주었고, 김성환은 문명의 관성과 왜곡된 현실의 질주는 쉽게 저지되지 않으리라 짐작은 하지만 위기의 본질에 대한 논의와 경각심 그리고 구체적인 중지에 도가는 대단히 의미 있는 사상적 자원과 역사적 경험을 제공하며 영감의 한 원천이라고 주장한다.

그런데 문제는 낙관적 현실인식보다 구체적인 현실 파악에 있다. 우리 자신조차 자동차와 냉장고 그리고 컴퓨터를 쓰면서, 기심機心을 비난하는 것은 부조리 아닐까? 나 자신조차 위 세 사람과 똑같은 결론을 내면서도, 불안한 이유는 김 교수가 힘 있는 필체로 말한 '문명의 관성과 왜곡된 현실의 질주' 때문이다. 그것을 막기 위해서라도, 나는 이 자리에서 '도가사상과 현대문명'이라는 책자를 함께 만들 것을 제안한다.

어쩌면 김낙필 교수처럼 「도교수행의 특징과 현대적 의미」를 발굴해가면서 '남'이 아닌 '나'(단독자로서의 개인의 자아완성)에 신경 쓰는 것이 훨씬 도가적

일는지도 모른다. '나를 크게 여기고 천하를 작게 여기는 것'[12]도 도가의 정신이기 때문이다. 김 교수는 「한국도교 연구의 중요 쟁점」도 정리해냈다.

(4) 경전의 방계적 접근

미학의 구체적인 적용이 먼저 눈에 띈다. 조민환 교수는 「동양화의 화제에 나타난 『주역』의 생생지미生生之美」를 정선의 〈금강전도〉와 김정희의 〈세한도〉와 같은 작품을 통해 드러냈다.

위진남북조 시대의 글도 세 편이나 나왔다. 김재숙 박사는 「위진현학의 미학적 성격」을 왕필과 혜강의 논의를 통해, 황지원 선생은 「위진남북조 회화 미학의 기운론」을 형신形神론을 통해 그려냈다.

그 밖에 이중희 교수는 「동양 산수화의 조형의식과 시각」에서 도가사상이 회화에 미친 영향을 밝혔으며, 이동환 교수는 「순자연順自然에서 천기론天機論」에서 한국미술의 특징을 순자연으로 보고 조선 후기에 천기론이 출현하여 새로운 미학범주가 되었다고 하는데 두 개념 모두 논거를 밝히지 않았다.

서예에 관한 글도 있었다. 김상홍 교수는 「다산의 서예론 연구」라는 글에서 정약용이 한국과 중국의 서예가들을 어떻게 평가했는지를 보여주고 있다. 정약용은 〈만덕산萬德山 백련사白蓮社〉의 글이 김생의 글씨가 아니라 했고, 유성룡의 〈수운정水雲亭〉과 오준의 서한글씨〈三田渡碑〉 그리고 윤순도 평가했는데, 이광사를 최고로 꼽아 조윤형과 강세황이 그를 비방한 것을 자신의 역량을 헤아리지 못한 것이라 평하면서 이광사 이후에는 다산 형제가 있다고 자부하기도 했다는 것이다. 이런 점에서 그는 한국서예비평가이기도 했다. 또한 김정희가 23세 때 북경에서 만난 옹방강翁方剛의 글씨도 높게 평가된 것으로 보아 정약용은 당시의 중국문화를 조금이나마 접할 수 있었던 것으로 보인다. 물론 왕희지 부자를 여전히 높이 평하는 것으로 보아 그는 아직 완원阮元과 김정희와 같은 북비北卑 중시의 사고에는 미치지 못하고 있다. 재미있는 이

---

12 『淮南子』, 「原道訓」, "知大己而小天下, 則幾於道矣."

야기를 소개하면, 정약용은 〈탐진농가첩耽津農歌帖〉의 앞 네 글자를 귀양 중에 오징어 먹물(烏鰂墨)로 썼음을 말하면서, 흔히들 오징어 먹물은 쉬 바랜다고 하지만 빽빽한 것을 부드러운 종이에 써서 그렇지 신선한 것을 깔깔한 종이에 쓰면 오래간다고 밝히고 있다.[13] 듣기로는 오징어보다는 문어 먹물이 좋다는데, 다산은 그것을 몰랐던 모양이다.

4. 허망에서 실상으로

이제 우리의 문화역량도 논문을 중심으로 벌어지지는 않는 듯하다. 후학들에게는 다소 부담이 될지도 모르지만, 이제는 저작으로 승부처를 마련해야 할 시점이다.

인문학의 경우야 논문집을 책으로 엮어내는 것이 일반적이라서 많은 논문을 싣는다는 것이 곧 저작의 지름길이긴 하지만, 우리 학계는 남의 논문을 보는데 매우 인색해서 결국 종합판으로서의 저서가 부득이하다는 것이다. 나아가 이제는 연구의 호흡도 길게 할 필요가 있다. 이상론이긴 하지만, 짧은 논문으로 단타를 많이 내는 것보다는 긴 논문으로 진정한 학술적 토론을 벌릴 수 있어야 한다.

또한 학계에서는 '논평논문'(view article)을 적극 권장하여 학술적 업적이 축적되도록 해야 한다. 비판이 한마디 첨언으로 끝나지 않고 제기된 문제의 해결과 그에 파생되는 또 다른 문제의 제기가 부단히 이어짐으로써, 같은 작업이 중복되는 것을 막아 학구적 정력이 낭비되는 것을 최대한 피해야 한다.[14]

---

13 『全書』, 「跋耽津農歌」, "右耽津農歌帖, 余謫中作也. 其首題四大字, 則用烏鰂墨寫之者. 俗稱鰂墨, 久成白文, 蓋其稠黏者, 値光滑紙, 久當乾落耳. 苟用新好者, 寫之澁紙, 亦可壽傳."

14 이런 형식적인 문제에 대해서는 정세근, 「인문학 속의 철학」[聖輪結社九章](동서철학회·대동철학회 연합주최, 『2001 국제철학대회 자료집』, 2001. 5.)을 볼 것.

그리고 학적 과정에 대한 인정 또는 승인으로서의 감사의 말(Acknowledgment)을 맨 뒤에 붙이는 것도 고려해야 할 것이다. 이는 우리가 공부해온 이력을 밝히는 것이기 때문이다. 나는 나의 전공에서 남보다 많이 안다. 남이 그러한 것과 같다. 내가 반드시 내 전문분야가 아닌 것을 전문가처럼 알 필요는 없다. 나는 그쪽 전문가의 견해를 빌어 사색하면 될 뿐이다. 그에 대한 감사의 표시는 우리의 학문을 건실하게 만든다.

나의 꿈은 우리말로 철학하는 것이다. 그러기 위해서는 우리의 생각과 글이 담길 그릇을 예쁘게 만드는 것이 무엇보다도 먼저이다.

『오늘의 동양사상』3, 예문동양사상연구원, 2000.9.

10

중국과 다른 중국철학

도가 및 제자학 그리고 미학 동향(1999.3.-2000.2.)

1. 논문에서 책으로
2. 왕필에 대해-임채우 박사께
3. 왕필해석의 층차
4. 김갑수의 황로학 이해와 기타 논문
5. 훌륭한 번역과 동양미학의 봇물

1. 논문에서 책으로

처음에는 떠나지 못함을 슬퍼했다. 지난 호에 '어디론가 떠나야 할 때다'라고 마지막 말을 쓴 것은 더 이상 이 난을 써야할 필요성을 느끼지 못했기 때문이었다. 신제자시대의 구축을 위해 나래도 나무 자르기-종이 낭비는 그만해야겠다고 생각한 것이었다. 서로가 서로의 글을 보지 않는 시절에 그것을 총평하는 글은 옥상옥屋上屋에 불과했다. 말이 좋아 메타(meta)지, 그것은 군더더기 말(贅言)에 가깝다.

그러한 자괴감이 1999년도 작업에 대한 나의 글을 '조망'이 아닌 '나열'로 스스로 격하시킬 수밖에 없었다. 이번의 경우도 별 차이가 없다. 그런 점에서

이 난이 추구하고 있는 토론의 장은 아직도 멀고도 멀다. 아집과 편견만이 있을 뿐이지, 개방과 포용은 자리 잡지 못한다. 그러니 독단과 무지 속에서 만남의 여지는 없을 수밖에 없다.

그럼에도 이번에 나를 살린 것이 있다. 그래도 우울하지 않게 하는 것이 있었다. 덕분에 간신히 글을 쓸 수 있게 되었다. 그것은 다름 아닌 저서나 번역들의 풍부한 등장이었다. 아무래도 우리나라는 논문이 필요 없으니 아예 책으로 승부처를 마련한 듯도 하다. 그래서 우리 학계는 가냘픈 희망이 있다. 앞으로는 논문에 대한 평가는 제외하고 저서만으로 글을 써야 할는지도 모른다. 이런 생각이 한 편에서 떠오르는 것은 나쁜 만은 아니리라.

무엇보다도 먼저, 매우 조심스럽게, 또한 안타깝고 괴로운 마음으로 중요한 글 하나를 덧붙인다. 아니, 이 글이야말로 바로 우리 학문의 성실성과 이 난이 간절히 희구하고 있는 학술적 접촉, 더욱 정확하게는, 새로운 관점의 탄생 및 그 연원과 발전에 관한 고백을 담는다. 주제는 왕필에 대해서이며, 이러한 시도가 곧 중국을 넘어서는 한국의 중국철학, 좀 더 자신만만하자면, 한국철학의 단초를 마련함을 밝히고자 한다. 독자들은 고민에 고민을 거듭한 아래의 서한형식의 글을 신중하게 읽어주기 바란다.

적어도 내게 주어진 책임에 충실하기 위해서는, 또한 한국의 철학발전을 위해서는, 나래도 입을 열어야 할 터이다. 만일 강호제현들이 나의 철학에 대한, 그리고 중국사상의 한국적 발전을 갈구하는 충정을 이해한다면, 내가 초산부初産婦의 심정으로 이 이야기를 밝힘을 눈치챌 수 있을 것이다. 첫 임신은 자랑스러우면서도 부끄럽기 마련이다. 그래서 그 모두를 이야기하지 않고, 그저 그렇다고 그것만 밝히게 마련이다.

2. 왕필에 대해-임채우 박사께

임채우 박사님:

나는 어제밤도 뒤척이었고, 오늘도 새벽부터 잠을 이룰 수 없었습니다. 그래서 이렇게 글을 쓰고 있는 것입니다. 사실 임 박사가 나를 잠 못 이루게 한 것은 어제오늘만은 아니었습니다. 임 박사가 처음 나를 잠 못 이루게 한 것은, 벌써 몇 해가 지난 일로, 「왕필 체용 개념에 대한 오해와 변정」(1996.12.)이라는 글 때문이었습니다.

이 글에서 자세한 것을 밝힐 수는 없습니다. 아직까지 제가 생각하고 있는 세 번의 기회는 지나지 않았기 때문입니다. 그러나 이번에 쓰신 「노자 11장을 통해 본 노자의 유무관」(1999, 여름)을 보면서, 막바지에 다다르기 전에 해결책을 도모하고자 단순한 몇 가지를 밝힘으로써 우리의 논의를 이상적으로 제시할까 합니다.

나는 늘 중국과는 다른 '중국철학의 한국적 발전'을 주장해 왔습니다. 우선 그것이 가능해야 이른바 '한국철학'의 토양이 풍성해질 것이라고 믿기 때문이었습니다. 그러나 글 읽기란 주류와 비주류가 있기 마련이고, 그러다보면 이른바 정통적인 해석과 그렇지 않은 것으로 나누어지게 마련입니다. 현재 우리의 중국학계-중국철학계는 중국학자들의 해석을 정통으로 놓고 그에 맹종하다시피, 그들의 주장을 열거하거나 반복하는 것에 치중해왔습니다.

나는 중국에서 공부를 했습니다. 그래서 오히려 그들의 주장에 너무도 친숙합니다. 그들이 '우리 중국사람'이라고 할 때 나는 늘 '우리 한국사람'이라고 반문해왔고, 그렇다면 과연 '우리의 한국철학은 무엇인가?'를 끊임없이 물어야 했습니다. 내가 사단칠정론이나 인물성동이론에 학구적 집착을 보이는 것도 바로 그와 같은 이유에서입니다.

한마디로 내가 철학을 하는 가장 궁극적인 목표는 바로 '한국(의) 철학'에 있습니다. '한국철학이 있다, 없다'를 따지고자 하는 것은 결코 아닙니다. 오히려 '문제의 한국화' 내지 '한국의 문제화'에 내 관심은 쏠려 있습니다.

사실 중국학계도 매우 일방적이고 편파적입니다. 아마도 동양학계의 일반적인 현상인 듯 싶습니다만, 사승관계부터 시작하여 하나의 사단師團을 이루고 있는 경우도 많습니다. 따라서 사단장의 주장은 명령과도 같고 지침과도 같습니다. 위진현학의 예만 들어보겠습니다. 중국본토는 탕용동의 한당불교적 연구가, 대만은 모종삼의 송명이학적 연구(때로는 웅십력의 유식학적 연구)가 그 연구성과를 대변합니다. 따라서 중국의 학계는 어느 쪽을 막론하고, 불교 그리고 그와 영향관계에 있는 이학의 세례를 너무도 많이 받고 있습니다. 그런 점에서 그들의 해석학적 지평은 불교가 시원이 되고 이학이 발전시킨 '체용體用'론에 있습니다. 굳이 해석학적 순환이라는 전문적 용어를 빌리지 않더라도, 그들이 보는 현학은 '위진'의 현학이라기보다는 '당송'의 현학인 것입니다.

나는 현학의 원전을 통독하면서 기존의 이해가 상당히 불분명할 뿐만 아니라 무모하다는 생각을 하였습니다. 위진 따로, 당송 따로 놀고 있는 느낌 말입니다. 그리하여 나는 1993년 6월 11일 한국공자학회에서 주최한 '한당유학'의 주제 아래 위진현학에 대한 정의문제를 시발로, 약 9편(우리말 6편, 중국어 3편)의 글을 통해 이와 같은 논의를 전개해 왔고, 이제는 일차 마무리 작업으로 우리말로 된 글을 『제도와 본성』이라는 제목으로 출간을 준비하고 있습니다. 1993년의 학회에는 학위 전의 임 박사도 자리를 함께 했었습니다.

나는 아직 임 박사의 학위논문(1996)을 얻어 보지 못했습니다. 그러나 인구에 회자되는(그래봤자, 조민환, 김학목 박사 등에 불과하고, 이것이 곧 우리 학계의 비천함을 드러내는 것이지만) '왕필의 체용론'에 대한 임 박사의 견해는 1996년 12월의 글로 충실히 알 수 있었습니다. 나는 임 박사가 그런 생각을 지니고 있는지는 오히려 내가 조민환 박사의 글에 논평(1996.11.)을 했을 때, 그의 답변에서 처음 들었습니다. 조 박사는 이후에 실린 글(「박세당의 노자 이해1-도의 체용론적 이해를 중심으로-」, 『도교문화연구』11, 1997.7.)에서 "특히 왕필의 체용론에 관한 것은 논평자의 질의에 답한 것임을 밝힌다"고 적고 있습니다.

나는 「제도 옹호론과 그 반대자들」(1993년의 발표문을 책으로 낸 것: 『공자사상의 이해』1, 열린책들, 1995.4.) 속의 '왕필의 무용론無用論'이라는 한 장에서 왕필의 무론은 노자의 세 가지 무 가운데 제11장의 '무가 쓰임이 된다'(無之以爲用)는 효용성이 있는 무의 의미를 발전시킨, 곧 '유가 이익되려면 반드시 무를 쓰임으로 삼아야 한다'(凡有之爲利, 必以無爲用.-『노자』, 제1장주-)는 <무의 용>無之用의 철학(305-307쪽)임을 분명하게 밝혔습니다. 그것이 장자의 무용의 용(無用之用)과 다름도 함께 말입니다.

만일 이러한 주장이 있었고, 그것에서 감화를 받았던 그렇지 않던, 최초의 관점들이 명확하게 드러났다면(귀무貴無론이 아니라 무용無用론이라는), 그것은 우리 모두 기뻐 할 일 아닙니까?

내가 「노장과 그 주석가들의 자연 개념의 형성과 변천」이라는 글의 한 주(42번)에서 왕필은 체용體用론이 아니라 용체用體론임을 말하면서 임 박사의 글을 소개하고 '이러한 주장은 중국학자들의 입장과 다른 것으로 중국철학의 한국화를 위해서 반드시 요구되는 작업'이라고 적은 까닭이 바로 여기에 있습니다. 하다못해 나는 타이베이에서 「왕필 용체론」(「王弼用體論: 崇用息體」, 魏晉南北朝學術國際會議, 中國文化大學/國家圖書館, 1998.12.)을 발표하면서도 일부러 임 박사의 그 논문을 중국학자들에게 소개했었습니다. 나는 적지 않은 반발을 예상하고 있었지만, 나를 논평했던 교수도 사실상 많은 부분 나의 생각(用本體末/哲學史的轉變)을 급히 선습選習했음을 추측할 수 있었고, 당장에 있던 전병술 박사가 나의 의견에 동의한다고 할 때, 회의 후 학자들의 반응은 매우 좋았습니다. 그때 '한국의 학자들은 그렇게 보느냐?'고 말할 때, 그리고 이어 나오는 발표문 가운데 의외로 자신 있게 모종삼이 비판되는 것을 보며, 이런 것이 학문하는 재미 아닐까하는 생각도 했습니다.(나는 논평의 답변에서 중국의 탕용동과 대만의 모종삼의 지나친 영향을 꼬집었습니다.) 나는 귀국 후 그 글을 임 박사께 드리면서 인용의 사실을 말한 적 있습니다. 내가 그렇게 한 까닭은 세계 속에서 '왕필의 무용론이나 용체론은 내 것이다'(이를테면 「王弼與道家儒學; 無之用, 理, 心說」, 제10차 국제중국철학회, 1997.7.)가 중요한 것이 아니라, 적어도 세계학계 속에 한국학계의 지위를 위해서라도, 이런 식의 한국적 논의를 활발하게 진행시켜보자는 뜻이었습니다. 왕필에 대한 연구논문을 하루라도 먼저 쓴 사람으로서 갖추어야 할 포용과 모범 그리고 겸양이 내 머리 속에서 떠나지 않았습니다.

한마디로 말하겠습니다. 임 박사는 저번 글과 이번 글에서 모두 '유체무용

有體無用'론을 거론했습니다. 그런데 위에서 말했듯이, 나의 무용론은 1993년 6월에 발표되어 1995년 4월 책으로 나왔습니다. 그리고 용체론의 사상적 근거는 어쩔 수 없이 무용론에 기초할 수밖에 없을 것입니다.

내 생각에 따르면, 왕필에게 체용론이란 말은 없었어도 본말론(用本體末論)은 분명히 있었습니다. 그것이 곧 내가 주창하는 '본말에서 체용까지'의 철학사적 변환입니다. 마치, 서구철학사에서 실재(real)의 개념이 근대에 들어서야 하늘에서 땅으로 내려오듯(naive realism) 말입니다. 『주역』에서 천지(天地: 體)가 중요하지 않고 그것의 쓰임(用)으로서 건곤乾坤이 중요함을 생각하면, 왕필의 사유는 아주 쉽게 이해가 됩니다. 역학의 이른바 용형(用形: 用六, 用九)의 사유이지요.(「무는 유를 위해, 말은 뜻을 위해」, 한국주역학회 논평문, 1999.2.26.)

우리의 상대는 우리가 아닙니다. 중국과 일본, 그리고 세계입니다. 우리의 목표는 중국 철학의 학습과 훈련에 그치는 데 있지 아니 합니다. 그것은 한국철학의 옹립에 있습니다. 그 한국철학이 중국적이건, 독일적이건, 미국적이건, 그것은 중요하지 않습니다. 중요한 것은 문제의 우리화입니다.

나는 위진현학에 대해 몇 가지 특별한 주장을 해왔습니다. 이를테면 '왕필은 도가라기보다는 유가다', '왕필의 해석방법은 노자가 아니라 주역이다', '하안도 역학적 방법이다', '죽림칠현은 사실상 4, 5현에 불과하다', '현학의 주류는 명교파이지 죽림파가 아니다(그 밖에는 격의파가 있다)', '곽상은 장자를 변형, 왜곡했다', '곽상은 전체주의자다', '왕필과 곽상은 기본적으로 명교를 긍정한다' 등. 중국학자들이 인정하듯, 또한 의아해하듯, 이런 식의 견해는 결코 중국과 맥을 대고 있는 것이 아닙니다. 나는 주장의 시발성 때문에 과도함이 쉬이 따를 수 있음을 부인하지 않습니다. 그러나 우리가 계속된, 중국에서 1999년에 새 책 나오면 추려서 글쓰고, 2000년에 새 책 나오면 다시 거듭하고, 이런 식의 정리와 반복의 악순환은 멈춰야 한다고 생각합니다.

어느 물리학자가 그런 이야기를 합디다. 외국 유학을 멈춰야 한국에서의 물리학적 발전이 나올 수 있다고. 계속된 선진문물의 수입은 계속된 종속관계를 낳을 수밖에 없다고. 자연과학도도 이런 말을 하는데 우리 인문학도의 처지는 말할 나위조차 없겠죠. 그런데 우리는 국내에 있어도 식민학이니 어찌된 일입니까? 또한 철학의 독립운동을 망각하고 홀시하니 어찌된 일입니까?

내가 처음 학계에 왕필과 곽상에 대한 견해('그들은 모두 명교파다')를 내놓았을 때 사람들은 콧방귀도 뀌지 않는 듯하더니, 이제는 어느덧 나의 주장이 많이 우리 학계에서는 받아들여지는 듯합니다. 해외의 경우, 독일학자(R. G. Wagner, Heidelberg Univ., 道家文化國際學術硏討會, 北京大, 1996.8.)는 너무도 당연하게 받아들이기도 했습니다. 그러나 알 수 없는 일은 아무도 그러한 외로운 작업의 시초가 누구였음을 밝히지 않는다는 것입니다. 하다못해 곽상에 대한 저의 원색에 가까운 비판도, 세월이 지나면서 이상한 방식으로 녹아 들어가서 어떤 '흐지부지학希知而不知學'이 될까 걱정스럽기도 합니다. 내 것을 내세우는 것은 내 것이 옳아서가 아니라, 나(우리)는 어쩔 수 없이 남[중국]과 생각이 다르기 때문입니다.

나는 이런 일보다는 원전공부에 더욱 신경을 쓰고 싶어합니다. 이제 저는 한대로 건너가고자 합니다. 그리고는 청대, 그리고는 마침내 한국입니다. 자, 제발 우리나라에서 만납시다.

끝으로, 우리 모두는 현재 내가 편집하고 있는 『현학의 시대1』(가제)에 실릴 왕필에 대한 임 박사의 글을 손 모아 기다리고 있습니다. 알다시피 왕필에 대해서는 임 박사 이외에도 많은 사람들이 다양한 논지와 입장을 갖고 있습니다.

임 박사는 나의 글을 개인 심경의 피력이 아닌 학술발전을 향한 제안으로, 과거에 머물고자 하는 글이 아닌 미래로 나아가고자 하는 글로 읽어주길 간곡히 빕니다. 나의 부덕이 곧 우리 학계의 덕이 되길 바랍니다. 그리고 참 마음으로 바라건데, 우리 한 번 멋있는 한국철학을 만들어봅시다.

3. 왕필해석의 층차

1999년 3월에서 2000년 2월까지의 주제별 논쟁거리를 모으는 것이 주된 이 난의 편집 방향인데, 이번에 나온 논문도 왕필이 단연 다수이다. 그러나 의견은 크게 다르다. '왕필이 자연과 명교를 조화시키려 했다'는 주장의 해석에서 한 걸음 더 나아가 어느 한 쪽으로 판단을 해주고 있는 것이다. 이 점은 우리 학계 발전의 좋은 표석이 될 듯하다. 그럼에도 우리의 글을 논쟁대상으로 삼은 논문은 없다는 점에서 식민성은 크게 달라지지 않았다.

거칠게 말해, '왕필이 귀무貴無론자'라는 입장은 중국의 정통(?) 학맥을 잇고 있는 것이며, '아니다, 왕필은 오히려 명교에 가깝다'는 입장은 그것에 대한 비판세력이라 볼 수 있다. 나누어보면, 아래와 같다.

> 귀무/자연/도가류/노자로 주역을 해석(以老釋易)/노자야말로 성인
> 무용/명교/유가류/주역으로 노자를 해석(以易釋老)/공자야말로 성인

앞의 입장에서 활발한 논문작업을 펼치고 있는 사람은 김학목 박사로, 「왕필 사상에 대한 오해」, 「『도덕경』1장에 대한 고찰」, 「왕필의 노자주에서 자연과 명교에 대한 고찰」 등에서 자신의 입장을 적극적으로 밝히고 있다. 그런데 그가 말하는 것처럼 왕필을 명교 쪽으로 보는 것은 오히려 일반적이지 않은 견해이다. 중국학계에서 왕필의 귀무론-사실 귀무론이라는 어원은 숭유론을 내세우는 배위에 의해 창출되었고, 그가 말하는 귀무론자가 반드시 왕필이라는 증거가 없음에도 불구하고-은 거의 확고부동한 자리를 갖는다. 북경에서 공부한 오상무 박사도 역시 같은 입장인데 조화라는 입장(任繼愈, 許抗生, 王曉毅, 대립도 있지만 조화위주라는 湯一介)에서 한 걸음 더 나아가 왕필은 명교를 부정하고 자연을 옹호한다는 주장을 편다(「왕필 저작의 '자연'과 '명교'의 관계에 대한 태도 재고」). 오 박사의 견해에 따르면, 죽림파를 대표하는 "혜강이나 완적의 '자연' 숭상 탈명교론이야말로 왕필 저작의 주요 사상을 계승한 것이고,

곽상의 양자합일론은 왕필 저작의 부차적 사상을 계승한 것으로 이해"된다. 오 박사는 김 박사와 더불어 왕필을 완전한 노자주의자로 평가하고 있다.

그러나 아래의 입장에서 볼 때, 왕필은 그렇지 않다. 정세근의 「노장과 그 주석가들의 자연 개념의 형성과 변천」에 따르면, 왕필은 명교라 불리는 제도를 옹호하고 있으며, "골수 죽림파의 노선은 왕필과 그를 발탁한 하안과는 분명히 달랐다"는 것이다. 정세근은 숭본崇本 사상에서 노장과는 달리 세상의 표준을 유용성이나 효과성에 두고 있는 왕필을 엿본다. 하다못해 곽상은 노예제조차 긍정하는 전체주의자로 비춰진다. 임채우 박사도 「『노자』11장을 통해 본 노자의 유무관」이라는 글을 통해, 종전의 견해를 거의 유사-심지어 도표조차도-하게 드러냈다. 임채우 박사는 이 글에서 왕필은 귀무론자이며, "무를 절대 구경究竟으로 내세워 자신의 철학의 원리로 삼음으로써 무를 정점으로 하는 무 일원론체계를 수립하게까지 된다"고 주장한다.

이 네 사람의 왕필에 대한 견해를 대강 나누어보면, 아래와 같다.

<왕필론에 대한 이해의 층차>

오상무, 자연주의자	(철저한 도가, 심지어 혜강과 완적에 가까운)
김학목, 귀무론	(도가, 공자는 성인이 아니다, 배위의 숭유론과는 다른)
임채우, 귀무론	(노자적, 존재하는 무, 그저 없음)
정세근, 무용론	(도가적 유학, 용본체말론 곧 역학적 건용천체健用天體관)

만일 서구식 좌우의 개념으로 나눈다면, 오상무는 극좌파로, 김학목은 좌파로, 임채우는 중도좌파로, 정세근은 우파로 왕필을 보고 있는 셈이다. 달리 『노자』와 『주역』에 대한 왕필의 입장에서 볼 때, 오상무, 김학목, 임채우는-그 가운데 임채우가 가장 모호하지만- 『노자』 쪽 왕필을, 정세근은 『주역』 쪽 왕필을 강조하고 있다.

아래의 절에서 언급될 내용이지만 먼저 말하면, 김백희 선생이 번역한 『왕필의 철학』의 저자인 임여진林麗眞도 왕필의 '숭본식말'의 '식息'자가 부정적인 뜻(止, 休, 廢)만 있는 것이 아니라 긍정적인 뜻(生, 存, 擧)도 있음을 밝힘으로써 말(末)의 지위를 높이고 있다. 왕필의 전통적인 이해가 숭본에 치중한데 반해, 식말의 의미도 재해석함으로써 '무를 높이면서도 유를 낮추지 않은'(貴無而不賤有) 면을 강조했다. 그러나 이러한 조화 내지 통합의 설은 애매하기 짝이 없어서 어느 한 쪽을 선택하느니만 못할 경우도 생긴다. 내 생각으로는 철학의 의무는 '자명'(自明: 明晳, clear)함에만 있는 것이 아니라 '변별'(辨別: 判明, distinct)에도 있는 것이니만큼, 특히 동양철학의 흐리멍텅함에서 벗어나기 위해서라도, 우리의 적실한 판단은 일정 부분 반드시 요망되어야 한다.

그 밖에도 우리의 논쟁과는 거리가 있지만, 이원태 박사는 「왕필의 역해석에 나타난 응변과 인간의 행위」라는 원전에 충실한 해석을 보여주었음을 덧붙인다.

4. 김갑수의 황로학 이해와 기타 논문

이 글의 맥락에서 나의 중국철학 이해의 태도는 확연하게 드러났으리라 믿기에 다시 말하지 않겠다. 그런데 무엇보다도 반가운 논문이 있어 짧게라도 소개한다. 이 글은 기존의 중국학계를 망라하여 방대하게 비판하고 있으며, 그에 대한 명확한 입장을 갖고 있기 때문이다.

이 잡지의 편집회의 때 나는 '황로학 제자리 찾기'를 시도하고 있는 어떤 분의 전문적인 소개와 평가를 하고 싶다고 밝힌 바가 있는데, 그의 주장은 우리나라 황로학 연구자라면 반드시 일독을 해야 할 것이다. 나는 그의 견해가 옳은지 그른지를 넘어, 맹자의 말처럼, '먼저 큰 것을 세운 것'(先立乎其大者)을 독려하고 싶다.

그 글이 바로 김갑수 박사의 「황로학에 대한 오해와 진실-황로학 제자리 찾기⑴」라는 논문이다. 김 박사의 '황로학에 제자리 찾기⑵'는 『도가철학』 창간호에 「학파명으로서의 '도가'의 기원과 의미에 관하여」(1999)라는 제목으로 이미 실렸다. 출간이 거꾸로 된 셈이다. 그러나 이 둘은 선후에 관계없이 연속적으로 우리에게 많은 점을 시사하고 있다. 그것은 바로 이제 우리 학문의 성숙도가 중국을 종합적으로 비판할 정도가 되었다는 점이다. 그의 글을 옮겨보자.

"『노자을본』 앞부분에 수록된 4편의 고일서古佚書가 『황제사경』이라는 주장이 당란唐蘭에 의해 제기된 후 황로학의 성격이 운명처럼 결정되어 버렸다. 즉 황로학은 이 말의 최초 사용자인 사마천의 의도와는 상관없이 법가적 잡가적 성향을 띤 학술 조류로 정의되었다.…(즉 사마천의 용어는) 노장 등 초기 도가를 중심으로 신선술의 일정 부분을 받아들인 양생론 위주의 사상과 실천적 지침을 가리키는 말이었다. 그리고 한초의 황로학에서 중시한 청정과 무위는 군주의 신하에 대한 통제술이 아니라 피치자인 민民에 대한 불간섭주의를 이르는 말이었다"(요약문)

위의 글 때문에 우리는 황로학에 대한 견해를 소개할 때, 어찌됐던 한국학자의 견해를 반드시 기술해야만 되게 되었다. 우리가 학문하는 재미가 바로 이런 데 있는 것 아니겠는가? 사마천이 말하는 '도가'의 의미조차 모르는 채, 우리는 그 아버지의 「육가요지六家要旨」를 인용하고 있는 것이 우리의 현실 아니던가?

짧게 한 해의 논문을 소개하면 다음과 같다. 김예호 박사와 심우섭 박사가 작년에 이어 한비자와 관자의 글을 소개했고, 작년에 3편의 한대철학을 소개했던 이석명 박사가 올해에는 회남자의 연구를 발표했으며, 정재현 박사는 묵가의 논리학을 올해에도 등재하여 묵학연구의 연속성을 과시하고 있다.

그 밖에 노장의 언어관 등 텍스트에서 주제를 뽑아 쓴 글이 열 편에 가까웠다. 종교학적 접근도 있어 이은봉 교수와 김희정 박사가 각기 「고대 중국신화와 고전 도가사상과의 관계」와 「도교와 불교 조우의 한 형태」라는 글을 발표했고, 김항배 교수는 불교와 노장의 만남을 「무아와 진아의 문제에 대한 연구」로 집약시켰다.

미학적 연구도 크게 눈에 띈다. 「노장의 실재관」을 쓴 이성희 선생은 「장자철학의 미학적 구조」를 언급했고, 박경희 교수의 유협劉勰의 원도론에 대한 설명도 있었으며, 조민환 교수는 노자를 비롯하여 우리의 서예이론가인 이서(李溆: 성호 이익의 仲兄)의 『필결』筆訣에 대한 연구성과를 내놓기도 했다.

마지막으로 특정한 주제에 대한 세 글을 소개하는 것으로 논문의 소개를 마친다. 첫째는 송영배 교수의 「제자백가의 다양한 전쟁론과 그 철학적 문제의식(2)」이라는 논문으로 유묵도 그리고 법병가의 전쟁에 대한 인식을 알고자 하면 반드시 참고해야 할 대규모의 작품으로, 저자는 "고대 중국의 반전론자들의 '이상과 용기'에 비한다면 오늘날 지식인의 입지는 상당히 부정적일 수밖에 없다"는 의미심장한 마지막 말로 글을 마치고 있다. 둘째는 김태완 박사의 「신선양생술에 대한 율곡의 비판」으로 신선사상이면 그것만으로 앞뒤를 끝내는 경우가 많은데, 그에 대한 주자와 율곡의 비판을 실어줌으로써 우리의 시계를 넓혀주었다. 셋째는 노장철학이 미래의 대안으로 성립할 수 있는가를 물은, 최진석 교수의 「도가철학의 미래적 전망」과 이재봉 교수의 「도가의 반문명주의」이다. 둘은 모두 도가사상이 유가사상의 비판세력으로서 새로운 역할을 할 수 있음을 주장한다. 결국, 도가의 반문명反文明은 미래 문명의 대안(counter)임을 서로 다른 방식으로 고백하고 있는 것이다.

5. 훌륭한 번역과 동양미학의 봇물

왕필에 대한 많은 논의가 있는 가운데, 중국학계 내에서도 착실한 연구로 인정받고 있는 대만대 중문과의 임여진 교수의 책이, 『중국철학대강』 등의 번역으로 실력을 인정받은 노자의 전공자인 김백희 선생에 의해 번역된 것은 무엇보다도 시의적절했다.(위의 기사참조: 3.) 아울러 서방세계 도교연구의 경전인 마스페로의 책이 신하령, 김태완 박사에 의해 『도교』라는 제목으로 상재되었다. (자세한 내용은 다음에 실릴 나의 서평을 볼 것: 『미메시스』2, 열린책들, 2000) 번역본에서 아쉽게 빠진 마지막의 호흡술 부분도 최근에 다른 역자와 출판사에 의해 출간되었다. 번역본은 아니지만, 한국인에 의한 보기 드문 양생술 저작으로 이진수 교수가 한국의 도인導引술을 비롯하여 『동의보감』, 『주역참동계연설(演說)』, 『보양지保養志』, 『이양편二養編』 그리고 퇴계의 양생사상을 『한국양생사상연구』라는 제목으로 총정리하기도 했다. 그리고 일본의 대표적인 사상가인 후쿠나가 미쯔지의 『장자』 해설서가 이동철, 임헌규 공역으로 번역되었는데, 그 책이 1964년에 나온 것임을 감안한다면 늦어도 한 참 늦은 감이다.

원전에 대한 번역도 눈에 띈다. '동양고전총서 50'을 내고 있는 홍익출판사의 의지로, 청대 손이양孫詒讓의 『묵자간고墨子間詁』의 완역본이 박재범 박사에 의해 『묵자』라는 제목으로 나왔다. 말이 '간고'이지 묵자의 정본 역할을 하고 있는 이 책의 번역으로 묵학연구가 좀 더 우리 가까이 오게 되었다. 책 부분 부분에, 이를테면 「비유상非儒上」이라는 글씨 아래 '제목만 전해지고 내용은 전해지고 있지 않다'와 같은 갈피가 끼워져 있어, 이 책의 신뢰성을 더욱 강하게 해주고 있다. 또 예문서원이 시도하고 있는 원전총서의 하나로 박세당으로 학위를 받은 김학목 박사가 『박세당의 노자』(新註道德經)를 상재하여 한국의 철학연구에 큰 기초를 쌓아주었다.

그 밖에는 미학론이다. 북경대 학위논문(「中國美學的近代轉折」)의 결론부분을 이상우 박사가 보완하여 『동양미학론』이라는 제목으로 출판했는데, 내용은 주로 미적 경지론(그는 '境界'라는 중국어로 직접 사용했는데, 그것은 온전한 우리말은 아니다. 중국어의 '계'는 영역의 의미가 있지만, 우리말의 '계'는 한계의 의미를 지니기 때문이다.)을 중심으로 다루었다. 동서를 오고 가는 미학연구로 저명한 중국인민대학 장법張法 교수의 『중서미학과 문화정신』中西美學與文化精神이 『동양과 서양, 그리고 미학』이라는 제목으로 번역되었는데, 그의 자유롭고 활달한 글은 우리 미학계의 자극이 될 것이다. 특히 그의 유무관은 동양의 무에 충실한 듯하다.

끝으로 자체적인 이론적인 연구가 근래에 드물었던 한국과 중국의 회화사 연구가 돋보인다. 홍선표 교수의 『조선시대회화사론』은 그 제목에 걸맞는 너무도 충실한 미술사학의 업적이다. 조선회화를 말한다면서 앞으로 이 책을 거론하지 않는다면 뭔가 부족할 정도로 관심인들의 필독서로 자리 잡을 만한 역작이다. 아울러 한정희 교수의 『한국과 중국의 회화』는 제1부 중국의 회화와 제2부 한중회화의 관계성으로 나누어져 있는 전공자의 논문집이다. 동기창의 연구와 한중회화의 비교에 초점을 맞추어 다른 연구와의 차별을 꾀하고 있다.

『오늘의 동양사상』2, 예문동양사상연구원, 1999.11.

11

대만의 고독과 그 극복

대만 학계동향(1998.3.-1999.2.)

1. 7년만의 만남

학계동향을 이야기하기에 앞서, 개인 이야기를 하지 않을 수 없다. 나는 1992년 여름 학위를 마치고 대만을 떠났고, 곧이어 한국정부의 단교선언을 미국의 어느 공항에서 들을 수 있었다. 그리고는 1998년 겨울에 찾아갔으니, 햇수로 7년만의 일이었다. 나는 홍콩에서 비교적 큰 주제인 '21세기와 중국문화'라는 주제 아래 발표를 한 후, 일주일 남짓한 시간차로 대만의 '위진남북조국제학술대회'에 참석해야만 했다. 고민을 하다, 홍콩에서 바로 대만으로 가서 근 한 달을 머물기로 했다. 덕분에 바뀐 분위기도 많이 느낄 수 있었고, 여러 학회에도 참석하여 학자들과 많은 이야기를 할 수 있었다. 그것에 대한 보고가 이 글이다. 따라서 이 글의 많은 부분에서 개인적인 감상이 노출됨을 독자들은 용서해주기 바란다. 아니, 이러한 고백이 차라리 독자들에게 실감난 학계 동향을 전해줄 수 있지 않을까 하는 바람도 있다.

만남에 대한 인상은 세 가지였다. 하나는, 공산중국의 학자들의 대만판이 급증했다는 것이고, 다음으로는, 중국관련학의 발전이 두드러졌다는 것이고, 마지막으로는, 이제 대만은 중국인이라기보다는 대만인의 터전이 되었다는 것이었다. 하나씩 보자.

첫째, 공산중국의 학자들의 저서가 모든 서점의 중국철학 부분 가운데 적어도 3분의 1, 많으면 절반을 차지할 정도로 양적으로 팽창했음은 무엇을 의미하는가?

나쁘게 보면, 대만은 멈춰있는데 중국은 가고 있는 것이다. 대만은 당대 신유가들의 노력으로 학문적 수준을 세계적으로 올렸고, 중국은 문화대혁명의 여파로 철학의 발전을 이루지 못했었다. 그러나 그것은 이미 지난 일. 중국학자들은 출판으로 돈을 벌기 위해-한 권이면 집 한 채 산다니까, 대만은 책을 팔기 위해-자체 내 특별한 발전이 없으니까, 중국의 학자들은 대만으로 몰려와 책을 내고 있다. 어떤 한국의 수입업자가 대만의 문진文津 것을 수입한다고 할 때, 나는 실소를 참을 수 없었다. 문진출판사가 바로 중국출판물의 복제출판사이기 때문이다. 대만이 대가들의 업적을 창조적으로 발전시키지 못하고 있는 반면, 중국은 죽어라고 한 부분만을 파서 그 결과물들을 오늘날 내놓고 있는 것이다.

좋게 보면, 물꼬 탓이다. 단절된 많은 세월 동안 이루어진 학문적 역량이 유입되지 못한 까닭에, 교류가 이루어지자 봇물 터지듯 밀려들어온 것이다. 중국인들은 손 많이 가고 시간이 엄청나게 빼앗기는 전적의 정리작업을 훌륭히 해냈다. 마치 공장의 분업화된 체계처럼, 중국은 학술작업도 그렇게 집단적으로 이루어냈다. 개인을 우선으로 하는 대만은 그러한 결과물들을 받아들이지 않을 수 없는 것이다. 학술적 개방이 대만의 토양을 더욱 기름지게 해주고 있다. 한 마디로, 중국의 명저를 중국에서는 [유통의 문제나 절판 때문에] 살 수 없어도, 대만에서는 [집약해서] 살 수 있다.

나는 처음에는 맛이 간 대만을 탓했었다. 그 탓은 대만친구들에게 향했고, 그들의 변명은 여러 가지였다. 그 가운데 내가 선택한 입장이 바로 물꼬론이다. 이제, 언제든지 논에 물은 댈 수 있게 되었으니, 농사를 얼마나 잘 지을지는 그 땅의 주인에게 달렸다.

둘째, 중국관련학의 발전은 여전히 지속되고 있었고, 걸출한 작업들이 눈에 띄었다. 나는 대만에 있을 때도 철학적 논저 말고도, 문화잡지나 사상방면의 논저를 즐겨 보았었다. 철학이야기는 늘 함께 하는 것이라서 식상하게 느껴질 때가 없지 않았는데, 역사와 문학 그리고 사회학이나 인류학 분야에서는 신선함을 깊게 맛 볼 수 있었기 때문이다. 이를테면 학위논문인 '기氣'론을 정리하면서도, 사상사 방면의 두정승杜正勝의 문헌비교적 접근론은 나에게 매우 자극적이었다. 또, 논문 때문에 아무리 바빴어도, 중국과학사를 개설했던 부대위傅大爲의 강의와 공자묘를 중심으로 사상의 추이를 연구한 황진흥黃進興의 『명유학안明儒學案』 강의도 빼놓을 수는 없었다. 바로 그들이 오늘날 대만학계의 중심을 지켜주고 있는 것이다. 그 밖에도, 역사 쪽에서 사상사를 가르치던 전신조錢新祖는 안타깝게도 젊은 나이에 일찍 세상을 떠났고, 문학 쪽에서 사상사를 열었던 장형張亨은 원로지만 아쉽게도 새로운 작업을 내놓지 못하고 있다.

우리는 사실 편독을 하고 있다. 철학이 있으면, 사상사도 있고, 사회사도 있고, 나아가 과학사도 있다. 대만과 그 학계는 그렇게 이루어진 곳이다. 대만대학의 방동미方東美만 있고, 문화대학의 모종삼牟宗三만 있는 것이 아니다. 만일 대만 쪽의 중국학 연구가 불만스러우면 사상사로 가보라. 사상사가 불만이면 문학사로 가보라. 그것들도 만족스럽지 않으면 사회사나 문화사도 있다. 서구의 영향을 받았다고 걱정할 필요는 없다. 오히려 그 영향 때문에 추론의 생략이나 논리의 비약 없이 착실히 이루어진 논저들을 만날 수 있는 것이다.

구체적으로 황진흥의 『공자묘 배향과 권력(優入聖域: 權力, 信仰與正當性)』(臺北: 允晨, 1994)은 대만학계의 꽃이다. 화려한 정장본이 위압감을 주지만 두정승의 『고대사회와 국가古代社會與國家』(臺北: 允晨, 1992), 그 가운데에서도 「봉건과 종법封建與宗法」에 대한 연구도 뛰어난 것이다. 부대위의 여러 단편이 보여주는 대만사회의 인식도 자극적이다. 나와 함께 같은 방에서 몇 년을 보내면서 온갖 토론을 한, 청화대 중문과 양유빈楊儒賓의 저작인 『유가의 신체관(儒家身體觀)』(臺北: 中央硏究院, 1996)과 편집인 『중국고대사상의 기론과 신체관中國古代思想中的氣論及身體觀』(臺北: 巨流, 1993: 같은 제목의 국제학회 논문집을 책으로 낸 것임)도 중국을 원전으로 삼은 '몸'에 관한 연구로는 독보적이다.

셋째, 이제 대만은 대만인의 것이다. 무슨 말인가? 대만은 이미 중국과는 변별성 있게 세계의 문화지도에서 등장하고 있다. 타이베이를 관통하는 '첩운捷運'인 지하 및 지상철, 그리고 경전철의 안내방송으로서의 공용어가 3개 지방의 말이다. 표준어로서의 북경어, 대만말인 민남閩南어, 그리고 중국 내의 유태인과 같은 객가客家인들의 객가어이다. 이제는 다종 언어 국이 된 것이다. 과거에도 현실적으로는 다종 언어 국이었어도 그에 대해 부정적인 태도로 일관했었다. 그러나 이제는 공식적으로도 그것을 인정하게 된 것이다.

대만독립의 입장을 극렬하게 몰고 나가는 집단에서는 아예 대만어를 알파벳으로 표기하기까지도 한다.[1] 한자는 대만어를 제대로 표현하지 못한다는 것이다. 방송어도, 음악어도 대만어는 이제 절대적 역할은 아닐지라도 중추의 한 부분을 담당하고 있으며, 학원에서도 대만어의 사용이 결코 어색하지 않다. 예전처럼 대만말을 하면 경고를 받거나 적어도 위축된다는 것은 상상도 할 수 없게 되었다. 오히려 대만말을 모르면 어설프게 된 것이 오늘의 상황이다. 교수 간의 세력 다툼이나 주도권 싸움에서도 소수로서 권한을 쥐고 있던 중국본토의 도래渡來인들이 이제는 구석에서 조용히 책을 볼 수밖에 없게 된 것이다.

대만대 철학과의 예를 들어보자. 장경국蔣經國 총통에 공개서한을 보낸 후 대만을 떠나 오랫동안 북경대학에서 머물렀던 진고응陳鼓應도 돌아왔고, 비슷한 이유로 학교를 떠나야 했던 왕효파王曉波도 연구실을 지키고 있다. 이른바 '해빙解聘' 교수들의 복권이다.

---

1 이를테면 '爲什麽這樣說?'를 'Uisiamih anne Kong?'으로 쓰는 것이다. 부정어는 'm-'(不)으로 다음 낱말 앞에 붙이고, 소유격은 'e'(的)로 따로 쓴다. 『青年』 第27期, 1998.12., 97쪽. 라디오 방송은 '青年之聲'(FM 96.9)으로 이를 이끌고 있는 卓榮德은 『逼向歷史的刀鋒』과 『正義起國論』(臺北, 前衛, 1992)을 써내 대만독립운동을 고취시키고 있다. 그는 대만대 철학과 출신으로 이재오, 『한국학생운동사』의 中譯 작업(서문은 내가 번역)을 이끌기도 한 적이 있다.

철학교수만이 아니다. 철학회도 그렇다. '중국철학회'가 아닌 '대만철학회'가 1994년에 성립된 것이다. 대만철학회 안에 서양철학과 중국철학이라는 분과가 소속되어 있는 셈이다. 아직까지 '대만철학' 분과는 성립되어 있지 않지만, '대만유학'이라는 말을 학술대회의 제목으로 쓰는 것으로 보아 조만간 이루어질 것도 같다.

국민당에서 뛰쳐나와 '신당新黨'을 창립하고 멋진 용모와 좋은 말솜씨 그리고 화려한 학력과 경력으로 1998년의 선거에서 타이베이 시장에 당선된 마영구馬英九는-각본이었으리라고 생각되지만- 현 국민당의 이등휘李登輝 총통이 '어디 사람이냐?'(호남, 상해, 광동 등과 같이 본적을 묻는 것임)는 말에 '나는 신新대만인'('워쓰신타이완런'이 아닌, '과시신다이완랑')이라고 대만말로 대답하여, 기존 대만 출신의 시장과의 경쟁에서 멋진 반전을 이룩했음을 잊지 말자. 그는 그 후에도 '신대만인'론을 주창하여, 대중적인 인기를 한 몸에 받고 있다. 물론 대만인의 입장을 강조하는 진영에서 볼 때, 신당은 국민당의 떨거지들/아류이고 신대만인론은 말장난/허구에 불과하다.[2]

2. 책방, 도서관, 문철연구소

나는 서점과 도서관을 통해, 그리고 친구들의 소개로 맛깔난 책을 얻어볼 수 있었다. 중국인들과 생활하며 느끼는 '옛 것은 여전히 옛 것이요, 새 것은 여전히 새 것'인 양극화를 도서문화에서도 느낄 수 있었다.

서점은 크게 변한 것이 없었지만, 후발 대형서점인 '성품서점誠品書店'이 대학가뿐만 아니라 타이베이 곳곳에 자리 잡아 대규모 체인을 운영하고 있었다. 마치 학창시절의 대학생들이 '종로서적에서 만나자'고 하는 것처럼, 성품서점은 고래의 전통 서국書局들을 따돌리면서 복합문화공간으로 앞서가고 있

2 東吳大學 哲學系 莊文瑞는 그 허구성에 대해 신문지상에 글을 발표하기도 했다.

었다. 한국 유학생들이 자주 찾던 학생서국學生書局은 포鮑가네가 이어받아 사장 및 경리를 보고 있으며, 그곳에서 일하던 황黃 소저는 오래 전부터 독립하여 서점을 따로 운영하고 있다.

국립중앙도서관은 국가도서관으로 개명했으며 아직도 선본善本 한적자료를 꾸준히 정리하고 있었다. 예전 한학연구센터의 대륙자료실이 훨씬 커졌으며 출입이 비교적 자유로워졌다. 예전에도 그랬지만, 공산중국의 책을 일목요연하게 찾아보기에는 역시 타이베이의 국가도서관이 아직도 제일인 듯하다. 국립대만대학 중앙도서관은 야자수 길(椰林大道) 끝 운동장에 초현대식이며 최고급 도서관을 지어놓았다. 대학원생들에게는 국가도서관이 그래 왔듯이 연구공간(小簡)을 제공하고 있다. 그곳의 길다란 창에서 보는 멀고 높다란 야자수 길의 풍광은 정말로 시원하다. 그러나 방문교수에게는 제공하지 않는다.

중앙연구원 문철연구소 주비처는 10년 동안의 준비기간에 많은 일을 해냈다. 그동안 한 작업에 대해서는 1990년 3월에 창간되어 1998년 9월 기준 통권31호(제8권 제3기)를 내고 있는 『중국문철연구통신中國文哲硏究通訊』을 참고하면 된다. 여러 학자들에 대한 소개와 서평을 비롯하여, 학술회의, 강연 및 논문을 싣고 있다. 그 가운데 강연으로는 유존인柳存仁의 「『도장』의 성질」(『道藏』的性質, 통권5)과 풍요명(馮耀明, 홍콩중문대학)의 공손룡자 연구의 소개인 「『공손룡자』연구의 회고와 전망」(『公孫龍子』硏究的回顧與前譫), 논문으로는 종소화(鍾少華, 북경사회과학원)의 「청말 중국인은 왜 '철학'을 추구했는가?」(淸末中國人對於'哲學'的追究, 통권6) 등이 눈에 띈다.

그런데 더욱 중요한 것은 문철연구소에서 완수한 전적 정리작업이다. 대표적인 것이 바로 『유종주전집劉宗周全集』(고적정리총간2, 총6권, 제3책만 상하2권, 1997년 6월 초판,[3] 출판설명 1998년 1월)이다. 우리는 『유자전서劉子全書』(상하) 영인본을 통해 그를 만날 수밖에 없었는데, 이제는 표점본으로 볼 수 있게 된 것이다. 이 책은 대련장(戴璉璋, 문철연구소)과 오광(吳光, 절강성사회과학원 철학연구소)이 주

3 초판의 연도가 출판설명보다 빨라 의심스럽지만, 모든 책이 그렇게 찍혀 있다.

편을 맡고, 종채균(鐘彩鈞, 문철연구소)과 장추화(蔣秋華, 문철연구소)가 편심編審을 맡고, 그 밖에 대륙학자 4인이 참가하여 만들어졌다. 이와 더불어 진행되어온 강호제현의 유종주 연구가 종채균 주편, 『유집산학술사상논집』(중국문철논집 10: 1998.5.)으로 집성되어 출간되었다.

문철연구소 주비처는 일련의 지속적인 작업으로 '맹자학연구총간'이라는 이름 아래 1997년까지 제5권을 내고 있으며, 그 가운데에는 한양대 김병채 교수의 「한국조선시대의 맹자학 연구(韓國朝鮮時代的孟子學硏究)」(맹자학총간 3, 1995)[4]가 실려있다. 또 '당대유학연구총간'은 1998년까지 제7권을 내고 있으며 그 안에는 서울대 송영배 교수의 「당대 한국유학발전의 개황(當代韓國儒學發展之概況)」[5]도 찾아볼 수 있다. 그 밖에도 교감校勘학의 대가인 왕숙민王叔岷은 '중국문철전간中國文哲專刊'의 14번째로 『좌전-고증과 교감(左傳考校)』(1998)을 펴냈다.[6]

3. 학회와 학교

나는 1999년 첫날을 타이베이에서 전철로 한 시간이면 가는 담수淡水의 어느 잔디밭 위에서 바다를 보며 지냈다. 중국철학이라는 이름 때문에, 그래도 동양철학한답시고 속이 좋을 수는 없었다. 중국철학도 독일철학이나 분석철학처럼 외국학이기는 마찬가지고, 한국철학-'우리 철학'의 길과 반드시 이어지는 것은 아니기에, 그 답답함과 뭔가 꼬인듯함은 더욱 깊은 것이었다.

---

4 黃俊傑 主編, 『孟子思想的歷史發展』(臺北: 中央研究院 中國文哲研究所籌備處, 1995), 243-266쪽.

5 李明輝 主編, 『儒家思想在現代東亞: 總論篇』(臺北: 中央研究院 中國文哲研究所籌備處, 1998), 217-254쪽.

6 청대철학에 관심 있는 사람은 중앙연구원 문철연구소 주비처의 연구결과물을 주목하기 바란다. 이를테면 『清代經學國際研討會論文集』(中國文哲論集3: 1994) 및 『乾嘉學術研究論著目錄』(圖書文獻專刊2: 1995) 등은 매우 중요하기 때문이다. 그리고 그곳에서 출판된 책은 소장의 허락만 있으면 무료로 제공된다.

1998년 12월 14일에서 18일까지 홍콩중문대학에서 '21세기와 중국문화'라는 큰 제목 아래 사무엘 헌팅턴의 논의를 비판하면서, 나는 「아시아의 몰락과 문명의 자기혁신(自新)」을 말하고 있었지만, 중국인들은 '아시아' 특히 '동아시아'에는 별 관심이 없이 '중국'만을 말하고 있었다. 어떻게 보면 동아시아론은 변방국으로서의 서러움을 슬프게 상징하는 것이기도 했다.

그리고는 세모(12월 28일부터 30일까지)에 벌린 위진남북조에 관한 논의였다. 양적으로 절대우위를 차지하는 중국과 대만[7]의 학자들 속에서 '너희들이 본 위진시대의 체용론은 오히려 거꾸로 된 것이야'를 외치며 나는 고군분투해야 했다. 논의를 분명히 하기 위한 자극적인 제목(「王弼用體論: 崇用息體」)에 답변을 하면서 나는 의외의 원군들을 적지 않게 만날 수 있었다. 하다못해 '한국학계는 그렇게 보느냐?'는 물음은 일말의 위안이기도 했다. 그래, 한국학계는 너희와는 다르다, 그것이 한국철학의 기지개다.

그 사이에 새로 생긴 화범華梵대학에서는 하루 동안(12월 16일)의 제2차 '유가와 불가의 만남 학술토론회(儒佛會通學術研討會)'를 열었다. 대학의 이름이 가리키듯, 중국의 문화(華) 속에서 꽃핀 인도에서 건너온 불교(梵)의 연구에 그 대학은 총력을 기울이고 있었다. 불교재단의 대학의 발전을 위한 의식적인 노력이기도 했다. 이 자리에서는 노사광勞思光의 강연을 출발로 대만학계의 소장년 학자들의 유가와 불가의 비교들이 벌어졌다. 주자, 웅십력, 모종삼의 유가계열은 물론, 『논어』와 『아함경』의 비교를 비롯, 당唐초의 시대적 연구, 감산憨山 등도 논의되었다. 작으나 짭짤한 논의였다. 또 대만대학 철학과에서도 태평양기금회의 협찬으로 중국철학회가 '말세와 희망(末世與希望)'이라는 주제 아래, 이틀 동안(12.19.-20.) 열렸었다. 서양철학이 위주가 되었지만,[8] 중국철학

---

7 대만만 하더라도, 위진남북조에 관한 국제학술대회가 1998년까지 3회에 걸쳐 國立成功大學 주최로 연속적으로 이루어지고 있으며, 그 결과물이 논문집으로 출간되고 있다. 이번 학회는 文化大學과 國家圖書館 주관으로 일회성으로 끝나는 것이기에 위와는 다르다.

8 黃筱慧, 「論解構與重生」 등.

도 못지않게 토론되었다.[9]

1999년 1월 5일 중앙연구원 문철연구소에서는 '현대유학 주제계획' 제2기 제4차 소형토론회로 '한국과 동남아에서 현대유학의 발전 학술토론회(當代儒學在韓國與東南亞之發展學術硏討會)'가 있었다. 현대유학의 수장首長급 전도사인 유술선劉述先, 이명휘李明輝, 두유명杜維明 등은 각기 발표, 토론, 총결의 역할을 맡기도 했다. 싱가폴에 관해서는 초횡焦竑과 이지李贄의 연구로 호평을 받고 있는 이작연(李焯然, 싱가폴국립대학)이 담당했다.[10] 한국에 대한 발표는 중국 측에서는 이수평(李甦平, 중국사회과학원 철학연구소)이 한국 양명학의 전통을 소개했으며, 대만 측에서는 양조한(楊祖漢, 문화대학)이 인물성동이론을 주자의 입장에서 파악하여 남당 한원진을 비판했고, 한국 측에서는 서강대 정인재 교수가 현대유학의 발전과 그 전망을 발표하였다. 말레이시아에 대해서는 북경대에서 왕필로 학위를 받고 쿠알라룸푸르에 본사를 둔 라이온그룹에서 일하는 호흥영(胡興榮: Wu Hin Yung)이 맡았는데, '제3세대 화교론'으로 주의를 끌었다. 중국인일 수밖에 없는 제1세대-중국어만 한다-, 말레이시아인이고 싶은 제2세대-말레이시아교육을 받았다-, 중국인의 정체성을 자랑하면서도 말레이시아인인 제3세대-중국어교육을 초등학교부터 대학까지 받았다-가 오늘 말레이시아의 화인사회를 이끌어나간다는 주장이었다. 그 밖에 하성헌(何成軒, 중국사회과학원 철학연구소)의 월남유학에 대한 논의도 있었다. 그런데 재미있는 것은, 이제 유불儒佛의 만남을 넘어, 회유回儒의 만남도 거론해야 한다는 대의론의 등장이었다. 17세기에도 있었던 남아시아의 회교문명과 중국의 유학의 만남이 연구주제로 부활돼야 한다는 것이다.

학회 말고도 나는 매우 바람직한 개방적 평가의 시도를 만날 수 있었다. 그것은 다름 아닌 타대학 교수들에 의한 자기학과의 평가였다. 내가 우연히

9 曾春海, 「從儒家展望二十一世紀的群己關係」 등.

10 李焯然, 『明史散論』(臺北: 允晨, 1991).

방청하게 된 것은, 동오東吳대학 철학과에 대하여 여러 대학의 교수들로 이루어진 평가단이 피평가학과의 교수와 학생들 앞에서 질의응답 등을 통해 바람직한 방향을 모색해주는 장면이었다. 물론 처음 시도하는 것이었고 어떤 강제성도 없는 것이었지만, '나를 열어 남에게 보여주고 이야기를 해보자'는 모습은 신선하기 짝이 없었다. 과연 우리는 남에게 자신감 있게 드러낼 수 있는 학과가 몇이나 될까? 아니, 남에게 이야기를 듣고자 하는 겸손함이 있는 학과가 몇이나 될까? 다음으로는, 대만대의 '국립대만대학 교사윤리수칙'(1998.3.21.)의 공포이다. 그런 수첩이 있다해서 교수가 윤리적이 되는 것은 아니지만, 1년 6개월 동안 스무 차례의 회의를 거쳐 논의한 후, 소책자로 만들어 배부하여 스스로 반성할 기회를 가진 것은 의미 있는 일일 것이다. 내용은 교육과 연구 외에도 인간관계와 사회윤리를 서너 가지 원칙 아래 정리해 담고 있다.

우리의 철학은 타산지석을 필요로 한다. 질과 양을 막론하고 그러하다. 남의 학계를 들춰보는 것은 그런 까닭에서이다.[11] 우리 철학, 어디쯤 가고 있을까?

哀悼: 나의 스승, 엄영봉嚴靈峯 선생이 1999년 5월1일 향년 96세로 기화氣化하셨음을 염은 빈 마음(恬虛之心)으로 적어 놓는다. 선생의 마지막 저작은 1995년 1월의 글이 실린 『노자를 읽을 때 알아야 할 것(老子研讀須知)』(臺北: 正中, 1996, 第2版)이다. 선생이 가장 좋아하던 말은 '내가 하기 싫은 것은 남에게도 시키지 말라.'(『論語』, 「顏淵」: 己所不欲, 勿施於人.)였고, 내가 가장 좋아하던 선생의 말은 '나를 배우지 마라.'(學我不好.)였다. 지난 겨울, 죽음의 그림자가 덮인 선생이 바퀴의자 위에서 나에게 한 마지막 말은 '「초간본 노자 골라 읽기(楚簡

11 진정으로 대만학계의 분위기를 느끼고자 한다면, 작년 10월에 나온 王英銘 主編, 『臺灣之哲學革命』(臺北: 書鄉文化, 1998)을 보라.

老子選讀)」 2만 자를 월간 『철학과 문화哲學與文化』에 주고 두 달이 되었는데 어떻게 할 것인지, 원고도 돌려주지 않으니, 물어보라'는 것이었다. 나는 무구비재無求備齋의 마지막 학생이었다. 閒安. '不以生生死, 不以死死生.' -『莊子』, 「知北遊」. 孔子言-

충북학연구소, 1999.2.18.

12

지역학의 미래

「지역학의 사례: '서울학'과 서울학연구소」

1. 서울학

우리의 주제는 '충북학'이다. 지역학의 사례로서 '서울학'과 '서울학연구소'를 엿보는 것도 충북학의 성립을 위해 타산지석이 필요한 까닭이다. 서울은 현 대한민국의 통치 하에 있는 인구의 적어도 4분의 1이 거주하며, 수도권이라는 비교적 광범위한 분류로는 2분의 1까지도 포함될 수 있는 전 세계적으로 희귀한 거대 도시이다. 나는 '서울공화국'이라는 표현을 쓰기도 하는데, 분명 서울은 공룡 같은 거대한 몸집으로 무지막대하게 주위의 모든 자본과 인력을 흡수하고 있다. 따라서 이런 도시에 대한 연구는 역사적, 사회적, 문화적 접근이 골고루 분배되지 않으면 안 될 것이다.

그런데 우리가 원론적으로 묻고 싶은 것은, 전 세계에서 가장 대표적인 도시로 볼 수 있는 뉴욕(Big Apple)에 대해서도 서울학과 같은 학으로서의 접근이 있느냐는 것이다. 학문으로서의 접근이 아니더라도 뉴욕하면 떠오르는 것과 같은 것이 서울에도 있느냐고 묻지 않을 수 없다. 뉴욕이 가장 도시같은 도시로 취급되는 데에는 많은 이유가 따라 붙는다. 부룩클린 다리, 엠파이어 스테이트 빌딩, J.F.K.공항, 허드슨 강, 할렘가, 지하철, 브로드웨이, 월가, 무역센터, 화가들의 스퀘어 그리고 칼럼비아대학과 N.Y.U. 등. 서울이 서울이 될 수 있는 까닭은 어디에 있을까? 무엇이 서울을 대변하고 있는가?

작은 이야기로 가보자. 먼저, '서울에 관한 각 분야의 연구'(Seoul Studies)나 '서울을 이해하기 위한 새로운 연구 방법과 패러다임'(Seoulogy)이 과연 그렇게 구별될 필요가 있는 것일까? 마치 'Chinese Studies'와 'Sinology'의 구분처럼 애매한 것 아닐까? 'Chin'이나 'Sin'이나 할 것 없이 모두 '진나라'(秦)를 가리킬 뿐이듯, 연구의 질적인 좋고 나쁨만이 있을 뿐 층차의 구별은 불가능하지 않을까? 명목논쟁은 남을 괴롭힐 뿐만 아니라 우리도 가로막고 있을 뿐이다.

둘째, "선언적이나마 '서울학'이라는 다소 모호한 표현을 택할 수밖에 없었던 것은" "새로운 방법론의 개발"을 위해서였다는 점에서 서울학은 실로 이 땅에 뿌리내리고자 하는 연구가 아닐 수 없다. 그런 점에서 선언에 대해 미안해 할 필요도, 정의定義의 애매함에 전전긍긍할 필요도 없다. 학문에서의 지역적 특색은 시공의 접근성 때문에 어쩔 수 없는 것이기도 하다. 중국 고대의 직하稷下학파, 일본 근세의 경도京都학파, 최근 미국의 시카고학파 등, 학문 분야와 지향점은 다르지만 지역적 이름을 달고 나오는데 전혀 어색하지 않다.

셋째, "서울을 경쟁력 있는 세계 도시로 발전시키기 위한 전략"도 좋고, "도시 행정의 새 패러다임을 만들려는 시도"도 좋고, "건전한 시민문화를 육성하려는 일종의 문화운동"도 좋다. 그러나 문제는 어떤 도시든 위의 목표를 갖지 않은 도시는 없을 것이라는 데 있다. 따라서 중요한 것은 추상적인 구호가 아니라 구체적인 내용이다. 그리고 그 내용에 대한 절실한 탐구와 토론이다.

넷째, 서울학은 분명 '학제적interdisciplinary'이다. 철학과 어학이 만나고, 미술사학과 금속공학과도 만날 수 있는, 아니 만나야만 하는 학문이 그것임에 틀림없다. 따라서 때로는 학제적이라기보다는 오히려 '총체성totality'을 강조하지 않으면 안 될지도 모른다. 단순한 학문 간의 만남이 아닌, 인간의 총체성을 추구한다는 점에서 그러하다. 그것이 바로 "새로운 연구 방법론"의 창출이라는 목표를 달성하는 길일 수도 있다.

다섯째, 서울학연구소의 촉매 또는 매개 노릇이 이상적일 때면 모르지만,

만일 “서울학 연구를 촉진하고 관리하는 기구”라는 일종의 관변단체적이며 국민운동본부 같은 행태는 결코 바람직하지 않을 수도 있다. 거칠게 말해, 사령부(Headquaters)의 역할은 매우 비학문적일 뿐만 아니라 학문의 자의적인 재단裁斷으로 진정한 서울학의 어린 꽃을 효용성이나 가시성의 기준 아래 잘라 버릴 수도 있다는 것이다.

2. 충북학

서울학은 확실히 충북학의 모범이다. 따라서 서울학의 장단점 및 시행착오는 충북학의 좋은 자료가 된다. 서울학연구소의 1) 사료탐사, 2) 연구의 수행과 지원, 3) 학술행사, 4) 출판 및 강의, 5) 용역 사업은 그 모두 충북학의 귀감이 아닐 수 없다. 결국, 충북학은 이러한 역할에 대한 깊은 논의가 있지 않으면 안 될 것이다. 그 순서에 맞추어 몇 가지 반성과 제안을 해보자.

첫째, 사료탐사는 궁극적으로 ‘충북학 자료실’을 도의 도서실과의 관련 아래 운영돼야 함을 보여준다. 현재의 도서관의 분류법처럼, 충북에 관한 상세한 자료의 목록화가 요청된다. 뿐만 아니라 도정에 관한 모든 계획안과 설계도면과 같은 문건은 의무적으로 충북학 자료실에 비치될 수 있도록 되지 않으면 안 된다. 그것은 행정의 투명성을 제고하는 것일 뿐만 아니라 미래의 발전을 위한 초석이다.

둘째, 연구의 진작을 위해서는 경제적 지원이 불가결하다. 뿐만 아니라 구체적인 지원사업 목록의 작성을 통해 체계적인 충북학의 성과를 집대성할 수도 있다. 이를테면 현재 대우재단에서 주제를 주고 공모, 선정하여 일정한 연구비를 지급하고 결과물이 제출되었을 때는 출판지원을 하는 것은 좋은 실례(민음사/아르케 대우재단 총서)가 아닐 수 없다. 충북학도 봄, 가을 또는 한 해에 한 번씩 10 내지 20개 연구주제를 공모하고 선정하여 결과물들이 지속적으로 누적되도록 하는 것이 필요할 것이다. 연구주제의 제시야말로 여러 사람의 여러 의견이 필요하지 않을 수 없다.

셋째, 학술행사는 다른 것보다는 전시행정으로 변하고 실질적인 내용이 없을 수 있는 가능성이 비교적 높기 때문에 최소화하는 것이 바람직하다. 충북학을 연구하면서 공연히 '국제'라는 이름을 붙여 심포지움을 열거나, 충북인의 '정신' 또는 '문화'라는 식상한 주제로 반복된 토론을 거듭하는 것도 낭비적이기 때문이다. 도지의 내용에서 크게 벗어나지 않는 재정리연구나 향토정서의 좌담식 확인작업은 몇 년이 지난다 해서 별반 달라지지 않는 중복사업에 불과하다.

넷째, '충북총서'는 위의 둘째 사업의 결과물이므로, 번잡하게 구별할 필요 없이 둘째 항목에 포함시키면 된다. 그러나 연구결과물이 서적의 형태로 출간되어 유통, 판매될 수 있어야 함을 주의하지 않으면 안 된다. 만일 단순한 논문일 경우, 사장되기 싶고 연구자의 책임이 비교적 가볍기 때문에 삼가지 않을 수 없다. 예를 들어, 민음사/아르케의 것이 지나치게 학술적이라면, 대원사의 '빛깔 있는 책들'을 참고하기 바란다. 물론 그 외에도 반드시 필요한 것은 이러한 작업에 대한 상세한 정보를 전달해줄 소식지(Newsletter)의 창간이다. 소식지에는 충북학 관련자료에 대한 색인목록이 실려야 함은 당연하다. 대우재단은 「대우재단소식」을 계간으로 발간하여, 현재 66호(1998년 겨울: 약16년) 이상을 지속해오고 있다.

다섯째, 충북학연구소도 용역사업으로 영리적 활동을 자체적으로 전개하는 것이 불가능하지 않다. 도와 시에서 발주하는 연구용역의 주간업체의 역할을 할 수 있어야 한다. 타임캡슐, 문화유적 지표조사, 지방지 편찬, 전시회 등의 사업이다. 충청북도 관광협회는 이미 『충북의 명산』(1997.3.)을 출간하여 호평을 받은 바 있다. 그러나 서적의 크기와 무게 때문인지 휴대가 불편한데, 관계기관과의 협의 아래 보급판을 낸다면 수익사업의 일환으로 삼을 수 있을 것이다. 그 밖에도 '충북도민대학'이나 '충청북도 사회교육원'의 운영도 시도해볼 만하다.

3. 지역학의 미래

자료의 결집이란 중요하다. 그리고 방법론의 창출도 중요하다. 그러나 더욱 중요한 것은 활발한 결과물의 누적이다. 자료와 방법론은 다양한 결과물 속에서 자연스럽게 출산되는 것이기 때문이다. 지역학은 '경계선상의 학문'으로 재원지원단체의 성과요청에 민감하지 않을 수 없을지도 모른다. 그러나 순수는 실용의 어머니이다. 또한 학문적 작업이 반드시 민간과 유리되는 것도 아니다.

독일 자본주의의 탄생지인 프랑크푸르트에서 자본주의에 비판적인 프랑크푸르트학파를 탄생시켜 전 세계에 영향을 끼친 것은 우리들에게 시사해주는 바가 크다. 자본가들은 자신들이 건강해지기 위해서 자기에 대한 비판을 게을리 하지 않았다. 충북학, 그것은 자기 비판에서 출발하지 않으면 안 된다.

『오늘의 동양사상』2, 예문동양사상연구원, 1999.11.

13

신제자시대의 구축

국내 학계동향(1998.3.-1999.2.)

1. 조망과 나열
2. 적지 않은 논문들
3. 사문난적의 한풀이
4. 신제자시대를 기다리며

1. 조망과 나열

이 책의 이런 '동향과 전망'의 글이 보여주는 것은 두 가지이다. 하나는, 우리가 벌써 논문만으로도 이러한 글을 쓸 수 있다는 학문적 업적의 축적에 대한 확인이고, 둘은, 이러한 논문에 대한 종합적 평가가 마련해주는 또 다른 학문적 발전에 대한 기대이다. 그 가운데에서도 '도가·제자철학'에 마련된 이 난도 위의 두 가지를 여실히 보여주고 있다. 이제 도가·제자철학도 다른 유학(한국 성리학, 양명학, 실학 그리고 중국유학)이라든지, 인도·불교철학과 어깨를 나란히 한다는 점에서 전공자들의 자긍심을 심어주는 데 부족함이 없다. 그러면서도 우리는 이 난에서 이것저것을 엿보고 스스로 뉘우침으로써 좀 더 나은 성과가 있기를 간절히 희망하고 있다.

양적으로 적지 않은 논문을 보는 것은 이 방면의 연구자로서 기쁘지 않을 수 없다. 그럼에도 불구하고 나는 너무도 슬프다. 우리 학문의 고질적인 병폐인 '남의 글 안 보기'는 여전하기 때문이다. 서로가 서로를 볼 필요가 없는 모양이다. 아니, 봤으면서도 못 본 척하는 지도 모르겠다. 아니, 봐서 그것이 쑥스러워 보지 말자고 하는 지도 모르겠다. 노자가 말하는 대로, '닭 울고 개짓는 소리가 서로 들려도 늙어 죽을 때까지 오고 가지 않는'[1] 이상국에서 살 모양이다.

이 글을 부탁 받았을 때, 나는 의무감이 앞섰다. 『오늘의 동양사상』과 같은 이런 학문의 정지작업은 발전의 초석이라고 생각되기에, 귀찮음은 어떤 명분으로도 정당화될 수 없는 것이었다. 그러나 어차피 서로 오가지 않는다면 이런 글은 쓰잘 데 없는 지껄임에 지나지 않는다. 오가지 않는 글을 바라보는 것은 결코 조망이 아니다. 그저 나열일 뿐이다. 조망은 시각이 있지만, 나열은 산만할 뿐이다. 이번 나는 좋은 명분 하나를 잡은 셈이다. 자, 나열한다.

2. 적지 않은 논문들

내가 편집자에게 받은 논문은 처음에 받은 것과 추가분을 더해서 24편이었는데(중복 2편 제외), 거기에다 『도가철학』 창간호에 실린 15편을 더하니, 모두 39편의 논문(저서 제외)이 되었다. 글쓴이와 제목만 정리해도 '가급적 준수'라는 단서가 붙은 청탁 받은 원고량의 1/6이 되었다. 출판지까지 소개하면 1/5은 넉넉히 될 터였다. 그 후 다시 추가로 받은 원고가 5편이고, 『도교문화연구』의 장자와 배위의 글을 합치니 46편이 되었다. 게다가 『도교문화연구』의 도교 관련 논문 13편까지 합치면 모두 59편이나 된다.

그 정도로 양적인 증가는 반가운 일이 아닐 수 없다. 이런 양은 도교를 제

---

1 『老子』, 제80장: 隣國相望, 雞犬之聲相聞, 民之老死, 不相往來.

외하면 작년인 1998년과 비슷한 숫자이다. 이는 그만큼 도가·제자철학의 학문적 기반이 이미 탄탄해졌다는 이야기의 반증이기도 하다. 작년과 겹치는 작자도 있지만 그렇지 않은 사람 또한 많다는 것을 볼 때, 연인원으로는 상당한 안정세를 취하고 있는 것이다.

더욱이 즐거운 일은 한국도가철학회의 『도가철학』지가 창간되어 그 안에 벌써 1/3이 훨씬 넘는 논문이 상재되었다는 점이다. 앞으로는 도가철학에 관한 한 『도가철학』의 위세를 떨쳐버릴 수 없을 것 같다. 이 한국도가철학회의 장점은 너무도 상식적인 데 있다. 그것은 임원진을 비롯, 적극 가담자가 매우 젊다는 것이다. 그곳에서 나이 쉰이면 원로급이다. 알다시피 우리 동양철학계의 청장층의 두께는 매우 도탑다. 그 여파인지는 몰라도 도가철학은 이미 궤도에 오른 듯하다. 젊은이가 많은 학회가 안 될 리 만무하다.

그러나 우리가 도가·제자철학이라 하여 도가와 제자를 나눈다면 상황은 다르다. 지난 호의 박원재 박사 말처럼 '풍찬노숙하겠다는 비장한(?) 각오 없이는 제자철학으로 박사학위를 취득하는 것이 거의 불가능한 상황'[2]이 지속될 뿐만 아니라 '다른 모든 것을 떠나서 우선 연구자층이 무조건적으로 두터워져야 한다'[3]는 당위에도 불구하고 올해도 4편의 제자 연구에 그쳤다. 묵자를 다루는 1편을 제외하고는 나머지 3편 모두 법가-한편은 상앙도 거론하지만, 특히 한비자를 다루고 있다. 본뜻에서 '제자諸子'라 하면 공맹과 노장을 모두 일컫는 말이긴 하지만, 유가와 도가라는 말로 범주화되지 않는 범위에서의 제자라면, 역시 법가가 대표함을 여실히 보여주고 있는 현상이다.

또한 도가·제자철학의 범위에서는 약간 벗어나 있지만, 『도교문화연구』에 실리지 않은 도교연구도 4편이나 된다. 종교학, 국문학, 한의학 쪽에서 다룬 도교연구이다. 이 난은 이것에 대한 취급에 확고한 방향을 정하고 있진 못하다. 사실 도교의 상청파上淸派, 생태론, 『태평경太平經』, 『포박자抱樸子』, 『황정

2 박원재, 「아웃사이더의 현실과 책임」, 『오늘의 동양사상』1, (서울: 예문동양사상연구원, 1998), 112쪽.

3 같은 책, 111쪽.

내경경黃庭內景經』, 『선서善書』, 『목천자전穆天子傳』, 『열선전列仙傳』과 내단수련법까지 포함한다면 그 양은 무척 늘어날 것이다.[4] 아래는 원칙적으로 문학 또는 종교로서의 도교연구는 비철학적이라는 이유 때문에 제외한다.

여기에서 46편에 대한 계량화는 하지 않기로 한다. 국가별, 시대별, 지역별, 인물별 분류가 전체 논문을 일견하는 것보다 시각적으로 낫다고 생각되지 않기 때문이다. 단, 주제별 구별은 적용한다. 그리고 주제를 되도록 묶어서 살펴보기로 한다.

3. 사문난적의 한풀이

무엇보다 눈에 띄는 것은 젊은 학자들의 왕성한 저작열이다. 박원재는 4편을 썼고, 김학목, 유성태, 이석명, 이재권, 이종성, 정세근은 모두 3편씩 썼고, 김예호와 여종현은 2편씩 썼다. 만일 중복된 저자를 제외하고 셈한다면 16편이 빠지게 되어, 총46편에서 29편으로 격감한다. 양이 많다고 탓할 일인가? 아니리라. 그만큼 갈 길이 멀고, 할 일이 많은 젊은이들이다. 어쩌면, 변방에서 공부하는 소외감을 학문으로 달래는 것일지도 모른다. 이른바 사문난적들의 한풀이가 아닐까?

공부를 안 하는 것을 학문의 진중성으로 오도하고 열심히 글을 쓰는 것을 학문의 경박함으로 폄하하는 적반하장은 이제는 설자리가 없다. 젊은 학력學力은 글을 통해서라도 정력을 소진하고 싶은 것이다. 쓰지 않는 것이 쓰는 것보다 나으리라는 기대는 해방 후 있었던 몇몇 천재의 경우에서나 가능하지, 이 시대에는 더 이상 용납되지 않는 듯 보인다. 하루 종일 공부방에 박혀있는 것이 가족의 불행인 줄 알면서도, 자초를 두려워하지 않는다. 이혼 당하는 학자가 많다는 어느 나라의 이야기로 자위하면서, 매일 문자의 감옥 속에서 몸

4 한국도교문화학회, 『도교문화연구』12, 1998.5.

을 축내고 있다.

나는 원로교수가 '이제 요순시대는 다갔지'라고 말하던 것을 기억한다. 청년학자는 더 이상 요순의 낭만을 기대하지 못한다. 또한 나는 거지와 교수의 두 공통점도 기억한다. 첫째, 되기 어렵다는 것, 둘째, 되면 가장 편하다는 것. 그러나 이 시절은 옛 시절을 안중에 두지 않는다. 학자의 길을 가겠다는 마음을 먹는 그 순간부터, 청년학자들에게 더 이상의 청춘은 없다.

글쎄, 여러 경우가 있겠지만, 나와 같은 경우, 「도와 X」를 제외하고는 모두 쓰여진지 꽤나 오래된 글들이다. 내 기억으로는, 「말과 뜻」은 93년에 쓰였고, 「하안의 역학적 해석론」은 96년을 넘지 않는다. 나는 1996년의 그 더웠던 여름을 잊지 못한다. 어찌 나뿐이겠는가? 이 모두 여름과 겨울 그리고 아내와 아이를 버린 이름들이다.

가) 개설의 고마움과 허전함

개설류는 '도란 무엇인가?'라는 원초적인 물음(송항룡, 「도는 알 수 있는 것인가?」)에서부터 노장사상이 현대문명에게 가져다줄 수 있는 의미(이강수, 「노장사상과 현대문명」)에 이르기까지 다양했다. 한국도가철학이 연구해야 할 문제에 대한 당위적인 개괄도 있었고(김백현, 「현대 한국도가의 연구과제」), 도가철학의 발생과정의 문제와 그 대응을 구체적으로 서술하고 결론에서 그 한계점을 비판하는 역사적인 논술(박원재, 「선진도가의 문제의식과 그 대응방식」)도 있었다. 결국, 과거와 현대, 역사와 당위를 모두 아우른 셈이다. 그에 덧붙여 유가와 도가의 보완성을 논하는 글(임수무·모종감, 「유가와 도가의 상호보완성」)도 있었다. 이는 중국에서 유가와 도가가 어떻게 만나왔고 영향을 주고받았는지를 철학사적으로 개술하는 것이었다. 아쉬운 것은 한국학자와 중국학자의 공동과제임에도 불구하고, 한국의 중국철학연구에 관한 소개는 단 한 줄도 없었다는 것이다. 어쩌면, 그만큼 우리 공부의 짧음을 나타내는 것일지도 모르지만, 과연 우리는 아무 것도 하지 않았는가?

그리고 무엇보다도 중요한 정리가 『도가철학』 창간호에 부록으로 실려 있다. 그것은 다름 아닌 현재(1998년)까지의 석·박사 학위자의 이름과 논문명이 국내외를 막론하고 일목요연하게 정리된 것이다. 각자 지역과 학교를 맡아 했지만, 강릉대 김백현 교수의 공이 누구보다도 컸다. 이 자리를 빌어 『도가철학』 창간호 편집에 대한 사의를 표한다.

나) 노자와 장자 논의의 식상함

노장에 대한 논문은 도가철학이 노장철학으로 불리듯, 양적으로 상대우위를 차지한다. 노자와 장자를 더하면 전체의 1/4 가량 된다. 그러나 적지 않은 경우, 주제는 아직도 식상한 점이 없지 않다. 이를테면 개념이나 범주의 파악은 이미 오랫동안 해온 것이기 때문이다.

그러나 주제 중심적인 글도 없지 않았다. 이를테면 '노자는 어떻게 법가적 사유를 갖는가?'(박원재, 「노자철학의 양면성에 관하여」), '도는 새로운 값을 가질 수 없는가?'(정세근, 「도와 X」), '몸을 어떻게 이해해야 되는가?'(박원재, 「몸에 대한 장자의 비판적 기호학」) 등의 물음이다. 주제 중심적인 글이 반드시 개념이나 범주 중심적인 글(이재권, 「노자철학에서 명/앎의 의미」 및 유성태 「장자의 우주/지식관」)보다 나으리라는 법은 결코 없다. 그러나 주제의 다양화는 노장연구자에게 반드시 필요한 것 아닐까? 이를테면 개념과 범주에 대한 정리는 서문에서 끝내고, 본문에서는 특정한 주제를 고민하고, 결론에서는 파생되는 문제를 거론해주어야 하는 것 아닐까? 다시 말해 노장에 대한 이해도 중요하지만 이제는 노장에 대한 비판이 더욱 필요한 때 아닌가?

다) 한대도가의 약진과 위진현학의 병치

올해 도가철학의 약진은 한대의 연구에서 드러났다. 현대 한국도가의 연구과제로 황로학에 대한 연구가 부족하다는 지적도 있었지만, 올해의 성과는 그러한 우려를 일축시킨다. 누구도 알 수 있듯이, 황로학 제자리 찾기를 지속해서 시도하는 글(김갑수, 「학파명으로서의 '도가'의 기원과 의미에 관하여」)도 있었고, 황로학의 여러 문제를 그 이전의 사상과 비교하거나 변화의 내용에 초점을 맞추는 글(이석명의 3편의 글: 「선진시대의 도가와 황로학」, 「한대도가의 내향적 전화」, 「진한대도가의 사유경향과 변이」)도 있었다. 더 나아가 엄준嚴遵의 『노자지귀老子指歸』의 연구(원정근, 「『노자지귀』의 '존재 없는 존재'와 '사유 없는 사유'의 동일성에 관한 사유」)도 보이고, 『회남자』(김용섭, 「회남자 정치론에서의 이상과 현실」) 연구도 눈에 띈다. 그만큼 우리의 학문적 역량이 날마다 나아지고 있다는 증거가 아닐 수 없다. 박사학위 논문도 끊이지 않고 있다. 1995년 상지대 김동천(「『회남자』의 '원도론'과 '경세론' 연구」, 서강대), 1996년의 용인대 이동철(「『황제사경』의 철학연구」, 고려대)과 김용섭(「『회남자』 철학 체계의 연구」, 경북대)에 이어, 올해에도 박재희가 「황로도가에 관한 연구」(성균관대, 1998)로 학위를 받았다.

현학에 많은 관심은 계속되고 있다. 현학에 대한 전반적인 이해(원정근, 「위진현학과 시대정신」)을 비롯하여 왕필과 곽상에 대한 글은 그런대로 없지 않았으나(이종성, 「곽상의 '독화론'에 관한 고찰」), 하안에 대한 글은 좀처럼 보기 어려웠다. 그러나 올해 반 년 앞서거니 뒤서거니 하며 2편(이재권, 「위진시대 철학의 도학화 경향-위초 하안을 중심으로」과 정세근, 「하안의 역학적 해석론」)이나 나왔다. 그러나 하안에 대한 그 둘의 판단은 매우 다르다 못해, 상반되고 있다. 앞으로의 토론이 기대되는 대목이다. 또한 배위에 대해서도 한 편(김학목, 「배위의 『숭유론』에 대한 고찰」)이 나왔다.

라) 광범위한 주해 연구의 의의

송대도가라 하면 매우 생소할는지도 모른다. 그러나 도가철학계는 벌써 당대도가에 대한 전문적인 연구자를 탄생시킬 수 있을 정도로 학문적 역량은 축적되어있다. 이를테면 『노자』 제1장에 대한 주를 가지고도 1박 2일을 지낼 수 있으니 말이다.[5] 이런 상황에서 송대의 『노자』 주석서에 관한 총괄적인 연구가 『노자』 제1장을 중심으로 이루어졌다.

5 한국도가철학회 1998년 하기 수련회. 1999년 8월 14일 하기 수련회 때는 경기도 양평에서 저명한 주의 서문을 읽었다.

물론 이러한 연구경향은 도가철학계에만 있는 것은 결코 아니다. 이전에는 『노자』면 『노자』, 『맹자』면 『맹자』를 연구하면 그 뿐이었지만, 오늘날에는 『장자』면 『장자』의 누구누구의 주해를 보지 않으면 안 되게 되었다. 그리하여 그 주석의 타당성 여부를 원전을 중심으로 여러 맥락에서 살펴보는 것이다. 이러한 현상은 학문적 토대의 풍성한 누적을 확연하게 보여주고 있다. 나아가 주해를 통해 당시의 세계상을 엿보기(조민환, 「송대 『노자』 주석서 연구」)도 하는 것이다. 그런 점에서 주석서에 대한 활발한 연구는 미래 도가철학 연구의 이상적인 방향일 것이다. 어쩌면, 그것이 바로 한국적인 해석이 가능할 수 있는 정초일지도 모른다.

마) 따로 노는 미학과 동서비교

중국-동양미학을 말하면서 장자를 빼놓는 것은 어불성설이다. 그렇지만 아직도 장자를 벗어나지 못한다는 점에서는 안타까움이 없지 않다. 장자가 밖으로 드러나지 않아도 이야기할 부분은 얼마든지 많기 때문이다. 그래도, 장자의 미학을 말하면서 현재의 예술철학적 성과가 곳곳에서 비판되고 있는 점(이윤아, 「장자의 자연미」)은 그런대로 희망적인 일이기도 하다. 비판은 더욱 좋은 결과를 위한 첫걸음이기 때문이다. 그러나 우리는 아직도 동양의 미학을 이야기하면서 미학은 단순히 번역된 것이지, '미에 관한 학문'이 아니라는 가장 기초적인 점을 분명하게 깨닫지 못하고 있다. 거꾸로, 서양의 미학의 기본 주제도 아름다움뿐만이 아니라 숭고도 있지 않은가? 나아가 장자와 하르트만 그리고 칸트가 '2300년'의 시간과 동서라는 공간을 넘어 만나는 것은 크게 의미 있는 일이 아니다. 중요한 것은 그것의 철학사적인 맥락과 영향이다.

아무리 하이데거가 노자를 닮았지만, 하이데거 전공자에게 중요한 것은 노자가 아니라 하이데거이고, 거꾸로도 마찬가지이다. 이는 아리스토텔레스도 중용을 말하고 그것이 양단의 산술적 중간이 아님을 잘 알고 있었지만, 그렇다고 해서 그의 중용이 유가의 『중용』과 같은 이론적 배경에서 이해될 수 있는 것은 아닌 것과 같다. 아마도 이는 비교철학의 영원한 난제일 것이다. 그렇다하여, 내가 동서철학이 비교될 수 없음을 말하는 것은 아니다. 오히려 실패할 수밖에 없음에도 노력하는 연구자에게 찬사와 격려를 보낸다. 우리가 비교철학을 포기할 수 없는 것은, 우리의 궁극적 목적이 중국에 있는 것도 아니고 서양에 있는 것도 아니며, 결국은 우리의 문제에 있기 때문이다. 비교철학은 그런 점에서 우리의 문제를 확연하게 드러내준다.

덧붙여, 김재숙이 「위진남북조 예술사상 연구」라는 제목 아래 서화론을 중심으로 연구하여 고려대에서 박사학위를 받았음을 알린다.

바) 한국의 도가와 도교가 가야할 길

유가나 불가에 맞서 위풍당당하고 중국의 도가연구 앞에서 자신만만한 『한국도가철학사』는 언제나 이루어질까? 이러한 작업은 이능화 선생 이후 오늘의 대표급의 학자들에 의해 이미 바탕이 마련되고 있지만, 그리고 이를 학문적 목표로 실제로나 당위론적으로나 삼고 있는 사람도 많지만, 완벽한 결과물이 가까운 시절 안에 상재되길 바라는 것은 나만이 아닐 것이다. 그를 위해서 어쩔 수 없이 접근해야 할 것이 한국의 도교사상이다. 때로는 지나치게 신비적이라 해서, 때로는 너무나도 허구적이라 해서 멀리 하기만 하다 보면, 사료를 얻지 못한다. 설화라고 해서, 의학이라 해서 한국도가의 원형을 찾지 못하리라는 법은 없다. 특히 문학은 당시 사상의 결집이라는 점에서, 의학은 당시 과학의 집약이라는 점에서, 한국사상의 한 부분을 보여주기 때문이다.

한국의 도가철학에 관한 논문은 올해 「박세당의 『신주도덕경』」(건국대, 1998)으로 박사학위를 받은 김학목의 연구가 전부(2편: 「박세당의 『신주도덕경』에 대한 고찰」, 「『신주도덕경』에 나타난 서계의 사상」)를 차지했다.

사) 자본주의 시대의 한비자 연구

한비자가 우리에게 죄를 지은 것이 있는가? 아마도, 유가의 반법가적인 선언들 때문에 우리는 법가를 싫어해야만 했을지도 모른다. 특히 주자가 선택한 맹자의 길은, 순자를 따르는 한비자를 용서할 수가 없었을 것이다. 더욱이,

한비자 안의 노자적인 사유는 성리학에 훈습된 우리가 그를 멀리할 수밖에 없는 원초적인 이유를 마련해주었다.

그러나 이 시절이 무엇인가? 아직도 도통道統의 신앙에서 벗어날 수 없는가? 홉즈는 말하면서 상앙은 말하지 못하고, 마르크스는 말하면서 묵자는 말하지 못하는가? 정치학도, 경제학도 있고, 하다못해 대통령학도 있는 마당에, 우리가 말하지 못하는 것은 무엇인가? 행위의 원칙으로는 법치주의와 진보주의를 내세우면서도, 내면의 도덕으로 유가를 따르는 것은 모순이 없을까? 현실은 마키아벨리와 놀고, 이상은 공맹과 노는가?

한비자의 연구는 좁게는 정치철학적이며, 크게는 사회철학적이다. 그가 비난한 것은 유가의 허구로 이루어진 이상적인 도덕주의이고, 묵가의 맹목적인 경제적인 평등주의이다. 우리의 사회가 건전하기 위해서는, 도덕에만 의존하지 않는 제도의 완비와 경제의 획일주의가 아닌 자본주의적 윤리관의 수립일 터이나, 우리는 그러한 사유의 맹아에 너무도 무감하여 반성의 기회조차 갖지 못했다. 한비자 연구는 그런 점에서 고무적이다(김예호, 「선진법가의 법치론 연구」와 「한비자의 명실론과 법치의 실제성」, 그리고 이재룡, 「인시제의와 법가적 정치」 및 심우섭, 「한비의 정치철학사상에 관한 연구」).

그러나 아쉽게도 묵자의 연구는 묵가의 논리성을 일관성의 관점에서 법法, 고故, 류類를 중심으로 파악한 1편의 글(정재현, 「묵가의 실용주의와 논리주의」)에 그침으로써, 고론 제자학 연구의 한계를 드러내기도 했다.

4. 신제자시대를 기다리며

학문이 발전하려면, 남의 나라 훌륭한 글을 보는 것도 중요하지만, 우리나라의 문제 많은 글을 보는 것이 좀 더 실천적이리라. 이미 나온 한 철학사적 인물에 대한 우리의 평가가 완료된 후, 자기의 입장을 개진하는 것이 한국의 도가철학 발전을 위해 도움이 되지 않을까? 그렇지 않다면 과연 무엇을 바라는 것인가? 영원한 식민의 길을 가고자 하는 것인가, 아니면 신모화사상을 구축하고자 하는 것인가? 중국은 중국이고, 일본은 일본이고, 우리는 우리다. 중국인이 일본학자를 인용하고, 일본학자가 중국학자를 참고하지만, 그들은 한국학자를 논하지 않는다. 우리의 상황은, 매우 국수적인 중국이나 일본의 학자처럼, 중국은 중국끼리, 일본은 일본끼리 노는 것만도 못하다. 네가 내 것 안 봐, 좋아, 나도 네 것 안 봐다.

우리의 논문이 확실한 논지를 드러내길 피하고 있는 것도 부끄럽지만 부인할 수 없는 사실이다. 너는 그렇게 보지만, 나는 이렇게 본다. 중국학자 또는 일본학자는 이렇게 이야기하지만, 나는 싫다. 내가 말하는 것은 내가 본 이것이지, 남이 본 그것이 아니다. 이러한 판단들이 우리의 글에서는 너무도 겸양의 덕에 싸여 분명하지가 않은 것이다. 이 세상이 이렇게 돌아가고 있다는 것이 아니라, 나는 이 세상을 이렇게 보겠다는 적극적인 의지가 생략되거나 강탈되어 있다. 생략이란 자신이 없기 때문이요, 강탈이란 자기를 드러내지 못하는 학계의 분위기를 반영하는 것이다. 학문이 이래서 문제라고 말하는 데 시간을 빼앗기지 말고, 나의 학문은 이렇다는 데 시간을 투자하는 것이 나을 터이나, 용기가 없다. 과감히 '나'를 노출시키지 못하고, 이름 모를 '남'만 많다.

한편, 이런 생각도 든다. 학문의 부족 곧 원전 읽기의 어려움 때문이 아니라, 새로운 철학의 시발을 위해 모두가 갈고 닦느라 남에게 신경 쓸 여유가 없다고. 나아가 한국도가철학의 탄생을 위해서, 스스로 제자 가운데 하나가 되기 위해서, 백화독존百花獨存의 신제자시대를 열고 있다고. 이러한 이유를 찾고 스스로 위안에 빠져 보다가도, 그러나 서로에 대한 논의가 어느 시절보다 신랄하고 격의 없었던 제자시대의 구체적인 장면이 떠오를 때마다 또 다시 슬퍼지고 만다.

중국의 재판(再版-second version도 아닌 reprint-)으로서의 한국의 학문이 아니라, 중국의 극복으로서의 새로운 철학이라는 당위를 우리는 저버리고 있다. 돈 없으면 논문도 못내는 이 인문학 경박화의 상황 속에 우리는 더욱 식민지학을 공고히 하고 있다. 학교나 학회도 부익부·빈익빈이며, 학자조차 악화惡貨는 양화를 따라다니며 쫓아내고 있다. 신제자시대는 구축構築되지 못하고 구축驅逐되고 있는 것이다. 어디론가 떠나야 할 때다.

『오늘의 동양사상』1, 예문동양사상연구원, 1998.11.

14

활발한 전통사상 연구와 전산화 작업

해외학계 동향(대만: 1997.2-1998.2)

1. 『한학연구통신』

대만의 국립중앙도서관에서는 계간으로 『한학연구통신』(漢學研究通訊: Newsletter for Research in Chinese Studies)을 1998년 5월을 기준으로 제17권 제2기(통권 제66기)를 간행해냈다. 한해 네 권 씩 벌써 만 16년을 넘었다. 그동안 제자題字의 가로쓰기와 세로쓰기 및 인쇄방법이 달라졌을 뿐 대동소이한 모습을 간직하고 있다. 대만을 비롯하여, 동구지역을 포함한 유럽 및 미주 그리고 아시아의 모든 한학연구의 결과를 상세히 조사하여 이른바 '한학자'와 '한학' 관련 기관에 이 책자를 배포하고 있다. 1997년 말 현재, 개별학자에게는 대만지구 758명, 기타(해외)지구 495명, 기구나 학교에게는 대만지구 316명, 기타지구 327명으로 총 1,896권을 발행, 발간하고 있다. 나도 운 좋게 한국에서 이 책을 개별적으로 받아보고 있다.

이 책의 특징은 현대의 정치적인 연구, 이를테면 손문과 관련된 삼민주의 등과 같은 작업은 원칙적으로 배제한다. 그야말로 전통적인 중국학의 업적만을 등재하지 그 밖의 얼치기 중국연구에는 관심이 없다. 이런 태도는 아직도 분명해서 중앙도서관의 한학연구센터漢學研究中心에서 학인들을 초청할 때 현대연구는 지원대상에서 제외되고 있다. 최근 들어 출판자로 '장경국 국제학술교류기금회'가 참가하면서 장경국 연구가 간혹 소개되었으나, 고수되던 정치와 학문의 분리 원칙이 무너졌다고 보긴 어렵다. 돈은 돈이고, 일은 일인 셈이다.

우리의 논의 기간인 1997년 2월 이후의 작업이 5월(통권64)에 정리된 예를 들면, 전론專論에는 「터키의 한학연구와 중국어 교육」에 대해서 터키 앙카라대학 한학연구소의 연구원(Bulent Okay)이 총정리하고 「미국의 대만문학연구」는 미국 텍사스주립대학의 박사과정 학생(應鳳凰)이 시대별로 요약했으며, 국내외학술회의는 '제49차 미국 아시아학회', '선진 청동기와 명문 토론회', '대만의 문학과 역사 학술회의', '일본민족학회 제31회 연구대회' 등 10여 개 학술회의가 발표자와 논문 이름을 중심으로 소개되었으며, 학계소식은 문사철文史哲 방면으로 대만의 대학 및 연구소, 홍콩의 중문대학, 일본의 동경대학, 그리고 호주의 호주국립대학 등의 활동이 요람 되었으며, 마지막으로는 대만에서 출간된 논저 및 서평 그리고 기간논문이 정리되었다. 8, 11월에는 「러시아의 중국고전시가연구」, 노르웨이와 체코의 한학연구 등이 전론으로, 미국의 하버드와 하와이대학, 네덜란드의 라이덴대학 그리고 브라질의 쌍파울대학 등의 연구활동이 학계활동으로 기록되기도 했다. 또한 '홍콩의 고고학 대회', '미국 시카고의 제49차 미국아시아학회', 중국과 소련 그리고 유럽 등지의 많은 학술대회도 통권의 발행 순서에 관계없이 모두 소개되고 있다.

이쯤 되면 전 세계의 웬만한 학계의 소식은 거의 집약된다. 처음으로 대만을 소개하면서 이 전통 있는 소식지를 말하는 것은 거의 의무사항에 속한다. 아래의 내용도 그 내용에 근거한다. 참고로 『한학연구통신』이 곧 『한학연구漢學硏究』는 아니다. 『한학연구』는 같은 곳에서 나오는 논문집이지 소식지가 아니다.

2. 학회

1997년 2월 4일: '전신조錢新祖 교수기념학술회의'가 대만사회연구계간사의 주최로 청화대학 아태문화연구실이 협찬하여 이루어졌다. 전신조 교수는 대만대학 사학과에 출강하면서 중국사상사를 현대철학의 방법, 즉 푸코와 데리다를 들고 나와 학생들에게 새로운 접근 방법을 제시했었다. 나도 그의 수업을 착실히 방청한 적이 있는데, 주로 '해체'의 개념으로 고전을 자유롭게 해석하며 서구의 중국학자를 자주 거론하던 유학파로서의 그의 대추방망이 같은 모습이 생각난다.

1997년 3월 21-22일: '제3차 근대중국(1840-1919) 학술토론회'가 중앙대학 중문학과의 주최로 있었다. 여기에서는 강유위康有爲, 공자진龔自珍, 장태염章太炎에 대한 토론이 이루어졌으며, 주목할 만한 논문으로는 임안오林安梧 교수의 「'혁명'의 공자-웅십력 유학 중의 '공자원형'」을 꼽을 수 있겠다. 이 학회는 매년 개최되는 것으로 제4차 회의가 1998년 3월 20-21일로 예정되었다.

1997년 3월 23일: '유불의 만남(儒佛會通) 학술토론회'가 화범華梵인문과기대학 철학과의 주최로 있었는데, 호오봉胡五峯의 체용體用사상과 불교 이제二諦사상의 비교, 노자철학의 유불 해석의 역사, 주희의 거경居敬 개념과 보살계의 발심發心의 대비 등이 있었고, 두보서杜保瑞 교수의 「맹자 진심盡心과 선종 명심견성明心見性의 본체공부」가 눈에 띈다. 제2차 회의는 같은 해 9월 9일에 열렸다.

1997년 4월 11-13일: '제1차 대만유학연구 국제학술토론회'가 성공대학 중문과와 대남사범대학 등의 주최로 열렸다. 이는 제목에서 알 수 있듯이, 대만의 유학연구를 집성하겠다는 의지이다. 그냥 '유학'이 아니라 '대만유학'으로, 이를테면 '대만에서의 유학의 전개와 그 발전'을 학술적으로 체계화하겠다는 것이다. 그만큼 대만의 유학연구는 문화대혁명을 겪은 중국본토의 연구에 비해 전통적이며 자유로운 분위기를 바탕으로 많은 업적을 이루었음을 보여준다. 황준걸黃俊傑, 장영준張永儁, 양유빈楊儒賓, 성중영成中英, 임안오, 임조성林朝成, 고백원高伯園, 이두李杜 교수 등 이름을 대면 모두 알만한 사람들이 대거 참석했다. 임 교수의 경우, 「대남臺南 주교당의 본토 유학화 추세」라는 매우 구체적인 제목으로 그리스도교와 유학과의 만남을 대만의 경우를 예로 들어 연구하고 있다. 아직까지는 '유학'인지 '대만유학'인지 구별되지 않는 논문이 많지만, 오히려 우리를 반성하자면, '현대한국에서의 유학의 전개와 그 발전'은 과연 무엇인지 묻지 않을 수 없다.

1997년 6월 14-15일: '동방인문사상 전국 대학원생 논문토론회'가 화범과기대학 동방인문사상대학원 주최로 석·박사과정 학생의 논문발표회가 있었다. 논평자는 그 방면의 소장학자를 선택하여 구색을 갖추었다. 이를테면 「곽상의 소요관」에 대해서는 대만대학 박사인 사인전謝仁眞이 논평을 맡는 등 매우 효과적인 연구활동이었다. 같은 해 10월 3-4일에도 '제1차 선진양한학술 전국대학원생 논문발표회'가 보인대학 중문과를 중심으로 열렸다. 이 같은 토론회는 학문후속세대들의 연구를 진작시키는 데 큰 역할을 하는 것이다. 우리도 필요하다 못해 절실함에도, 대학원생들의 참여의 장이 없다는 것은 미래의 발전을 위해 불행한 일이 아닐 수 없다. 같은 날 남화南華관리대학에서는 철학과 대학원의 주최로 「제1차 비교철학학술토론회」가 있었는데, 칸트와 유가, 용수, 왕양명과의 비교를 위시하여, '도와 하느님', '헤겔의 정신과 노자의 도', '회남도가와 직하황로' 등이 대비되었다.

1997년 7월 14-15일: '제6차 중국문학과 미학 국제학술토론회'에서 중국미학분야의 논문이 다수 발표되었다. 『논어』, 불교의 심미의식, 노장사상과 위진 고금古琴음악미학 등이 거론되었으며, 특히 대만대학 대학원에서 철학을 공부하고 담강대학 중문과에서 강의를 하다 최근 화범대학에서 전임을 맡은 채서린蔡瑞霖 교수의 「시성詩性의 각성-중국문화중 심미의식의 잃어버림과 되찾음」이 관심을 일으킨다.

1997년 7월 19-20일: '제3차 해협양안 주역학술토론회'가 중국주역학회와 산동대학 주역연구센터의 주최로 북경에서 열렸으며 대만 정치대학의 고회민高懷民 교수 등이 참가하였으나 중국지역인 관계로 상세한 소개는 하지 않는다.

1997년 7월 19-21일: '중화국제불학회의'가 법고산法鼓山 중화불학연구소의 주최로 열렸다. 이 회의는 '불교의 전통과 현대사회'라는 영구주제 아래

1990년 제1차 대회는 '불교윤리와 현대사회', 1992년 제2차 대회는 '전통계율과 현대세계', 이번 제3차 대회는 '이 땅의 정토(人間淨土)와 현대사회'라는 주제로 개최되었다. 대만 12인, 미국 11인, 일본 9인, 중국 4인 등 각국의 전문가들이 모인 대회였다. 한국인으로는 김영호 교수가 '원효의 정토관과 한국의 서민불교'라는 논문을 통해 '원효도 당시 서민불교가 지나치게 "이 곳의 정토"를 중시하여 불교신앙의 종교적인 면을 감소시켰다'(국립예술대학 釋惠敏 교수의 이해)는 주장을 폈다.

3. 국립중앙연구원 중국문철연구소주비처

국립중앙연구원이 중국문철(文哲)연구소주비처를 발족한 이후 활발한 모습을 보이고 있다. 철학 방면의 학술토론회를 줄기차게 열고 있으며, 소속 학자들은 국외활동으로, 외국 학자들은 방문활동으로 생동하고 있다. 1997년 5월 1일자로 연구원이었던 유술선劉述先 교수가 자리는 남겨둔 채 1년 동안 다시 홍콩중문대학 철학과로 돌아갔으며, 중국사회과학원 교수이자 미국 콜로라도대학 철학과 객원교수인 이택후李澤厚가 1997년 3월 12일부터 8월 11일까지 초빙되어 제2기 '당대유학 주제계획'의 연구강좌를 맡았다. 이 교수는 7월 8일에는 「근 20년 동안 중국대륙의 문화발전」, 8월 25일에는 「중일中日 문화심리의 비교」 등의 강연과 좌담회를 갖기도 했다. 소속 학자인 이풍무李豐楙, 대련장戴璉璋 교수 등은 대만, 중국, 홍콩, 싱가폴 등지를 중심으로, 이명휘李明輝 교수는 주로 독일 등 구미를 중심으로 활동하고 있다.

특히 명말의 대유인 유집산劉蕺山을 대상으로 장기적인 연구를 진행시키고 있다. 1997년 3월 15일에는 제3차로 집산의 『논어학안論語學案』, '미발이발未發已發', 악의 근원, 공功과 과過 등을 4명의 학자들이 토론하는 것을 비롯하여, 1997년 5월 28일에는 중국사회과학원의 몽배원蒙培元 교수가 「유집산의 인학人學사상」이 초청강연되기도 했다.

집산의 『논어학안』을 발표한 장추화蔣秋華 교수는 대만대학 중문과에서 사상사를 공부했으며, 그의 왕성한 학문적 노력은 주위 학생들에게 큰 모범이었다. 그의 검은 안경 넘어 들어 있는 중국사상의 빛은 단순한 말장난으로 관념의 유희나 일삼는 중국철학자에게는 좋은 경고가 되리라고 나는 믿는다.

끝으로 중앙연구원이 이미 완성한 경전의 전산화작업(1998.2.16.기준, 모두 16쪽) 내역이 상세히 공개되었다. 나는 원하는 분께 기꺼이 복사해 드리고자 한다. 아울러 한학연구센터에서 1년간 연구한 서울대 송영배 교수가 한국에서도 소개된 바있는 「마테오 리치의 유교와 기독교관의 충격과 곤경」을 『천주실의天主實義』를 중심으로 1997년 2월 17일 발표했음을 부기한다.

『한국학』58, 한국학중앙연구원, 1995.3.

15

현대 한국철학에서 창조적 지성의 방향

나성·정해창·김용정,「현대 한국철학에 있어서 창조적 지성의 방향」

'한국철학'이란 이 땅에서 철학을 전공하는 모든 사람들의 문제이다. 어떻게 하면 뿌리가 깊고 가지가 무성한 한국철학을 가꾸어 낼 수 있는가 하는 물음은 전공을 막론하고 한국에서 철학하는 사람의 심사숙고의 대상이 아닐 수 없다. 우리가 말하는 한국철학이란 단지 역사 속에서의 그것만이 아니다. 오히려 오늘날 어떻게 한국철학을 할 것이냐 하는 문제이다. 퇴계를 알거나 율곡을 말하는 것과는 다른 층차의 철학적 활동이자 노력이다. 따라서 우리는 '현대'의 '창조적 지성' 및 그 '방향'에 관심을 기울이게 된다.

우리의 주제는 세 가지로 나누어 토론되었다. 첫 번째는 서양철학이며 두 번째는 동양철학이며 세 번째는 동서비교철학의 관점에서 본 한국철학의 창조성 문제였다. 주제발표 이후에 여러 토론자들도 각자의 의견을 개진했다. 종합토론에서는 분야를 넘어선 자유로운 질의와 응답 그리고 주장이 있었다.

1.

서양철학 분야에서는 정해창(한국학중앙연구원) 교수가 '전환'의 관점에서 철학사에서의 창조적 발전을 논했다.

플라톤 이후 새로운 철학적 지평을 여는 철학사적 사건을 근대 이후에 국한시켜 예를 들어보면, "데카르트-칸트에서 시작되고 전개된 인식론의 부상, 20세기 초 나란히 등장한 언어분석에의 몰두와 실존의 중시, 그리고 최근에 진행되고 있는 탈주체적 사고의 강조"가 생각될 수 있다. 논자는 이를 '인식론적 전환', '언어적 전환' 그리고 '탈주체적 전환'으로 요약하면서 한국철학이 서양철학으로부터 시사 받아야 할 점을 제시한다.

이를테면 인식론적 전환은 데카르트에 의해 시작된다. 뉴턴과 갈릴레오로 대표되는 17세기의 과학 운동은 인간은 스스로를 위해 사고하고 자신의 판단에 따라 행동할 권리를 확보한다. 이는 거꾸로 교회의 권위와 같은 외적 권위를 부정하는 것이었다. 이러한 근대의 특성으로 인해 사유는 자유로와 지고 전대미문의 다양한 철학적 견해가 출현한다. 경험주의, 합리주의, 주관주의, 회의주의, 자연주의, 유신론, 이신론, 관념론, 실증주의 등이 다양한 표현 형식 속에서 나타난다. 이러한 활동 가운데 특기할 만한 점은 코플스톤(Coplestone)이 지적했듯이, 라틴어 사용의 감소와 모국어 사용의 증가, 강단철학자들이 아닌 독자 철학자들의 등장, 그리고 주석 대신 논문의 형식의 사용이다. 데카르트의 인식론적 전환은 이러한 배경 속에서 자의식의 확실성을 확보한다. 그러나 결국 그 주체는 객체에 대한 지배를 확보하려고 객체로부터 스스로를 분리한다. 인간은 자연을 착취하고 그 위에 군림한다. 그 이후 근대철학은 칸트에 이르기까지 한 세기 동안 인식론 즉 앎의 과정에 대한 문제에 몰두한다. 칸트의 코페르니쿠스적 전환은 데카르트에서부터 시작된 인식론적 전환의 극이며, 헤겔의 관념론적 세계관도 칸트가 어쩔 수 없이 긍정한 인식의 한계를 넘어 정신이 앎의 대상 모두를 산출한다는 주장이다.

러셀과 화이트헤드의 「수학원리」로부터 시작된 언어적 전환, 로티를 비롯한 하버마스, 가다머, 리꾀르, 데이빗슨 등과 같은 반플라톤주의자들에 의한 탈주체적 전환도 위에서 말한 인식론적 전환과 같이 많은 사유의 특징을 갖고 있다. 언어적 전환은 '말하기'와 '말하기에 대한 말하기'를 구분하며, 탈주체적 전환은 수사학과 시적 표현의 중요함을 강조한다. 이와 같이 서양철학사에서 우리가 찾아볼 수 있는 철학적 전환은 무수히 많으며, 철학사 그 자체가 전환의 역사이다.

논자는 이를 통하여 자신의 권리로 철학을 할 것을 강조한다. 철학적 창조는 전통의 토대 위에서 스스로를 회의하고 현재적 맥락에서 재해석 할 때 이루어진다. 중세와 같이 텍스트의 이해를 위해서만 노력이 소비되어서는 창조적인 역량이 발휘되지 못함을 지적한다.

결론적으로 서양의 철학적 전환은 긍정적인 교훈과 부정적인 교훈을 가르치고 있다고 논자는 주장한다. 부정적인 교훈으로는, 원전에 대한 세밀하고 전문적인 주석은 자칫하면 원전에 대한 숭배로 이어지기 쉽다는 점이다. 보편성을 추구하는 철학이 다른 학문에 종속되었을 때 그것은 철학의 상전을 보편화하려고 한다. 현대철학의 과학화는 중세철학이 신학의 하녀 노릇을 한 것과 마찬가지이다. 긍정적인 교훈으로는, 전통적인 권위에 대한 회의가 있을 때 주저하지 않고 자기비판을 하는 정신이 바로 서양철학사의 원동력이라는 점이다. 전통이 부정된다는 것은 전통의 재해석을 함의하는 것이기도 하다.

전통의 완전한 부정이 아니라 새로운 해석을 통하여 한국 철학의 창조적 지평이 넓혀질 수 있음을 논자는 서양철학사의 여러 전환을 통하여 우리에게 보여주고 있다.

2.

동양철학 분야에서는 나성(한신대) 교수가 '기氣의 일원론적 논리의 개발'이라는 관점에서 창조적 지성을 제시했다.

논자는 많은 양의 동양철학에 대한 관심을 학문적 기준이 상실된 혼란스런 느낌으로 받아들이면서, 학적 다변화라는 긍정적인 평가 이외에 "주도적 조류와 기준이 결여된 결과"라고 비판적으로 평가하고 있다. '주도적 조류'란, 논자에 따르면, "동양철학에 관한 창조적 지성을 주도하여 관심의 수준을 선도하며 올바른 가치관을 정립하는 데 도움을 주는 주도적인 다수의 견해를 의미한다." 논자는 이러한 주도적 조류의 형성에 동양철학계가 관심을 기울여야 하며, 그의 형성을 위해 동양학의 근본 '잇슈'(issue)를 포착해야 한다고 주장한다. 그 해답으로 논자는 기氣를 제시한다.

첫째, 레븐슨(Joseph R. Levenson)의 경우, 중국역사를 하나의 지역사가 아닌 인간역사의 보편성의 지평으로 끌어올렸다. 그러나 그는 몇 가지의 근거로 중국은 멸망할 수밖에 없었고 아울러 중국에는 근대와 현대 사이에 심각한 역사적 '단절'이 불가피했다고 단정 짓는다. 이와 같은 파악은 '긴장의 결여에 의한 정체'로 중국사회를 해석하는 베버의 입장과 공조체계 속에 있는 것이었으며, 70년대 유교문화권의 급속한 산업화가 이루어지기까지는 이 두 입장은 60년대 중국 이해에 있어 난공불락의 기정사실이었다.

둘째, 멧쯔거(Thomas A. Metzger)의 경우, 위의 두 입장을 철저히 부정하면서 중국의 역사는 단절이 아닌 '연속성'을 본질적인 성격으로 갖고 있으며 그것은 중국 문화에 내재하는 '긴장'에 의해 유지된다고 주장한다. 서양 전통에서 말하는 실재/현상, 신/인간과 같은 이원론적인 조건이 중국 전통에서는 '우주적 실재와 자아 사이에 연속성을 상정하는 전일성'으로 이해되고 있음을 그는 기억하고 있었다. 이른바 우주는 큰 자아이고 자아는 작은 우주라는 연속성의 가능성 속에서, 중국인은 도덕적으로 자족적인 자아가 자신에 대해서 '우환의식'을 느끼게 된다는 것이다. 이로써 멧쯔거는 고유한 동양의 '문법'이 있다는 사실을 납득시켰고 이 문법을 '지성사'를 뛰어넘는 '사상'의 수준으로 격상시켰다. "베버는 무게중심이 둘인 이원론적 구조에서 긴장의 성격을 찾고 이것을 중국에 강제적으로 적용한데 반해 멧쯔거는 일원론적 테두리 안에서도 두 개의 무게중심이 있을 수 있고 이 양자 사이의 긴장이 중국적 정신문화의 특성"이라고 이해한 것이다.

셋째, 홀(David l. Hall)과 에임즈(Roger T. Ames)의 경우, 서양의 입장을 거부할 만한 정당성을 지닌 실질적인 문법을 보여주었다. 그들은 서양 사상의 특성들과의 비교를 통해 공자 사상의 본래의 모습을 재구성한다. 공자 사상은 서양의 초월과 내재, 본질과 현상으로 양분되는 이원론이 아닌 어떠한 초월적 존재나 원리를 배제하는 내재적 우주라는 점, 이러한 세계관은 음양陰陽 내지 심신心身과 같이 개념적 양극을 갖지만 단절이 아닌 상호 연속성을 공유한다는 점, 문화의 의미를 '창조된 역사'에서 찾는 이원론적 사고와는 달리 '주어진 전통'에서 찾는다는 점을 지적한다. 그들은 공자의 전통을 단순한 '사상'이 아닌 '철학'으로 인식한다.

논자는 이와 같은 동양철학이 서양의 학계에서 '지성사'에서 '사상'으로, 다시 '철학'으로 승격되는 과정을 통해 이 유기적인 연속성의 실체를 기로 파악한다. 논자에 따르면 유기성의 실체도 기이고 연속성을 담보시키는 것도 기이다. 중국인의 세계관은 '범기汎氣주의'라고 할 수 있으며 기를 매개로 물질과 정신이 연속성을 갖는다. 이와 같이 물질과 정신도 포함되는 이 개념적 양극은 종류의 차이가 아니라 질적인 차이이며 연속성을 공유한다. 논자는 주장한다. "중국철학 그 중에서도 특히 송대 이후의 철학적 중심문제는 이와 같은 '양극'의 관계를 어떻게 원만히 설명할 수 있을까 하는 문제와 이 문제가 수반하는 또 다른 문제인 양극이 갖는 연속성의 이론적 근거인 '공유되어진' 기를 어떻게 인식하겠는가로 요약된다고 할 수 있다. 주희가 강조하는 리기理氣 사이의 '불상잡불상리不相離不相雜'의 관계도 결국 따지고 보면 양극의 구별성과 연속성의 중국식 표현일 뿐이다."

논자는 동양사상의 이와 같은 본질적인 성격이 공산주의와 민주주의라는 이념적 대립 속에서 양극의 개념은 덩달아 각각의 이념을 대표하게 되었고 결과적으로 양극의 개념이 갖고 있는 연속성은 상실되었다고 평가하면서, 이제는 새로운 안목으로 동양철학의 자체문법을 개발, 완성해야 하며 이것이 동양철학에서 창조적 지성이 나아가야 할 방향이라고 결론짓고 있다.

3.

동서비교철학 분야에서는 김용정(동국대) 교수가 동서사유형태의 차이를 전제로 퇴계와 칸트의 이원론적 대비를 통해 21세기를 향한 비교연구방향을 제시했다.

논자는 서양의 사상체계의 패러다임과 동양의 그것이 서로 불가공약적이라는 차원에서 보았을 때, 서양철학의 역사와 우리의 전통과의 어떤 만남이 있어야 한다는 주장에는 무리가 따른다고 보고 있다. 그러나 오늘의 시대는 국제화, 세계화, 지구촌의 시대임을 상기한다면 동서사상의 비교는 필수적이지 않을 수 없다. 더우기 한국에서처럼 유, 도, 불을 비롯하여 기독교는 말할 것도 없고 회교도 및 신흥종교 등도 공존하고 있는 나라에서의 다원적 정신문화의 비교는 가치 있는 것이다. "한국에 세계적인 종교가 다 모여 있고 게다가 선진국의 대열에 접근하여 가고 있고, 현대의 과학과 과학기술을 익히고 서양의 모든 합리주의 사상을 도입하고 있는 만큼 한국은 동서사상 융합의 실험장으로서는 이보다 더 큰 호조건은 없다 할 것이다"라고 논자는 말한다. 라이프니츠는 당시에 유럽과 중국 사이의 교통이 비교적 원활했던 모스크바에 동서문화의 교류센터를 만들 것을 피터 대제에게 제안했는데 이러한 시도는 오늘날 더욱 요청된다.

논자는 아래와 같이 동서양의 사유형태의 차이를 정리한다. 서양의 사유형태는 개념적이고 합리적이며, 주지주의적이다. 그것은 복합적인 총체의 분석과 분별로 향하는 강한 경향이 있다. 동양의 사유형태는 직관적이고 통합적이며 차별의 종합으로 향하는 강한 경향이 있다.

특히 중국인의 사유형태는 구체적인 사물과 일치하는 개별적, 통일적인 직관적 사유형식을 가짐으로써 현실적인 구상성을 나타낸다. 따라서 중국철학의 탐구대상은 인간 그 자신의 본성이며 인간이 모여 살아가는 사회이다. 이를 논자는 중국의 철학적 전통 일반이 인간주의적이라고 정의한다. 반면에 인도인의 사유형태는 보편과 추상개념을 중요시함으로써 부정적인 무규정성과 무분별의 특징을 보인다. 그러나 중국인과 인도인의 사유형태는, 논자에 따르면, "궁극적으로 우주의 통일적인 신비적 직관상에 기초하고 있다"고 한다.

서양, 인도, 중국의 논리는 아래와 같이 비교된다. 서양의 논리는 희랍적 전통에 그 뿌리를 두고 있는 배중율排中律로 확실한 구별을 이상으로 하고 있다. A는 A이면서 -A도 아니라고는 할 수 없다. 인도의 논리는 모든 구별의 정화를 이상으로 한다. X는 A가 아니고, A가 아닌 것도 아니고, A이면서 A가 아닌 것도 다 같이 아니며, A가 아닌 것도 A가 아니지 않은 것도 다 같이 아니다. 중국의 논리는 구별을 포용하는 것이 그 특징으로 '이것과 저것'(both-and)으로 나타내어진다. 한마디로 음양 양의성兩儀性의 논리이다.

서양철학은 '경이'에서 출발하여 '진지眞知에의 사랑'을 그 목적으로 하고 있고, 인도철학은 '괴로움'에서 출발하여 '해탈'을 그 목적으로 하고 있고, 중국철학은 '인인人人 관계'에서 출발하여 '천인합일'에 이르는 것을 목표로 하고 있다. 논자에 따르면, "그 철학의 출발점과 목적이 다르고 사유방법과 논리가 차이가 있다하더라도 본질적이고 궁극적인 면에 있어서는 그들은 서로 일치되는 면이 있다." 그 합일점은 철학이 인간의 존재와 인식과 삶을 좀 더 개선하고 고양시키기 위하여 수행되는 활동이라는 것이다. 그 예로 논자는 퇴계와 칸트의 철학을 대비해 보았다. 이를테면 주자와 퇴계도 어떤 의미에서는 이원론적인 입장을 취하고 있으며, 아울러 성리학과 칸트 철학은 둘 다 자연법칙을 도덕법칙의 범형範型으로 보고 있다는 점들이다.

성리학에서 자연과 인간의 정신을 모두 기氣에 의해 형성된 것이라는 유물론적 입장에서 한 걸음 더 나아가, 다시 말해 기를 에네르기로 그리고 다시 에네르기를 정보로 그리고 다시 정보를 객관적 정신으로 본다면 칸트의 경우와 같은 인식주체의 문제는 어느 정도 해소될 수 있을 것이라고 논자는 주장한다. 퇴계에서처럼 사단四端이나 칠정七情을 모두 정情이라고 할 때 이것도 역시 정보의 의미가 함축되어 있는 것이 아닌지 생각해 볼만한 일이라고 논자는 제안한다.

논자는 아래와 같이 결론을 맺고 있다. "아무튼 현대는 말 그대로 정보화 시대이다. 우리가 앞으로 21세기를 맞이함에 있어서 전체론적 유기체설의 방법론이 우세할 것으로 볼 때, 유기체설을 바탕으로 하는 동양정신이 보다 미래지향적인 사상으로 발전하려면 이 새로운 신과학적 시대정신에 부응하는 차원에서 비교연구를 할 필요가 있을 것이다."

한국에서의 창조적 지성의 방향을 설정하기란 정말 힘들다. 이는 방향의 제시만으로 끝날 수 있는 것이 아니고 실제적인 문제제기를 요구하는 것이기 때문에 더욱 그러하다.

서양철학 분야에서 '전환'이란 관점의 제기는 한국철학사에서의 전환을 반성하는 계기가 되었다. 그 전환을 서양철학사와 견주어 중국철학사를 통해 본다면, 선진 자학 시대에는 인의와 도덕이, 한대에는 충효가, 위진시대에는 유무有無가, 수당에는 이사理事가, 송명시대에는 이기理氣가, 청대에는 기氣가 중심 개념으로 떠오른다. 그렇다면 한국철학사에서의 전환의 주제는 무엇인가? 우리는 그것에 대해 대답해야 한다.

동양철학 분야에서 '기의 일원론적 논리의 개발'에 대한 주장은 방향의 제시에서 한 걸음 더 나아가 실질적인 문제를 제안했다는 점에서 가치 있는 것이었다. 이를테면 운동과 운동인으로서의 물질과 정신적인 계기들이 기 속에서 연속성을 가짐이 장재張載를 통해 설명되며 송대철학의 주제도 이러한 개념적 양극에 대한 인식의 문제로 요약된다. 동양철학, 좀 더 정확히 표현하여 중국철학에서의 이러한 설명은 우리들에게 시사하는 바가 크다. 서양철학의 문제가 서양인 모두의 문제이듯이 동양철학의 문제도 동양인 모두의 문제이기도 하다. 그렇지만 한국철학의 문제는 중국철학의 그것과는 변별 돼야 한다.

동서비교철학 분야에서 퇴계, 주자 그리고 성리학/ 칸트, 쉴러 그리고 헤겔의 비교는 동서가 비록 다르나 하나일 수 있음을 간접적으로 보여주었다. 정보화 시대에서 '정보'(information)는 물질과 정신 외의 제3의 존재일 수도 있으며, 물질이 곧 에너지로 에너지는 정보로 이해되어 정보는 곧 객관적 정신일 수도 있다. 기와 같은 개념이 그 매체로서 활약한다면 문제 해결의 기미가 보이기도 한다. 더 나아가 독일 관념론자들의 '미'와 '사랑'의 윤리는 송대철학자들의 존재론적인 '인仁'설과도 보편적 정감으로서의 미학에서 통하는 것이기도 하다.

한국철학의 창조적 지평을 넓히기 위한 노력이라면 무엇이라도 가능해야 할 것이다. 정해창 교수가 주목한 김형효 교수의 새롭게 읽기 작업이라든지, 나성 교수가 주장한 기의 일원론적 논리라든지, 김용정 교수가 제시한 정보의 신과학적 개념은 바람직한 시도이다. 이와 같은 각 방면의 전문가에 의해 벌어진 무게 있는 내용에 반해, 발표자와 토론자의 자리 뜸으로 인한 부족한 논의는 지적되지 않을 수 없다. 현대 한국철학의 창조성은 '실명의 토론'에 의해 얻어지는 지성의 누적이나 그 방향의 전환 없이 이루어지지 않는다.

제4부

교육을 말하다

철학으로 비판하다
한국적 학문과 교육에 대한 해부

1. 「왜 학벌을 말하는가」. 정세근(충북대)
2. 「왜 왕따가 철학의 문제인가」. 정세근(충북대)
3. 「한국교육의 공공성」. 정세근(충북대)
4. 「대학의 경쟁력」. 정세근(충북대)
5. 「학문과 권력의 분리론」. 정진상(경상대), 「서울대 폐지론의 실제: 국립 통합네트워크 구축」, 국회토론회
6. 「대학생과 교육」. 정세근(충북대)
7. 「국립대 평준화론-국립대학 통합네트워크 구축과 관련하여」. 정세근(충북대), 국공립대학 입학제도 개혁방안 토론회
8. 「대학개혁 없는 학벌극복의 무의미성」. 정태화(한국직업능력개발원), 「학벌주의 실태와 극복방안」
9. 「학벌과 국가경쟁력」. 정세근(충북대)

1 왜 학벌을 말하는가?

가. 학벌과 대학의 책임

교수는 한마디로 학벌의 수혜자이자 피해자이다. 아무리 그렇지 않다고 해도 그런대로 학벌이 있으니 교수가 된 것이지만, 학벌문제 때문에 교수의 의욕이나 희망을 잃기 때문이다. 왜 교수가 학벌을 이야기해야 하는가?

1등부터 꼴찌까지 정확한 점수로 줄서는 대학환경에서 1등은 영원한 일등이고 2등은 영원한 이등이다. 따라서 1등도 공부하지 않고, 2등도 공부하지 않는다. 교수라고 예외는 아니어서 학생이 1등이면 1등 교수고, 학생이 10등이면 10등 교수다. 아무리 신설학과라도 1등 대학에 세우면, 후발주자라는 약세를 무릅쓰고 금세 1등으로 취급받는다. 그러니 선발이든, 후발이든 공부하지 않는다.

교수들이 한탄해마지 않는 학생들의 실력 저하, 그러나 재밌게도 그 책임은 대학제도에 있다. 정확히는 대학 서열화이다. 일류는 영원한 일류, 삼류는 영원한 삼류라고 인식되기 때문이다. 대학이 이류를 받아 일류로 만들어내는 곳이라는 생각은 이미 사라진 지 오래다. 오히려 천재가 날개를 펼 의미를 찾지 못할 뿐이다.

이런 대학 서열화는 곧 공교육의 붕괴와도 맥을 같이 한다. 모두 1등만 하려 한다. 도덕성이나 지도력은 안중에도 없다. 오로지 한 점수의 체계 내에서 소수점까지 매겨진 1등이 되려고 한다. 그러니 국어 시간에 소설을 읽거나 과학 시간에 실험을 하는 경우는 없고, 오직 성적을 위한 다이제스트만 난무한다. 밑줄 쫙 그라면 그뿐, 토론도 의심도 없다. 그러니 다들 학원으로 몰리고 학교는 잠을 자기 위한 공간이 되어버린다.

대학이 나서서 사람을 뽑으려고도 하지 않는다. 수능점수라는 기막힌 잣대가 있어 그것만 엿보고 사람을 뽑는다. 그 이상은 귀찮을 뿐이다. 아니, 대학이 자신을 평가하지 않고, 입시전문학원이 대학을 평가한다. 중등교육이 대학에 종속적이듯, 대학도 자족적이지 않고 학원에 종속적이다.

초등학생과 중학생이 성적 때문에 자살을 한다. 고3 학생이 작년에 800명이 자살했다는 비공식보고도 있지만, 대학에서 연구가 힘들어 8명이라도 자살했다는 보고는 듣지 못한다. 게다가 대학은 외국의 어떤 대학보다 훌륭한 학위를 내지 못하고, 오로지 수입하기에 바쁘다. 그러니 학문의 자생성은 확보되지 못하고, 대학조차 정리와 암기의 수준에서 그친다. 수입학의 범주를 벗어나지 못하다보니 학문을 '외우기'로 정의하고, 중등교육에 똑같이 외우기를 강요한다.

의대나 법대의 수재들이 대한민국의 철학과 문학 그리고 역사를 책임지지 않아 인문학이 고생한다. 혹 하나가 잘 해도 더불어 할 수 없어, 끌어내리기에 바쁘다. 여기에 창의성이나 공동의 선이라는 것은 자리조차 잡기 힘들다.

대통령자문 정책기획위원회(2003.6.18)나 학벌주의 극복방안 수립을 위한 합동 기획단(2003.6.25)조차 동창회 수준이 되기 십상이다. 이 사회는 여러 사람들이 모여 사는 곳임에도 특정 집단과 관련을 맺지 못하면, 주류에서 탈락된다. 청소년기의 오직 한 번의 평가가 평생 족쇄가 된다. 한 번만의 경쟁을 강조하는 이상한 나라다.

한 대입학원은 1년에 3백억 원(단일학년)의 수입으로 서울의 큰 사립대학들의 재정운영 규모 3천억의 절반과 맞먹는다. 사교육비는 연간 7조 원이며, 대학생 자녀 1인의 교육을 위해 지방에서 서울로 가는 돈도 6조 원에 이른다.

한국교육개발원이 2002년 100대 기업을 대상으로 조사한 결과, 실제 직무능력의 차이가 존재한다는 의견이 16.7%에 불과했음에도, 몇몇 기업은 여전히 인권위원회의 학력란 폐지 권고를 무시하려고 한다.

내 주위에는 이른바 기러기 교수도 많지만, 학교를 다니지 않는 아이의 아빠가 된 교수도 많다. 그들은 '따뜻한 아침국'과 '학부형'이라는 자연인으로서의 권리와 이름을 포기했다. 왜 그런가? 다 학벌과 관련된 교육문제 때문이다. 그리고 그 먹이사슬의 정점에 대학이 있다. 그런 점에서 교수는 공교육 붕괴의 책임에서 결코 자유로울 수 없는 것이다. 그렇기 때문에 교수가 나서지 않는 한 근원적인 치유는 불가능하다. 그것도 해방 이후 우리 교육을 책임져온 교육학자만이 아닌, 현장의 일반 교수가 나서지 않는 한 대한민국은 사교육의 천국이자 공교육의 지옥으로 전락될 수밖에 없다.

점차 대학도 붕괴되고 있다. 벚꽃 피는 순서에 따라 대학이 망해가고 있다. 지방대 학생은 면접조차보지 못하는 신세다. 행여 지방이 망하고 서울만 남아도 우리가 선진국이 될 수만 있다면, 나는 나의 주장을 접겠다. 그러나 그렇지 않다면, 진정으로 학벌문제를 생각할 때다.(교수신문, 신문로세평, 2003.7.7.)

나. 수능 매트릭스

올해 대입수학능력검정시험의 수석을 충북에서 차지했다고 충북도교육청에서는 이를 '충북교육의 쾌거'라고 표현했다. 언론에서도 그렇게 방영했으며 사람들은 그것을 듣고 보면서도 아무런 의식 없이 지나가고 있다. 그러나 어찌 그것이 쾌거란 말이냐. 그것은 망신 중에서도 상망신이었다.

왜? 수능 수석인물은 현재 서울공대 전기공학부 4학년 재학생으로, 의대를 가기 위해서 시험을 다시 보았다. 이는 요즘 이공계의 몰락을 단적으로 보여주는 것이며 의사의 특권계층화를 반영하는 현상이 아닐 수 없다. 충북도가 교육을 잘 시켰으면 아무리 상황이 안 좋다 하더라도 공업입국의 사명을 띠고 연구에 몰두했다면 국가적으로도 상당한 이익이었을 것이다. 만일 인문학을 선택했거나 물리나 화학 같은 자연계열을 지원했다면 더 더욱 쌍수를 들고 환영할 일이었다. 인문학이 망하고, 자연학도 망하고, 이제는 공학도 망해가고 있다. 이런 분위기에 편승한 공학도의 의학 선택을 무슨 명분으로 잘했다고 할 수 있겠는가?

나는 의대교수들에게 늘 말한다. '그 좋은 머리 갖고 철학을 했으면 벌써 한국철학이 불쑥 솟아났을 것'이며, '나같이 머리 나쁜 사람들이나 철학을 하니 철학이 되겠느냐'고. 의학은 기초의학과 같은 자연과학이 아니라면, 적당히 좋은 머리면 되는 학문이다. 잘 외우고 잘 쓸 줄 알고 손이 빠르면 된다. 알맞은 민완함이면 되는 것이 바로 의학이다. 철학이나 문학, 나아가 물리학처럼 천재를 기다릴 수밖에 없는 학문이 아니다. 그럼에도 한국의 인재들이 의대를 간단다. 그것이 한국교육의 망조가 아니고 무엇이겠는가?

요즘 유행하는 '매트릭스'(matrix)를 빌어 말해보자. 최초로 매트릭스라는 말을 철학적으로 쓴 사람은 귄터 안더스이다. 그는 쇼펜하우어의 『의지와 표상으로서의 세계』를 흉내 내어 『팬텀과 매트릭스로서의 세계』라는 글을 쓴다. 쇼펜하우어가 불교적 관점을 받아들여 '이 세계는 의지(의식; 唯識)로 되어 있으며 그것의 총합이 표상이다'고 주장했다면, 안더스는 '이 세계는 환영과 그 틀로서의 매트릭스로 이루어졌다'고 주장한 것이다. 유령과 그것의 설계도인 매트릭스로서의 세계, 그것을 표현한 것이 바로 요즘 유행한 <매트릭스>라는 영화였다.

그런데 나는 요즘의 한국 상황을 '학벌과 수능으로서의 세계'라고 말하고 싶다. 학벌이라는 허상을 위해서 수능이라는 기제에 매달리고 있는 우리의 모습이 바로 '허깨비와 그 틀로서의 세계'와 똑같이 맞아떨어지고 있는 것이다. 그 매트릭스를 깨는 것은 너무도 힘들뿐만 아니라 그 속에서 안주하는 것이 오히려 편한 상황도 영화 <매트릭스>와 지독하게 닮았다. 수능은 허상 학벌을 양산하기 위해 정교하게 만들어진 복제용 원반原盤인 것이다.

수능 난이도 조정문제로 사회가 시끄러울 때가 많다. 학업성취도 측정을 위한 난이도 측정도 문젯거리 가운데 하나이다. 그러나 잘 생각해보자. 수능은 누구를, 무엇을 위한 기제인가? 그것은 적어도 고등학교 졸업자들에게 대략적으로 적용되어야 하는 틀이 아닌가? 그럼에도 수능이 일류대만을 위한, 특정 인기학과만을 위한, 설계도로 그려진다면 정말 문제가 아닌가? 그리고 그 설계도에 대한 인식은 평생 개인의 사고에 깊은 흔적으로 남아 학벌로 신분을 판단하게 된다면 이것처럼 위험한 일이 어디 있겠는가?

수능시험은 상위권을 위한 전국적인 시험이 아니다. 그것은 분명 대학을 가기 위한 많은 사람들을 위한 시험이다. 그런데도 떨어뜨리기 위한 시험, 비비꼬인 문제, 정상적인 학자들이 보아도 답을 알 수 없는 질문들은 수능이 바로 '사람을 한 줄로 세우기'라는 평가의 과정에 개입되어 있음을 여실히 보여준다. 그것이 조금 커지면 '대학 서열화'로 직결되어 사람도 한 줄로, 학교도 한 줄로 서게 되는 것이다. 그리고 그 도정에서 성공한 사람은 1류 인생을, 탈락된 사람은 3류 인생을 살아야만 하는 어처구니없는 상황이 벌어진다.

그러니 만인이 자기 수입의 태반을 자식의 사교육비에 투자하고, 그것도 모자라 조기유학을 보내고, 아니면 아예 원정출산을 꿈꾼다. 교육망국이 우리를 선진국의 문턱에서 주저앉게 만들고 있는 것이다.

정말로 깨야 할 것은 수능 매트릭스다. 알다시피 수능을 잘 보게 하는 기술이 강남의 학원에는 판을 친다. 수능성적이 높은 사람이 대학에서는 오히려 상반된 성적이 나온다는 통계(한양대)에서 보듯이 수능은 그것만의 고유한 매트릭스를 배우는 작업일 뿐, 결코 학문이나 지성을 향한 메커니즘이 아니다. 따라서 수능은 자주 볼수록 점수가 늘어날 수도 있고, 독과점형태의 수능 출제위원들 덕분에 문제의 유형이 예측되고, 나아가 족집게 과외가 성행할 수 있게 되는 것이다.

과거와는 달리 이러한 '수능꾼'들이 이제는 이른바 명문대를 점유하게 되었고, 이에 따라 대학의 이념과 학문에의 열정은 왜곡될 수밖에 없어졌다. 공부를 하기 위해 대학을 가지 않고, 오로지 생존의 도구인 학벌이나 자격증을 따기 위해 대학에 간다. 이러니 우리의 대학이 어찌 세계 속에서 어깨를 겨루는 대학이 될 수 있겠는가.

다음 번 충북교육의 쾌거는 군계일학의 실력임에도 철학을 공부하고자 한다든가, 물리학을 전공하고자 하는 인물을 통해 발견하길 희망한다. 수능꾼은 자기를 자꾸 복제해나가며 사탄의 이미지를 전파하는 '스미스 요원'과 닮았다. 우리의 구세주 '네오'조차 이제는 자꾸 스미스로 변해가고 있다. 수능 매트릭스에 점령당한 우리 대한민국은 더 이상 낙원이 될 수 없다.

다. 교육혁신위원회의 '국립대공동학위제'를 지지하며

최근 대통령 자문기구 교육혁신위원회(이하 혁신위)에서 검토 중인 '국립대공동학위제'를 두고 논란이 일고 있다. 혁신위는 과열된 입시경쟁과 학벌주의의 근본적 원인인 대학 서열화를 완화시키고, 지역 간·계층 간 양극화로 치닫는 교육격차를 해소하기 위한 방안으로서 '무시험 대입전형', '국가고시 지방대학 쿼터배정' 등의 방안과 함께 '국립대 공동학위제'를 검토 중인 것으로 보도되고 있다. 이에 <학벌없는사회>는 혁신위에서 검토 중인 '국립대 공동학위제' 방안에 대하여 지지하는 바이며, 향후 지체 없이 추진할 것을 촉구하는 바이다.

우리 교육의 가장 큰 병폐는 과열된 입시경쟁으로 대변된다. 좀 더 높은 서열의 대학에 진학하기 위해 학부모들은 천문학적 사교육비를 지출하고, 입시경쟁에 지친 학생들은 포기하거나, 성적을 비관하여 자살에 이르기까지 한다. 이런 상황에 최근 교육부에서는 일선학교를 수능시험 대비를 위한 입시기관으로 만들어 과열된 입시경쟁에 부채질하고 있다. 과열된 입시경쟁으로 인한 사교육비를 줄이고, 일선학교가 정상적인 교육활동을 할 수 있게 하기 위해서는 대학 서열화와 학벌주의를 개선하는 대책이 급선무이다. 그럼에도 이 나라의 교육부는 오히려 이를 조장하는 정책을 사교육대책으로 추진하고 있어 안타까운 상황이다.

이런 때에 혁신위에서 '국립대 공동학위제'를 검토한다는 사실은 매우 고무적이지 않을 수 없다. 아울러 2008학년도 '무시험 대입전형'과 '국가고시 지방대학 쿼터배정' 등의 방안은 대학서열을 완화시켜 점차적으로 망국적 학벌주의를 해소할 수 있는 대안으로서 주목된다. 나아가 대학입시에 종속되어 오직 대학선발에 초점을 두고 있는 초중등교육의 정상화와 사교육비 경감에 직접적인 효과를 얻을 수 있을 것으로 기대된다. 무엇보다 우리 청소년들이 입시지옥에서 벗어나 다양한 재능과 적성을 탐구하고 발견하며, 발전시켜 나갈 수 있는 교육환경이 마련될 수 있으리라는 가슴 벅찬 기대를 갖게 한다.

그럼에도 서울대 관계자와 일부 언론에서는 '국가경쟁력이 무시된 방안'이라며 '하향 평준화'의 발상이라고 비판하고 있고, 심지어 '군중의 환호를 받기' 위한 '포퓰리즘'이라고까지 폄하하고 있다. 그러나 그들의 비판이 소수의 서울대지상주의자나 학벌주의자와 같은 군중들의 입장을 대변하는 수구기득권적 포퓰리즘은 아닌지 묻고 싶다. 이 나라의 경쟁력은 서울대만의 몫이 아니다. 오히려 서울대가 성적 우수학생들을 독점하게 됨으로써 대학서열의 고착화와 입시경쟁 및 학벌주의 문제를 발생시켜 이 나라 경쟁력의 발목을 잡고 있다. 이는 '국립대 공동학위제'를 통해 서울대가 지방의 다양한 국립대와 동등한 위상을 부여받음으로써 상당부분 해소될 수 있으며, 여러 대학에서 다양한 인재들이 배출됨으로써 지역발전을 견인할 수 있게 되어, 지방화 시대에 진정한 국가경쟁력을 부흥시킬 수 있는 토대가 될 수 있다.

과거 고교입시 시절 망국적 과외현상의 원인은 고교서열화에 있었다. 고교평준화 이후 고교입시를 위한 과외는 사라졌으며, 이제는 대학입시를 위한 사교육비가 문제인 상황이다. 그렇다면 그 원인은 대학 서열화에 있을 것이며, 이를 해결하기 위한 처방은 대학의 평준화 방안이 될 것이다. 그러나 대학의 80%가 사립대인 현실을 고려한 측면에서 볼 때, '국립대 공동학위제'는 입시에서의 서울대의 막강한 위상을 해소하고 지방인재의 서울집중과 지방 국립대의 공동화를 상당히 해소할 수 있는 현실적 방안이다. 서울대의 위상이 줄어들 경우 '다음 수준의 대학이 일류로 올라서서 경쟁은 여전히 남게' 될 것이라는 우려가 있지만, 대학 서열화가 사회에서의 학벌서열을 반영하고 있다는 점을 고려할 때, 서울대 출신 학벌의 위상이 서서히 줄어드는 가운데 지방 국립대와 수도권 명문대 등이 경합하는 경쟁구도가 형성될 것이라고 보는 것이 타당할 것이다.

이제 이 나라의 교육 대계를 위하여 총체적 교육위기의 근본적 병인에 대한 처방을 내려야 할 때이다. 과열된 입시교육과 사교육비, 공교육을 황폐화시키고 학벌주의를 가속시키고 있는 대학 서열화에 대하여 정직하게 문제제기를 해야 할 시기인 것이다. 그리하여 대학서열이 학문의 경쟁력과 나라의 경쟁력을 담보하고 있다는 주장에 더 이상 우리 교육을 방치시켜서는 안 될 것이다. <학벌없는사회>는 혁신위에서 검토 중인 '국립대 공동학위제'를 비롯한 방안들이 현실화될 수 있기를 기대한다. 그리하여 소수 기득권 세력들의 자기이해관계에서 비롯된 비판에 흔들리지 않고 이 나라의 교육을 살리기 위한 신념을 굳은 의지를 바탕으로 펼쳐 나가길 바란다.

라. 학벌기도문

학벌님! 기도하나이다. 저의 아이를 서울대 가게 해주시옵소서. 서울대가 저의 욕심이라면, 연세대나 고려대를 가게 해주십시오. 그것도 저의 죄 때문에 어렵다면, 그 근처에서라도 놀게 해주시옵소서.

학벌님! 저는 저의 죄를 압니다. 청소년기에 낭만적으로 인간과 국가에 대해 생각한 죄를 저는 잘 알고 있습니다. 저는 성적보다는 우정을 더 소중히 여기고, 교과서보다는 소설을 더 소중히 여기고, 암기보다는 논리를 더 소중히 여긴 죄를 잘 알고 있습니다. 다시는 이런 죄를 짓지 않겠나이다.

학벌님! 제가 죄지은 자라고 저의 아이까지 벌주지는 말아 주시옵소서. 남들보다 2배는 편하게 살 수 있게 제발 일류대를 가게 해주시옵소서. 입학만 하면 졸업이 되고, 졸업만 하면 인생이 편해지는 당신의 은혜를 어찌 마다하겠나이까? 저는 아이에게 우정은 불필요한 것이며, 소설은 인간의 정서를 해치며, 논리는 오만을 낳는다고 가르쳤습니다. 점수와 요약문 그리고 설명되지 않는 탁월한 감만이 인생에 도움을 준다고 가르쳤습니다.

학벌님! 어린 시절, 저는 학벌님의 사제들에게 반항하였나이다. 학벌만이 최선이라고 말씀하시는 학벌님의 충실한 사도들과 다투었나이다. 당신을 위해 맹진하는 벗에게 다른 길이 있다고 사악한 도리를 전파하였나이다. 저의 죄를 용서해주시옵소서. 저의 죄가 너무 깊어 용서받을 수 없을지라도, 그 죄가 저의 아이에게까지 이어지게 하지는 말아주시옵소서.

학벌님! 저는 학원과 과외를 몰랐습니다. 가끔씩 기웃거려보았지만, 그때 주어진 당신의 다정한 인도를 깨닫지 못하고 다시 사악한 무리들과 어울렸습니다. 그때 맛본 사탕이 맛있었는데도 저는 아직 단맛과 쓴맛을 구별하지 못하고 있었습니다. 다들 먹지 않는다고 저도 먹어서는 아니 된다고 생각하였던 모양입니다. 학교의 선생님들은 일찍이 당신의 위대함을 깨닫고 낮에는 학교에서, 밤에는 집에서 저의 동료들과 함께 당신을 숭배하였는데도 말입니다.

학벌님! 저는 아이를 늘 학원과 과외와 함께 하도록 하였나이다. 피아노, 미술, 태권도는 물론, 영어, 수학 그리고 논술까지 저는 저의 심혈을 기울여 당신에 가깝게 가도록 하였습니다. 저는 당신과 가까워질 수 있는 것이라면 뭐든지 하였나이다. 직장에서 받아서는 안 될 돈도 당신에 기부하기 위하여, 떨리는 가슴으로 받았습니다. 당신을 위해서라면, 아내도 몸과 마음을 바쳤습니다. 저의 행동에 아내도 걱정하고, 저는 아내의 행위에 남자로서 참기 힘들었지만, 오직 당신을 위한 길이기에, 함께 인고할 수 있었나이다.

학벌님! 저는 당신이 주는 고통이 단 한 차례라는 것을 잘 알고 있습니다. 당신은 너그러우시게도, 단 한 번의 시련을 주실 뿐입니다. 대학 입학이라는 단 한 차례의 시련만 통과하면, 그 후 당신은 정말 자비로워지십니다. 거듭된 시련과 거듭된 극복이 아닌, 단 한 차례의 시련과 단 한 차례의 극복으로 일생을 결정짓는 당신은 위대한 자 중의 위대한 자입니다. 정말로 위대하나이다.

학벌님! 때로 그것에서 실패한 이들을 위해 당신은 새로운 기회를 주셨나이다. 학교도 아닌, 학원이라는 제도를 당신의 충실한 사제를 통해 이 땅에만 건설하셨나이다. 성적 높은 충실한 당신의 신도 가운데 일부를 뽑아 다시금 교육받도록 하셨습니다. 학원도 명문과 비명문으로 나누어, 당신의 충복을 선발하셨습니다. 다시 주어진 기회는 한 차례이기도 했지만, 때로 두 차례가 되기도 했고, 그것으로 젊은 날을 다 보내기도 했지만, 이 모두 당신과 가까워지는 일이었습니다.

학벌님! 그러나 당신은 결국 한 번의 선택으로 당신의 권좌를 지켜내셨습니다. 선택된 자들만이 누릴 수 있는 권리를 부여하셨습니다. 대학의 선택 이후에는 어떤 노력이나 도전도 불가능하도록 선언하셨습니다. 선택된 이들은 학업이나 연구와 상관없이 당신의 권위를 나누어 가질 수 있었습니다. 주어진 권위는 당신의 은총이었습니다. 다른 나라의 이교도들이 자꾸 넘보기는 했지만, 당신과 당신이 허락한 권위로 이를 막아낼 수 있었습니다. 대학에서는 물론 공직에서 이룩해낸 철옹성은 영원할 것입니다.

학벌님! 가끔은 당신과 멀어진 젊은이들이 스스로 목숨을 끊기도 했습니다. 가정에서의 실망과 사회에서의 지탄을 받아들인 일이었습니다. 당신을 위한 죽음이었습니다. 어린 나이의 정렬이 밑받침된 순교였습니다. 특히 사제가 되려는 아이들이 더욱 심했습니다. 가까이하기에는 너무 먼 당신이었습니다. 잡힐 듯이 잡힐 듯이 잡히지 않는 당신이었습니다.

학벌님! 사회에서의 당신에 대한 추앙으로라도 저와 제 아이를 용서해주시옵소서. 신문과 방송은 모두 일류대 이야기가 아니면 싣지도 않고, 일류대 교수 이야기라면 먼저 싣습니다. 당신을 거부하거나 배신할 자들은 언론의 근처에도 가지 못합니다. 여론은 곧 서울대의 의견입니다. 서울대의 입장은 곧 여론입니다. 당신을 직접 모시지는 못하다더라도 저와 저의 아이는 당신 사도의 주장을 충실히 따르고 있습니다. 저와 제 아이는 당신의 충직한 종입니다. 저와 저의 아이는 이렇듯 신앙의 힘으로 죄를 용서받고자 하옵니다.

학벌님! 저는 학벌을 통해 신분이 상승할 수 있다는 신화를 믿나이다. 아무리 어리석은 자들이 그것은 거짓이라 하여도 저는 믿나이다. 경제적 배경이 없는 이가 서울대를 갈 수 없다는 속임수에 빠지지 않나이다. 서울대는 부와 권력의 세습이 확대 재생산되는 곳임을 믿지 않나이다. 서울대는 언제나 열려있는 오직 하나의 기회이고, 그곳에 들어가는 순간, 나는 세상이 지옥에서 극락으로 바뀜을 믿나이다. 나의 발목을 잡고 있는 벗과 이웃은 악의 무리임을 아나이다. 나만이 세계를 구원할 수 있지, 우리 함께 구원될 수 없음을 아나이다.

학벌님! 당신이 사라지면, 저도 죽습니다. 제가 유일하게 믿는 당신이 사라지면, 저의 꿈도 사라집니다. 당신을 믿고 젊은 날을 보냈고, 당신을 믿으며 저의 아이에게 젊은 날을 보내도록 하였습니다. 당신은 우리 모두의 처음이자 끝입니다. 만일 당신이 우리를 버리신다면 우리는 좌절과 비탄에 빠질 수밖에 없습니다. 유일하게 믿었던 당신, 당신과 함께 했던 행복의 나라, 당신만을 위한 인생, 절대절명의 당신, 나는 당신만을 위해 살았나이다.

학벌님! 저의 아이를 서울대 가게 해주시옵소서. 서울대가 저의 욕심이라면, 연세대나 고려대를 가게 해주십시오. 그것도 저의 죄 때문에 어렵다면, 그 근방에서라도 놀게 해주시옵소서. 기도하옵나이다.

학벌루야!
나무아미학벌!
학벌알라!

학벌은 나의 빛!
학벌이 너희를 자유케 하리라!
자유, 정의, 학벌!

'사회적 병리현상으로서의 왕따', 『대동철학』64, 대동철학회, 2013.9.

2

왜 왕따가 철학의 문제인가?

1. 학교 그 자체로서의 교육을 버리다

2013년 대동철학회 봄 학술대회의 주제는 '왕따'로 정해졌다. 연구위원회에서 숙고를 거친 주제였다. 문제는 왕따라는 말자체가 철학적이지 않을뿐더러 표현조차 속기가 가득해 사람들의 오해를 받을 일이었다. 그럼에도 우리는 왜 왕따라는 표현을 쓰기로 했으며 그것을 주제로 삼아야 했는가?

'왕 만두'가 만두 가운데에서도 가장 큰 만두를 가리키듯이, '왕따'는 따돌림 가운데에서도 가장 지독한 따돌림을 일컫는다. 그런 점에서 왕따는 따돌림 가운데 따돌림이며, 단지 따돌림만으로 설명되지 않는 복합적인 현상을 가리킨다. 이는 따돌림이 어떤 사회에도 일반적인 현상으로 드러나고 있지만, 왕따만큼은 우리 사회의 특수한 현상으로 취급될 수 있다는 말이다.

게다가 왕따는 학교 안에서 벌어지는 일이기에 더욱 심각하다. 학교는 교육기관으로 일정한 통제 속에서 조직이 운영되는 곳으로, 부정적인 행위가 비교적 잘 통제될 수 있는 장소다. 그런 점에서 분명히 학교는 원칙적으로는 익명匿名의 사회가 아니라 기명記名의 사회다. 내가 누군지 남들이 모르는 사회가 아니라, 남들 속에서 나는 누구라고 밝혀야 하는 사회다. 단순히 동료끼리가 아니라, 때로는 선후배, 나아가서는 학생과 선생이라는 상반적인 역할의 주체끼리도 서로 성명을 인지하는 집단이다. 그런데도 그러한 불미스러운 일이 벌어진다는 것은 진정 문제가 아닐 수 없다.

학교는 공동사회인가, 이익사회인가? 퇴니에스(F. Tönies)의 구별에 따르면 가족, 친족, 민족, 마을과 같은 것이 공동사회(Gemeinschaft)고, 회사, 도시, 국가, 조합, 정당과 같은 것이 이익사회(Gesellschaft)다. 영어적 개념으로 공동사회는 '공동체'(community)로, 이익사회는 '사회'(society)로 옮겨질 수 있기 때문에 쉽게 이해가 된다. 우리도 '마을 공동체'라고 쓰며, '회사 사회'(재밌게도 '사社' 자가 두 번 반복된다-會社, 社會)라고 쓴다. 학교는 과연 어디에 속하는가?

학교는 애정을 바탕으로 한 공동체이면서도 나름 타산적 이해가 얽혀있기 때문에 그 구분이 쉽지 않다. 혈연과 지연으로 얽히는 것이 공동사회인데, 한국사회처럼 학연이 혈연과 지연 못지않게 중시되는 경우, 그것은 단순한 이익사회일 수 없기 때문이다. 거기에는 명예라는 추상적인 가치가 개입되기도 하고, 사랑이라는 인간적인 감정이 실리기도 하기 때문이다. '가문의 영광'이라고 할 때 그것은 개인의 이익을 넘어선 가족전체를 기준으로 하는 판단을 보여주며, '향토애'라고 할 때 그것은 고향에 대한 애착으로 논리적으로 설명될 수 없는 특별한 감성을 담고 있다. 그런데 '학교의 명예를 걸고', '애교심을 발휘하여'라는 표현에서 볼 수 있듯이 학교는 이 두 가지를 모두 포함하고 있기 때문에 공동사회에 가깝다. 그러나 반대로, 비록 초등, 중등, 고등교육이 각기 다르기는 하지만, 특수한 능력이나 자격을 가진 사람은 선택할 수 있다는 점에서 이익사회의 성격을 띤다. 초등학교도 '교육대학부설 초등학교'나 '사립초등학교'가 있고, 중등학교도 현재적 관점에서 '자율중학교', '외국어고등학교' 등 여러 종류의 중고등학교가 있으며, 대학은 말할 것도 없이 개인의 학업 성취도에 따른 선택이기 때문이다.

학교는 성장의 과정에서 어쩔 수 없이 거쳐야 하는 공간이다. 학교 밖에서 공부하는 경우도 적지 않지만 그것은 상황이 안 되거나 아니면 부적응으로 '어쩔 수 없이'로 취급되는 경우가 많다. 왜냐하면 학교는 단순히 지식을 전수하는 공간이 아니라 공동체생활을 연습하는 공간이기 때문이다. 그런 점에서

학교는 그 자체로 교육이고 체험인 셈이다.

그런데 왕따는 '학교 그 자체로서의 교육'을 방기함을 의미한다. '삶으로 하는 교육'을 포기하고 '말로 하는 교육만'을 선택할 때 바로 왕따가 출현한다. 학교의 가장 중요한 두 역할 가운데 하나를 포기함으로써 왕따가 성행하게 되는 것이다.

학교는 간다. 선택이 아니라 생활로 간다. 오늘가고 내일 안 가는 것이 아니라 휴일이 아니라면 매일 간다. 그런 점에서 학교는 분명히 선택의지와는 다른 의미를 지닌 공동체다. 그러나 학교에 가는 목적이 출세에 있다면 그것은 또한 명확한 이익집단의 성격을 지닌다. 이익을 계산하면서 학교에 가는 것이 아니기 때문에 공동사회고, 그래도 타산적으로 생각하지 않을 수 없기 때문에 이익사회다.

여기서 우리의 문제가 명료해진다. 만일 학교가 그 자체로서 교육이 된다고 생각한다면 학교를 공동체로 여기는 것이며, 만일 학교가 그 자체로서는 교육적 효과가 없다고 생각한다면 학교를 이익집단으로 여기는 것이다. 달리 말하면 왕따가 없는 학교는 공동체이며 왕따가 있는 학교는 이익집단에 불과하다.

그런 점에서 왕따는 우리 교육의 시금석試金石이다. 왕따라는 말이 개념화되고, 그것의 해소가 교육계의 난제로 떠오르고, 심지어 사회적 문제로 확대재생산된다는 것은 우리의 교육이 이미 공동체교육을 포기했음을 보여준다. 더 이상 학교는 공동체가 아닌 것이다. 학교는 단지 이익을 위한 집단이고, 목적을 추구하는 정당이고, 월급을 올려 받기 위한 노동조합인 것이다.

2. 우리 사회의 가장 큰 문제는 무엇인가

여느 철학회와 마찬가지로 주제를 설정할 때 우리는 물었다. '한국사회에서 가장 큰 문제는 무엇일까?'

철학계 밖에서 철학은 현실과 유리되어있는 것처럼 느끼지만, 철학계 안에서 철학은 여러 의미에서 현실적이다. '무엇이 옳은 일인가'를 묻는 정의론을 비롯하여 '무엇이 참다운 것인가'를 묻는 존재론에 이르기까지, 사실상 철학이 현실을 떠나는 경우는 드물다. 언어의 생경함이나 난삽함은 대체로 번역철학에서 파생되는 어쩔 수 없는 현상이라고 하더라도, 철학을 현실과 더욱 유리시킨 것은 동서양을 막론하고 철학이 당시의 문제를 풀기 위해 등장했다는 엄연한 사실을 놓친 데 있었다. 철학은 한마디로 '문제풀이'이며, 한걸음 더 나아가면, 문제풀이를 위한 '문제제기'가 곧 철학이었다.

오늘날 한국사회의 문제는 범죄, 정치, 핵 등일 수 있다. 그러나 그러한 문제는 양의 차이는 있지만 어느 나라도 갖고 있는 문제다. 그런 점에서 '한국적'인 문제는 아니다.

그러나 왕따는 독특하다. 어느 학교에도 따돌림이 있지만 우리는 이것이 심하지 않았다. 오히려 일본식 '이지메'라는 용어가 차용되었다. 그러나 1990년 이후 어느 순간 한국의 학교에도 왕따라는 말이 갑작스럽게 자리 잡게 되었다. 그런 점에서 왕따는 없던 것이 생긴, 만들어진 지 얼마 되지 않은 따끈한 개념인 것이다. 우리는 이런 현상의 발생에 주목했다. 그리고 이 현상이 어떻게 한국사회에서 진화할 것인지 예상하고 싶었다. 멸종되기를 바라는 생명체이지만, 분명 그 괴물은 우리 사회에서 뿌리를 내리고 있었다. 어떻게 하면 그것을 괴멸시킬 수 있을까 우리는 묻고 싶었다.

왕따는 우리의 초중등학교에서 전방위적으로 벌어진다. 초등학교는 심각하지는 않더라도 중등학교에서의 왕따는 학교를 넘어 국가적인 문제로 비화되고 있다. 왕따가 단순한 따돌림으로 그치지 않고 학교폭력의 대표적인 현상으로 대두되었다. 더욱이 그 폭력에 시달린 학생들의 연이은 자살은 왕따가 가장 사악하고 악질적인 형태의 폭력임을 명백하게 증명하고 있는 것이다.

표현의 생경함이나 점잖지 못함 때문에 우리가 이 문제를 방치할 수는 없다. 왕따는 폭력의 새로운 이름이고, 그것도 인권과 민주주의 그리고 평화에 대해 교육받는 청소년들에 의해 벌어지는 반인권적이고 반민주적이고 반평화적인 행태다. 달리 말해 왕따는 우리 청소년들이 인권도 민주주의도 평화도 제대로 교육받고 있지 않음을 시사한다. 오히려 왕따를 통해 반인권적인 사고를 습득하고, 비민주적인 집단과 타협하고, 반평화적인 폭력에 습관화된다.

무서운 일이다. 교육이 교육임을 포기하는 것이다. 학생들이 학교에서조차 인권과 민주주의 그리고 평화의 중요성을 배우지 못한다면, 나아가 실제생활에서는 교과서에 나오는 그것들이 그저 관념일 뿐 현실을 운영하는 데 아무런 소용이 없음을 깨닫는다면, 그들이 졸업한 이후 과연 사회를 어떻게 꾸려나갈지 심각하게 걱정되지 않을 수 없다.

왕따를 그저 청소년 시기에 한때 일어나는 일로 받아들일 수 있을까? 아니다. 그들은 왕따를 통해 폭력을 체화하고, 이론과 분리된 현실을 경험하고, 집단의 야만성에 동화된다. 왕따는 단순한 일시적 현상이 아니라 부정적 교육의 전승과정으로 옹립된다. 악마가 더 포악한 악마를 기르듯, 시집살이한 며느리가 더 시집살이시키듯, 왕따는 자기합리화를 통해 악의 확대과정을 철저하게 밟아나간다. 악화는 양화를 구축하고, 강한 악은 약한 선을 추방한다. 몇몇의 의인이 선을 지키려는 것은 스스로조차 왕따의 위험에 노출되는 것이기 때문에 주저된다. 내가 희생되느니 차라리 남이 희생되는 것이 낫다. 남을 섣불리 도와주다가는 내가 살기 힘들어진다.

'그래, 네가 죽어라. 나는 살아야겠다.' 왕따는 끊임없이 우리에게 요구한다. 네가 죽고 싶지 않으면 남을 죽여라. 모든 남을 죽일 수는 없기에 한 사람을 죽여라. 그 한 사람만 있으면 우리는 즐거워질 수 있다. 그 한 사람이 아무리 괴롭더라도, 그 괴로움을 나누어갖는 것보다는 훨씬 낫다. 안 됐지만, 네가 아파라, 네가 죽어라, 그래야 내가 아프지 않고 내가 살 수 있다.

과연 이러한 논리의 근거는 무엇일까? 나는 우리 사회가 강요하고 있는 공리주의에서 그 원인을 찾는다.

3. 참을 수 없는 공리주의의 유혹

공리주의는 말 자체로 문제다. 긴 논증이 필요하지만 공리주의功利主義는 공리주의公利主義가 아니다. 그런데도 철학사, 윤리학 교과서에 여전히 '꾀할 공'이 아니라 공공公共의 공으로 표현되는 경우가 많다. 공공의 공으로 기술되는 공리주의는 정말로 공공의 적인데 쉽사리 사라지지 않고 있다. 심지어 공공의 공리주의가 옳다고까지 주장하는 상황도 벌어진다. 슬픈 일이다. 아니, 정말 위험한 일이다.

공리주의는 '효율성을 추구하는 사람들'(utilitarianism)의 번역어다. 현대용법에서 번역되지 않고 사용되는 '유틸리티'(utility)의 지상론자들이 곧 공리주의자인 것이다. 유틸리티는 무엇을 말하는가? 그것은 유용성(usefulness)이다. 실익이 되고 실용적이면 된다. 유틸리티는 수도, 전기, 가스와 교통설비까지 포함하는 생활 제반의 편리시설을 일컫는다. 아파트 관리와 연관된 것이 곧 유틸리티다. 사용하기 편한 소형트럭을 '유틸리티 트럭'이라고 부르기도 한다. 컴퓨터의 제반관리를 도맡고 있는 소프트웨어도 '유틸리티 프로그램'이라고 부른다. 한동안 유행했던 '노턴 유틸리티'를 떠올리자. 유틸리티는 형용사로도 쓰여 실용본위의 것을 꾸민다. 만능이라는 뜻을 담기도 한다. 만능 가구, 만능 도구가 곧 유틸리티 물건인 것이다. 실용신안實用新案이라는 뜻도 있다. 유틸리티 모델이 곧 실용신안품이다. 실용신안 제 몇 호라고 할 때도 유틸리티라는 말이 달라붙는다.

그러나 이 유틸리티는 미국의 경우 최하급의 것을 뜻하기도 한다. 유틸리티 고기(utility meat)는 말이 좋아서 실용적이지 싸구려를 뜻한다. '경제적'(economic)이라는 뜻이다. 알다시피 이코노미나 유틸리티는 과거에 일컫던 2등이나 3등급을 에둘러 말하는 것이다. 어느 순간부터 말은 바뀌었지만 내용이 달라진 것은 없다. 여전히 1등이 있는 한, 나머지는 어쩔 수 없이 2등이 될 수밖에 없다.

유틸리티와 가장 근접하는 개념은 당연히 유용성이다. 무용이 아니라 유용이다. 유용은 좋은 것이고 무용은 나쁜 것이다. 달리 말하면 사람도 유용하면 좋은 사람이고 무용하면 나쁜 사람이다. 바로 이러한 유용성이 개입되는 윤리설이 공리주의인 것이다. 말은 뒤바뀌지만, 사람에게 유용하면 선이고 사람에게 무용하면 악이다. 그러니 그들에게는 유용성이 선의 표준이 된다.

과연 어떤 사람이 유용한가? 어린 아이와 늙은이 가운데 누가 더 유용한가? 남자와 여자 가운데 어느 쪽이 더 유용한가? 병든 사람, 정신박약자는 어떤 방면에서 유용한가?

좋다. 그들은 유용했지만 어느 순간부터 유용성이 사라졌기에, 과거 유용성의 대가로 현재의 무용성을 보상받을 수 있다고 해보자. 그렇다면 유용과 무용의 경계는 어디인가? 내가 과거 60의 유용을 실현했고 이후 나는 40의 무용에서 살고 있다면 더하고 빼서 20의 유용이 남기 때문에 나는 살아도 된다는 것인가? 만일 젊은 나이에 병이 들었다면 20의 유용만을 이루었고 80의 무용으로 사는 것이기 때문에 60의 무용만이 남아 나는 죽어야 하는 것인가?

유용성이 인간 개체의 존엄은 일단 인정하고 사회 전체의 효과를 따지는 것이기 때문에 위의 논의는 어불성설이라고 해보자. 그렇더라도 문제는 남는다. 90명이 행복하기 위해서 10명을 불행하게 만드는 것이 효율적이라면 유용성이라는 기준에서는 이를 선택해야 하기 때문이다. 행복의 값이 동일하다고 할 때 그것은 명확하게 +80이 되기 때문이다. 고통은 행복보다 불행의 값이 훨씬 높다고 해서 불행에 가중치 ×2를 준다고 하더라도 90-20이 되어 90명의 행복을 위해서는 10명이 희생되는 것이 정당해진다. 이것이 바로 공리주의의 맹점이고 함정이다. 노예제가 자연스럽게 인정되는 것이다.

벤담이 아닌 밀의 질적 공리주의의 원리를 제시하면서 이런 논리를 반박하기도 하지만, 그렇다고 해서 '최대 다수의 최대 행복'이라는 기본원칙이 쉽사리 깨지는 것은 아니다. 위에서 말한 것처럼 정량이 아닌 정성평가를 하기 위해 가중치를 둔다고 할지라도 여전히 공리값을 따지는 것은 마찬가지이기 때문이다. 그런 점에서 공리주의는 과감히 '효율주의'로 바꾸어 부르는 것이 그 내용을 훨씬 더 잘 담을 수 있다.

왕따는 실로 공리주의의 산물이다. 심리적 압박이 가중되어 있는 교실 안에서 학생들은 그것을 발산하려 한다. 어른은 운동이나 연회로 아니면 제도적 장치를 통해 스트레스를 분출한다. 그러나 어린 학생들에게 그런 기회는 없다. 체육시간도 줄이고, 놀이시설도 만들지 않고, 제도 속에서 보장된 의견수렴방식도 없다. 그때 필요한 희생양이 곧 왕따인 것이다.

한 사람을 괴롭혀서 많은 사람이 즐거우면 된다. 나만 그 한 사람이 되지 않으면 된다. 누군가는 그 한 사람이 되어야 한다. 그렇지 않으면 우리는 우리 모두에게 적이 된다. 하나를 바보로 만들면 나머지는 편해진다.

이렇게 왕따는 과거 공리주의 논쟁에서 노예와 같은 역할을 맡게 된다. 공리주의 노예가 사람들을 위해서 물을 떠올 때, 교실 안에서 왕따는 동급생을 위해 빵을 사오는 '빵셔틀'을 한다. 셔틀(shuttle)이라는 표현에서 알 수 있듯이, 그는 기계다. 직조기의 북처럼 왔다 갔다 할 뿐이다. 종점을 왔다 갔다 하는 왕복선이다. 그는 학생도, 천민도 아닌, 그저 물건이다. 배드민턴의 셔틀콕처럼 여기서 치면 절로 가고, 저기서 치면 이리로 오는 공일뿐이다. 학교에 학생만 있는 것이 아니라 셔틀이라고 불리는 공이 산다. 사유와 감각을 없앤 공이다. 그 공 앞에 급우들은 우정과 신의를 떠올리지 않는다.

왕따는 사람이 아니다. 왕따는 오고 가는 기계다. 왕따는 학교를 오고 가는 기계, 매점을 오고 가는 기계다. 사람은 오고 가는 그 기계를 치고 꼬집고 발길질하면 될 뿐이다.

철학이 공리주의를 말하면서 사회를 공리주의의 열풍으로 몰아갈 때, 교실은 더욱 효율적으로 변해가고 있었다. 철학이 공리功利주의를 공공公共의 이익으로 설명하고 있을 때, 교육은 '효율성이야말로 공공의 이익'이라고 선언하고 있었다. 공리주의는 효율성을 극대화하자는 주장이지 공공복리를 추구하자는 주장이 아님에도, 학원 내에서 공리주의는 만인을 위한 것인 양 오도되고 있었다. 그 와중에서 왕따가 출현한 것이다.

교육은 대학입시를 위한 것이고, 성적은 자기의 정체성이고, 인권은 포기해야 하고, 독서는 자신을 위한 것이 아니라 기록을 위한 것이고, 우정은 경쟁의 다른 이름이고, 학교는 학원보다 못한 곳으로 여겨진다. 그 배경에 바로 대학을 어떻게 하면 '효율적'으로 진학할 수 있는가하는 물음에 대한 공리주의적 판단이 깔려있다. 대학을 많이 보내기 위해서는 평준화된 교육이라도 학교 내에서 특권화된 교실을 만들고, 대학을 가기 위한 목표는 학문이나 정의 실현이 아니라 권력과 재력이라고 공공연하게 떠들고, 공교육은 잠을 자는 곳이고 사교육만이 공부하는 곳이라고 생각한다. 맞다. 대학을 가기 위한 효율로서는 맞다. 그러나 공리주의적 사고를 멀리하는 순간, 그 모든 것은 맞지 않다. 특권화는 정당한 것인지, 학문과 권력이 뒤섞이는 것이 정의로운지, 사교육이 공교육을 능가하는 것이 옳은지를 묻는 순간, 우리가 받아들이고 있는 수많은 현상은 부조리와 비상식의 영역으로 떨어지고 만다.

왕따는 우리 교육의 공리주의의 필연적 산물이다. 우리가 교육의 효율성을 말하면 말할수록 왕따는 우리 교육의 음지에서 자라날 수밖에 없는 독버섯인 것이다. 결국 문제는 우리 교육의 공리주의의 정당성에 집약된다. 위에서 말했듯이, 2등 교육이나 싸구려 교육이 곧 공리주의 교육임에도 불구하고, 우리 사회에서는 마치 공리주의가 공공복리를 추구하는 것으로 이해되기 때문에 문제인 것이다. 정말 슬프고 안타까운 일이지만, 왕따는 우리 교실의 현실에서는 효율적이다. 최대 다수의 최대 행복을 위해서 우리 교실에서는 말 못하는 기계로서의 왕따, 생각하지 않는 물건으로서의 왕따가 필요하다는 것이다. 그것이 곧 우리 교실에서 젊은 학생들을 참을 수 없이 유혹하는 공리주의라는 이름의 망령이다.

4. 차별을 연습하는 학교

왕따 뒤에 몰래 숨어있는 망령이 공리주의라면, 바로 앞에서 설치고 있는 악귀는 '차별'이다. 인종차별, 남녀차별, 학력차별, 지역차별 등의 용법에서 알 수 있듯이 차별은 동서양을 막론하고 부정적인 의미를 지닌다.

인종차별은 우리 사회에서 별 문제가 되지 않았다. 한국전쟁을 겪으면서 신분제는 붕괴되었고 단일민족이라는 이데올로기 아래 피부색과 모국어에 따른 갈등은 없었다. 그러나 다문화사회로 진입하면서 외국인이나 귀화한국인에 대한 인종차별은 큰 문제가 되고 있다. 피부색만으로 사람을 평가하거나 태어난 곳으로 우열을 나눈다. 그런 점에서 인종차별은 우리가 경험하지 않고 경계하지 않았던 새로운 차별이기 때문에 더욱 깊은 주의를 요한다.

남녀차별은 전 지구적인 문제다. 중동과 아프리카 그리고 인도에서 벌어지고 있는 남녀차별은 실로 고약하고 종교적인 배경도 갖고 있어 해결책을 찾기도 쉽지 않다. 정확히 말하면 신앙적이거나 교리적인 것이 아니라 종교의 권력화 과정에서 나오는 현상이지만, 현실적으로 그러한 관습은 대체로 종교의 탈을 쓰고 있기 때문이다. 그러나 우리나라의 경우, 아무리 유교국가로 분류되더라도 과거에 회자되던 '어려서는 아버지, 결혼해서는 남편, 늙어서는 아들을 따르라'는 삼종지도三從之道를 말하는 사람은 이제는 없다. 비록 정치계에서, 산업계에서, 그리고 고등교육기관에서 아직도 해소되고 있지 않은 곳은 많지만, 남존여비男尊女卑의 주장은 더 이상 설자리가 없다.

학력차별은 한국 등 인구가 많은 아시아에 집중된 현상이다. 인구가 많아 상층부로 올라갈 수 있는 인원은 제한되어있기 때문에 나름 객관적으로 보일 수 있는 학력으로 자격을 제한한다. '대졸, 고졸, 중졸, 초졸'이라는 용어가 일상화되어있고, 임금격차가 그에 따른다. 유럽 등의 선진국에서는 학력에 따른 임금의 격차를 완화시키기 위해 정치적으로 노력하고 있는데 반해, 아시아권의 인구밀집지역에서는 학력이 곧 임금인 현상이 벌어진다. 따라서 모든 사람이 고등교육을 받기 위해 불철주야 애쓴다. 그 가운데에서도 한국이 가장 심해 한자문화권의 아시아인에게조차 생경한 '학벌學閥'이라는 단어가 사전에 오른다. 한국을 넘어서면 '군벌軍閥' 또는 '문벌門閥'이라는 단어는 알아도 '학벌'은 모른다. 우리처럼 처절하게 대학이 서열화되어있는 국가는 아시아에서조차 찾아볼 수 없기 때문이다. 북경대학이 있으면 청화대학이 있고, 북경만이 아닌 상해에도 복단대학과 교통대학이 있다. 도쿄대학이 있으면 교토대학이 있고, 도쿄는 물론 관서지방에도 여러 대학이 입지를 갖추고 있다. 그런 점에서 학력 또는 학벌 문제는 우리나라에서 극히 심화되어있다.[1]

지역차별은 사람이 땅을 기반으로 태어나고 죽기 때문에 어쩔 수 없는 부분이지만 그것이 정치화될 때 문제가 된다. 단순하게 지역의 차이만으로 정치색이 판단되는 것은 정말로 시민정치의 이상과는 거리가 있다. 한국사회에서 통용되는 '지역감정'이라는 표현은 한국의 정치가 아직 경제수준을 따라가고 있지 못함을 보여준다. 지역에 대한 사랑이 문제가 아니라, 지역에 대한 미움이 문제이기 때문이다. 자신의 정치적 입지가 실현되지 않았다는 것으로 타인의 정치적 배경을 증오하거나 폄하하는 것은 단순히 개인적 이익만을 추구하는 것이지 전체적인 사회의 발전은 고려하고 있지 않은 것이다.

이러한 차별의식에서 벗어나기 위해서 학교는 교육한다. 자기의식이 성립되면 좋게는 주관의 확립이라고 볼 수 있지만 나쁘게는 편견이라고 할 것도 함께 자리하기 때문에 차별금지 교육은 어려서부터 실시된다. 서양에서 차별(discrimination)은 일종의 범죄로 취급될 정도로 비중 있게 교육된다. 나치의 유태인 학살을 경험한 주체들로서 그것의 뿌리가 바로 인종차별(racialism: racial discrimination)에서 비롯된 것임을 잘 알기 때문에 차별은 극도로 기피된다. 따라서 인종만이 아니라 다른 것조차 차별의 기제가 될 수 있는 것이라면 엄격하게 통제하거나 처벌한다.

왕따는 차별이다. 그런데 우리는 이 왕따를 학생들의 사춘기적 부산물 정도로만 이해하는 듯하다. 왕따는 분명히 우리가 가장 경계해야 할 차별이다. 왕따는 단순한 사건이나 현상이 아니라, 장차 어떠한 범죄의 징후이자 조짐이다.

왕따가 다문화가정의 아이에게 쏠리는 것이라면 분명한 인종차별이고, 그것이 여성에게 벌어지는 일이라면 남녀차별이고, 그것이 공부를 못하는 아이

---

1 학벌의 문제점에 대해서는 www.antihakbul.org(2013.5.24.)을 보라.

에게 모이는 것이라면 학력차별이고, 그것이 타지에서 전학 온 아이를 대상으로 삼는다면 지역차별이다. 그런 점에서 왕따는 범죄의 배경이 되는 것이다.

그런데도 학교가 왕따를 용인한다면 범죄를 방조하는 것과 같다. 학생이 '차별적'(discriminative) 범죄행위를 도모할 때, 그것을 내버려둔다면 학교는 방조죄幇助罪의 혐의를 뒤집어쓸 수밖에 없다. 더욱 큰 문제는 학생들이 그런 행위 후에 어떤 죄책감도 느끼지 못해, 이후 사회생활이나 정치활동에서 차별을 당연시하게 된다는 데 있다. 구별만으로도 차별이 되는 엄격한 기준에 비하면, 우리가 왕따를 용인하는 것은 곧 차별을 조장한다는 의구심에 휩싸일 수밖에 없다. 학생은 왕따를 통해 차별 없는 사회가 아니라 차별 있는 사회를 배우게 되는 것이다. 차별을 연습하고 생활화하고 체화한 학생들이 장차 우리 사회에서 어떤 새로운 차별을 자행할 것인가 상상해보자. 겁나는 일이다.

5. 익명성이 보장되면 폭력적이 된다

문제는 한국의 교육환경에게로 되돌아갈지도 모른다. 왕따가 발생한 것은 이른바 입시위주의 교육이고, 성적지상주의적 평가이고, 무한경쟁의 사고라고 말할 수 있기 때문이다. 사람은 많고 자리는 적다. 따라서 그 자리에 앉는 것은 적은 수라서 어떠한 방법으로라도 걸러내지 않을 수 없다. 이를테면 영어가 필요하지 않더라도 영어를 시험 보는 것은 당락을 결정하기 위한 어쩔 수 없는 방법이라고 강변하는 것이다. 영어교육은 실패했더라도 영어로 사람을 평가하는 제도는 성공했다는 주장과 같다.

학생들이 처한 환경에 문제를 돌리는 것은 맞다. '왕따의 뒤에는 공리주의의 망령이 숨어있고 앞에는 차별이라는 악귀가 설친다'는 위의 주장도 환경에 문제를 돌리는 것이다. 그렇다고 아무런 일을 할 수 없는가? 아닐 것이다. 공리주의(utilitarianism)와 차별(discrimination)을 철학적 주제로 내세우는 것만으로도 우리 문제의 초점을 분명히 하는 것이지만, 여전히 우리는 이 상황에서 어떻게 해야 하면 좋을까 물어야 한다. 여기서 중요한 것은 '당장當場'의 '동정심同情心'[2]이기 때문이다. 물에 빠진 사람을 구하는 것이 무엇보다도 먼저다. 그의 심리적 상태와 경제적 상황은 나중에나 따져볼 일이다. 한 바가지의 물이 필요한 물고기에게 서강의 물을 대주겠노라고 떠드는 것은 어불성설이다.[3]

서구의 경우 스칸디나비아 반도를 중심으로 '모빙'(mobbing)이라는 단어가 학문적으로 정립되었다.[4] 모빙은 '갱'(v. gang)과 같이 무리지어 공격하는 것을 뜻하고, 몹(the Mob)은 마피아와 같은 깡패집단을 뜻한다. 그런데 몹은 주로 공격자를 지칭하는 데 쓰이는 반면, 왕따는 피공격자를 가리키기 때문에 다소 의미가 다르다. 우리식으로 말하면, 몹과 모빙은 '일진'과 같은 폭력집단과 그들의 행위다. 최근에는 왕따에 해당되는 표현을 '불링'(bullying)이라고도 하지만, 이 역시 힘센 '불리'(bully)의 폭력행위를 가리키는 것으로 행위 주체에 초점이 맞추어져있다. 여기에서 왕따의 익명성이 드러난다.

우리의 왕따는 왕따를 시키는 사람이 잘 드러나지 않는다. 가해자가 없이 피해자만 있다. 따라서 폭력의 결과만 있지 책임자는 없다. 왕따의 무서움이 바로 이러한 익명성에 있다. 사람에게 주먹을 휘두르더라도 다 함께 하는 식이다. 법률적으로 집단강간의 경우 순서에 따른 처벌이 나뉘지만 그렇게 폭력의 경중을 나누기는 쉽지 않다. 함께함으로써 공범으로서의 의식을 공유하고 처벌도 일정하게 분배하려고 한다. 그런 점에서 왕따는 지능적이고 계획적이다.

사회에서 나름의 지위에서 품위를 지키고 있는 사람이라고 할지라도 예비군복을 입혀 놓으면 행동이 흐트러지는 경우를 본다. 그것은 제복이 주는 권능이라기보다는 익명의 폭력성 때문이다. 같은 옷 속에서 사람들은 동질감

---

2 당장의 동정심은 '즉시卽時의 동정심'으로 쓸 수도 있다. '당장'은 선가禪家에서 주로 쓰이는 표현이고, 즉시는 현대적인 표현이다. 정세근, '치부 없는 치부'(논평문), 인문주간 일상으로서의 인문학 <양반문화: Noblesse Oblige-그 원리와 사례>, 청주: 충북대, 2008.10.7.

3 『莊子』, 「外物」.

4 단 올베우스(Dan Olweus) 지음, 이동진 옮김, 『학교에서 일어나는 폭력문제: 우리는 무엇을 알 수 있고 또 무엇을 할 수 있는가』, 삼신각, 서울, 1999. 노르웨이 심리학자가 학교 42곳을 조사한 연구결과.

을 느낀다. 동질감은 집단의식을 강화시키면서 개인성을 함몰시킨다. 나는 개인으로 판단하는 것이 아니라 군체로서 행위를 한다. 내가 왜 여기있는지, 어디로 갈 것인지 잘 모른다. 전체가 가기에 나도 가고 있는 것이다. 그래서 제복은 권능을 발휘한다. 조직의 힘이다. 권위의 맛이다. 그런데 그러한 제복은 안타깝게도 권능만을 제공하는 것이 아니라, 제복 속에서 익명성이 보장되면서 폭력성을 띤다. 행위의 주체가 내가 아니라 집단이 되고 집단 속에서 누가했는지 모르기 때문에 숨어있던 인간의 야수성이 드러나게 된다. 군복의 명찰은 떼면 그만이고 쉽게 가릴 수 있으며 다른 이름을 쓸 수도 있다. 옷이 같으면 그게 그것 같아서 사람을 찾아내기 어렵다. 이때 우리는 감추었던 폭력의 욕구를 슬며시 드러내는 것이다. 누가 했는지 모를 때 우리는 쉽게 범죄에 동참하게 된다. 마치 대량생산된 자동차와 무차별적인 번호판으로 자신의 얼굴과 이름을 숨겼을 때처럼 우리는 난폭해지는 것이다.

왕따는 그래서 위험하다. 너와 나의 개별적인 폭력이 아닐 뿐만 아니라 괴롭히는 주체가 철저하게 집단화되어있다. 따라서 당하는 사람조차 누가 자신을 왕따 시키는지 잘 모른다. 폭력은 있되 폭력의 주체가 없다.

왕따에 이어서 '은따'라는 말도 등장했다.[5] 은근히 따돌리는 것을 말하는데, 왕따와 마찬가지로 누구를 은따시킬 수도, 누가 은따가 되었다고도 표현할 수 있다. 은따는 곧 왕따의 익명성을 좀 더 명확하게 보여주고 있다. 따돌림은 왕창 따돌릴 수 있지만 철저하게 익명성이 보장되어야 하기 때문에 은근히 따돌리는 방식으로 진화하고 있는 것이다.

6. 왕따가 철학적 문제가 아니라고 생각하는 것이 가장 비철학적이다.

왕따는 철학의 문제다. 공리주의 문제이며, 차별의 문제다. 공리주의는 행

---

5 강영계(건국대 철학과), 『왕따와 은따』, 답게, 서울, 1999.

복의 문제이며, 차별은 정의의 문제다. 우리가 쾌락주의적 윤리설을 하나의 이론으로 받아들이는 한, 우리는 행복 곧 즐거움(happiness)의 문제에서 떨어질 수 없다. 또한 우리가 정의는 적당한 분배에 바탕한다고 믿는 한, 우리는 정의 곧 올바름(righteousness)의 문제에서 벗어날 수 없다. 어떻게 즐거울 것이며, 무엇이 옳은 것인가? 어떻게 우리의 즐거움을 늘릴 것이며, 무엇이 모두에게 옳은 것인가? 어디까지가 '우리'이며, 얼마큼이 '모두'인가? 왕따의 문제는 우리가 이 질문에 대답할 것을 요구한다. '우리'에 속하지 못하는 아이가 있는데도 '모두'라고 할 수 있는지 철학적으로 묻고 있는 것이다.

우리는 행복을 추구한다. 그런데 모두가 행복할 수는 없기 때문에 다수의 행복을 추구할 수밖에 없을지도 모른다. 그렇지만 소수의 불행은 어떡해야 하는가? 행복의 값을 셈한다면, 불행의 값은 어떻게 셈할 수 있는가? 가중치는 있는가, 없는가? 가중치가 있다면 몇 배나 곱해줘야 하는가? 만일 이러한 산술치를 거부한다면 우리는 어떤 기준으로 행복을 추구해야 하는가? 공리주의에 반대하는 칸트의 입장에서 정언명법을 취한다면 '폭력을 행하지 마라'도 '사람을 죽이지 마라', '거짓말을 하지 마라'처럼 조건절이 따라붙지 않을 수 있는가?

우리는 정의를 묻는다. 그러나 누구에게나 공정하기는 참으로 어렵다. 계급이나 지위에 따라 마땅한 것에 대한 의견이 많이 다르기 때문이다. 그래서 차이가 생긴다. 누구는 그 차이는 차별이 아니라 단지 다름이라고 생각하고, 누구는 그 차이가 다름이 아니라 옳지 않음이라고 생각한다. 10원을 벌었을 때 사장의 분법과 직원의 분법은 다르다. 관리자까지 개입하면 더욱 달라진다. 그렇지만 비슷한 조건에서 비슷한 노동을 했는데도 받은 돈이 다를 때, 사람들은 차별을 받았다고 생각한다. 차별은 불만을 낳고 불만은 언젠가는 폭발하여 조직의 안정성을 위해한다. 차별이 마침내는 우리 모두에게 불행을 가져다주는 것이다. 그렇다면 내가 생각하는 차이가 어떻게 남들에게 차별로 느껴지지 않을 수 있도록 할 수 있는가? 내가 느끼는 차별이 왜 남들에게는 차이로 받아들여지는가? 그 둘의 간극은 어떤 식으로 매워질 수 있는가? 차

이와 차별은 단지 나와 너의 차이일 뿐인가? 우스갯소리처럼 내가 하면 로맨스고, 남이 하면 스캔들이란 말인가? 모두에게 정당한 관계는 불가능한가?

왕따를 시키는 사람은 행복하고, 당하는 사람은 불행하다. 그러나 왕따를 시키는 사람은 스스로 정당하다고 생각하고, 당하는 사람은 정당하지 않다고 생각한다. 정당하기에 더욱 행복하고, 정당하지 않기에 더욱 불행하다. 왕따는 차별을 통해 행복과 불행의 값을 이렇게 극대화시킨다.

왕따의 익명성은 폭력을 가중시킨다. 따라서 숨겨진 주동자는 밝혀져야 하지만, 왕따는 그 자체로 은폐를 생명으로 하기 때문에 쉽게 드러나지 않는다. 익명의 왕따는 폭력을 더욱 은닉시킨다.

불행 앞에서, 차별 앞에서, 폭력 앞에서 철학은 늘 고민해왔다. 공자가 군자를 신분이 아닌 인격적 구별로 정의했듯이,[6] 노자는 빈부귀천과 같은 온갖 차별이 단순한 차이에 불과함을 증명했다.[7] 소크라테스는 독배를 마시며 철학의 종지를 보여주었고,[8] 에른스트 브로흐는 나치 앞에서 신을 버리면서까지 희망의 원리를 제시했다.[9]

철학은 행복과 평화를 추구한다. 그런데 그 방법은 행복과 평화에 머물지만은 않는다. 오히려 불행과 차별과 폭력을 드러내는 데 철학의 본령이 있다. 불행의 근원은 무엇인지, 차별의 기제는 무엇인지, 폭력의 구조가 무엇인가를 밝힘으로써 철학은 행복과 평화 속에 누리는 평등한 삶의 의미를 제시할 수 있는 것이다.

유태인 철학자 아렌트가 뒤늦게 벌어진 2차 대전 전범에 대한 재판을 철

---

6 『論語』, 「里人」: 君子懷德, 小人懷土/ 君子喩於義, 小人喩於利; 「陽貨」: 君子學道則愛人, 小人學道則易使也; 「雍也」: 子謂子夏曰, 女爲君子儒, 無爲小人儒.

7 『老子』, 제9장: 富貴而驕, 自遺其咎; 제33장: 知足者富; 제39장: 故貴以賤爲本, 高以下爲基; 제56장: 不可得而貴, 不可得而賤, 故爲天下貴.

8 플라톤 지음, 최명관 옮김, 『플라톤의 대화』(소크라테스의 변명), 종로서적, 서울, 1981.

9 에른스트 블로흐 지음, 박설호 옮김, 『희망의 원리』(전5권), 열린책들, 서울, 2004.

학적으로 승화시켰듯이,[10] 한국의 철학자는 왕따를 철학적으로 고민해야 할 때다. 우리 사회가 용인하고 있는 폭력의 배경에 대해서 숙고해야 하는 것이다. 학문으로 가장된 대학의 권력과 그 위계 아래 신음하고 있는 불쌍한 학생에 대해서, 반성 없는 어린 학생들에 의해 반복되는 폭력의 재생산에 대해서, 책 속에서는 평등을 가르치면서도 실제 교육환경 속에서는 차별을 훈련시키는 현실에 대해서, 우리는 생각하고 또 생각해야 한다.

나는 학술대회의 초대장에서 '왕따는 말해야 하지만 말하지 않는 사회적 병리현상'이라고 정의했다. 그리고 '우리 사회의 교육현실이 여러 방면의 폭력으로 얼룩져있다'고 진단했다. 분명히 왕따는 사회적 병으로 학교에서 횡횡하는 여러 폭력 가운데 하나다. 그런 점에서 왕따에 대한 철학적 성찰은 우리 사회의 폭력성을 극복하기 위한 첫걸음이다.

---

10 한나 아렌트 지음, 김선욱 옮김, 『예루살렘의 아이히만』, 한길사, 서울, 2006.

프랑스 정치학회, 2004.11.10.

3

한국교육의 공공성

1. 한국적 공리주의
2. 우리 교육의 공공성
3. 문제의 진단: 학벌사회
4. 공교육과 사교육
5. 국가와 대학교육
6. 제도의 필요성
7. 국가의 역할
8. 교육모순

1. 한국적 공리주의

'한국적 민주주의'처럼 '한국적 공리주의'가 있다. 그것은 한자의 오도誤導로부터 시작된다. 공리주의(Utilitarianism)는 공리성, 곧 효율성(utility)을 추구하자는 입장이다. 그 공리는 바로 유용성, 실효성, 유익성, 실리성을 뜻한다. 따라서 그것은 이익추구라는 점에서 '공리功利'로 번역되어야 한다. 그러나 우리나라의 공리주의는 '공리公利' 즉 '공공복리'(公共福利: public welfare)로 '복지福祉

라는 뜻으로 쓰이고 있다. 복지는 하늘이 내려주는 행복을 뜻한다. 그러나 공리功利는 복지의 개념과는 거리가 멀어도 한참 멀다.

공리주의의 가장 큰 이론적 난제는 '소수의 피해를 어떻게 해결하는가' 하는 것이다. 이를테면 공리주의의 원칙인 '최대 다수의 최대 행복'을 위해서라면 노예제라도 불사해야 한다. 최대 다수의 최대 행복의 값만 올릴 수 있다면 소수의 불행은 어쩔 수 없는 것이다.

아주 더운 날 열 사람이 시원한 아이스크림을 먹기 위해 모두 가게에 간다면 행복의 값은 떨어질 수밖에 없다. 가위바위보로 한 사람을 골라내서 그 사람만 가게에 다녀온다면 비록 그는 땡볕에서 힘들겠지만 아홉 사람의 행복의 값은 매우 올라간다. 이때 후자의 선택을 원리적으로 하는 것이 바로 공리주의이다. 만일 아이스크림의 값조차 그 한 사람이 낸다면 행복의 값은 껑충 뛸 것이다. 하다못해 우리 열 사람 가운데 한 사람을 노예로 삼아 나머지 아홉 사람이 즐겁고 기쁠 수만 있다면 공리주의의 원칙에는 맞는다.

흔히 벤담(J. Bentham: 1748-1832)하면 윤리학자로 자비심이 풍부할 것 같지만, 그는 최근의 공상과학영화에 나오는 원형감옥(panapticon, 1791; <압솔론 탈출>, <마이너리티 레포트>)의 창시자이다. 수인의 관리를 '공리적' 즉 '효율적'으로 하기 위한 건물을 설계한 사람이 바로 벤담인 것이다. 그런 점에서 벤담마이트들의 이상은 우리들이 생각하고 있는 복지와는 상당한 거리가 있을 수밖에 없다.

이런 공리주의의 이론적 난감함을 덜기 위해, 밀(J. S. Mill)은 양적인 공리주의와 질적인 공리주의를 나누었지만, 그렇다고 해서 공리주의자들이 행복의 값을 버리는 일은 없다. 그렇게 되면 그것은 이미 효율주의와는 거리가 멀어지게 되기 때문이다.

우리의 현실에서 공리주의의 원칙이 잘 지켜지는 부문은 아마도 경찰의 범인 검거작전이 아닐까 싶다. 한 사람의 도망범을 잡기 위해서라면 모두를 일단 용의선상에 놓아야 하기 때문이다. 인권이라든가 피해자 보호라든가 하는 것은 검문검색을 통한 범인 검거라는 효과를 위해서라면 뒷전에 놓일 수밖에 없기 때문이다. 그리고 사람들은 그런 불편을 감내한다. 왜냐하면 범인이 활개를 친다는 것은 자신들의 불행과 직결될 수 있다고 생각하기 때문이다.

그런데 이런 공리주의의 난점이 바로 우리 교육현장 속에서도 발생하고 있다. 교육현실의 모순의 총집합체이자 표상인 이른바 '왕따'가 바로 그것이다. 안타깝게도 집단 따돌림은 공리주의 원칙에 부합한다. 한 사람을 따돌림으로써 집단이 행복해지기 때문이다. 한 사람은 바보가 되어도 좋다. 집단이 행복하면 그만이다. 우리의 어린 학생들은 좋던 싫던 이렇게 어려서부터 잔인한 공리주의를 경험해야 하는 현실에서 살고 있다.

우리가 공리주의를 공공성으로 번역한 데는 아주 단순한 실수로부터 비롯된 것으로 보인다. 그것은 한국윤리학계의 태두가 그렇게 썼기 때문에 그렇게 자리매김 되었을 뿐, 무슨 분명한 이유가 있었던 것도 아니다. 그러나 그 단순한 실수가 한국에서 공리주의에 대한 오도를 일으키고 말았다. 작은 잘못이 엄청난 결과를 이끌게 된 셈이다. 다시 말해 한국사회는 공리주의에 대한 명료한 비판 없이 그것을 받아들였다. 공리주의가 복지의 이념을 담고 있다고 이해되는 한, 우리는 그것의 난점과 문제들을 드러내기 어렵다.

우리의 교육이 반드시 확보해야 할 공공성조차 공리주의와 서로 교합되면서 개념이 불명확해지고 있다. 공공성은 공리주의와는 다를 뿐만 아니라 대체로 대립되는 것이다. 공공성은 효율주의와는 거리가 멀고, 공리주의는 공공성이 아닌 이득 또는 이윤을 따진다. 공공성이 사회복지적인 개념을 근간으로 설정하고 있다면, 공리주의는 자본주의에서 선택된 가치론 가운데 하나이다. 공공성이 정치적이라면, 공리주의는 경제적이다. 따라서 공공성(public)은 '공화국'(共和國: republic)과 같은 선상에 있는 반면, 공리주의는 '자본주의'(capitalism: 우두머리나 밑천을 우선시 하는)와 같은 경제적 효율주의와 깊게 손을 잡고 있다.

우리가 말하고자 하는 것은 교육의 공공성이지 공리성이 아니다. 그럼에도 불구하고 우리는 공리주의에 대한 오도 덕분에 그것의 위험성을 깨닫지 못하고 있다. 게다가 공공성조차 공리주의의 원리로 이해하는 잘못을 부지불식간에 범하고 있다. 공공성은 대중, 인민, 공중, 민중, 전부, 일상의 뜻을 담고 있는 '더불어 삶'의 이상임을 잊어서는 안 된다. 공공성이란 '모두, 함께, 같이 하자'는 데 의미를 두고 있기 때문이다.

전 세계 어느 곳을 막론하고도 교육이 바로 이 공공성을 떠나본 적은 없다. 미국을 위시하여 유럽의 선진국의 교육은 기본적으로 공교육의 시스템이 절대 우위를 차지하고 있다. 사설 교육은 그것을 보충하는 것일 뿐 절대로 기본 또는 근간이 될 수는 없는 것이다. 그런데도 우리의 현실은 교육의 공공성을 포기하고 이것을 민간에 양도하여 시장경제의 논리에 학교를 방기하려는 듯 보인다. 우리의 문제가 여기에 있다.

2. 우리 교육의 공공성

전국 초, 중, 고, 대학 및 전문대학은 9,825개교인데, 그 가운데 사립학교는 1,940개로 전체 중 5분의 1이 사립형태로 유지되고 있다. 대학의 80%, 전문대학의 90%, 고등학교의 47%, 중학교의 29%, 초등학교의 1.4%가 사립학교이다.

우리 교육은 초등학교를 제외하고는 이처럼 사립학교에 대한 의존도가 높다. 특히 고등교육을 말하면 사교육의 천국이 되고 만다. 아무리 국립대학이 사립대학보다 양과 질적인 면에서 우위를 차지하고 있다고는 하지만, 대학의 개수로는 사립대학의 전체숫자에 전혀 미치지 못한다. 이는 무엇을 말하는가? 그것은 국가가 대한민국의 고등교육을 손 놓고 있다는 말과 진배없음을 뜻한다.

2003년도 OECD의 교육지표(Education at a Glance)를 보면, 한국의 GDP 대비 공교육비가 7.1%에 이르는데, 이는 미국의 7.0%, 영국의 5.3%, 일본의 4.6%보다 높아 세계 최고 수준을 기록한다. 이렇게 보면 우리의 공교육비 지출이 형편상 나은 듯 보인다. 그러나 그것은 허울뿐이다. 왜냐하면 사부담 공교육비가 다른 나라보다 두 세배가 높기 때문이다.

지금 우리가 말하고 있는 것은 공교육비 가운데 사부담을 말하는 것이지 사교육비 그 자체가 아니다. 만일 대략 7조에서 15조에 이르는 사교육비를 말한다면, 우리의 교육은 그야말로 사교육의 천국인 셈이다. 대학에서조차 영어학원 등 사교육에 투자하고 있는 우리의 현실을 감안한다면 우리는 국가가 교육을 포기한 듯 보일 수 있을 정도이다.

어쩌다 이 지경이 되었는가? 이는 아마도 대학설립에 따른 돈과 권력의 확대재생산이 가능했기 때문으로 보인다. 대학으로 장사하고 명예 쌓고 권력도 얻어내는 우리 한국의 대학 현실이 많은 사립대학을 양산해냈고, 그들의 존립근거를 위해서 국립대학의 역할을 사립대학과 동치 시키려고 관료들은 입안했다. 현재 '국립대에 관한 특별법'으로 명명된 이른바 국립대 법인화법 내지 민영화법은 이런 과정의 결정판이다. 그런데도 교육부는 국립대를 민영화시키는 것이 가장 좋은 방법인 것처럼 판단하고 있는 것이다.

과연 국립대의 역할이 그만큼 왜소한 것인가? 교육부 내부자료에 따르면, 4년제 일반대학의 현실적 지위를 알 수 있다. 학생 수는 국립이 242,960명으로 23%를, 사립이 850,474명으로 77%를 차지하며, 교수 수는 국립이 11,337명으로 27%를, 사립이 30,149명으로 73%를 차지한다. 산업대학은 약 절반가량을, 교육대학은 100%를 국립대학이 담당하고 있다. 이와 같은 사실은 비록 4분의 1선이기는 하지만, 고등교육에서 국립대학의 역할을 여실히 드러내고 있는 것이라 볼 수 있을 것이다.

사실상 사립대는 평균적으로 학교 수입의 3분의 2가 학생의 등록금이며, 전입 및 기부금은 20% 미만에 불과하다. 사립전문대는 이보다도 높아서 학생의 등록금이 80%에 육박한다. 국립전문대학이 대체로 20% 정도의 등록금을 세입으로 잡고있는 것과는 엄청난 차이가 있다. 이처럼 수입의 대부분을 학생과 그 부모의 호주머니에서 얻어내는 우리 사립대의 현실은 국가가 고등교육을 맡고 있는 OECD 여러 국가의 상황과는 몹시 다르다.

미국의 상황과 비교해도 같은 결론을 얻는다. 미국이 담당하고 있는 고등교육의 백분율은 사실상 놀랄 정도이다. 사립학교 위주의 대학교육인 듯 보이는 것은 단지 아이비리그 같은 수위의 대학이 사립대학이기 때문이지, 고등교육의 근간은 분명 주립대학과 같은 공립학교가 80%를 차지하고 있기 때문이다.

특히 캘리포니아주의 경우, 대학의 입학제도조차 고등학교 졸업자 가운데 일정 성적 이상이면 개방하는 체제를 취하고 있어 우리와는 다르다. 이른바 자동입학자격을 부여하는 것이다. 캘리포니아대학은 고등학교 성적을 기준으로 상위 12.5% 이상이면 된다(위스콘신 대학은 상위 50%에게 지원 자격을 준다).

이와 같이 미국도 책임지고 있는 교육의 공공성을 대한민국(Repubic of Korea)이 포기하려 하는 것은 문제가 아닐 수 없다. 위에서 보듯이 공립대 사립의 비율이 가장 높은 곳이 바로 대학이다. 그런 점에서 국가는 대학의 운영을 사립학교에 절대적으로 의존하고 있다. 여기에 우리 교육의 모순이 있다.

자본주의 국가에서 교육은 부지불식간에 기업의 논리에 종속되기 쉽다. 돈이 먼저이지, 교육자체가 우선 고려되지 않는다. 따라서 국가가 곧 기업이 아닌 한, 정부는 자본가의 목적과는 다른 태도를 지니게 된다. 정부와 자본이 전적으로 같다면 '반독점법' 같은 것은 위헌이 될 수밖에 없을 것이다. 그러나 자본주의의 중심부인 미국에서조차 독점을 금지하는 것은 기업의 역할과는 다른 국가의 기능이 있음을 명백하게 보여주는 것이다.

교육은 자본주의의 문제점을 드러내줌으로써 자본주의를 더욱 건강하게 만든다. 그런 점에서 학교는 기업과는 독립될 필요가 있다. 오늘날 '직업 없는 교육 없다'는 식의 발상은 정말로 교육의 본질과 위배된다. 직업 없는 전문학교는 없을 수 있지만, 직업 없는 대학은 반드시 있어야 한다. 수학, 물리학, 철학, 사학, 문학이 직접적으로 직업이 되기는 여간 힘든 일이 아니다. 그렇지만 그것 없는 학문은 있을 수 없다. 우리는 '바탕 없는 지붕 없다'는 것을 잘 알고 있다. 우리 학문의 기초성이 늘 문제가 되는 것이 바로 이것이다. 지붕만 만들다보면 대들보는 부러지고, 기둥은 휘어진다.

사립학교는 공립학교의 주변에 있는 교육기관이지 결코 중심부가 될 수 없다. 초등학교의 경우처럼 1.4%만이 사립일 때, 우리는 초등학교 사학을 문제삼지 않게 되는 것이다. 이때 귀족학교화하는 사립학교를 자본주의사회에서 옳다 그르다를 따지긴 어렵다. 그러나 학생 수와 교수 수의 비율에서조차 국립대학이 사립대학의 4분의 1 수준인 우리의 현실에서 국가가 대학에서 손을 떼겠다는 것은 어불성설이 되고 만다.

구미의 많은 국가들은 대학을 국가의 역할로 설정하고 있으며, 이의 영향으로 미국조차 공립(주립)대학을 자기 주의 학생을 우선적으로 우대하고 있다. 소속 주의 거주민이면 학비가 3분의 1밖에 되지 않는 것이 바로 그 예이다.

잊지 말자. 다시 말한다. 미국의 경우도 공립(주립)학교가 대학의 대다수를 차지한다. 우리와는 정반대의 비율인 것이다. 그런 점에서 우리가 교육의 경쟁력을 내세워 민영화의 기치를 올리는 것은 교육을 포기하겠다는 것과 다를 바 없다.

3. 문제의 진단: 학벌사회

왜 우리 교육이 문제인가? 그것은 사실상 매우 간단한 연결고리로부터 시작된다. 초등학교는 중학교에, 중학교는 고등학교에, 고등학교는 대학에 순차적으로 종속되어 있다. 고등학교 교육이 독립적이거나 자족적이지 않고 대학에 종속되어 있다. 공부는 대학을 가기 위한 것이 되어버렸다. 그러니 대학 밑의 모든 교육은 자체로 완성되지 못하고 부차적이다. 하다못해 초등교육까지도 대학을 위한 교육이 되어버렸다. 그렇다면 과연 대학은 완전한가? 아니다. 대학은 대학서열이라는 기제에 의해 철저하게 평가되는 바람에 대학의 본래적 목적을 상실하고 있다. 대학은 공부하는 곳이 아니라 학벌을 취득하는 곳이 되고 말았다. 대학에서 공부를 누가 잘 하는가가 중요하지 않고, 어느 대학에 입학했느냐가 중요하다. 입학으로 졸업은 보장되고, 실력이 아닌 문패로 사회에서 평가된다. 바로 이것이 학벌사회인 것이다.

그런 점에서 학벌 문제는 일종의 한국사회의 병리현상이다. 이러한 학벌기제는 대학입시를 절정으로 초중등학교 내내 어린 학생들에게 강요되고 있고, 그들의 주위에 있는 학부모는 자식을 볼모로 한 이 작업에 어쩔 수 없이 직·간접적으로 참여할 수밖에 없다. 이른바 일류대학에 입학한다는 것은 이 사회의 상부조직에로의 진입을 뜻하고, 선발 이후의 교육과정과는 별 상관없이 선발 그 자체로 지배자로서의 자격을 획득한다. 한 번 획득된 학벌은 사회생활뿐만 아니라 결혼에까지 막대한 영향을 미친다. 그런 점에서 학벌은 현대판 골품제도와도 비슷하다. 게다가 학벌문제는 국가의 존립까지 위협하는 심각한 사회현상을 야기하고 있다. 예를 들어보자.

청소년의 자살문제가 대부분 학벌과 관련되고 있음은 주지하는 사실로 다시 말할 필요조차 없다. 학벌을 획득하기 위해서라면 청소년의 권리는 훼손돼도 좋다는 이 사회의 암묵적 폭력이 그들을 죽음으로 몰아넣고 있는 것이다.

서울 강남 등 집값 상승의 주요원인 가운데 하나도 학군 등 입시와 직결되어 있다. 최근 들어서는 학원가가 잘 들어서 있다는 이유만으로도 강남불패江南不敗의 신화를 유지시켜 나가고 있다. 그렇다고 해서 강남의 주부들이 유한마담으로 살 수 있는 것도 아니다. 그들은 엄청난 학원비를 마련하기 위해 대형할인매장 등에서 시간제로 돈을 벌어야 한다.

지방대는 철저히 서열화된 대학의 구조 때문에 입사시험에서 배제된다. 지방대는 이른바 필터링을 통해 시험 볼 권리조차 빼앗기고 있다. 지방이 망하더라도 서울이 살면 우리가 선진국이 될 수는 없는 일임에도 이렇게 지방은 대학 문제와 직결되어 황폐화되어가고 있다. 서울로 한 번 올라간 지방출신의 학생은 거의 모두가 다시 지방을 위해 내려오려 들지 않아, 결과적으로 서울은 자꾸 비대해지고 지방은 더욱 공동화된다. 그것은 그들만을 위해서가 아니라 그들 자식의 교육을 위해서 다시 서울에서 머물고자 하는 것이다.

우리가 왜 아이 낳기를 주저하는가? 그것은 바로 살인적인 사교육비 때문이다. 평균적인 월급으로는 지탱할 수 없는 사교육비를 마련할 수 없기 때문에 아이조차 낳지 않는다. 일시적인 출산 장려금을 얻기 위하여 평생 지불해야 하는 사교육비를 감당하고자 하는 사람은 아무도 없다. 이런 출산율 저조 현상은 차세대 국가인력수급의 문제와 더불어 심각한 국가존립을 위협할 수도 있는 것이다.

그 밖에도 원정출산, 기러기아빠, 노년빈곤 등의 사회적 문제가 학벌과 무관하다고 자신 있게 말할 수 있는 사람이 과연 이 땅에 있을까? 모두 학벌 때문이다. 하다못해 노조의 임금투쟁만 하더라도 자식의 학원비 마련과 무관하다 할 수 있을까? 우리는 수출해서 유학 보내고, 춘투春鬪해서 학원 보낸다. 그러니 국가경쟁력이 확보될 리 없는 것이다. 학벌문제는 학교만의 문제가 아니라 사회의 문제이며, 더 나아가 세계 속에서 한국의 위상을 정립하는 절실한 문제이기도 한 것이다.

학벌은 대한민국 국민의 인권을 말살하고 있다. 학생은 학생대로 입시지옥에서 고통 받으며, 어머니는 어머니대로 자녀교육에 매달려 자신의 인생을 개척하지 못하며, 아버지는 아버지대로 학원비를 벌기 위해 온갖 잔업을 해야 하며, 교사는 입시문제를 풀기 위해 참다운 교육을 해볼 엄두조차 못 내며, 교수는 대학의 서열에 따라 학생과 더불어 평가되어 연구진작을 꿈꾸지도 못한다. 인생을 통하여 경쟁은 지속되어야 함에도 우리 사회는 단 한 번의 입시로 인생을 결정짓는다.

4. 공교육과 사교육

우리 나라의 사교육비는 세계 최고의 수준을 자랑한다. 10조를 오르락내리락 하는 우리의 사교육비는 국민생활을 척박하게 만드는 주범이다. 사교육비증가는 바로 학벌문제에서 비롯된다. 명문대 입시만을 위한 입시위주의 교육이 바로 엄청난 경제비용을 지출케 하는 것이다. 교육부에서도 밝혔듯이 '학벌주의는 교육의 부실화와 고용 및 소득분배구조 왜곡의 주원인'(2003.6.25.)인 것이다.

흔히 사교육비는 단순한 개인의 소득구조의 불균형이라 생각되기 쉽지만, 사실상 이 문제는 너무나 커서 국가의 존립질서조차 위협하는 공룡과도 같은 것이다. 임금투쟁의 목적이 사교육비 지출에 있고, 미래의 노동을 책임질 아이를 낳지 않으며, 막대한 교육비 지출로 노년빈곤이 야기되고, 따라서 이를 피하기 위해 원정출산을 감행한다. 그럼에도 이러한 문제를 개인 또는 가정의 문제로 축소시키는 것은 아주 고의적인 왜곡에 해당하는 것이다.

그런데도 교육부는 사교육을 공교육시장에 값싸게 개방하겠다는 주장만을 되풀이함으로써, 공교육을 사교육화하고 있다. 만일 정말로 교육을 사교육위주로 개편하게 되면 교육부는 그 존립근거조차 상실하게 됨에도 일정 부분의 통제를 유지하면서 개방이라는 이름으로 사교육시장과 적당히 타협하고 있는 듯 보인다.

대한민국은 사교육시장에서 재벌이 나오는 기이한 구조이다. '굴뚝 경제'가 아니라 '학습지 경제'인 셈이다. 그리고 그 재벌은 학교를 세울 뿐만 아니라 교육제도조차 그들의 입맛에 맞게 조정하고 있다. 이것은 마치 기업이 직업훈련학교를 만들어 자기들에게 필요한 인재를 길러내는 것과도 비슷하게, 재벌이 자기들에게 유리한 교육환경으로 확대재생산하고 있다. 사교육 재벌의 힘에 학교, 관료, 학생, 심지어 교수조차 자유롭지 못하다. 시험문제 하나가 막대한 돈이 되는 세상으로 변해가고 있는 것이다. 따라서 입시출제위원으로 어떤 교수가 들어가는 것조차 정보가 되며, 어떤 교수를 집어넣기 위해 권력이 동원되고, 그 결과 입시는 사교육시장의 각축장 내지 재판이 되고 만다.

놀라운 일이지만, 대형 재수학원의 1년 수입이 어림잡아도 왠만한 규모의 대학과도 맞먹는다. 한 학원의 경우 수업료만 계산해도 1년에 3백억 원의 수입을 올리는데, 이런 학원이 단일 학년으로 구성되고 있음을 감안해서 4년제 대학의 재정운영 규모의 1/4과 비교한다면, 서울소재의 작은 사립대학과도 어깨를 겨룰 수 있을 정도이다.

대학생 1인의 교육을 위해 지방에서 서울로 올라가는 돈도 5조 원에 다다른다. 학비, 집세 등을 포함하여 학생 1인이 졸업할 때까지 쓰는 돈을 계산하여 서울소재 지방학생의 수를 곱하면 그 정도의 액수가 나온다. 지방에서 돈 벌어 모두 서울에 가져다주는 셈이다. 지방 스스로 돈을 못 벌어 지방이 망하기도 하지만, 지방에서 번 돈이 모두 서울에 가니 그것도 망조인 셈이다.

현재 논란이 되고 있는 '고교등급제'란 바로 서울 위주의 학력사고를 냉혹하게 반영하고 있는 것이 아닐 수 없다. 특수목적고등학교나 자립형사립학교가 원래의 취지와는 다르게 입시학원화하면서 양산된 것도 다름 아닌 학벌사회의 결과물이다. 교육이 목적이 아니라, 학벌의 취득이 목표가 되었다. 엄격한 대학서열체제 속에 조금이라도 수위를 차지하기 위해 학생들은 싸우고 있지, 대학에 가서 성인으로서 학문을 연마하겠다는 생각은 애초부터 가지고 있지 않다.

이런 환경 속에서 획득된 서열은 학생들에게도 정당화의 빌미를 주고 있어, 그들 스스로도 더 이상의 경쟁은 회피되고 만다. 이를테면 대학 졸업정원제가 아무런 효과가 없었던 것은 개별대학의 욕심과도 결부되어있지만 무엇보다도 학생이나 학부모 등 일반인들이 그러한 논리를 쉽게 납득할 수 없었다는 데 있었다. '어렵게 들어온 대학인데 왜 또 어렵게 졸업해야 하는가'라고 반문하는 것이다. 엄청난 비용을 들여 들어온 대학이기 때문에 그에 따른 보상을 바라는 것이다. 이런 구조 속에서 공교육은 갈 곳을 잃는다.

따라서 공교육의 정상화와 사교육비 절감을 위해서는 학벌타파, 다시 말해 대학서열체제의 타파가 반드시 병행되어야 한다. '적당한 학생을 우수하게 길러내는 것'이 대학의 목적임에도 불구하고, '우수한 학생을 적당히 길러내는 것'이 오늘날 우리 대학의 현실이 되고 말았다. 그런 점에서 서열의 타파는 결코 공부하지 말자는 것이 아니라 '쉽게 들어온 대학이니 어렵게 졸업하라'는 강력한 요구인 것이다.

현재 사교육위주의 교육상황은 계층 간의 이동을 더욱 힘들게 만들고 있다. 2004년도 서울대 사회과학원의 발표에서처럼, 서울대 신입생의 부모는 점차 사회적 상류층으로 형성되고 있다. 결국 '돈 놓고 돈 먹는' 대학제도는 우리 사회에 심각한 문제를 야기할 수밖에 없다. 돈으로 시험답안을 사는 가장 천박한 자본주의의 양상이 우리 대학입시에서 벌어지고 있다.

5. 국가와 대학

국가가 대학교육을 책임져야 하는가? 이는 참으로 어려운 문제이다. 왜냐하면 의무교육이 아닌 한, 수혜자 부담의 원칙이라는 것이 있기 때문이다. 그러나 나는 대학도 국가가 책임져야 한다는 데 동의한다. 우리 사회에서 대학은 이미 특권화되고 있지 못하며 보통교육의 일환이 되어버렸다. 오히려 대학이 그가 맡은 역할을 제대로 하고 있지 못하다. 따라서 대학이 제자리를 찾는 시점까지라도 대학에 대한 국가의 책임은 막중하다.

너무나도 논란의 여지가 많은, 또한 용어 때문에 지나치게 많은 오해를 사고 있는 '평준화'가 대학에도 시행되어야 하는 까닭이 여기에 있다. 대학의 평준화란 다름 아닌 대학서열체제의 타파에 불과하다. 달리 말하면 '대학의 개방화'라고도 할 수 있다. 일정 수준의 고교 성적을 가진 학생들이 개방적으로 갈 수 있는 국립대학의 체제이다.

대학이 국가의 공공재(公共財; Public Goods)라는 생각은 여러 나라에서 보이고 있다. 공산주의 국가를 제외하더라도 프랑스와 독일을 위시하여 대만 등이 그러하며, 캐나다는 국사립의 명확한 구분 없이 일정부분은 학생들이 부담하고 일정부분은 국가가 보조하는 형식을 취하고 있다. 영국은 다른 유럽의 국가처럼 무상으로 대학을 운영해왔으나 디어링 보고서(Dearing Roport)에 따라 1998년부터 수익자부담의 원칙을 내세우고 있다. 그러나 학비는 우리 국립대학 등록금에도 미치지 않는 연 1,000파운드(200만원)에 불과하다. 이런 운영상의 기술적인 문제는 점차 토론이 되어야 한다.

심지어, 68혁명 당시 프랑스에서는 '학생은 공부하는 노동자'이기 때문에 국가가 혜택을 주지 않으면 안 된다는 그로노블 선언이 나오기도 했다. 우리 사회나 국제 사회에서 통용되는 학생 할인요금제도는 그와 같은 이념을 반영하는 좋은 예이다. 우리나라에서 점차 대학생 할인요금이 없어지는 것은 그만큼 대학생이 진정한 지식노동자가 아닌 단순히 신분상승을 꿈꾸는 기회주의자로 사회적으로 인식되고 있음을 반증하는 예이기도 하다.

이상적으로는 장차 대학을 졸업하느라 돈을 낸 사람이 그만큼 더 돈을 받는다는 생각은 사라져야 한다. 대학을 졸업한 사람은 대학을 졸업한 사람에게 맞는 일을 하면 될 뿐이다. 부와 권력 그리고 명예가 한꺼번에 모두 가질 수 있는 것이 되어서는 안 된다. 학벌로 이 셋을 모두 갖는 것은 다양한 가치가 공존하는 사회에서는 있을 수 있는 일이 아니다. 고교 졸업자나 전문대학 졸업자가 대학이나 대학원 졸업자보다도 일의 강도에 따라 더욱 많은 월급을 받을 수 있는 사회가 되어야 한다. 대학이 공공재가 되기 위해서 반드시 요구되는 전제인 것이다.

그렇다면 국립대에게만 특혜를 주는 것은 아닌가? 물론 특혜의 여지가 분명히 있다. 그러나 일단은 기존의 국립대가 사립대인 연고대와 경쟁할 수 있는 환경을 만들어주는 것이 시급하다. 연고대의 과점寡占 상태를 견제할 수 있는 대학들이 반드시 존재해야 한다. 이런 역할을 지방의 거점국립대학들에게 부과하는 것이다.

대학교육을 국가가 책임진다는 생각 속에는 국가의 균형발전을 위해서는 지방 국립대의 육성이 필수불가결하다는 전제가 숨어있다. 각 도의 제1국립대가 살아있지 않는 한 지방의 성장은 불가능하기 때문이다. 현재 지방의 학생들은 대학입시와 편입학제도를 통해 서울로 집중되고 있다. 2003년도 1학기만 해도 지방에서 서울로 편입한 학생이 3,088명에 이른다. 편입조차 철저히 서열화 되어있다. 서울은 커지고, 지방은 쇠퇴한다. 서울은 집이 없어 집값이 오르고, 농촌은 빈집 투성이다. 아무도 지방을 책임지려 하지 않는다. 이러한 상황에서 국립대에 대한 특혜, 이를테면 무상교육은 지방대학의 발전을 위해 절실하지 않을 수 없다.

이와 더불어 국립대는 국가발전을 위한 기초학문육성의 본거지로 자리매김 되어야 한다. 인문학과 자연과학을 하지 않으면 국가가 발전할 수 없음에도 사회적인 분위기는 기초학에 대한 괄시를 애써 눈감고 있다. 따라서 국립대는 철학, 문학, 수학, 물리학과 같이 돈이 되지 않지만 절대적으로 필요한 기초학 발전의 초석이 됨으로써 공익면에서 봉사해야 한다.

그렇다면 붕괴되는 지방 사립대학은 어떻게 할 것인가? 지방 군소 사립대에서 보면 국립대에 대한 특혜는 쉽게 받아들여질 수 있는 것이 아닐 것이다. 그러나 현실적으로 학생이 없는 와중에 서로 살겠다는 것은 같이 망하자는 말밖에 되지 않는다. 지방대의 80% 내외의 학생 확보율은 점차 악화될 것임이 뻔하기 때문이다. 예를 들어, 2003년 전국대학의 모집정원은 668,639명인데 입학생은 587,786명으로 12.8%의 미충원율을 보이고 있는데, 수도권을 제외한 209개 지방대의 미충원율은 18.6% 수준으로 적지 않은 차이를 보이고 있다. 특히 전북지역의 경우는 심각하여, 19개 대학의 입학생은 27,199명으로 모집정원의 29%까지 미충원율이 급상승하고 있다. 2003년 1학기 편입의 경우도 지방대학은 모집예정인원 22,100여 명의 71.5%인 15,800여 명만 모집된 반면, 수도권 소재 대학은 모집 예정인원 11,858명의 96.1%인 11,399명이 모집되었다.

학생은 들어오지 않는 것으로 결론이 쉽게 날 수도 있다. 그러면 대학에 남아있는 교수는 어떻게 하는가? 이런 문제는 국립대의 구조조정 문제와 더불어 공론화되어야 하고, 결국 사립대는 국립대 체제 속으로 흡수되어야 한다. 망한 사학의 교수를 국립대가 일정한 기준을 거쳐 선발하거나 브레인 풀 제도와 같이 국가가 선발하여 국립대에 배분하는 방도도 생각해볼 수 있다.

이를 위해 전제되어야 하는 것이 특정학과 비율에서 동일대학 출신이 일정 비율을 넘어서는 안 되어야 하는 제도이다. 현재는 '학생모집단위별로 동일대학 출신이 2/3를 넘어서는 안 된다'(교육공무원임용령 제4조의3 제1항 및 제2항의 규정에 의하여 특정대학의 학사학위소지자가 모집단위별 채용인원의 3분의 2를 초과할 수 없으며, 모집단위가 학부인 경우에는 전공단위별)고 규정하고 있지만, 더욱 강화될 필요가 있다. 만일 국가가 교수를 선발할지라도 심사위원의 출신대학이 골고루 안배되어야 하며 같은 대학출신이 1/5을 넘어서는 안 된다.

이런 제도가 잘만 운영되면 침체되어 있는 대학에 큰 활력소가 될 수 있을 것이다. 이는 좋은 교수의 확보를 위한 제도적 자극이 될 수도 있다. 중요한 것은 인건비 지출에 따른 국가예산의 확보이자 대학 내 교육시설의 확충인데, 이의 재원마련을 위해서는 법률에 따라 현재의 부실한 사학의 재정을 철저하고 엄격하게 국고로 환수시켜야 한다. 현재 큰 관심거리가 되고 있는, 이른바 '사학청산법'으로 불리는 '사립학교 청산에 관련된 특별법'(가칭)은 국고환수를 통해 교육재정을 확보하고자 하는 것이 아니라, 오히려 돈을 더 줄 테니 빨리 정리하자는 데 뜻이 있는 것 같아 위험스럽기 짝이 없다.

당연히 이런 와중에 부활하기 쉬운 지방 국립대의 패권주의는 경계되어야 할 것이다. 정교수 승진 이전 5년간의 의무순환제도 등과 같은 제도적 보완장치를 통해 또 다른 학벌주의는 방지되어야 한다. 지역사회에서의 패권주의는 비록 서울의 패권주의와는 규모면에서 큰 차이가 나더라도 같은 종류의 의식이기 때문에 지양되어야 한다. 그러나 한 지방 안에서의 대학끼리의 경쟁은 서울과 비교할 때 오히려 권장될만한 수준으로 양질의 것이기도 하다. 이를테면 경북대와 영남대, 또는 충북대와 청주대 등의 경쟁이 그것이다.

따라서 대학과 교수는 각 지방 국립대의 상황과 적절하게 그 지역출신의 학생을 뽑으려고 노력해야 한다. 예를 들어, 제주대가 관광통역자원을 마련하기 위한 학부(경상대학의 관광개발학과, 1994년 신설)와 대학원(통역대학원, 2000년 신설)을 두는 것과 같다. 아울러 미국의 주립대학이 그 주 출신의 학생이 지원할 때 등록금에서 차별을 두는 것과 같이 지역의 균형발전을 위해 지역출신에 대한 배려와 할당은 어쩔 수 없이 필요하다. 이를 위하여 지방세의 일정액을 지역의 국립대에 제공하는 것이 고려되어야 한다. 사학이 재단전입금이 거의 유명무실함에도 막대한 영향력을 끼치고 있는 우리의 현실을 고려해볼 때, 지방세의 작은 비율로도 지역 출신 학생들에게 특혜를 줄 수 있는 명분이 되기 때문이다.

5. 제도의 필요성

국가가 이러한 교육의 공공성을 확보하기 위해서는 새로운 법령의 제정이 요청된다. 법은 사교육시장, 대학의 서열화, 그리고 학벌주의가 자유경쟁을 저해하고 있음을 적시하여, 공정성 확보를 위해 독점이 금지되어야 한다는 정신을 담아야 한다. 알다시피 독점방지를 위한 법령은 민주국가에서 '진정한 자유'의 확보를 위해 폭넓게 시행되고 있다.

이를테면 미국에서도 최근 마이크로소프트사에 대해 독점방지법(Anti-trust Act)을 적용하여 규제한 것은 널리 잘 알려져 있으며, 차별철폐와 고용촉진을 위한 조치(Affirmative Action)는 인종, 종교, 피부색, 국적(1965) 그리고 여성(1967)에 대하여 정부와 관련된 기업들에게 오래 전부터 적용되고 있다. 여러 대학에서도 학과목에 있어 정치적 소수나 약자를 위하여 서양위주의 학과목이 아닌 전 세계의 문화 이해를 위한 보정(補正: Political Correctness)이 강조되고 있다. 또한 인도에서는 1950년 독립과 더불어 천민 출신의 제헌의원 암베드카르가 제창한 이래, 총인구 3%인 브라만이 장악하고 있는 공직을 강제적으로 천민과 장애인에게 보장(Reservation)해주고 있다. 각주마다 다르나, 국립대학 입학 및 교수채용을 비롯하여 정부공직의 일정비율을 하위 카스트(Scheduled Casts)와 카스트 밖의 불가촉 천민(Untouchables)에게 10%에서 17%, 일반적 장애인과 지체인에게 5%에서 10%를 할애해주고 있다.

우리의 학벌이 일종의 현대판 신분제도임을 감안한다면, 이와 같은 법안의 제정은 필수불가결하다. 우리가 말하는 '할당'과 '제한'이란 원칙적으로 '공정한 경쟁'을 추구하기 위한 것이다. 법령은 적극적인 면과 소극적인 면에서 두 방향으로 제정되어야 한다. 적극적으로는 지역인재를 할당하여 등용하는 것이며, 소극적으로는 공직자 채용과 임명 시 각 대학의 비율을 제한하는 것이다. 다만 이런 제도는 역차별의 요소를 담을 수 있으므로 한시성을 지닌다.

국가의 공직도 마찬가지이다. 공직을 특정 학벌이 독점했을 때는 다양한

국민의 여론을 대표할 수 없을 뿐만 아니라 공정하고 공평한 국가운영도 어려워진다. 실제로 한국의 거의 모든 공직은 서울대가 독점하고 있기 때문에 정책결정을 합리적으로 하지 못할 때가 많다. 하다못해 일부 부처의 경우 특정 단과대 출신의 인맥이 지배하고 있다. 한 예로 재경부는 서울대 상대나 법대, 교육부는 서울대 사대, 외교통상부는 서울대 외교학과 출신들이 높은 자리를 독차지하며 학벌패거리를 만들어 놨다. 만약 교육부가 합리적으로 이 나라 교육을 운영하는 곳이었다면, 학벌문제를 비롯한 공교육의 문제가 지금처럼 예각화되지 않았을지도 모른다.

따라서 적극적인 방법으로는 지역별 인재할당제가 실시되어 국가의 균형적 발전이 이루어져야 한다. 나라가 한쪽으로 지나치게 집중되어 발전되는 것은 장기적으로 좋을 리 없다. '대한민국'이 아닌, '서울 공화국', 나아가 '서울대 공화국'이 되어버린 우리의 현실을 타파하기 위해서 다양한 정책이 실시되어야 한다. 이를테면 비록 태어나지 못했지만 「국가인재의 지역 간 균등등용 촉진법안」(의원입안: 98.2.14.)같은 법률적 제도가 필요하다.

7. 국가의 역할

현재 대학의 교육과 연구는 파행적이다. 대학의 인문사회계열은 모두 고시공부에 매달려 있고, 자연이공계열은 한의대, 수의대를 포함하여 의약계열 편입에 매달려 있다. 러시아를 전공하는 학생이 수업시간에 행정법을 보고, 졸업을 얼마 남겨두지 않은 공대생이 한의학과를 가겠다고 수능시험을 보는 것이 우리의 현실이다.

서울의 사립대학원은 학교재정을 위해 무시험제도 마구잡이로 선발하고 있고, 지방대생은 '학벌세탁'을 위해서 서울의 큰 규모의 대학원으로 몰려든다. 그러니 지방대의 대학원에서 탈락한 사람이 서울의 명문대학원을 합격하는 일도 생기고, 지방대 대학원은 고사상태를 면하지 못하고 있다.

이러한 현상을 극복하기 위해 국가의 역할이 절실하다. 우선적으로 필요한 조치가 바로 실용학문의 대학원화이다. 실용학문의 선택을 대학 입학 때 하지 말고, 대학 4년을 보낸 후에 하자는 것이다. 이럴 때만이 인문자연계의 기초학문이 살아날 수 있다. 문학을 공부한 후 법학을 하고, 물리학을 공부하고 의학을 하자는 말이다. 사회학을 공부하고 변호사를 하고, 생물학을 공부하고 수의사를 하라는 말이다. 적어도 대학 4년 동안 충실하게 인문학과 자연학에 대한 기초를 닦고 난 다음 실용학문으로 나가야 한다.

따라서 대학의 학문체계가 전반적으로 개편되어야 한다. 전국 각 대학 내의 실용학문은 대학원으로 올라가야 한다. 현재에도 의대는 점차 학부정원을 줄이고 대학원 체제로 진행되고 있으며, 법대는 법조계의 반발에도 불구하고 법학대학원(law school)으로 탈바꿈하고 있다. 덧붙여 경영학과나 행정학과도 장기적으로 대학원 체제로 전환되어야 한다. 이를 통해서만이 대학교육이 정상화될 수 있다. 단순히 점수만 높은 학생들이 대학의 인기학과를 찾아가는 형국에서는 진정한 학문이 자라날 방도가 없다. 순수학문을 전공해본 학생들이 실용학문을 찾아가는 서순을 밟는 것이 학문과 국가의 발전에 유리하다. 이상적으로는 역사학을 해본 사람이 법관이 되고, 문학을 해본 사람이 의학을 하고, 기계공학을 한 사람이 경영학을 할 수 있어야 한다. 다행히도, 의대, 법대는 진행 중에 있으며, 서울대의 경우, 행정대학원만 있을 뿐 행정학과는 없기에 하나의 모범을 보여주고 있다.

그런데 이 가운데 가장 문제가 되는 것이 사범대학이다. 현실적으로 사범대학이 존속할 이유가 없는데도 계속 기득권을 유지하기 때문이다. 현재 중등학교 교원수급은 임용고사라는 제도를 통과하여야 하기 때문에 굳이 사범대학이 존재해야 할 이유는 없다. 교원대학의 경우도 마찬가지여서, 초등교원 양성을 제외하고는, 일반대학과 병립할 이유가 없는 것이다. 그럼에도 사범대학은 막강한 교육학 권력을 바탕으로 자신들의 입지를 흐트러뜨릴 어떤 조치도 거부하고 있다.

현재의 체재에서는 이를테면 국어국문학과와 국어교육과가 동시에 존재할 이유는 없다. 단지 국문과에서 교직과목을 이수하고 교원임용고사를 치르면 될 뿐이다. 때로는 특정교육학과 때문에 그와 동일한 다른 학과에서는 교직과목을 이수하지 못하는 웃지 못할 현상도 각 대학에서 벌어지고 있다. 이를테면 역사교육학과 때문에 사학과에서는 교직과목을 이수하지 못하는 것이다. 사범대학은 하루 속히 대학원 체제로 바뀌어야 하다.

8. 교육모순

우리 교육은 발췌학의 천국이다. 왜 이렇게 되었는가? 그것은 입시제도에 따른 교육내용의 파행 때문이다. 교육에서 입시는 부차적인 것임에도 불구하고, 입시가 교육을 능가 또는 능멸하고 말았다. 그리고 과정학이 내용학을 앞선다. 국어국문학보다는 국어교육학이 우선된다. 이런 체제로 초중등의 교육과정이 짜여있어 학생들은 배움이 무엇인지도 모르고 암기와 반복에 시간을 허비한다. 현실에서 문제를 주고 그것을 해결하라는 주문은 없고, 평가서 속의 문제와 정답만이 존재한다.

우리의 교육모순은 이런 데서 출발한다. 현실과 교육이 동떨어져 있는 것이다. 외국인의 이름을 많이 알거나, 한국 사람의 여러 다른 이름을 외우는 것이 교육이라고 생각한다. 학생들은 문제해결의 쾌감을 느낄 방도가 없다.

프랑스는 그런 점에서 교육의 공공성과 엘리트 교육을 잘 병행하고 있는 국가 가운데 하나이다. 대학이 평준화되어있다는 점에서 교육의 공공성이 담보되고 있으며, 그랑제꼴(Grands Ecoles)을 통해 철저하게 엘리트 교육을 시키고 있는 것이다. 혹자는 이런 프랑스를 빗대어 한국의 현행 명문대 위주의 엘리트 교육을 강조한다. 그러나 그건 가당찮은 주장이다. 왜냐하면 프랑스의 그랑제꼴은 평균 50명 내외이며 가장 크다 할 수 있는 국립행정학교의 전 학년을 합쳐도 200명을 상회할 뿐이기 때문에 우리와 같은 대규모의 학벌 양산체제와는 비교가 될 수 없다. 2005학년부터 서울대가 입학정원을 줄이긴 했어도 종전까지는 4,000명에 육박하고 있었다. 엘리트 교육은 이렇게 많을 수 없다.

게다가 이런 엘리트 교육을 위해 초중등교육 자체 내에 특별한 과정을 만들 필요는 전혀 없는 것이다. 그런 과정은 대학을 넘어 아예 대학원에서 담당하면 될 뿐이므로, 이른바 '영재교육'을 구실로 입시전쟁을 가속화시키는 일은 있어서는 안 된다.

교육기회의 평등성에 대한 대항논리는 대체로 경쟁력 강화라는 것이다. 그러나 우리는 학벌주의로 말미암아 경쟁의 기회를 지독하게도 박탈당하고 있다. 일생에 한 번의 시험으로 운명을 좌우 짓는 우리의 교육현실은 경쟁논리에도 결코 맞지 않는다. 게다가 학교란 숙명적으로 경쟁의 산실이다. 성적으로 대표되는 엄정한 경쟁사회가 이미 학교인데 여기에 다시금 경쟁의 논리를 거론하는 것은 학교의 원리에도 맞지 않는다.

최근 사립학교의 운영자들이 '개정된 사립학교법이 통과되면 학생을 뽑지 않겠다'(2004.10.19.)는 발언을 서슴지 않고 있다. 이런 발언은 사학의 본질을 스스로 드러내는 장면이었다. 교육을 버리고서라도 자신들의 기득권을 수호하겠다는 주장이었기 때문이다. 교육이라는 명분을 사학이 버리면 사학은 기업에 불과하다. 그 기업은 정부에 보조금을 받아 운영하는 반자본주의적, 반경쟁주의적, 반자유주의적 기업일 따름이다. 게다가 우리나라의 사학은 '학업하는 노동자'들에게 돈을 받아 관리자들이 먹고사는 이상한 체제일 뿐이다. 그것은 새로운 상품 즉 연구성과를 내놓음으로써 기업의 가치를 높이는 것이 아니라, 노동자들에게 직접 돈을 거두어 운영되는 이상한 회사이다.

그런 점에서 교육은, 과거 남미의 경우처럼 이데올로기 재생산과정으로서의 교육학(padagogy)으로 정의되지 않는 한 공공성이 절대적으로 확보되어야 한다. 우리가 교육세 제도를 받아들이는 까닭은 바로 국가가 교육을 담당해야 한다는 동의에서 비롯되고 있음을 정부는 기억해야 한다.

『자율과 책무의 대학개혁: 제2단계의 개혁』 출판기념토론회,
한국개발연구원·한국직업능력개발원·교육개혁포럼 주관, 의원회관 대회의실, 2004.9.23.

4

대학의 경쟁력

1. 대학의 중요성

대학은 중요하다. 특히 우리가 선진국의 문턱에서 한번 힘을 써서 넘어가야만 할 고지가 바로 대학이란 문제가 아닐 수 없다. 대학이 경쟁력을 갖추지 못하면 우리는 이대로 주저앉고만 말지도 모른다. 그래서 우리는 모두 대학을 말한다.

그런대로 편한 체계 속에서 가냘픈 기득권을 쥐고 만족하고 말 것인가? 그것이 썩은 동아줄인줄도 모르고 매달려 있을 것인가? 그것을 바라는 사람은 많지 않을 것이다. 그래서 이렇게 모여서 대학을 논하고, 교육의 미래를 제시한다.

먼저 우리가 반드시 물어야 할 것이 있다. 그것은 '우리의 교육이 진정한 교육이냐'는 가장 원초적인 질문이다. 나는 우리가 아직 교육다운 교육을 제대로 배워보지도 가르쳐보지도 못했다고 과감하게 설정하고 싶다. 이런 전제는 다시 말해 우리가 배웠고, 가르치고 있고, 가르쳐야만 할지도 모를 이른바 입시교육은 교육이 아니라는 판단에서 비롯한다. 암기식, 열거식, 반복식 위주의 교육으로 우리는 제대로 된 교육을 받지 못하고 있다. 국어 시간에 소설

을 읽는 일은 지도감독감이고, 과학 시간에 실험을 한다는 것은 언감생심 엄두도 못 내고 있다. 윤리 시간에 우리들의 윤리적 환경에 대해 고민하면 학부모의 질타를 각오해야만 하고, 생물 시간에 최첨단 생물이론을 가르치다보면 오히려 학교장의 경고를 감내해야 한다. 왜 이렇게 되었는가? 어쩌다 외우기와 찍기가 대한민국 교육의 핵심이 되었는가? 점수 한 점, 아니, 소수점 때문에 어린 학생이 법원에 청원을 내는 이런 일이 어쩌다 생겼는가? 그것은 바로 '대학 서열화'라는 기이한 한국식 제도에 있다.

대학의 서열화가 마치 학문의 서열화인 것처럼 오해되는 경우가 있는데, 이는 천부당만부당한 일이다. 만일 우리 대학이 학문의 서열화 체제라면 그것을 문제 삼는 것 자체가 이상한 일이지도 모른다. 그러나 우리의 대학은 수능성적으로 서열화되어있을 뿐, 정작 필요한 학문의 서열화는 되지 못하고 있다. 이를테면 교육부에서도 집중적으로 강조하는 특성화 사업이 결과적으로 대학의 서열을 깬 예는 쉽게 찾아보기 힘들다. 대학생이나 교수나 할 것 없이, 오직 수능점수로만 평가된다. 그런 점에서 대학의 서열화와 학문의 서열화는 전혀 다른 개념임을 강조하지 않을 수 없다. 이것이 혼동될 때 이른바 대학평준화의 논의에 대해 불필요한 왜곡이 벌어지게 되는 것이다. 이른바 학문별 순위를 매기자는 데, 반대하는 대학교수나 시민단체들의 논의가 있었던 적 있는가? 아닐 것이다.

많은 사람들이 대학 간의 공정한 경쟁에 대하여 결코 반대하지 않는다. 문제는 수능점수가 대학점수로 일률적이고 고정적으로 환산되는 이런 학문구조로는 대학의 경쟁력이 둔화되어 오히려 대학의 서열화가 고착화되는 데 있다. 결국 우리가 반대하는 것은 대학입학 이후 무경쟁적인, 수정이 극히 어려운, 그리고 그것이 곧 권력화되는 우리의 대학구조, 곧 학벌주의에 있지 않을 수 없다. 대학 간의 경쟁을 위하여 그 토대를 마련해야 한다. 이는 한마디로 말해 바로 학문과 권력의 분리이다. 이것이야말로 우리의 대학이 세계 속에서 살아남기 위해서 무엇보다도 먼저 실현되어야 할 절실한 과제가 아닐 수 없다.

2. 대학의 공공성

지방이 망하고도 우리가 선진국에 들어갈 수 있을까? 만일 그럴 수 있다면 우리의 논의의 방향은 완전히 달라질 수도 있다. 그러나 이런 주장에 동의할 사람은 많지 않다. '서울 하나만이라도 경쟁력 있는 도시로 키우자'는 주장에는 수많은 이야기들이 빠져있다. 과연 서울이 경쟁력 있는 도시냐는 질문에 대한 대답을 고의적으로 회피하고 있는 것이다. 이는 '서울대 하나만이라도 경쟁력 있는 대학으로 키우자'는 주장과도 궤적을 같이 한다. 똑같이 서울대가 세계적으로 경쟁력 있는 대학이냐는 질문에 많은 사람들이 부정적일 수밖에 없는 것과도 같다. 서울대가 국내에서의 최고의 자리에서 독점적인 지위를 갖고 있는 현실과 서울대가 국제무대에서 상위 순위에 끼지 못하는 사실은 우리에게 일정한 해답을 전해준다. 이러한 상황 때문에 서울대 폐지라는 처방이 등장하게 되는 것이다.

그런데 서울대 폐지론은 서울대를 완전히 없애자는 것인가? 결코 아니다. 서울대는 학부를 개방하고 대학원 중심체제로 운영되어, 세계 속의 대학으로 우뚝 서달라는 간곡한 부탁이다. 그럼에도 불구하고 학부를 놓지 못하는 까닭이 어디에 있는가? 그것은 바로 서울대학교 학부라는 권력의 승계제도와 밀접한 관련을 갖는다. 만일 학부가 없으면 대학원도 망한다는 논리가 학문의 세계에서 접수가 될 수 있다면 서울대 학부 개방화 이론은 그 근거를 잃을 수 있다. 그러나 그 논리는 긍정된 바 없다. 게다가 학부 개방이란 '누구든지 가서 들을 수 있으나, 졸업장은 없는 체제로 한시적으로 운영하자'는 것인데도 받아들이지 못하는 까닭은 과연 어디에 있단 말인가? 결국 서울대는 스스로 자신들이 국제경쟁력 있는 대학이 아닌 국내용 권력기관임을 자인하고 말 것인가?

여기에 우리 사회의 대학에 대한 오도도 한 몫을 한다. 특히 미국의 경우도 사립에 대한 공립의 비율이 75%에 해당된다. 1998년 1,450만 명에 이르는 미국 대학생 중 1,120만 명이 공립에 다녔다(발표문: 45쪽). 사립은 학교수에서만 많을 뿐이다(4년제 대학 중 공립 613개, 사립 1,730개). 그럼에도 불구하고 한국민들은 미국의 대학이 사립학교 중심이라고 생각한다. 이는 언론의 호도이자 한국의 학벌체제를 옹호하는 자들의 위장술과도 통한다. 특권계층이 아닌 일반 시민들이 주립대학을 다니는 것은 미국에서는 자연스러운 일이다.

게다가 독일과 프랑스 그리고 영국의 대학제도와는 비교도 되지 않을 정도로 우리는 사학 중심적이다. 독일과 프랑스는 일찍이 기회균등의 도구로서 대학을 개방입학제로 운용해왔으며, 그 결과 유럽학문의 중심으로 우뚝 설 수 있었다. 개방입학제는 오늘날 미국의 주립과 시립대학에서도 채택되고 있는 제도 가운데 하나이다. 독일과 프랑스는 아비투어와 바깔로레아 등과 같은 자격시험을 보는 대신, 미국은 학교성적을 위주로 선발한다는 점이다.

몇 가지 예를 들어보자. 영국의 경우, 1998년 이전까지는 다른 유럽국가처럼 수업료가 없었다. 그러나 2006년부터는 3,000파운드 범위까지 차등 부과한다고는 하지만, 졸업 후 일정소득이 되었을 때 세금으로 환급하는 제도로 입법되었다.[1]

미국은, 뉴욕시립대학(CUNY)의 경우, 1969년 뉴욕시의 고등학교를 졸업한 학생은 학급성적이 중간을 넘는 경우는 4년제 대학에 자동입학을 허가한 적도 있다. 결과적으로 1983년과 1992년 사이에, 860명의 졸업생이 박사과정에 진학하였고 이는 근처의 사립 콜롬비아대학의 기록을 상회하였다.[2] 뿐만 아니라 미국은 캘리포니아 주 전체를 통해 이러한 선발제도를 '적격자풀'(eligibility pool)을 통해 기본적으로 유지하고 있다. 이를테면 캘리포니아대학(University of Califorina: UC: 9개 캠퍼스)은 상위 12.5%, 캘리포니아 주립대학(California State University: CSU: 23개 캠퍼스)은 상위 33.3%의 학생을 뽑고 있다. 결

1 강영혜, 「영국의 대학과 학문체제」, 『주요국의 대학 체제와 한국 대학의 개혁 방안』, 2004.8.10. 국회헌정기념관 토론집, 55-56쪽.

2 김영석, 「미국의 대입제도-공립대학의 차별적 평준화 정책을 중심으로」, 『주요국의 대학 체제와 한국 대학의 개혁 방안』, 2004.8.10. 국회헌정기념관 토론집, 36-37쪽.

과적으로 이는 '차별적 평준화 정책'으로도 불릴 수 있는 것이다.[3]

우리가 자랑하는 OECD 평균(1998년 1.06)에도 대학교육의 공부담율(0.44)이 절반에도 이르지 못한다(발표문 24쪽). 사교육은 말할 것도 없다. 그런 점에서 우리는 대학의 공공성을 포기해나가고 있는 듯 보인다.

3. 대학 간 경쟁의 토대

현재의 대학 서열화는 수능이라는 참으로 편한 선발제도에 기대어 공고히 되고 있다. 시험의 '난이도'라는 허황된 명분으로 학생들을 줄 세우고, 그것도 가정환경에 의존하여 진학률과 소득수준의 상관관계를 점차 높여나가는 방식으로 정착되고 있기 때문이다. 여기에 창의성, 정의감, 지도력은 개입될 여지가 없다. 사교육비가 곧 대학진학이 관건이 되는 나라가 바로 우리 대한민국이 되고 말았다.

우리가 바라는 것은 대학 간 진정한 경쟁의 토대를 마련해보자는 것이다. 국립대학이 부분이 아닌 전체로서 통합 선발되고 졸업장이 단일화된다면, 우선 대학끼리의 경쟁이 가능해질 테고, 이어 싼 국립대학은 서울의 비싼 사립대학과 경쟁을 벌이게 될 것이다. 게다가 점차 국립대학을 무상화해 나간다면 경쟁의 토대는 더욱 견고해질 수 있을 것이다.

3 김영석, 같은 글, 43쪽.

국회토론회, 의원회관, 2004.8.5.

5

학문과 권력의 분리론

정진상, 「서울대 폐지론의 실제: 국립 통합네트워크 구축」

1. 왜 서울대가 문제인가?

'서울대 폐지론'은 실제상 '서울대 학부 개방화안'이다. 그런 점에서 서울대의 기득권이 대학원을 중심으로 지속될 것이라는 우려도 만만치 않다. 거꾸로 그렇게 서울대의 독점적 우선권을 대학원 체제 속에서 유지하라는 데에도 불구하고, 서울대를 비롯한 이른바 학벌 세력은 왜 이를 반대할까?

그것은 바로 서울대가 학문의 중심이 아니라 권력의 중심임을 반증하는 것이 아닐 수 없다. 오늘날 서울대는 학문기구가 아니라 권력기관으로 변모해 버렸음을 증명한다. 물론 여기에는 '학부생이 있어야 대학원도 발전한다'는 주장에 대한 반론이 충실히 있어야 한다. 그러나 단적으로 말해 학문의 동종교배가 학문의 세계에서 좋을 리 없다. 다양한 주장과 의견의 자체적 발전과정을 통해 훌륭한 학문은 자리 잡는 것이다. 미국의 경우, 비록 아이비리그라고 불리는 대학들이 있어도 대학원을 옮겨 다니는 것이 일반적인 경향이다. 교수나 학생이나 서로 새로워져야 학문이 발전한다.

게다가 서울대 학부가 없으면 연고대가 득세할 것이라는 우려도 사실상 기우에 가깝다. 왜냐하면 연고대는 서울대라는 학벌체제에 기생해서 기차其次 또는 차차次次의 권력을 누리고 있는 집단이기 때문이다. 서울대에 못간 학생이 연고대에 차례로 진학하던 확고부동의 서열체제가 바뀌면, 서울대에 가려했던 학생은 그만큼 선택의 폭이 넓어지게 된다. 여기서 말하는 '국립대 통합체제'로 진학하던지, 아니면 권력의 역사적 배경 없이도 오늘날 나름의 자리를 잡은 다른 사립대로 진학할 여지가 많아진다. 학벌 때문에 대학을 가는 것이 아니라 학문 때문에 대학을 가게 된다는 것이다.

여기서 문제는 현실적으로도 떠오르고 있는 의대 등의 인기 있는 응용학문인데, 이는 바로 응용학문의 대학원 체제화로 대학의 정상화를 꾀할 수 있을 것으로 보인다. 의대, 법대, 행정대 그리고 사범대를 대학원 체제로 변화시키고 그것의 선발을 학부성적을 중심으로 실시해나간다면 적어도 수능 한 번으로 끝나는 경쟁체제가 다회多回성을 가질 수 있을 것이다.

서울대가 문제가 아니다. 서울대의 권력이 문제다. 서울대가 고유의 학문을 고집할 때, 서울대는 서울대로서의 위상을 찾을 수 있다. 학문과 권력이 오늘날처럼 뒤섞여있는 우리의 교육체제로는 우리가 선진국의 대열에 낀다는 것은 요원할 수밖에 없다.

단적인 예로, 어느 방면의 최고의 권위자가 서울대가 아닌 다른 곳에 있다고 해서 서울대 학생이 그곳에서 대학원을 다니는가? 결코 아니지 않는가? 3류 대학에 있던 무명의 교수라도 1류 대학으로 옮기면 갑자기 힘이 세지는 것이 우리의 대학 현실 아닌가? 그러니 연구보다는 대학의 이름 또는 서열에 매달리는 것이 우리의 대학생이고 교수이고 학문의 현주소이다. 다시 말해 학문보다는 권력에 대한 추구가 대학가에서 벌어지고 있는 것이다. 그리고 그 권력의 획득을 1회의 수능시험으로 마련해주고 있는 것이 대한민국이다. 따라서 수능은 중등교육의 완성도를 측정하는 것도, 미래 학업의 성취가능성을 예측하는 것도 아니다. 그것은 단지 난이도라는 해괴한 지표로 서열을 확정짓는 일종의 장치일 뿐이다. 그 장치는 사람을 판단하지 않고 점수만을 부과하며, 그 점수는 일생을 거쳐 하나의 신분으로 한국사회에서 낙인된다.

그렇기 때문에 서울대가 문제인 것이다. 서울대 교수가 문제라는 것도 아니고, 서울대 학생이 문제라는 것도 아니고, 서울대의 권력이 문제라는 것이다. 학문을 가장한 그 권력은 진정한 학문조차 말살시키고 있어 우리나라의 앞날을 족쇄처럼 가로막고 있다. 서울대가 이러한 서울대 폐지론에서 자유로우려면, 오로지 단 하나, 학문과 권력을 분리하는 길밖에는 없다.

2. 노동시장의 왜곡

나는 정진상 교수의 안과 관련해서 여러 차례에 걸쳐 논의를 벌인 바 있다.[1] 게다가 <학벌없는사회>는 전국순회토론회를 통해, 전국적인 지지를 지속적으로 호소하고 있다.[2] 그런데 그 가운데에서 내가 가장 기대를 걸었던 곳은 다름 아닌 울산이었다. 왜냐하면 우리가 말하는 학벌의 문제가 곧 노동의 문제와 직결되어 있기 때문이다.

나는 '춘투春鬪해서 학원 보낸다'는 말을 곧잘 쓴다. 구조적 모순에 민감한 사람은 쉽게 알아차리겠지만, 노동자들이 임투를 벌이고 잔업을 하는 가장 큰 이유가 바로 가계의 20-30% 비중을 차지하는 사교육비 때문이라는 것을 쉽게 부인할 사람은 없기 때문이다. 좀 더 국가적으로 말한다면, 2002년도 해외유학생경비는 50억 불로 당해 무역흑자액의 절반규모에 달한다. 우리는 학벌은 있어도 학문이 없기 때문에 이른바 일류대의 실력으로 국제적 경쟁력을 갖추지 못하고 있기 때문에 유학을 떠나는 것이다. 아니면 학벌 경쟁이 싫어 아예 외국으로 보낸다. 그러고도 모자라 서울대조차 해외유학박사가 아니면 발붙이기 어렵다. 그런 점에서 노동시장의 건강성은 바로 교육제도의 개편과 더불어 보전될 수밖에 없다. 궁극적으로는 학벌 또는 학력에 따른 임금격차가 줄어야 하겠지만, 학벌주의의 극복은 국가적 또는 사회적으로 당장 불필요한 경제구조를 개편하는 데 크게 일조를 할 것이기 때문이다.

---

1 진주토론(2003.11.19.), 익산토론(2004.1.7.), 민노총토론(2004.2.28.) 등 토론문 참조.

2 대구, 부산, 광주, 전주, 울산 등.

흔히 서울대 폐지운동을 한다면 우리의 적이 서울대라고 생각하는 단순논법이 횡행할 수도 있지만 그건 아니다. 서울대 폐지를 주장할 때 가장 공격적으로 나오는 집단은 바로 사교육시장, 다시 말해 학원재벌들이다. 그들이야말로 학벌주의에 기생해서 노동시장을 왜곡시키고 있다. 어처구니없게도 그들 학원재벌은 우리나라 교육정책에 적지 않은 영향력을 행사하고 있고, 상술을 통해 그들의 교육이야말로 엉터리 같은 공교육이 아니라 질 높은 사교육이라는 주장을 유포시킨다. 결국 수능을 정점으로 한 주입식, 암기식 교육을 너무도 잘 이용하고 있는 기업이 바로 사교육시장의 여러 학원, 학습지, 전과, 문제은행 업체들인 것이다. 결국 입시 문제는 돈으로 환산되고, 그 문제를 얻기 위해 수요자들은 엄청난 돈을 지불하도록 강요받고 있으며, 간혹 획득된 학벌은 또다시 사회 속에서 돈으로 환산되고 있다.

결국 서울대 학부개방의 주장은 우리 교육의 제자리 찾기와도 직결되어 있다. 단답형 교육이 아닌 서술형 교육, 찍기 교육이 아닌 찾기 교육, 무사고(思考) 교육이 아닌 창조형 교육, 입시 교육이 아닌 전인全人 교육으로의 전환이다. 노동이라는 것이 무엇인지, 사회의 구조적 모순이 무엇인지, 정치와 경제의 관계는 어떠한 것인지, 지역의 발전을 어떻게 이루어낼 것인지를 스스로 묻고 따지고 대답해보는 교육이 되어야 한다는 것이다. 그런 점에서는 나는 우리가 한 번도 제대로 된 공부를 해보지 않았다고 단언한다. 우리의 학벌체제 속에서는 그런 문제 찾기 식 공부는 죄악시될 수밖에 없었다. '왕따'가 왜 벌어지는지 그 문제의 해결을 위해 노력해보는 것이 교육임에도 불구하고, 오히려 우리의 교육은 입시라는 점수위주의 평가에서 좋은 지위를 얻기 위해서 여러 방면에서의 왕따를 지속적으로 생산해내고 있다. 우리의 현실이 교육의 재료이어야 함에도 철 지난 외국의 현실만이 발췌되어 '누구는 이렇게 말했다'라고 교육되면서, 우리 노동시장의 진정한 부자유와 불평등이 철저히 은폐되고 있다.

3. 토론

1) '서울대 폐지'라는 구호보다는 '서울대 학부개방'이라는 정확한 표현이 현실적으로 호응을 얻기 쉬울 수도 있지 않을까?

2) 정운찬 총장의 서울대 학부 축소는 이러한 서울대 논의에 대한 수세적 반응이었다. 흔히 말하는 프랑스의 엘리트 교육은 한 학년에 50명 내외에 불과함에도, 4,000명으로 수재를 만들겠다는 것이 어불성설이었다. 미국의 아이비리그 대학도 1,000명에서 1,500명 선에 그친다.

3) 사교육비 절감을 위한 이러한 투쟁이 노동운동과 직결되어야 한다. 춘투, 하투 해서 학원 보내면 무엇 하는가? 울산을 기대한다.

4) EBS 방송과외는 항생제가 듣지 않자 항생제 치수를 자꾸 높이는 꼴이다. 이런 교육자체가 문제라는데 줄곧 학벌체제를 유지하려든다.

5) 대구의 영재교육의 예에서처럼, 영재는 아예 대학의 대학원 정도에서 기르면 된다. 굳이 초, 중등에서 천재를 기를 필요가 없다. 아니더라도, 우리의 중등교육은 현재로서는 천재라도 입시기계로 만들뿐이다.

6) 대학이 노는 것은 그만큼 단 한 번의 경쟁으로 모든 것이 결정되기 때문이다. 우리 대학은 외국 대학처럼 공부하지 않는다.

7) 기업은 몰려드는 인재를 선발하는 과정에서 경제성을 위해서 대학별 점수를 매긴다고 한다. 결국 수능점수로 인재를 선발하겠다는 것인데, 이렇게 잘못 뽑은 인재가 기업에 미칠 악영향이야말로 경제성이 없는 행위이다.

8) 교육부 NURI 사업의 핵심 요점은 돈 줄 테니 학생을 줄이라는 것이다. 그러면 다른 데로 학생이 갈 테니 현재의 대학붕괴를 조금은 늦출 수 있다는 생각인 것 같다. 그야말로 땜질 식 처방으로 보인다. 여기 줄여, 저기 늘려준다는 지방대학정책 아닌가?

9) 행정수도 이전보다 더욱 효과 있는 국립대 통합방안임에 동의한다. 프랑스 고등행정학교도 여러 반대에도 불구하고 파리에서 국경지방인 스트라부르로 옮겼다.

10) 그러나, 서울대의 지역균형선발제는 반대되어야 한다. 겉으로 보기에는 지방학생들에게 문호를 여는 것 같지만 실제적으로는 지역 격차에 따른 불만을 해소하면서 인재를 싹쓸이하겠다는 것이기 때문이다. 내용적으로도 공대는 많이 뽑고, 음미대는 아예 없다. 시골 학생은 공대로 끌어들이고, 예능교육 할 돈 있는 서울 학생만 음미대에서 뽑겠다는 것이다. 이는 여태껏 서울대 입시제도가 가진 자를 위한 것이었음을 반증하는 것이기도 하다(학벌없는사회 2003.7.31일자 성명서 참조. 작성자: 정세근).

숙대신보 연재, 1077~9호, 2004.5.

6

대학생과 교육

1. 학벌과 실력

명문대란 무엇인가? 학문을 잘 하는 곳이라고 흔히들 말한다. 정말 그런가? 연고대는 말할 것도 없고 서울대만 하더라도 세계의 100대 대학에 꼽히지 못한다. 서울대를 나와도 유학을 가지 않으면 학자 취급도 못 받는 게 학계의 현실이다. 결국 우리는 우리의 학문을 의심하고 있으며 자신감조차 갖지 못한다.

이른바 명문대 의식이라는 것은 자부심의 경지에는 끼지도 못할 단순한 자만심, 나아가 허영심에 불과함을 우리는 세계 속의 대학생으로서 깨닫지 않으면 안 된다. 한국에서나 패권을 잡고 휘두르는 이른바 '골목 깡패' 식의 사고수준이 바로 명문대 선호인 것이다.

명문대라는 허위의식은 사회 곳곳에 팽배해서 단지 그곳을 나왔다는 이유만으로 선발되고 대접받는다. 게다가 그것의 동류의식은 너무도 강해서 거의 조직폭력에 가까울 정도이다.

이런 식의 이야기가 과격한 것일까? 더 심각히 이야기해보자. 학벌은 현대판 카스트제도에 가깝다. 학벌이 신분제도라는 것이 가장 민감하게 드러나는 상황은 바로 결혼에 있다. 1류는 1류끼리 결혼하고, 1류와 3류는 쉽게 섞이지 못한다. 젊은이들의 의식 속에서도 마찬가지여서 그것이 뒤섞이는 상황은 인물이 워낙 빼어나다든지 아니면 돈이 매우 많다든지 하는 경우를 제외하고는 극히 드물다. 내가 만난 인도의 델리대 교수처럼 수드라와는 동료로서는 인정해도 결혼만큼은 안 된다.

취업에서도 마찬가지여서 학벌이 나쁜 사람들은 면접도 가지 못하고 필터링 되고 만다. 얼마 전 신문에 공개된 대학의 점수는 우리 사회의 현실을 바로 보여주고 있다. 국가인권위에서조차 나서서 '입사지원서의 차별적 항목 개선을 위한 토론회'를 벌이고 그 자리에서 극비문서처럼 공개되는 것이 학교점수이다.

모 대기업의 경우, 충북대학교와 숙명여자대학교 등은 70점으로 30% 배점기준에서 큰 점수를 까먹고 들어가야 한다. 게다가 기타고려사항의 첫 번째로 '야간대, 어학점수미비자(토익, 토플 점수 없는 자), 여성 제외'라는 조건까지 붙으면, 여성의 취업은 거의 불가능해지고 만다. 이화여대는 80점이다.

그럼에도 학생들은 이런 현실을 정말 착하게 받아들인다. 마치 모두가 자기의 잘못인 양, 아니, 과거의 업인 양 받아들인다.

편입학의 열풍도 마찬가지여서, 공부를 해서 실력을 쌓으려는 것이 아니라 대학을 옮겨서 인정받으려고 한다. 뭔가 뒤바뀌어있다. 실력은 뒷전이고 이름이 먼저다. 이런 풍토 때문에 우리는 선진국의 문턱에서 무릎 꿇고 있다.

2. 사교육과 대학

대한민국의 사교육 시장은 정말 대단하다. 공교육은 사교육의 시종 노릇을 하는 듯 보이기도 한다. 공교육은 단지 제도상의 자격을 얻는 곳이고, 사교육은 실질적인 학습을 하는 곳이라는 괴이한 의식이 판을 치고 있다. 중등교육 이래로, 학원은 공부하는 곳이고 학교는 자는 곳으로 변질되고 말았다.

이런 분위기 속에서 교수와 학생 사이에는 암묵적인 합의가 있는 듯하다.

교수가 '학사라는 학위를 줄 테니 너희들은 조용하게 세월을 보내다 나가라'고 말하고 있다면, 학생은 '나는 학위만 받으면 되니 제발 나를 간섭하지 마세요'라고 말하고 있다. 학위를 주지 않는 교수도 나쁜 사람이고, 교수를 귀찮게 하는 학생도 나쁜 사람이다. 이런 기묘한 상황은 사실상 '이름'과 '돈'의 계약관계를 바탕으로 성립된다. 대학졸업장이라는 이름과 등록금이라는 돈의 만남이다.

문제는 이런 거래를 사회가 조장하고 있다는 데 있다. 사회는 실력보다는 대학의 이름을 더 원하며, 능력보다는 앞으로 그 이름을 잘 팔아 돈을 버는 것을 가치 있게 평가해준다. 우리가 병원에 가면, '어떤 의사가 어떻게 무엇을 잘 한대'라는 판단보다는 '그 의사, 어디 나왔대'라고 말하길 좋아하며, 의사조차 이런저런 학벌을 내세우려고 온갖 애를 다 쓴다.

전문가의 입장에서 보면 일반병원에 나열된 의사들의 상장은 대부분 아무 것도 아니다. 잠깐 외국에 며칠 연수 다녀온 것을 돈을 들여 멋있는 패와 증서로 만들었을 뿐이다. 돈벌기를 포기하고 대학병원에 있는 의사들은 정말 대단할지라도 그런 상패와 증명은 굳이 환자들이 보는데 걸어놓지 않는다. 그럴 이유가 없기 때문이다.

결국 대학에서도 판을 치는 사교육은 두 가지 상반된 현상을 반영한다. 첫째, 대학이 대학의 역할을 하지 않는다는 것, 둘째, 학생도 학생의 역할을 하려고 하지 않는다는 것이다. 사실상 대학이 기업이 바라는 인재만을 기르라는 것은 무리이다. 대학은 기초가 충실한 인재를 기르는 곳이고, 기업은 그것을 바탕으로 그의 창의력을 드러내면 된다.

급변하는 세계 속에서 기업이 바라는 인재만을 생산한다는 것은 한편으로는 경쟁에서 뒤지는 것을 의미한다. 기초학문이 되지 않고는 어떤 발전도 사상누각일 뿐이다. 맞춤형 인재는 틀이 바뀌면 쓸모가 없어지지만, 창조형 인재는 오히려 새로운 틀을 만들 수 있기 때문이다. 소재素材 산업의 발달 없는 국가 산업의 발달 없듯이, 기초학문의 발전 없이 응용학문의 발전도 없다.

O.E.C.D. 국가 평균에 비해 우리나라 개인의 공교육 부담율(사교육이 아니

다)은 초중등이 2배, 대학이 4배나 많다. 모든 교육에 개인 돈을 들여야 한다는 논리가 대학에까지 이어져서 모두 학원에 의지한다. 대학이 자신을 평가하는 것이 아니라 대형입시학원이 대학을 평가하듯이, 대학조차 학원에 굴종되고 있다.

3. 학점과 학문

언젠가 신입생을 놓고 한마디 해달라고 하길래, '무엇보다도 학점에 신경쓰지 않는 대학생이 되길 바란다'고 말한 적이 있었다. 자칫 잘못하면 오해의 여지가 많지만, 나의 본뜻은, 학점에 연연하지 말고 정말로 공부하고 싶은 것을 하라는 것이었다.

분명한 것은 우리의 입시제도가 너무도 해괴해서 단순한 암기식, 단답식이 마치 학문하는 것으로 여겨지고 있다는 점이다. 이런 습관이 대학에까지도 전염되어, 교수나 학생이나 할 것 없이 '누구는 이렇게 말했다'를 뇌까리는데 세월을 다 보낸다. '내가 이렇게 생각한다'에 까지 이르는 것은 마치 금기처럼 여겨져서 불경죄의 느낌을 갖는다.

학문이 무엇인가? 대학에서 젊은이들이 얻어야 할 것이 무엇인가? 주체로서의 '내'가 객체로서의 '세계'를 어떻게 바라볼 것인가를 정리하는 곳 아닌가? 그런데 우리 대학에는 '세계화'는 있는데 '주체화'가 없다. 철학도 독일이나 중국이 문제이지 한국의 현재나 미래가 문제가 아니며, 사회학조차 우리 사회가 대상이 아니라 미국이 대상이다. 칸트와 공자는 알아도 원효나 퇴율은 모른다. 아도르노와 하버마스는 알아도 함석헌과 유영모는 모른다. 우리의 언어가 학문이 될 수 있음을 부정하는 듯 보인다.

인도의 뭄바이(봄베이)에는 천민들의 집단거주지가 있다. 빨래꾼들의 동네라는 뜻에서 도비가트라고 불리는 곳인데, 나는 이곳을 출입하면서 이곳만큼 사회학적으로 연구하기 좋은 데가 없다는 생각을 하지 않을 수 없었다. 그러나 며칠째 되던 날, 이렇게 고립된 채로 한국사회의 한 단면을 보여주고 있는 '청량리 588'이나 '천호동 텍사스'를 연구하지 못하면서도 무슨 외국까지도냐는 생각에 스스로 부끄럼을 느낀 적이 있다.

학문은 우리 주위의 일을 '이때 여기'에서 하는 것이다. 현재 학생들이 하고 있는 학문은 아직도 '식민지학'을 벗어나지 못하는 경우가 많다. 이론이 현실에 적용되지 못하고 하늘에서만 맴돌고 있는 것이다.

주위를 둘러 보라. 모두가 문제다. 그 문제를 파고 들어갈 때 진정한 지성인의 칭호를 받게 되는 것이다. 자유, 평화, 통일, 분배, 도농都農, 빈민, 신자유주의, 환경, 개혁, 지구화 그리고 학벌까지 우리 모두가 질문을 던지고 대답을 마련해볼 수 있는 것들이다. 그러나 대학은 애써 그러한 지식인의 칭호를 피하려 드는 듯하다.

'자생성自生性' 있는 학문 이상으로 중요한 것이 없다. 내 문제를 내 언어로 풀어내는 것만큼 중요한 것은 없다. 엘리트란 그런 사유의 선봉에 서있는 자를 가리키는 것이지, 수능성적 최상위자를 가리키는 것이 아니다. 수능꾼과 지식인은 다르다. 모두들 의대에 가려할 때, 굳건히 물리학을 하는 사람이 바로 우리가 바라는 지도자이다. 도덕성과 감수성 그리고 실천력은 학벌로 표시되지 않는다.

'국공립대학 입학제도 개혁방안 토론회', 2004.2.28.

7

국립대 평준화론 -국립대학 통합네트워크 구축과 관련하여

1. 국립대 개혁안

<학벌없는사회>는 연구위원회를 통해 지옥 같은 현행 입시열풍과 살인적인 사교육비부담을 타파할 방법으로 일찍이 '국립대 평준화'안을 내놓았다. 국립대 평준화의 모델은 쉽게 말해, 삼각형의 윗부분과 아랫부분을 잘라 적당한 직사각형을 만들자는 것이었다. 윗부분은 바로 서울대 등의 문제였고, 아랫부분은 현재 망해가고 있는 지방의 사립대학을 국립대학으로 귀속시키자는 것이었다.

나는 '평준화'라는 말이 지니고 있는 구조적이고 폭력적인 왜곡성 때문에 늘 고민해 왔다. 그래서 '균등화' 등의 표현으로 이를 좀 더 부드럽게 표현하고자 해보았지만 결국 의미에서 평준화만큼 분명한 전달이 없었다. 그러나 현실에서 '대학평준화'라는 용어는 많은 반감을 야기하는 것이 사실이다. 이런 평준화는 독일과 프랑스와 같은 선진국의 대학제도(심지어 미국의 주립대학제도도 포함하여)에서 당연한 것임에도 불구하고, 일반인들은 구체적으로 내용을 알기 전까지는 상당한 의구심을 갖는다.

이런 현상을 어떻게 해소할 수 있을까? 여기에서 정진상 교수팀이 제시한 '국립대학 통합네트워크'라는 주장의 의미를 찾을 수 있다.

처음 정진상 교수가 이러한 안을 내놓은 것은 2003년 11월 19일 진주에서였다. 경상대 사회과학연구원의 주최로 개최된 '교육경쟁력강화를 위한 대학 간 연계협력 방안'이라는 한국학술진흥재단의 지정연구과제의 발표회에서 정 교수는 이 안을 선보였고, 이때 나는 정 교수의 배려로 단상에서 발언을 할 기회를 가질 수도 있었다. 이후 이 내용과 의의는 교수신문(293호: 2003.11.24.)에서 요약적으로 소개되기도 했으며, 같은 논의는 12월 13일 평준화학술대회에서도 소개되었다. 전교조와 관련해서는 2004년 1월 7일 제3회 참교육실천보고대회에서 대학교육마당의 일환으로 발표되었으며, 당시에도 나는 토론자로 참여하였다.

그런 점에서 정교수의 안은 이미 여러 차례 검증의 과정을 거친 것이며, 많은 호응을 얻고 있는 것임을 쉽게 알 수 있다. <학벌없는사회>가 비록 가장 먼저 대학평준화안을 내놓았다고는 하지만, 이는 이른바 '카피 레프트'(copy left)에 속하는 일로, 복사가 많이 되면 될수록 좋은 일이 아닐 수 없다. 그런데 나의 안은 '국립대 무상평준화안'이다. 평준화와 더불어 무상화가 이루어지지 않는다면 서울의 유수 사립대학의 기득권을 쉽게 붕괴시키지 못하기 때문이다.

당시에 지적했던 사항을 포함하여 정리한다. 점차 더욱 정교한 논의를 이룰 수 있기를 바라마지 않는다.

2. 내용들

가) 진주토론

무엇보다도 국가의 공교육부담율(사교육부담율이 결코 아니다)이 O.E.C.D. 국가 중 가장 낮다는 것을 지적해야 한다. 유럽은 물론이고 미국이나 일본보다도 낮은 공교육부담율은 우리 교육이 어디로 가고 있는가를 여실하게 보여주고 있다. 국가의 교육에 대한 부담율을 높여야 할 것이다.

(1) 사범대 지원을 입학 후 2년 후로 하는 것보다는 오히려 졸업(4년) 후 선택하는 전문대학원 제도로 가야 한다. 대학원 수학연한은 3년이 되어야 할지도 모른다. 전교조도 대체로 수용하는 방식이다. 교직이 인기직종인 사회적인 분위기도 있지만, 우리의 수준상 교사가 석사 정도 학위과정을 하는 것은 자연스럽게 보인다.

(2) 서울대 학부개방의 논의를 많은 곳에서 주장하고 있지만, 만일 '서울대를 포함한 국립대 평준화'라는 대명제에 동의한다면 서울대 논의가 불필요할 수도 있다. 전략적인 면에서의 고려도 필요하다.

(3) 교수순환제 같은 것도 필요하다. 그러나 계속된 순환은 결국 교수의 서울집중현상을 불러일으킬 것이다. 그런 점에서 '정교수 승진 이전 5년간의 순환의무' 같은 안이 나와야 한다.

(4) 2004년만 하더라도 '지방대학 혁신역량 강화사업'에 2,200억 원의 사업비를 책정해놓고 있는데, 이런 식의 나눠먹기 사업부터 문제점이 지적되어야 한다. 지방대학생에 장학금을, 지방대 교수에게 연구비를 준다고 대학 서열화가 깨지는 것은 아니다.

(5) 대학원 학벌도 문제이다. 서울대의 대학원을 전문성에 따라 분할하여 지방으로 이전할 필요가 있다. 이를테면 파리의 국립행정학교가 스트라스부르로 옮긴 것과 같다. 특히 연고대의 학벌세탁 역할이 문제이다. 대학은 돈을 벌기 위해, 학생은 대학원 학벌을 얻기 위해, 서로 이익이 맞은 것이다. 학부생과 대학원생이 동수인 대학에서 어떻게 좋은 논문이 나오겠는가?

(6) 학생의 관심이나 의견의 결집이 없다. 이것은 지방대생의 취업과도 결부되어있는 생존의 문제인데도, 학생이 관심 없는 이유가 무엇인가? 내가 이런 주제로 대학 축제에서 초청 강연할 때, 와서 열심히 듣던 의대생들이 생각난다. 그들은 왜 이 주제에 관심을 갖게 되었을까? 학생에 대한 관심이 필요하다.

(7) 국공립대학교수(협의)회에서조차 이를 좋은 주제로 생각하지 않는다. 점차 이들의 의견을 바꿀 필요가 있다. 특히 경북대의 경우, 국립대 가운데 비

교우위를 누릴 수 있기 때문에 더욱 그러한 것 같다. 국교협부터 설득해 나가야 할 것이다.

국립대 평준화만으로는 부족하다. 무상화가 점차적으로 이루어져야 할 것이다. 이를 위해서는 민노당에서 비교적 구체적인 해결책을 내놓고 있다. 무상급식에 2조 7천억, 고교무상교육에 3조, 사립대를 포함한 무상교육에 13조로, 모두 약 19조 5천억 원 정도의 예산이 든다고 한다. 이를 부유세를 통해 11조를 거두어들이고, 군복무단축(18개월)으로 3조 정도 절약하면, 그런대로 마련할 수 있다고 한다. 구체적인 무상화 계획이 필요하다.

사실상 사립대는, 특히 지방 사립대는 국립대학으로 편입되는 것을 좋아할 것이다. 그런 점에서 사립대 교수들에게도 이런 논리의 설득작업이 필요하다.

그럼에도 불구하고 최근 사학들은 대학이 망하더라도 재산이 국고에 환수되는 것을 방지하기 위한 입법 운동을 벌이고 있다. 이런 돈들이 국립대 무상화에 도움이 될 수 있을 것이다.

나) 익산토론

대학개혁 없는 전교조의 의미는 무의미하다. 대학이 문제인데, 그에 종속되어 있는 중등교육을 고친다고 근본적인 해결이 되겠는가? 대학개혁 없는 교육개혁은 신기루일 뿐이다. 따라서 전교조는 대학문제에 신경 쓰지 않으면 안 된다.

현행 전교조에서의 논의는 아래의 모식을 보이고 있다.

1. 초중등교육개혁 = 대학교육개혁

사실상 이런 논의는 장차 이렇게 바뀌어야 한다.

2. 초중등교육개혁 ≦ 대학교육개혁

그러나 현재의 상황에서는 아래와 같은 사고가 가장 문제를 잘 드러내는 것이며, 실현성도 높다.

3. 초중등교육개혁 ⪇ 대학교육개혁

이런 과정을 통하지 않는 한 이상적인 첫 번째의 관계를 이루어낼 수 없음을 깨달아야 한다. 대학에 종속되지 않는 초중등교육이 되기 위해서는 무엇보다도 대학의 서열화가 깨져야 한다.

우리의 교육이 왜 암기식 교육, 점수위주의 교육이 되었는가를 생각해보아야 한다. 교육이 암기로, 점수로 이루어지지 않는다는 것은 누구나 아는 사실이다. 그러나 현재 한국의 교육자와 학생은 이런 방식에 너무 길들여져 있다. 이는 모두 수능이라는 이상한 학벌강화를 위한 기제에 속아넘어가고 있기 때문이다. 난이도라는 것도 학벌 강화의 수단일 뿐이다. 이런 수능 매트릭스를 깨야 한다.

국립대 평준화의 논의도 진화해야 한다. 카피 레프트를 바탕으로 하는 리눅스가 자료공개 이후 점차 진화해 나가듯, 점차 정교해질 필요가 있다. 이런 논의에 우리 모두의 힘을 모아야 할 것이다.

주장에 대한 몇 가지 문제점을 제기해본다.

(1) 나는 한국좌파의 가장 큰 문제점으로 과학성의 부족을 꼽는다. 한국좌파의 단점은 마르크스의 결론만 배우지 그 방법론을 취하지 않는 데 있는 것으로 보인다. 특히 사회'과학'일수록 더욱 주의를 요한다. 내용이 아직은 개념적이라는 느낌을 지울 수 없다. 많은 사람이 하는 작업인데 좀 더 과학적인 분석이 들어갔으면 한다.

(2) 흔히 이런 주장을 하는 사람이 국립대 교수니까 그렇게 한다고 오해할 수 있는데, 이는 천만의 오해이다. 단순히 생활을 영위하는 것이라면, 국립대 교수도 현행 이대로가 좋다. 그럼에도 불구하고 이런 문제를 내세우는 까닭을 좀 더 자세하게 설명해줬으면 한다. 나아가 서울대 개혁 없이 국립대 개혁을 교수

들에게 설득하기는 힘들다. 따라서 서울대 문제에 치중할 필요가 있다.

(3) 서울대가 평준화 속에 포함되었을 때, 연고대가 기부입학제 등을 통하여 귀족학교화하는 것을 막을 방도가 없다.

(4) 사학도 이런 주장에 동의할 것이라고 하는데, 부실 사학들이 사립학교의 청산절차를 따르지 않고 재산을 보존하는 법률을 만들려고 한다. 특히 이사장측 교수들의 적극적인 반대 행위를 막을 방도가 제시되었으면 한다. 입법이 준비되고 있는 사립학교청산법에 따르면 초기투자자본을 가져갈 수 있게 될 것 같다.

(5) 오히려 고시제도를 폐지하고, 7급부터 경쟁하는 공무원선발제도로 바뀌는 것이 낫지 않을까 싶다. 인재할당제('국가인재의 지역 간 균등등용 촉진법안')는 1989년 2월 24일자로 의원입법을 시도했으나 깨지고 말았다.

(6) 사교육비가 워낙 높다보니 우리 사회의 주제가 '사교육비 경감대책'에만 집중되어 있는 것 같다. 그러나 문제는 공교육비조차 O.E.C.D. 국가 중 가장 낮음을 강조하지 않으면 안 된다.

(7) 이제는 우리 모두 한국사회에서 진정한 교육을 받아보지 못했음을 인정해야 할 것 같다. 이는 학문이 자생적이지 못해서 늘 요약식, 요점식, 발췌식 교육만을 받아온 것이다. 다이제스트 학문이 마치 학문의 모두인 듯 여겨지는 사회 분위기를 조장한데는 우리 '교육학 권력'의 책임이 크다. 무엇이 학문인 줄 모르는 상황에서 주체적인 사유를 한다는 것은 매우 어려워 보인다. 우리 학문의 길, 무엇보다도 그것이 우리가 가야 할 길이다.

3. 남는 말

정진상 교수는 『한국사회의 이해』 파동을 통해서 거대한 국가권력과 맞붙어 본 경험이 있는 사람이다. 게다가 그 싸움에서 이겼다. 그런 점에서 정 교수는 이런 운동의 실현화에 매우 적절한 기여를 할 수 있을 것이다.

정 교수나 나나 이런 주장의 가장 큰 반대세력이 서울대라고 생각하면 그것도 오해이다. 오히려 이런 체제 속에서 가장 이득을 보고 있는 '학원연합회'가 우리의 논의와 생명을 가장 위해하려 들고 있다. 그런 점에서 전교조나 <학벌없는사회>는 같은 길을 걷고 있다.

나아가 학벌문제가 국가경쟁력을 방해하고 있다는 논의에 이르면 대기업이라고 할지라도 자유롭지는 못할 것이다. 2003년 1월 및 6월에 국가인권위에서 100개 기업에 입사원서상의 출신학교명 삭제를 요구하였지만 오로지 8개 업체만이 응했는데, 이는 학벌이 진정한 인재선발의 발목을 잡고 있음을 반증하는 것이기도 하다.[1]

하다못해 임금투쟁이라는 것도 그 내용을 가만히 보면 처참하기 그지없다. 수입의 상당부분을 학원비 등 사교육비로 지출해야 하는 현실에서 봉급인상이라는 것은 의의가 있을 수 없는 것이다. 노동하여 학비가 아닌, 학원비를 대야 하는 우리의 현실은 실로 비관적이다. 그렇지 않다고 하더라도 자식에 매어 자신의 인생을 살지 못한다. 노년빈곤이라는 사회적 문제도 과도한 사교육비와 관련 없다고 자신 있게 말할 사람이 있을까? 그런 점에서 학벌타파는 학부모인 우리 모두의 인권을 쟁취하는 것과 같다.

인구가 감소된다고 걱정을 한다. 국가의 차세대 노동인력이 줄어들고 있다는 것이며, 따라서 살아있는 우리는 그들의 짐이 된다는 것이다. 그런데 여기에도 학벌문제가 뿌리 깊게 박혀 있음을 상기해야 한다. 아이를 많이 낳지 않는 이유 가운데 하나가 바로 교육비 부담 때문이며, 원정출산을 시도하는 것도 미국의 교육제도로 아이를 보내고자 하는 까닭에서이다. 조기유학이나 기러기 아빠 등의 사회적 문제는 여기에서 파생된다.

결국 학벌문제의 해결책은 대학입시제도개혁에 있을 수밖에 없다. 이때 대안으로 나온 것이 바로 '국립대학 통합선발 방식'인 것이다. 수능의 자격고

---

1 이에 관한 토론은, 국가위원회 주최로 열린 '입사지원서의 차별적 항목 시정을 위한 토론회' (2003.10.30.)에서 발표된 나의 「학벌과 국가경쟁력」 참조.

사화는 절대적으로 이루어져야하며, 대략의 A, B, C, D, E, F 정도의 평가는 필요할지도 모른다.

마지막으로, 경상대에서의 토론과정에서 내가 '통합 네트워크'니 하면서 말 돌리지 말고 직접적으로 '평준화'라고 쓰자는 의견을 냈을 때, 어떤 교수의 반론을 소개한다. 그에 따르면, 교육은 원래 평준화를 목표로 하고 있다는 것이다. 그것은 유럽뿐만 아니라 심지어 미국조차도 그 이념이 무너진 적이 없다는 것이다. 그런 점에서 평준화라는 표현은 그 자체가 어불성설이고, 따라서 평준화는 당연한 것이기 때문에 쓸 필요가 없다는 주장이었다. 이런 반박이 모두에게 통하는 사회가 우리가 바라는 미래이다.

참고로, 현재 10개 국립대학은 학기당 18학점 내에서 교류가 가능하다. 이미 학생의 이동은 자유로워진 형국이다. 그러나 이 제도를 활용하는 학생은 거의 없다.

한국직업능력개발원, 교육문화회관, 2003.12.8.

8

대학개혁 없는 학벌극복의 무의미성

정태화, 「학벌주의 실태와 극복방안」

1. 학벌은 국가적 문제

학벌 문제는 국가적 문제이다. 한국직업능력개발원, 한국교육개발원 그리고 국가인권위원회 등이 나설 정도니 학벌주의는 국가적 위기 상황의 주원인이 아닐 수 없는 것으로 보인다. '학벌극복기획단'이나 '사교육비절감을 위한 법부처 간 회의' 등의 용어에서는 비장함마저 느껴진다. 그런 표현은 '국가수호기획단'이라든가, '공비토벌을 위한 범부처 간 회의' 정도에 어울릴 듯한데, 어쩌다 우리가 이렇게 됐는지 한심하고 걱정스럽다.[1]

왜 우리는 학벌을 국가적 문제로 인식하는가? 현실 속에서 우리가 마주하

1 학벌없는사회 성명서 2003.6.30. '정부의 학벌타파의지를 반긴다': 교육부는 지난 6월 25일 14개 부처 장차관이 참석한 가운데 제3차 인적자원개발회의(의장: 윤덕홍 부총리 겸 교육인적부장관)에서 <학벌주의 극복을 위한 종합대책 수립계획>을 발표하였다. 그 내용은 학벌주의가, 첫째, 교육의 부실화와 고용 및 소득분배구조 왜곡의 주원인이 된다는 것, 둘째, 명문대 입시만을 위한 입시위주의 교육이 연간 7조 원의 과도한 사교육비 지출을 야기한다는 것, 셋째, 인적자원의 배분과 활용구조를 왜곡시켜 국제경쟁력을 약화시킨다는 것이었다. 이는 2002년 100대 기업을 대상으로 한 조사에서 학벌에 따른 실제 직무능력의 차이가 존재한다는 의견이 16.7%에 불과하고(한국교육개발원, 2002), 학벌에 따른 차별의 심각성을 75%나 인식하고 있다(한국사회과학데이터센터, 2003)는 자료의 토대 위에서 작성된 매우 적실한 보고였다. 우리는 이러한 정부의 학벌에 대한 집약적이고도 핵심적인 분석과 이의 타파를 위해 범부처적으로 힘을 모으기로 한 것을 환영하면서, 다음과 같은 문제점을 제시한다.

고 있는 중요한 안건들을 생각해보자. 국가경쟁력, 공교육의 정상화, 사교육비의 절감, 원정출산, 대졸실업, 청소년자살, 조기유학, 기러기아빠, 강남땅값, 수도권집중화, 지방대 위기 그리고 차세대인력의 부족 등 그 많은 문제가 무엇

첫째, 정부는 학벌주의가 교육체제만의 문제가 아닌 사회관행과 시스템을 개선시켜 점진적으로 해결하고자 하지만, 우리는 학벌주의가 무엇보다도 교육체제의 문제라는 점과 점진적인 개선이 아닌 혁명적인 개혁이 없이는 불가능함을 좀 더 명확히 하고자 한다. 이른바 관행의 개선이라 함은 너무나도 추상적이어서 현실성이 담보되지 못하는 것으로, 오히려 문제를 희석시킬 수 있기 때문이다. 우리는 '서울대 학부의 개방화'라는 특단의 조치가 있지 않는 한 학벌타파는 요원하다고 판단한다. 우리가 말하는 개방화는 우선적으로 서울대 학부를 전국의 국립대생들에게 개방하고, 한시적으로 서울대 학부 졸업장을 수여하지 않는 것을 뜻한다. 물론, 이때 서울대는 대학원 중심대학으로 전환되는 것으로, 이는 현재 교육부의 정책과도 부합된다. 둘째, 범부처적인 '학벌주의 극복방안 수립을 위한 합동 기획단'의 구성과 운영은 절실하게 필요하지만, 현재의 계획으로는 실효성이 격감될 수밖에 없음을 지적하고자 한다. 많은 부처가 참가한다는 것은 일견 범국가적인 기획단의 운영으로 비추어질 수 있지만 그것은 문제를 단순히 광범하게 배포 내지 전가만 해줄 뿐 아무도 책임지지 않는 상황으로 귀결될 수 있기 때문이다. 따라서 우리는 합동기획단의 단장이 차관보가 아닌 차관급이어야 하며, 시민단체가 좀 더 많이 참여할 수 있도록 배려되어야 한다고 생각한다. 특히 우리 '학벌없는사회'와 같은 단체가 오랜 동안 전국의 교육단체와 더불어 고민한 결과를 참조하지 않는다면 매우 안타까운 일이며 정력의 낭비가 아닐 수 없다. 학벌타파가 특정 대학 출신이 많은 과장급공무원과 국장 그리고 민간전문가, 특히 교육학(권력)자에 의해서 논의될 때 어떠한 방향을 띄게 될지는 불 보듯 뻔하다. 셋째, 한국직업능력개발원(KRIVET)이 전담 지원연구기관으로 지정되어 실태조사와 사업과제개발, 공청회와 의견수렴을 추진하는 것을 반대한다. 직업개발원은 기본적으로 교육보다는 인적자원의 활용과 관련되어 있는 기관으로, 학벌의 문제를 교육이 아닌 직업의 문제로 전환시키게 될 것이기 때문이다. 학벌의 문제는 서울에 편중되어있는 대학과 그에 따른 대학입시제도의 문제이지, 단순한 직업능력개발의 문제가 아니다. 공업고등학교와 상업고등학교 그리고 전문대학의 황폐화, 나아가 공교육과 지방대학의 붕괴는 다름 아닌 대학 서열화와 그에 의해 형성되는 학벌과 직결되어있는 것이다. 만일, 직업개발원에 사업과제를 전담하게 한다면 학벌의 문제는 오히려 부차적으로 밀려나고, 단순한 보고서만 쌓이게 될 것이다. 합동기획단이 계획하고 있는 '학벌주의 극복을 위한 종합대책'은 결코 보고를 위한 보고가 되어서는 안 된다. 2003년 12월까지 계획하고 있는 방안들이 단순한 대통령 공약사업을 위한 눈가림용이 되어서는 결코 안 된다. 현실적인 대안의 적법성, 실현성 그리고 문제점을 구체적으로 토론하는 기획단이 되어야 한다. 이를테면 우리는 '지역별인재할당제', '대학별 공직제한제' 등을 제안하고 있다. '지역별인재할당제'는 「국가인재의 지역 간 균등등용 촉진법안」(의원입안: 1998.2.14.)으로 제안된 바 있으나 실현되지 않았고, '대학별 공직제한제'는 「공직의 균등임용을 위한 법안」(가칭)으로 정리되고 있다. 우리는 학벌주의가 곧 현정부의 국정지표인 '국토의 균형발전'과도 밀접한 관계를 맺는 '지방분권'에 크게 역행하고 있음을 인식하고 있다. 그런 점에서 학벌타파는 단순한 의식개혁운동이 아니라 지방분권운동이기도 하다. 따라서 우리는 서울대 학부개방과 더불어 우선적으로 국립대의 평준화를 시도해야 할 시점에 놓여있다고 생각한다. 이번 발표를 다시금 환영하면서, 단순한 대통령 공약사업보고에서 끝나지 않고 실질적인 결과가 이루어지기를 간절히 기대한다.

때문에 발생되고 있는가? 각 방면의 전문가들이 각자의 진단과 처방을 내놓고 있지만, 크게 보아 이 모두 학벌과 관련된다.

해외유학생 경비가 당해(2002년) 무역흑자액의 절반인 50억 불이 되는 나라가 어떻게 국가경쟁력을 확보할 것인가? 조기유학이나 원정출산을 떠나는 사람에게 물어보면, 누구나 교육문제를 들어 우리나라에서 아이를 교육시키기를 포기한다고 말한다. 아이가 떠나니 엄마가 떠나고, 아빠는 홀로 남아 노동의 대가를 국외로 방출한다. 차세대 노동인력이 부족할 것을 걱정하면서도 누구 하나라도 아이를 하나 더 낳지 못하는 까닭이 '교육비 무서워서'이다. 강남땅값 폭등의 발단이 경기도 지역의 평준화로 말미암은 대거 이주 때문이었고, 강남불패의 신화는 바로 그곳이 학원의 천국이기 때문에 세워진 것이었다. 철저히 서열화된 대학체계 때문에 실력 있는 졸업생도 서열에서 밀리면 취업하지 못하고, 따라서 취업되지 않는 지방대는 몰락한다. 지방대가 망하니 지역도 흔들리고, 지역은 모두 서울로 몰리니 서울은 동맥경화에 이른다. 게다가 청소년들은 도대체 성적이 뭐길래, 풀뿌리 뽑듯 스스로 목숨을 끊는다.

그런데도 우리는 학벌을 구체적으로 주제화시키길 꺼려한다. 왜 그런가? 거칠게 말해, 그것은 학벌을 거론하는 것조차 이 사회의 주류로부터의 소외와 탄압을 예고하는 것이기 때문이다. 내각은 국가의 모든 이를 대표하는 것임에도 불구하고, 역대 정권에서 서울대 출신이 거의 50% 이상을 차지했다. 대체로 고려대가 10% 아래, 연세대가 5% 아래에서 그 뒤를 좇는다. 사관학교는 특수한 전통 때문에 과거에는 10%를 상회했으나, 이제는 그 아래로 떨어졌다. 그 밖에 기관이나 단체도 이런 지배구조는 크게 달라지지 않는다. 그러니 학벌을 말하는 것은 미움 박히는 일이고, 결국 알면서도 모른 척한다.

이제 그래서는 안 된다. 만일 국가를 조금이라도 걱정하고, 인간에게는 천부인권이 있다고 어렴풋이 생각한다면 결코 그래서는 안 된다. 학벌은 망국병이요, 인권침해의 주범이다. 선진국에 들어가기 위해서도 학벌은 타파되어야 하며, 부모로서의 행복권이 지켜지기 위해서도 이런 교육제도는 혁파되어야 한다. 좀 더 솔직하게 문제를 드러냄으로써 상처를 곪게 해야 한다. 섞은 부위를 아무리 살짝 덮는다고 없어지는 것은 아니다. 그러다가는 팔을 자르고, 다리를 잘라야 할 지도 모른다.

2. 문제의 파악과 대안들

한국직업능력개발원(이하 직능원) 측의 연구성과는 문제를 거시적인 관점에서 파악하기 위해 노력했다. 그 점은 크게 부정되지는 않을 것이다. 그러나 아직도 문제를 예각화하지는 못한 것으로 보인다. 활발한 토론을 위해 문제점을 신랄하게 드러내 보자.

학벌이 기업과 관계의 정경유착을 위한 연결고리 역할을 했다는 파악이나, 학벌은 현대판 신분제로 현실사회에서 기능한다는 지적 등은 이미 오랫동안 지적되어 온 것이라서 참신한 주장이라고 보기는 어렵다. 노동연구원에서 신입사원의 출신대학을 제1 선발요건으로 삼는다는 연구는 상식으로도 쉽게 알 수 있는 것이었다. 과외비로 7조 1,276억 원(2000, 교육부)을 쓰고 있으며, 참고서 등 광의적 사교육비로는 22조(1995년 기준 GDP의 5%)에 달한다는 정보도 그다지 새로운 것은 아니다. 민노총의 '2002년 조합원 생활실태 보고서'에서 77.9%가 과외를 하며, 평균소득 2백만 7천 원의 10%를 넘는 235,000원을 쓴다(국민일보, 2003.7.9.)는 기사도 조합원의 생활수준을 간접적으로 드러낼 뿐, 강남을 기준으로 한 학원비나 과외비는 건드리고 있지 않다. 가톨릭대학의 교수 1인당 학생수가 8.6%라고 학생이 그곳에 가지 않을 것이라는 판단은 굳이 말하지 않아도 됐다. 세계적인 학자가 지방대에 있다고 해서 서울대에 갈 학생이 지방대에 오지 않을 것이라는 것을 누가 모를 것이며, 그렇다면 왜 이렇게 대학구조가 왜곡되었는가를 물었어야 하는데 아무런 언급이 없다.[2]

심지어 '국립대의 과도한 정부지원'이 문제라는 지적에 이르러서는 놀랍다. 아마도 쓰고 싶었던 것은 '서울대에 대한 과도한 정부지원' 같은데, 위와 같이 표현하면 전국의 국립대뿐만 아니라 사립대 교수도 이해를 못한다. 만일 정말 '국립대'라는 표현을 제대로 쓴 것이라면, 그 이유를 충실히 설명해주어야 할 것이다. 대학이 공공재(public goods)가 아니라는 판단 아래, 모든 대학을 사립화해야 하는 까닭 말이다. 서울대는 국립대이지만 설치령도 다르고, 지원

---

2 학벌없는사회 성명서 2003.7.19. '정부의 사교육비경감대책을 우려한다': 정부의 사교육비경감대책위원회(위원장: 서범석 교육부차관)는 지난 7월 8일 제1차 회의를 통해 추진계획을 내놓았다. 이는 지난 6월 25일 14개 부처 장차관이 참석한 가운데 제3차 인적자원개발회의(의장: 윤덕홍 부총리 겸 교육인적부장관)에서 심의된 <학벌주의 극복을 위한 종합대책 수립계획>에 이은 교육 문제에 대한 시안 가운데 하나이다. 우리는 정부가 황폐화된 공교육을 정상화시키기 위하여 이런 대책을 마련하고 있음을 반기면서도, 문제의 초점에 다다르지 못한 정책에 깊은 아쉬움을 표한다. 첫째, 우리는 정부가 사교육의 문제를 단순히 경제적 비용의 차원에서만 이해하는 데 심한 우려를 감출 수 없다. 사교육비의 증가는 바로 학벌문제에서 비롯되며, 따라서 사교육비의 경감을 위해서는 무엇보다도 먼저 '대학 서열화 타파'가 우선됨을 밝히지 않을 수 없다. 학벌주의는 명문대 입시만을 위한 입시위주 교육의 원인이고 과도한 사교육비의 요인임에도, 단순하게 사교육비만을 줄이겠다는 계획은 본말이 전도된 것이기 때문이다. 교육부에서도 밝혔듯이 '학벌주의는 교육의 부실화와 고용 및 소득분배구조 왜곡의 주 원인'(2003.6.25.)이다. 우리는 사교육비경감대책위원회가 단순한 사교육비라는 현상에만 주목하여 본질적으로 왜 사교육이 공교육에 앞서 성행하는지 묻지 않는 태도를 비판한다. 둘째, 추진과제의 주요 내용은 사교육시장에 학교를 임대하겠다는 것이다. 한마디로 이는 결국 학교를 학원화하겠다는 어처구니없는 발상으로, 심히 우려되지 않을 수 없다. 누가 뭐래도 학교는 교육의 중심으로 국민의 세금으로 운영되는 장소이다. 그런데 장소를 학원에 임대하여 교육시키겠다는 것은 사교육경감의 원칙에 전혀 맞지 않는 계획이다. 임대료를 받지 않아 5만 원 받을 것을 3만 원 받게 하겠다는 너무나도 주먹구구식 대책인 것이다. 이런 원칙에 따르면, 아예 학교 전체를 학원에 임대하는 것이 더욱 합리적일 것이다. 게다가 경제성을 제1원칙으로 삼는 유명학원과 강사가 열악한 시설의 학교에 들어갈 리도 만무하다. 셋째, 과제의 대부분은 '신용카드수납학원우대'나 '불법고액과외감시' 등 너무나도 상투적인 것들이어서 과연 정부가 사교육비를 경감시키려는 의지가 있는지 의심케 할 정도이다. 아울러 '교과분량축소'는 학원을 더욱 번성케 할 것이며, '사이버교육'은 학생들을 더욱 학원으로 몰 것이다. 하다못해 '학부모에 대한 건전한 교육관 함양 교육'이라는 전근대적인 발상은 국민을 경악케 하고 있다. 그것을 교육하는 사람조차 자녀를 학원에 보낼 수밖에 없는 환경인 한, 그런 형식적이고 상투적인 교육을 믿고 따를 사람은 아무도 없기 때문이다. 넷째, 과제 가운데 2003년도 하반기에 추진하려고 하는 '지방대 육성사업 추진 및 대학서열구조완화'와 '학벌주의 극복을 위한 범정부적 대책 마련'이야말로 중요한 것이다. 우리는 사교육비경감을 위해서는 이 두 문제가 반드시 다루어져야 한다고 생각한다. 이 문제를 좀 더 집약적으로 다루어야 사교육비문제가 순차적으로 해소될 것이기 때문이다. 끝으로, 학벌주의의 타파는 단순히 사교육비 지출의 억제 차원에서 이해될 것이 아니라 공교육을 정상화하고 사회의 부조리를 개혁하는 차원에서 인식되어야 함을 재삼 천명한다. 아울러 우리는 사교육비경감대책위원회가 독자적으로 활동하기보다는 이미 범부처적으로 합의된 '학벌주의 극복 방안 수립을 위한 합동기획단' 그리고 관료와 학부모만이 아닌 시민단체와도 적극적으로 연대하여 사업을 추진하기를 희망한다.

내용도 다르다. 여기서 언급한 BK21만 하더라도 돈의 반이 모두 서울대로 갔다. 그렇다고 해서 처음에 약속한 대로, 대학원중심대학으로 전환했는가? 아니다. 아직도 학부를 쥐어잡고 대학원이 성골의 영역이 되길 바랄 뿐이다.

사실상 특정 대학은 여럿이 아니라 하나이다. 그런데도 갖은 예의와 범절을 지켜가면서 '서울대'라는 표현을 조심하면서 보고서를 작성하니 말과 뜻이 제대로 통하지 않는다. 오죽하면 많은 사람들이 '서울대 학부를 개방하고 대학원 체제로 전환하라'고 왜 외치겠는가?

극복대책을 보면 참으로 실망스럽다. 먼저 계몽적인 태도가 거슬린다. 기조는 '학벌은 아무 것도 아니다'라고 교육을 강화하자는 것인데, 이거야말로 '밥을 주지도 않으면서 배부른 척하라'는 말과 같다. 학벌은 돈과 권력으로 환산되는 정치경제학적 개념이다. 환물換物의 관념을 갑자기 상상이나 결심의 내용으로 받아들이라니, 거의 대통령 담화문 수준이다. 직능원이 문제를 구체적으로 분석 종합하여 대안을 내놓지 않고, 이렇게 '의식개혁', '보도관행개선', '적극적 차별시정조치', '학벌 네트워크의 부정적 기능 예방' 등 추상적인 제안만을 하는 것은 정말로 월권으로 보인다. '능력중심사회구현'에 이르러서는 거의 국가시정목표와 닮았다.

게다가 많은 내용은 제목에 그치고 있다. 주제에 따른 추론과 예상 그리고 저항에 대한 심도 있는 고찰이 없다. 직능원이 학벌극복과 관련된 일을 맡게 되었다는 것부터 잘못 낀 단추일지는 모르지만, 그렇다면 나름의 장점을 살려 우리들을 설득시키고자 노력했어야 했다. 이를테면 영미권의 '국가표준직무능력체제'(National Skill Standard)처럼 우리나라의 교육부에서도 '한국표준직무능력'을 개발하려 했다면, 좀 더 그에 대한 연구보고를 철저히 했어야 했다. 그것이 과연 어느 범위(고졸, 대졸 등)에서 적용되는 것인지, 그것은 국가가 어느 정도의 신뢰도를 가지고 기업에 접근할 수 있는 것인지, 그것을 '우수고용정책 운영기업체 지원사업'과 같은 형식으로 적용했을 때 실현가능성과 그에 대한 반발은 없는지, 이런 것을 직능원의 장점을 살려 우리들에게 말해주었다면 큰 도움이 되었을 것이다.

표현상 분명히 해야 할 작은 문제도 적지 않다.

첫째, '학벌주의와 대학의 서열화 구조를 동일한 개념으로 접근하는 방식은 제고할 필요가 있다'고 했는데, 이런 주장의 근거가 무엇인지 설명이 필요하다. '학벌주의는 원인이고, 대학 서열화는 결과'라는 것으로 둘의 관계가 마치 멀리 떨어져 있는 것처럼 어휘를 돌리는 까닭이 무엇인지 궁금하다. 인과因果가 다르다고, 떨어질 수 있는가? 시작부터 애매하다.

둘째, '미국대학원이 지배학벌에 편입되는 보다 결정적인 요소로 적용된다'고 김용일 교수(2003)가 주장했다는데, 과연 그렇다고 해서 그가 국내학벌 없는 미국학벌을 인정한 것처럼 해석된 것은 문제가 있어 보인다. 김 교수도 국내학벌의 타파를 위해 대학의 평준화에 동의하는 학자이다.

셋째, 기업의 인사관리차원에서 승진 등에서 공정하게 취급됨으로써 학벌주의를 완화시키자는 주장은 적극 동의한다. 그러나 문제는 취업조차 못하는데, 무슨 승진 운운이냐는 것이다. 학벌이 나쁘면, 기재된 자료에서처럼 원천적으로 사회로의 진출이 봉쇄된다. 그것부터 말하는 것이 순서이다.

넷째, 할당제가 위헌의 소지가 있다고 채용장려제를 말하다가, 그래도 강제성 있는 제도로 가자는데, 과연 어느 쪽인지 선택할 필요가 있다. 예를 들은 교수쿼터제는 정말로 실효성이 있다. '교육공무원 임용령 대통령령 제17930호'는 아직도 빠져나갈 구석은 많지만 제법 위력적이라서, 최근에 신문에 나오는 '서울대 타 대학 교수임용'이라든지 '서울법대 여성교수 채용'이라든지 하는 것들이 다 그런 법률과 관계되어 벌어지는 일이다. 그런 제도 없이 이런 현상이 벌어질 수 없는 것이 서울대의 학벌주의임은 굳이 설명하지 않아도 될 것이다. 그런 점에서 법률의 제정은 무엇보다도 시급하다. 게다가 2004년도 예비공채사원모집에서 KBS가 보여준 지역주재에 대한 지방할당제와 같은 좋은 예가 있지 않은가? 이 같은 제도 덕분에 총 137명 가운데 지방대학출신자가 49명(35.8%)이 합격되었고, 서울대와 연고대 출신은 2002년 52명에서 35명으로 줄어들었다. 처음 134명 모집공고의 비율에서 보았을 때 총할당량으로 보면 43%에 이르러야 하는데 7%가량이 줄어들은 연유는 모르겠지만, 어찌되었던 이른바 '객관 면접'(blind interview)으로 평등권침해소지를 없앤 결과로 보인다. 전북대 총장과 학생회장이 정연주 사장을 방문한 것이 텔레비전에 나오기도 했을 정도로 이 같은 조치는 상당한 의미를 지닌다. 앞으로는 지방주재만이 아니라 중앙도 지방대에 할당하길 희망한다.[3]

다섯째, '공학인증제'나 '학위인증제'는 장차 대학의 개혁에서 중요변수로 떠오를지도 모른다. 미국의 경우(ABEEK), '공학윤리'와 같은 과목도 필수라서

---

3 학벌없는사회 성명서 2003.8.12. 'KBS의 신입사원 지역할당 시도를 환영한다': 공영방송 KBS는 2004년도 신입사원 공개채용에서 지역할당제를 도입한다고 밝혔다. 8월 11일 밝힌 전형 안에서 영남권, 호남·제주권, 충청·강원권 등 3개 지역권역에서 선발예정인 58명의 신입사원 가운데 25명을 해당 권역 소재의 지방대 출신으로 충원할 것이라고 밝혔다. KBS는 이밖에도 전국권에서 76명을 선발하여 모두 134명의 신입사원을 뽑을 계획이다. 또한 장애인에 대해서는 2차 필기시험 가점 비율을 기존의 5%에서 10%로 높이고, 3차 실무능력평가에서 장애인이 일정 수준 이상을 받으면 전체 채용예정인원과 관계없이 선발하기로 결정했다. 이와 더불어 KBS는 남녀 응시제한 연령을 동일하게 적용하고, 입사지원서 양식에서 기족, 신체사항, 종교, 고교, 출신지, 명역면제 사유 등 평등권 침해소지가 있는 항목을 대폭적으로 생략했다. 이는 매우 고무적인 일일뿐만 아니라 소수에 대한 적극적인 배려가 돋보이는 조치로, 정연주 사장 취임 이래 획기적인 개혁의 물꼬를 튼 계기라고 생각된다. 이번 조치는 기존처럼 지방주재사원을 전국에 개방해놓고 선발한 것과는 다르게, 약 43%의 인원을 지방대에 미리 할당을 하겠다는 의도이기 때문이다. 우리는 이런 조치를 환영하면서 지속적인 발전을 위해 몇 가지를 제안한다. 첫째, 이번 조치가 지방대에 일정부분을 고정적으로 할당했다(58명 가운데 25명)는 점에서 의미가 있으나, 단순히 지방주재사원에게만 이런 할당을 했다는 점에서 미흡한 점이 있다. 우리는 전국권 또는 중앙도 지방대에 할당할 것을 강력히 권유한다. 전국권은 모두에게 개방되어 있는 것이기 때문에 지역할당을 할 필요가 없다는 주장은, 지방대 출신이 사회적으로 받고 있는 현실적인 차별을 공연히 무시하는 것에 지나지 않는다. 둘째, 이번 조치로 지방대 출신 지방주재사원이 많아질 것으로 보이기는 하지만, 아직도 43%에 그치고 있다. 우리는 이와 같은 지역할당이 3분의 2, 즉 66%에 달해야 한다고 생각한다. 지방토호가 득세할 것을 걱정할 수도 있으나 지방대학이라고 해서 단지 1개 대학만이 있는 것도 아니고, 아울러 서울에서 내려온 지방주재사원이 오히려 몇 개 대학으로 집중될 수 있기 때문이다. 장기적으로는 그 비율이 조정될 필요가 있겠지만, 우선 당장 필요한 것은 지역할당의 극대화이다. 셋째, 이번 조치에는 장애인 지원자에 대한 한 층 높은 배려가 돋보인다(가점비율이 5%에서 10%로, 3차에서는 채용인원 외 선발). 그런데 우리는 학벌도 뿌리 깊은 편견 가운데 하나로, 학벌로도 장애를 겪을 수 있음을 강조하지 않을 수 없다. 달리 말해 사원 가운데 단 한 명이라도 선발되지 않은 대학의 지원자는 2차 시험에서 장애인과 마찬가지로 5%에서 10%의 가점이 부여되어야 한다. 공개채용이라 할지라도 면접 등과 같이 암암리 '숨어있는 차별'에서 벗어날 방도가 마련되어야 하기 때문이다. 우리는 이번 KBS의 결정을 계기로 사회 전반에 걸쳐 이러한 '지역할당'과 '평등권 침해 해소'가 전반적으로 시행되길 희망한다. 나아가 지방에만 해당되는 지역할당이 아닌, 전국에 걸친 지역할당이 하루 속히 이루어지길 고대한다. 이른바 '중앙'이라고 불리는 서울도 지방의 한 곳일 뿐이다.

우리의 공학도들이 갑자기 철학을 듣는 일도 생겼다. 그러나 좀 더 크게 생각하면, 국립대의 평준화를 통한 졸업장의 단일화가 더욱 실효가 있을 지도 모른다. 현재 '국립대 무상평준화론'은 시민단체뿐만 아니라 국립대에서 활발히 논의되고 있다. 학벌주의의 극복, 다시 말해 공교육의 정상화를 위해서는 '서울대를 포함한 국립대 무상평준화론'이 국·사립교수를 막론하고 유일한 대안으로 모아지고 있는 것이다.

마지막으로 '그간에 정부는 학벌주의 극복보다는 대학 교육의 다양화와 대학의 경쟁력 강화 차원에서 다양한 특성화를 추진·지원해왔다. 그럼에도 불구하고 그 효과는 그리 크지 않았던 것으로 간주되고 있다'는 비판은 대학 정책의 방향과 관련되어 우리에게 시사하는 바가 크다. 중요한 것은 학벌이지 다른 것이 아니다. 지방대학에서 장학금 준다고 우수 학생 오라는 것은 과격하게 말해 '4년 돈 줄 테니까 40년 놀아라'는 것과 별반 다르지 않다.

덧붙여, 설문지에서 '그렇다, 아니다'라고 물으면 될 것을 '찬성, 반대'로 물은 것은 답변설정의 잘못으로 보인다. 마치 '학벌을 찬성한다'는 식으로 자꾸 읽히기 때문이다. 이를테면 '대학 서열화에 따른 대학입시 경쟁 심화의 원인이 학벌'이니 그걸 '찬성하겠는지, 아니면 반대하겠는지'라고 물은 것으로 들어오기 쉽다. 이렇게 읽혔을 때, '나는 학벌을 반대한다'는 의중으로 '반대'에 표시를 할 수도 있다.

3. 남은 문제들

지난 7월(2003년) 최근 서울대에서 밝힌 2005년도 입시부터 시행하겠다는 '지역균형선발제'는 이루어져서는 안 된다. 이를 마치 전국의 학생들에게 서울대를 개방하겠다는 식으로 받아들이는 것은 문제가 있는 이해방식이다.

단과대학 정원의 최대 30%를 지역균형으로 수시모집에서 선발하겠다는 것으로, 이를테면 인문대가 거기에 해당된다. 지역균형제란, 수능과 심층면접이 교육환경이 좋은 대도시 수험생에게 유리하기 때문에 상대적으로 불리한 중소도시 및 농어촌 출신 학생들이 내신을 위주로 전형될 수 있는 제도를 말한다. 2002년도 서울대 신입생의 경우, 전체 3,331명 가운데 서울이 1,281명(38.5%), 광역시와 수도권이 1,182명(35.5%)을 차지하여 총 73%를 점유했고, 읍면 이하 출신의 신입생은 138명(4.1%)에 불과했다.

단순하게 보면 문호를 서울, 그것도 강남이 아닌 전국에 개방하겠다는 의지로 보일 수도 있다. 그러나 자세히 보면 문제가 매우 많다.[4]

---

4 학벌없는사회 성명서 2003.7.31. '서울대의 지역균형선발제를 반대한다': 국립서울대학교는 최근 2005년도 입시부터 지역균형을 살리기 위해 단과대학 모집 정원의 최대 30%까지 지역균형 선발로 모집하는 수시모집방안을 사실상 확정했다. 내용은 지방인재의 균형적인 모집을 위해서 '지역할당제'를 실시하겠다는 것이다. 서울대 입학관리본부측에 따르면, 인문대는 지역균형으로 정원의 30%를 선발하고 특기자전형으로는 선발하지 않으며, 사회대는 지역균형 20%와 특기자 10%로 선발하고, 공대와 자연대는 지역균형과 특기자가 각기 20%로 선발될 예정이다. 법대도 특기자 전형 없이 지역균형에 20%를, 의대는 특기자 10%와 더불어 지역균형 20%를 배분했으며, 약대는 지역균형과 특기자 전형을 각각 15%로, 농업생명과학대는 지역균형 20%와 특기자 10%로, 간호대는 지역균형 25%와 특기자전형 5%로 결정했다. 경영대는 논의 중이며, 미대와 음대는 지역균형 전형이 없다. 지역균형 선발이란 수능과 심층면접은 교육환경이 좋은 대도시 수험생에게 유리하기 때문에 상대적으로 불리한 중소도시 및 농어촌 출신 학생들이 내신올 위주로 전형될 수 있는 제도를 말한다. 2002년도 서울대 신입생의 경우, 전체 3,331명 가운데 서울이 1,281명(38.5%), 광역시와 수도권이 1,182명(35.5%)을 차지하여 총 73%를 점유했고, 읍면 이하 출신의 신입생은 138명(4.1%)에 불과했다. 이는 정운찬 서울대총장이 지속적으로 언론을 통해 주장한 '서울대지역할당제'가 가시화된 형태로, 서울대를 교육환경이 상대적으로 박약한 지방고등학생들에게도 문호를 열겠다는 취지로 이해된다. 그러나 이 제도는 너무나 많은 문제점을 내포하고 있어 심각한 우려를 낳는다. 첫째, 지역균형선발제는 서울대가 전국의 인재를 독점하겠다는 반(反)지방화의 발상이다. 지역의 인재가 지역의 학교를 중심으로 육성되어 지역사회에 봉사하는 형태가 아닌, 모든 인재를 수도권으로 집중시키겠다는 지역의 균형발전에 역행되는 내용이 내포되어있기 때문이다. 알다시피 서울로 올라간 인재는 거개가 다시는 내려오지 않는다. 이런 상황에서 서울대가 지역균형제를 실시한다면, 지방의 발전은 요원해 질 수밖에 없다. 둘째, 지역균형선발제는 정부의 지방대학육성사업과 배치되는 반(反)국가적인 행위이다. 지방의 대학은 학생이 없어 망해가고 있다. 대학이 망하면 지역사회도 붕괴된다. 그런 점에서 지방의 국립대를 육성하고, 그것를 중심축으로 인재를 양성하는 일은 소홀히 되어서는 안 될 일이다. 그럼에도 이러한 제도를 시행하겠다는 것은 서울대 외에는 대학이 없다는 오만한 생각이 아닐 수 없다. 셋째, 지역균형선발제는 서울대와 우리의 교육이 그만큼 실패했음을 상징적으로 보여준다. 암기식 위주로 점수만 높은 학생이 대학에서 창의적이지도 못하고 발전적이지도 못하니, 시골에서 자라난 상상력이 풍부하고 감수성이 예민한 학생들을 선발하겠다는 의식이 엿보인다. 인문대와 생활과학대의 30%를 중소도시와 농어촌에서 뽑겠다는 것은, 인문학과 여성을 위한 배려로 보일 수도 있다.

그러나 자연대와 공대의 경우처럼 지역균형과 특기자를 각각 20%씩 40%를 뽑겠다는 것은 기초과학과 공과대학에서 필요한 인재를 수급하지 못하는 작금의 현실을 반영하고 있다. 결국, 지역균형선발제는 서울대의 실패한 교육의 고육지책일 뿐, 진정한 서울대 개혁의 길이 아니다. 넷째, 지역균형선발제는 예능방면에 소질 있는 학생을 뽑겠다는 의지가 전혀 담겨져 있지 않은 모순적인 제도이다. 만의 하나라도 지역균형제가 정당한 것이라면, 재능은 있지만 중소도시와 농어촌에서 자라 교육받지 못한 학생을 뽑으려는 시도가 있어야 한다. 그러나 서울대의 미대와 음대는 지역균형선발제를 채택하지 않았다. 이런 사실은, 예능교육이 지방에서는 불가능함을 보여줄 뿐만 아니라 이미 교육된 학생을 교육시키겠다는 서울대의 안일한 태도를 엿보여주는 것이다. 무엇보다도 중요한 것은 학벌문제이다. 대학서열의 정점에 있는 서울대가 서열의 완화를 시도하려 하지 않고, 부동의 1위의 자리를 유지하기 위해 또 다른 형태의 제도를 생산해낸 것은 어처구니없는 미봉책에 불과하다. 이는 서울대의 지위를 색다른 방법으로 고수하겠다는 서울대주의자들의 망상이 아닐 수 없다. 서울대는 진정으로 세계 속의 대학이 되어야 한다. 오늘날의 제도나 지역균형선발제로는 국제경쟁력이 있는 서울대를 만들 수 없음은 명약관화하다. 지속적이고 다차적인 연구와 교육의 역할을 망각한 채 오로지 단 한 번의 선발제도로만 기득권을 유지시키려 한다면, 서울대는 세계 속의 하위를 면할 수 없을 것이기 때문이다. 교육부도 우리와 마찬가지로 서울대 학부축소를 통해 대학원중심대학으로서의 위상을 기획하고 있으나, '서울대 학벌권력'에 밀려 실행되지 못하고 있다. 이런 마당에 정운찬 서울대총장은 지난 7월 22일 동아일보와의 인터뷰에서 '엘리트의 필요성'을 역설하며 학벌타파운동을 '포퓰리즘'(대중야합)이라고 매도하는 발언을 하여 심각한 우려를 낳게 하고 있다. 우리는 국가와 시대를 이끌어 나가고 진정으로 경쟁력 있는 서울대가 되기 위해서는 엘리트라는 이름으로 가장된 학벌주의자들을 양성하는 기관으로부터의 탈피가 무엇보다도 우선되지 않을 수 없음을 분명히 하고자 한다.

'입사지원서의 차별적 항목 시정을 위한 토론회', 국가인권위원회, 2003.10.30.

9

학벌과 국가경쟁력

1. 왜 학벌인가? -차별해당성여부
2. 학벌의 폐해 -망국병으로서의 학벌
3. 대학의 붕괴 -서열화로 망해 가는 대학
4. 대학의 본질 -포장공장화된 우리의 대학
5. 학원화된 대학 -교육의 정상화를 위하여
6. 대학의 미래 -국립대 무상평준화
7. 기업의 경쟁력과 학벌 -학벌문제가 기업의 경쟁력에 미치는 것
8. 입사지원서 -능력 있는 사람을 뽑자
9. 포괄적 차별 -차별 속의 차별

1. 왜 학벌인가?

-차별해당성여부

입사지원서의 차별적 항목 시정을 위한 토론회에서 '학벌'이 주제가 될 수 있는 분위기가 되었다는 사실만으로도 나는 이번 토론회가 나름의 가치를 지닌다고 믿는다. 더욱이 국가인권위원회(이하 인권위)에서 기재사항 중 지원자의

개인능력과 수행업무와 관련이 적다고 판단하여 삭제 및 수정을 요구하였지만, 많은 기업이 시정하지 않은 것이 바로 학벌과 관련된 '학교명'이었다는 점은 우리에게 시사하는 것이 많다. 결국, 우리 사회의 큰 문제는 바로 학벌이라는 것을 간접적으로 드러내준 것이다.

2003년 1월 및 6월에 인권위에서 100개 기업에 입사지원서에 학교명 삭제를 요구한 적이 있다. 오로지 8개 업체만이 지원서에서 기재란을 삭제했다는 사실은 한국사회에서 학벌의 위력을 반증하는 좋은 예였다. 삭제한 업체는 LG CNS, SK건설, 동양매직, 롯데정보통신, 영보화학, 한국토지공사, 한진정보통신, 한국영상자료원이었다. 이런 발전은 텔레비전 중앙방송의 9시 뉴스(KBS 2003.9.28.)에도 나올 정도로 커다란 의식의 변화를 보여주었다. 한국토지공사는 '필기시험 합격자에 한하여 이수전공과목 내역을 별도 제출케 하는 방안을 검토 중'이라고 밝혔다(국가인권위원회 보도자료, 2003.3.12/ 6.26).

당시 기업은 각 항목당 평균적으로 80%가 넘게 인권위의 요청을 받아들였다. 그만큼 인권위의 요구는 기업에 상당한 영향력을 미치고 있었다. 그럼에도 학력사항과 관련해서는 80%가 밑도는 삭제율을 보여주었다. 그 중에서도 학교명을 밝히지 말라는 것에 대해서는 100개 기업 중 8개만 삭제하여 8%라는 매우 낮은 삭제율을 보였다.

그 밖에는 장애사항란으로 해당업체 10개 가운데 6개만이 삭제하여 60%의 삭제율을 보였지만, 삭제하지 않은 이유의 대부분이 '장애인 고용 우대'라고 밝히고 있어 학력사항과는 분명하게 다른 취지에서 제외되었음을 보여주고 있다. 이유가 사실이라면, 삭제하지 않은 까닭이 '하나는 뽑지 않기 위해(negative), 하나는 뽑기 위해(positive)' 설정된 것으로 정반대의 방향에서 인권위의 요구를 받아들이지 않은 것이다.

가족사항, 신체사항, 질병관련, 병역(병역면제사유), 혼인여부, 종교, 출신지역, 재산사항, 성장과정 등, 흔히 이력서상에 필수기재사항으로 되어있는 것조차 많은 기업에서 삭제하였음에도 불구하고 학교명만큼은 고집하는 이유가 무엇일까? 여기에 우리의 문제가 있다.

그리하여 이 점을 인권위에서 파악하여 학벌관련 사항기재의 차별해당성 여부를 집중적으로 검토하기 시작한 것이다. '기업이 원하는 입사지원자의 정보'와 '입사지원자가 원하는 입사지원서 기재사항'에서도 가장 상충되는 부분이 바로 학교명으로 표기되는 학벌문제일 것이다. 기업은 학교명을 적도록 하여 쉽게 뽑으려 하지만, 지원자는 학교명 때문에 떨어지는 상황을 가장 꺼릴 것이기 때문이다. 이렇듯 일반적으로 기업이나 지원자가 가장 첨예하게 대립하는 부분이 학벌이다. 거꾸로 상황에 따라서는 실력 없는 사람이 가장 드러내 보이거나 찾고 싶은 것도 학벌밖에는 없을 것이다.

2. 학벌의 폐해

-망국병으로서의 학벌

학벌은 한마디로 현대판 신분제도이다. 대학의 1, 2, 3류에 따라, 성골, 진골, 육두품으로 나뉜다. 달리 말해 중심부가 있으면 주변부가 있고, 정상세계와 제3세계가 있다.

학벌의 형성도 여러 번의 시험이나 일련의 기회를 통해 얻어지는 것이 아니라 오로지 대학입시라는 단 한 번의 절차로 이루어진다. 마치 전근대 사회에서 출생이라는 단 한 번의 사건으로 인간의 신분이 정해지듯이, 현대 한국사회는 수능이라는 단 한 번의 기제로 신분이 나뉜다. 신분의 형성이 일회적이지 다차多次적이지 않다는 점에서 학벌문제는 상당히 전근대적인 양상을 띤다.

이런 신분의 계승은 회사나 공직에 들어서도 마찬가지여서, 밀어주고 끌어주는 것은 철저히 학벌 위주로 결정된다. 게다가 특정 대학의 위세는 가히 위협적이어서 '한 대학'과 '나머지 대학'의 위상으로 결판나는 경우가 많다. 다시 말해 우리나라에는 '제1대학'(A)과 '제1대학이 아닌 대학'(-A)만 있을 뿐이지, 미국처럼 8개의 아이비리그 대학이 공존하지 못한다. 게다가 제1대학이 아닌 대학은 늘 제1대학을 원망하면서도 그에 대한 대항논리로 우리도 뭉

치자고 주장한다. 그러다 보니 여러 대학이 같이 나가지 못하고(A, B, C, D, E...), 몇 개 대학의 독과점으로 그치고 만다(A & a, b.).

그렇다면 제1대학은 공부하는가? 아니다. 왜냐하면 그럴 필요도 없기 때문이다. 독점권은 이미 획득되었는데 굳이 학문을 할 까닭이 없다. 그렇다면 제2대학은 공부하는가? 그들도 하지 않는다. 어차피 2등인데 해서 뭐하냐는 것이다.

그럼에도 학벌타파를 마치 무조건적인 평등주의로 호도하는 것은 학벌주의자들의 계산된 의도일 뿐이다. 학벌타파가 엘리트 교육을 포기하여 국가경쟁력을 둔화시킬 것처럼 주장하는 이들은 우리 사회가 학벌이라는 기제 때문에 경쟁하고 있지 않음을 직시해야 한다. 학벌타파는 공교육의 정상화를 통하여 진정 공부하는 대학, 경쟁하는 대학으로 만들고자 하는 것이다. 미성년 시절의 단 1차례로 경쟁을 멈추지 말고, 대학과 대학원 등을 통해 지속적이고 장기적인 경기를 속행시키고자 하는 것이다. 그런 점에서 학벌주의자들은 참다운 경쟁을 논할 자격이 없다. 그들은 학벌이라는 허울을 통해 기득권을 유지하려고 할 뿐, 세계라는 경쟁의 바다로 뛰어들려 하지 않기 때문이다. 달리 말해 우리에게 학벌이 존재하는 한 세계 속에서 인정받고 우위를 다투는 우리 대학의 위상은 불가능하다. 이런 상황에서 제1대학의 졸업생도 유학을 가야만 하는 형국이 벌어지게 되는 것이다.

이렇듯 학벌은 한국사회를 아직도 신분제로 설정하고 있는 폭력적 족쇄일 뿐만 아니라 참다운 경쟁을 불가능하게 만들어 기업과 국가의 발전을 가로막고 있는 흉악한 의식이 아닐 수 없다. 학벌의 타파야말로 우리가 선진국형 사회로 나가는 지름길임을 분명히 해야 한다.

3. 대학의 붕괴

-서열화로 망해 가는 대학

대학이 무너진다는 것은 두 가지로 볼 수 있다. 첫째는 정말로 외형적인 붕괴를 가리키는 것이고, 둘째는 실질적인 기능을 못한다는 뜻에서 내용적인 붕괴를 말하는 것이다. 내용적 붕괴가 시작된 지는 오래되었지만, 외형적 붕괴는 최근에 발생되고 있다는 점에서 차이가 있다. 그러나 둘 다 대학이 제 역할을 못하고 있다는 점에서 공통점이 매우 많다.

먼저 외형적인 붕괴부터 말해보자. 이런 현상은 지방대학을 기점으로 시작되고 있는데, 대학을 진학하려는 고등학생의 숫자와 대학의 정원이 같아지면서 벌어지는 일이다. 그런 점에서 외형적인 붕괴는 어쩔 수 없는 현상이기도 하다. 그런데 문제는 그 붕괴가 지방에서부터 시작된다는 데 있다. 철저히 서열화된 우리 대학의 상황 때문에 서열에서 밀리는 지방대학부터 이런 현상이 벌어지는 것이다.

지방대학이 망하면 과연 지방분권화된 국가를 건설할 수 있을까? 부정적이다. 지방대학이 망하면 지방도 같이 망할 수밖에 없기에, 지방대학육성이 절실한 상황이다.

시골에 가면 노인들만 있고, 어린이들을 찾아보기 힘들다. 그 까닭의 하나는 교육을 위해 서울과 대도시로 사람들이 집중되는 데 있다. 지방에 폐교가 많아지는 이유도 같은 이유 때문이다. 그만큼 교육의 문제는 삶과 너무나 밀접한 것이다.

다음으로 내용적인 붕괴를 말해보자. 우리 대학은 철저히 서열화된 바람에 공부하지 않는다. 졸업장이 중요한 것이 아니라, 입학증만이 중요한 이상한 나라이다.

이것이 아무리 현실이라고 하지만 정말 해괴한 일이다. 세상 어디에고 이렇게 철저하게 서열화된 대학은 없다. 우습게 말하면, 대형입시학원이 대학의 점수를 평가하는 요상한 체제인 것이다. 결국 대학은 학원보다도 못한 신세이다. 대학생들조차 평균적으로 일 년에 200만 원 정도의 사교육비를 낸다는 사실을 상기해보자.

그러니 교수나 학생 모두 진정한 학문을 위해서 애쓰지 않고 그저 '나는 일류대 교수니까' 아니면 '지방대 교수니까' 하면서 자아도취나 체념에 빠져 산다. 학생은 더욱 말할 것도 없다.

이런 것이 바로 대학의 붕괴이고, 학문의 붕괴이며, 국가경쟁력의 붕괴이다. 이런 붕괴 뒤에는 바로 학벌이라는 거대한 기제가 숨어있고, 그것은 기득권 세력의 옹호를 위해서 이데올로기로 오랫동안 정착되어오고 있다.

4. 대학의 본질

-포장공장화된 우리의 대학

과연 대학의 본연이란 무엇일까? 대학의 본연을 묻는 것도 대학의 의무이겠다. 늘 묻고 또 물어야 할 것이다. 그러나 우리나라에서 대학의 본연을 묻는 것은 너무도 슬픈 일이다.

이를테면 대학이 양질의 교육으로 훌륭한 학생을 키워내는 것이라고 생각해보자. 이처럼 지극히 당연한 이치라도 과연 현실이 그러한가 물어보자. 그렇기 위해서는 적어도 우리 대학은 중급의 학생을 받았지만 상급의 학생으로 만들어낼 수 있다는 자신감이나 체계가 있어야 할 것이다. 그러나 우리 대학의 현실은 그런 가변성이나 탄력성이 마련되어있지 않은 듯하다.

급변하는 국제사회 속에서 대학이 반드시 그에 발맞춰야 할 필요는 없다. 이런 논리를 기업에서는 강하게 반발할지 모르겠지만, 사실 그것은 기업의 이익을 위해서도 받아들여야 할 일이다. 대학은 기초를 강하게, 문제풀이를 빠르게, 응용력을 도탑게 만드는 곳이지, 단순히 한 두 해만을 써먹고 버릴 조립품을 만드는 곳이 아니다. 한 두 해만 써먹을 일을 대학에서 하라는 것은 원론적으로 교육의 속성을 몰라서 하는 이야기일 것이다. 오히려 5년이 지나고 10년이 지나서도 빛을 발할 수 있는 교육을 시켜놓아야 하는 곳이 바로 대학인 것이다. 국제사회의 변화에 신속히 발맞추기 위해서라도 탄탄한 기초는 무엇보다도 중요한 것이다. 마치 수출 입국立國을 위해서라도 소재素材 산업이 중요한 것과 같다.

그런데 우리 대학은 '기초냐, 응용이냐'를 따질 필요도 없을 정도로 타락하고 쇠퇴해가고 있다. 응용의 요구에 기초를 버리고, 기초의 요구에 학생의 기본실력을 따지다 만다. 대학에서 잘 교육하려 하지 않고, 잘 교육된 아이들을 받아 그저 내보내려고만 한다. 이른바 일류대학은 일류학생을 받아 일류로 내보내고, 삼류대학은 삼류학생을 받아 삼류로 내보낸다고만 생각한다. 일류와 삼류 사이의 격차는 너무도 커서 뒤바뀔 수 없는 듯 여긴다. 그러니 대학에서 공부하는 것은 어불성설처럼 느껴질 뿐이다.

오늘날의 대학의 모습은 오로지 암기력 좋아 수능에서 높은 점수를 얻은 학생들을 받아 세월만 보내 대학명패를 씌워 내보내는 마치 '포장공장'과 같다. 내용은 신경 쓰지 않고 형식만이 시간을 통해 얻어질 뿐이다. 이때 대학에서 배워야 할 창의력이나 비판성, 나아가 실천에 대한 용기 같은 것들은 누구도 묻지 않는다. 이런 상황에서 대학의 본연을 묻는다는 것은 엉뚱한 일이 되고 말았다.

대학이 대학 본연의 역할을 찾기 위해서는 이처럼 수능점수를 4년 동안 단순히 포장해주는 역할에서 벗어나야 한다. 진정으로 자유롭고 창조롭게 사고하는 주체적인 인간을 양성하여 사회에 내보내기 위해서 대학은 자신의 임무를 다 해야 할 것이다. 대학은 인간외피의 포장공장이 아니다.

5. 학원화된 대학

-교육의 정상화를 위하여

대학생들은 고시 준비 등을 제외하고는 다른 살아갈 방도가 없어서 고시 등 공무원이 되는 길에 매달리게 되는 경우가 많다. 이를 쉽게 비판하기도 어렵다. 따라서 기업에서는 자신들이 필요로 하는 인재가 양성되지 않는다고 투정한다.

사실 여러 나라에서 대부분 그러하듯이 대학에서의 실용학문은 반드시 학부에 있을 이유가 없다. 그런 점에서 법학, 의학, 경영학, 행정학 나아가 사범대학은 대학원 제도로 변경되는 것이 장기적으로 옳을 것이다. 학부에서 기초를 잘 쌓은 다음, 대학원에 가서 실용교육을 받으라는 것이다.

그러다 보면 기초학문 등 교양교육이 활성화될 수 있고, 더 나아가 진정으로 의미 있는 전문가가 탄생할 수 있을 것이다. 동정심 많은 의사, 정의감 있는 검사, 전기를 잘 다루는 경영자, 문학을 아는 행정가, 건축에 달통한 교사, 이런 것이 곧 우리가 바라는 이상이다. 그래야 의사가 샤르트르를 알고, 판사가 체게바라를 알며, 교사가 가우디를 알게 되지 않을까? 암기에만 능한 의사, 변호사, 교사가 활개 치는 세상은 누구나 살고 싶지 않을 것이다.

MIT만 하더라도 핵심(Core) 과목이라고 해서 기초교양을 적어도 25%를 듣게 한다. 역사와 철학을 아는 공학자가 더욱 가치 있다고 생각하기 때문이다. 공학교육의 이념이라는 것이 바로 응용(engineering)에 있듯이, 이론의 적용이라는 목적은 인간과 사회를 이해하지 않고는 불가능하다. 자신의 결론이 기업과 사회에서 절실한 것이라는 판단을 내리기까지에는 수많은 인문사회학적인 선택을 거쳐야 하는 것이다. 게다가 자신의 소신을 남에게 설득시키는 것도 비공학적 요소가 많을 수밖에 없다.

기업에서 바라는 인재도 그럴 것이다. 이른바 최고경영인(C.E.O.)은 단순한 전공자가 올라가서 일을 할 수 있는 자리가 아니라는 점에서 대학의 정상화는 궁극적으로 기업환경의 변화와 직결된다.

현재의 상황에서는 대학이 인재를 기른다는 것조차 허구에 가깝다. 수능으로 결정된 신분증으로 대략 평생을 살게 되는 우리의 현실에서 대학이 인재를 기르려고 하겠는가? 지방대 졸업생들은 원서를 내보았자 이른바 '자동 필터링' 되는 것이 알려진 비밀이고, 기업이 학벌 좋은 인재를 뽑으려하는 것도 그 능력보다는 그 학맥으로 정경유착의 고리를 얻고자 하는 데 있기도 하다. 다시 말해 우리 사회는 불행히도 학벌이 인재라는 개념에 앞서고 있는 것이다. 한 걸음 더 나아가 만일 남녀문제까지도 개입하면 이는 더욱 심각해진다. 유비하자면 성별도 인재라는 개념에 앞서고 있는 것이 안타까운 우리의 현실이다.

대학이 기업화하는 것도 문제가 있다. 대학은 대학이 가르쳐야 할 부분이 있다. 이른바 교양교육의 이념이 그런 것인데, 교양이 궁극적으로는 미래의 발전에 도움이 된다는 논리는 전 세계적으로 받아들이고 있는 것임에도 우리는 그것을 오히려 마다하고 있다. 이를테면 최근 들어 공학인증제를 한다고 갑자기 '공학윤리'과목을 요청하는 데가 생겼지만, 이것은 미국이 그러하니 우리도 그러하겠다는 것에 불과하다. 이렇듯 아직도 자기반성보다는 남 따라하기에 바쁘다.

오늘날 한국의 대학원은 우습게 말하면 '학벌세탁'의 공간이 되어버렸다. 특히 연세대와 고려대와 같은 제2대학이 심한데, 알다시피 대학원생이 많으면 지도가 제대로 되기 어려운 것이 사실이다. 그럼에도 학부정원과 규모가 비슷한 대학원생정원을 유지한다는 것은 대학이 돈벌이에만 앞선다는 것에 지나지 않는다. 수도권 인구억제정책 때문에 학부정원을 늘여주지 않으니까, 대학원생을 늘려 돈을 벌겠다는 술수인 것이다. 학생은 학벌을 얻고, 학교는 학비를 받아 서로의 이익 앞에서 손을 잡는다. 그런 점에서 교육대학원은 말할 것도 없다.

6. 대학의 미래

-국립대 무상평준화

대학이 공공재(Pubic Goods)냐는 것도 논란의 여지는 있을 수 있다. 그러나 현재 국립대가 국비의 지원을 받는다는 것 하나로도 우리나라는 전통적으로 대학을 공공재로 여기고 있음을 보여준다. 하다못해 프랑스에서는 그로노블 선언을 통해, '학생은 공부하는 노동자'라고 규정한 적도 있다. 이는 학생들의 학업이라는 노동의 대가를 국가가 임금의 형태가 아니더라도 지불해야 한다는 의식을 담고 있는 것이다.

요약적으로 말해, 우리에게 절실한 것은 학벌타파이고, 이를 위해 먼저 국립대 무상평준화가 이루어져야 하고, 나아가 점차 사립대가 준국립화하는 서순을 밟아야 한다. 프랑스와 독일이 이렇게 평준화하고 국립화했음에도 학문이 죽었다는 소리를 듣지 않는 것을 생각해야 한다. 그러나 최근 들어 우리의 상황은 지속적으로 나빠져 일본처럼 국립대조차 법인화의 길('국립대학법인 서울대학교 설립·운영에 관한 법률 제정안' 입법예고, 2009.9.2.)로 몰리고 있다.

흔히 프랑스의 예를 들면서 그들도 철저하게 엘리트 교육을 하는데 우리가 웬 말이냐고 반론을 제기하기도 한다. 그러나 이런 논지야말로 사실을 왜곡하는 것이다. 프랑스의 고등사범(에콜 노르말 쉬페리외르)이나 이공학교(에콜 폴리테크닉)는 모두 정원이 50명밖에 되지 않는다. 국립행정학교(ENA)도 200명 정도에 불과하다. 그들 스스로도 이를 대학이라 하지 않고 '학교'(큰 학교: Grandes Ecoles)로 부름을 주목해야 한다. 이 학교들은 2년제이지 4년제도 아니다. 2010년 신입생 정원이 4,300명에 육박하고 있는 서울대가 엘리트 교육을 한다는 것조차 황당무계한 발상인 것이다.[1]

사교육의 천국, 공교육의 붕괴, 이 모두 문제의 정점에는 학벌주의가 도사리고 있다는 것을 잊어서는 안 된다. 학벌은 현대판 신분제이고, 학벌타파는 실제상 권력투쟁과도 통한다. 달리 말하면 학벌은 특정학벌의 인맥이 만들어낸 하나의 이데올로기라는 것이다. '점수가 곧 인간의 능력'이라는 무지막지한 폭력적 허위의식을 간파할 필요가 있다.

점수, 그것도 소수점까지 환산되는 수능점수, 그리고 그 점수의 공개여부가 문제가 되는, 나아가 그것 때문에 법정공방이 벌어지는, 이런 해괴한 일들은 모두 학벌 이데올로기에 침윤해 있는 우리의 자화상인 것이다. 우리의 삶은 그것에 저항하지 못해 무의식적으로 젖어 벌이고 있는 꼭두각시(괴뢰傀儡) 노름이라고나 할까.

대학이 단순히 간판화되는 현실은 우리 대학이 처한 상황을 적절하게 지

---

1 학년별 정원이 하버드대 1,500명, 예일대1,200명밖에 되지 않으나, 우리의 경우, 연고대를 합치면 신입생이 약 15,000명에 이른다. 그러니 독과점이 되지 않을 수 없는 것이다. 2010년의 경우 서울대 4학년 7,218명, 3학년 4,800명, 2학년 4,889명, 총 21,173명, 대학원 포함 29,932명.

적해주고 있는 것이다. 학벌문제는 단순히 생각할 것이 아니다. 학벌문제는 한국허위의식의 표본이고, 취업이나 심지어 결혼의 순간에도 이데올로기로 작용을 해서 교육을 붕괴시키고 있다. 따라서 학벌 타파 없는 고교 및 대학의 정상화는 불가능하며, 공교육이 정상화되지 않고서는 기업과 국가의 경쟁력이 확보될 수 없다는 것은 자연스런 논리적 귀결로 보인다.

알다시피 우리의 공교육 부담율은 OECD 국가 중 최고이다. 흔히 국내총생산(GDP) 대비 공교육비 비율이 7.3%이기 때문에 OECD 평균인 5.8%보다 높아 공교육에 다른 나라보다 많이 투자하는 것처럼 보이지만, 공교육비를 정부가 부담하는 비율(4.5%)이 OECD 평균(4.9%)보다 낮다는 데 주목해야 한다. 더욱이 민간부담율(2.9%)은 OECD(0.8%)보다 무려 3.6%나 높아 조사대상 29개국 가운데 제일 높다. 다시 말해 공교육에 돈은 많이 들어가는데, 그 돈을 국가가 내지 않고 민간이 내고 있다는 것이다.[2]

학용품까지 무료인 핀란드를 닮지는 못할지라도 대학이 점차 민간의 부담이 없는 방향으로 나가야 함은 이와 같은 수치에서도 엿볼 수 있다. 여기에 공교육비에 맞먹는 사교육비를 합하면 천정부지로 민간의 부담은 높아지고 만다.

지금 우리가 말하고 있는 것은 공교육비 가운데 사부담을 말하는 것이지, 사교육비 그 자체가 아니다. 통계청의 사교육비 조사(2009. 2. 23.)에 따르면 사교육비 총규모는 21조 6천억 원으로 매년 3-5% 증가하고 있다. 이렇듯 우리의 교육은 그야말로 사교육의 천국인 셈이다. 대학에서조차 영어학원 등 사교육에 투자하고 있는 우리의 현실을 감안한다면 우리는 국가가 교육을 포기한 듯 보일 정도이다.

---

2 2009년도 OECD 교육지표(Education at a Glance), 2009.9.8. 발표.

7. 기업의 경쟁력과 학벌

-학벌문제가 기업의 경쟁력에 미치는 것

학벌의 문제가 기업의 경쟁력과 무슨 관계가 있을까 싶지만 결코 그렇지 않다. 아니, 우리가 선진국으로 진입하지 못하는 가장 큰 까닭도 바로 학벌문제에 있다. 몇 가지 예를 들어보자.

먼저 강남의 땅값이 오르게 된 까닭이 무엇인가? 시발점은 경기도 지역의 고교평준화에 있었다. 그때 분당, 안양 등의 학생들이 서울의 강남(서초, 강동, 송파구 및 양천구)으로 몰려들기 시작했고, 따라서 집값(매매값 및 전세값)이 큰 폭으로 뛰기 시작했다. 이것이 바로 '2001 강남학원열풍'이다. 이 와중에 집을 잃은 사람도 나왔다. 다른 곳에서 집을 팔고 강남으로 전세를 왔다가 전세금의 폭등으로 갈 데가 없어진 것이다(개포동 주공1단지, 15평이 6억, 2003.9.). 이렇게 사교육열풍은 우리의 주거생활에 직접적으로 영향을 미친다. 이 배경에는 '부자-사교육-명문대'라는 우리 사회의 현실이 담겨져 있다. '개천에서 용 나는' 사회가 이미 아닌 것이다. 2005년 서울대 신입생 가운데 아버지의 직업으로는 전문직 19.2%, 경영·관리직 17.9%, 사무직이 24.2%에 해당하며, 대졸자 48.4%, 대학원졸업자 25.5%, 고졸자가 22.5%에 이르고 있다. 단대별로는 의예과(89.5%), 음대(87.8%), 미대(82.3%), 경영대(82.0%) 순으로 아버지의 교육수준이 높았다.[3]

이런 사교육의 천국에서 강남의 부모들은 과연 편할까? 그것도 아니다. 상황에 따라 매우 큰 격차를 띄지만, 직장인 월급의 최소 1/3이 들어가야 하

---

3 서울대학교 대학생활문화원, 서울대 2005년 신입생 특성조사(2005.11.). 전문직과 경영관리직의 정의는 아래와 같다.

① 전문직 : 판·검사, 변호사, 회계사, 의사, 약사, 교수, 종교인, 예술인, 엔지니어, 기술연구원, 언론인, 방송인 등.

② 경영·관리직 : 경영주(5인 이상 고용), 대기업 간부(부장 이상), 고급공무원(중앙관서 과장 이상), 사회단체 간부, 군인(영관급 이상), 경찰(경정 이상), 대규모 임대사업, 대규모 농·축·수산업 경영 등.

는 사교육비(매달 100만원)를 어떻게 대라는 것인가? 아이가 둘이나 되어도 그것은 무지막지한 비용이 되고 만다. 그러다보니 백화점의 주부사원의 60%가 강남, 서초, 송파구 주민들로 하루 6-7시간 씩 서서 일하면서 시간당 4,000원 가량을 벌고 있다(현대백화점 무역센터점).

2002년의 서울대 신입생의 경우, 강남구가 3.34%, 서초구가 2.44%, 강동구가 1.77%, 송파구가 1.75%를 차지하고 있는 반면, 같은 서울이라도 영등포구는 0.45%, 동대문구는 0.44%, 구로구는 0.38%, 중랑구는 0.29%를 차지한다. 동창회 사이트인 '아이러브스쿨'에 가입한 1984년 경기초등학교 졸업생 가운데 188명중 43명이 서울대와 연·고대를 다니거나 유학을 갔는데 반해, 난향초등학교 졸업생은 320명 중 1명이 그 축에 속했다.[4]

경제활동의 중심이 서울이 되는 까닭에도 교육이 큰 몫을 차지한다. 지방에 직장이 있어도 서울에 집을 두고 있는 사람에게 이사를 가지 않는 이유를 물어보면, 대부분 자녀교육문제 때문이란다. 따라서 서울은 자꾸만 비대해져 국토의 균형발전이라는 명목을 차치하더라도 과연 경쟁력 있는 도시인가를 묻게 된다.

이런 상황에 신물을 느끼는 사람은 차라리 이민을 간다. 돈이 넉넉하면 자녀만 보내고, 그렇지 않으면 아예 보따리를 싸야 하는 것이다. 선진학문을 배우기 위해서 유학을 가는 것이 아니라 사교육비를 대지 못해서, 학벌사회에서 살기 싫어서 이민을 가는 것이다.

미국으로 원정출산을 떠나는 까닭도 제1순위가 사교육비지출을 대기 어려우니 차라리 미국에서 학교를 보내겠다는 알량한 마음이다. 그것이 범죄에 속한다면 사교육이 건강한 국민을 범죄자로 몰고 있는 것이 아닐 수 없다. 그리고 남는 것은 '기러기 아빠'일 뿐이다. '노동하여 학원비 대는', '수출하여 유학 보내는', 이런 모습이 바로 대한민국의 현주소인 것이다.

과도한 사교육비는 노년빈곤의 주원인이 되기도 한다. 노년빈곤은 사회적

---

4 조선일보, 2003.9.5.자.

문제로 젊은이들의 부담으로 돌아온다. 그런데 젊은이들은 차세대 노동인력을 생산하길 거부한다. 아이들 많이 낳지 않은 이유 가운데 가장 큰 이유가 무엇인가? 이도 교육문제로 돌아간다. 아이 하나도 키우기 어려운데 어떻게 둘씩 낳느냐는 것이다. 결국 이는 기업과 국가의 경쟁력에 큰 타격을 주게 될 것이다.

8. 입사지원서

-능력 있는 사람을 뽑자

한국교육개발원이 2002년 1백대 기업을 대상으로 조사한 결과, 실제 직무능력의 차이가 존재한다는 의견은 16.7%에 불과했지만, 기업들은 여전히 인권위원회의 학력란 폐지 요청을 이렇게 무시하고 있다. 더불어 학벌과 관련된 차별의 심각성을 국민들은 75%나 인식하고 있음(한국사회과학데이터센터, 2003)에도 기업의 우수성조차 마치 학벌로 내세우는 것처럼 보인다. 세계 속에서는 아무 것도 아닌데도, 일류라고 믿고 또 믿는다.

사실상 학력란과 관련해, 본교/분교, 학교 소재지를 밝히는 것은 학교명의 문제에 비해 그다지 중요한 것도 아니고, 오히려 부수적인 것이다. 분교를 가진 대학은 대체로 학벌의 문제에서 상대적 우위를 차지하고 있는 대학이거나 (한)의대 등 인기학과에 한한다. 대학의 수요를 채우기 위해 수도권 사립대학은 수도권인구억제정책에 가로막혀 지방에 분교를 설치하기에 이르렀고, 이의 이용자도 대체로 수도권학생에 이른다. 그런 점에서 '순수' 지방대와는 많은 차이를 지닌다. 그러나 원론적인 학력란 폐지를 주장하는 마당에, 본교/분교를 밝히는 것은 입사지원서에서 존재할 이유는 없다. 게다가 학교 소재지는 학교명을 알면 다 알 수 있는 것으로 단순히 눈 가리고 아웅하는 것에 지나지 않는다. 만일 본교/분교, 학교 소재지란을 폐지한 것으로 학력란 폐지의 정책에 동조하는 양하는 것은 본질적인 문제를 희석하거나 왜곡하는 것이다. 중요한 것은 학교명의 기재가 아닐 수 없다.

정부는 사교육비경감대책위원회, 학벌주의 극복방안 수립을 위한 합동기획단 등 여러 기구를 만들어 놓고 학벌과 관련된 문제를 거론하고 있지만, 그 대책과 극복은 실로 표피적이지 않을 수 없다.

정부는 2003년 6월 25일 14개 부처 장차관이 참석한 가운데 제3차 인적자원개발회의(의장: 윤덕홍 부총리 겸 교육인적자원부장관)에서 <학벌주의극복을 위한 종합대책 수립계획>을 발표할 때, 학벌주의의 문제를 세 가지로 요약하고 있을 정도로 그 심각성을 잘 알고 있다.

첫째, 학벌주의는 교육의 부실화와 고용 및 소득분배구조의 왜곡의 주원인이 된다는 것.

둘째, 명문대 입시만을 위한 입시위주의 교육이 연간 7조 원의 과도한 사교육비 지출을 야기한다는 것.

셋째, 인적 자원의 배분과 활용구조를 왜곡시켜 국제경쟁력을 약화시킨다는 것.[5]

이와 같이 학벌이 국가차원의 문세가 되고 있음을 정부가 인지하고, 따라서 범부처적 역량을 집중시켜 해결해야 할 대상으로 삼고 있음은 환영하지 않을 수 없는 일이었다. 그러나 그에 대한 해결책은 정말로 어처구니없었다. 사교육비경감대책위원회(위원장: 서범석 교육부차관)가 지난 7월 8일 내놓은 안은, '학교를 임대해서 사교육 욕구를 해소', '불법고액감시', '신용카드수납학원으로 유도' 등이 그 내용이었다. 이 정도면 과격하게 말해, '학교를 학원화하자'는 말과 다르지 않다.[6]

이런 와중에 서울대의 지역균형선발제는 인재독점과 관련된 반(反)지방화의 정책으로 지방대학육성과는 정면으로 배치되고 있어 심각한 우려를 낳고 있다. 게다가 중앙일간지와의 인터뷰(동아일보, 2003.7.22.)에서 학벌타파운동이

---

5 학벌없는사회 성명서(2003.6.30.).

6 학벌없는사회 성명서(2003.7.19.).

'포퓰리즘'(대중야합)이라는 서울대 총장의 발언은 사회시민단체의 반발을 사기도 했다.[7]

입사원서에서 학력란을 없애는 일은 정말로 시급한 일이다. 설령 형식적으로만 그러하고 내용적으로는 실효성이 없을 수도 있다. 그러나 그것이 주는 상징적인 의미는 대단히 큰 것이다. 시민단체 '학벌없는사회'에서는 이를 시민운동으로 연대시킬 것을 신중히 고려하고 있다.[8] 이렇게 될 경우, 학력파괴는 점차적으로 모집 시(○○ 이상의 학력자에 한함), 채용 시(직무경력과 구분되는 학력에 따른 가산점 부여), 임금 결정 시(학력에 따른 호봉이나 연봉 계산), 승진 시(특정학력자의 승진비율을 제한하지 않는)에도 점차 적지 않은 영향을 미칠 수 있을 것이다.

학벌의 타파야말로 기업의 생존을 좌지우지 할 수 있다. 이런 의식 아래 입사원서에서 학교명의 삭제는 생존의 전략임을 분명히 하지 않으면 안 된다. 그리고 학벌타파운동의 가장 큰 저항세력이 수출산업이나 국가근간산업에 종사하는 사람이 아니라 특수권력층과 학원재벌임을 명확히 알아야 한다.

9. 포괄적 차별

-차별 속의 차별

학교명기재는 곧 학벌주의와 직결된다. 기업에서 학력學歷 위주로 입사지원서를 작성하게 하는 것은 학력에 따라 인간을 차별하겠다는 의도를 공개적으로 드러내는 것과 같다. 그 학력을 마치 '학력學力'처럼 호도하면서 학교명을 통해 서울과 지방, 일류와 삼류, 본교와 분교, 지역과 지역을 암암리에 차

7 학벌없는사회 성명서(2003.7.31.).

8 최근 한국교육개발원은 사교육비 경감방안을 발표(2003.10.13.)하였다. 수능을 등급제(20-30등급)화하겠다든가 초중등교육을 포트폴리오로 작성하여 대학입시에 활용하겠다든가 하는 것이다. 사교육 기관은 강사면허제, 표준가격화, 신용카드제, 허가제 등이 그 주된 내용이다. 문제는 공교육부실의 가장 큰 원인인 대학에서 그 해결책을 찾지 않는다는 데 있다.

별하려 드는 것이다. 이런 학력으로 위장된 학벌주의는 너무도 오래된 지역주의의 망령(지역과 지역), 분리와 통치라는 식민지적 발상(본교와 분교), 명패위주의 전근대적 신분제의 탐닉(일류와 삼류), 분권을 저지하는 중앙집권적 폭권의식(서울과 지방)으로부터 비롯된다.

학벌이 차별에 해당하는가? 나는 학벌에 따른 차별을 '포괄적 차별'이라고 부른다. 장애자, 여성, 외국인, 비정규직 노동자 등과 같이 천성이나 국적 그리고 신체적 또는 신분적 조건에 따른 분명한 구분은 불가능하지만, 이 모두에 걸쳐 다시금 내재되어 있기 때문에 가장 포괄적인 차별이다. 한마디로 말해, 학벌차별은 개별적 차별 속의 보편적 차별이다.

이를테면 여성의 입장에서는 아무리 학벌 좋아도 취직이 되지 않는데 무슨 말이냐고 할 수도 있다. 그러나 학벌 없는 여성은 간혹 주어지는 기회조차 빼앗기고 만다. 장애자도 학벌이 좋으면 사람들의 동정심을 더욱 많이 살 수 있으며, 외국인 노동자도 직분과 전혀 상관없음에도 그곳에서 좋은 대학을 나왔다고 하면 그래도 인정받는다. 비정규직 노동자로서 대학의 시간강사가 자살해도 학벌이 빼어나야 사회적으로 이슈화한다. 하다못해 지하철사고로 죽은 것도 억울한데, 오직 '서울대 입학자격증'이 있었다는 이유로 박스기사화 시켜주면서 그 안타까움을 더욱 증폭시키려든다. 재수학원 다니는 19살 청춘과 서울대 입학자격증이 있는 같은 나이의 청춘은 그 죽음의 값어치조차 차이가 있는 것이다.

그런 점에서 학벌은 차별을 더욱 가속화하고 공고화시키는 기제이다. 차별에서 벗어나기 위해 차별받는 이들은 학벌로 더욱 자신을 차별화시키려 드는 역설적인 현상이 벌어지기도 한다.

따라서 학벌은 어떤 차별보다도 우선시되어야 한다. 여성인재할당제와 같은 사회적 약자에 대한 배려는 적극 권장되어야 하고, 아울러 학벌의 문제와도 많은 교집합이 있을 것이라고 생각되지만, 만일 그것이 대치되었을 때에는 학벌을 우선 고려해야 한다고 생각하는 까닭이 바로 학벌이라는 차별의 포괄성에 있다. 공공의 이익이라는 관점에서도 국민의 대다수에 해당되는 학벌문제가 불평등해소대상의 최우선순위로 자리 잡아야 하는 것이다. 아무리 사회적 약자라는 고려를 전제하더라도 최대 50%에 해당되는 차별과, 국민의 의식 속에서 최소 3/4에 해당된다고 심각하게 인식되는 차별 가운데 선택해야 할 것은 명백하다. 게다가 우리 사회는 '다수약자'라는 기묘한 권력구조를 지니고 있으며, 그 중심부를 장악하고 있는 '소수강자'의 세습을 위한 교육과 입시 그리고 취업이라는 기제를 묵시적으로 강요받아야만 하는 상황 아닌가.

최근 KBS는 2004년도 신입사원 공개채용에서 지역할당제를 도입한다고 밝혔다. 3개 지역권역에서 선발예정인 58명의 신입사원 가운데 25명을 해당 권역소재의 지방대 출신으로 충원할 것이라는 것이다. 전국권에서는 76명을 따로 선발하고, 장애인에 대해서는 2차 필기시험 가점비율을 기존의 5%에서 10%로 높이고, 3차 실무능력평가에서 장애인이 일정수준 이상을 받으면 전체 채용예정인원과 관계없이 선발하기로 결정했다.

과거에는 지방주재사원을 전국에 개방해 놓고 뽑았지만, 그 가운데에서 43%의 인원을 지방대에 할당하겠다는 이야기이다. 비록 전국권 모집에서 지방대 출신 졸업자가 드물게 입사한다는 사실로 본다면 할당률이 전체 134명 가운데 25명으로 약 20%에 지나지 않지만, 이는 획기적인 조치로 환영하지 않을 수 없다.[9]

게다가 KBS 신입사원 수도권 모집에서도 장님면접(Blind Interview)을 시행함으로써 결과적으로 명문대 출신의 비율이 낮아진 바 있다. 장애인 응모자에 대해서도 2차 필기시험 가점 비율을 기존의 5%에서 10%로 높이고, 3차 실무능력평가에서 장애인 지원자가 일정수준 이상을 받으면 전체 채용예정인원에 상관없이 선발키로 했으며, 또 남녀 응시제한 연령을 동일하게 적용하고 입사지원서 양식에서 가족, 신체사항, 종교, 교교 출신지, 병역면제 사유 등 평등권 침해소지가 있는 항목을 대폭 제외했다(문화일보 2003.8.11.).

우리의 젊은이들은 위와 같은 소식을 들으며 살고 싶을 것이다. 대학졸업

9 학벌없는사회 성명서(2003.8.12.).

후 희망이 없는 나라가 아니라, 대학 4년 내지 8년 동안 미래를 굳건히 준비하는 나라이길 그들은 바라고 있을 것이다. 지역인재할당제가 국회에서 무산되거나,[10] 고위공직이 특정 대학에 의해 장악되고,[11] 학벌이 정치경제적 가치로 환산되는 국가조직이 아니라, 정말로 능력과 창조성 그리고 패기에 의해 운영되는 경쟁력 있는 선진국형 국가이길 젊은이들은 꿈꾸고 있다.

이 꿈은 입사원서에서 학력란을 없애는 일로부터 시작된다. 입사원서의 '학교명'이라는 빈칸은 실제로는 국가와 기업의 경쟁력을 가로막고 있는 '학벌'이라는 원죄를 담는 그릇임을 우리 모두 인식할 때이다.

---

10 <국가인재의 지역 간 균등등용 촉진법안>(의원입안: 1998.2.24.)

11 2001년 3월 중앙인사위에서 발표한 자료를 보면, 중앙부처 국장급 이상 1급 공무원 243명의 56.4%가 서울대 출신이고, 그 다음은 고려대 8.2%, 연세대 7.8%, 한국외대 2.9% 순이다. 2002년 9월의 자료에서 3급 이상의 공직자 출신 비율에서 서울대가 30.7%를 차지하는 것과 비견된다.